Ludwig

Behebung und Verfolgung von Lebensmittelverstößen

Handbuch für die Lebensmittelüberwachung, Strafverfolgung, Unternehmen und Ausbildung

Behebung und Verfolgung von Lebensmittelverstößen

Handbuch für die Lebensmittelüberwachung, Strafverfolgung, Unternehmen und Ausbildung

von

Stephan Ludwig

8. aktualisierte und vertiefte Auflage

rehm

Bibliografische Information der Deutschen Nationalbibliothek

Die Deutsche Nationalbibliothek verzeichnet diese Publikation in der Deutschen Nationalbibliografie; detaillierte bibliografische Daten sind im Internet über http://dnb.d-nb.de abrufbar.

Bei der Herstellung des Buches haben wir uns zukunftsbewusst für umweltverträgliche und wiederverwertbare Materialien entschieden. Der Inhalt ist auf elementar chlorfreiem Papier gedruckt.

E-Mail: kundenservice@hjr-verlag.de

Telefon: 0800 2183 338 (innerhalb Deutschlands)
Telefax: +49 89/2183-7620

Im Weiher 10, 69121 Heidelberg

www.rehm-verlag.de

ISBN 978-3-8073-2902-4

Satz: TypoScript GmbH, München
Druck und Verarbeitung: CPI Clausen & Bosse, Birkstr. 10, 25917 Leck

Inhaltsverzeichnis

Seite

Abkürzungsverzeichnis

AEUV	Vertrag über die Arbeitsweise der Europäischen Union
AG	Aktiengesellschaft, Amtsgericht
AGLFGB	Gesetz zur Ausführung des Lebensmittel- und Futtermittelgesetzbuches und weiterer Vorschriften (Brandenburg)
AMG	Arzneimittelgesetz
AO	Abgabenordnung
AVVRÜb	Allgemeine Verwaltungsvorschrift über Grundsätze zur Durchführung der amtlichen Überwachung der Einhaltung lebensmittelrechtlicher, weinrechtlicher, futtermittelrechtlicher und tabakrechtlicher Vorschriften (AVV Rahmen-Überwachung)

B

BDSG	Bundesdatenschutzgesetz
BasisVO	Verordnung (EG) Nr. 178/2002
BayObLG	Bayerisches Oberstes Landesgericht
BayVGH (München)	Bayerischer Verwaltungsgerichtshof
BGB	Bürgerliches Gesetzbuch
BGH	Bundesgerichtshof
BGBl. I	Bundesgesetzblatt Teil I
BMEL	Bundesministerium für Ernährung und Landwirtschaft
BKatV	Bußgeldkatalogverordnung
BRAO	Bundesrechtsanwaltsordnung
BVerwG	Bundesverwaltungsgericht
BVL	Bundesamt für Verbraucherschutz und Lebensmittelsicherheit

D

DIN	Deutsche Industrienorm
DSGVO	Datenschutz-Grundverordnung EU

E

EGovG	E-Government-Gesetz
ERVV	Elektronischer-Rechtsverkehr-Verordnung
EU-Vertrag	Vertrag über die Europäische Union
EU-KontrollV 2017	Verordnung (EU) 2017/625 über amtliche Kontrollen

F

FreizügG	Freizügigkeitsgesetz/EU

G

GastG (Bund)	Gaststättengesetz des Bundes
GDVG	Gesundheits- und Verbraucherschutzgesetz (Bayern)
GewO	Gewerbeordnung
GmbH	Gesellschaft mit beschränkter Haftung
GG	Grundgesetz für die Bundesrepublik Deutschland
GVG	Gerichtsverfassungsgesetz

I

InsO	Insolvenzordnung

J

JVEG	Justizvergütungs- und -entschädigungsgesetz

K

KG	Kommanditgesellschaft
KG (Berlin)	Kammergericht Berlin
KUG	Gesetz über das Urheberrecht an Werken der bildenden Künste und der Photographie

L

LFGB	Lebensmittel- und Futtermittelgesetzbuch
LG	Landgericht
Linhart	Der Bescheid (Hüthig-Jehle-Rehm Verlag, 3. Auflage)
LKonV	Lebensmittelkontrolleur-Verordnung

LMBG	(Ehemaliges) Lebensmittel- und Bedarfsgegenständegesetz
LMIDV	Lebensmittelinformations-Durchführungsverordnung (2017)
LMIV	Lebensmittel-Informationsverordnung
LMHV	Lebensmittel-Hygieneverordnung (2016)
LMRStV	Lebensmittelrechtliche Straf- und Bußgeldverordnung (2016)
LSG	Landessozialgericht
Ltd.	Limited
LVwVG B.-W.	Landesverwaltungsvollstreckungsgesetz Baden-Württemberg[1])

M

MRK	Menschenrechtskonvention

O

OHG	Offene Handelsgesellschaft
OLG	Oberlandesgericht
OVG	Oberverwaltungsgericht
OWiG	Gesetz über Ordnungswidrigkeiten

P

PAuswG	Personalausweisgesetz
PolG	Polizeigesetz

R

RiStBV	Richtlinien für das Strafverfahren und das Bußgeldverfahren

1) Anordnungen als Verwaltungsakte nach § 35 VwVfG werden nach Landesrecht vollstreckt. Die Systematik der Vollstreckung ist in den einzelnen Bundesländern identisch; nur die Nomenklatur der Normen ist verschieden. Das LVwVG Baden-Württemberg wird im vorliegenden Werk beispielhaft herangezogen.

S

SächsAGLFGB-VIG	Gesetz zur Ausführung des Lebensmittel- und Futtermittelgesetzbuches, des Vorläufigen Tabakgesetzes und des Verbraucherinformationsgesetzes im Freistaat Sachsen
StGB	Strafgesetzbuch
StPO	Strafprozessordnung

T

Tier-LMHV	Tierische Lebensmittel-Hygieneverordnung

V

VG	Verwaltungsgericht
VGH	Verwaltungsgerichtshof
VIG	Verbraucherinformationsgesetz
VwGO	Verwaltungsgerichtsordnung
VwVfG	Verwaltungsverfahrensgesetz (Bund)[1])

W

Wieser	Gesetz über Ordnungswidrigkeiten, Loseblattkommentar zum OWiG und Nebengesetzen (Verlagsgruppe Hüthig Jehle Rehm GmbH, München)

Z

ZLR	Zeitschrift für das gesamte Lebensmittelrecht
ZPO	Zivilprozessordnung

1) Das bundesrechtliche Verwaltungsverfahrensgesetz (VwVfG) ist in diesem Buch anstelle sämtlicher inhaltsgleicher landesrechtlicher Gesetze aus Gründen der Übersichtlichkeit angegeben.

Fundstellen gerichtlicher Entscheidungen

Die in den Fußnoten bezeichneten Fundstellen gerichtlicher Entscheidungen sind in der Neuauflage durchgehend elektronisch nach dem Rechtsportal juris zitiert und enthalten daher nur die zum Auffinden dort notwendigen Angaben zum entscheidenden Gericht, Entscheidungsart (Beschluss, Urteil), Entscheidungsdatum und Aktenzeichen.

Musterbescheide und -schreiben

Vorwort

Liebe Leserinnen und Leser, liebe Kolleginnen und Kollegen,

ich freue mich, Ihnen die 8. Auflage von – Behebung und Verfolgung von Lebensmittelverstößen – vorstellen zu dürfen. Seit der 7. Auflage vom Frühjahr 2022 hat sich Einiges getan. Diesen aktuellen Entwicklungen trägt die Neuauflage selbstverständlich Rechnung. Dies stellt sich schwerpunktmäßig wie folgt dar:

Neues Kapitel 17: Kooperation von Unternehmen und Überwachungsbehörden

Bereits im Vorwort zur 7. Auflage wurde auf die im Unionsrecht verankerte **Kooperation** von Unternehmen und Überwachungsbehörden zur Gewährleistung der primären Normschutzziele eines hohen Gesundheits-, Tierwohl- und Verbraucherschutzniveaus eingegangen. Beispielhaft hierzu können die in Kapitel 3.16 beschriebenen **Audits** als eine ergänzende Möglichkeit der amtlichen Kontrollen nur kooperativ durchgeführt werden. Diese Audits eignen sich insbesondere zur systematischen Überprüfung von beispielsweise Eigenkontrollsystemen der Unternehmen. Dabei kann neben der Rechtskonformität insbesondere auch die Wirksamkeit der Prozesse verifiziert werden. Im Ergebnis kann somit gerade in Spezialbereichen eine Fachdiskussion auf relativ hohem Niveau zwischen Unternehmen und Behörden mit beiderseitigen Benefits erfolgen. Dazu kann z. B. auch ein gemeinsames Üben von **Krisenszenarien** gehören. Zur Veranschaulichung wurde das Kapitel 3.16 Audits inhaltlich und u. a. um einen Auditbericht ergänzt.

Der EU-Verordnungsgeber hat die Audits nachvollziehbarerweise als Teil der amtlichen Kontrollen verstärkt sowohl in der neuen EU-KontrollV 2017 als auch in der Verordnung (EU) 2019/627 über amtliche Kontrollen Erzeugnisse tierischer Herkunft berücksichtigt. Ferner trainiert die EU das Überwachungspersonal der Mitgliedstaaten im Zuge der Initiative **Better Trainig for Safer Foo**d -BTSF- auch bzgl. der Audits, um so weit als möglich eine angemessene unionsweite Anwendung sicherzustellen. Ich begleite dabei als Tutor die BTSF-Trainings zu Lebensmittelhygiene Primärproduktion Aquatische Lebewesen und Landtiere sowie künftig auch bzgl. Fleischhygiene. Dementsprechend kann ich das Thema auch aus überregionaler Sicht bedienen.

Ein Wunsch einer Buchbesprechung[1]) zur 7. Auflage war zudem, den mit der Rezension als positiv hervorgehobenen Bereich der Kooperation weiter zu vertiefen. Dementsprechend wurde das Werk um das **Kapitel 17 „Kooperation“** erweitert. Dort sind die maßgeblichen Normen abgebildet. Zudem finden sich dort Praxisbeispiele und Muster für kooperatives unternehmerisches und behördliches Vorgehen. Diese Plattform wird auch weiterhin bedient werden.

Neues Kapitel 18: Lehre und Ausbildung

Neben meinen Lehrtätigkeiten bei der EU-Initiative BTSF, bei der Landesakademie für Veterinär- und Lebensmittelwesen Baden-Württemberg, im Einführungslehrgang für den gehobenen Verwaltungsdienst beim Landratsamt Göppingen, bei den Verwaltungs- und Wirtschaftsakademien, in Verbindung mit meiner Mitgliedschaft im wissenschaftlichen Beirat des Fördervereins der Forschungsstelle für Europäisches und Deutsches Lebensmittelrecht der Philipps-Universität zu Marburg mache ich künftig auch Einführungen in die Lebensmittelüberwachung für Medizinische Technologen der Veterinärmedizin, MTV, beim Ausbildungszentrum Veterinärmedizinische Technologie im Chemischen und Veterinäruntersuchungsamt Freiburg. Für diese berufsgruppenübergreifenden Lehrtätigkeiten wurde das **Kapitel 18 Lehre und Ausbildung** generiert. Diese bietet einen interdisziplinären vereinfachten Einstieg ins Lebensmittelrecht und die Lebensmittelüberwachung. Dort finden sich insbesondere für den Einstieg geeignete Übungsfälle, Muster und Klausurfragen. Ein regelmäßiger Newsletter zum Lebensmittelrecht bildet die Entwicklungen im Lebensmittelrecht insbesondere anhand von Kommentierungen zu Rechtsprechungen ab.

Lebensmittelsicherheitskultur – Novellierung der Verordnung (EG) Nr. 852/2004 durch die Verordnung (EU) 2021/382

Die Novellierung der Verordnung über Lebensmittelhygiene beinhaltet ergänzende Regelungen zum Allergenmanagement im Lebensmittelbereich, zur Umverteilung von Lebensmitteln und zur Lebensmittelsicherheitskultur. Letztere wird absehbar mit Pauschalargumenten kritisiert wie z. B. als bloße zusätzliche Belastung für Unternehmen und Behörden sowie dass wir derzeit andere Probleme haben. Aber: Die Implementierung beruht auf wissenschaftlichen Daten und dem Codex Alimentarius, wonach positive Aspekte bei der Umsetzung zu erwarten sind. Inhaltlich bestimmen die Regelungen insbesondere, dass Verantwortlichkeiten und die Kommunikation in Unternehmen transparent sein müssen, dass sowohl der Unternehmer als auch alle Mitarbeiter gemeinschaftlich tan-

1) *Wallau* in LMuR, 2023, 246

giert sind bzgl. der Zielerreichung und dass regelmäßige interne Prüfungen insbesondere die Lebensmittelsicherheit gewährleisten müssen. Ferner ist ein im Lebensmittelrecht bekannter Baustein der sogenannten Flexibilität berücksichtigt. Danach hat die Anwendung gegenüber den Unternehmen angemessen zu erfolgen. Nach einer ursprünglichen Einschätzung der Überwachung war die zwischenzeitliche Umsetzung relativ unproblematisch. So haben relativ gut aufgestellte Unternehmen das Thema bereits bedient und/oder müssen nur noch den Begriff der Lebensmittelsicherheit implementieren. Und bei den sogenannten schwarzen Schafen als die problematischste behördliche Spielwiese kann zu den gegebenen Rechtsverletzungen noch eine etwaige Problematik bzgl. der Lebensmittelsicherheitskultur addiert. Im Ergebnis folgen die Regelungen zur Lebensmittelsicherheitskultur wie z. B. auch die Lieferkettensorgfaltspflichten dem Trend, dass die **Sorgfaltspflichten** sowie zugehörige Dokumentationen verstärkt in den Fokus rücken und beispielsweise auch bei Verschuldensprüfungen relevant sein können. Für die Lebensmittelsicherheitskultur wurde Kapitel 3.19 generiert und insbesondere mit einer Checkliste für mögliches behördliches Vorgehen versehen.

Risiko- und Lebensmittelsicherheitsbewertungen – es bleibt weiterhin spannend! Aktuelle Trends im Kapitel 1.4.2: Aktuelles zu Lebensmittelsicherheitsbewertungen – Stand Juli 2024[1])

Mit Auflage 7 wurde das Kapitel 1.4 **Risikobewertung** als eine bedeutende Grundlage für die Rechtsauslegung und Differenzierung zwischen sicheren und unsicheren Erzeugnissen implementiert. Diese Schnittstelle zwischen sicheren Erzeugnissen als tolerable Lebensalltagsrisiken und unsicheren Lebensmitteln ist naheliegenderweise sowohl für Verbraucher, Unternehmen und die Überwachung von hoher Bedeutung. Bei diesen Unterscheidungen wird festgelegt, ob Erzeugnisse durch die Verbraucher verzehrt werden oder ob ein Stopp des Inverkehrbringens, Marktrücknahmen und erforderlichenfalls öffentliche Rückrufe notwendig sind. Im neuen Kapitel 1.4.2 wird der aktuelle Sachstand anhand folgender Schwerpunkte beschrieben:

Die neue Kommissionsbekanntmachung vom 16. September 2022 zur Umsetzung von Managementsystemen für die Lebensmittelsicherheit -2022/C 355//01- beschreib insbesondere auch das akzeptable Maß einer Gefahr, in dessen Rahmen Erzeugnisse noch sicher sind.

---

1) Das Kapitel 1.4.2 basiert im Wesentlichen auf einem Beitrag von Ludwig in der LMuR 4/2024 zum Thema „Jahresrückblick Rechtsprechung 2023 aus Sicht der Lebensmittelüberwachung“

Der EU-Verordnungsgeber hält mit dem relativ jungen Art. 71 Verordnung (EU) 2019/627 über amtliche Kontrollen von Erzeugnissen tierischer Herkunft an der bewährten Systematik des Art. 14 BasisVO fest.

Die maximal weitreichende Beanstandung von Lebensmitteln ungeachtet deren tatsächlicher Beschaffenheit infolge unangemessen hoher Risiken nach Art. 14 Abs. 2 b) und Abs. 5 wird in Einzelfällen weiterhin eine bedeutende Norm zur Abgrenzung von unsicheren gegenüber sicheren Lebensmitteln bleiben. Dabei erhöht der Beschluss des VGH Mannheim vom 1.2.2024 –9 S 1954/23– die Rechtssicherheit. Der Beschluss unterstreicht mit seinem Leitsatz Nr. 1. die entsprechende Anwendungsmöglichkeit der Normen und verlangt jedoch dabei nachvollziehbar, dass im Zuge der erforderlichen Risikobewertung die Kontaminationswege konkret in den Blick zu nehmen und damit einhergehende Kontaminationsrisiken konkret zu bewerten sind. Mit dem Leitsatz Nr. 2 wird noch darauf hingewiesen, dass Ekel und Widerwille bei Verbrauchern „allein" nicht unter Art. 14 Abs. 2 b) BasisVO fallen dürften. Diesbezüglich dürften Ekel und Widerwille „allein" ohnehin keine Unsicherheitsbeanstandungen auslösen.

In Kapitel 1.4, S 15, von Auflage 7 wurde prognostiziert, dass bei Nahrungsergänzungsmitteln gelegentlich Sicherheitsfragen aufgeworfen werden, wenn Inhaltsstoffe mit grundsätzlich positiven Eigenschaften von den Herstellern sehr hoch dosiert werden und eine überzogen positive Aufmachung den Verbraucher etwaige Risiken nicht (mehr) erkennen lässt. Solch ein Verfahren mit Fragen zur Anwendbarkeit von Art. 14 Abs. 2 b) BasisVO wurde erneut dem EuGH vorgelegt. Das Ergebnis wird mit Spannung erwartet.

Der Art. 14 BasisVO enthält mit Abs. 7 und 9 Regelungen zur Sicherheitsvermutung bei normkonformen Lebensmitteln. Der Abs. 8 bietet eine Art ergänzende Notfallregelung. Demnach können auch bei zunächst normkonform erscheinenden Erzeugnissen dann doch verhältnismäßige behördliche Maßnahmen aufgrund einer konkreten Risikobewertung in Betracht kommen. Dazu hat der EuGH 2022 einmal bzgl. Listerien in Fisch und hinsichtlich Salmonellen in Geflügelfleisch entschieden und die entsprechende Systematik unterstrichen. Diese Systematik mit einer unionalen Notfallregelung unterstreicht auch einen entsprechenden Vorrang des Unionsrecht vor dem nationalen § 12 LFGB.

Schlussendlich bleibt festzuhalten, dass die im vorliegenden Werk proklamierten objektiven Risikobewertungen auch mit den Interessen des Green Deal und der Nachhaltigkeit bzw. dem Umweltschutz einhergehen sowie auch dem Skandaljournalismus und Paternalismus vorbeugen. Auch ein unabdingbarer Anteil an Eigenverantwortung und Grundkenntnissen der

Verbraucher ist von hoher Bedeutung. Eine Förderung dieser Grundkenntnisse kann ein guter Lösungsansatz für einige Probleme sein. Wenn einem durchschnittlichen Verbraucher einmal nicht mehr unterstellt werden kann, dass er über Bestandteile von rohem Fisch in Sushi Bescheid weiß, kann dies die Sicherheit in Frage stellen.

Unsere Lebensmittel waren noch nie so sicher wie heute!

Göppingen, im April 2024 Stephan Ludwig

Der Autor:

Stephan Ludwig, geboren 1972 am Fuße der schwäbischen Alb, ist Diplom-Verwaltungswirt FH, Auditor und seit über 25 Jahren als Abteilungsleiter beim Landratsamt – Veterinäramt – Göppingen. Im Bildungsbereich leitet er bei der Landesakademie für Veterinär- und Lebensmittelwesen Baden-Württemberg das Modulteam Recht, ist Trainingskoordinator und Tutor der EU-Initiative Better Training for Safer Food sowie Gutachter für Bachelorthesen. Er ist im wissenschaftlichen Beirat der Forschungsstelle für Lebensmittelrecht der Philipps-Universität zu Marburg sowie im wissenschaftlichen Redaktionsbeirat der Fachzeitschrift recht – die Zeitschrift für das europäische Lebensmittelrecht. Als (Co-)Autor kommentiert er für den Lebensmittelrechtsklassiker von Zipfel/Rathke die Lebensmittelbasisverordnung und Kontrollverordnung. Zur Entspannung taucht er inzwischen schwerpunktmäßig von einer kleinen kroatischen Insel aus regelmäßig unter, liebt Tauchgänge an Steilwänden sowie mit Großfischen einschließlich Haien und setzt sich als Tauchlehrer für den Umwelt- und Meeresschutz ein. Weitere persönliche Interessen liegen in den Bereichen Risiko- und Selbstmanagement sowie Coaching an den Schnittstellen von Naturwissenschaften einschließlich Psychologie, Philosophie, Spiritualität und Sport.

Vorwort zur 7. Auflage 2022

Liebe Leserinnen und Leser, liebe Kolleginnen und Kollegen,

ich freue mich, das bewährte Werk – Verfolgung von Lebensmittelverstößen – von Herrn Raimund Wieser weiterführen zu dürfen. Für diese Möglichkeit danke ich meinem Vorgänger und dem Verlag herzlich.

Das Handbuch wird weiterhin insbesondere die amtliche Lebensmittelüberwachung in der Praxis mit vielfältigen Informationen und Tipps begleiten. Die Themen Bußgeld- und Strafsachen werden hierfür in bewährter Weise fortgeführt werden. Ein etwas vertiefter Fokus wird künftig das Thema Gefahrenabwehr mit noch mehr Erfahrungen, Anregungen und Beispielen zu behördlichen Anordnungen und Realakten hinsichtlich lebensmittelrechtliche Rückrufe und Informationsgewährungen sein. Demnach heißt das Handbuch inzwischen – Behebung und Verfolgung von Lebensmittelverstößen –.

Mit Blick auch auf die Ausbildung von Kontrollpersonal wurden die Kapitel 1 und 3 insbesondere um Grundsätze sowie Techniken der Rechtsauslegung und -anwendung ergänzt.

Weitere neue Inhalte für diese siebte Auflage haben u. a. meine Erfahrungen als Auditor und Trainingskoordinator bei der EU-Initiative Better Training for Safer Food sowie die zwischenzeitlichen Erkenntnisse insbesondere zur EU-KontrollV 2017 mit sich gebracht.

Lebensmittelüberwachung – Optimierungen – kriminelle Anreize

Lebensmittel benötigen wir alle. Daraus und aus dem weltweiten Handel resultieren immense Wirtschaftsvolumen, die neben einem harten unternehmerischen Wettbewerb zudem auch finanzielle Anreize für kriminelle Bereicherungsversuche bieten. Die bekannten Skandale um beispielsweise Pferdefleisch sowie die monatlichen Berichte der EU-Kommission[1]) zum sogenannten Lebensmittelbetrug – Food Fraud – zeigen, dass global effektive Schutzmechanismen für den Verbraucherschutz erforderlich sind. Ein Optimierungsansatz hierfür ist die seit 14.12.2019 gültige novellierte Kontrollverordnung (EU) 2017/625, hier im Folgenden als EU-KontrollV 2017 bezeichnet. Nach deren Erwägungsgründen[2]) verbessert sie die amtlichen Kontrollen und den Verbraucherschutz u. a. durch die ergänzten

1) https://ec.europa.eu/food/safety/agri-food-fraud/eu-food-fraud-network_en

2) Siehe insbesondere Erwägungsgründe 16 ff.

Grundsätze einer durchgängigen risikoorientierten Überwachung entlang der Lebensmittelkette, Einbringung der Pflanzengesundheit, in den Mitgliedstaaten unmittelbar geltende – erweiterte – Ermächtigungsgrundlagen, Berücksichtigung von Lebensmittelbetrug, Anforderungen an Kontrollpersonal, zeitgemäße Kommunikations- und Informationssysteme (IMSOC) sowie neue Referenzlaboratorien. Für eine einheitliche und wirksame Umsetzung der amtlichen Kontrollen wird das Personal von Strafverfolgungsinstitutionen und Lebensmittelüberwachungsbehörden sowie der Jurisdiktion im Rahmen von Initiativen wie Better Training for Safer Food geschult. Daneben wurden national u. a. interdisziplinäre Projektgruppen zur Umsetzung der Verbesserungen und Bekämpfung von Lebensmittelkriminalität implementiert. Dazu gehört beispielsweise das Frühwarnsystem für Lebensmittelrisiken und -betrug ISAR[1]) (Import Screening for the Anticipitation of Food Risks). Ferner wurden mit der Strafrechtsreform 2017 die Möglichkeiten zur Abschöpfung von aus rechtswidrigen Handlungen erlangtem Vermögen novelliert, um die abschreckende Wirkung zu erhöhen. Entsprechende Optimierungen der Verfahrensweisen sind weiterhin bei den Strafverfolgungs- und Bußgeld- sowie den Lebensmittelüberwachungsbehörden als oftmalige Anzeigenerstatter anhängig.

Die EU-KontrollV 2017 wird inzwischen durch verschiedene Durchführungsrechtsakte ergänzt und insbesondere von der Durchführungsverordnung (EU) 2019/627 bzgl. amtlicher Kontrollen von Erzeugnissen tierischen Ursprungs begleitet. Letztere Verordnung enthält weitere spezifische Ermächtigungen zur Behebung von Rechtsverstößen und Risiken beispielsweise in Schlachthöfen. Dabei können z. B. die vorübergehende Reduktion von Schlachtbandgeschwindigkeiten oder -stopps als effektive Realakte in Betracht kommen.

Die Verordnung (EG) 852/2004 über Lebensmittelhygiene wurde inzwischen durch die Verordnung (EU) 2021/382 geändert. Damit werden neben Regelungen zu Allergenen und unentgeltlich abgegebenen Lebensmitteln der Begriff der Kultur der Lebensmittelsicherheit und ergänzende Sicherheitsprüfungen bei der Umverteilung von Lebensmitteln implementiert. Nach der Kultur der Lebensmittelsicherheit haben Unternehmen ein entsprechendes System mit Anforderungen an die Gewährleistung der Sicherheit zu installieren und zu pflegen. Dies zeigt den Trend der Normgeber zur konkreteren Festlegung und Überprüfungsmöglichkeit von Sorgfaltspflichten.

1) Siehe Pressemitteilung des BVL vom 2.3.2018 über den Start der Kooperation von BVL, Bayerischem LGL und Ludwigs-Maximilians-Universität München bzgl. ISAR.

Audits

In Deutschland wird inzwischen ebenso die Kontrollform der sogenannten Audits vermehrt angewandt gemäß der intensivierten Berücksichtigung in der EU-KontrollV 2017 und insbesondere in der Verordnung (EU) 2019/627 über amtliche Kontrollen von Erzeugnissen tierischer Herkunft. Mit solchen systematischen risikoorientierten Audits können sich die Überwachungsbehörden selbst und nach außen insbesondere Eigenkontrollsysteme von Unternehmen verifizieren. Damit können systematische Mängel als vermeidbare Ursachen für Risiken und Rechtsverstöße detektiert werden, als Grundlage für Korrekturmaßnahmen. Darauf wird in den Kapiteln 3.16 und 3.17 näher eingegangen. Wie auch die Implementierung des vorerwähnten Kulturbegriffs der Lebensmittelsicherheit zielen diese Verifizierungen und Stärkungen der Eigenkontrollsysteme der Unternehmen darauf ab, präventiv Verstöße und Risiken zu vermeiden für das hohe Gesundheitsschutzniveau.

Ermächtigungen – Verwaltungsrechtliche Werkzeuge – Anordnungen und Realakte

Inzwischen liegen auch nachhaltigere Praxiserfahrungen und Rechtsprechungen zu den Generalermächtigungen nach Art. 137 und 138 EU-KontrollV 2017 vor. Mit deren Wortlaut wird nochmals die grundsätzliche Systematik deutlich, dass die Unternehmen für die Rechtskonformität und Sicherheit der Erzeugnisse verantwortlich sind und die Behörden ggf. die Unternehmen zur Einhaltung ihrer Verpflichtungen veranlassen. Somit kann im Ergebnis und zumindest im redlichen Bereich auch ein grundsätzliches gemeinsames Agieren für sichere Erzeugnisse und das Primärziel eines hohen Gesundheitsschutzniveaus gesehen werden. Die Normen decken die Ermächtigungen und Verpflichtung zur Ausermittlung von Verdachtsmomenten, die Veranlassung von Unternehmen zur Behebung von Verstößen sowie zur Vorbeugung gegen Wiederholungen ab. Mit diesen gegenüber der Vorgängerverordnung deutlicher formulierten Unionsermächtigungen wird die Diskussion um das Zusammenspiel bzw. etwaige Konkurrenzen mit dem § 39 Abs. 1 und 2 LFGB quasi obsolet. Zudem berücksichtigt die mit dem 4. Änderungsgesetz zum LFGB angepasste Systematik des neuen § 39 LFGB inzwischen das vorrangige Unionsrecht. Im Ergebnis gibt die EU den Mitgliedstaaten mit der Systematik der Art. 137, 138[1]) einen Rechtsrahmen und beispielhaften Katalog für geeignete Maßnahmen zur Behebung jeglicher Verstöße und für das Primärziel eines hohen Gesundheitsschutzni-

1) Vgl. die zugrunde liegenden Ziele der novellierten EU-KontrollV 2017 nach den Erwägungsgründen 16ff. in Form von wirksamen Rechtsrahmen für die amtlichen Kontrollen und Ermächtigungen.

veaus an die Hand. Im beispielhaften Maßnahmenkatalog von Art. 138 Abs. 2 werden zudem die Berührungspunkte von Tiergesundheit, Tierschutz, Gesundheits- und Täuschungsschutz gemäß der Farm-to-Fork-Strategie deutlich.

Ferner lässt der Rahmen nach Art. 138 Abs. 1 und 2 einerseits Raum für die ggf. erforderlichen behördlichen Anordnungen mit klassischer Umsetzung mit sofortiger Vollziehung und Vollstreckung. Andererseits können in dringlicheren Fällen sowie bei unkooperativen Unternehmen die zügiger anwendbaren Realakte als tatsächliches staatliches Handeln angewandt werden. Entsprechende Ermächtigungen und Systematiken sind umfangreich im Unionsrecht[1]) verankert. Darauf wird unter 3.1.7 und 3.15 hinsichtlich der Differenzierung von Verwaltungsakten und Realakten sowie bei den öffentlichen Rückrufen unter 3.14 und 3.15 eingegangen.

Risikobewertung – Beweiswürdigung – Lebensalltagsrisiken – Paternalismus

Die hohe Bedeutung der in Kapitel 1.4 näher beleuchteten Risikobewertungen wird zunehmend transparent. Sie dienen u. a. als Grundlage für die Rechtsauslegung in Einzelfällen anhand des maßgeblichen hohen Gesundheitsschutzniveaus. Das Risiko- und Krisenmanagement ist gleichzeitig eine bedeutende Schnittstelle der interdisziplinären Bewertung von Risiken durch Unternehmen, Sachverständige, rechtlichen Vollzug und ggf. Rechtsprechung. Überzogene und (noch) nicht ausreichend begründete Verbraucherschutzambitionen können dabei kontraproduktive Effekte erzeugen und neben Scheinsicherheiten die einschlägigen Bärendienste erweisen. Ebenso wird anhand der Risikobewertungen die sensible Schnittstelle von unabdingbarer Verbraucherverantwortung im Umgang mit allgemeinen Lebensalltagsrisiken, die jeweilige Reichweite der Normschutzbereiche vom bestimmungsgemäßen bis hin zum vorauszusehenden oder gar unvernünftigen Gebrauch von Erzeugnissen sowie die sinnvolle Schwelle für staatliche Eingriffe deutlich. Der Verbraucher hat für einen Rest an Lebensalltagsrisiken in seinem Verantwortungsbereich einzustehen, auch wenn die Skandalmedien teils anderweitig suggerieren. Auch in Zukunft wird der Staat weder jegliches Risiko aus der Welt schaf-

1) Siehe Ermächtigungen und Rahmenbedingungen für zügig durchführbare Realakte nach Art. 10 und 19 BasisVO in Verbindung mit § 40 Abs. 1 und 2 LFGB bzgl. Rückrufe, die unionsrechtliche Nomenklatur der Sofortmaßnahmen z. B. gemäß Art. 7 Satz 2 EU-KontrollV 2017, Art. 54 BasisVO, Art. 260 Verordnung (EU) 2016/429 bzgl. neuem Tiergesundheitsrecht, sowie das Stufenverhältnis von unternehmerischer Primärverantwortung bis hin zu behördlichen Realakten bei ernsten bzw. erheblichen Risiken anhand des Art. 16 der jungen und modern formulierten Marktüberwachungsverordnung (EU) 2019/1020.

fen noch jegliches unvernünftige Verbraucherverhalten vermeiden können. Dies ist auch gut so; eine solche Regelungstiefe durch den Staat wünsche selbst ich als Beamter keinesfalls. Ansonsten wären sehr weitreichende und auch unangemessene Freiheitsbeschränkungen gegeben sowie beispielsweise Sushi, Alkohol und Metbrötchen nicht mehr verkehrsfähig. Mit dem entsprechenden Thema des Paternalismus und der Schwelle für eine überzogene Bevormundung durch den Staat befassten sich kürzliche Lebensmittelrechtstagungen.[1])

Vom Aktengeheimnis zur Transparenz – Gefahrenabwehr, VIG und Onlineplattformen

In Kapitel 16 werden die Entwicklungen vom Datenschutz einschließlich behördlichen Aktengeheimnisses in Richtung Transparenz erörtert.[2]) Die Aktualität und Bedeutung mit teils vielfach anhängigen Rechtsstreitigkeiten sprechen für einen ergänzenden Überblick bereits im Vorwort. Derartige hochwertige Rechtsgüterkonflikte gehen oftmals mit Reibungsverlusten sowie unerwünschten Nebenwirkungen und schließlich auch diskutablem bürokratischen Aufwand einher. Grundsätzlich ist die Transparenz – wie beispielsweise Umweltschutz, Menschenrechte und Tierschutz – ein Gut, das kaum jemand ernsthaft in Frage stellen oder auch nur einschränken möchte. Insofern eignen sich Transparenzversprechen auch hervorragend als politisches Zugpferd. Die Stärke von Transparenz wird erkennbar fragwürdig bei der Verwendung seitens der Onlineplattformen, wenn die Behördenmitarbeiter pauschal als Geheimnisträger dargestellt werden, obwohl diese Personen sicherlich auch größtenteils für Transparenz sind und eben den strengen gegenläufigen Datenschutz zusätzlich zu beachten haben. Dabei wird hierfür empfänglichen Verbrauchern gleichzeitig suggeriert, dass der Staat etwas unter den Tisch zu kehren hat. Ferner können beim starken Zugpferd der Transparenz objektive Diskussionen bzw. Evaluationen teils untergehen. Jedenfalls wird naturgemäß und je nach Blickwinkel bzw. Interessenlage früher oder später ein Punkt erreicht, wobei weitere Steigerungen eines Normziels keinen Sinn mehr machen wegen unerreichbaren absoluten Sicherheiten oder weil gar kontraproduktive Scheinsicherheiten entstehen oder zumindest eine ungünstige Aufwand-Nutzen-Relation mit einhergeht.

Bei der Entwicklung vom Aktengeheimnis zur Transparenz ist ein Trend erkennbar, wonach der Bezug der Informationsnormen zur Gefahrenabwehr abnimmt. Möglicherweise in diesem Zusammenhang scheint die Auf-

1) 16. Marburger Symposium zum Lebensmittelrecht 2021 „Staatliche Regulierungsinstrumente zwischen Gesundheitspolitik und Paternalismus“.

2) Vgl. Vortrag des Verfassers beim 19. Bayreuther Symposium zum Lebensmittelrecht am 11.2.2021, siehe auch Möstl, Markus/Purnhagen, Kai (Hrsg.): Public & Private Enforcement im Lebensmittelrecht sowie ZLR, 2021, S. 416 ff.

wand-Nutzen-Relation in Richtung Transparenz zumindest bei der derzeitigen Konstruktion des VIG inzwischen fraglicher zu werden. Bei dieser Entwicklung haben die ebenso noch umstrittenen Veröffentlichungen von Verstößen unter Benennung der Unternehmen nach § 40 Abs. 1a LFGB zumindest noch einen generalpräventiven Charakter und weisen nach Erkenntnissen aus der Vollzugspraxis eine angemessene Aufwand-Nutzen-Relation auf. Das VIG mit vorwiegend einzelantragsgebundener Systematik wird jedoch auch nach der Evaluation 2012 nahezu ausschließlich von Vertretern von NGO, Medien, Mitbewerbern und Kritikern bzw. Vielfachantragstellern genutzt. Folglich ist die Zielerreichung des VIG in Form einer Transparenz als Entscheidungshilfe beim Kaufverhalten von Verbrauchern oder gar einer Krisenprävention mehr als fraglich. Daran können auch die relativ jungen Onlineplattformen mit der Zielrichtung einer Veröffentlichung von amtlichen Kontrollberichten im Internet nichts ändern, weil sie auch nur punktuell – wenngleich massenhaft – in Verbindung mit jeweiligen Medieninitiativen Verbraucher gewinnen können. Das Interesse der durchschnittlichen Verbraucher ebbt dann aber regelmäßig rasch wieder ab, weil die Versprechen der Onlineplattformen bzgl. einfacher kurzer Verfahren von den Behörden wegen der rechtlichen Systematik mit Verfahrensdauern von mindestens mehreren Wochen nicht gehalten werden können. Dadurch wird die ursächliche Problematik der Normkonstruktion wieder deutlich. Somit verbleiben als hauptsächliche Antragsteller wieder Vertreter von NGO, Medien und Vielfachantragsteller, wobei Kritiker das VIG als Belastungsmittel für die Behörden verwenden können. Mangels tatsächlicher Personalressourcen für das VIG gehen die entsprechenden Aufwendungen zu Lasten der allgemeinen Überwachungsaufgaben und damit der Lebensmittelsicherheit sowie der Allgemeinheit.

Die Tendenz einer Legalisierung der im VIG nicht behandelten Onlineplattformen setzt sich vorwiegend in den Verfahren des einstweiligen Rechtsschutzes und inzwischen auch in der Zivilgerichtsbarkeit[1)] fort. Hierfür wird die Schnittstelle bei öffentlichem Recht und Zivilrecht entsprechend ausgelegt in Forme einer separierten Betrachtung. Die entsprechenden parlamentarischen Initiativen zur Schaffung von effektiven Transparenzsystemen als Smiley-System oder Ähnlichem waren bislang erfolglos. Auch unter Berücksichtigung des deutlichen Trends in der Rechtsprechung bin ich noch der Meinung, dass solch ein gewichtiges rechtliches Ergebnis in Form einer Veröffentlichung von amtlichen Kontrollberichten auf privaten Onlineplattformen u. a. nach der Wesentlichkeitstheorie auch einer entsprechenden konkreten Regelung durch den Gesetzgeber würdig wäre. Die Bezeichnung der

1) Urteil LG Köln vom 22.9.2021 – 28 O 249/20, wonach Verbraucher die über das VIG erlangten amtlichen Kontrollberichte im Internet veröffentlichen dürfen.

Onlineplattformen und dieser Rechtsprechungstendenz jedenfalls pauschal als „verbraucherfreundlich" begegnet spätestens Bedenken, wenn das Gesamtbild mit der Aufwand-Nutzen-Relation betrachtet wird.

In der Sache kann auch bei den Lebensmitteln keine absolute Sicherheit erzwungen werden. Lebensmittelkontrollen bleiben eine Momentaufnahme. Deren flächendeckende, jedoch im Ganzen immer zeitversetzten Ergebnisse können von etwaigen künftigen Systemen wie einfach umsetzbare Hygieneampeln o. Ä. auf der Grundlage der behördlichen Risikobewertungen wahrscheinlich besser abgebildet werden. Neben Grundvertrauen in die Unternehmen und auch die behördliche Überwachung sind jedoch auch künftig eigenes Wahrnehmungsvermögen seitens der Verbraucher sowie ein eigenverantwortlicher Umgang mit Lebensalltagsrisiken bei der Nutzung von Lebensmitteln, Gastronomie und Ähnlichem unabdingbar. Dabei können effektive Transparenzsysteme hilfreich sein. Der Verbraucher selbst wird jedoch niemals ganz aus der Verantwortung entlassen werden können; die entsprechende Frage zur Sinnhaftigkeit von staatlichen Regelungen und deren Tiefe sowie die Grenze zum Paternalismus als unerwünschte staatliche Bevormundung wird bei aktuellen Lebensmittelrechtstagen[1]) behandelt. Mit Bezug auf die bislang bescheidene Aufwand-Nutzen-Relation der gegebenen Transparenzsysteme ist für mich für künftige Maßnahmen die Frage bedeutend, ob das Vertrauen der Verbraucher am besten mit Transparenzsystemen (wieder-)gewonnen werden kann oder ob eben andere Initiativen für die Lebensmittelsicherheit und eine entsprechende objektive Verbraucheraufklärung auch als Gegengewicht zur Skandalberichterstattung besser sind? Ich werde jedenfalls auch weiterhin nicht in die für mich zugänglichen Gaststättenakten Einsicht nehmen oder Informationsgesetzabfragen veranlassen, bevor ich mit Freunden in die hiesige Gastronomie zum Essen gehe. In den Akten findet sich nämlich nicht, ob gerade während meiner Anwesenheit der Koch sich nach dem Toilettengang die Hände ordentlich gewaschen hat oder ob die Bedienung oder ein Gast zuvor in Richtung der Speisen genossen hat. Nachdem ich dieses Risiko nicht wirksam erforschen kann, beschäftige ich mich bis auf ganz selbstverständliche Angelegenheiten wie eine ganz normale sinnvolle Wahl der Lokalität weniger damit, vertraue in die Gastronomie sowie die Überwachung und genieße vorrangig die Speisen. Lebensmittel waren im Übrigen noch nie so sicher wie heute,[2]) auch wenn dies in

1) 15. Marburger Symposium zum Lebensmittelrecht 2021.

2) Vgl. auch Zitat des baden-württembergischen Verbraucherschutzministers Hauk in einem Interview am 4.8.2017 und Prof. Dr. Dr. Hensel, Leiter des Bundesinstituts für Risikobewertung, Festrede 2017 „Konsumentenwahrnehmung zwischen Wunsch und Wirklichkeit".

den medialen Darstellungen und daher möglicherweise in der Verbraucherwahrnehmung unterzugehen scheint.

Auch unter Berücksichtigung dieser Problematiken sind sich die meisten Experten einig, dass sich die politisch versprochene und teils umgesetzte Transparenz nicht mehr zurückdrehen lässt. Ein Lösungsansatz ist somit, die aufwändige einzelantragsgebundene und damit auch langandauernde Bearbeitung nach dem VIG in ein echtes effektives Transparenzsystem in Form einer Hygieneampel o. Ä. überzuführen. Danach sind für ein effektives Transparenzsystem neue Regelungen und eine angemessene Personalausstattung der zuständigen Stellen erforderlich. Dies würde auch die rechtlichen Unsicherheiten beheben.

Die Neuauflage berücksichtigt vorstehende aktuelle Entwicklungen mit der vorrangigen Zielsetzung, nützliche Informationen, Erfahrungen und Anregungen zu bieten.

Göppingen, im März 2022 – Stephan Ludwig

1 Unionsrecht, Grundlagen der Rechtsanwendung und aktuelle Entwicklungen

1.1 Unionsrechtliche Rahmenbedingungen, Grundlagen und Aktuelles

Der Vertrag über die Arbeitsweise der Europäischen Union (AEUV) und der Vertrag über die Europäische Union (EU-Vertrag) bilden die Verträge, auf die sich die Union gründet.[1]) Die Verträge werden auch als Primärrecht bezeichnet. Nach dem Grundsatz der begrenzten Einzelermächtigung darf die EU nur Normen erlassen, wenn das Primärrecht dazu ermächtigt.[2]) Bei ausschließlicher Zuständigkeit der Union nach den Verträgen können Mitgliedstaaten nur kraft unionsrechtlicher Ermächtigungen tätig werden oder um Rechtsakte der Union durchzuführen.[3]) Sofern bei geteilten Zuständigkeiten die Union gesetzgeberisch tätig wird, folgt eine entsprechende Sperrwirkung gegenüber mitgliedstaatlichen Regelungen.[4])

Das Veterinär- und Lebensmittelwesen mit dem gesundheitlichen Verbraucherschutz sind als geteilte Zuständigkeit der Union mit den Mitgliedstaaten im Unionsrecht verankert (Art. 4 Abs. 2 und Art. 114 AEUV). Das in der sogenannten Lebensmittelbasisverordnung (Art. 1 Abs. 1 Verordnung [EG] 178/2002) erwähnte hohe Gesundheitsschutzniveau beruht ebenso auf dem AEUV (Art. 114 Abs. 3 AEUV).

Richtlinien und Verordnungen:

Früher hat die Union oftmals mittels Richtlinien agiert. Diese haben die entsprechenden Ziele vorgegeben. Sie bedurften noch einer ergänzenden Umsetzung in den Mitgliedstaaten und ließen etwas Raum bei der Wahl der Mittel und der Form der Umsetzung (Art. 288 Satz 3 AEUV). Inzwischen verwendet die Union im Veterinär- und Lebensmittelbereich vorrangig Verordnungen. Diese sind in den Mitgliedstaaten unmittelbar gültig (Art. 288

---

1) Art. 1 Abs. 2 AEUV.

2) Art. 5 Abs. 1 EU-Vertrag.

3) Art. 3 Abs. 1 und 2 Abs. 1 AEUV.

4) Art. 4 und 2 Abs. 2 Satz 2 AEUV.

Satz 1 AEUV). Dieser Trend[1]) kann den Bemühungen zur rascheren Rechtsangleichung und einheitlichen Verfahrensweisen in allen Mitgliedstaaten zugeordnet werden.

Normenhierarchie/-kollisionen und Vorrang des Unionsrechts:

Die Normenhierarchie stellt sich etwas vereinfacht wie folgt dar:

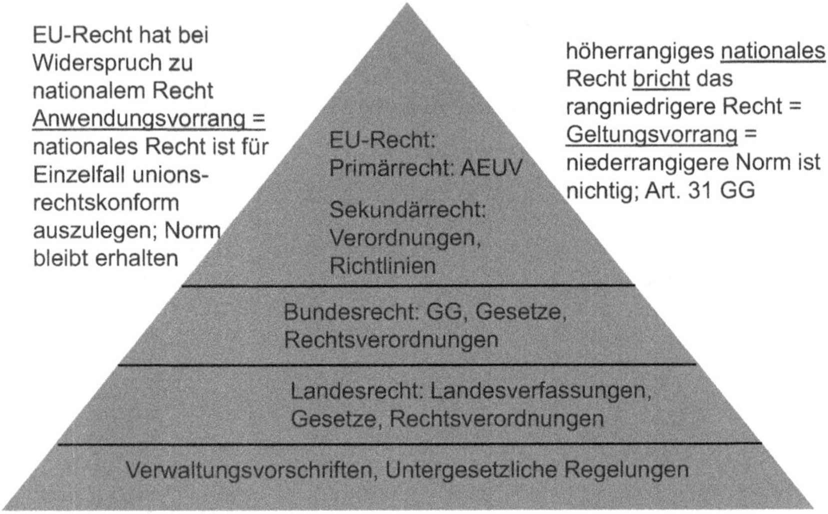

Bei einer Kollision von mitgliedstaatlichem mit Unionsrecht haben die Normen des Unionsrechts Vorrang. Demnach ist das nationale Recht jeweils im Sinne des Unionsrechts auszulegen und bleibt im Übrigen anwendbar. Folglich hat das Unionsrecht eine entsprechende Sperrwirkung gegenüber einem Erlass von abweichenden nationalen Regelungen (Art. 2 Abs. 2 AEUV).

Bei Normenkollisionen im nationalen Recht ist die rangniedrigere Norm unwirksam. Beispielsweise bricht Bundesrecht das Landesrecht nach (Art. 31 GG).

Normwiederholungsverbot:

Gerade früher, bei vermehrter Anwendung von umsetzungsbedürftigen Richtlinien, hat sich die Frage gestellt, ob die Mitgliedstaaten das Unionsrecht ökonomischerweise einfach wiederholen dürfen. Hierzu existieren teils unterschiedliche Auffassungen. National soll das Normwiederholungsverbot auch davor schützen, dass mangelhafte bzw. aufgehobene

1) Vgl. auch Erwägungsgründe 43 und 56 in der EU-KontrollV 2017.

Regelungen einfach wieder neu erlassen werden. Mit einem Urteil[1]) im Jahr 1973 hat der EuGH die Umsetzung von Unionsrecht in nationales Recht durch einfache Wiederholung als unzulässig eingestuft, weil durch gleichlautende mitgliedstaatliche Regelungen der Ursprung für den Normadressaten intransparent wird sowie die entsprechende gerichtliche Zuständigkeit ebenso fraglich erscheinen kann.

Amtsermittlungsgrundsatz

Nach dem Amtsermittlungsgrundsatz[2]) hat der Staat für Rechtseingriffe die zugrunde liegenden Verstöße nachzuweisen und hierfür können die erforderlichen Beweismittel herangezogen werden. Abweichungen hiervon sind nur ausnahmsweise im Rahmen der sogenannten Beweislastumkehr gegeben, beispielsweise wenn Normen dies explizit vorgeben oder wenn die Adressaten z. B. durch vorausgehende Rechtsverstöße in eine Art Garantenstellung o. Ä. kommen. Ein **Beispiel** für Letzteres sind festgestellte Kühlkettenverletzungen bei leichtverderblichen Lebensmitteln. Dann können ein weiteres Inverkehrbringen durch ergänzende Probenahmen durch den Unternehmer und entsprechende Nachweise der Unbedenklichkeit in Betracht kommen.

Verhältnismäßigkeit:

Der Grundsatz der Verhältnismäßigkeit ist nach der ständigen Rechtsprechung des EuGH und inzwischen gemäß konkreten Normen auch im Unionsrecht verankert (Art. 5 Abs. 1 und 3 EU-Vertrag). National wird er aus dem Grundgesetz abgeleitet (Art. 1 Abs. 3 und Art. 20 Abs. 3 GG). Dieser Grundsatz oder Verhältnismäßigkeit besagt, dass Maßnahmen geeignet, erforderlich und angemessen sein müssen. Geeignet bedeutet hierbei ganz einfach zwecktauglich. Erforderlichkeit bezeichnet das sogenannte Prinzip des mildesten Mittels. Danach ist das für den Adressaten jeweils mildeste geeignete Mittel zur Zielerreichung anzuwenden. Angemessenheit bezieht sich auf eine Rechtsgüterabwägung und ein „Übermaßverbot“. Danach dürfen die Mittel bzw. Eingriffe nicht außer Verhältnis zum Erfolg stehen. Wenn Vollzugsbehörden die formalen Anforderungen an Anordnungen im Einzelfall einhalten, dann ist bei einschlägigen Rechtsstreitigkeiten regelmäßig die Angemessenheit als schlussendliche Rechtsgüterabwägung maßgeblich. Als einprägsame Metapher zur Darstellung der Verhältnismäßigkeit wird auch verwendet: „Nicht mit Kanonen auf Spatzen schießen.“

1) Urteil EuGH vom 10.10.1973 – 34/73.

2) Vgl. z. B. § 24 VwVfG im Verwaltungsverfahren, § 86 VwGO bzgl. der Verwaltungsgerichte in den Hauptsacheverfahren und strafprozessual §§ 160 Abs. 2, 163 StPO und § 244 StPO.

Beispiel:

Früher wurden die Richtlinien hinsichtlich der Kennzeichnung von Lebensmitteln mit der Lebensmittel-Kennzeichnungsverordnung in nationales Recht umgesetzt. Bei geringfügigen Kennzeichnungsverstößen konnten die Unternehmen sogenannte Etikettenaufbrauchsfristen nach § 68 LFGB bei den zuständigen Behörden beantragen. Nach dem Gültigkeitsbeginn der sogenannten Lebensmittelinformationsverordnung (Verordnung [EU] 1169/2011) zum 13.12.2014 war somit fraglich, ob bei geringfügigen Kennzeichnungsverstößen noch sogenannte Etikettenaufbrauchsfristen für die Unternehmen als Ausnahmebewilligung nach dem nationalen § 68 LFGB erteilt werden können. Logischerweise war entsprechend zweifelhaft, ob nationales Recht ohne spezielle Ermächtigung derartige Ausnahmen von höherrangigem Unionsrecht erlauben kann. Dies kann jedoch mit Blick auf den auch im Unionsrecht verankerten Verhältnismäßigkeitsgrundsatz als zulässig angesehen werden. Ansonsten würde jeder auch noch so geringe Kennzeichnungsverstoß formal zu einem irreversiblen Verkehrsverbot für die Erzeugnisse führen; bei leicht verderblichen Lebensmittel würde dies immer einen Verderb bzw. ein unschädliches Entsorgen mit sich bringen. Folglich können in Einzelfällen Etikettenaufbrauchsfristen zur Wahrung der Verhältnismäßigkeit zulässig und erforderlich sein, obgleich die Rechtsfolge im Normwortlaut grundsätzlich die Nichtverkehrsfähigkeit vorgibt.

Bestimmtheit:

Der Bestimmtheitsgrundsatz ist eine verfassungsrechtliche Ausprägung des Rechtsstaats- und Demokratieprinzips. Erkennbar sind die Anforderungen beispielsweise anhand von Art. 103 Abs. 2 und Art. 104 Abs. 1 Satz 1 sowie Art. 80 Abs. 1 GG. In Art. 80 Abs. 1 GG sind bei den gesetzlichen Ermächtigungen für Rechtsverordnungen entsprechende Bestimmtheitsanforderungen formuliert. Gesetze sind grundsätzlich abstrakt und generell. Das heißt, sie können logischerweise nicht den Einzelfall regeln. Für die abstrakte und generelle Zielrichtung enthalten Gesetze unbestimmte Rechtsbegriffe, wie beispielsweise „geeignet", „erforderlich", „angemessen" usw. Dies stellt einerseits Ansprüche an die Rechtsauslegung im jeweiligen Einzelfall. Andererseits kann nur auf diesem Weg eine entsprechende Anwendungsbandbreite für Gesetze erreicht werden. Gleichwohl müssen auch Gesetze gemäß dem Grundsatz der Bestimmtheit ein Mindestmaß an Konkretisierung aufweisen. Ansonsten wären Normen für die Adressaten nicht nachvollziehbar bzw. transparent.

Beispielsweise hat das BVerfG mit Beschluss vom 21.9.2016 – 2 BvL 1/15 – Strafnormen des Rindfleischetikettierungsgesetzes aufgehoben, u. a. weil die Sanktionen mit Normverweisketten über Unionsrecht und Verordnungen zu unbestimmt waren. Dementsprechend sind sogenannte Blankettnormtatbestände schon lange umstritten, weil die Strafbarkeit erst über mehrere Normverweise teils vom nationalen Recht ins Unionsrecht erkennbar ist. Weil die Strafbarkeit zudem mittels Verordnungen festgelegt wird, ist strittig, ob die Gesetzgebung zu weitreichende Ermächtigungen an die Exekutive abgegeben hat. Diesbezüglich wird insbesondere auch der §3 LMHV als nationale Sanktionsnorm zum EU-Hygienepaket mit breitem Anwendungsspektrum schon lange kritisiert. Mit dem Beschluss vom 11.3.2020 – 2 BvL 5/17 – hat das BVerfG jedoch inzwischen eine komplexe Blankettsanktionsnorm mit Verweisungen ins Unionsrecht gehalten. Dies spricht derzeit für die Anwendbarkeit der Blankettsanktionsnormen[1]) und insbesondere des §3 LMHV[2]) als Sanktionsnorm zum Hygienepaket. Weitere rechtliche Anforderungen über das Unionsrecht hinaus lassen sich aus § 3 LMHV dagegen nicht ableiten gemäß vorstehenden Regelungen zur Systematik und Vorrangigkeit des Unionsrechts.

Bei lebensmittelrechtlichen Anordnungen als Verwaltungsakte nach § 35 VwVfG kommt dem Bestimmtheitsgrundsatz hohe Bedeutung zu. Er ist das Bindeglied zwischen den abstrakt-generellen Normen und dem konkreten sowie individuellen Charakter des Verwaltungsaktes. Erkennbar ist diese Bedeutung anhand der spezifischen Vorgabe in §37 Abs. 1 VwVfG, wonach Verwaltungsakte hinreichend bestimmt sein müssen. Im Ergebnis bedeutet dies Folgendes: Die Vollzugsbehörden müssen die unbestimmten Rechtsbegriffe in den Normen wie beispielsweise „erforderlichenfalls", „ausreichend" usw. im konkreten Einzelfall bei der Tenorierung der Anordnungen bestmöglich konkretisieren. Im Ergebnis muss ein Adressat mit durchschnittlichem Empfängerhorizont und gebotener Sachkunde mindestens durch einfache Auslegung genau wissen, was von ihm verlangt wird. Nur dann kann der Adressat den staatlichen Vorgaben nachkommen und kann somit „Ruhe vor dem Staat" erreichen. Vor diesem Hintergrund wird der Bestimmtheitsgrundsatz auch als Schutz vor staatlicher Willkür bezeichnet.

Ahndungsnormen für Bußgelder und Strafen:

Das Unionsprimärrecht gibt den Rahmen für die mitgliedstaatlichen Ahndungsregelungen vor, wonach beispielsweise für spezielle Bereiche Mindestvorschriften für Strafen zur näheren Ausgestaltung durch die Mitgliedstaaten vorgesehen werden können (Art. 83 AEUV). Eine Unionsnorm ist für die Bekämpfung von Betrügereien und für mögliche Sanktionsrechtsvorga-

1) Zur Anwendbarkeit von Blankettsanktionsnormen und §3 LMHV als Sanktionsnorm für das EU-Hygienepaket vgl. auch Zeitschrift für das gesamte Lebensmittelrecht – ZLR 3/2021, Ludwig, S. 416 ff.

2) Zur Anwendbarkeit von §3 LMHV als Sanktionsnorm im Rahmen von §40 Abs. 1 LFGB siehe beispielsweise auch Beschluss des OVG Münster vom 3.3.2020 – 13 B 1544/19, Beschluss VGH München vom 28.11.2019 – 20 CE 19.1995 und Beschluss VG Frankfurt/Main vom 4.9.2020 – 5L 2067/20.F, Rn. 20.

ben durch die Union relativ konkret ausgestaltet (Art. 325 Abs. 4 AEUV); vereinzelt wird diesbezüglich eine Ermächtigungsmöglichkeit beispielsweise für den formal noch nicht existenten Begriff des Lebensmittelbetrugs gesehen. Im Ergebnis sind derzeit im Veterinär- und Lebensmittelwesen jedoch nationale Normen zur Sanktion von Verstößen erforderlich. In Art. 139 Abs. 1 der EU-KontrollV ist beispielsweise auf o. g. Grundlagen des Primärrechts verankert, dass Sanktionen verhältnismäßig und abschreckend sein müssen.

Lebensmittelsicherheitsbewertungen – Wandel vom nationalen Tatbestand der Ekelerregung zur unionsrechtlichen Kontamination auf andere Weise bei angemessen hohen Risiken:

Im Jahr 1956 hatte der BGH einen für das Lebensmittelrecht prägenden Fall zu entscheiden. Ein Unternehmer hatte Fische bei bereits eintretendem Verderb sauer abgewaschen und sie dann weiter in den Verkehr gebracht. Auch für die Strafbemessung war dabei dann schließlich vor dem BGH relevant, was dem Unternehmer insgesamt zur Last gelegt werden kann. Das Inverkehrbringen von verdorbenen Fischen war dabei eindeutig rechtswidrig und sanktionsfähig. Jedoch stellte sich die Frage einer rechtlichen Einordnung der Fische, die für den Verbraucher noch nicht erkennbar verdorben waren und wobei möglicherweise auch bei mikrobiologischen Stichproben nur einzelne zu entsprechenden Beanstandungen geführt hätten. Das Risiko bei Fisch als sehr sensiblem Lebensmittel war insgesamt zweifelsfrei hoch. In diesem Zusammenhang hat der BGH mit dem Urteil[1]) aus 1956 den sogenannten Tatbestand der Ekelerregung geprägt. Der Leitsatz lautet wie folgt: „Verdorben ist ein Lebensmittel, wenn es infolge körperlicher Einwirkung beim Verbraucher Ekel erregen würde, falls dieser von der Einwirkung Kenntnis hätte; allerdings entscheidet die Ekelempfindung des Durchschnittsverbrauchers nur dann, wenn sie einen objektiven Anknüpfungspunkt hat. Diese Beurteilungspraxis zum Schutze der Verbraucher schlug sich national in entsprechenden Behördenbewertungen, Rechtsprechung sowie beispielsweise auch im § 2 Lebensmittelhygiene-Verordnung mit dem Begriff der ekelerregenden Beeinträchtigung nieder.

Diese Beanstandungspraxis ist für die Überwachungsbehörden von hoher Bedeutung, weil bei Kontrollen beispielsweise regelmäßig noch keine mikrobiologischen Untersuchungsbefunde vorliegen können. Jedoch können im Einzelfall vor Ort bereits Verbraucherschutzmaßnahmen erforderlich sein, wenn aufgrund schwerwiegender Hygieneverstöße und Risiken zum Beispiel eine vorläufige Schließung von Teilbereichen eines Lebensmittel-

1) Urteil BGH vom 20.3.1956 – LMRR 1956, 17.

unternehmens notwendig ist. Die Kritiker des Ekelerregungstatbestands mit einer Art erleichterten Beweisführung für die Überwachungsbehörden werfen den Behörden regelmäßig überzogene Bewertungen vor. Ferner wird dieser nationalen Ausprägung des Lebensmittelrechts damit begegnet, dass das Unionsrecht einen derartigen Tatbestand überhaupt nicht kenne und dass sie deshalb wegen des oben beschriebenen Vorrangs und der Sperrwirkung des Unionsrechts unwirksam sei. Zweifel an der Unionskonformität des ehemaligen § 11 Abs. 2 Nr. 1 LFGB als eine frühere Grundlage für die Bewertung von Lebensmitteln als ekelerregend hat auch der VGH Mannheim[1]) mit Blick auf mögliche vorrangige Regelungen. Die umstrittene Reglung in § 11 Abs. 2 Nr. 1 LFGB hat der Gesetzgeber mit dem vierten Änderungsgesetz zum LFGB vom 27.7.2021 nach § 12 LFGB übertragen. Nach Hinweisen u. a. von Vertretern des BMEL bei Lebensmittelrechtstagen 2021 sei die Norm wohl insbesondere auch aufgrund von Ersuchen der Bundesländer übertragen worden. Demnach wird offenbar auch über die Auslegungsmöglichkeiten des Unionsrechts hinaus teils noch Bedarf für ergänzende nationale Regelungen gesehen. Offenbar werde teils die weitreichende zielorientierte Auslegungsmöglichkeit des Unionsrechts mit der entsprechenden Sperrwirkung für nationales Recht nach Art. 2 Abs. 2 AEUV gesehen und teils werden ergänzende Möglichkeiten für nationales Recht in Verbindung mit dem Grundsatz effet utile geltend gemacht.

Im Hinblick auf die vorliegenden und auch gerichtlich geltend gemachten Zweifel ist im Ergebnis relevant, ob der Vorrang des Unionsrechts durch eine daraus resultierende Unwirksamkeit der nationalen Ekelerregung gar einen Rückschritt im nationalen Verbraucherschutz bedeutet, oder ob der unionsrechtliche Rahmen Raum für eine entsprechende nationale Ekelerregung lässt mit der Folge eines höheren Verbraucherschutzstandards in der BRD gegenüber anderen Mitgliedstaaten oder ob das Unionsrecht mit dem Art. 14 Abs. 2 lit. b und Abs. 5 die Auffassung des BGH aus 1956 ebenso trägt. Inzwischen subsumieren Überwachungsbehörden und insbesondere auch das Veterinäramt Göppingen die entsprechenden ekelerregenden Sachverhalte in den Art. 14 Abs. 2 lit. b BasisVO. Die Systematik von Art. 14 Abs. 2 lit. b in Verbindung mit Abs. 3 und Abs. 5 erlaubt es, Lebensmittel bei angemessen hohen Kontaminationsrisiken, beispielsweise durch einen extrem abweichenden Umgang von den Hygieneanforderungen, als auf andere Weise kontaminiert und demnach inakzeptabel für den Menschen einzustufen. Derartige Lebensmittel sind unsicher und nicht für den menschlichen Verzehr geeignet im Sinne von Art. 14 Abs. 2 lit. b Verordnung (EG) 178/2002. Diese Bewertungssystematik ist konform mit

1) Beschluss VGH Mannheim vom 21.5.2019 – 9S 584/19.

den einschlägigen Lebensmittelrechtskommentaren[1]) und dem im Unionsrecht verankerten hohen Gesundheitsschutzniveau. Mit der Beanstandungssystematik geht auch logisch nachvollziehbar einher, dass der durchschnittlich empfindsame und mündige Verbraucher über einzelne unerkennbare Risiken nicht informiert ist und ihm somit eine eigene objektive Entscheidung bzgl. der Akzeptanz für den menschlichen Verzehr im Sinne von Art. 14 Abs. 5 BasisVO genommen ist. Die Bewertungspraxis wurde inzwischen von einigen Verwaltungsgerichten sowie insbesondere dem VGH Mannheim als rechtmäßig eingestuft.[2]) Die Beanstandung wird dabei als eine Unterstellung einer Kontamination bei angemessen hohen Kontaminationsrisiken bezeichnet. Der nationale Tatbestand der Ekelerregung kann somit inzwischen als eine Kontamination auf andere Weise mit angemessen hohen Kontaminationsrisiken nach Art. 14 Abs. 2 lit. b Verordnung (EG) 178/2002 angesehen werden.

1.2 Gefahrenabwehr – Strafverfolgung und Ordnungswidrigkeiten

Die Aufgaben der Lebensmittelüberwachung untergliedern sich in den präventiven Bereich der Gefahrenabwehr und den repressiven Bereich der Verfolgung von Ordnungswidrigkeiten und – in bestimmten Ländern – auch Straftaten. Demzufolge besitzt der Lebensmittelkontrolleur/Veterinär je nach Verfahrensart eine unterschiedliche Stellung.

1.3 Präventive und repressive Maßnahmen der Lebensmittelüberwachung

Die Verfolgung lebensmittelrechtlicher Straftaten und Ordnungswidrigkeiten ist klar von Maßnahmen der Lebensmittelüberwachung zur Gefahrenabwehr zu trennen. Die vorrangige Aufgabe der Kontrolle besteht in der präventiven Aufdeckung von Gefahren, die durch das Erzeugen, Behandeln oder Inverkehrbringen von Lebensmitteln pflanzlicher wie tierischer

1) Siehe Zipfel/Rathke, Lebensmittelrecht, C 101, Art. 14 Verordnung (EG) Nr. 178/2002, Rn. 66–69 und Meyer/Streinz/Meyer, BasisVO Art. 14 Rn. 37–47.

2) Vgl. ausführlich in ZLR, 2020, Ludwig, S. 715, mit Bezugnahme insbesondere auf Beschluss VG Stuttgart vom 23.9.2019 – 16 K 2470/19 und im selben Verfahren Beschluss VGH Mannheim vom 12.2.2020 – 9 S 2637/19; in anderen Verfahren Beschlüsse VG Stuttgart vom 3.8.2020 – 16 K 3196/20, 16 K 3087/20 und 3088/20; ebenso Beschluss VG Freiburg vom 30.4.2019 – 4 K 168/19 – und Beschluss VG Stuttgart vom 20.1.2020 – 16 K 8337/19); andere Auffassung z. B. gemäß Beschluss VG Ansbach vom 18.11.2021 – AN 14E 21.581.

Herkunft ausgehen. Die zuständigen Behörden unterziehen dazu alle Unternehmer regelmäßig risikobasiert und mit angemessener Häufigkeit amtlichen Kontrollen (Artikel 9 Absatz 1 Halbsatz 1 VO [EU] 2017/625). Maßnahmen zur Abwehr solcher Gefahren (Artikel 1 Absatz 1 Buchstabe a VO [EU] 2017/625) durch Verwaltungsakte erfolgen in einem Verwaltungsverfahren (§ 9 VwVfG). Die repressive Ahndung von Ordnungswidrigkeiten oder Straftaten hat dagegen den Zweck, den Täter durch Geld- oder Freiheitsstrafen oder Geldbußen wegen Ordnungswidrigkeiten zu beeindrucken (Spezialprävention) und die Allgemeinheit von der Begehung solcher Zuwiderhandlungen abzuhalten (Generalprävention). Die deswegen erfolgte Einleitung eines Straf- oder Bußgeldverfahrens kann daher niemals Maßnahmen der Gefahrenabwehr ersetzen. Diese sind immer primär zu prüfen, die Ahndung schon begangener Straftaten und Ordnungswidrigkeiten ist eine sekundäre Frage.

Schaubild Behebung und Verfolgung von Verstößen

Das Schaubild zeigt die Systematik bzgl. der Feststellung und Behebung sowie Sanktion von Verstößen. Im Zuge von internen Behördenaudits beispielsweise auch durch die EU wird neben der Rechtmäßigkeit des behördlichen Handelns (Compliance) inzwischen auch die Wirksamkeit bzw. Effektivität verifiziert.

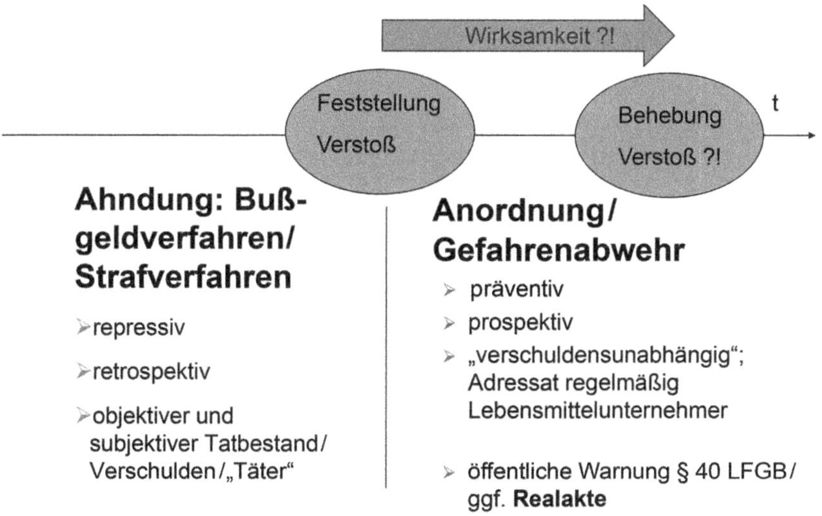

Beispiel:

Stellt die Lebensmittelüberwachung nicht verkehrsfähige Lebensmittel, Informations- oder Hygienemängel fest, so ist primär zu prüfen, durch welche Maßnahmen der Gefahrenabwehr diese Gefahrtatbestände im Rahmen eines Verwaltungsverfahrens für die Zukunft beseitigt werden können. Hier kommen Sicherstellungen, Reinigungsanordnungen oder Vertriebsverbote in Betracht.

Als sekundäre Erwägung stellt sich die Frage, ob diese Zuwiderhandlungen auch strafbar oder ordnungswidrig sind und deswegen auch ein Straf- oder Bußgeldverfahren eingeleitet werden soll. Die Einleitung eines solchen Verfahrens führt nicht zur Beseitigung nicht verkehrsfähiger Lebensmittel, ordnungsgemäßer Information oder Wiederherstellung der Lebensmittelhygiene.

Der Bedienstete muss daher als fachlich ausgebildete Person (§ 42 Absatz 1 Satz 1 LFGB, § 1 LKonV) bei jeder Entscheidung wissen, ob er sie als Maßnahme der Gefahrenabwehr bei der Lebensmittelüberwachung (Artikel 44 Absatz 1 in Verbindung mit 1 Absatz 2 VO [EU] 2017/625) oder zur Verfolgung einer Zuwiderhandlung als Straftat oder Ordnungswidrigkeit (§ 58 ff. LFGB bzw. davon abgeleitete Rechtsverordnungen) trifft. Bei Vorliegen eines Verstoßes sind die erforderlichen Maßnahmen zur Gefahrenabwehr zwingend zu treffen,[1]) während bei der Einleitung eines Bußgeldverfahrens nach dem Opportunitätsprinzip (§ 47 Absatz 1 Satz 1 OWiG) ein Entschließungs- und Auswahlermessen besteht.

Zuständigkeit der Lebensmittelüberwachung zur Überwachung von unternehmerischen Tätigkeiten im Sinne des Unionsrechts und Verfolgung von Verstößen

1) VG Ansbach, Urteil vom 29.1.2016 AN 14 K 15.01438; OVG Nordrhein-Westfalen (Münster), Beschluss vom 26.11.2014 13 B 1250/14; VGH Baden-Württemberg (Mannheim), Urteil vom 16.6.2014 9 S 1273/13.

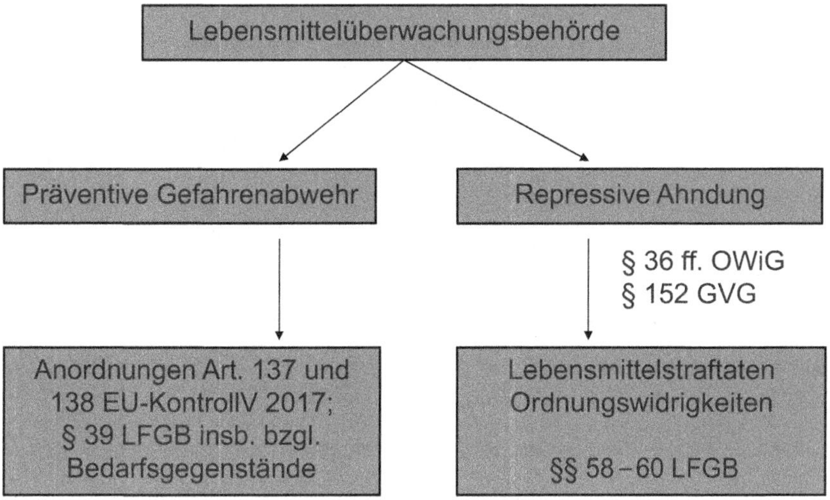

1.4 Risikobewertungen: u. a. Grundlage für Rechtsauslegung

Grundlagen und Normen

Als ein bedeutender Maßstab für die Rechtsauslegung im Veterinär- und Lebensmittelwesen ist im Primärrecht der EU nach Art. 168 Abs. 1 und 114 Abs. 3 AEUV das hohe Gesundheitsschutzniveau verankert. Dies findet sich ebenso in Art. 1 Abs. 1 der BasisVO. Damit geht bereits logischerweise einher, dass den einschlägigen Risikobewertungen eine hohe Bedeutung zukommt.

Nach der Systematik des EU-Lebensmittelrechts sind die Unternehmen u. a. gemäß Art. 17 BasisVO und Art. 3 Verordnung (EG) 852/2004 vollumfänglich für die Sicherheit der Lebensmittel und die Einhaltung der einschlägigen Normen verantwortlich. Gemäß ihrer unternehmerischen Freiheit legen sie ihre Produkte, Zutaten und Verarbeitungsverfahren von beispielsweise unauffälligen durcherhitzten Endprodukten bis hin zu risikoreichem Sushi, Tartar oder Speisen mit Rohei im Endprodukt fest. Im Rahmen der Eigenkontroll- und Sorgfaltspflichten haben die Lebensmittelunternehmen nach Art. 5 Verordnung (EG) 2004/852 ein auf HACCP-Grundsätzen beruhendes Managementsystem für Lebensmittelsicherheit zu implementieren. Dabei sind u. a. die einschlägigen betriebs- und produktspezifischen Risiken zu ermitteln, die Einhaltung der Basishygieneanforderungen zu gewährleisten und darüber hinaus bei kritischen Kontrollpunkten (CCP) u. a. durch Festlegung von Grenzwerten, Verifizierungen und ggf. Korrekturmaßnahmen sowie deren Dokumentation die entsprechenden Risiken auf ein akzeptables Niveau zu senken.

Im Zuge der Überwachung sind die Risikobewertungen eine bedeutende Schnittstelle von fachtechnischen gutachterlichen Bewertungen, beispielsweise durch Amtstierärzte oder Lebensmittelchemiker, und den rechtlichen Auslegungen im Rahmen des Vollzugs und ggf. nachfolgender Rechtsstreitigkeiten. Ein besonderes Instrument für die behördliche Verifizierung von unternehmerischen Risikobewertungen sind die Audits.[1])

Definition Risiko und Gefahr

Nach der Definition in Art. 3 Nr. 24 der EU-KontrollV 2017 ist ein Risiko ein Produkt aus der Wahrscheinlichkeit des Eintretens einer die Gesundheit von Menschen, Tieren oder Pflanzen, den Tierschutz oder die Umwelt beeinträchtigenden Wirkung und der Schwere dieser Wirkung als Folge einer Gefahr. Gefahr ist gemäß Art. 3 Nr. 3 EU-KontrollV 2017 ein Agens oder ein Zustand, das bzw. der sich ungünstig auf die Gesundheit von Menschen, Tieren oder Pflanzen, auf den Tierschutz oder auf die Umwelt auswirken kann. Wie auch in anderen Fach- und Rechtsbereichen geht mit Gefahr somit sinngemäß die Frage einher, ob eine Schädigung grundsätzlich eintreten kann. Risiko bezeichnet die Eintrittswahrscheinlichkeit in Verbindung mit der möglichen Erheblichkeit.

Begriffe und Definitionen zu Gefahren- und Risikobewertungen sind mit der IMSOC-Verordnung (EU) 2019/1715 und der Kommissionsbekanntmachung vom 16. September 2022 zur Umsetzung von Managementsystemen für die Lebensmittelsicherheit – 2022/C 355//01 – ergänzt worden. Die neue Bekanntmachung beschreib insbesondere auch das akzeptable Maß einer Gefahr, in dessen Rahmen Erzeugnisse noch sicher sind.

Anforderungen an behördliche Beweiswürdigung – Amtsermittlungsgrundsatz

Für den behördlichen Nachweis von etwaigen intolerablen Risiken beispielsweise im Rahmen von Art. 5 Verordnung (EG) 852/2004 oder vermeidbare aerogene Kontaminationsrisiken entgegen Anhang II Kapitel I Nr. 2 lit. a) Verordnung (EG) 852/2004 ist im Rahmen der Beweiswürdigung insbesondere der Amtsermittlungsgrundsatz[2]) maßgeblich. Danach hat der

---

1) Siehe hierzu Kapitel 3.16 und 3.17.

2) Siehe z. B. § 24 VwVfG im Verwaltungsverfahren, § 86 VwGO bzgl. der Verwaltungsgerichte in den Hauptsacheverfahren und strafprozessual §§ 160 Abs. 2, 163 StPO und § 244 StPO.

Staat für Rechtseingriffe die zugrunde liegenden Verstöße bzw. Risiken nachzuweisen hat. Hierfür können erforderliche Beweismittelerhebungen nach den einschlägigen Ermächtigungen[1]) herangezogen werden. Abweichungen hiervon sind nur ausnahmsweise im Rahmen der sogenannten Beweislastumkehr gegeben, beispielsweise wenn Normen dies explizit vorgeben oder wenn die Adressaten z. B. durch Rechtsverstöße in eine Art Garantenstellung o. Ä. kommen. Ein Beispiel für Letzteres sind festgestellte Kühlkettenverletzungen bei leichtverderblichen Lebensmitteln, wobei ein weiteres Inverkehrbringen durch ergänzende Probenahmen durch den Unternehmer und damit ein Nachweis der Unbedenklichkeit in Betracht kommen kann.

Beweiswürdigung bzgl. Risiken – Rahmenbedingungen nach EuGH und BVerfG

Nach vorstehendem Amtsermittlungsgrundsatz sind Verstöße und Risiken möglichst konkret nachzuweisen. Dazu hat das BVerfG mit einem Beschluss[2]) aus dem Jahr 2010 sinngemäß Folgendes ausgeführt: Wenn angemessen hohe gesundheitliche Risiken gegeben oder hochwertige Rechtsgüter gefährdet sind, so können auch abstraktere Nachweise bzw. adäquate fachliche Risikobewertungen zur Feststellung einer Tatbestandsverwirklichung mit Auslösung der Rechtsfolgen ausreichend sein. Auch dadurch wird mit Bezug auf den präventiven Ansatz der Gefahrenabwehr und das maßgebliche hohe Gesundheitsschutzniveau deutlich, dass bei belastbaren Indizien für hohe Risiken dann ggf. auch schon vor einer vollständigen Ausermittlung der Sachverhalte eingegriffen werden kann. Dieser Bogen darf jedoch nicht im Sinne eines überzogenen Verbraucherschutzes überspannt werden, da ansonsten mit kontraproduktiven Effekten zu rechnen ist.

Die beschriebenen nationalen Grundsätze und die Rechtsprechung des BVerfG sind kongruent mit dem Unionsrechtsrahmen. Dieser stellt sich wie folgt dar: So hat der EuGH mit einem Urteil[3]) aus 2021 zu den Maßstäben der Risikobewertung Folgendes dargelegt: Wenn wissenschaftliche Ungewissheiten in Bezug auf das Vorliegen oder den Umfang von Gefahren für die menschliche Gesundheit oder die Umwelt bestehen, können die Organe nach dem Vorsorgegrundsatz Schutzmaßnahmen treffen, ohne abwarten zu müssen, bis das tatsächliche Vorliegen und die Schwere dieser Gefahren in vollem Umfang nachgewiesen sind oder bis die nachteiligen Wirkungen für die Gesundheit eintreten. Ergänzende Anforderungen

1) Vgl. beispielsweise § 26 VwVfG und § 94 ff. StPO.

2) Beschluss BVerfG vom 18.2.2010 – 2 BvR 2502/08.

3) Urteil EuGH vom 17.3.2021 – T-719/17, siehe Leitsatz Nr. 1 und Rn. 63.

an die Konkretisierung von Risiken finden sich im „Noria"-Urteil[1]) und im „Schwabe/Queisser Pharma"-Urteil[2]) des EuGH.

Bestimmungsgemäßer und evtl. vorauszusehender Gebrauch als Grundlage für Risikoermittlung

Für die Ermittlung der Normschutzbereiche im Einzelfall sind ebenso das absehbare wahrscheinliche Verbraucherverhalten und das damit einhergehende maßgebliche Risiko bedeutend. Hierbei geht es um die Frage, ob das maßgebliche Risiko anhand eines bestimmungsgemäßen Gebrauchs eines Erzeugnisses zu ermitteln ist oder ob darüber hinaus auch noch ein vorhersehbares oder gar ein unvernünftiges Verbraucherverhalten relevant sind. Zumindest das unvernünftige Verhalten wird auch bei hohen Risiken dann als Lebensalltagsrisiko früher oder später dem Verantwortungsbereich des Verbrauchers zuzuschreiben zu sein, sodass staatliche Schutzmechanismen nicht erforderlich oder zulässig sind. Dies liegt beispielsweise regelmäßig vor, wenn Verbraucher auch ungeachtet der Durcherhitzungsweise Rohmilch verzehren oder Sushi oder Alkoholika in unvernünftigen Mengen.

Beispiel

Mit Bezug auf die Anforderungen an Risikobewertungen und die Beweiswürdigung hat der VGH Mannheim beispielsweise mit einem Beschluss[3]) aus 2020 die Nachweise für eine Feststellung einer gesundheitsschädlichen Wirkung eines Lebensmittels für unzureichend befunden. So kann eine gesundheitsschädliche Wirkung nicht schon allein angenommen werden, wenn der ADI-Wert (acceptable daily intake) überschritten wird; ggf. sind konkretisierende Risikobewertungen und Nachweise im Einzelfall erforderlich.

In diesem Verfahren wurde die ursprüngliche gutachterliche und behördliche Beanstandung nach Art. 14 Abs. 2 lit. b BasisVO als verzehrsungeeignet vom VG Sigmaringen nach Art. 14 Abs. 2 lit. a BasisVO modifiziert. Auch der VGH Mannheim hat in seinem o. g. Beschluss im Eilrechtsschutzverfahren und bei entsprechender summarischer Prüfung darauf hingewiesen, dass „aller Voraussicht nach" Art. 14 Abs. 2 lit. a BasisVO die zutreffende Norm für die Tragfähigkeit der behördlichen Untersagungsanordnung sei. Im Kern geht es beim Verfahren um die etwaige Gesundheitsschädlichkeit von Curcumin ab einer täglichen Aufnahmemenge pro kg Körpergewicht. Die derzeitigen Erkenntnisse beruhen auf einer EFSA-Stellungnahme aus 2010, einer früheren BfR-Empfehlung mit Verweisen auf erforderliche

1) Urteil EuGH vom 27.4.2017 – C 672/15.

2) Urteil EuGH vom 30.1.2020 – C-524/18; siehe hierzu auch ZLR 2021, 311, mit einer Darstellung der Diskussion über Höchstmengen für Vitamine usw. sowie Verweis auf vorstehende EuGH-Entscheidungen.

3) Beschluss VGH Mannheim vom 17.9.2020 – 9 S 2343/20.

ergänzende Einzelfallbewertungen, eine ergänzende BfR-Stellungnahme aus Ende 2021 mit zusätzlichem Hinweis auf weiteren Forschungsbedarf. Nach der derzeitigen Datenlage können auch nur geringfügige Überschreitungen des ADI-Werts über einen längeren Zeitraum unerwünschte gesundheitliche Wirkungen haben. Die Entwicklung zeigt die Schwierigkeit der Thematik. Gemäß den Hinweisen des VGH ist hinsichtlich der einschlägigen Norm zunächst davon auszugehen, dass etwaige Diskussionen über die Gesundheitsschädlichkeit von Stoffen grundsätzlich dem (Wortlaut-) Tatbestand der Gesundheitsschädlichkeit nach Art. 14 Abs. 2 lit. a BasisVO zuzurechnen sind. Jedoch kann unter besonderen Umständen auch eine Einordnung in die Tatbestandsmäßigkeit nach Art. 14 Abs. 2 lit. b BasisVO möglich sein: Möglicherweise sind die Gerichte in vorstehenden Entscheidungen bei summarischer Prüfung im Eilrechtsschutzverfahren davon ausgegangen, dass die Untersuchungsämter bzw. Behörden infolge von Nachweisschwierigkeiten der Gesundheitsschädlichkeit ursprünglich den Art. 14 Abs. 2 lit. b BasisVO angewandt hatten. Ein derartiger Rückgriff als Quasi-Automatismus auf die niedrigere Norm wegen einer bloßen Nachweiserleichterung wäre unzulässig.

Dementgegen kann die ursprüngliche Einstufung nach Art. 14 Abs. 2 lit. b BasisVO jedoch aus folgenden Gründen sachgerecht gewesen sein, was in einem entsprechenden Hauptsacheverfahren oder in ähnlichen Fällen geltend gemacht werden könnte:

- So umfasst die Systematik des Lebensmittelsicherheitsbegriffs in Art. 14 BasisVO selbst die beiden Tatbestände der Gesundheitsschädlichkeit und Verzehrsungeeignetheit, sodass ein gewisses Stufenverhältnis immanent ist.
- Dementsprechend ist auch bei der Beanstandung von Lebensmitteln infolge der quantitativen Keimgehalte die Systematik einer stufenmäßigen Einordnung anerkannt. Die Stufen gehen sinngemäß über einen Hinweis auf eine Kontamination oder ein entsprechendes Kontaminationsrisiko, Wertminderung, Verzehrsungeeignetheit bis hin zur Gesundheitsschädlichkeit. Dies ergibt sich insbesondere aus den mikrobiologischen Richt- und Warnwerten der Gesellschaft für Hygiene- und Mikrobiologie (DGHM) und Empfehlungen[1]) des Bundesamts für Verbraucherschutz und Lebensmittelsicherheit (BVL) zur Einstufung bedenklicher Keime als wahrscheinlich gesundheitsschädlich nach Art. 14 Abs. 4 und als inakzeptable Kontamination nach Art. 14 Abs. 5 Verordnung (EG) 178/2002.

1) https://www.bvl.bund.de/SharedDocs/Downloads/01_Lebensmittel/ALS_ALTS/ALS_NEU/EmpfehlungenArt14Abs4Abs178.pdf?__blob=publicationFile&v=1

- Auch bei der Einstufung von verfaultem Salat o. Ä. bei Kontrollen vor Ort reicht die Einordnung als verzehrsungeeignet durch Fachpersonal mit Blick auf die beabsichtigte Rechtsfolge des Verwerfens oftmals aus; auf ergänzende Nachweise hinsichtlich einer etwaigen möglichen oder aber auch nicht nachweisbaren Gesundheitsschädlichkeit kann verzichtet werden, sowohl aus rechtlichen als auch fachlichen Erwägungen.
- Ferner deutet der Tatbestand der „Kontamination auf andere Weise" und die Formulierung „ist zu berücksichtigen" in Art. 14 Abs. 5 auf eine entsprechend breite Anwendbarkeit des Art. 14 Abs. 2 lit. b BasisVO hin. Der Maßstab eines hohen Gesundheitsschutzniveaus für die Normauslegung gemäß Art. 168 Abs. 1, 114 Abs. 3 AEUV und Art. 1 BasisVO reicht dabei bis hin zu einer Unterstellung einer Kontamination.[1])

Vor diesem Hintergrund sind Fälle denkbar und liegen auch in der Praxis vor, wonach Nahrungsergänzungsmittel gegenüber Verbrauchern nachvollziehbarerweise „nur" die vorteilhaften Wirkungen ausloben. Wenn in solchen Fällen keine Aufklärung der Verbraucher durch die Angaben auf der Fertigpackung über ein detektiertes Risiko erfolgt, so können die Verbraucher nicht frei darüber entscheiden, ob sie ein solches Risiko in Kauf nehmen. Insofern ist eine Differenzierung gegenüber dem teils bekannten Verzehr von Rohmilch entgegen den vorgeschriebenen Durcherhitzungshinweisen oder einem überzogenen Konsum von Alkoholika gegeben. Danach kann ein derartiges und dem Verbraucher unbekanntes Risiko mit Bezug auf den Stoffgehalt als eine Kontamination auf andere Weise mit der Folge einer Inakzeptabilität für den menschlichen Verzehr nach Art. 14 Abs. 5 BasisVO eingeordnet werden, weil zumindest einzelne Verbraucher in Kenntnis dieser Umstände dann doch von einem Verzehr absehen würden. Derartige Erwägungen in Form der Kenntnisse und Entscheidungsfreiheit der Verbraucher über die Annahme von Risiken hat der BGH 1956[2]) bei der Prägung des Ekelerregungsgrundsatzes als ergänzenden Maßstab für die Lebensmittelsicherheitsbewertung herangezogen. Folglich kann bei einer noch nicht völlig aufgeklärten Gesundheitsschädlichkeit unter Umständen eine Beanstandung nach Art. 14 Abs. 2 lit. b BasisVO sachgerecht sein. Auf dieser Grundlage können behördliche Untersagungsverfügungen des Inverkehrbringens in Frage kommen. Jedoch ist ein Rückgriff

1) ZLR, 2020, S. 715, vgl. Beschluss VG Stuttgart vom 23.9.2019 – 16 K 2470/19 und im selben Verfahren Beschluss VGH Mannheim vom 12.2.2020 – 9 S 2637/19; in anderen Verfahren Beschlüsse VG Stuttgart vom 3.8.2020 – 16 K 3196/20, 16 K 3087/20 und 3088/20; ebenso Beschluss VG Freiburg vom 30.4.2019 – 4 K 168/19 und Beschluss VG Stuttgart vom 20.1.2020 – 16 K 8337/19, alle juris.

2) Vgl. Kapitel 1.1 – Lebensmittelsicherheitsbewertungen – Wandel vom nationalen Tatbestand der Ekelerregung zur unionsrechtlichen Kontamination auf andere Weise bei angemessen hohen Risiken.

als Quasi-Automatismus nur wegen Beweisschwierigkeiten bzgl. der schwerwiegenderen Norm Art. 14 Abs. 2 lit. a BasisVO nicht zulässig.

Letzteres Beispiel zeigt, dass überzogene oder zumindest (noch) unzureichend begründete Verbraucherschutzambitionen auch kontraproduktive Effekte erzeugen können. Dies unterstreicht nochmals die vorstehend erwähnte sensible Schnittstelle der interdisziplinären Bewertung von Risiken durch Sachverständige, Vollzug und ggf. Rechtsprechung.

1.4.1 Risikomanagement und Rechtsprechung bzgl. Ethylenoxid und 2-Chlorethanol

Die Verfahren bzgl. der Kontamination von Lebensmitteln durch das Pestizid Ethylenoxid bzw. 2-Chlorethanol gingen mit komplexen Fragen in Zusammenhang mit der Einstufung der betroffenen Lebensmittel sowie dem Risikomanagement und der Anwendung des Vorsorgeprinzips einher. Nach mikrobiologischen Risiken haben die entsprechenden Beanstandungen 2022 als zweitbedeutendster Grund zum Anstieg der jährlichen Zahl an EU-Schnellwarnmeldungen[1]) über unsichere Lebensmittel über das RASFF-System geführt. Die Verfahren zeigen auf, dass die gegebene und eventuell unzureichende wissenschaftliche Datenlage gerade bei noch jungen Problematiken in Verbindung mit dem Vorsorgeprinzip eine ganz besondere Rolle spielen kann.

In Kapitel 17.2.2 ist ein Beispiel eines erfolgreichen Krisenmanagements seitens Unternehmen und Behörden mit einer entsprechenden Berichterstattung an die Strafverfolgung und Einstellung des Verfahrens aufgezeigt. Dabei wird auch auf die Systematik von Art. 14 BasisVO mit seiner Notfallregelung in Abs. 8 eingegangen.

Im Hinblick auf die Bedeutung des Themas werden das Risikomanagement, das Vorsorgeprinzip einschließlich dessen Anwendung und die bisherigen Rechtsprechungen zu Ethylenoxid vorliegend zusammenfassend beleuchtet[2]) sowie ein Modell für Sicherheitsbewertungen und zugehörige behördliche Anordnungen zur Verfügung gestellt.

Als Resümee zur Rechtsprechung kann festgehalten werden, dass inzwischen sechs oberverwaltungsgerichtliche Beschlüsse zu Ethylenoxid bzw. 2-Chlorethanol in Lebensmitteln sowie zugehörige Anmerkungen vorliegen. Das OVG Hamburg[3]) geht gemäß amtlichem Leitsatz Nr. 1. zufolge bislang allein von einer tatbestandsmäßigen Gesundheitsschädlichkeit

---

1) Siehe Kapitel 3.13.

2) *Ludwig*, LMuR 2023, 435 ff. sowie LMuR 4/2024.

3) OVG Hamburg, Beschluss vom 8.6.2022 – 3 Bs 263/21, BeckRS 2022, 18421.

nach Art. 14 Abs. 2 a) BasisVO aus, wenn die Aufnahmemenge geringer Besorgnis überschritten wird. Gleichwohl wird unter Berücksichtigung der unsichereren Datenlage noch auf andere denkbare hypothetische Fälle unterhalb der Nachweismöglichkeit einer Gesundheitsschädlichkeit eingegangen mit den amtlichen Leitsätzen Nr. 3. und 4. Danach könne auch das Vorsorgeprinzip als eine Ermächtigung für Entscheidungen herangezogen werden und dies würde in Zusammenhang mit etwaigen Umdeutungen keine problematischen Wesensänderungen zur Folge haben. Die übrigen Oberverwaltungsgerichte[1]) haben in den Einzelfällen eine Gesundheitsschädlichkeit im Sinne von Art. 14 BasisVO nicht als erwiesen gesehen. Sinngemäß übereinstimmend erörtern die OVG die besondere Bedeutung von Risikoanalyse sowie zugehörige Risikomanagemententscheidung und verweisen auf das Vorsorgeprinzip als besondere Ermächtigung.

Die Literatur[2]) nimmt für eine differenzierte Betrachtung Bezug auf den Beschluss des BayVGH, wonach das Vorsorgeprinzip quasi „selbstverständlich" in die allgemeine lebensmittelrechtliche Systematik eingebunden wird.

Ein entsprechender Lösungsansatz mit beispielhafter Bewertungssystematik unter Berücksichtigung des Vorsorgeprinzips und in Zusammenhang mit den jeweiligen unterschiedlichen Gehalten von Ethylenoxid bzw. 2-Chlorethanol wurde in der Literatur[3]) wie folgt skizziert:

1. Gesundheitsschädlich nach Art. 14 Abs. 2 a) BasisVO.
2. Gesundheitsschädlich nach Art. 14 Abs. 2 a) BasisVO in Zusammenhang mit dem Vorsorgeprinzip, wobei eine angemessene Datenunsicherheit durch das Vorsorgeprinzip kompensiert wird.
3. Ungeeignet für den menschlichen Verzehr nach Art. 14 Abs. 2 b) und Abs. 5 BasisVO. Im Hinblick auf den Tatbestand der Gesundheitsschädlichkeit als lex specialis darf diesbezüglich nicht als „bloßer Automatismus" oder bei (behebbaren) Nachweisschwierigkeiten auf vorliegenden Tatbestand der Verzehrsungeeignetheit zurückgegriffen werden. Gleichwohl ist ein Rückgriff bei sachgerechter Begründung und mit Blick auf das Stufenverhältnis der Sicherheitsnormen in Art. 14 Abs. 2 grundsätzlich möglich. Dabei sind die entsprechenden Risiken in Verbindung mit dem Vorsorgeprinzip anzuführen und die daraus resultierende Risikomanagemententscheidung, wonach ein Verzehr des Erzeugnisses intolerabel für den Menschen ist gemäß Abs. 5 des vorliegenden Tatbestan-

1) S. insbesondere BayVGH, Beschluss vom 25.4.2022 – 20 Cs 22.530 u. NdsOVG, Beschluss vom 8.8.2022 – 14 ME 203/22.

2) S. *Möstl*, LMuR 2022, 513.

3) *Ludwig*, LMuR 2023, 435 (443).

des. Dabei wird den Verbraucherinteressen und der Frage Rechnung getragen, ob ein über die Risiken informierter durchschnittlich empfindsamer Verbraucher einen Verzehr ablehnen würde. Dies weist gleichzeitig auf die Systematik hin, wonach beispielsweise eine unternehmerische Information über die Risiken gegenüber dem Verbraucher ein Ergebnis einer Sicherheitsbewertung entsprechend beeinflussen kann gemäß Art. 14 Abs. 3 b).

4. Nicht verkehrsfähig: Dies kann aus spezifischen Bestimmungen wie z. B. VO (EU) 2022/1397 resultieren.
5. Tolerables Risiko: Ein akzeptables Lebensalltagsrisiko ist gegeben und damit folgt keine Beanstandung und folglich eine Einstufung als sicheres Lebensmittel.

Im Übrigen spricht die klassische Systematik des EU-Lebensmittelrechts für eine Anwendung des Vorsorgeprinzips im Kontext mit den bekannten Normen bzw. Ermächtigungen im Rahmen des Risikomanagements. Dementsprechend verweist die einzige gegebene Verfahrensregelung zum Risikomanagement unter Berücksichtigung des Vorsorgeprinzips in Art. 6 Abs. 3 BasisVO auf eine Anwendung i. V. m. der Risikoanalyse und den Normschutzzielen in Art. 5.

Nachfolgend wird eine Anordnung mit beinhalteten Risikoerwägungen und Risikomanagemententscheidungen abgebildet.

Beispiel für eine Untersagungsanordnung

Landratsamt Musterstadt *Postfach 123* 12345 Musterstadt

Mit Postzustellungsurkunde

(Adresse)

Datum
xxyyzzzz

Landratsamt Musterstadt

Amt für Veterinärwesen
und Verbraucherschutz

Aktenzeichen xy

Zuständig für Ihr Anliegen
Herr Ludwig
(Kontaktdaten,
Datenschutzhinweis usw.)

Kassenzeichen: **xxx** (bei Zahlung unbedingt angeben)
Betrag: **250,– €**

Lebensmittelüberwachung – Lebensmittelunternehmen X, XStr. 789, PLZ YOrt

Untersagung des Inverkehrbringens des (Lebensmittel X) aufgrund des Gehaltes an Ethylenoxid; Gutachten Untersuchungsamt C vom xxyyzzzz

Sehr geehrte Damen und Herren, sehr geehrte (Lebensmittelunternehmerin Y),

I.

mit Bezug auf o. g. Untersuchungsbefund und die Anhörung im Zuge des bisherigen Informationsaustausches in Verbindung mit der Besprechung mit dem Krisenteam am (Datum) ergeht gegenüber dem Lebensmittelunternehmen X GmbH folgende

Verfügung:

1. Das Inverkehrbringen des nicht zum menschlichen Verzehr geeigneten (Lebensmittels X) mit dem festgestellten Gehalt Z an (Ethylenoxid/2-Chlorethanol) wird hiermit ab sofort untersagt.
2. Die Rücknahme des unter Anordnung Nr. 1 genannten Lebensmittels von den gewerbsmäßigen Kunden ist innerhalb **einer Woche** einzuleiten, indem diese Kunden innerhalb vorstehender Frist über die Unsicherheit des Erzeugnisses und die Rücknahme informiert werden.
3. Für vorstehende Anordnungen unter Nr. 1. und 2. wird die sofortige Vollziehung verfügt.

4. Für den Fall einer Missachtung der Anordnung unter Nr. 1. wird hiermit das Zwangsmittel des unmittelbaren Zwangs in Form einer Versiegelung von Restbeständen des beanstandeten Lebensmittels und erforderlichenfalls zugehörigen Räumen vor Ort angedroht.
5. Für den Fall der Nichtbeachtung der Anordnungen unter Nr. 2. wird hiermit ein Zwangsgeld in Höhe von 10.000,– € angedroht
6. Für diese Verfügung wird eine Gebühr in Höhe von **250,– €** festgesetzt, die unter Angabe des o. g. Buchungszeichens an die Kreiskasse zu überweisen ist.

II. Begründung:

1. Sachverhalt

Das (Lebensmittelunternehmen X) ist in A ansässig. (Frau Y) ist die Lebensmittelunternehmerin. Das Unternehmen ist mit Bezug auf Größe und Produkt- sowie Vertriebsvolumen nach Aktenlage relativ unauffällig. Das Risikomanagementsystem für Lebensmittelsicherheit wurde im Zuge eines behördlichen Audits mit Bezug auch auf (Anlass) als rechtskonform sowie insbesondere auch wirksam eingestuft.

Am (Datum) wurde das Landratsamt Göppingen, Amt für Veterinärwesen und Verbraucherschutz, von der Lebensmittelüberwachung B darüber informiert, dass im Zuge einer Planprobenahme das (Lebensmittel X) des (Lebensmittelunternehmens X) beanstandet worden war. Im Ergebnis wurde das Erzeugnis gemäß dem Gutachten und der immanenten Risikoanalyse des Untersuchungsamtes Z infolge des ermittelten Gehaltes Y an Ethylenoxid beanstandet, wonach das Erzeugnis als unsicher und nicht geeignet für den menschlichen Verzehr einzustufen ist und/oder mit Bezug auf bekannte oberverwaltungsgerichtliche Rechtsprechung vergleichbare Maßnahmen auf der Grundlage des Vorsorgeprinzips in Betracht kommen sollten. Auf die noch nicht abschließend gesicherte wissenschaftliche Datenlage mit Blick auch auf die EFSA-Stellungnahme wurde verwiesen. Eine etwaige Gesundheitsschädlichkeit wurde anhand der festgestellten Gehalte an Ethylenoxid in Verbindung mit den aktuellen wissenschaftlichen Erkenntnissen nicht geltend gemacht.

Das Landratsamt als zuständige Lebensmittelüberwachungsbehörde hat sich nach entsprechender Prüfung die gutachterliche Einschätzung des Untersuchungsamtes zu eigen gemacht und teilt die entsprechende Risikobewertung vollumfänglich. Das Unternehmen wurde am (Datum) umgehend, vorab telefonisch und per Telefax, über den Untersuchungsbefund unterrichtet. Mit Bezug auf das bekannte Krisenmanagementsystem wurde aus behördlicher Sicht auf eine erforderliche unverzügliche Einberufung des Krisenteams mit dem Ziel einer Anhörung zur Problematik innerhalb der nächsten 2 Werktage verwiesen. Ein ausnahmsweise derart kurzfristiger Informationsaustausch wurde vom Unternehmen zugesichert.

Bei der folgenden Besprechung am (Datum) hat das Landratsamt auf die Einstufung des (Lebensmittels X) aufgrund des Untersuchungsbefundes als nicht sicher und nicht zum menschlichen Verzehr geeignet verwiesen. Das Gutachten und die rechtlich teils ergänzende Begründung unter Berücksichtigung eines hohen Gesundheitsschutzniveaus und insbesondere des Vorsorgeprinzips wurden dargelegt. Im Hinblick auf den geltend gemachten Rechtsverstoß wurden die anwesenden Unternehmensvertreter von der Geschäftsleitung, QM- und juristischen Abteilung vorsorglich darüber belehrt, dass es freisteht, Angaben zur Sache zu machen, und dass andererseits eine Kooperation in einem etwaigen folgenden Verfahren seitens der Ahndungsbehörden zu Gunsten des Unternehmens bzw. der Vertreter ausfallen kann. Das Unternehmen hat diesbezüglich Kooperation und Mitwirkung an der Aufklärung und evtl. Durchführung der erforderlich erscheinenden Maßnahmen signalisiert. Dabei wurden die bisherigen und dem Landratsamt auch teils bekannten Risikomanagementmaßnahmen dargelegt, einschließlich Unbedenklichkeitsbescheinigungen von Rohstofflieferanten, regelmäßigen eigenen Untersuchungen, usw. Im Ergebnis konnte die genaue Ursache für den ermittelten Gehalt an Ethylenoxid im (Lebensmittel X) noch nicht geklärt werden. Im Hinblick auf die aktuell noch gegebenen wissenschaftlichen Unsicherheiten hat das Unternehmen geltend gemacht, dass insbesondere eine Einstufung als unsicheres Lebensmittel noch nicht gesehen wird und auch im Vergleich mit anderen bekannten schädlichen Stoffen seien die Rechtsfolgen von Inverkehrbringungsverbot und Rücknahme unangemessen. So sei Ethylenoxid in einzelnen Ländern nicht verboten und wurde über Jahre bekanntermaßen bei der Behandlung von Containern mit Lebensmitteln eingesetzt. Auf etwaige Rechtsschutzmittel im Falle von behördlichen Entscheidungen insbesondere in Richtung einer Rücknahme mit Unterrichtung von Kunden und Ähnlichem wurde hingewiesen.

Die beschriebenen Positionen wurden im weiteren Gesprächsverlauf beibehalten. Das Landratsamt hat eine beabsichtigte Anordnung zur Untersagung des Inverkehrbringens und einer Rücknahme gegenüber den gewerbsmäßigen Kunden angekündigt.

2. Rechtliche Begründung

(Zitate: Art. 137 und 138 Verordnung [EU] 2017/625 [folgend bezeichnet als EU-KontrollV 2017] / hohes Gesundheitsschutzniveau nach u. a. Art. 168 Unionsprimärrecht und Art. 1 Lebensmittelbasisverordnung [EG] 178/2002 [folgend bezeichnet als BasisV] / Art. 6 Risikoanalyse / Art. 7 Vorsorgeprinzip / Art. 14 Abs. 1 und 2 b) sowie Abs. 5 BasisV / Art. 5 Verordnung [EG] 852/2004 Risikomanagementsystem für Lebensmittel)

a. Verantwortlichkeit und Aufgabe von Unternehmen und Überwachungsbehörde

Nach der Systematik des EU-Lebensmittelrechts u. a. gemäß Art. 17 Verordnung (EG) Nr. 178/2002 und Art. 3 Verordnung (EG) Nr. 852/2004 sind die Lebensmittelunternehmen und die Lebensmittelunternehmer vollumfänglich verantwortlich für die Sicherheit der Lebensmittel und die Einhaltung der einschlägigen Normen.

Die Lebensmittelüberwachungsbehörden nehmen ihre zugewiesene Überwachungsfunktion wahr. Gemäß der Systematik des Unionsrechts sorgen Unternehmen und Überwachung grundsätzlich kooperativ für das vorerwähnte hohe Gesundheitsschutzniveau.

Im Falle von Rechtsverstößen und intolerablen Risiken veranlassen die Überwachungsbehörden erforderlichenfalls die Unternehmen zur Behebung und zur Vermeidung von Wiederholungen, vgl. die entsprechende Systematik von Art. 138 EU-KontrollV 2017 und ebenso Art. 16 Marktüberwachungsverordnung (EU) 2019/1020.

b. Einstufung als unsicher und Begründung der Untersagung des Inverkehrbringens insbesondere aufgrund der Grundsätze bzgl. Risikoanalyse und Vorsorgeprinzip

Mit Bezug auf die noch vorliegenden wissenschaftlichen Unsicherheiten stützen sich vorliegende Entscheidungen in besonderem Maß auf die vorerwähnten Grundsätze bzgl. hohes Gesundheitsschutzniveau, Risikoanalyse gemäß Art. 6 und insbesondere Vorsorgeprinzip nach Art. 7 BasisV. Die Erwägungsgründe 16-21 der BasisV beschreiben die Einzelschritte und Ziele von Risikoanalysen einschließlich zugehöriger Maßnahmen. Diese Systematik der Risikoanalyse mit den Einzelschritten in Form von

- Risikobewertung,
- Risikomanagement und
- Risikokommunikation

stellt eine systematische Methodik

- zur Ermittlung effektiver, angemessener und gezielter Maßnahmen oder sonstiger Aktionen des Gesundheitsschutzes dar.

Nach Art. 3 Nr. 11 BasisV stellt die Risikoanalyse einen wissenschaftlich untermauerter Vorgang mit den vier Stufen Gefahrenidentifizierung, Gefahrenbeschreibung, Expositionsabschätzung und Risikobeschreibung dar.

Diese Grundsätze und Verfahrensanforderungen werden im vorliegenden Fall durch das wissenschaftliche Gutachten des akkreditierten Untersuchungslabors und die zugehörige Verwendung mit insbesondere rechtlichen Ergänzungen durch die zuständige Überwachungsbehörde vorliegend berücksichtigt und angewandt, siehe dazu die aktenkundigen sowie nachfolgenden Einzelfallerwägungen und vgl. Sosnitza/Meisterernst LebensmittelR/Ludwig EG-Lebensmittel-Basisverordnung Art. 50 Rn. 52–54.

Nach vorstehendem Sachverhalt wird das beanstandete Lebensmittel seitens Untersuchungsamt und Landratsamt auf der Grundlage des Gutachtens als unsicher und nicht zum menschlichen Verzehr geeignet bewertet. Das Unternehmen bestreitet diese Auffassung. Vor diesem Hintergrund und dem ausführlichen Meinungsaustausch am xxyyzzzz hat das Landratsamt seine Einschätzung inzwischen nochmals sorgfältig überprüft und hält an seiner ursprünglichen Einstufung an der Unsicherheit des Erzeugnisses fest. Diese Bewertung als Grundlage für die Rechtsfolgen und entsprechend angeordneten Maßnahmen stellen sich wie folgt dar:

Bei der Beanstandung von Lebensmitteln mit beinhalteten Stoffen mit genotoxischem bzw. cancerogenem Potential kommt grundsätzlich eine Gesundheitsschädlichkeit in Betracht. Dabei sind im Zuge der Risikoanalyse die Rahmenbedingungen von Art. 14 Abs. 4 BasisV sowie die Risikofunktion maßgeblich hinsichtlich einer Wahrscheinlichkeit eines Eintretens einer gesundheitlich beeinträchtigenden Wirkung und der Schwere dieser Wirkung als Folge der Realisierung einer Gefahr, siehe Sosnitza/Meisterernst LebensmittelR/Ludwig EG-Lebensmittel-Basisverordnung Art. 50 Rn. 55, bezugnehmend auf Art. 3 Nr. 9 bis 14 und Art. 6 BasisV, Art. 3 Nr. 23 und 24 EU-KontrollV 2017. Ferner ist zu berücksichtigen, dass das primäre Normschutzziel eines hohen Gesundheitsschutzniveaus oftmals und aus naturwissenschaftlicher Perspektive nicht mit einem „Null-Risiko" einhergehen kann, vgl. auch Beschlüsse VGH Mannheim vom 16.5.2023 – 9S 1606/22 – und – 9S 1898/22. Danach und unter Berücksichtigung der gegebenen wissenschaftlichen Unsicherheiten sowie mangels gegebener bzw. ermittelbarer Daten z. B. zur Dauer des Verzehrs bzgl. (des/der) betroffenen (Lebensmittels-/Zutat) wird noch nicht von einer nachweisbaren Gesundheitsschädlichkeit ausgegangen, selbst wenn das BfR auf derartige Möglichkeiten auch unter des Orientierungswerts hinweist.

Damit besteht Einvernehmen darüber, dass das (Lebensmittel X) nach derzeitigen wissenschaftlichen Erkenntnissen nicht als gesundheitsschädlich bewertet wird. Derartige Überlegungen können somit und vorbehaltlich einer Neubewertung z. B. in Zusammenhang mit einer geänderten Datenlage zu den toxischen Stoffen und/oder Verzehrsgewohnheiten einvernehmlich ausgeblendet werden. Diesbezüglich ist jedoch im Weiteren zu berücksichtigen, dass im Falle einer nicht gegebenen oder nachweisbaren Gesundheitsschädlichkeit nicht im Zuge eines bloßen Automatismus von Art. 14 Abs. 2 a) BasisV auf die Verzehrsungeeignetheit in Art. 14 Abs. 2 b) zurückgegriffen werden darf. Gleichwohl stehen die Tatbestände im Art. 14 Abs. 2 in einem Stufenverhältnis und dies kann entsprechend sachgerecht berücksichtigt werden, vgl. Sosnitza/Meisterernst LebensmittelR/Ludwig EG-Lebensmittel-Basisverordnung Art. 50 Rn. 81–87.

Eine Einstufung des Lebensmittels als sicher kommt vorliegend nicht in Frage. Die Ungeeignetheit für den menschlichen Verzehr stellt sich auf der Grundlage der Risikoanalyse und Berücksichtigung auch vorstehender Ausführungen zum Risiko sowie mit Blick auf das Vorsorgeprinzip ergänzend wie folgt dar:

Mit dem Urteil vom 17.3.2021 – T-719/17, legt der EuG gemäß Leitsatz Nr. 1 und Rn. 63 zu den Maßstäben der Risikoanalyse sinngemäß Folgendes dar: Wenn wissenschaftliche Ungewissheiten bestehen, können die Organe nach dem Vorsorgegrundsatz Schutzmaßnahmen treffen, ohne abwarten zu müssen, bis das tatsächliche Vorliegen und die Schwere der Gefahren in vollem Umfang nachgewiesen sind oder bis die nachteiligen Wirkungen für die Gesundheit eintreten. Dementsprechend weist die oberverwaltungsgerichtliche Rechtsprechung in solchen Fällen nachvollziehbar den Grundsätzen von Risikoanalyse und Vorsorgeprinzip eine hohe Bedeutung zu, vgl. Beschluss VGH München vom 25.4.2022 – 20CS 22.530 –, Beschluss OVG Hamburg vom 8.6.2022 – 3 Bs 263/21 –, Beschluss OVG Schleswig vom 16.6.2022 – 3MB 8/22–, Beschluss OVG Lüneburg vom 8.8.2022 – 14ME 203/22 – sowie Beschlüsse VGH Mannheim vom 16.5.2023 – 9S 1606/22 – und – 9S 1898/22.

Ferner weist der VGH München mit Beschluss vom 25.4.2022 – 20 CS 22.530 – und den amtlichen Leitsätzen darauf hin, dass eine lebensmittelrechtliche Verbotsverfügung als Verwaltungsakt mit Dauerwirkung von der Lebensmittelbehörde während ihres gesamten Geltungszeitraums auf das Vorliegen ihrer gesetzlichen Voraussetzungen zu überprüfen ist. Insbesondere diese Rahmenbedingungen hat das Landratsamt bei der vorliegenden Vorgehensweise berücksichtigt.

Allgemein sind bei den Beweiswürdigungen zu Unsicherheitsbewertungen von Erzeugnissen das primäre Normschutzziel eines hohen Gesundheitsschutzniveaus, die fachliche und rechtliche Feststellung von Risiken mit entsprechender Einstufung als Verstoß, der Amtsermittlungsgrundsatz, das Vorsorgeprinzip und die daraus resultierenden Anforderungen an die Nachweise und die Abgrenzung zu minderen tolerablen Lebensalltagsrisiken bedeutend, vgl. Sosnitza/Meisterernst LebensmittelR/Ludwig EG-Lebensmittel-Basisverordnung Art. 50 Rn. 60–63. Auch nach der Rechtsprechung des BVerfG gemäß Beschluss vom 18.2.2010 –, 2BvR 2502/08, Rn. 12, können in Abhängigkeit von der Risikobewertung ausnahmsweise auch abstraktere Nachweise bzw. adäquate fachliche Risikobewertungen für einen Unsicherheitsnachweis ausreichen. Diesbezüglich ist das Vorsorgeprinzip insbesondere auch bei der Beweiswürdigung entsprechend zu berücksichtigen.

Das (Lebensmittel X) wird mit dem Gutachten des staatlichen Untersuchungsamtes C vom xxyyzzzz beanstandet. Das Untersuchungsamt ist akkreditiert. Auf das Gutachten wird vollinhaltlich verwiesen. Das Landratsamt macht sich die Auffassung des Untersuchungsamts zu eigen und ergänzt diese teils um die vorliegende rechtliche Bewertung. Der festgestellte Gehalt Y an Ethylenoxid bzw. 2-Chlorethanol wurde mit den im Gutachten dokumentierten Untersuchungsverfahren ermittelt. Für die Risikoanalyse wurden die aktuellsten wissenschaftlichen Erkenntnisse einschließlich einer Stellungnahme des BfR vom 22.6.2022 zum Gesundheitsrisiko von Ethylenoxid in Lebensmitteln unter Berücksichtigung der EFSA-Stellungnahme herangezogen. Die EFSA-Stellungnahme vom 28.1.2022 kann keine sicheren Grenzwerte für die im Raum stehende Gentoxizität und Kanzerogenität von 2-Chlorethanol liefern. Das BfR nennt einen Orientierungswert bzgl. einer Aufnahmemenge geringer Besorgnis, wobei dies Grundlage für Risikomanagemententscheidungen sein solle und somit keinen toxischen Grenzwert darstelle. Andererseits kann nicht sicher von einer mangelnden Gesundheitsschädlichkeit unter diesem Orientierungswert ausgegangen werden, das ALARA-Prinzip ist insofern maßgeblich als das Ziel einer geringst möglichen Aufnahmemenge der cancerogenen und erbgutschädigenden Stoffe. Für die Risikobewertung wurden insbesondere die Verfahrensmodalitäten bzgl. Margin of Exposure verwendet.

In Verbindung mit einem Verzehr des (Lebensmittel X) mit dem ermittelten Gehalt Y an Ethylenoxid bzw. 2-Chlorethanol und den beschriebenen bestimmungsgemäßen bzw. vorhersehbaren Verwendungs-/Verzehrsgewohnheiten ist eine etwaige Gesundheitsschädlichkeit derzeit nicht ausreichend sicher belegbar. (Ggf. Angaben zu erfahrungsgemäßem Verzehr ggf. unter ergänzender Benennung Vorsorgeprinzip und/oder nähere Vermarkterangaben z. B. bei Nahrungsergänzungsmitteln). Jedoch ist ein zu erwartender Verzehr des (Lebensmittel X) auch für durchschnittliche erwachsene Personen über einen erfahrungsgemäß üblichen Zeitraum und insbesondere für Risikogruppen als intolerabel einzustufen und geht damit mit entsprechenden vermeidbaren Risiken einher. Dabei wird berücksichtigt, dass ein durchschnittlich kundiger Verbraucher weder durch (ggf. die Fertigpackung bzw.) die Aufmachung des Erzeugnisses noch durch einen entsprechend zu unterstellenden Durchschnittssachverstand derartige Risiken erkennen kann mit Blick auf Art. 14 Abs. 3 b) BasisV und ihm somit eine eigene Entscheidung über eine Risikoannahme genommen ist. Vor diesem Hintergrund ist zu sehen, dass Hochrisikolebensmittel, wie z. B. Sushi oder Mettbrötchen, verkehrsfähig sind mit besonderem Blick auf die Entscheidungsmöglichkeit des mündigen Verbrauchers über einen Verzehr solcher Erzeugnisse.

Demnach ist das (Lebensmittel X) als unsicher und nicht zum menschlichen Verzehr geeignet im Sinne von Art. 14 Abs. 1 und 2 b) in Verbindung mit Absatz 5 einzustufen. Dabei maßgeblich sind insbesondere

- das nach der wissenschaftlichen Datenlage derzeit bestmöglich ermittelte Risiko unter Berücksichtigung insbesondere vorstehend dargelegter Grundsätze von Risikoanalyse und Vorsorgeprinzip,
- die dem Verbraucher vorliegenden Informationen; derzeit geben Aufmachung und sonstige Angaben dem Verbraucher keine Hinweise auf das vorliegend ermittelte Risiko,
- das Verhalten eines durchschnittlich empfindsamen Verbrauchers bei unterstellten Kenntnissen über die Risiken; danach ist von einer Ablehnung des Erzeugnisses auszugehen und somit ist es intolerabel für den Menschen im Sinne von Art. 14 Abs. 5 BasisV.

Danach verstößt das Inverkehrbringen des (Lebensmittels X) gegen das Verbot des Art. 14 Abs. 1 und 2 b) BasisV, vgl. Sosnitza/Meisterernst LebensmittelR/Ludwig EG-Lebensmittel-Basisverordnung Art. 50 Rn. 81–87 und Rn. 18 sowie 20.

Demzufolge ist das vorstehend unter Ziffer I. Nr. 1 angeordnete Inverkehrbringungsverbot geeignet, erforderlich und angemessen, um künftige Verstöße gegen Art. 14 Abs. 2 b) BasisV sowie einen Verzehr von unsicheren Lebensmitteln durch die Verbraucher zu verhindern. Die angeordnete Maßnahme stützt sich demnach auf Art. 138 Abs. 1 und 2 d) EU-KontrollV 2017, Art. 14 Abs. 1 und 2 b) BasisV und Art. 6 und 7 BasisV. Dabei haben Risikoanalyse und Vorsorgeprinzip gemäß vorstehenden Ausführungen eine besondere Bedeutung, insbesondere das Vorsorgeprinzip ist sowohl als Baustein der Beweiswürdigung und besondere ergänzende Ermächtigung relevant. Der Art. 138 Abs. 2 d) EU-KontrollV sieht insbesondere konkret eine Beschränkung des Inverkehrbringens von Erzeugnissen vor.

Die wirtschaftlichen Auswirkungen wurden dabei berücksichtigt. Die Verbraucherinteressen sind jedoch höherwertiger einzuordnen. Ergänzend ist eine Informationsmöglichkeit des Unternehmens gegenüber dem Verbraucher gemäß der Systematik von Art. 14 Abs. 3 BasisV gegeben, die eine Neubewertung der Angelegenheit und Prüfung der Anordnung auf Erforderlichkeit zur Folge hat.

Im Rahmen einer pflichtgemäßen Ermessensausübung sind keine milderen Maßnahmen möglich, um die Verstöße gegen Art. 14 Abs. 2 b) BasisV zu vermeiden, die Verbraucher angemessen zu schützen und rechtskonforme Zustände herzustellen.

Im Hinblick auf die Verwendung des Vorsorgeprinzips zur Herstellung empfindlicher Eingriffsermächtigungen wurde berücksichtigt, dass dem Verhältnismäßigkeitsgrundsatz nach Art. 7 Abs. 2 BasisV besonders Rechnung zu tragen ist. In diesem Zusammenhang wurden die Auswirkungen auf die Unternehmen und den Handel in besonderem Maß mit den Verbraucherschutzinteressen abgewogen. Ebenso wird vorliegende Entscheidung regelmäßig auf das zugrunde liegende Datenmaterial und deren Notwendigkeit geprüft werden gemäß dem zitierten Beschluss des VGH München. Mit Bezug auf das Primärziel des hohen Gesundheitsschutzniveaus wurde im Zuge der Abwägungen ebenso berücksichtigt, dass ein Nullrisiko nicht verlangt wird und auch im Vergleich mit anderen Sachverhalten oftmals naturwissenschaftlich unmöglich ist. Ferner wird dem Unternehmen vorliegend mitgeteilt, dass eine Information des Unternehmens über das Risiko gegenüber dem Verbraucher beispielsweise als Warnhinweis vorliegendes Prüfungsergebnis beeinflussen kann, wenn die Verbraucher dann über die Risikoannahme entscheiden können.

Hinweis: In der Rechtsliteratur, siehe LMuR, 2022, 513, Möstl, wird mit Bezug auch auf die erwähnte oberverwaltungsgerichtliche Rechtsprechung die Frage aufgeworfen, ob das Vorsorgeprinzip als besondere Stütze von Entscheidungen bei wissenschaftlichen Unsicherheiten im Rahmen der bekannten Normsystematik von Art. 138 KontrollV und Art. 14 BasisV angewendet werden kann gemäß Auffassung des VGH München oder ob das Vorsorgeprinzip einer isolierten Betrachtung im Zuge der Umsetzung bedarf. Die vorliegende Entscheidung unterstreicht die Möglichkeit einer sachgerechten Berücksichtigung des Vorsorgeprinzips bei der Beweiswürdigung und als ergänzende Ermächtigung im Zuge der bekannten Lebensmittelrechtssystematik. Dagegen würde eine isolierte Betrachtung z. B. auch Verfahrensfragen aufwerfen. Ferner kann bei vorliegender Vorgehensweise und beispielsweise im Zuge von Ahndungsmaßnahmen den Verstößen und einem etwaigen Verschulden ebenso angemessen Rechnung getragen werden, als wenn beispielsweise ein Verstoß grundsätzlich negiert würde oder dazu nur das Vorsorgeprinzip entsprechend allein angeführt werden würde. Ein Negieren eines Verstoßes würde auch Konflikte mit Art. 14 Abs. 7 BasisV aufwerfen hinsichtlich der Sicherheitsvermutung. Die Diskussion tangiert somit die voraussichtliche Hauptstreitfrage in derartigen Fällen, ob eine Beanstandung zulässig ist oder nicht. Demnach trägt vorliegende Vorgehensweise mit einer Berücksichtigung von Art. 6 BasisV bzgl. Risikoanalyse und Art. 7 BasisV hinsichtlich Vorsorgeprinzip auch dem Bestimmtheitsgrundsatz und der Transparenz der Rechtswegegarantie Rechnung.

Selbst wenn zu dieser Frage eine andere Auffassung vertreten würde, würde dies quasi zu einer Umformulierung der Entscheidung führen und die Rechtmäßigkeit aller Voraussicht nach nicht tangieren, vgl. Leitsätze des OVG Hamburg Nr. 3. und 4. Dies unterstreicht ergänzend die Vorgehensweise gemäß bekannter Lebensmittelrechtssystematik und mangelnde Argumente für eine völlig isolierte Betrachtung.

c. Begründung der Rücknahme

Die vorliegend festgestellte Unsicherheit von Erzeugnissen nach Art. 14 Abs. 2 b) BasisV erfüllt regelmäßig die Tatbestandsmäßigkeit von Art. 19 Abs. 1 BasisV. Nach dieser Regelung reicht die präventive Bandbreite des Normschutzziels nachvollziehbar und bzgl. dem hohen Gesundheitsschutzniveau relativ weit mit Blick auf die Tatbestände in Form von „erkennt ein Unternehmer“ oder „hat er Grund zur Annahme“ bzgl. der Unsicherheit eines Lebensmittels. Vorliegend trifft der Tatbestand des „Erkennens“ nicht zu, da das Unternehmen bislang die vorliegende behördliche Sicherheitsbewertung bestreitet. Eine entsprechende behördliche Bewertung unter Berücksichtigung vorliegender und im Rahmen der Anhörung kommunizierten Grundsätze zur Gewährleistung eines hohen Gesundheitsschutzniveaus verwirklicht jedoch den vorerwähnten Tatbestand, wonach ein Unternehmen Grund zur Annahme von Sicherheitsbedenken hat. Dies löst die Rechtsfolgen und Verpflichtungen nach Art. 19 Abs. 1 BasisV aus, wonach eine unverzügliche Einleitung von Verfahren zur Rücknahme derartiger Erzeugnisse vom Markt erforderlich ist. Das Unternehmen hat gerade auch in diesem Zusammenhang auf die sensiblen Auswirkungen gegenüber den Kunden hingewiesen und daher entgegen auch dem Kooperationsprinzip von Art. 19 Abs. 4 BasisV keine Bereitschaft zur Umsetzung erkennen lassen.

Demnach ist die ergänzende Anordnung unter Ziffer I Nr. 2. hinsichtlich der Einleitung einer Marktrücknahme des unsicheren (Lebensmittel X) nach Art. 19 Abs. 1 BasisV in Verbindung mit der explizit hierfür vorgesehenen Ermächtigung in Art. 138 Abs. 2 g) EU-KontrollV und des Verstoßes gegen Art. 14 Abs. 2 b) BasisV notwendig. Die Anordnung ist geeignet, erforderlich und angemessen, um ein hohes Gesundheitsschutzniveau zu gewährleisten sowie eine weitere Vermarktung des (Lebensmittels X) und damit einen Verzehr durch den Verbraucher zu verhindern. Die besonderen wirtschaftlichen Auswirkungen einschließlich der Effekte gegenüber den Kunden durch eine derartige Rücknahme wurden diesbezüglich ebenso berücksichtigt.

Ergänzend wird mit Bezug auf den möglichen weiteren Verlauf der Geschehnisse auf Folgendes hingewiesen: Der unionsrechtliche Rahmen sieht für die Umsetzung von Rücknahmen und Rückrufen behördliche Anordnungen im exemplarischen Maßnahmenkatalog gemäß Art. 138 Abs. 2 g) EU-KontrollV 2017 vor. Der nationale Gesetzgeber hat der Bedeutung der oftmaligen Dringlichkeit von Rückrufen korrelierend mit Art. 7 Abs. 2 EU-KontrollV 2017 Rechnung getragen, indem national die Umsetzung von Rückrufen als Realakt vorgesehen ist gemäß § 40 Abs. 1 und 2 LFGB.

Über etwaige Marktrücknahmen gegenüber gewerbsmäßigen Kunden hinaus ist mit Bezug auf die Anforderungen an öffentliche Warnungen dem Verhältnismäßigkeitsgrundsatz unter Berücksichtigung der für Unternehmen sensible Auswirkungen besonders Rechnung zu tragen. Im Hinblick auf vorliegende Sach- und Rechtslage wird derzeit noch kein Anlass für einen Rückruf des Erzeugnisses gegenüber den Verbrauchern gesehen. Dies kann sich jedoch bei einer Verschärfung der Risikolage ändern. Erheblichere Risikobewertungen können sich z. B. durch neue wissenschaftliche Erkenntnisse ergeben und/oder falls sich das zunächst angedrohte mildeste Zwangsmittel Zwangsgeld als ungeeignet zur Umsetzung eines angemessen raschen Verbraucherschutzes erweisen sollte mit der Folge eines weiteren Inverkehrbringens des beanstandeten Lebensmittels durch die gewerbsmäßigen Kunden mangels Rücknahme. Derartige Verschärfungen des Risikos können die Tatbestandsmäßigkeit und Erforderlichkeit eines Rückrufs mit immanenter Rücknahme gegenüber den Gewerbekunden erhärten. Dies kann somit bis hin zu einem Rückruf und einer Umsetzung mittels Realakt führen gemäß der Systematik von Art. 19, 10 BasisV sowie § 40 Abs. 1 und 2 LFGB, siehe Praxishandbuch Behebung und Verfolgung von Lebensmittelverstößen, Ludwig/Wieser, 7. Auflage 2022, Kapitel 3.14 und 3.15. Für diesen Fall haben Sie damit zu rechnen, dass Sie ggf. noch einmal rasch zu ergänzenden erforderlichen Maßnahmen angehört werden. Darauf wird vorsorglich hingewiesen und dass demnach die Einleitung sowie Durchführung der angeordneten Rücknahme sich ggf. für das Unternehmen entsprechend günstig auf etwaige nachfolgende Prüfungen einer Erforderlichkeit eines Rückrufs auswirken kann.

3. Begründung sofortige Vollziehung

Die Verfügung der sofortigen Vollziehung für die Anordnungen unter Ziffer I. Nr. 1. und 2. erfolgt gemäß § 80 Abs. 2 Nr. 4 der Verwaltungsgerichtsordnung (VwGO). Dies bedeutet, dass wir auch dann zum Vollzug der Anordnungen mittels Vollstreckungsmaßnahmen berechtigt sind, falls Widerspruch eingelegt wird.

Die Verfügung der sofortigen Vollziehung ist im besonderen öffentlichen Interesse zum Schutze der Verbraucher und zur Sicherstellung des hohen Gesundheitsschutzniveaus erforderlich, da durch die angeordnete Untersagung des Inverkehrbringens sowie der Rücknahme vom Markt ein weiteres Inverkehrbringen des unsicheren (Lebensmittel X) verhindert wird. Gemäß vorstehenden Ausführungen liegen den Verbrauchern keine Informationen über die Risiken in Verbindung mit dem festgestellten Gehalt an Ethylenoxid bzw. 2-Chlorethanol im beanstandeten Lebensmittel vor. Damit ist den Verbrauchern eine Entscheidung über eine etwaige Risikoannahme genommen. Unter Zugrundelegung eines durchschnittlich empfindsamen und über die vorliegende Problematik informierten Verbrauchers ist davon auszugehen, dass ein Verzehr des Lebensmittels abgelehnt werden würde. Dies ist die Grundlage für die Beanstandung als unsicher und nicht für den menschlichen Verzehr geeignet bzw. intolerabel im Sinne von Art. 14 Abs. 2 b) und Abs. 5 BasisV. Zur Vermeidung von Wiederholungen wird ergänzend auf vorstehende Ausführungen insbesondere bzgl. der Systematik der Risikoanalyse und das Gutachten verwiesen.

Mittels der sofortigen Vollziehung wird verhindert, dass die Umsetzung und ggf. Vollstreckung der Anordnungen durch den Schutz der aufschiebenden Wirkung eines etwaigen Widerspruchs bis zu einer rechtskräftigen Entscheidung verzögert wird und dadurch ein unsicheres Lebensmittel weiter in den Verkehr gebracht sowie von den Verbrauchern weiterhin verzehrt würde. Nach Abwägung dieser öffentlichen Belange an der sofortigen Vollziehung und Ihren wirtschaftlichen sowie Übrigen einschließlich verfassungsrechtliche Interesse in Verbindung mit einer gegebenen Verletzung lebensmittelhygienerechtlicher Vorschriften, ist dem Schutz der Verbraucher Priorität einzuräumen. Danach hat die aufschiebende Wirkung des Widerspruchs ausnahmsweise zurückzustehen.

Die Möglichkeit zur Antragstellung nach § 80 Abs. 5 VwGO beim Verwaltungsgericht S wurde bereits bei der Anhörung beim Betriebsbesuch vor Ort eruiert.

4. Begründung Zwangsmittel unmittelbarer Zwang

Die Androhung des unmittelbaren Zwangs für den Fall der Nichtbeachtung der Anordnung unter Ziffer I Nr. 1 stützt sich auf die §§ 19, 20 und 26 des Landesverwaltungsvollstreckungsgesetzes (LVwVG). Nach § 19 Abs. 2 LVwVG hat die Vollstreckungsbehörde dasjenige Zwangsmittel anzuwenden, das den Pflichtigen und die Allgemeinheit voraussichtlich am Wenigsten beeinträchtigt.

Des Weiteren darf gemäß § 26 Abs. 2 LVwVG unmittelbarer Zwang nur angewandt werden, wenn Zwangsgeld und Ersatzvornahme nicht zum Erfolg geführt haben oder deren Anwendung untunlich ist.

Die Anwendung des Zwangsmittels Zwangsgeld ist im vorliegenden Fall aufgrund des relativ langwierigen Verfahrens ungeeignet, da bei Nichtbeachtung der Untersagungsanordnung die sofortige Durchsetzung mittels Vollstreckungsmaßnahmen erforderlich ist zum Schutze der Verbraucher vor dem Verzehr von unsicheren Lebensmitteln.

Das Zwangsmittel Ersatzvornahme ist im vorliegenden Fall ebenfalls ungeeignet, da es sich bei einer Untersagung um keine vertretbare Handlung im Sinne des § 25 LVwVG handelt.

Der unmittelbare Zwang ist erforderlichenfalls zur Durchsetzung der Untersagungsanordnung geeignet, erforderlich und angemessen, um ein weiteres Inverkehrbringen des unsicheren (Lebensmittels X) zu verhindern und dadurch den Verbraucher vor einem weiteren Erwerb und Verzehr zu schützen. Durch die Anwendung des unmittelbaren Zwangs entsteht Ihnen kein Nachteil, der außer Verhältnis zum Zweck der Vollstreckung steht, da die Verbraucherschutzmaßnahmen Ihre unternehmerischen Interessen überwiegen.

Eine Fristsetzung für die Anwendung des unmittelbaren Zwangs ist gemäß § 20 Abs. 1 Satz 2 Halbsatz 2 LVwVG entbehrlich, da es sich bei der angeordneten Maßnahme um eine Untersagung handelt.

Falls die Anordnung nicht eingehalten wird, ist gemäß vorstehender Zwangsmittelandrohung damit zu rechnen, dass das Unternehmen erforderlichenfalls unter Hinzuziehung des Polizeivollzugsdienstes vor Ort auf etwaige Restbestände des (Lebensmittels X) überprüft wird und dieses sowie erforderlichenfalls einzelne Räume versiegelt wird. Dadurch wird ein weiteres Inverkehrbringen erforderlichenfalls durch Zwangsmittel unterbunden.

5. Begründung Zwangsmittel Zwangsgeld

Die Androhung eines Zwangsgeldes für die Missachtung der Anordnung unter Ziffer I. Nr. 2. zur Einleitung der Rücknahme des (Lebensmittels X) stützt sich auf die §§ 19, 20 und 23 des Landesverwaltungsvollstreckungsgesetzes (LVwVG). Nach § 19 Abs. 2 LVwVG und korrelierend mit dem Verhältnismäßigkeitsgrundsatz hat die Vollstreckungsbehörde dasjenige Zwangsmittel anzuwenden, das den Pflichtigen und die Allgemeinheit voraussichtlich am Wenigsten beeinträchtigt.

Die Androhung unter Ziffer I. Nr. 5. ist geeignet, erforderlich und angemessen, um das Unternehmen zur Einleitung der Marktrücknahme zu bewegen und dadurch ein weiteres Inverkehrbringen durch Kunden zu verhindern und die Verbraucher entsprechend zu schützen. Ein Zwangsgeld in vorgenannter Höhe ist insbesondere im Hinblick auf den drohenden Schaden bei Nichtbeachtung der Anordnung sowie die bekannten Unternehmensdaten angemessen und ausreichend. Es liegt noch im unteren Bereich der höchstmöglichen 50.000,– € gemäß § 23 LVwVG.

Nach vorstehenden Ausführungen unter Nr. 3. können Verschärfungen der Risikolage und/oder Verzögerungen bei der Vollstreckung einer Rücknahme zur Ungeeignetheit des vorliegenden Zwangsmittels Zwangsgeld führen. Dies kann die Tatbestandsmäßigkeit und Verhältnismäßigkeit eines Rückrufs in Form eines Realakts nach § 40 Abs. 1 und 2 LFGB untermauern.

6. Gebührenfestsetzung

Die Gebührenfestsetzung für diese Verfügung erfolgt gemäß Art. 79 ff. Verordnung (EU) 2017/625 i. V. m. *§ x (Landesgebührengesetzes) i. V. m. Nr. 12.26.06-17. der Rechtsverordnung des (*Behörde) *über die Erhebung von Gebühren für die Wahrnehmung von Aufgaben als untere Verwaltungsbehörde (Gebührenverordnung) vom xxyyzzzz*. Die Gebühr bemisst sich nach dem Verwaltungsaufwand und nach der Bedeutung des Gegenstands der Entscheidung, wobei es sich im vorliegenden Fall um die 3. Kategorie – aufwändige Verfahren – mit einem Bearbeitungsaufwand gemäß beiliegender Aufstellung von x h. Danach wird die entsprechende Gebühr von 250,– € nach vorstehender Gebührennummer und -kategorie festgesetzt. Die Gebühr wird mit der Zustellung dieser Verfügung sofort fällig (§ 18 Abs. 1 LGebG).

III.
Rechtsbehelfsbelehrung

Gegen diese Verfügung kann innerhalb eines Monats nach Bekanntgabe bei (*Behörde*) in (*Sitz*) Widerspruch erhoben werden.

IV. Hinweise

Gemäß Rechtslage und Beschluss des VGH München vom 25.4.2022 – 20 CS 22.530 – wird vorliegende Verfügung regelmäßig auf Ihre Notwendigkeit und damit Rechtmäßigkeit geprüft, insbesondere indem die wissenschaftlichen Entwicklungen mit Blick auf etwaige neue Erkenntnisse beobachtet werden. Das Unternehmen kann entsprechend jedwede (neuen) Erkenntnisse für eine unverzügliche Prüfung vortragen.

Sofern Sie den Verbrauchern ergänzende Informationen über die Risiken des Erzeugnisses zur Verfügung stellen, kann dies die Risikobewertung und die Erforderlichkeit vorliegender Rechtseingriffe ändern mit Blick auf die Systematik von Warnhinweisen und Ähnlichem gemäß Art. 14 Abs. 3 b) BasisV.

Mit freundlichen Grüßen

1.4.2 Aktuelles zu Lebensmittelsicherheitsbewertungen[1]) – Stand Juli 2024

EU-Verordnungsgeber hält an der Systematik nach Art. 14 BasisVO aus 2002 fest:

Nach vorstehenden Ausführungen in den Kapiteln 1.4 und 1.4.1 hängt vom primären Normschutzziel eines hohen Gesundheitsschutzniveaus in Verbindung mit dem Risikomanagement, dem Vorsorgeprinzip und den Lebensmittelsicherheitsbewertungen im Einzelfall ab, ob fragliche Erzeugnisse als unsicher einzustufen sind. Die etwaigen Rechtsfolgen sind Verbot des Inverkehrbringens, Rücknahme von den gewerbsmäßigen Kunden und ggf. auch Rückruf bzw. öffentlicher Warnung. Eine maßgebliche Norm für die Feststellung einer etwaigen Unsicherheit ist dabei Art. 14 BasisVO mit den beiden Tatbeständen gesundheitsschädlich sowie verzehrsungeeignet. Mit Bezug auf diese Regelung aus 2002 lässt der Verordnungsgeber relativ aktuell erkennen, dass er weiterhin an einer derartigen Systematik festhält. Dies zeigt Art. 71 VO (EU) 2019/627 über amtliche Kontrollen von Erzeugnissen tierischer Herkunft mit Regelungen zur Einstufung von Fischerzeugnissen. Diese Regelung verwendet übergeordnet den Tatbestand genussuntauglich. Anschließend wird mit unterschiedlichen Tatbeständen einschließlich z. B. Erzeugnissen mit einer Herkunft von giftigen Fischen mit Blick auf eine Gesundheitsschädlichkeit differenziert. Die Regelungen reichen bis hin zu einer Art Auffangtatbestand unter Buchstabe d). Danach können Fischerzeugnisse von den zuständigen Behörden als potenzielles Risiko für die Gesundheit von Mensch oder Tier oder aus einem anderen Grund als genussuntauglich erachtet werden. Diese beibehaltene Systematik wie auch in Art. 14 BasisVO deutet bereits gemäß dem Wortlaut der beiden Regelungen auf eine relativ breite Anwendung gemäß auch dem Grundsatz effet utile[2]) hin.

Anwendung von Art. 14 Abs. 2 b) in Verbindung mit Abs. 5 BasisVO

Bei der maximal weitreichenden Anwendung der Lebensmittelsicherheitsbeanstandungen im Sinne von Art. 14 Abs. 2 Buchst. b) BasisVO war umstritten, ob eine Unsicherheit grundsätzlich eines konkreten Nachweises einer substantiellen Beeinträchtigung eines Lebensmittels bedarf oder ob aufgrund unangemessen hoher Risiken bzgl. der Umgebungsbedingungen eine Unsicherheit gegeben sein kann. Die Möglichkeit einer Beanstan-

1) Das Kapitel 1.4.2 basiert im Wesentlichen auf einem Beitrag von *Ludwig* in der LMuR 4/2024 zum Thema „Jahresrückblick Rechtsprechung 2023 aus Sicht der Lebensmittelüberwachung".

2) Zu effet utile s. *Ludwig*, in: Sosnitza/Meisterernst, Lebensmittelrecht, 188. EL, EG-Lebensmittel-Basisverordnung Art. 50 Rn. 82

dung von Lebensmitteln – ungeachtet deren tatsächlicher Beschaffenheit – infolge inakzeptabel hoher Risiken z. B. durch nachgewiesenen erheblichen Schädlingsbefall mit Implizieren eines Kontakts mit Lebensmitteln oder hochgradige Verunreinigungen im Umfeld wurde inzwischen in der Literatur sowie mit verwaltungsgerichtlichen Entscheidungen bestätigt. Dabei haben die Gerichte von der Formulierung her die „Unterstellung einer Kontamination“ gewählt.[1]) Inzwischen wird diese Auffassung auch von weiteren Teilen der Literatur gestützt.[2])

Ungeachtet der inzwischen gefestigten Normen bzw. Auslegungen werden Einzelfälle auf dem Grat zwischen Sicherheit und Unsicherheit erwartungsgemäß auch künftig umstritten bleiben. In diesem Zusammenhang hat z. B. das VG Berlin[3]) eine geltend gemachte Verzehrsungeeignetheit eines Naturweins u. a. wegen zu hohem Gehalt an flüchtiger Säure nicht gehalten.

Ferner hat der VGH Baden-Württemberg[4]) mit Bezug auf ein Verfahren nach § 40 Abs. 1a LFGB eine Verzehrsungeeignetheit von Lebensmitteln bzgl. eines Schädlingsbefall aufgrund der geltend gemachten Risikobewertung bzw. Beweiswürdigung nicht gehalten. Dabei ist zu sehen, dass für die Risikobewertung mit Bezug auf Schadnager insbesondere das Hantavirus herangezogen worden war. Diesbezüglich kann eine Risikobewertung unter Verwendung der klassischen Risiken von pathogenen Keimen und Parasiten bzgl. Schadnagern vorteilhafter sein, solange keine ausreichenden Indizien für das Hantavirus oder zumindest die einschlägige Schadnagerspezies gegeben sind.[5]) Nach *Roffael/Wallau*[6]) soll dieser VGH-Beschluss explizit gegen die im vorliegenden Werk vertretene Auffassung des *Verfassers* sprechen. Dem kann jedoch nicht gefolgt werden, da der VGH Baden-Württemberg die Beanstandungsmöglichkeit nach Art. 14 Abs. 2 b BasisVO in Übereinstimmung mit der Auffassung des *Verfassers* insbesondere auch im Leitsatz zum genannten Beschluss erwähnt hat. Nur die Beweiswürdigung

1) Vgl. *Ludwig*, in: Sosnitza/Meisterernst, Lebensmittelrecht, 188. EL, EGLebensmittel-Basisverordnung Art. 50 Rn. 15–22 und 81–87. S. auch *Ludwig*, ZLR, 2020, 715 unter Verweis auf VG Stuttgart, Beschluss vom 23.9.2019 - 16 K 2470/19. S. a. (im selben Verfahren) VGH BW, Beschluss vom 12.2.2020 – 9S 2637/19; in anderen Verfahren VG Stuttgart, Beschluss vom 3.8.2020 – 16 K 3196/20, 16 K 3087/20 und 3088/20; ebenso VG Freiburg, Beschluss vom 30.4.2019 – 4K 168/19 und VG Stuttgart, Beschluss vom 20.1.2020 – 16 K 8337/1.

2) Vgl. *Purnhagen*, in: Sosnitza/Meisterernst, Lebensmittelrecht, 188. EL, EG-Lebensmittel-Basisverordnung Art. 14 Rn. 40 ff.

3) VG Berlin, Beschluss vom 14.3.2024 – VG 14 K 55/23.

4) VGH BW, Beschluss vom 1.2.2024 – 9S 1954/23.

5) Vgl. dazu etwas ausführlicher *Ludwig*, in: Amtstierärztlicher Dienst und Lebensmittelkontrolle 2/2024.

6) *Roffael/Wallau*, LMuR, 2024, 167.

bzw. Risikobewertung wurden offenbar als unzureichend erachtet, um die offenen Lebensmittel vor Ort im Rahmen eines Streits um § 40 Abs. 1a LFGB in die Unsicherheitstatbestände einzuordnen. Demzufolge hat der VGH mit dem amtlichen Leitsatz Nr. 1 nachvollziehbar geschlussfolgert, dass bei der Unterstellung einer Kontamination im Sinne von Art. 14 Abs. 5 BasisVO einzelfallbezogen die verschiedenen denkbaren Kontaminationswege in den Blick zu nehmen und die damit einhergehenden Kontaminationsrisiken konkret zu bewerten sind. Dies stimmt mit den vorliegend beschriebenen Grundsätzen der Risikoanalyse und -bewertung überein. Mit dem Leitsatz Nr. 2 führt der VGH ebenso nachvollziehbar aus, dass Fälle in Zusammenhang mit einer Auslösung von Ekel und Widerwillen „allein" nicht unter Art. 14 Abs. 1 Nr. 2 b BasisVO fallen dürften. Diesbezüglich ist anzumerken, dass Ekel und Widerwille „allein" voraussichtlich auch nicht zu behördlichen Beanstandungen der Lebensmittel führen würden, da auch der BGH bereits 1956 neben einem möglichen Ekel und Widerwillen auch einen objektiven Anknüpfungspunkt eingefordert hat. Solch ein Anknüpfungspunkt stellt inzwischen die Risikobewertung dar.

Bei der Lebensmittelsicherheitsbewertung ist bedeutend, ob ein Verbraucher über die Risikoannahme entscheiden kann

In der Literatur wurde bereits die Problematik antizipiert,[1]) wenn Inhaltsstoffe von Nahrungsergänzungsmitteln mit grundsätzlich positiven Eigenschaften im Einzelfall sehr hoch dosiert werden mit der Folge von entsprechenden Risiken und wenn die Gesamtaufmachung den Verbrauchern jedoch die Risiken verschleiert. Unter Umständen kann dies zu einer Unsicherheit von Erzeugnissen führen, weil der Verbraucher dann nicht in eigener Verantwortung über die Risikoannahme entscheiden kann. In diesem Zusammenhang hat der österreichische VwGH bereits im Dezember 2022 dem EuGH ein Verfahren vorgelegt mit Fragen zur Anwendung des Art. 14 Abs. 2 b) BasisVO. Die Rechtsmittel wurden in diesem Fall aber wieder zurückgenommen. Inzwischen ist jedoch ein weiteres Verfahren beim EuGH[2]) anhängig und eine Entscheidung wird mit Spannung erwartet.

Sicherheitsvermutung nach Art. 14 Abs. 7 und 9 BasisVO sowie Notfallregelung in Abs. 8

Den weitreichenden Regelungsbereich im Sinne eines hohen Gesundheitsschutzniveaus und dem Grundsatz -effet utile macht Art. 14 BasisVO auch deutlich, indem bei rechtskonformen Erzeugnissen nachvollziehbarerweise zunächst eine Sicherheit anzunehmen ist gemäß Absatz 7 und 9. Als eine

1) *Ludwig/Wieser*, Behebung und Verfolgung von Lebensmittelverstößen, 7. Auflage 2022, S. 15

2) *Hütthaler-Brandauer*, LMuR, 2024, 205

Art Notfallregelung z. B. für neu auftretende Problematiken sieht Art. 14 Abs. 8 BasisVO dann jedoch eine Möglichkeit geeigneter behördlicher Maßnahmen vor, wenn ungeachtet einer etwaigen Rechtskonformität sozusagen gemäß ersten Prüfansatz anschließend doch ein begründeter Verdacht einer Unsicherheit besteht. Diese Systematik zeigt ergänzend, dass der EU-Verordnungsgeber an eine Notfallregelung gedacht hat. Der EuGH hat in diesem Zusammenhang in zwei Fällen die Anwendungsmöglichkeit dieser Notfallregelung im Einzelfall auf der Grundlage einer behördlichen Risikobewertung und Feststellung intolerabler Risiken aufgezeigt. Nach dem EuGH-Urteil[1]) bzgl. Fisch mit Listerien kann es bei der Prüfungssystematik[2]) schließlich darauf ankommen, ob der Unternehmer im Ergebnis eine Sicherheit der Erzeugnisse bis zum Ende der Haltbarkeitsdauer zur Zufriedenheit der Behörde nachweisen kann. Dies lässt entsprechend Raum für ein behördliches Einschreiten aufgrund von Risikoerwägungen. Mit Bezug auf das zweite Urteil[3]) des EuGH können fehlende Regelungen zu Salmonella infantis und Salmonella kentucky in der Verordnung (EG) 2073/2005 über mikrobiologische Kriterien zunächst darauf hindeuten, dass bei entsprechenden Befunden bei Geflügelfleisch keine Maßnahmen erforderlich bzw. die Erzeugnisse entsprechend sicher sein könnten. Wenn eine Risikobewertung im Einzelfall jedoch nicht akzeptable Risiken ergibt, so können geeignete behördliche Maßnahmen nach der Systematik insbesondere von Art. 14 Abs. 8 BasisVO erforderlich und geboten sein; dies unterstreicht der EuGH.

Zum Vorrang des Unionsrechts vor § 12 LFGB

Eine ähnliche Zielrichtung wie vorstehend beschriebener Art. 14 Abs. 8 BasisVO quasi als ergänzende nationale Notfallregelung zeigt auch § 12 LFGB auf. Ergänzende nationale Regelungen sind auch im Lebensmittelsicherheitsbereich grundsätzlich zulässig.[4]) Nach seinem Wortlaut regelt § 12 LFGB Fälle, die vom Unionsrecht nicht erfasst werden. Mangels weiterer Konkretisierungen kollidiert der beabsichtigte Regelungsbereich jedoch mit dem bereits beschriebenen weitreichenden Anwendungsbereich von Art. 14

1) EuGH, Urteil vom 30.6.2022 – C-51/21, LMuR 2022, 421 m. Anm. *Roffael/Wallau.*

2) Vgl. zur Prüfungssystematik BfR-Symposium vom 16. und 17. November 2020 zu „Listeria monocytogenes – Aktuelle Herausforderungen für die Lebensmittelsicherheit und den Verbraucherschutz", Ministerium für Ländlichen Raum und Verbraucherschutz Baden-Württemberg, *Ernst, s. https://www.bfr.bund.de/cm/343/vorgaben_und_auslegung_der_verordnung_eg_nr_20732005_in_bezug_auf_listeria_monocytogenes.pdf*

3) EuGH, Urteil vom 12.2.2021 – C-89/21, LMuR 2022, 297 m. Anm. *Roffael/Wallau.*

4) *Ludwig*, in: Sosnitza/Meisterernst, Lebensmittelrecht, 188. EL, EG-Lebensmittel-Basisverordnung Art. 50 Rn. 95 bezugnehmend auf EuGH, Urteil vom 19.1.2017 – C-282/15.

BasisVO und im Übrigen ist keine konkrete Anwendungsmöglichkeit ersichtlich oder durch Auslegung ausreichend sicher zu ermitteln. Auch das Beispiel in der amtlichen Begründung bzgl. eines Kontakts von Backwaren mit Schadnagern hilft nicht weiter, da die Berührung von Backwaren durch Schadnager eine Kontamination auf andere Weise durch Fremdstoffe darstellt und demnach von Art. 14 Abs. 2 b) umfasst wird. Solange der § 12 LFGB somit keine konkrete Anwendungsmöglichkeit über das Unionsrecht hinaus ausreichend bestimmt aufzeigt, hat Art. 14 BasisVO mit einer eigenen Notfallregelung schlicht und einfach Vorrang;[1]) weitere ergänzende Prüfungen bzgl. Normwiederholungsverbot o. Ä. sind damit entbehrlich.

Zusammenfassung der Entwicklungen von Lebensmittelsicherheitsbewertungen – Stand Juli 2024

Im Ergebnis erhärten die beschriebenen Entwicklungen auch unter Berücksichtigung der Entscheidungen zu Lasten der Exekutive ergänzend die Systematik bzgl. der Anwendung von Art. 14 Abs. 2 b) BasisVO im Lichte eines hohen Gesundheitsschutzniveaus als primäres Normschutzziel. Objektive Risikobewertungen im Zuge des Risikomanagements seitens Unternehmen und Behörden sind dabei essentiell, um das primäre Normschutzziel von sicheren Erzeugnisse verhältnismäßig zu gewährleistet und dabei auch der Nachhaltigkeit einschließlich unnötigem Lebensmittelverlust Rechnung zu tragen. Eine absolute Sicherheit ist auch im Lebensmittelbereich nicht erreichbar, und die Erzeugung von Scheinsicherheiten ggf. in Verbindung mit oder als Ausprägung von Paternalismus zeigt früher oder später kontraproduktive Effekte, zumindest in einer zusätzlichen Anheizung des Skandaljournalismus. Dabei darf im Rahmen von sicheren Erzeugnissen als tolerable Lebensalltagsrisiken schließlich auch ein Mindestmaß an Grundverantwortung der Verbraucher nicht vergessen werden. Ansonsten wäre z. B. Sushi nicht mehr verkehrsfähig, wenn bei der Sicherheitsbewertung die Kenntnisse des durchschnittlich kundigen Verbrauchers über beinhaltete Bestandteile von rohem Fisch negiert werden würde. Mit Bezug auf die Indizien für abnehmende Verbraucherkenntnisse bzgl. Lebensmittel können Aufklärungskampagnen oder ähnliche Maßnahmen besser entgegenwirken als z. B. eine Änderung von objektiv korrekten Begriffen wie MHD. Im Übrigen waren unsere Lebensmittel noch nie so sicher wie heute.[2])

---

1) Vgl. Art. 2 AEUV; s. im Übrigen *Ludwig*, in: Sosnitza/Meisterernst, Lebensmittelrecht, 188. EL, EG-Lebensmittel-Basisverordnung Art. 50 Rn. 90.

2) Baden-württembergischer Verbraucherschutzminister Hauk, zitiert nach https://www.baden-wuerttemberg.de/de/service/presse/pressemitteilung/pid/jahresbericht-2015-der-lebensmittel-und-futtermittelueberwachung-vorgestellt-1/ und Prof. Dr. Dr. Hensel, Leiter des Bundesinstituts für Risikobewertung, zitiert nach https://www.bfr.bund.de/de/presseinformation/2017/01/fruehstueck_beim_bfr___aber_sicher_-199633.html

1.5 Stellung des Lebensmittelkontrolleurs/Veterinärs

Jeder Lebensmittelkontrolleur bzw. Veterinär bei Lebensmitteln tierischer Herkunft hat unterschiedliche Zuständigkeiten im Verwaltungs-, Bußgeld- und Strafverfahren. Soweit beamtete Tierärzte (Amtstierärzte) Funktionen der Lebensmittelüberwachung wahrnehmen, gelten die einschlägigen Bestimmungen des LFGB auch für ihre Tätigkeit.

- **Verwaltungsverfahren**

  Der Lebensmittelkontrolleur/Veterinär ist im Bereich der Gefahrenabwehr als Bediensteter einer Behörde (§ 11 Nummer 3 VwVfG) zur Durchführung der Lebensmittelüberwachung[1]) (§ 38 ff. LFGB) und Anordnung präventiver Maßnahmen (Ordnungsverfügungen im Sinne des § 1 Absatz 2 Nummer 8 Buchstabe b LKonV) sachlich zuständig.

- **Bußgeldverfahren**

  Jeder Lebensmittelkontrolleur/Veterinär muss die Befähigung zur Durchführung von Bußgeldverfahren besitzen (§ 1 Absatz 1 Nummer 10 LKonV). Ob und inwieweit er eine Zuständigkeit zur Verfolgung lebensmittelrechtlicher Ordnungswidrigkeiten besitzt, entscheidet der Behördenleiter oder der von ihm beauftragte Beamte auf der innerbehördlichen Organisationshoheit im Einzelfall. Er kann also nur zur Erteilung von Verwarnungen (§ 56 OWiG) oder auch zur Einleitung von Bußgeldverfahren durch die Anhörung des Betroffenen (§ 55 OWiG) berechtigt sein. Der Lebensmittelkontrolleur/Veterinär ist dann Bediensteter der Verwaltungsbehörde im Sinne des § 35 OWiG. Zur Gewährleistung einer effektiven Aufklärung von Ordnungswidrigkeiten am Tatort und Beweissicherung erscheint es nur sinnvoll, damit den Lebensmittelkontrolleur/Veterinär und nicht die Verwaltung zu betrauen. In diesem Handbuch ist daher durchgehend diese Aufgabenteilung zugrunde gelegt.

- **Strafverfahren**

  Zur Verfolgung von Straftaten ist ausschließlich die Staatsanwaltschaft berufen (§ 160 StPO), die Verwaltungsbehörde besitzt dazu keine Zuständigkeit. Jeder Lebensmittelkontrolleur/Veterinär muss zwar die Befähigung zu Ermittlungen zur Anzeige von Straftaten besitzen (§ 1 Absatz 1 Nummer 10 LKonV). Ob er bei der Verfolgung lebensmittelrechtlicher Straftaten auch die Eigenschaft einer Ermittlungsperson der Staatsanwaltschaft mit entsprechenden Befugnissen besitzt (§ 152 Absatz 1 GVG), ist in den Ländern unterschiedlich. Die Länder entscheiden nämlich, ob sie den Lebensmittelkontrolleur/Veterinär in entsprechenden landesrechtlichen Verordnungen als Ermittlungsperson der

1) § 38 ff. LFGB.

Staatsanwaltschaft bezeichnen (§ 152 Absatz 2 GVG). Eine bundesweit einheitliche Aufnahme in diese Verordnungen wäre im Interesse einer sachkundigen und damit effektiven Verfolgung von Lebensmittelstraftaten äußerst wünschenswert. Gesetzlich nicht geregelt ist die Einbindung des Lebensmittelkontrolleurs/Veterinärs als Ermittlungsperson der Staatsanwaltschaft in die ihn beschäftigende Behörde, sein Verhältnis zur Staatsanwaltschaft und die Anzeigepflicht nach Entdeckung von Straftaten. Diese Fragen sind in Kapitel 5 dieses Buches ausführlich behandelt.

Aufgabenbereich der Lebensmittelüberwachung

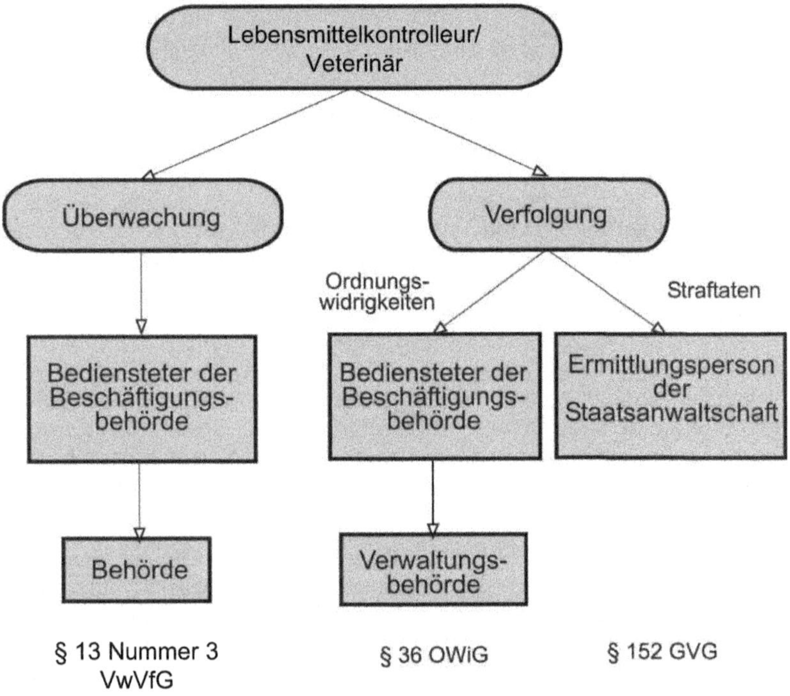

2 Lebensmittelstraftat und Ordnungswidrigkeit

Der Gesetzgeber kann Zuwiderhandlungen gegen verwaltungsrechtliche Ge- und Verbote als Straftaten mit Geld- und Freiheitsstrafe (§ 1 StGB) oder als Ordnungswidrigkeiten mit Geldbuße (§ 3 OWiG) konkret bedrohen. Lebensmittelrechtliche Straftatbestände enthalten Zuwiderhandlungen, die der Gesetzgeber wegen ihrer Gefährlichkeit für strafwürdig hält, während Ordnungswidrigkeiten nur sogenannten Verwaltungsungehorsam durch die Geldbuße als ernste Pflichtenmahnung ahnden. Bloße Gefahrtatbestände, die aufgrund amtlicher Kontrollen (Artikel 9 VO [EU] 2017/625) zu Maßnahmen der Lebensmittelüberwachung durch Verwaltungsakte (§ 35 Satz 1 VwVfG) gegenüber Lebensmittelunternehmern führen, sind daher noch nicht strafbar oder ordnungswidrig.

Abgrenzung Straf- und Bußgeldverfahren wegen lebensmittelrechtlichen Verstößen

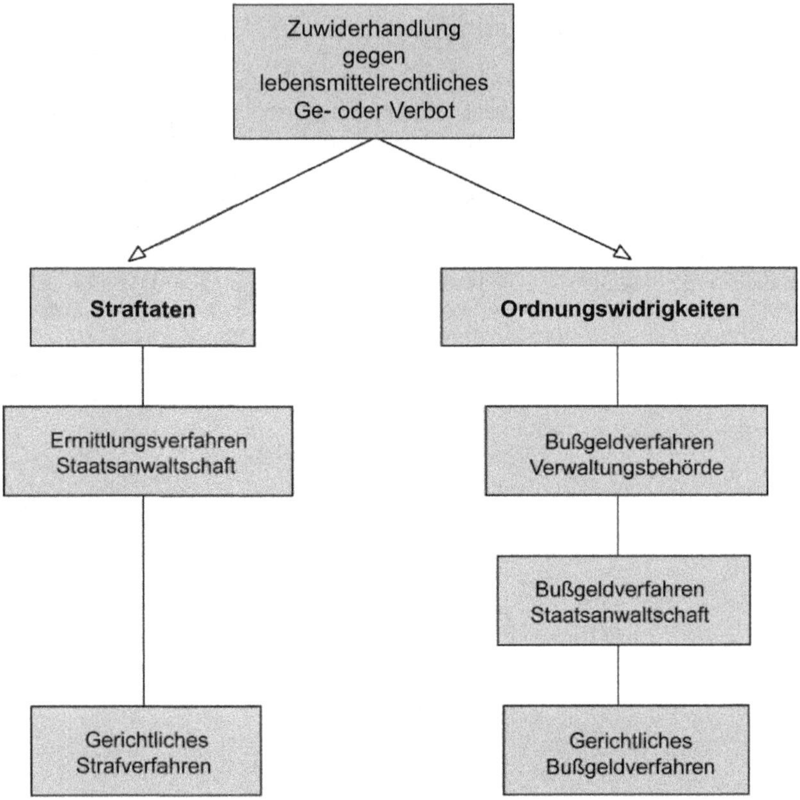

Die Unterscheidung zwischen Straftat und Ordnungswidrigkeit ist von großer praktischer Bedeutung, weil für die Verfolgung von Straftaten die Staatsanwaltschaft (§ 160 StPO) und nicht die Verwaltungsbehörde zuständig ist. Der Lebensmittelkontrolleur/Veterinär ist im strafrechtlichen Ermittlungsverfahren nur zuständig, soweit er in einem Land Ermittlungsperson der Staatsanwaltschaft ist (§ 152 Absatz 1 GVG).[1]) Die gerichtliche Ahndung von Lebensmittelstraftaten durch ein Amts- oder Landgericht fin-

1) Zur Stellung des Lebensmittelkontrolleurs als Ermittlungsperson der Staatsanwaltschaft (§ 152 Absatz 2 GVG) siehe Kapitel 1.2 und 5.1.

det nach Anklageerhebung oder Strafbefehlsantrag der Staatsanwaltschaft statt. Ordnungswidrigkeiten werden dagegen im Bußgeldverfahren der Verwaltungsbehörde verfolgt (§ 35 OWiG) und durch Bußgeldbescheid (§ 65 OWiG) geahndet. Der Lebensmittelkontrolleur/Veterinär wird hier als Teil der Verwaltungsbehörde tätig. Zur Abgabe des Verfahrens an die Staatsanwaltschaft und zu einem gerichtlichen Bußgeldverfahren vor dem Amtsgericht kommt es hier nur bei einem Einspruch gegen den Bußgeldbescheid (§ 69 ff. OWiG) oder nachträglichem Verdacht der Straftat (§ 41 Absatz 1 OWiG).

2.1 Straf- und Bußgeldvorschriften §§ 58 bis 60 LFGB

Rechtsgrundlage für die lebensmittelrechtlichen Straf- und Bußgeldvorschriften ist Abschnitt 10 des Lebensmittel- und Futtermittelgesetzbuches (LFGB). Allgemeines Tatbestandsmerkmal ist der Begriff Lebensmittel (§ 2 Absatz 2 LFGB, Artikel 2 der VO [EG] 178/2002, Artikel 3 Nummer 12 VO [EU] 2017/625). Lebensmittel sind danach auch in einem Straf- oder Bußgeldverfahren alle Stoffe oder Erzeugnisse, die dazu bestimmt sind oder von denen nach vernünftigem Ermessen erwartet werden kann, dass sie in verarbeitetem, teilweise verarbeitetem oder unverarbeitetem Zustand von Menschen aufgenommen werden. „Aufnehmen" meint dabei in erster Linie die Zufuhr von Stoffen in den Magen, also den Verzehr, geht aber begrifflich darüber hinaus und erfasst auch die Aufnahme mittels Infusion oder Einatmen.[1]) Arzneimittel sind dagegen keine Lebensmittel (§ 2 Absatz 3 Nummer 1 AMG).

§§ 58 und 59 LFGB enthalten Strafvorschriften, § 60 LFGB Bußgeldvorschriften. Allen Tatbeständen ist gemeinsam, dass sie nicht in sich geschlossen sind, sondern als Blankettvorschriften auf verwaltungsrechtliche Ausfüllungstatbestände Bezug nehmen. Letztere können auch auf Bestimmungen aus dem EU-Recht weiterverweisen.

Beispiele:

Mit Freiheitsstrafe bis zu drei Jahren oder mit Geldstrafe wird nach § 58 Absatz 1 Nummer 1 LFGB bestraft (Blankett-Tatbestand), wer entgegen § 5 Satz 1 Satz 1 LFGB ein Lebensmittel herstellt oder behandelt (Ausfüllungstatbestand). Es ist verboten, Lebensmittel für andere derart herzustellen oder zu behandeln, dass ihr Verzehr gesundheitsschädlich im Sinne des Artikels 14 Absatz 2 Buchstabe a der Verordnung (EG) Nummer 178/2002 ist (§ 5 Absatz 1 Satz 1 LFGB).

1) OLG Köln, Beschluss vom 11.9.2015 – 1 RVs 131/15.

Ordnungswidrig handelt nach § 60 Absatz 2 Nummer 20 LFGB (Blankett-Tatbestand), wer ... entgegen § 44 Absatz 2 Satz 1 LFGB eine Auskunft nicht, nicht richtig, nicht vollständig oder nicht rechtzeitig erteilt (Ausfüllungstatbestand). Die in § 42 Absatz 2 Nummer 5 LFGB genannten Personen und Personenvereinigungen sind verpflichtet, den in der Überwachung tätigen Personen auf Verlangen unverzüglich die dort genannten Auskünfte zu erteilen (§ 44 Absatz 2 Satz 1 LFGB).

Eine Besonderheit des Lebensmittelrechts sind die sogenannten **Mischtatbestände,** bei denen vorsätzliches Handeln eine Straftat, fahrlässiges Handeln dagegen eine Ordnungswidrigkeit darstellt.[1])

Beispiel:

Ein Lebensmittelunternehmer bringt Wurstprodukte mit einer deutlichen Überschreitung des auf der Verpackung angegebenen durchschnittlichen Fettgehalts in Verkehr. Es ist verboten, andere als dem Verbot des Artikels 14 Absatz 1 in Verbindung mit Absatz 2 Buchstabe b der Verordnung (EG) Nummer 178/2002 unterliegende Lebensmittel, die für den Verzehr durch den Menschen ungeeignet sind, in den Verkehr zu bringen (§ 11 Absatz 2 Nummer 1 LFGB).

- Strafbar handelt nach § 59 Absatz 1 Nummer 8 LFGB, wer entgegen § 11 Absatz 2 Nummer 1 LFGB ein Lebensmittel vorsätzlich in den Verkehr bringt.
- Nur ordnungswidrig handelt dagegen nach § 60 Absatz 1 Nummer 1 LFGB, wer eine der in § 59 Absatz 1 Nummer 8 LFGB bezeichneten Handlungen nur fahrlässig begeht.[2])

Sehr häufig dienen Straf- und Bußgeldvorschriften in §§ 58 bis 60 LFGB nur als gesetzliche Ermächtigungsgrundlagen für die Straf- und Bußgeldvorschriften in lebensmittelrechtlichen Rechtsverordnungen wie z. B. der Lebensmittelrechtlichen Straf- und Bußgeldverordnung (LMRStV) in der Fassung der Bekanntmachung vom 9. Mai 2017 (BGBl. I S. 1170).[3])

Beispiel:

§ 60 Absatz 4 Nummer 2 Buchstabe a LFGB ist Ermächtigungsgrundlage für die Bußgeldvorschrift in § 2 Nummer 2 LMRStV.

Auch in Rechtsverordnungen können von § 59/§ 60 Absatz 1 LFGB abgeleitete Mischtatbestände von Straf- und Bußgeldvorschriften enthalten sein, wie z. B. in § 23 Absatz 2/§ 24 Absatz 1 Tier-LMHV.[4]) **EU-Verordnun-**

1) Zu den Mischtatbeständen siehe Kapitel 2.2.
2) OLG Karlsruhe, Beschluss vom 26.7.2016 – 2 (4) SsBs 253/16 – AK 96/16; OVG Sachsen-Anhalt (Magdeburg), Beschluss vom 9.12.2014 – 3 L 5/12.
3) Zu Straf- und Bußgeldvorschriften in lebensmittelrechtlichen Rechtsverordnungen siehe Kapitel 2.3.
4) Zu Mischtatbeständen von Straf- und Bußgeldvorschriften in Rechtsverordnungen siehe Kapitel 2.2.

gen allein können keine Straf- und Bußgeldvorschriften enthalten, weil das Straf- und Ordnungswidrigkeitenrecht grundsätzlich dem nationalen Recht vorbehalten ist. Daher müssen nationale Straf- und Bußgeldvorschriften hierauf verweisen.[1])

Beispiel:

Ordnungswidrig handelt nach § 60 Absatz 3 Nummer 1 Buchstabe d LFGB, wer gegen die Verordnung (EG) 178/2002 verstößt, indem er vorsätzlich oder fahrlässig ... entgegen Artikel 19 Absatz 1 Satz 1 ein Verfahren nicht oder nicht rechtzeitig einleitet, um die zuständigen Behörden zu unterrichten.

Ein großes praktisches Problem liegt in den zahlreichen unbestimmten Rechtsbegriffen der EU-Verordnungen, die mit dem strafrechtlichen Bestimmtheitsgrundsatz (Artikel 103 Absatz 2 GG) nicht vereinbar sein können. Dies betrifft insbesondere die Bestimmungen des sogenannten „Hygienepakets".

Beispiel:

Begriffsbestimmungen „erforderlichenfalls", „geeignet", „angemessen" und „ausreichend" in Artikel 2 Absatz 3 Verordnung (EG) 852/2004 (Lebensmittelhygiene).

Die mangelnde Präzision des Gesetzgebers im Lebensmittelrecht hat bereits zur Vorlagen von Strafgerichten an das Bundesverfassungsgericht geführt.[2]) Auch das Bundesverfassungsgericht selbst hat die Verfassungswidrigkeit einer Bestimmung im Rindfleischetikettierungsgesetz wegen mangelnder Bestimmtheit und der Überlassung der Konkretisierung an die Exekutive festgestellt.[3]) Bei solchen Mängeln können die entsprechenden Verstöße, die weder im LFGB noch in einer Rechtsverordnung ausreichend als Straftat oder Ordnungswidrigkeit nachvollziehbar sind, wegen des verfassungsrechtlichen Grundsatzes in Artikel 103 Absatz 2 GG weder straf- noch bußgeldrechtlich verfolgt werden.

Bedauerlicherweise weisen Bußgeldvorschriften in neueren nationalen Rechtsverordnungen wie etwa § 10 Nummer 1 in Verbindung mit § 3 Satz 1 und § 2 Absatz 2 LMHV nur Pauschalverweisungen auf EU-Verordnungen und keine Einzelbezüge zwischen Blankettnorm im EU-Recht und Bußgeldvorschrift im nationalen Recht auf, wie dies früher bei landesrechtli-

1) Zur Unbestimmtheit von Straf- und Bußgeldvorschriften in lebensmittelrechtlichen Rechtsverordnungen siehe Kapitel 2.4.

2) LG Stade, Vorlagebeschluss vom 15.3.2017 – 600 KLs 1/15, für § 58 Absatz 3 Nummer 2 in Verbindung mit § 62 Absatz 1 Nummer 1 LFGB.

3) BVerfG, Beschluss vom 21.9.2016 – 2 BvL 1/15, für das Rindfleischetikettierungsgesetz.

chen Regelungen üblich war. Dies hat zu einer allgemeinen Verunsicherung in der Vollzugspraxis und zu einer teilweisen Einstellung der Ahndung entsprechender Ordnungswidrigkeiten geführt. Nicht wenige Behörden wichen deswegen allein auf das wesentlich „sicherere" Zwangsgeld aufgrund einer Anordnung aus.

Inzwischen hat das BVerfG[1]) jedoch eine relativ komplexe fleischhygienerechtliche Blankettnorm mit Bezug auf das Unionsrecht und Rückverweisungs- sowie Entsprechungsklausel als noch ausreichend bestimmt und insgesamt verfassungskonform eingestuft. Dies stützt die Verwaltungspraxis, wonach Verstöße in Verbindung mit dem EU-Hygienepaket nach §§ 3, 10 LMHV in Verbindung mit § 60 Abs. 2 Nr. 26 LFGB geahndet werden können.

Beispiel:

Der Lebensmittelkontrolleur/Veterinär kann aufgrund landesrechtlicher Ausführungsgesetze Verwaltungsakte wie eine Reinigungsanordnung erlassen oder die das Betriebsverbot verfügen. Enthält das Gesetz keinen Straf- oder Bußgeldtatbestand, kann eine Missachtung des Verwaltungsakts weder als Straftat noch als Ordnungswidrigkeit verfolgt werden. Verstöße gegen das nach der VO (EG) 852/2004 verbindlichen HACCP-Konzept können daher zum Zeitpunkt des Erscheinens dieses Buches nicht geahndet werden (vgl. Kapitel 2.5).

Beispielhaft enthält etwa das bayerische Gesundheitsdienst- und Verbraucherschutzgesetz (GDVG) zwar eine Rechtsgrundlage zum verwaltungsrechtlichen Erlass von Anordnungen der Lebensmittelüberwachung für den Einzelfall (Artikel 23). Die Missachtung solcher Anordnungen ist jedoch mangels Erwähnung in der Bußgeldvorschrift (Artikel 33) nicht mit Geldbuße bedroht. In Sachsen besteht dagegen der einschlägige Tatbestand einer Ordnungswidrigkeit in § 15 Absatz 1 Nummern 1, 2 SächsAGLFGB-VIG, in Brandenburg nach § 10 Absatz 1 Nummer 2 AGLFGB). Zur Rechtsvereinheitlichung wäre es daher wünschenswert, wenn das LFGB bundeseinheitlich eine entsprechende Rechtsgrundlage erhielte, wie dies auch in anderen Rechtsgebieten der Fall ist.

2.2 Mischtatbestände §§ 59 bis 60 Absatz 1 LFGB

Die Tatbestände strafbarer Handlungen und Ordnungswidrigkeiten sind im Gegensatz zu den Tatbeständen der Gefahrenabwehr zweistufig. Sie enthalten nicht nur einen objektiven (äußeren), sondern auch einen subjektiven (inneren) Tatbestand. Während es bei einem Verwaltungsakt zur prä-

1) Beschluss BVerfG vom 11.3.2020 – 2 BvL 5/17 infolge Vorlagenbeschluss LG Stade vom 15.3.2017 (→ Az. siehe vorherige Seite Rn. 2).

ventiven Gefahrenabwehr bedeutungslos ist, aus welcher inneren Einstellung der Lebensmittelunternehmer oder seine Mitarbeiter gehandelt haben, spielt dies für die repressive Einordnung als Straftat oder Ordnungswidrigkeit und ggf. die Höhe der Strafe bzw. Geldbuße bei einer Ordnungswidrigkeit eine maßgebliche Rolle.

Beispiel:

Stellt die Lebensmittelkontrolle objektiv unzulässig gekennzeichnete Lebensmittel, überhöhte Schadstoffmengen oder Hygieneverstöße fest, so ist es für die gebotenen Maßnahmen der Überwachung völlig bedeutungslos, ob der Lebensmittelunternehmer subjektiv nur versehentlich, aus mangelnder Sorgfalt oder aber wider besseres Wissen, entgegen einer Belehrung der Behörde usw. gehandelt hat. Die innere Einstellung ist aber für die Fragen bedeutsam, ob eine Straftat oder Ordnungswidrigkeit vorliegt und für die gerichtliche Strafzumessung bzw. Höhe der Geldbuße im Bußgeldbescheid durch die Verwaltungsbehörde entscheidend.

Die erste Stufe ist stets die Feststellung, ob der objektive Tatbestand einer Straftat oder Ordnungswidrigkeit nach §§ 58 bis 60 LFGB oder einer davon abgeleiteten Rechtsverordnung verwirklicht ist. Wichtige objektive Tatbestandsmerkmal mit entsprechenden Legaldefinitionen sind das

- Inverkehrbringen von Lebensmitteln (§ 3 Nummer 1 LFGB),
- Herstellen von Lebensmitteln (§ 3 Nummer 2 LFGB),
- Verzehren von Lebensmitteln (§ 3 Nummer 5 LFGB).

Solche Tatbestandsmerkmale sind durch den sachkundigen Lebensmittelkontrolleur/Veterinär bei der verwaltungsrechtlichen Überwachung feststellbar. Die zweite Prüfungsstufe beim subjektiven Tatbestand ist die Frage, ob der mutmaßliche Täter entweder vorsätzlich, das heißt bewusst und gewollt, oder nur fahrlässig, das heißt unbewusst und ungewollt, gehandelt hat. Diese innere Einstellung ist naturgemäß wesentlich schwerer einzuordnen, da sie nicht nach außen hin erkennbar ist.[1])

Das Lebensmittelrecht enthält drei verschiedene Typen:

1. reine Straftatbestände (§ 58 LFGB),
2. Mischtatbestände von Straftaten und Ordnungswidrigkeiten (§ 59, § 60 Absatz 1 LFGB) und
3. reine Ordnungswidrigkeiten-Tatbestände (§ 60 Absatz 2 ff. LFGB), die in der Verfahrenspraxis auch als „Bußgeldvorschriften" bezeichnet werden.

Die Bezeichnung „Mischtatbestand" hat sich als sehr verständlich eingebürgert, ist aber kein gesetzlicher Begriff.

1) Zu den Begriffen Vorsatz und Fahrlässigkeit siehe Kapitel 2.7.

- **Reine Straftatbestände**

  Reine Strafvorschriften sind in § 58 LFGB enthalten. Hier sind vorsätzliches und fahrlässiges Handeln Straftat, nicht Ordnungswidrigkeit. Zwar ist vorsätzliches Handeln in den Straftatbeständen des § 58 Absatz 1 bis 3 LFGB nicht erwähnt, aber gemäß § 15 StGB stets strafbar. Fahrlässiges Handeln ist durch § 58 Absatz 6 LFGB mit einer geringeren Strafdrohung (ein Jahr statt drei Jahre Freiheitsstrafe oder Geldstrafe) versehen.

Objektiver und subjektiver Tatbestand von Straftaten und Ordnungswidrigkeiten

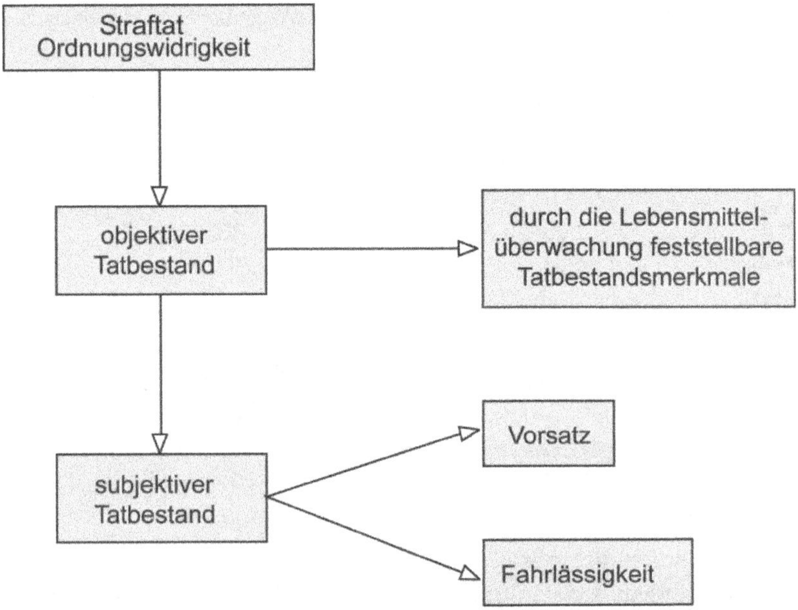

Zu den reinen Straftatbeständen gehören Lebensmittel betreffend insbesondere Zuwiderhandlungen gegen Verbote

- zum Schutz der Gesundheit (§ 5 LFGB) § 58 Absatz 1 Nummer 1 bis 3 LFGB,
- bei Stoffen mit pharmakologischer Wirkung (§ 10 LFGB) § 58 Absatz 1 Nummer 4 bis 6 LFGB,

- aufgrund Ermächtigungen zum Schutz der Gesundheit und vor Täuschung (§ 13 LFGB) § 58 Absatz 1 Nummer 7 LFGB,
- im Zusammenhang mit EU-Recht, insbesondere der Verordnung (EG) Nummer 178/2002 (sogenannte „Basisverordnung“) § 58 Absatz 2a LFGB.

Bei vorsätzlichem Handeln ist auch der Versuch der Tatbestandsverwirklichung nach § 58 Absatz 4 LFGB strafbar (§ 23 Absatz 1 StGB). Eine Straftat versucht, wer nach seiner Vorstellung von der Tat zur Verwirklichung des Tatbestandes unmittelbar ansetzt (§ 22 StGB). Daher gibt es auch keinen fahrlässigen Versuch.

Beispiel:

Ein Lebensmittelunternehmer gewinnt entgegen § 10 Absatz 3 Nummer 1 LFGB Lebensmittel von einem Tier, dem Stoffe mit pharmakologischer Wirkung, die als Arzneimittel zugelassen oder registriert sind oder als Futtermittelzusatzstoffe zugelassen sind, zugeführt wurden.

Objektiver Tatbestand:

Tatbestandsmerkmale nach § 58 Absatz 1 Nummer 6 LFGB: Gewinnen eines Lebensmittels von einem Tier entgegen § 10 Absatz 3 Nummer 1 LFGB.

Subjektiver Tatbestand:

- Vorsätzliches Handeln ist durch § 58 Absatz 1 Halbsatz 1 LFGB mit Freiheitsstrafe bis zu drei Jahren oder Geldstrafe,
- fahrlässiges Handeln ist durch § 58 Absatz 6 LFGB nur mit Freiheitsstrafe bis zu einem Jahr oder Geldstrafe bedroht.

Die Strafdrohung von drei Jahren Freiheitsstrafe oder Geldstrafe für vorsätzliches Handeln (§ 58 Absatz 1 LFGB), fünf Jahren nur in besonders schweren Fällen (§ 58 Absatz 5 LFGB) bzw. einem Jahr bei fahrlässigem Handeln (§ 58 Absatz 6 LFGB) kann nicht als ausreichend angesehen werden. Die häufig in Tateinheit vorliegende allgemeine Straftat des Betrugs weist dagegen einen Strafrahmen von fünf Jahren Freiheitsstrafe oder Geldstrafe auf (§ 263 Absatz 1 StGB). In besonders schweren Fällen des gewerbsmäßigen Betrugs beläuft sich die Strafe auf eine Freiheitsstrafe von sechs Monaten bis zu zehn Jahren (§ 263 Absatz 3 Satz 1, Satz 2 Nummer 1 StGB). Solche verschärfte Strafdrohungen weist § 58 LFGB überhaupt nicht auf. Die Strafdrohung wegen Betrugs zum Nachteil der Endverbraucher überwiegt daher diejenige wegen Lebensmittelstraftaten regelmäßig erheblich. Eine Erhöhung der Strafrahmen erscheint wegen der Gefährlichkeit der Verstöße im Bereich größerer Lebensmittelunternehmer angebracht.

- **Mischtatbestände von Straftaten und Ordnungswidrigkeiten**

  § 59 LFGB enthält in allen Absätzen zunächst reine Straftatbestände, die gegenüber § 58 LFGB nur mit sehr geringer Strafdrohung von Freiheitsstrafe bis zu nur einem Jahr oder Geldstrafe versehen sind. Nur bei Vermögensvorteilen in großem Ausmaß durch groben Eigennutz oder beharrliche Wiederholung ist nach § 59 Absatz 4 LFGB in einigen Fällen eine Freiheitsstrafe bis zu zwei Jahren oder Geldstrafe möglich. Strafbar ist hier jedoch nur vorsätzliches Handeln (§ 15 StGB), da im Gegensatz zu § 58 LFGB fahrlässiges Handeln nicht ausdrücklich erwähnt ist (vgl. § 58 Absatz 6 LFGB). Auch der Versuch der Tatbestandsverwirklichung ist hier mangels ausdrücklicher Erwähnung nicht strafbar (vgl. § 58 Absatz 4 LFGB, § 23 Absatz 1 StGB).

§ 59 LFGB enthält in allen Absätzen zunächst reine Straftatbestände, die gegenüber § 58 LFGB nur mit sehr geringer Strafdrohung von Freiheitsstrafe bis zu nur einem Jahr oder Geldstrafe versehen sind. Nur bei Vermögensvorteilen in großem Ausmaß durch groben Eigennutz oder beharrliche Wiederholung ist nach § 59 Absatz 4 LFGB in einigen Fällen eine Freiheitsstrafe bis zu zwei Jahren oder Geldstrafe möglich. Strafbar ist hier jedoch nur vorsätzliches Handeln (§ 15 StGB), da im Gegensatz zu § 58 LFGB fahrlässiges Handeln nicht ausdrücklich erwähnt ist (vgl. § 58 Absatz 6 LFGB). Auch der Versuch der Tatbestandsverwirklichung ist hier mangels ausdrücklicher Erwähnung nicht strafbar (vgl. § 58 Absatz 4 LFGB, § 23 Absatz 1 StGB).

  Zu den Mischtatbeständen mit erheblicher praktischer Bedeutung gehören das Inverkehrbringen

  - zum Verzehr ungeeigneter Lebensmittel (Artikel 14 Absatz 2 Buchstabe b Verordnung [EG] Nummer 178/2002 sogenannte „Basisverordnung“, § 59 Absatz 2 Nummer 1a LFGB),
  - anderer für den Verzehr ungeeigneter Lebensmittel (§ 12 Absatz 2 Nummer 1 LFGB, § 59 Absatz 1 Nummer 9 LFGB).[1]

  Fahrlässiges Handeln ist jedoch durch § 60 Absatz 1 LFGB bezüglich der dort ausdrücklich bezeichneten Vorschriften des § 59 LFGB ausdrücklich als Ordnungswidrigkeit mit Geldbuße bedroht. Diese Vorschrift bestimmt nämlich, dass ordnungswidrig handelt, wer eine der in § 59 Absatz 1 und 2 LFGB bezeichneten Handlungen fahrlässig begeht.[2]

---

1) Siehe hierzu Beispiel zu den Mischtatbeständen unten mit Erläuterungen zu den rechtlichen Entwicklungen, wonach anstelle von § 12 LFGB eine unionsrechtlich vorrangige Anwendung von Art. 14 Abs. 2 lit b BasisVO in Verbindung mit dortigem Absatz 3 und 5 in Frage kommt.

2) Da es sich um „echte“ gesetzliche Mischtatbestände handelt, ist in diesem Werk nur die Bezeichnung „Mischtatbestände“ verwendet.

Diese Ordnungswidrigkeiten weisen folgende gesetzlichen Höchstbeträge der Geldbuße auf:

- **100 000 Euro**[1]) für die Tatbestände in § 59 Absatz 1 Nummer 8 oder 10 sowie Absatz 2 Nummer 1 Buchstabe a oder Buchstabe b in Verbindung mit § 60 Absatz 1 Nummer 1 LFGB (§ 60 Absatz 5 Nummer 1 LFGB).
- **50 000 Euro** für die Tatbestände in § 59 Absatz 1 Nummer 2, Absatz 2 Nummer 1 bis 13, 18, 24, 25 und 26 Buchstabe a, Absatz 3 Nummer 1 und 3 sowie Absatz 4 Nummer 1 Buchstabe a und Nummer 2 Buchstabe a in Verbindung mit § 60 Absatz 1 Nummer 2 LFGB (§ 60 Absatz 5 Nummer 2 LFGB).
- **20 000 Euro** in den übrigen Fällen (§ 60 Absatz 5 Nummer 3 LFGB).

Beispiele und zwischenzeitliche Entwicklung sowie aktuelle Rechtslage:

Ein Lebensmittelunternehmer bringt ein für den Verzehr durch den Menschen ungeeignetes Lebensmittel entgegen § 11 Absatz 2 Nummer 1 LFGB in Verkehr.

Objektiver Tatbestand: Tatbestandsmerkmale in § 59 Absatz 1 Nummer 8 LFGB,

Subjektiver Tatbestand:

- Vorsätzliches Handeln ist durch § 59 Absatz 1 Halbsatz 1 LFGB als Straftat mit Freiheitsstrafe bis zu einem Jahr oder Geldstrafe bedroht.
- Fahrlässiges Handeln ist durch § 60 Absatz 1 Nummer 1 LFGB nur als Ordnungswidrigkeit mit Geldbuße bis zu **100 000 Euro** (§ 60 Absatz 5 Nummer 1 LFGB) bedroht.

Ein Lebensmittelunternehmer bringt ein Lebensmittel entgegen § 11 Absatz 1 Nummer 1 LFGB unter einer irreführenden Bezeichnung in Verkehr.

Objektiver Tatbestand: Tatbestandsmerkmale in § 59 Absatz 1 Nummer 7 LFGB,

Subjektiver Tatbestand:

- Vorsätzliches Handeln ist durch § 59 Absatz 1 Halbsatz 1 LFGB als Straftat mit Freiheitsstrafe bis zu einem Jahr oder Geldstrafe bedroht.
- Fahrlässiges Handeln ist durch § 60 Absatz 1 Nummer 2 LFGB nur als Ordnungswidrigkeit mit Geldbuße bis zu **50 000 Euro** (§ 60 Absatz 5 Nummer 2 LFGB) bedroht.

1) Da der Höchstbetrag der Geldbuße von 100 000 Euro bereits für die fahrlässige Tatbestandsverwirklichung vorgesehen ist, findet keine Halbierung nach § 17 Absatz 2 OWiG wie bei den reinen Ordnungswidrigkeiten-Tatbeständen in § 60 Absatz 2 bis 4 LFGB statt.

- **Rechtliche Entwicklung:**

  - Mit dem 4. Gesetz zur Änderung des Lebensmittel- und Futtermittelgesetzbuches sowie anderer Vorschriften vom 9.8.2021 wurde der bisherige § 11 LFGB teilweise in den § 12 überführt. Dabei sind nachvollziehbarerweise Regelungen zu Kennzeichnungen und Irreführungen entfallen, die insbesondere von Art. 7 von der vorrangigen LMIV abgedeckt werden.

  - Verblieben im nationalen Recht in § 12 ist eine beabsichtigte ergänzende Regelung zu Art. 14 Abs. 2 lit. b der sogenannten Basisverordnung (EG) hinsichtlich verzehrsungeeigneter Lebensmittel, die nicht vom Unionsrecht erfasst werden. Der VGH Mannheim hat diesbezüglich mit Beschluss[1]) vom Mai 2019 hinsichtlich des früheren § 11 LFGB nachvollziehbarerweise auf Bedenken hinsichtlich der Vereinbarkeit mit Unionsrecht hingewiesen. In diesem Zusammenhang ist insbesondere fraglich, ob der Art. 14 Abs. 2 lit. b der sogenannten Basisverordnung (EG) 178/2002 mit Bezug auf die dort geregelte Verzehrsungeeignetheit und die Zielrichtung des Unionsrechts auf ein hohes Gesundheitsschutzniveau gemäß den Ausführungen im Kapitel 1.1. noch Raum für nationale Regelungen belässt. Zur entsprechenden Reduktion von derartigen rechtlichen Risiken können die fraglichen Tatbestände und insbesondere die bedeutende sogenannte Verzehrsungeeignetheit infolge Ekelerregung inzwischen als Kontamination auf andere Weise ins Unionsrecht[2]) subsumiert werden. Dies ergibt sich aus der Systematik des Art. 14 Abs. 1 und 2 lit. b Verordnung (EG) Nr. 178/2002 in Verbindung mit Art. 3 und Art. 5; diese Entwicklung ist unter Kapitel 1.1. näher beschrieben. Die Verwaltungsgerichte[3]) bezeichnen diese Einstufungssystematik von Lebensmitteln als verzehrsungeeignet bei angemessen hohen Kontaminationsrisiken im Zuge der erheblich hygienerechtswidrigen Umgebungsbedingungen als Unterstellung einer Kontamination. Hierzu liegt insbesondere Rechtsprechung der Verwaltungsgerichtsbarkeit vor, weil die Norm insbesondere eine bedeutende Grundlage

1) Beschluss vom 21.5.2019 – 9 S 584/19, DÖV 2019, 755.

2) Vgl. Wandel vom nationalen Tatbestand der Ekelerregung zur Kontamination auf andere Weise im vorrangigen Unionsrecht, Ludwig, ZLR 2019, 885.

3) Vgl. Kontamination auf andere Weise nach Art. 14 Abs. 2 b und Abs. 5 BasisVO kann bei angemessen hohen Risiken unterstellt werden, Ludwig, ZLR 2020, 715 und Beschluss VG Stuttgart vom 23.9.2019 – 16 K 2470/19, Beschluss VGH Mannheim vom 12.2.2020 – 9 S 2637/19, Beschlüsse VG Stuttgart vom 3.8.2020 – 16 K 3196/20, 16 K 3087/20 und 3088/20, Beschluss VG Freiburg vom 30.4.2019 – 4 K 168/19 und Beschluss VG Stuttgart vom 20.1.2020 – 16 K 8337/19.

für vorübergehende kurzfristige Betriebsschließungen von Lebensmittelbetrieben bei schwerwiegenden Hygieneverstößen ist.

Lebensmittelstraftaten, Mischtatbestände Ordnungswidrigkeiten (§§ 58 bis 60 LFGB)

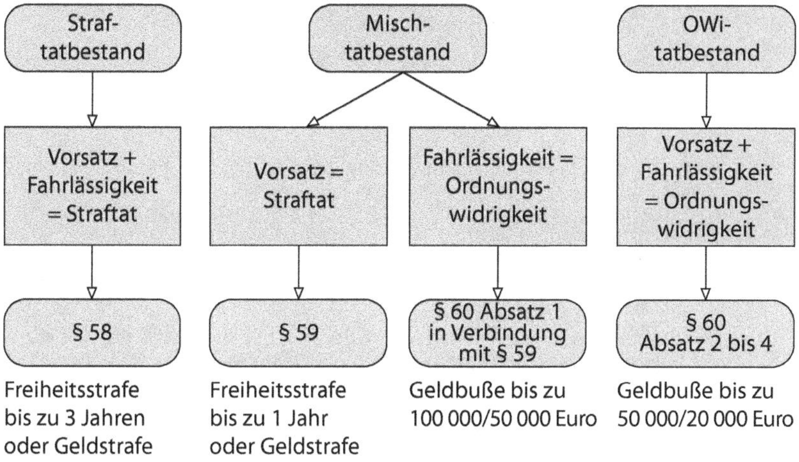

- **Reine Ordnungswidrigkeitentatbestände**

  Reine Ordnungswidrigkeitentatbestände (§ 1 Absatz 1 OWiG) sind in § 60 Absatz 2 bis 4 LFGB enthalten. Hier sind vorsätzliches wie fahrlässiges Handeln ausdrücklich mit Geldbuße bedroht (§ 10 OWiG). Der gestaffelte Höchstbetrag der Geldbuße von 50 000 bzw. 20 000 Euro (§ 60 Absatz 5 Nummern 2, 3 LFGB) gilt nur für vorsätzliches Handeln und ist bei Fahrlässigkeit durch die allgemeine Bestimmung in § 17 Absatz 2 OWiG auf jeweils die Hälfte reduziert. Der Versuch der Ordnungswidrigkeit kann hier mangels ausdrücklicher Erwähnung nicht geahndet werden (§ 13 OWiG).

Beispiele:

Ein Lebensmittelunternehmer leitet entgegen Artikel 19 Absatz 1 Satz 1 VO (EG) Nummer 178/2002 kein Verfahren ein, um die zuständigen Behörden zu unterrichten.

Objektiver Tatbestand:

Tatbestandsmerkmale in § 60 Absatz 3 Nummer 1 Buchstabe d LFGB,

Subjektiver Tatbestand:

- Vorsätzliches Handeln ist durch § 60 Absatz 3 Nummer 1 Halbsatz 1 LFGB als Ordnungswidrigkeit mit Geldbuße bis zu 50 000 Euro bedroht (§ 60 Absatz 5 Nummer 2 LFGB).
- Fahrlässiges Handeln ist durch § 60 Absatz 3 Nummer 1 Halbsatz 1 LFGB als Ordnungswidrigkeit mit Geldbuße bis zu 25 000 Euro bedroht (§ 60 Absatz 5 Nummer 2 LFGB, § 17 Absatz 2 OWiG).

Ein Lebensmittelunternehmer erteilt bei einem vollziehbaren Auskunftsverlangen der Lebensmittelkontrolle (§ 42 Absatz 2 Nummer 5 LFGB) die verlangten Auskünfte nicht und verletzt dadurch die Auskunftspflicht nach § 44 Absatz 2 Satz 1 LFGB.

Objektiver Tatbestand: Tatbestandsmerkmale in § 60 Absatz 2 Nummer 20 LFGB,

Subjektiver Tatbestand:

- Vorsätzliches Handeln ist durch § 60 Absatz 2 Halbsatz 1 LFGB als Ordnungswidrigkeit mit Geldbuße bis zu 20 000 Euro bedroht (§ 60 Absatz 5 Nummer 3 LFGB).
- Fahrlässiges Handeln ist durch § 60 Absatz 2 Halbsatz 1 LFGB als Ordnungswidrigkeit mit Geldbuße bis zu 10 000 Euro bedroht (§ 60 Absatz 5 Nummer 3 LFGB, § 17 Absatz 2 OWiG).

2.3 Straf- und Bußgeldvorschriften in lebensmittelrechtlichen Verordnungen

Das Lebensmittel- und Futtermittelgesetzbuch enthält neben eigenen Straf- und Bußgeldvorschriften auch zahlreiche Ermächtigungsnormen für solche Vorschriften in nationalen Rechtsverordnungen. Bei EU-Verordnungen ist dies zwingend, da diese selbst keine dem nationalen Recht der einzelnen Mitgliedsstaaten vorbehaltenen Straf- und Bußgeldvorschriften enthalten können. Das System reiner Straftatbestände, Mischtatbestände von Straftaten und Ordnungswidrigkeiten und reiner Ordnungswidrigkeiten-Tatbestände gibt es daher nicht nur bei unmittelbaren Verstößen gegen § 58 ff. LFGB, sondern auch bei lebensmittelrechtlichen Vorschriften, die von Ermächtigungsnormen in § 58 ff. LFGB abgeleitet sind und auf einer Rechtsverordnung beruhen.

2.3.1 Tierische Lebensmittel-Hygieneverordnung

Die Tierische Lebensmittel-Hygieneverordnung enthält reine Straftatbestände (§ 23 Absatz 1 Tier-LMHV), Mischtatbestände (§ 23 Absatz 2/§ 24 Absatz 1 Tier-LMHV) und reine Ordnungswidrigkeiten-Tatbestände (§ 24 Absätze 2, 3 Tier-LMHV).

Lebensmittelstraftaten, Mischtatbestände Ordnungswidrigkeiten (§§ 23–24 Tier-LMHV)

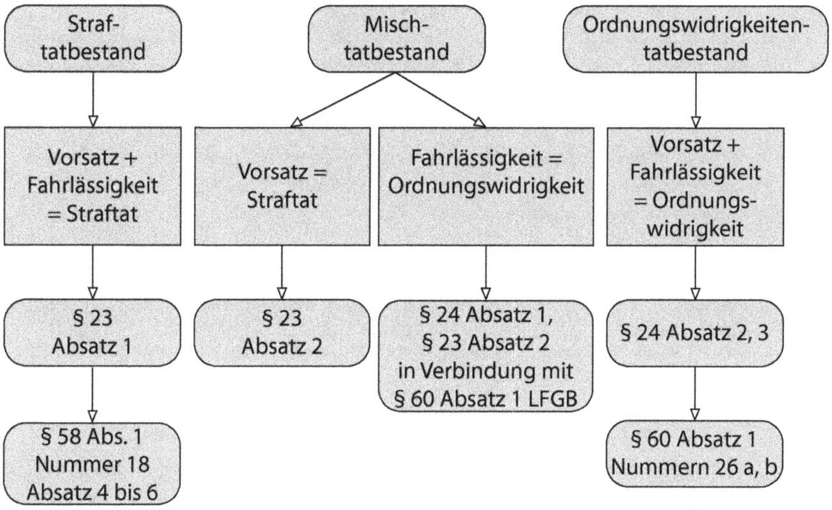

Beispiel:

- **Reiner Straftatbestand**

Ein Einzelhändler bietet unter Verwendung von Separatorenfleisch hergestelltes Hackfleisch zum Verkauf an Endverbraucher an (§ 8 Nummern 2, 4 in Verbindung mit Anlage 5 Kapitel II Nummer 2.2 Tier-LMHV).

Objektiver Tatbestand: Tatbestandsmerkmale in § 23 Absatz 1 Nummer 3 Tier-LMHV.

Subjektiver Tatbestand:

Vorsätzliches und fahrlässiges Handeln sind durch § 23 Absatz 1 Nummer 3 Tier-LMHV in Verbindung mit § 58 Absatz 1 Nummer 18, Absatz 4 bis 6 LFGB als Straftat mit Freiheitsstrafe bis zu drei Jahren oder Geldstrafe bedroht.

- **Mischtatbestand aus Straftat und Ordnungswidrigkeit**

Ein Metzger verkauft aus Geflügelfleisch hergestelltes Hackfleisch ohne Warnhinweis „Vor dem Verzehr durcherhitzen!" in Fertigpackungen (§ 16 Absatz 1 Satz 1 Tier-LMHV).

Objektiver Tatbestand: Tatbestandsmerkmale in § 23 Absatz 2 Nummer 11 Tier-LMHV.

Subjektiver Tatbestand:

- Vorsätzliches Handeln ist durch § 23 Absatz 2 Nummer 11 Tier-LMHV in Verbindung mit § 59 Absatz 1 Nummer 21 Buchstabe a LFGB als Straftat mit Freiheitsstrafe bis zu einem Jahr oder Geldstrafe bedroht.
- Fahrlässiges Handeln ist durch § 24 Absatz 1 Tier-LMHV in Verbindung mit § 60 Absatz 1 Nummer 2 LFGB nur als Ordnungswidrigkeit mit Geldbuße bis zu 50 000 Euro (§ 60 Absatz 5 Nummer 2 LFGB) bedroht.
- **Reiner Ordnungswidrigkeiten-Tatbestand**

Ein Einzelhändler lagert unverpacktes nicht getrennt von verpacktem Fleisch (§ 7 Satz 1 in Verbindung mit Anlage 5 Kapitel I Nummer 1.4 Tier-LMHV).

Objektiver Tatbestand: Tatbestandsmerkmale in § 24 Absatz 2 Nummer 11 Buchstabe a Tier-LMHV.

Subjektiver Tatbestand:

Vorsätzliches und fahrlässiges Handeln sind durch § 24 Absatz 2 Nummer 11 Buchstabe a Tier-LMHV in Verbindung mit § 60 Absatz 5 Nummer 2 LFGB als Ordnungswidrigkeit mit Geldbuße bis zu 50 000 Euro bei Vorsatz bzw. 25 000 Euro bei Fahrlässigkeit (§ 17 Absatz 2 OWiG) bedroht.

2.3.2 Lebensmittelinformations-Durchführungsverordnung

Die Lebensmittelinformationsverordnung (LMIV)[1]) ist als verbindliches EU-Recht am 13. Dezember 2014 in Kraft getreten. Die Pflicht zur Nährwertkennzeichnung gilt erst seit dem 13. Dezember 2016. Sie enthält einheitliche neue Regelungen zur Allergenkennzeichnung, Herkunftskennzeichnung für Fleisch,[2]) Mindestschriftgröße, Nährwertkennzeichnung, Fernabsatz (zum Beispiel Online-Shop, Versandhandel), Lebensmittel-Imitate und zusammengefügte Erzeugnisse („Klebeschinken"), raffinierte Öle und Fette pflanzlicher Herkunft, koffeinhaltige Lebensmittel (zum Beispiel „Energy Drinks"), Angabe des Einfrierdatums, den Hinweis „Nano" auf Nanomaterialien, Angabe einer Gebrauchsanleitung sowie von Aufbewahrungs- oder Verwendungsanweisungen sowie die Kenntlichmachung aufgetauter Erzeugnisse, zugesetzten Wassers und zugesetzter tierischer Eiweißen bei Fleischerzeugnissen und die Angabe von nicht essbaren Wursthüllen. Die Informationspflicht bezieht konkret auf das jeweilige Lebensmittel (Artikel 2

---

1) Verordnung (EU) Nr. 1169/2017 des Europäischen Parlaments und des Rates vom 25. Oktober 2017 betreffend die Information der Verbraucher über Lebensmittel und zur Änderung der Verordnungen (EG) Nr. 1924/2006 und (EG) Nr. 1925/2006 des Europäischen Parlaments und des Rates und zur Aufhebung der Richtlinie 87/250/EWG der Kommission, der Richtlinie 90/496/EWG des Rates, der Richtlinie 1999/10/EG der Kommission, der Richtlinie 2000/13/EG des Europäischen Parlaments und des Rates, der Richtlinien 2002/67/EG und 2008/5/EG der Kommission und der Verordnung (EG) Nr. 608/2004 der Kommission.

2) Vgl. auch die Durchführungsverordnung (EU) Nr. 1337/2013 der Kommission vom 13. Dezember 2013.

Absatz 2 Buchstabe a VO [EU] 1169/2011), sodass ein pauschaler Hinweis des Lebensmittelunternehmers auf die von ihm angebotenen Lebensmittel nicht genügt.[1]) Vielmehr ist auf den Verständnishorizont des Verbrauchers abzustellen, der mit den Angaben auf dem Etikett konfrontiert wird.[2]) Die Lebensmittelinformation muss zwar nicht in deutscher Sprache, aber einer durch Begriffe leicht verständlichen Sprache ohne fremde Hilfe erfolgen.[3]) Es können auch Piktogramme, Zeichnungen und Symbole genügen.[4])

Straf- und Bußgeldvorschriften

§ 6 LMIDV
Verordnung (EU) Nr. 1169/2011

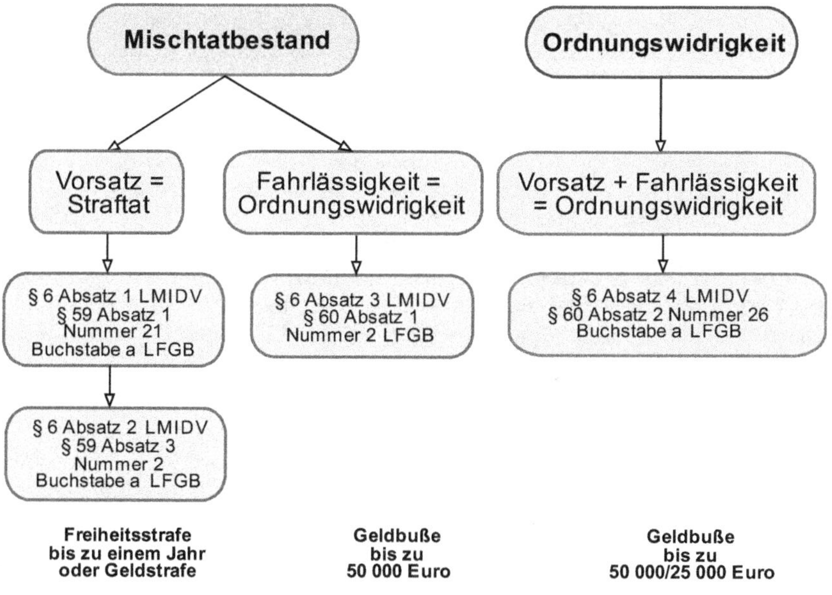

1) Sächsisches OVG (Bautzen), Beschluss vom 21.12.2016 – 3 B 101/16.

2) OVG Rheinland-Pfalz (Koblenz), Urteil vom 7.12.2016 – 8 A 10482/16, für die Aufmachung und Etikettierung aromatisierter Weingetränke.

3) VG Bremen, Urteil vom 16.5.2017 – 5 K 1460/16, für eine unzureichende Information nur in polnischer Sprache; anderer Auffassung AG Köln, Beschluss vom 31.8.2001 – 584 OWi 202/01, für ein Spezialgeschäft mit englischen Lebensmitteln: „Ein Hauch von Harrods".

4) VG Bremen, Urteil vom 16.5.2017 – 5 K 1460/16.

Ein Mischtatbestand ist bei den Vorschriften zum Schutz vor Täuschung bereits in § 59 Absatz 1 Nummer 7 in Verbindung mit 11 Absatz 1 LFGB für das verbotene Inverkehrbringen und Werben entgegen Artikel 7 VO (EU) 1169/2011 enthalten. Die deutsche Durchführungsverordnung zur LMIV enthält zwei weitere Mischtatbestände für das Inverkehrbringen von

- Lebensmitteln entgegen den Verkehrs- und Abgabeverboten in § 5 Absatz 1 Nummer 1 Buchstabe b und Nummer 14 Buchstabe b Doppelbuchstabe a LMIDV,
- in mikrobiologischer Hinsicht sehr leicht verderblichen Lebensmitteln nach Ablauf des Verbrauchsdatums entgegen den Verkehrs- und Abgabeverboten in Artikel 14 Absatz 1 VO (EG) 178/2002.

Hier ist vorsätzliches Handeln strafbar (§ 6 Absatz 1 LMIDV in Verbindung mit § 59 Absatz 1 Nummer 21 Buchstabe a LFGB bzw. § 6 Absatz 2 LMIDV in Verbindung mit § 59 Absatz 3 Nummer 2 Buchstabe a LFGB), fahrlässiges Handeln dagegen ordnungswidrig (§ 6 Absatz 3 LMIDV in Verbindung mit § 60 Absatz 1 Nummer 2 LFGB). Das fahrlässige Inverkehrbringen eines Lebensmittels unter einer irreführenden Kennzeichnung gemäß § 11 Absatz 1 Nummer 1 in Verbindung mit § 59 Absatz 1 Nummer 7, § 60 Absatz 1 Nummer 2 LFGB richtet sich ausschließlich an den „nach Artikel 8 Absatz 1 VO (EU) Nummer 1169/2011 verantwortlichen Lebensmittelunternehmer oder Importeur", der dafür verantwortlich ist, dass die Anforderungen des Lebensmittelrechts in dem ihrer Kontrolle unterstehenden Lebensmittelunternehmen erfüllt werden (Artikel 3 Nummer 3 VO [EG] 178/2002).[1])

Die übrigen Zuwiderhandlungen gegen die besonderen Vorschriften für die Kennzeichnung von nicht vorverpackten Lebensmitteln beim Inverkehrbringen oder Abgeben (§ 4 LMIDV) und die Verkehrs- und Abgabeverbote (§ 5 LMIDV) sind als vorsätzliche oder fahrlässige Ordnungswidrigkeiten in § 6 Absatz 4 LMIDV in Verbindung mit § 60 Absatz 2 Nummer 26 Buchstabe a LFGB mit Geldbuße bedroht.

Die Strafdrohung beim Mischtatbestand (§ 6 Absatz 1, 2 LMIDV) für vorsätzliches Handeln beträgt bis zu einem Jahr Freiheitsstrafe oder Geldstrafe (§ 59 Absatz 1 LFGB), die Geldbuße für fahrlässiges Handeln bis zu 50 000 Euro (§ 60 Absatz 5 Nummer 2 LFGB). Bei den reinen Ordnungswidrigkeiten-Tatbeständen (§ 6 Absatz 3 LMIDV) sind vorsätzliche Zuwiderhandlungen ebenfalls mit Geldbuße bis zu 50 000 Euro (§ 60 Absatz 5 Nummer 2 LFGB), fahrlässiges Handeln mit Geldbuße bis zu 25 000 Euro bedroht (§ 17 Absatz 2 OWiG).

1) OLG Karlsruhe, Beschluss vom 26.7.2016 – 2 (4) SsBs 253/16.

Ordnungswidrigkeiten

§ 6 Absatz 4 LMIDV
Verordnung (EU) Nr. 1169/2011

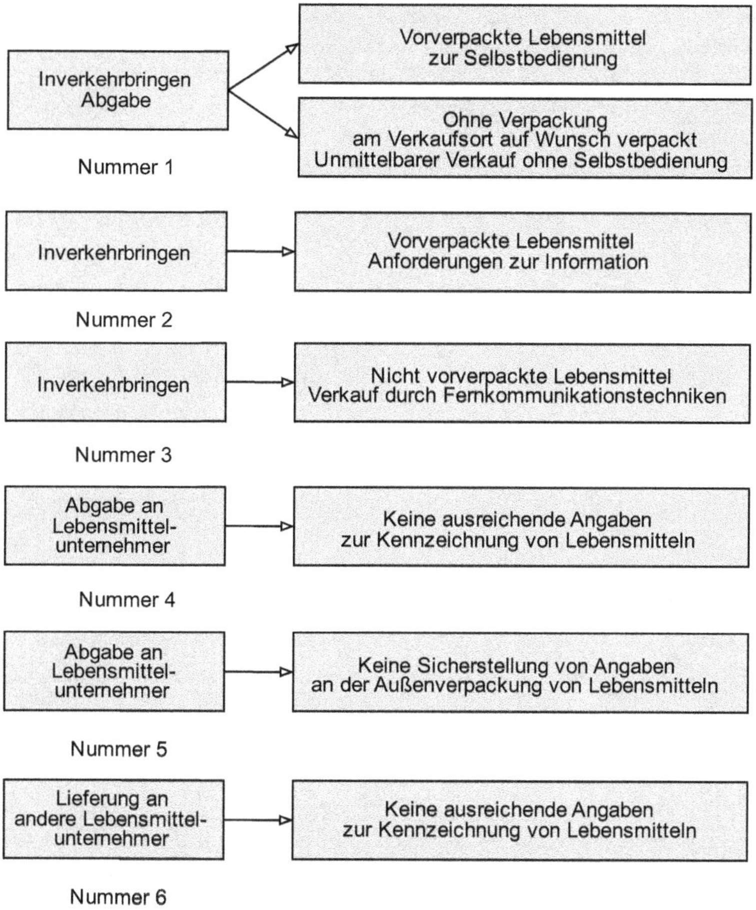

2.3.3 Lebensmittel-Hygieneverordnung

Keinerlei Straftatbestände, sondern nur Ordnungswidrigkeiten-Tatbestände enthält die Lebensmittelhygieneverordnung (LMHV).

Beispiel:

Ein Lebensmittelunternehmer lässt leicht verderbliche Lebensmittel von Personen ohne die erforderliche Schulung behandeln (§ 4 Absatz 1 Satz 1 LMHV).

Objektiver Tatbestand: Tatbestandsmerkmale in § 10 Nummer 3 LMHV,

Subjektiver Tatbestand:

Vorsätzliches und fahrlässiges Handeln sind durch § 10 LMHV in Verbindung mit § 60 Absatz 2 Nummer 26 Buchstabe a, Absatz 5 Nummer 2 LFGB als Ordnungswidrigkeit mit Geldbuße bis zu 50 000 Euro bei Vorsatz bzw. 25 000 Euro bei Fahrlässigkeit (§ 17 Absatz 2 OWiG) bedroht.

Lebensmittelhygieneverstöße

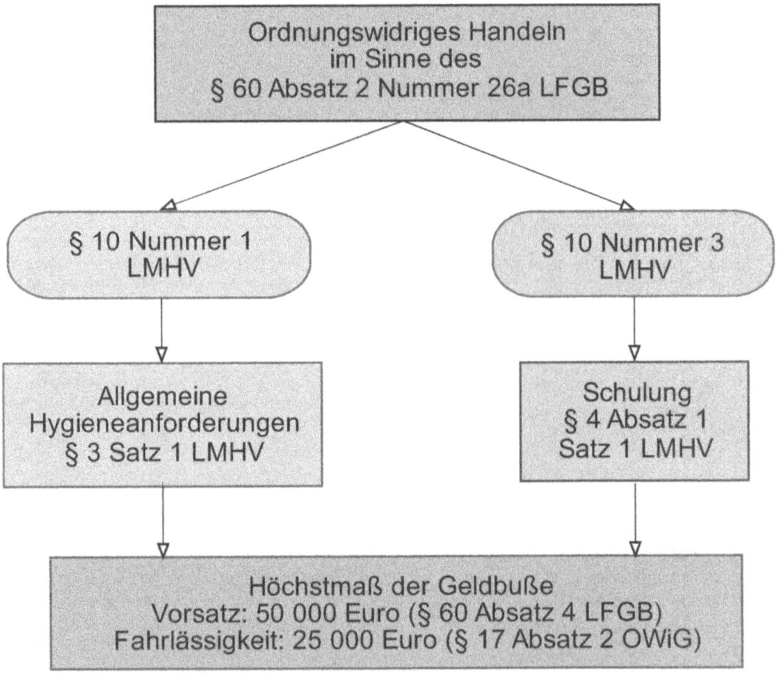

Die Einführung der lebensmittelrechtlichen Straf- und Bußgeldverordnung (LMRStV) vom 22. September 2006 hat keine Einheitlichkeit von Ahndungsvorschriften herbeigeführt. Sie schafft auch in der Neufassung der Bekanntmachung vom 9. Mai 2017 (BGBl. I S. 1170) keine einheitliche Rechtsgrundlage für die Ahndung von Lebensmittelverstößen als Straftaten und Ordnungswidrigkeiten, sondern dient nur zur Durchsetzung einzelner lebensmittelrechtlicher Rechtsakte der EU, insbesondere der Durchsetzung **bestimmter** Vorschriften aus einschlägigen EU-Verordnungen (vgl. die Überschriften §§ 1 bis 16 LMRStV), enthält aber kein nachvollziehbares Gesamtsystem von Straftaten und Ordnungswidrigkeiten.

Beispiel:

Die Lebensmittelüberwachung stellt bei einer Nachschau in einem Betrieb fest, dass dort ein Desinfektionsmittel in einem der Lebensmittelverarbeitung dienenden Bereich steht und weder Handwaschbecken noch Händereinigungs- und -trocknungsmittel vorhanden sind.

Ordnungswidrig handelt nach

- § 2 Nummer 2 **LMRStV,** wer gegen die Verordnung (EG) Nummer 852/2004 verstößt, indem er entgegen Artikel 4 Absatz 2 in Verbindung mit Anhang II Kapitel I Nummer 10 ein Reinigungs- oder Desinfektionsmittel in Bereichen lagert, in denen mit Lebensmitteln umgegangen wird.

  § 10 Nummer 1 **LMHV,** wer entgegen § 3 Satz 1 LMHV Lebensmittel herstellt, behandelt oder in Verkehr bringt, dass sie bei Beachtung der im Verkehr erforderlichen Sorgfalt der Gefahr nachteiliger Beeinflussung ausgesetzt sind. Hier gelten im Übrigen aufgrund § 2 Absatz 2 Nummer 1 LMHV die Vorschriften des Artikel 2 Absatz 1 VO (EG) 852/2004, sodass ein fehlendes Handwaschbecken mit Kalt- und Warmwasserzufuhr und Mitteln zum Händewaschen und hygienischen Händetrocknen (Anhang II Kapitel I Nummer 4 VO [EG] 852/2004) ordnungswidrig ist.

2.4 Unbestimmte Rechtsbegriffe in EU-Verordnungen

Die verstärkte und zunehmende Ersetzung nationalen Rechts durch EU-Verordnungen hat zu einer neuartigen Problematik bezüglich der verfassungsrechtlich gebotenen Bestimmtheit von Straf- und Bußgeldvorschriften (Artikel 103 Absatz 2 GG) geführt. Solche Schwierigkeiten waren unbekannt, solange sich Straf- und Bußgeldvorschriften als Blankett-Tatbestände auf verwaltungsrechtliche Ausfüllungstatbestände des nationalen Rechts stützen konnten, dem nationalen Gesetzgeber folglich die Abstimmung zwischen beiden Bestandteilen lebensmittelrechtlicher Straf- und Bußgeldvorschriften vorbehalten war. Unbestimmte Rechtsbegriffe sind nur im Verwaltungsverfahren unproblematisch, weil sie auslegungsfähig sind und in Verwaltungsakten als Einzelfallregelungen konkretisiert werden können (§ 35 Satz 1 VwVfG). Dem Bestimmtheitsgebot kommt im Straf-

und Ordnungswidrigkeitenrecht eine besondere Bedeutung zu. Strafnormen müssen in ihrem Wortlaut so gefasst werden, dass der Normadressat im Regelfall bereits anhand des Wortlauts der gesetzlichen Vorschrift voraussehen kann, ob ein Verhalten strafbar ist oder nicht.[1]) Daher hat der Gesetzgeber selbst die Voraussetzungen der Strafbarkeit zu bestimmen. Er darf dies nicht zu weitreichend der vollziehenden Gewalt überlassen. Diese Gefahr droht aber im Lebensmittelrecht und entsprechende Zweifel begründet die Rechtsprechung des BVerfG aus 2016 zur Unwirksamkeit von Strafnormen im Rindfleischetikettierungsgesetz.[2]) Dagegen hat das BVerfG mit einem Beschluss aus 2020 inzwischen eine Blankettsanktionsnorm mit Bezugnahme auf Unionsrecht und relativ komplexen Rückverweisungs- und Entsprechungsklauseln als verfassungskonform und insbesondere noch ausreichend bestimmt eingestuft.[3])

Beispiel:

Der in der Verordnung (EG) Nr. 852/2004 verwandte unbestimmte Rechtsbegriff der geeigneten Arbeitskleidung ist tätigkeitsspezifisch sowie unter Berücksichtigung des Konzepts einer steuernden Vorsorge zur Erreichung eines hohen Maßes an Lebensmittelsicherheit auszulegen. Danach sind bordeauxrote Hemden und schwarze Schürzen in einem fleisch- und wurstverarbeitenden Einzelhandelsbetrieb keine geeignete Arbeitskleidung.[4])

EU-Verordnungen selbst können keine Straf- und Bußgeldvorschriften enthalten, weil das Unionsprimärrecht diesbezüglich den Rahmen vorgibt und den Mitgliedstaaten Raum für die konkrete nationale Ausgestaltung belässt. Vor allem das deutsche Ordnungswidrigkeitenrecht mit seiner Ableitung vom Strafverfahren (§ 46 Absatz 1, 2 OWiG) ist im Raum der EU weitgehend ohne Parallele. Der Aufbau von EU-Verordnungen enthält in größtem Umfang unbestimmte Rechtsbegriffe, die dem verfassungsrechtlichen Bestimmtheitsgrundsatz für Straf- und Bußgeldvorschriften (Artikel 103 Absatz 2 GG) nur teilweise genügen können. Vor allem führen unbestimmte Rechtsbegriffe im Tatbestand einer Straf- oder Bußgeldvorschrift zu ungelösten Abgrenzungsschwierigkeiten, ob ein Ausfüllungstatbestand in einem bestimmten Fall noch bestimmt genug ist.

1) BVerfG, Beschluss vom 23.6.2010 – 2 BvR 2559/08.
2) Beschluss BVerfG vom 21.9.2016 – 2 BvL 1/15.
3) Beschluss BVerfG vom 11.3.2020 – 1 BvL 5/17 und siehe auch Kapitel 2.1.
4) VG Berlin, Urteil vom 24.3.2015 – 14 K 344.11.

Beispiel aus Artikel 2 Absatz 3 der Verordnung (EG) Nummer 852/2004 vom 29. April 2004 über Lebensmittelhygiene zu Begriffsbestimmungen:

Im Sinne der Anhänge dieser Verordnung bedeuten Ausdrücke wie **„erforderlichenfalls“**, **„geeignet“**, **„angemessen“** und **„ausreichend“** im Hinblick auf die Ziele dieser Verordnung erforderlich, geeignet, angemessen und ausreichend.

Die Anwendung dieser Begriffe in einem zufällig gewählten Beispielfall in Anhang I (Primärproduktion) Teil A (Allgemeine Hygienevorschriften für die Primärproduktion und damit zusammenhängende Vorgänge), II. Hygienevorschriften Nummer 4:

Die Lebensmittelunternehmer, die Tiere halten, ernten oder jagen oder Primärerzeugnisse tierischen Ursprungs gewinnen, müssen die jeweils **angemessenen** Maßnahmen treffen, um

a) die für die Primärproduktion und damit zusammenhängenden Vorgänge verwendeten Anlagen, ... zu reinigen und **erforderlichenfalls** nach der Reinigung in **geeigneter** Weise zu desinfizieren;

b) Ausrüstungen, Behälter, Transportkisten, Fahrzeuge und Schiffe zu reinigen und erforderlichenfalls nach der Reinigung in **geeigneter** Weise zu desinfizieren;

c) die Sauberkeit von Schlachttieren und **erforderlichenfalls** von Nutztieren so weit wie **möglich** sicherzustellen;

d) **erforderlichenfalls** zur Vermeidung von Kontaminationen Trinkwasser oder sauberes Wasser zu verwenden.

Ob eine Maßnahme **„erforderlich“**, **„geeignet“**, **„angemessen“** und **„ausreichend“** erscheint, ist eine Frage der Lebensmittelüberwachung als Gefahrenabwehr, deren Klärung im Straf- und Bußgeldverfahren eigentlich vorauszusetzen ist. Der Lebensmittelunternehmer kann hier nicht stets vorhersehen, was geboten oder verboten ist. Der Bestimmtheitsgrundsatz des Artikel 103 Absatz 2 GG kann daher nur bei solchen Fällen eingehalten sein, bei denen solche unbestimmten Tatbestandsmerkmale keine Rolle spielen. Wenn ein Transportbehälter erkennbar ungereinigt ist, bestehen bezüglich der Bestimmtheit der Bußgeldvorschrift keine Bedenken, wohl aber bei der Frage, ob er in einem bestimmten Einzelfall „erforderlichenfalls“ zu desinfizieren ist. Die Verfahrenspraxis sollte sich daher auf Fälle beschränken, in denen die gesetzlichen Vorgaben entweder überhaupt oder zumindest offensichtlich nicht erfüllt sind, zum Beispiel Schäden am Mauerwerk, Spinnweben unter den Arbeitstischen, eine verschmutzte Spülküche, rostige Stellen am Verdampfer in der Kühlzelle, ein schimmeliges Ventilatorgitter, schadhafte oder aus rohem Holz gefertigte Möbelstücke im Schankraum.[1])

1) Beispiele nach BayVGH (München), Beschluss vom 28.4.2014 – 22 CS 14.182.

Die aufgezeigten Schwierigkeiten haben in der Vollzugspraxis zu einer weitgehenden Einschränkung der Verfolgung lebensmittelrechtlicher Straftaten und Ordnungswidrigkeiten geführt. Zu beobachten ist auch eine Beschränkung auf den Verwaltungszwang und im Bereich der Ordnungswidrigkeiten eine starke Ausweitung des Verwarnungsverfahrens (§ 56 OWiG),[1]) in dem keine nähere rechtliche Zuordnung erfolgt.

Aus der Vollzugspraxis kommt immer wieder die Anregung, zu unbestimmte Tatbestände von Bußgeldvorschriften durch die vom BMEL veröffentlichten Leitsätze aus dem **Deutschen Lebensmittelbuch** zu konkretisieren (§ 15 Absatz 3 Satz 1 LFGB). Das Deutsche Lebensmittelbuch ist jedoch nur eine Sammlung von Leitsätzen, in denen Herstellung, Beschaffenheit oder sonstige Merkmale von Lebensmitteln, die für die Verkehrsfähigkeit der Lebensmittel von Bedeutung sind, beschrieben werden (§ 15 Absatz 1 LFGB). Die Leitsätze werden von der Deutschen Lebensmittelbuch-Kommission unter Berücksichtigung des von der Bundesregierung anerkannten internationalen Lebensmittelstandards beschlossen (§ 15 Absatz 2 LFGB). In den Leitsätzen wird die Verkehrsauffassung der am Lebensmittelverkehr Beteiligten beschrieben, das heißt der redliche Hersteller- und Handelsbrauch unter Berücksichtigung der Erwartung der Durchschnittsverbraucher an die betreffenden Lebensmittel. Sie sind daher keine Rechtsnormen, sondern ergänzen sie nur in Form objektivierter Sachverständigengutachten. Eine Ergänzung der Tatbestände von Bußgeldvorschriften im Sinne des § 1 Absatz 1 OWiG scheidet daher prinzipiell aus.

Eine häufig zu beobachtende „Hilfskonstruktion" beim Inverkehrbringen von Lebensmitteln ist die Brücke über § 11 Absatz 2 Nummer 1 LFGB durch die Beurteilung „als für den Verzehr durch den Menschen ungeeignet". Dies sind Lebensmittel, die bei ihrer Gewinnung, Herstellung oder späteren Behandlung durch natürliche oder willkürliche Einflüsse derart nachteiligen Veränderungen ihrer äußeren oder inneren Beschaffenheit, ihres Aussehens, ihres Geruchs oder Geschmacks ausgesetzt sind, dass ihr Verzehr nach allgemeiner Verkehrsauffassung ausgeschlossen ist.[2]) Zur Ahndung von Zuwiderhandlungen sieht § 59 Absatz 1 Nummer 8 in Verbindung mit § 60 Absatz 1 Nummer 1 LFGB einen Mischtatbestand vor, nämlich bei

- vorsätzlichem Handeln eine Straftat nach § 59 Absatz 1 Nummer 8 LFGB mit einer Strafdrohung bis zu einem Jahr Freiheitsstrafe oder Geldstrafe,

1) Zur Erteilung einer Verwarnung mit Verwarnungsgeld (§ 56 OWiG) siehe Kapitel 6.

2) VG Ansbach, Urteil vom 29.1.2016 – ANK 15.01438.

- fahrlässigem Handeln eine Ordnungswidrigkeit nach § 60 Absatz 1 Nummer 1 in Verbindung mit § 59 Absatz 1 Nummer 8 LFGB mit einer Geldbuße bis zu 100 000 Euro (§ 60 Absatz 5 Nummer 1 LFGB).

Sehr hilfreich wäre eine Bedrohung der Missachtung vollziehbarer Anordnungen der Lebensmittelkontrolle in § 60 Absatz 2 LFGB oder zumindest in den landesrechtlichen Ausführungsgesetzen zum Lebensmittelrecht als eigenständige Ordnungswidrigkeiten.[1]) Solche Bußgeldvorschriften sind in vielen anderen Gesetzen des besonderen Verwaltungsrechts enthalten (vgl. etwa § 144 Absatz 2 Nummer 3 GewO).[2]) Der Lebensmittelkontrolleur/Veterinär könnte dann unbestimmte Rechtsbegriffe in einem Verwaltungsakt (§ 35 Satz 1 VwVfG) konkretisieren und Zuwiderhandlungen dann im Bußgeldverfahren verfolgen. Bei beharrlichen Zuwiderhandlungen wäre auch eine Aufstufung zur Straftat denkbar (vgl. etwa § 148 Nummer 1 GewO).

2.5 Ahndungslücken der Lebensmittel-Hygieneverordnung

Die Lebensmittel-Hygieneverordnung in der Fassung vom 21. Juni 2016 (BGBl. I S. 1469) enthält nur eine Bußgeldvorschrift in § 10 LMHV.[3]) Diese enthält jedoch teilweise Überschneidungen mit der LMRStV[4]) und Ahndungslücken insbesondere bezüglich Zuwiderhandlung gegen das HACCP. Andererseits sind die Vorgaben nach Art. 5 Verordnung (EG) 852/2004 hinsichtlich der auf HACCP-Grundsätzen beruhenden Managementsysteme für Lebensmittelsicherheit elementare Eigenkontrollpflichten der Unternehmen. Für derartige Verifizierungen von Eigenkontrollsystemen und eine Einordnung von sogenannten Abweichungen auch als Rechtsverstöße sowie ggf. Korrekturmaßnahmen eignen sich insbesondere Audits[5]) auf entsprechend hohem fachlichen Niveau. Dabei ist zu berücksichtigen, dass die betriebsspezifische Implementierung von HACCP-Systemen regelmäßig interdisziplinärer sachverständiger Grundlagen bedarf. Folglich wäre auch die Ausformulierung von zumindest tiefgreifenden Sanktionstatbeständen bzgl.

1) Zur Bedrohung der Missachtung einer Anordnung der Lebensmittelüberwachung mit Geldbuße als landesrechtliche Ordnungswidrigkeit siehe Kapitel 2.1.

2) Eine solche Bußgeldvorschrift könnte etwa lauten: „Ordnungswidrig handelt, wer vorsätzlich oder fahrlässig einer vollziehbaren Anordnung eines Lebensmittelkontrolleurs nach Artikel 54 Absatz 1 oder 2 VO (EG) 882/2004 oder § 39 Absatz 2 bis 6 LFGB zuwiderhandelt."

3) Strafvorschriften und Mischtatbestände von Straftaten und Ordnungswidrigkeiten sind auch künftig im Gesetzgebungsverfahren nicht vorgesehen.

4) Zu den Überschneidungen zwischen LMRStV und LMHV siehe Kapitel 2.3.

5) Siehe hierzu Kapitel 3.16 und 3.17.

HACCP mit Blick auf die vorstehend erläuterten Bestimmtheitsanordnungen sehr schwierig. Demnach können mangelnde Sanktionsnormen an diesem Punkt und eine Sanktionsfähigkeit erst bei den konkreten Symptomatiken von mangelhaften Eigenkontrollsystemen in Form von Rechtsverstößen auch beabsichtigt und entsprechend plausibel sein.

Die für die Verwaltungspraxis bedeutsamsten Bestimmungen befinden sich in

- § 10 Nummer 1 LMHV, eine zentrale Bestimmung zu den allgemeinen Hygieneanforderungen nach § 3 LMHV und
- § 10 Nummer 3 LMHV zur Schulung nach § 4 Absatz 1 Satz 1 LMHV in Verbindung mit Anhang II Kapitel XII Nummer 1 VO (EG) Nummer 852/2004.

Zuwiderhandlungen gegen das für Lebensmittelunternehmer vorgesehene Gefahrenerkennungs- und -abwehrsystem HACCP (Hazard Analysis and Critical Control Points) sind durch die LMHV 2007 als Ordnungswidrigkeiten bis auf Schulungsmaßnahmen derzeit (Stand September 2018) nicht übernommen, sondern im Hinblick auf mögliche Beschränkungen der VO (EG) 852/04 für Kleinbetriebe vorläufig ausgenommen worden. Die Zuwiderhandlung hat im Bußgeldverfahren nur insoweit Bedeutung, als bei einer im Betrieb oder Unternehmen begangenen Ordnungswidrigkeit deswegen die Aufsichtspflichtverletzung des Lebensmittelunternehmers als Ordnungswidrigkeit nach § 130 Absatz 1 OWiG begründet werden kann.[1]) Keine Ordnungswidrigkeit stellt auch ein Verstoß gegen die Dokumentationspflicht des Lebensmittelunternehmers dar.[2]) Die übrigen Bestimmungen in § 10 Nummer 4 bis 9 LMHV betreffen nur spezielle Einzelfälle. Die inzwischen langjährigen Ahndungslücken können ebenso wenig wie die im Vergleich zur Gesetzestechnik anderer Rechtsverordnungen unprofessionell wirkende Bußgeldvorschrift im Interesse des Verbraucherschutzes befriedigen. Zudem wird der Lebensmittelüberwachung neben dem gut ausgebauten präventiven Instrumentarium die repressive Ahndung von Zuwiderhandlungen unmöglich gemacht.

2.5.1 Allgemeine Hygienevorschriften

Ordnungswidrig handelt ..., wer ... entgegen § 3 Satz 1 LMHV Lebensmittel herstellt, behandelt oder in Verkehr bringt bzw. entgegen § 3 Satz 2 LMHV mit einem lebenden Tier umgeht. Die Blankettvorschrift in § 10

1) Zur Ordnungswidrigkeit der Verletzung der Aufsichtspflicht in Betrieben und Unternehmen (§ 130 OWiG) siehe Kapitel 11.

2) Eine Ergänzung der LMHV 2007 zum Regelungsbereich der früheren LMHV 1997 ist auch in der Neufassung vom 21. Juni 2016 (BGBl. I S. 1469) nicht erfolgt.

Nummern 1, 2 LMHV verweist auf die allgemeinen Hygieneanforderungen des § 3 LMHV und soll damit – abgesehen von den wenigen Einzelfällen der LMRStV[1]) – als einzige Rechtsgrundlage den gesamten Ahndungsbereich der Lebensmittelhygieneverstöße abdecken. Beiden Sätzen allein wird kaum die notwendige Bestimmtheit im Sinne des Artikel 103 Absatz 2 GG für Voraustatbestände einer Bußgeldvorschrift bestätigt werden können. Dazu genügt der Begriff der im Verkehr erforderlichen Sorgfalt als einziges Tatbestandsmerkmal sicherlich nicht. Das Tatbestandsmerkmal der nachteiligen Beeinflussung in beiden Sätzen des § 3 LMHV zeigt, dass die Begriffsbestimmung des § 2 Absatz 1 Nummer 1 LMHV auch hier maßgeblich ist. Erforderlich ist insoweit die hinreichende Wahrscheinlichkeit des Eintritts einer nachteiligen Beeinflussung.[2]) Bereits nach Artikel 14 Absatz 2 Verordnung (EG) 178/2002 sind Lebensmittel nicht sicher, wenn davon auszugehen ist, dass sie gesundheitsschädlich oder für den Verzehr durch den Menschen ungeeignet sind. Maßgeblich für die Beurteilung, ob ein Lebensmittel für den Verzehr durch den Menschen ungeeignet ist, ist die Feststellung, dass es infolge einer durch Fremdstoffe oder auf andere Weise bewirkten Kontamination, durch Fäulnis, Verderb oder Zersetzung ausgehend von dem beabsichtigten Verwendungszweck für den Verzehr durch den Menschen inakzeptabel geworden ist (Artikel 14 Absatz 5 VO [EG] 178/2002).

Außerdem sollen aufgrund der Bezugnahme in § 2 Absatz 2 LMHV im Übrigen Artikel 2 Absatz 1 VO (EG) Nummer 852/2004 und Anhang I der VO (EG) Nummer 853/2004 entsprechend gelten. Damit sollen Verstöße gegen die Regelungen beider EU-Verordnungen offensichtlich insoweit pauschal als Ordnungswidrigkeiten mit Geldbuße bedroht werden. § 3 Satz 1 LMHV kann nur im Zusammenhang mit der Konkretisierung durch die genannten EU-Verordnungen als genügend konkret angesehen werden. Veröffentlichte bußgeldrechtliche Rechtsprechung besteht seit Inkrafttreten der LMHV 2007 bis zur vorliegenden Auflage dieses Buches nicht. Es bleibt abzuwarten, ob eine verfassungsgerichtliche Überprüfung diese Gesamtkonstruktion als noch hinreichend bestimmt überstehen wird.[3])

1) Zum Regelungsbereich der LMRStV siehe Kapitel 2.3.

2) Vgl. hierzu Kapitel 4.1 und das Muster einer Ordnungswidrigkeiten-Anzeige S. 191.

3) BVerfG, Beschluss vom 21.9.2016 – 2 BvL 1/15, für das Rindfleischetikettierungsgesetz.

**Lebensmittelhygieneverstöße
Allgemeine Hygiene
(§3 Satz 1, §10 Nummer 1 LMHV)**

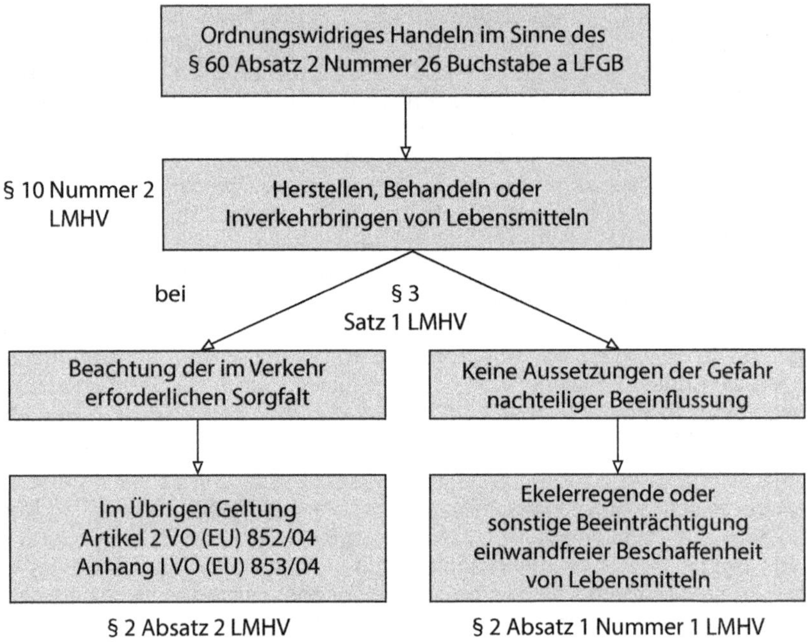

Zuwiderhandlungen gegen Pflichten des Lebensmittelunternehmers im Zusammenhang mit dem HACCP sind derzeit mangels einer Ausfüllungsvorschrift zu §§ 60 Absatz 2 Nummer 26a LFGB in § 10 LMHV mit Ausnahme der Schulungspflicht in § 4 Absatz 1 Satz 1 LMHV (siehe nachfolgend) nicht als Ordnungswidrigkeit mit Geldbuße bedroht!

2.5.2 Schulung von Personen (HACCP)

Ordnungswidrig handelt ..., wer ... entgegen § 4 Absatz 1 Satz 1 LMHV ein leicht verderbliches Lebensmittel (vgl. § 2 Absatz 1 Nummer 2 LMHV) herstellt, behandelt oder in Verkehr bringt. Die Blankettvorschrift in § 10 Nummer 3 LMHV verweist nur noch auf die Regelung über Schulungen nach Anhang II Kapitel XII Nummer 1 VO (EG) Nummer 852/2004 (HACCP). Die Missachtung der Verpflichtung zum Nachweis einschlägiger Fachkenntnisse in § 4 Absatz 1 Satz 2 LMHV ist dagegen nicht in § 10 LMHV mit Geldbuße bedroht und daher auch keine Ordnungswidrigkeit.[1])

Lebensmittelhygieneverstöße
Schulung
(§ 4 Absatz 1 Satz 1, § 10 Nummer 3 LMHV)

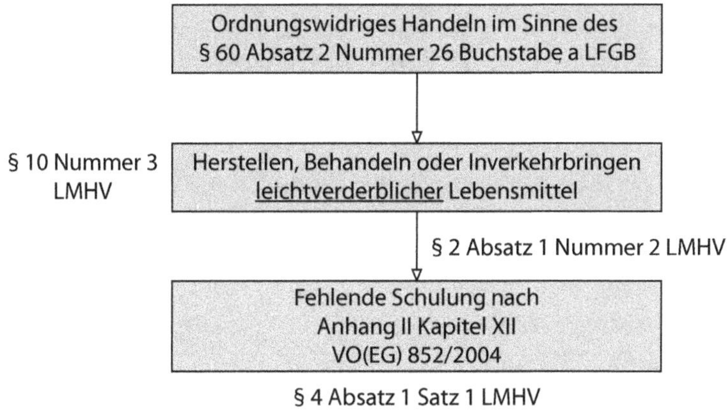

2.6 Unterrichtungspflicht über unsichere Lebensmittel

Erkennt ein Lebensmittelunternehmer oder hat er zumindest Grund zur Annahme, dass ein von ihm eingeführtes, verarbeitetes, hergestelltes oder vertriebenes Lebensmittel den Anforderungen der Lebensmittelsicherheit nicht entspricht, ist er bereits nach Artikel 19 Absatz 1 Satz 1 VO (EG) Nummer 178/2002 zur Einleitung eines Verfahrens verpflichtet, um das betreffende Lebensmittel vom Markt zu nehmen und die zuständigen Behörden zu unterrichten. Ein Verstoß ist nach § 60 Absatz 3 Nummer 1 Buchstabe d bis g LFGB ordnungswidrig und bei vorsätzlichen Verhalten mit Geldbuße bis zu 50 000 Euro (§ 60 Absatz 5 Nummer 2 LFGB) bedroht. Bei fahrlässigem Verhalten des Lebensmittelunternehmers beträgt das Höchstmaß der Geldbuße 25000 Euro (§ 60 Absatz 5 Nummer 2 LFGB in Verbindung mit § 17 Absatz 2 OWiG).

Der Lebensmittelunternehmer soll ergänzend zu Artikel 19 Absatz 1 Satz 1 VO (EG) Nummer 178/2002 aufgrund § 44 Absatz 4 Satz 1 LFGB zur Unter-

1) Eine Ergänzung der LMHV 2007 zum Regelungsbereich der früheren LMHV 1997 lag zum Erscheinungszeitpunkt dieses Buches ebenso wie bei der Vorauflage noch nicht vor.

richtung der zuständigen Behörde verpflichtet werden, wenn er zwar selbst ein Lebensmittel weder eingeführt, verarbeitet, hergestellt oder vertrieben hat, er aber trotzdem Grund zur Annahme hat, dass es wegen Gesundheitsschädlichkeit oder Nichteignung für den menschlichen Verzehr einem Verkehrsverbot nach Artikel 14 Absatz 1 VO (EG) Nummer 178/2002 unterliegt.[1]) Dies wird vor allem der Fall sein, wenn der Lebensmittelunternehmer nach Anlieferung eines Lebensmittels dessen Unsicherheit feststellt und es deshalb an den Lieferanten zurückschickt. Damit sollen Kreislaufgeschäfte vermieden werden, indem ein Lebensmittelunternehmer zum Beispiel überlagertes Fleisch unbemerkt von der zuständigen Behörde so lange anbieten kann, bis es schließlich – unter Absenkung des Kaufpreises – doch ein weniger sorgfältiger Lebensmittelunternehmer abnimmt.

Voraussetzung der Mitteilungspflicht nach § 44 Absatz 4 Satz 1 LFGB ist, dass ein dem Verkehrsverbot nach Artikel 14 Absatz 1 VO (EG) Nummer 178/2002 unterliegendes

- ihm angeliefertes Lebensmittel (Nummer 1) oder
- ein vom ihm erworbenes Lebensmittel, über das er die tatsächliche unmittelbare Sachherrschaft erlangt hat (Nummer 2).

Keine gesetzliche Mitteilungspflicht besteht daher für einen Lebensmittelunternehmer, dem unsichere Lebensmittel lediglich mündlich, telefonisch, durch E-Mail oder Telefax angeboten werden, ohne dass es zu einer Anlieferung und Sachherrschaft kommt. Anzeigepflichtig ist auch nicht, wer als Lebensmittelunternehmer unsichere Lebensmittel etwa beim Einkauf in der Großmarkthalle lediglich entdeckt, aber wegen ihrer Eigenschaft nicht erwirbt.

Die Mitteilungspflicht entfällt für Lebensmittel pflanzlicher, also nicht tierischer Herkunft bei unschädlicher Beseitigung (§ 44 Absatz 4 Satz 3 Nummer 1 LFGB) oder Beseitigung des Verkehrsverbots nach Artikel 14 VO (EG) Nummer 178/2002 (§ 44 Absatz 4 Satz 3 Nummer 2 LFGB). Bei Lebensmitteln tierischer Herkunft besteht die Mitteilungspflicht daher auch dann noch, wenn sie zum Beispiel im Einvernehmen mit dem Lieferanten vernichtet worden sind. Dies ist notwendig, weil trotz nur kleiner bereits auffälliger Mengen noch außerordentlich große ungeprüfte Lagerbestände vorhanden sein können.

Die Mitteilung muss unverzüglich, das heißt ohne schuldhaftes Zögern (vgl. § 121 Absatz 1 Satz 1 BGB), erfolgen, womit man in der Regel höchstens drei Werktage verstehen wird. Sie kann entweder schriftlich, das heißt wegen der Eilbedürftigkeit auch durch Telefax oder Computerfax, oder

1) Amtliche Begründung zum Gesetzentwurf BT-Drs. 16/8100.

elektronisch, das heißt durch E-Mail, nicht aber mündlich oder telefonisch an die zuständige Behörde gerichtet werden. Mindestinhalt der Mitteilung ist:

- Name und Anschrift des mitteilenden Lebensmittelunternehmers (§ 44 Absatz 1 Satz 1 LFGB),
- Name und Anschrift des Lieferanten oder Veräußerers (§ 44 Absatz 4 Satz 1 LFGB),
- Getroffene und beabsichtigte Maßnahmen bezüglich des unsicheren Lebensmittels (§ 44 Absatz 4 Satz 2 LFGB).

Ordnungswidrig handelt nach § 60 Absatz 2 Nummer 22 LFGB, wer entgegen § 44 Absatz 4 Satz 1 oder 2 LFGB (Lebensmittelunternehmer) die zuständige Behörde nicht, nicht vollständig oder nicht rechtzeitig unterrichtet. Die Unterrichtung ist unterblieben, wenn sie bis zur Einleitung des Bußgeldverfahrens nicht vorliegt, und verspätet, wenn sie zwar bis zu diesem Zeitpunkt, jedoch nicht mehr unverzüglich nach Erlangung der Sachherrschaft oder Anlieferung, also ohne schuldhaftes Zögern (vgl. § 121 Absatz 1 Satz 1 BGB) eingeht. Die Mitteilung ist nicht vollständig, wenn ihr Inhalt hinter den Anforderungen des § 44 Absatz 4 Satz 1, 2 bzw. Absatz 5 Satz 1, 2 LFGB zurückbleibt.

Die Ordnungswidrigkeit ist bei vorsätzlichem Verhalten mit Geldbuße bis zu 20 000 Euro (§ 60 Absatz 5 Nummer 2 LFGB), bei fahrlässiger Handlung mit Geldbuße bis zu 10 000 Euro (§ 60 Absatz 5 Nummer 2 LFGB in Verbindung mit § 17 Absatz 2 OWiG) bedroht.

Eine Unterrichtung nach Artikel 19 Absatz 1 oder 3 Satz 1 bzw. Artikel 20 Absatz 1 oder 3 Satz 1 VO (EG) Nummer darf aufgrund § 44 Absatz 6 LFGB weder zur Strafverfolgung des Unterrichtenden noch zur Einleitung eines Bußgeldverfahrens gegen ihn verwendet werden. Dies gilt auch dann, wenn eine Unterrichtung nach § 44 Absatz 4 bzw. 5 LFGB vorausgegangen ist.

Unterrichtung der Behörde über unsichere Lebensmittel

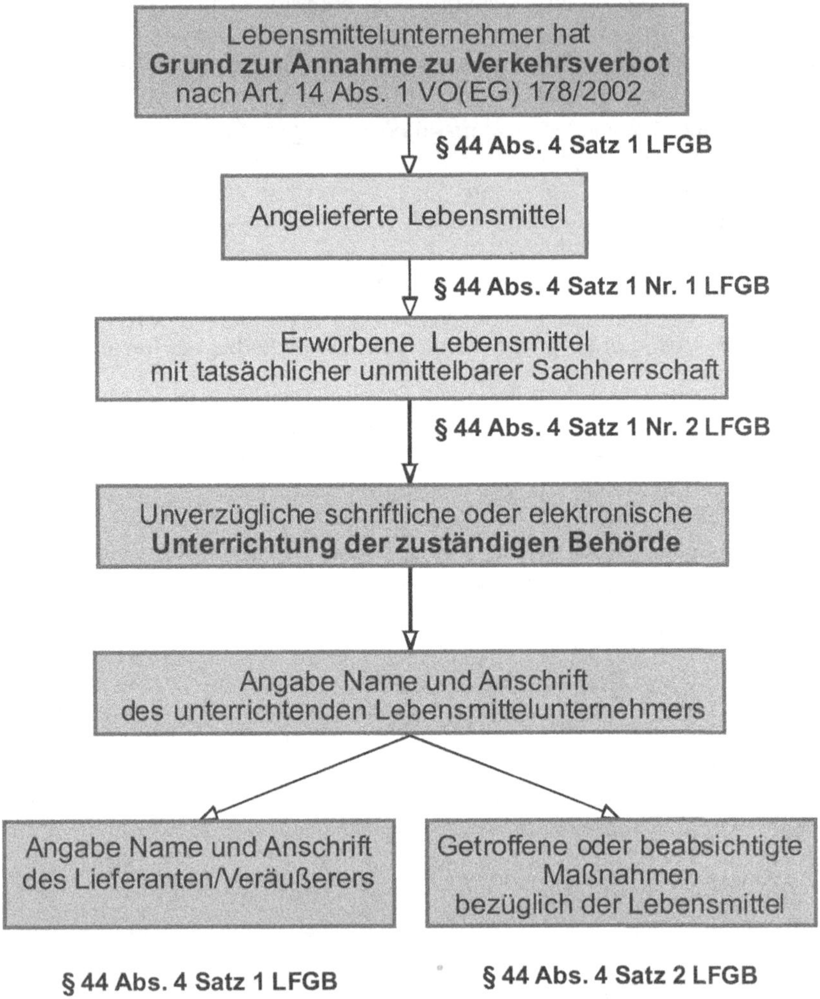

Ein Lebensmittelunternehmer unterliegt zusätzlich Mitteilungs- und Übermittlungspflichten über Untersuchungsergebnisse zu gesundheitlich nicht erwünschten Stoffen. Er ist verpflichtet, unter Angabe seines Namens und seiner Anschrift ihm vorliegende Untersuchungsergebnisse über Gehalte an gesundheitlich nicht erwünschten Stoffen wie Pflanzenschutzmitteln, Stoffen mit pharmakologischer Wirkung, Schwermetallen, Mykotoxinen und Mikroorganismen in und auf Lebensmitteln an die zuständigen Behörden mitzuteilen (§ 44a Absatz 1 Satz 1 LFGB). Diese Stoffe werden durch Rechtsverordnung näher bestimmt (§ 44a Absatz 3 LFGB). Ordnungswidrig handelt, wer eine solche Mitteilung nicht, nicht richtig, nicht vollständig oder nicht rechtzeitig macht (§ 60 Absatz 2 Nummer 22a LFGB). Die Ordnungswidrigkeit ist mit Geldbuße bis zu 20000 Euro bei vorsätzlichem Handeln (§ 60 Absatz 5 Nummer 3 LFGB) und 10000 Euro bei fahrlässigem Handeln (§ 17 Absatz 2 OWiG) bedroht.

Durch eine ordnungsgemäße Mitteilung kann sich der Lebensmittelunternehmer selbst der Strafverfolgung durch die Staatsanwaltschaft oder der Verfolgung wegen einer lebensmittelrechtlichen Ordnungswidrigkeit durch die Verwaltungsbehörde aussetzen. Eine Mitteilung darf daher weder zur strafrechtlichen Verfolgung des Mitteilenden noch für ein Bußgeldverfahren gegen ihn verwendet werden (§ 44a Absatz 1 Satz 2 LFGB). Die zuständigen Landesbehörden übermitteln in anonymisierter Form die ihnen vorliegenden Untersuchungsergebnisse über Gehalte an gesundheitlich nicht erwünschten Stoffen in oder auf Lebensmitteln oder Futtermitteln an das Bundesamt für Verbraucherschutz und Lebensmittelsicherheit (§ 44a Absatz 2 Satz 1 LFGB).

2.7 Vorsatz oder Fahrlässigkeit der Tatbestandsverwirklichung

Die Unterscheidung zwischen Vorsatz und Fahrlässigkeit ist für die Lebensmittelkontrolle bei Mischtatbeständen[1]) für die Abgrenzung zwischen Straftat und Ordnungswidrigkeit und damit für die Entscheidung über die Einleitung eines Straf- oder Bußgeldverfahrens von Bedeutung. Eine erste – wenn auch nur vorläufige – Beurteilung hat der Lebensmittelkontrolleur/Veterinär ggf. noch vor Ort zu treffen, wobei der Rahmen seiner Zuständigkeit überschritten werden kann, wenn er nicht als Ermittlungsperson der Staatsanwaltschaft (§ 152 Absatz 2 Satz 1 GVG) im strafrechtlichen Bereich zuständig ist.[2]) Der Sachbearbeiter der Verwaltungsbehörde

1) Zum Begriff des Mischtatbestands von Straftaten und Ordnungswidrigkeiten siehe Kapitel 2.2.

2) Zur Zuständigkeit des Lebensmittelkontrolleurs siehe Kapitel 1.2 und 5.1.

hat nach Einleitung eines Bußgeldverfahrens eine entsprechende Beurteilung zu treffen, wenn sich der Verdacht einer lebensmittelrechtlichen Straftat erst nachträglich ergibt und über die Abgabe der Sache an die Staatsanwaltschaft (§ 41 Absatz 1 OWiG) zu entscheiden ist.[1])

Erstaunlicherweise sind die Begriffe „Vorsatz" und „Fahrlässigkeit" weder im Straf- noch im Ordnungswidrigkeitenrecht gesetzlich definiert. Sowohl § 15 StGB als auch die entsprechende Bestimmung in § 10 OWiG setzen beide Begriffe ohne Erklärung voraus. Daher müssen die Definitionen der Rechtsprechung herangezogen werden.[2]) Nach einer groben Faustformel ist Vorsatz durch „bewusste und gewollte" und Fahrlässigkeit im Umkehrschluss durch „unbewusste und ungewollte" Verwirklichung aller objektiven Tatbestandsmerkmale gekennzeichnet. Vorsatz enthält daher ein Wissens- und ein Willenselement, das bei der Fahrlässigkeit fehlt.

Beispiel:

Ein Lebensmittelunternehmer hat aus Nachlässigkeit einen Kennzeichnungsmangel übersehen und handelt unbewusst und ungewollt, mithin fahrlässig. Findet trotz Belehrung durch die Lebensmittelkontrolle erneut ein Verstoß statt, ist der Tatbestand nunmehr bewusst und gewollt, mithin jetzt vorsätzlich begangen.

Unzweifelhaft ist zunächst, dass sich beide Begriffe gegenseitig ausschließen. Niemand kann gleichzeitig sowohl bewusst und gewollt als auch unbewusst und ungewollt handeln. Da vorsätzliches Handeln die schwerwiegendere Begehungsform ist, die bei Mischtatbeständen auch zur Straftat führen kann, beginnt die Prüfung stets hier. Lässt sich der Vorsatz der Tatbestandsverwirklichung nicht nachweisen, hat die Fahrlässigkeit eine Art Auffangfunktion. Die Rechtsprechung unterscheidet zur Vermeidung von Ahndungslücken zwei Formen von Vorsatz, nämlich den direkten und den bedingten Vorsatz, bei Fahrlässigkeit zwischen der bewussten und unbewussten Fahrlässigkeit.

- **Direkter Vorsatz**

  Der Täter kennt alle Tatbestandsmerkmale und will deren Verwirklichung auch. Diese stärkste Form des Vorsatzes ist insbesondere dann nachweisbar, wenn der Betroffene selbst bei der Kontrolle äußert, die Anforderungen der Lebensmittelüberwachung auch künftig nicht einhalten zu wollen oder er ihn bei einer Nachkontrolle entgegen einer Belehrung des Lebensmittelkontrolleurs ungerührt fortgesetzt hat.

---

1) Zur Abgabe der Sache an die Staatsanwaltschaft wegen Verdachts einer Straftat siehe Kapitel 5.5.

2) Zu den Einzelheiten der Abgrenzung siehe *Wieser*, OWiG-Kommentar, Band I Teil 1 Nummer 1 § 10 OWiG.

Beispiele:

Ein Lebensmittelunternehmer wurde über die Verkehrsunfähigkeit in seinem Betrieb gelagerter Lebensmittel belehrt, verkauft sie aber anschließend unbeeindruckt weiter.[1])

Der Betroffene ist bereits wegen einer lebensmittelrechtlichen Ordnungswidrigkeit geahndet worden, begeht aber den Verstoß erneut, weil er nicht mit einer zeitnahen weiteren Betriebskontrolle rechnet.

- **Bedingter Vorsatz**

  Bedingt vorsätzlich handelt, wer die Tatbestandsverwirklichung für möglich hält und sie billigend in Kauf nimmt.[2]) Der Täter kennt alle Tatbestandsmerkmale und findet sich mit der Tatbestandsverwirklichung ab. Dies ist vor allem bei gleichgültiger Einstellung des Lebensmittelunternehmers der Fall (innere Einstellung: „Na wenn schon!"). Diese abgeschwächte Form des Vorsatzes ist insbesondere dann nachweisbar, wenn der Betroffene es aus Kostengründen oder wegen fehlenden geeigneten Personals darauf ankommen lässt, dass bei einer Kontrolle eine lebensmittelrechtliche Ordnungswidrigkeit festgestellt wird.

Beispiel:

Ein Lebensmittelunternehmer verkauft nicht mehr verkehrsfähige Lebensmittel. Er rechnet zwar wegen früherer Vorkommnisse mit der Verkehrsunfähigkeit, nimmt aber aus Gleichgültigkeit keine nähere Überprüfung der Lebensmittel vor.

- **Bewusste Fahrlässigkeit**

  Der Täter kennt nicht alle Tatbestandsmerkmale und hofft pflichtwidrig auf das Ausbleiben der Tatbestandsverwirklichung (Innere Einstellung: „Hoffentlich geht's gut"). Dies ist insbesondere dann der Fall, wenn der Betroffene – nicht widerlegbar – behauptet, sich auf seinen Hersteller oder Lieferanten verlassen und deswegen keine eigenen Überprüfungen der Verkehrsfähigkeit von Lebensmitteln vorgenommen zu haben.

Beispiel:

Ein Lebensmittelunternehmer verkauft nicht mehr verkehrsfähige Lebensmittel. Aufgrund persönlicher Überforderung hofft er, dass alles in Ordnung sei, und nimmt deswegen keine nähere Überprüfung der Lebensmittel vor.

1) OLG Düsseldorf, Beschluss vom 8.1.1992 – 2 Ss (OWi) 377/91 – (OWi) 64/91 III.
2) BGH, Beschluss vom 3.3.2016 – 2 StR 430/15.

- **Unbewusste Fahrlässigkeit**
  Der Täter sieht die Tatbestandsverwirklichung aus Mangel an zumutbarer Sorgfalt nicht voraus.

Beispiel:

Ein Lebensmittelunternehmer verkauft nicht mehr verkehrsfähige Lebensmittel. Er denkt aus Nachlässigkeit nicht an deren Verkehrsunfähigkeit und nimmt deswegen keine nähere Überprüfung der Lebensmittel vor.

Der allen lebensmittelrechtlichen Vorschriften innewohnende Zweck eines umfassenden Schutzes des Verbrauchers vor gesundheitlichen Schädigungen und Nachteilen verlangt eine peinlich genaue Einhaltung von Sauberkeits- und Hygienebestimmungen beim Umgang mit und der Zubereitung von Lebensmitteln und zum Verzehr bestimmten Produkten.[1])

Der Übergang von bedingtem Vorsatz zur bewussten Fahrlässigkeit ist fließend. Bedingter Vorsatz und bewusste Fahrlässigkeit unterscheiden sich darin, dass der bewusst fahrlässig Handelnde mit der als möglich erkannten Folge nicht einverstanden ist und deshalb auf ihren Nichteintritt vertraut, während der bedingt vorsätzlich Handelnde mit dem Eintreten des schädlichen Erfolgs in der Weise einverstanden ist, dass er ihn billigend in Kauf nimmt oder dass er sich wenigstens mit der Tatbestandsverwirklichung abfindet.[2]) Es hängt von der nach außen nicht wahrnehmbaren Einstellung des Täters ab, ob er mit der Tatbestandsverwirklichung einverstanden ist (dann bedingter Vorsatz) oder ihr ablehnend gegenübersteht (dann bewusste Fahrlässigkeit). Erkenntnisse zum subjektiven Tatbestand einer Straftat oder einer Ordnungswidrigkeit lassen sich aus der Anhörung des Lebensmittelunternehmers vor Ort[3]) ziehen.

---

1) OLG Düsseldorf, Beschluss vom 8.1.1992 – 2 Ss (OWi) 377/91 – (OWi) 64/91 III.
2) BGH, Urteil vom 14.1.2016 – 4 StR 84/15.
3) Zur Anhörung wegen einer Straftat oder Ordnungswidrigkeit siehe Kapitel 7.

Vorsatz – Fahrlässigkeit

Direkter Vorsatz	Bewusste und gewollte Tatbestandsverwirklichung
Bedingter Vorsatz	Billigendes Inkaufnehmen der Tatbestandsverwirklichung
Bewusste Fahrlässigkeit	Pflichtwidriges Hoffen auf das Ausbleiben der Tatbestandsverwirklichung
Unbewusste Fahrlässigkeit	Kein Vorhersehen der Tatbestandsverwirklichung aus Mangel an zumutbarer Sorgfalt

Beispiele:

Der Lebensmittelunternehmer erklärt bei einer Betriebskontrolle,

- er habe für so etwas keine Zeit, das sei zu teuer, könne er sich nicht leisten (Direkter Vorsatz),
- das könne man gar nicht verhindern, so etwas komme eben vor, mehr könne man gar nicht tun (Bedingter Vorsatz),
- er habe eine Überprüfung vorgenommen und sei davon ausgegangen, die geringe Anzahl von Stichproben reiche aus, um verkehrsunfähige Lebensmittel zu erkennen (Bewusste Fahrlässigkeit),
- er habe gar nicht daran gedacht, dass es zu so etwas kommen könne (Unbewusste Fahrlässigkeit).

Räumt der Lebensmittelunternehmer vorsätzliches Handeln nicht ein, so kann aus dem objektiven Sachverhalt auf die innere Einstellung geschlossen werden, so etwa in Wiederholungsfällen nach vorausgegangener Belehrung, Abmahnung, Verwarnung oder einem Bußgeldbescheid.

Kommt nur unbewusste Fahrlässigkeit in Betracht, so bereitet der dafür notwendige Mangel des Lebensmittelunternehmers an zumutbarer Sorgfalt große praktische Schwierigkeiten, weil nur wenig einschlägige Rechtsprechung vorhanden ist. Meist ist für die Behörde kaum vorhersehbar, welche Anforderungen ein Gericht an die Sorgfaltspflichten des Lebensmittelunternehmers stellen wird, insbesondere welchen Umfang die Stichproben von Großhändlern zugekaufter Lebensmittel durch einen Einzelhändler aufweisen müssen. Diese werden bei leichtverderblichen Lebensmitteln häufiger als bei fertig verpackten sein müssen. Da keine nachvollziehbaren Vorgaben bestehen, müsste man sich häufig in unsicheres Neuland begeben. Die Vollzugspraxis umgeht diese Schwierigkeiten dadurch, dass im Erstfall nur eine Belehrung erteilt und von einer Ahndung abgesehen wird. Diese bleibt einem möglichen Wiederholungsfall vorbehalten, bei dem wegen der nunmehr vorliegenden Erkenntnisse eine gesteigerte Sorgfaltspflicht mit zahlreichen Stichproben bis zu durchgehenden Überprüfungen bei leicht verderblichen Lebensmitteln angenommen werden kann.

2.8 Tateinheit mit Betrug, Urkundenfälschung, Körperverletzung

Erhebliche Bedeutung haben im Lebensmittelstrafrecht die allgemeinen Straftatbestände des Betrugs (§ 263 StGB) im Zusammenhang mit der Täuschung von Endverbrauchern als Kunden des Lebensmittelunternehmers und der Urkundenfälschung (§ 267 StGB) durch Verfälschung der Kennzeichnung von Lebensmitteln. Beide setzen vorsätzliches Handeln des Täters voraus und können daher nur in Tateinheit (§ 52 StGB) mit einer vorsätzlich begangenen Lebensmittelstraftat gemäß §§ 58, 59 LFGB stehen.

2.8.1 Betrug an Endverbrauchern

Der Betrug erfordert die Absicht, sich selbst als Lebensmittelunternehmer oder einem Dritten wie dem vom Täter geführten Unternehmen als juristischer Person einen rechtswidrigen Vermögensvorteil zu verschaffen. Dazu muss das Vermögen anderer, das heißt der getäuschten Endverbraucher durch Vorspiegelung falscher oder durch Entstellung oder Unterdrückung wahrer Tatsachen geschädigt worden sein (§ 263 Absatz 1 StGB). Diese hätten die Waren nämlich nicht erworben und daher auch keinen finanziellen Schaden erlitten, wenn sie deren wahre Beschaffenheit entgegen den Angaben des Lebensmittelunternehmers gekannt und deshalb vom Erwerb Abstand genommen hätten. Bei einer arbeitsteiligen Handlungsweise im Geschäftsbetrieb eines Lebensmittelunternehmers müssen dabei die Tatbeiträge den handelnden Personen (§ 14 StGB) zugeordnet werden.[1])

Bereits der Versuch des Betrugs ist strafbar (§ 263 Absatz 2 StGB). Eine Straftat versucht, wer nach seiner Vorstellung unmittelbar zur Verwirklichung des Straftatbestands ansetzt (§ 22 StGB). Dies ist der Fall, wenn die Lebensmittel dem Verbraucher unmittelbar zum Kauf angeboten werden. Der Betrug ist mit Freiheitsstrafe bis zu fünf Jahren oder Geldstrafe bedroht (§ 263 Absatz 1 StGB). In besonders schweren Fällen beträgt das

1) BGH, Beschluss vom 30.6.2015 – 3 StR 9/15.

Strafmaß zwischen sechs Monaten Freiheitsstrafe im Mindestmaß und zehn Jahren im Höchstmaß (§ 263 Absatz 3 Satz 1 StGB). Ein solcher besonders schwerer Fall liegt vor, wenn der Lebensmittelunternehmer gewerbsmäßig, das heißt mit Gewinn- und Fortsetzungsabsicht und damit eigennützig handelt (§ 263 Absatz 3 Satz 2 Nummer 1 StGB).[1]) Der Strafrahmen ist damit erheblich höher als bei den lebensmittelrechtlichen Straftaten nach §§ 58, 59 LFGB.

Beispiele:

Der Inhaber eines „Ökobetriebs" spiegelt den Abnehmern von Eiern erfolgreich vor, es handle sich um solche aus ökologischem Landbau und veranlasst sie durch den so hervorgerufenen Irrtum zum Ankauf zu dem für biologisch produzierte Eier üblichen höheren Kaufpreis.[2])

Ein Fleischhändler verkauft statt des angeblichen Elchfleisches tatsächlich billigeres Hirschfleisch und statt Gamsfleisch billigeres Mufflonfleisch mit Konservierungsmitteln bzw. Tiefkühlware. Hätten die Kunden, die sich beim Erwerb auf wahrheitsgemäße Angaben verließen, die tatsächlichen Eigenschaften dieser Lebensmittel gekannt, hätten sie diese nicht gekauft.[3])

Ein Weinhändler bietet unzulässig gesüßten Wein mit dem Qualitätsmerkmal „Auslese" an. Die Käufer werden dadurch über die Verkehrsfähigkeit des Lebensmittels getäuscht, weil sie im Hinblick auf die vorgetäuschten Qualitätsmerkmale einem Irrtum unterlegen sind.[4])

Ein Lebensmittelhändler setzt im Ausland zugekaufter Butter nachträglich Wasser zu und verkauft sie sodann ohne entsprechende Kennzeichnung als „Deutsche Markenbutter".[5])

2.8.2 Urkundenfälschung an Lebensmitteln

Die Urkundenfälschung besteht entweder im Herstellen einer unechten, Verfälschen einer echten Urkunde oder dem Gebrauchmachen solcher Urkunden zur Täuschung im Rechtsverkehr (§ 267 Absatz 1 StGB), das heißt im Verkehr mit dem Kunden, die auf die Angaben vertrauen. Sie steht daher im Zusammenhang mit der Lebensmittelinformation, insbesondere der bewusst falschen Kennzeichnung von Lebensmitteln etwa zur Täuschung über deren wahren Hersteller. Die Urkundenfälschung steht daher sehr häufig in Tateinheit (§ 52 StGB) mit Betrug. Sie ist – wie der Betrug – mit Freiheitsstrafe bis zu fünf Jahren oder Geldstrafe bedroht (§ 267 Absatz 1 StGB). Auch hier ist bereits der Versuch der Urkundenfälschung

1) LG Kiel, Urteil vom 30.5.2012 – 3 Kls 2/12.
2) LG Kiel, Urteil vom 13.2.2009 – 3 KLs 8/08.
3) BGH, Urteil vom 7.11.2007 – 1 StR 164/07.
4) OLG Koblenz, Beschluss vom 16.8.2001 – 1 Ss 214/01.
5) BGH, Urteil vom 12.12.1958 – 2 StR 221/58.

strafbar (§ 267 Absatz 2 StGB). Noch nicht als Urkundenfälschung strafbar ist eine bloße „schriftliche Lüge“ des Lebensmittelunternehmers gegenüber den Endverbrauchern, die aber bereits den Tatbestand des (versuchten) Betrugs verwirklichen kann.

In besonders schweren Fällen beträgt das Strafmaß – ebenfalls wie beim Betrug – zwischen sechs Monaten Freiheitsstrafe im Mindestmaß und zehn Jahren im Höchstmaß (§ 267 Absatz 3 Satz 1 StGB). Ein solcher besonders schwerer Fall liegt vor, wenn der Lebensmittelunternehmer gewerbsmäßig, das heißt mit Gewinn- und Fortsetzungsabsicht und damit eigennützig handelt (§ 267 Absatz 3 Satz 2 Nummer 1 StGB).[1]) Auch dieser Strafrahmen ist damit erheblich höher als bei den lebensmittelrechtlichen Straftaten nach §§ 58, 59 LFGB.

2.8.3 Körperverletzung an Endverbrauchern

Der Genuss zum menschlichen Verzehr nicht geeigneter Lebensmittel kann zu einer Gesundheitsschädigung des Verbrauchers führen. Wird diese Folge vorsätzlich oder fahrlässig herbeigeführt, so liegt strafbare **Körperverletzung** vor. Die vorsätzliche Straftat ist mit Freiheitsstrafe bis zu fünf Jahren oder Geldstrafe (§ 223 Absatz 1 StGB), die im Gegensatz zu Betrug und Urkundenfälschung auch fahrlässig begehbare Handlung mit Freiheitsstrafe bis zu drei Jahren oder Geldstrafe bedroht (§ 229 StGB). Die Straftat wird nur auf Antrag des Geschädigten verfolgt, es sei denn, dass die Staatsanwaltschaft als Strafverfolgungsbehörde wegen des besonderen öffentlichen Interesses an der Strafverfolgung ein Einschreiten von Amts wegen für geboten hält (§ 230 Absatz 1 Satz 1 StGB). Dies ist wegen der allgemeinen Gefährlichkeit solcher Lebensmittel der Regelfall.

2.9 Tateinheit mit verbotenem Inverkehrbringen von Lebensmitteln

Ein in der Verwaltungspraxis der Lebensmittelüberwachung praktisch sehr wichtiger Mischtatbestand ist das Verbot, für den Verzehr durch den Menschen ungeeignete Lebensmittel in den Verkehr zu bringen (§ 12 LFGB), soweit sie nicht bereits dem Verbot des Artikels 14 Absatz 1 in Verbindung mit Absatz 2 Buchstabe b der Verordnung (EG) Nummer 178/2002 unterliegen. Vorsätzliches Handeln ist bereits Straftat (§ 59 Absatz 1 Nummer 8 LFGB), sodass Strafanzeige an die Staatsanwaltschaft zu erstatten ist (§ 158 Absatz 1 StPO). Nur ordnungswidrige Hygienemängel im Sinne des § 3 Satz 1 in Verbindung mit § 10 Nummer 1 LMHV werden durch die tat-

1) LG Kiel, Urteil vom 30.5.2012 – 3 Kls 2/12.

einheitliche Straftat verdrängt (§ 21 Absatz 1 Satz 1 OWiG). Bei fahrlässigem Handeln liegt eine Ordnungswidrigkeit vor (§ 60 Absatz 1 LFGB), die mit Zuwiderhandlungen gegen die allgemeine Lebensmittelhygiene nach § 3 Satz 1 in Verbindung mit § 10 Nummer 1 LMHV in Tateinheit stehen kann (§ 19 Absatz 1 OWiG). In diesem Fall ist aber der erhöhte Bußgeldrahmen von 100.000 Euro (§ 60 Absatz 5 Nummer 1 LFGB) maßgeblich (§ 19 Absatz 2 OWiG).

Beispiele:

Sachverhalt nach einem vom Amtsgericht Dortmund[1]) entschiedenen Fall einer Bäckerei:

- Starke Verunreinigung einiger Regale mit Mäusekot im Altbrotlager. Das Altbrotlager war von den übrigen Geschäftsräumen der Bäckerei nicht hermetisch abgeschlossen, sodass die Gefahr bestand, dass aus dem Altbrotlager Mäuse in die übrigen Geschäftsräume dringen konnten.
- Mittelgradiger Befall mit Reismehlkäfern an den Auslaufschläuchen des Mehlsilos sowie in Bodenfugen.
- Laufspuren von Käfern an Teigmaschinen im Betriebsraum.
- Verstärkter Fliegenbefall in der Backstube.
- Starke Schmutzablagerungen an einigen Förderbändern ohne leichte Reinigungsmöglichkeit.

Bei einer Gaststätte liegen ekelerregende Umstände bei in der Küche vorhandenem Fäkalgeruchs vor, der aus anderen Räumen herrührt.[2])

Der objektive Tatbestand des § 11 Absatz 2 Nummer 1 LFGB[3]) ist schon bei Umständen verwirklicht, die lediglich geeignet sind, die Beschaffenheit des Lebensmittels nachteilig im Sinne einer objektiven Verzehruntauglichkeit zu verändern und deshalb Ekel zu erregen.[2]) Bei der Frage, ob ein Lebensmittel für den Verzehr durch den Menschen ungeeignet ist, ist auf einen objektiven Maßstab abzustellen; subjektive Empfindungen Einzelner können ebenso wenig berücksichtigt werden wie plötzliche Aversionen; maßgebend sind allgemein gültige Vorstellungen, die sich historisch entwickelt haben, die sich allerdings auch ändern können. Auch ein Erzeugnis, welches ohne äußerlich erkennbare Veränderung Ekel oder Widerwillen bei einem normal empfindenden Verbraucher auslösen würde, wenn dieser von bestimmten Herstellungs- oder Behandlungsverfahren Kenntnis hätte, ist zum Verzehr

1) AG Dortmund, Urteil vom 10.6.2009 – 729 Cs-170 Js 3486/08-32/09.

2) VG Stuttgart, Urteil vom 8.10.2004 – 4 K 3794/04.

3) Dieser Tatbestand wurde mit dem 4. ÄndG zum LFGB 2021 in § 12 LFGB überführt. Im Übrigen siehe hierzu Kapitel 1.1: Wandel vom nationalen Tatbestand der Ekelerregung zur unionsrechtlichen Kontamination auf andere Weise.

ungeeignet.[1]) Allerdings wird vorausgesetzt, dass ein objektiver Anknüpfungspunkt für Ekelempfindungen vorhanden ist. Es kommt letztlich darauf an, ob nach allgemeiner Auffassung oder nach dem Empfinden eines durchschnittlich veranlagten, nicht überempfindlichen Verbrauchers ein Verzehr nicht mehr zumutbar ist. Indes beurteilt sich die Frage der Verzehrseignung bei Lebensmitteln, die zur Verzehrsfertigkeit noch einer bestimmten Bearbeitung oder Behandlung unterzogen werden, stets nur nach ihrem bestimmungsgemäßen Endzustand. Das gilt nicht nur für Abweichungen in der Beschaffenheit eines Lebensmittels, die mit der Herstellung und Behandlung von Lebensmitteln naturgemäß und normalerweise verbunden sind, sondern auch für Mängel, die sich während der Behandlung des Lebensmittels aus sonstigen Gründen einstellen. Hier kommt es darauf an, ob die im Verlauf der Behandlung des Lebensmittels eingetretene Genussuntauglichkeit oder Wertminderung in sachgerechter Weise wieder beseitigt werden kann und ob entsprechende Maßnahmen getroffen sind.[2])

Eine konkret bevorstehende Gefährdung von Endverbrauchern braucht nicht zu bestehen. Es genügt, wenn sich Behältnisse mit angeschimmelten Produkten in Kühleinrichtungen befinden, in dem Lebensmittel für das Frühstück von Hotelgästen lagern.[3]) Inverkehrbringen ist nach der Legaldefinition in § 3 Nummer 1 LFGB nach Artikel 3 Nummer 8 VO (EG) Nummer 178/2002 als Bereithalten von Lebensmitteln für Verkaufszwecke einschließlich des Anbietens zum Verkauf oder jeder anderen Form der Weitergabe, gleichgültig, ob unentgeltlich oder nicht, sowie den Verkauf, den Vertrieb oder andere Formen der Weitergabe selbst zu bestimmen. Inverkehrbringen ist daher bereits das Lagern von Fleisch in einem Kühlraum zum Verkauf.[4])

2.10 Tateinheit mit Schutzvorschriften vor Täuschung

Der Schutz der Endverbraucher von Lebensmitteln vor Täuschung ist zusammenfassend in § 11 LFGB geregelt. Zu einer tatsächlichen Täuschung oder gar Schädigung des Verbrauchers braucht es für diesen lebensmittelrechtlichen Mischtatbestand noch nicht gekommen zu sein.[5])

1) VG Göttingen, Urteil vom 12.7.2007 – 4 A 172/04.

2) BayObLG, Urteil vom 5.11.1980 – 3 ObOWi 140/80.

3) Niedersächsisches OVG (Lüneburg), Beschluss vom 20.3.2001 – 11 MA 646/01.

4) VG München, Beschluss vom 18.1.2012 – M 18 K 11.1303; Niedersächsisches OVG (Lüneburg), Beschluss vom 17.6.2010 – 13 LA 78/09.

5) OLG Karlsruhe, Beschluss vom 26.7.2016 – 2 (4) SsBs 253/16 – AK 96/16; Pfälzisches OLG (Zweibrücken), Beschluss vom 8.8.2011 – 1 SsRs 33/10; LG Halle (Saale), Urteil vom 15.10.2013 – 2a Ns 4/13.

Der Beurteilung, ob eine Aussage zur Täuschung geeignet ist, liegt die Verkehrsauffassung der angesprochenen Verkehrskreise (Hersteller, Händler, Verbraucher) zugrunde. Bei der Ermittlung der Verkehrsauffassung ist in erster Linie die mutmaßliche Erwartung eines Durchschnittsverbrauchers, der angemessen gut unterrichtet und angemessen aufmerksam und kritisch ist, unter Berücksichtigung sozialer, kultureller und sprachlicher Faktoren zugrunde zu legen.[1]) Dies entspricht dem in der Rechtsprechung bisher vertretenen Begriff des durchschnittlich informierten, aufmerksamen und verständigen Durchschnittsverbrauchers.[2])

Der Straftatbestand des Betruges (§ 263 Absatz 1 StGB) kann in Tateinheit mit Bestimmungen zur vorsätzlichen Täuschung von Endverbrauchern nach § 11 Absatz 2 in Verbindung mit § 59 Absatz 2 Nummern 8 und 9 LFGB stehen. Vor allem der Verkauf irreführend gekennzeichneter Lebensmittel im Sinne des § 11 Absatz 1 LFGB trotz entsprechender Angaben auf der Verpackung kann Betrug zum Nachteil des Kunden darstellen.[3])

Beispiel:

Ein Gastwirt verwendet bei der Zubereitung von Speisen Masthähnchen mit abgelaufenem Verbrauchsdatum. Dies ist nur ihm bekannt, nicht aber für die Gäste als Endverbraucher erkennbar, die auch sonst nicht aufgeklärt werden. Die Gäste werden in ihrer Verbrauchererwartung getäuscht, weil sie vom Verkauf von Lebensmitteln unter Einhaltung des Verbrauchsdatums ausgehen. Sie erleiden auch einen Vermögensschaden, weil sie die Lebensmittel jedenfalls zum regulären Preis nicht erworben hätten, wenn sie über deren wahres Herstellungsdatum in Kenntnis gesetzt worden wären. Da der Lebensmittelunternehmer bewusst und gewollt gehandelt hat, liegen tateinheitliche Straftaten (§ 52 StGB) des Betrugs (§ 263 Absatz 1 StGB) und irreführenden Inverkehrbringens von Lebensmitteln (§ 11 Absatz 2 Nummer 1 in Verbindung mit § 59 Absatz 1 Nummern 8 LFGB) vor.

Lässt sich vorsätzliches Handeln des Lebensmittelunternehmers nicht nachweisen, scheidet zwar der Straftatbestand des Betruges (§ 263 Absatz 1 StGB) aus. Der Mischtatbestand nach § 11 Absatz 2 in Verbindung mit § 59 Absatz 1 Nummern 8 und 9, § 60 Absatz 1 LFGB kann aber als Ordnungswidrigkeit auch fahrlässig verwirklicht sein.

---

1) Vgl. Erwägungsgrund 18 Richtlinie 2005/29/EG des Europäischen Parlaments und des Rates vom 11. Mai 2005 und EuGH, Urteil vom 16.7.1998 – C-210/96 und BVerwG, Beschluss vom 18.10.2000 – 1 B 45.00; LG Halle (Saale), Urteil vom 15.10.2013 – 2a Ns 4/13.

2) OVG Nordrhein-Westfalen (Münster), Beschluss vom 15.3.2010 – 13 A 1038/07; LG Halle (Saale), Urteil vom 15.10.2013 – 2a Ns 4/13.

3) LG Berlin, Beschluss vom 22.1.2005 – 505 1-4/06.

2.11 Täter von Straftaten und Ordnungswidrigkeiten

Täter einer Straftat oder Ordnungswidrigkeit ist diejenige Person, die den Tatbestand selbst verwirklicht. Dies ist der Lebensmittelunternehmer einer Einzelfirma als natürliche Person (§ 3 Nummer 7 LFGB in Verbindung mit Artikel 3 Nummer 3 VO [EG] 178/2002). Weist das Unternehmen mehrere Ebenen auf (zum Beispiel Inhaber, Marktleiter, Abteilungsleiter eines Verbrauchermarktes), können alle Personen, die für den Inhaber handeln, Täter sein (§ 14 Absatz 2 StGB bzw. § 9 Absatz 2 OWiG).

Ist das Lebensmittelunternehmen (§ 3 Nummer 6 LFGB in Verbindung mit Artikel 3 Nummer 2 VO [EG] 178/2002) eine juristische Person (zum Beispiel GmbH, UG-haftungsbeschränkt, Ltd. usw.) oder eine Personengesellschaft (oHG, KG, GmbH & Co. KG), so kann sie zwar im Verwaltungsverfahren Adressatin von Verwaltungsakten (Reinigungsanordnung, Betriebsschließung), mangels Handlungsfähigkeit aber nicht Täterin einer Straftat oder Ordnungswidrigkeit sein. In Betracht kommen die für sie handelnden natürlichen Personen als

- gesetzliche Vertreter (§ 14 Absatz 1 StGB, § 9 Absatz 1 OWiG), zum Beispiel Geschäftsführer,
- beauftragte Vertreter (§ 14 Absatz 2 StGB, § 9 Absatz 2 OWiG) zum Beispiel Markt- oder Abteilungsleiter.[1])

Einen „Verantwortlichen“ gibt es weder im Straf- noch im Ordnungswidrigkeitenrecht. Diese Bezeichnung kennzeichnet nur den Handlungs- oder Zustandsstörer als Adressaten einer Maßnahme im Ordnungsrecht. Ist ein Inhaber oder Geschäftsführer wegen einer strafrechtlichen Verurteilung oder Gewerbeuntersagung nur vorgeschoben, so verwirklicht nicht nur die „Strohperson“, sondern auch eine das Lebensmittelunternehmen weiter beherrschende Person als „tatsächlicher (faktischer) Geschäftsführer“ den festgestellten Ordnungswidrigkeiten- oder Straftatbestand.

Die ausdrückliche Beauftragung mit einer eigenverantwortlichen Tätigkeit im Lebensmittelunternehmen muss im Bußgeldverfahren festgestellt werden.[2]) Bloße Funktionsbezeichnungen wie „Abteilungsleiter“ genügen nicht. Kurzfristige Aushilfen des Lebensmittelunternehmers sind zwar beauftragte Personen mit gewisser Eigenverantwortlichkeit. Sie handeln aber nur dann ordnungswidrig im Sinne des § 9 Absatz 2 Satz 1 Nummer 2 OWiG, wenn ihnen die Erfüllung einer lebensmittelrechtlichen möglich und zumutbar ist.

1) Zur Ermittlung der für eine juristische Person handelnden Täter siehe Kapitel 11.

2) OLG Rostock, Beschluss vom 14.1.2013 – 2 Ss (OWi) 254/12 I 276/12.

Beispiel:

Überträgt der Betreiber eines Verkaufsstandes seine Aufgaben für einen Tag auf seine Lebensgefährtin, ist diese bußgeldrechtlich zwar für die hygienisch einwandfreie Herstellung und Lagerung der Lebensmittel, nicht jedoch für den Anschluss des erforderlichen Handwaschbeckens verantwortlich.[1])

Der Lebensmittelunternehmer bleibt in solchen Fällen grundsätzlich selbst ebenfalls Täter der Ordnungswidrigkeit. Ist ihm die lebensmittelrechtliche Zuwiderhandlung unbekannt, liegt ein Organisationsverschulden vor, das als Verletzung der Aufsichtspflicht in Betrieben und Unternehmen nach § 130 OWiG geahndet werden kann.[2])

2.12 Tatort von Lebensmittelstraftaten und Ordnungswidrigkeiten

Eine Straftat oder Ordnungswidrigkeit ist an jedem Ort begangen, an dem Täter oder Beteiligte gehandelt oder pflichtwidrig gebotenes Handel unterlassen haben (§ 9 StGB bzw. § 7 OWiG). Bei überörtlich tätigen Lebensmittelunternehmern führt dies zur örtlichen Zuständigkeit mehrerer Verfolgungsbehörden. Zur Vermeidung von Doppelbearbeitungen sollte daher die Staatsanwaltschaft mit der Strafanzeige frühzeitig darauf hingewiesen werden. Bei der Verfolgung von Ordnungswidrigkeiten sollte die Verwaltungsbehörde jede andere ebenfalls örtlich zuständige andere Verwaltungsbehörde sofort unterrichten (§ 37 OWiG).[3])

Beispiel:

In der Niederlassung eines Lebensmittelherstellers werden unrichtig gekennzeichnete Lebensmittel festgestellt. Da mit ähnlichen Feststellungen auch bei anderen Niederlassungen und am Firmensitz zu rechnen ist, sollten sofort alle anderen in Betracht kommenden Verwaltungsbehörden benachrichtigt werden.

Ergibt sich wegen zusammenhängender Ordnungswidrigkeiten (§ 38 OWiG) eine mehrfache örtliche Zuständigkeit (§ 37 OWiG), ist eine Zuständigkeitsvereinbarung auf eine der zuständigen Verwaltungsbehörden geboten (§ 39 OWiG).

---

1) OLG Stuttgart, Beschluss vom 21.12.1993 – 1 Ss 530/93.

2) Zur Ordnungswidrigkeit der Verletzung der Aufsichtspflicht in Betrieben und Unternehmen (§ 130 OWiG) siehe Kapitel 11.

3) Zur örtlichen Zuständigkeit der Verwaltungsbehörde (§ 37 OWiG) siehe Kapitel 11.2.6.

Das deutsche Straf- und Ordnungswidrigkeitenrecht gilt grundsätzlich nur für Taten, die im Inland begangen werden (§ 3 StGB, § 5 OWiG). Daher können im Ausland begangene Lebensmittelstraftaten und lebensmittelrechtliche Ordnungswidrigkeiten nicht in Deutschland verfolgt und geahndet werden. Dies ist aber dann der Fall, wenn der Täter für einen im Ausland ansässigen Lebensmittelunternehmer im Inland gehandelt hat oder im Fall des Unterlassens hätte handeln müssen (§ 9 Absatz 1 StGB, § 7 Absatz 1 OWiG).

Beispiele:

Eine Gaststätte wird von einer in einer deutschen Stadt von einer in Österreich eingetragenen GmbH betrieben. Der Geschäftsführer begeht in den Betriebsräumen Zuwiderhandlungen gegen Lebensmittelhygienebestimmungen.

Ein Bioladen wird in einer deutschen Stadt von einer in Großbritannien eingetragenen Limited Company (Ltd.) betrieben. Im Verkaufsraum werden nicht ordnungsgemäß gekennzeichnete Lebensmittel an Endverbraucher angeboten.

Sofern der Täter der Ordnungswidrigkeit in Deutschland wohnhaft ist, ergeben sich keine Besonderheiten, weil ein gegen ihn gerichteter Bußgeldbescheid dort zugestellt werden kann (§ 51 Absatz 2 OWiG). Auch ein Bußgeldbescheid gegen einen im Ausland wohnhaften Täter oder eine im Ausland ansässige juristische Person bzw. Personenvereinigung (§ 30 OWiG) kann dort zugestellt werden und im EU-Ausland durch internationale Rechtshilfe (§ 87o IRG) über das Bundesamt für Justiz dort vollstreckt werden.[1])

1) Zur Auslandszustellung und Auslandsvollstreckung siehe *Wieser-Kommentar*, Gesetz über Ordnungswidrigkeiten, Teil I Nummern 9, 10.

3 Gefahrenabwehr durch Maßnahmen der Lebensmittelüberwachung

Die ordnungsrechtliche Gefahrenabwehr mit präventiver Zielrichtung dient grundsätzlich dazu, Rechtsverstöße zu beheben und Wiederholungen vorzubeugen sowie Gefahren abzuwehren. Unter Verstoß wird die Abweichung eines Sachverhaltes von einer Norm verstanden. Gefahr tangiert grundsätzlich die Frage, ob ein Schaden an einem Rechtsgut möglich ist. Risiko wird im Allgemeinen als Produkt aus Eintrittswahrscheinlichkeit eines Schadens und Schwere einer beeinträchtigenden Wirkung angesehen. Diese allgemeinen Beschreibungen von Gefahr und Risiko korrelieren mit den lebensmittelrechtlichen Begriffsbestimmungen in Art. 3 Nr. 23 und 24 der EU-KontrollV 2017. Dort werden die Begriffe noch in Richtung der Normschutzgüter hinsichtlich der Gesundheit von Menschen, Tier, Pflanzen und umweltbeeinträchtigende Wirkungen konkretisiert.

3.1 Maßnahmen der Lebensmittelüberwachung – Einführung

Die kreisfreien Städte und Landkreise sind als Veterinär- und Lebensmittelüberwachungsbehörden besondere Polizeibehörden mit Zuständigkeit für die Gefahrenabwehr. Daneben sind sie im Bereich der Ahndung Bußgeldbehörde sowie Fachbehörde bei der Erstattung von Anzeigen an die Strafverfolgungsbehörden; Lebensmittelkontrolleure können zudem Ermittlungspersonen der Staatsanwaltschaft sein.

Nach den Ermächtigungen und der Aufgabenzuweisung an die Vollzugsbehörden z. B. gemäß Art. 137 und 138 EU-KontrollV 2017 sowie § 39 LFGB in Verbindung mit dem Verhältnismäßigkeitsgrundsatz werden behördliche Gefahrenabwehrmaßnahmen erforderlich, wenn lebensmittelrechtliche Verstöße und/oder adäquate inakzeptable Risiken vorliegen und Unternehmen (noch) keine Abhilfe vorgenommen haben. Der Wortlaut dieser Unionsermächtigungen zeigt die grundlegende Systematik mit der Hauptverantwortlichkeit der Unternehmen nach Art. 17 BasisVO und Art. 3 Verordnung (EG) 852/2004 nochmals deutlich auf. Im Ergebnis kann auch ein gemeinsames Agieren von Unternehmen und Behörden für sichere Erzeugnisse gesehen werden. Mit Verstößen sind regelmäßig Sorgfaltspflichtsverletzungen der Unternehmen verbunden, sodass ergänzend jeweils auch ahndungsrechtliche Maßnahmen in Frage kommen können.

Ein Entschließungsermessen der Behörden ist beim Vorliegen von Verstößen nicht gegeben mit Blick auf den Wortlaut und die Systematik der Ermächtigungen. Nur bei relativ geringfügigen Verstößen und eigener Initiative der Unternehmen kann im Einzelfall schlichtes Verwaltungshandeln ausreichen gemäß den Regelungen zur Einfachheit und Zweckmäßigkeit des Verwaltungsverfahrens nach § 10 Satz 2 VwVfG. Dabei wird den Unternehmen mit sogenannten Mängel- bzw. Kontrollberichten die Gelegenheit gegeben, Beanstandungen innerhalb einer Frist noch ohne formelle behördliche Maßnahmen zu beheben. Gleichzeitig erhalten die Unternehmen dabei noch die Möglichkeit zur Stellungnahme, sodass die Vorgehensweise als eine Art verwaltungsrechtliche Anhörung mit dem möglichen Ausbleiben einer formellen Maßnahme qualifiziert werden kann. Wenn die Unternehmen die Mängel in diesem Zusammenhang beheben, ist das entsprechende Verfahren erledigt. Solch schlichtes behördliches Handeln wird regelmäßig als noch unbelastender Realakt eingeordnet. Das unternehmerische Verhalten wird dabei teils auch als „freiwillig" bezeichnet. Diese Bezeichnung ist sowohl hinsichtlich der sprachlichen als auch rechtlichen Einordnung zweifelhaft, weil mit Blick auf die ggf. vorliegenden Mängel und vorerwähnte unternehmerische Verpflichtung zur Behebung eben keine echte Freiwilligkeit gegeben ist.

Über ein schlichtes Verwaltungshandeln hinaus können lebensmittelrechtliche Anordnungen als Verwaltungsakte nach § 35 LVwVfG in Betracht kommen. Bei sofortiger Vollziehbarkeit oder Unanfechtbarkeit der Anordnungen als Vollstreckungsvoraussetzungen[1]) können Vollstreckungsmaßnahmen angewandt werden. Neben vorerwähnten unverbindlichen Realakten als schlichtes Verwaltungshandeln können gerade in schwerwiegenden Fällen auch belastende Realakte in Frage kommen. Belastende Realakte bedürfen besonderer Ermächtigungen, da die Rechtsschutzmöglichkeiten regelmäßig etwas eingeschränkter sein können als bei der erwähnten klassischen Vorgehensweise mit Anordnungen und daraus resultierender Zulässigkeit von Anfechtungsrechtsbehelfen. Bei Ermächtigungen zu Realakten handelt es sich beispielsweise um öffentliche Warnungen nach Art. 138 Abs. 1 EU-KontrollV 2017 in Verbindung mit Art. 10 und 19 Verordnung (EG) 178/2002 und § 40 Abs. 1 LFGB. Damit können Verstöße und Risiken rasch und wirksam behoben werden. Diese Systematik ist auch kongruent mit dem Recht auf Rechtsbehelf nach Art. 7 Satz 1 EU-KontrollV und den im dortigen Satz 2 jedoch ausdrücklich genannten Sofortmaßnahmen bei entsprechender Dringlichkeit. Entsprechende Ermächtigungen und Systematiken ergeben sich auch aus der Benennung von Sofortmaßnahmen z. B. in Art. 54 BasisVO und Art. 260 Verordnung (EU) 2016/429 bzgl. des neuen Tiergesundheitsrechts.

1) Vgl. § 2 LVwVG B.-W.

Der relativ junge und modern formulierte Art. 16 der Marktüberwachungsverordnung 2016/1020 lässt auch die entsprechende primäre Unternehmensverantwortlichkeit sowie ggf. Anordnungen zur Veranlassung von Unternehmen zur Verstoßbehebung oder in Eilfällen entsprechendes staatliches Handeln durch Realakte erkennen.

Überblick wesentliche unternehmerische Pflichten und ggf. behördliche Gefahrenabwehrmaßnahmen bei unsicheren Erzeugnissen:

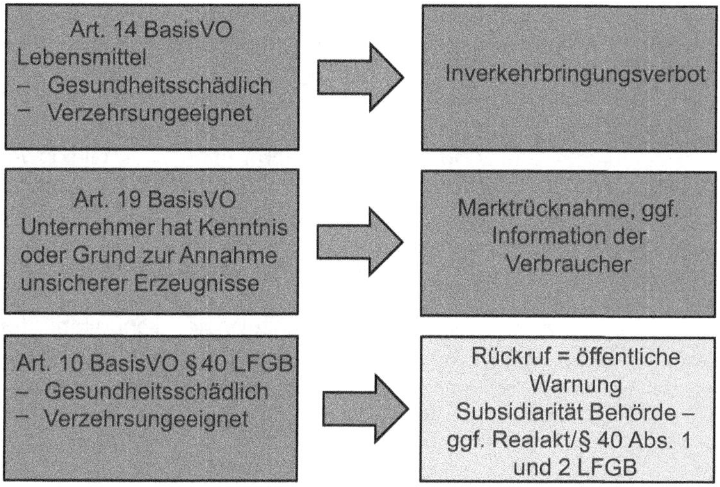

3.1.1 Systematik EU-Lebensmittelrecht und Pflichten der Unternehmen

Nach der Systematik des EU-Lebensmittelrechts sind primär das Lebensmittelunternehmen und der Lebensmittelunternehmer für die Sicherheit der Lebensmittel und die Einhaltung der einschlägigen Normen verantwortlich. Dies folgt insbesondere aus den Definitionen von Lebensmittelunternehmen sowie Lebensmittelunternehmer in Art. 3 BasisVO sowie dem dortigen Art. 17 und beispielsweise Art. 3 Verordnung (EG) 852/2004 über Lebensmittelhygiene.

3.1.2 Schlichtes Verwaltungshandeln als unbelastender Realakt

Unter 3.1[1]) wurden bereits sogenannte Mängel- und Kontrollberichte als schlichtes Verwaltungshandeln und eine Art Anhörung mit einem mögli-

1) Siehe zu Realakten ergänzend Kapitel 3.1.7 sowie Rücknahmen in Kapitel 3.14 und Rückrufe in 3.15.

chen Ausbleiben formeller Maßnahmen beschrieben. Beispielsweise auch unverbindliche Auskünfte einer Behörde zu Bauvorhaben und Ähnliches stellen schlichtes Verwaltungshandeln sowie unbelastende Realakte dar. Dabei wird die Behörde jeweils noch nicht rechtsverbindlich tätig. Hierbei mangelt es im Unterschied zu den Tatbestandsmäßigkeiten des Verwaltungsaktes in § 35 VwVfG jeweils an einer (verbindlichen) Regelung. Daher kann die Behörde aus diesem Handeln allein auch keine rechtlichen Pflichten oder Ähnliches für den Unternehmer ableiten bzw. geltend machen. Auf der anderen Seite wären etwaige Anfechtungsrechtsbehelfe von Unternehmen gegen schlichtes Verwaltungshandeln regelmäßig formal unzulässig, weil eben keine Rechtsfolge vorliegt und daher keine rechtliche Beschwer des Unternehmens gegeben ist. Rechtsbehelfe[1]) sind daher auch wenig praxisrelevant, ggf. wenn eine Behörde unter schwerwiegender Sorgfaltspflichtsverletzung grob falsch beraten hat o. Ä. Gleichwohl ist die Behörde gemäß verfassungsrechtlichen Grundsätzen an Gesetz und Recht gebunden. So unterliegt beispielsweise auch schlichtes Verwaltungshandeln den verfassungsrechtlichen Bestimmtheitsanforderungen und der Rechtsprechung des BVerfG hierzu. Danach muss staatliches Handeln für den Bürger vorhersehbar, messbar und damit hinreichend bestimmt sein. So wäre es beispielsweise unzulässig, wenn Behörden ein Unternehmen bzw. dessen Vertreter mit unangemessenem Druck außerhalb der rechtlichen Befugnisse zu sogenannten „freiwilligen Maßnahmen" drängen würden, nur um eigene formelle und damit rechtsmittelfähige Entscheidungen zu vermeiden. In solchen Fällen würde zudem die Rechtswegegarantie[2]) der Unternehmen beschnitten. Wenn einfaches schlichtes Verwaltungshandeln somit nicht zum Ziel von rechtskonformen Zuständen führt, so ist insbesondere von hoher Bedeutung, dass der Übergang zu formellen behördlichen Maßnahmen und damit auch die zugehörigen Rechtsbehelfsmöglichkeiten für die Unternehmen klar ersichtlich sind.

Damit ist schlichtes Verwaltungshandeln als nicht belastender Realakt[3]) sowohl für Unternehmen als auch Behörden unverbindlich. Bei angemessener Anwendung und insbesondere erfolgreicher Abwicklung kann dies beiderseits vorteilhaft und insbesondere arbeitsökonomisch sein. Diesen Vorteilen laufen inzwischen die sehr weitreichenden Transparenznormen entgegen, weil trotz unverbindlicher Abwicklung des schlichten Verwaltungshandelns gleichwohl geringfügige Rechtsverstöße dabei immanent subsumiert sein können. Somit droht den Unternehmen unter Umständen

1) In Betracht kommen (negative) Leistungsklage oder bei erledigten Handlungen Feststellungsklage.

2) Art. 19 Abs. 4 GG.

3) Siehe ergänzend Kapitel 3.1.7 zu Realakten.

trotz redlicher Mängelbehebung eine Veröffentlichung nach dem Verbraucherinformationsgesetz. Dabei sind insbesondere die Darstellungen auf den bekannten Internetplattformen oftmals nicht ausreichend transparent, um die Geringfügigkeit der Verstöße darzustellen.

3.1.3 Anordnungen bzw. Verwaltungsakte

Wenn Unternehmen im Zuge des beschriebenen schlichten Verwaltungshandelns nicht zur Behebung von Verstößen bereit sind und/oder Verstöße einschließlich etwaiger Risiken für die Verbraucher bedeutend sind, kommen für die Behörde die Anordnungen zur Herstellung rechtskonformer Zustände in Betracht. Die im Lebensmittelrecht erwähnten Anordnungen und auch die entsprechenden umgangssprachlichen Bescheide sowie Verfügungen sind Verwaltungsakte gemäß § 35 VwVfG. Hauptanwendungsbereiche sind Anordnungen zur Reinigung und Desinfektion, Behandlung von Lebensmitteln, Betretung von Räumen und als schwerwiegendster Eingriff die vorübergehende Betriebsschließung bis zur Mängelbeseitigung. Im Falle von zulassungspflichtigen Unternehmen bzgl. Erzeugnissen tierischer Herkunft nach Art. 4 Verordnung (EG) 853/2004 können noch Verwaltungsakte zum Ruhen, Widerruf oder zur Rücknahme von Zulassungen in Betracht kommen nach §§ 48, 49 VwVfG. Adressat des Verwaltungsaktes (§ 13 Absatz 1 Nummer 2 VwVfG) ist regelmäßig der Lebensmittelunternehmer als natürliche Person (§ 12 Nummer 1 und 2 VwVfG), juristische Person oder Personengesellschaft (§ 12 Nummer 3 VwVfG). Der Verwaltungsakt kann daher sowohl gegen eine Einzelfirma („Lebensmittel Müller") als auch unmittelbar zum Beispiel eine GmbH („Verbrauchermarkt Müller GmbH") gerichtet werden.[1]) Das Bestimmtheitserfordernis verlangt, dass der Adressat in einem schriftlich erlassenen Verwaltungsakt so genau angegeben werden muss, dass eine Verwechslung mit anderen Personen nicht möglich ist.[2]) Wenn der Lebensmittelunternehmer als nach Lebensmittelrecht vorgesehener regelmäßiger Adressat ausnahmsweise ungeeignet ist zur Behebung der Verstöße, so ist eine Adressatenauswahl gemäß üblicher polizeirechtlicher Adressaten bzw. Störerauswahl erforderlich. Im Zuge der Verwaltungsakte sind Anfechtungsrechtsbehelfe in Form von Widerspruch und Klage zulässig nach § 80 Abs. 1 VwGO.

3.1.3.1 Anordnungen – Merkmal Regelung

Im Ordnungsrechts- sowie Veterinär- und Lebensmittelbereich ist insbesondere das Merkmal der Regelung in § 35 VwVfG bedeutend. Die Rege-

1) Das Straf- und Bußgeldverfahren richtet sich dagegen ausschließlich gegen eine natürliche Person als Täter der strafbaren bzw. ordnungswidrigen Handlung.

2) OVG des Saarlandes (Saarlouis), Urteil vom 20.2.2017 – 2 A 34/16.

lung grenzt das beschriebene schlichte und umgangssprachlich als formlos bezeichnete Verwaltungshandeln von den formellen belastenden Verwaltungsakten und diese von den Realakten ab.

Die neueren und modern formulierten Gesetze ermächtigen nicht ausschließlich zu Anordnungen, sondern auch ergänzend zu „Maßnahmen".[1]) Dadurch werden die sogenannte Realakte mit erfasst. Belastende Realakte benötigen zur Rechtfertigung der oftmals rasch möglichen Eingriffe eine besondere Ermächtigung, weil der Rechtsweg mangels Statthaftigkeit von Anfechtungsrechtsbehelfen als etwas eingeschränkt angesehen werden kann hinsichtlich (negativer) Leistungsklage und einstweiligem Rechtsschutz nach § 123 VwGO. Der Gesetzgeber hat im Lebensmittelrecht eine entsprechende Systematik beispielsweise bei den Rückrufen als Informationen der Öffentlichkeit bzw. öffentliche Warnungen mit entsprechend hoher Dringlichkeit nach § 40 Abs. 1 und 2 LFGB[2]) vorgesehen. Ferner kommen Realakte nach allgemeinen polizeirechtlichen Grundsätzen und den vorerwähnten Ermächtigungen zu „Maßnahmen" in modern formulierten Normen bei abwesendem bzw. nicht erreichbarem Adressaten in Betracht, weil dann mangels Adressat kein Verwaltungsakt erlassen werden kann. Durch die erwähnten besonderen Ermächtigungen in den Spezialgesetzen entfällt dann ein etwaiger Rückgriff auf das allgemeine Polizeirecht und diesbezügliche Zweifel bzw. rechtliche Risiken sind nicht gegeben. Auch der Rechtsrahmen[3]) des Art. 138 EU-KontrollV 2017 sieht nach Abs. 1 grundsätzlich erforderliche sowie geeignete Maßnahmen und in Abs. 2 einen beispielhaften Ermächtigungskatalog unter Berücksichtigung auch von Anordnungen vor. Damit sind Unionsrecht und nationales Verwaltungsrecht konform. Näheres zu Realakten findet sich unter 3.1.7.

3.1.3.2 Anordnungen – Bestimmtheit

Über das Maß an Bestimmtheit für die naturgemäß abstrakt-generellen Gesetze hinaus muss der Verwaltungsakt inhaltlich hinreichend bestimmt sein (§ 37 Absatz 1 VwVfG). Danach muss aus dem VA selbst mittels Auslegung[4]) erkennbar sein, wer was zu tun, zu unterlassen oder zu dulden hat. Für den Lebensmittelunternehmer muss also nachvollziehbar sein, welche Handlungen er vorzunehmen (Grundreinigung), zu unterlassen (Behandeln von Lebensmitteln) oder zu dulden (vorübergehende Betriebs-

1) Vgl. z. B. § 24 Abs. 3 Tiergesundheitsgesetz, § 39 LFGB.

2) Siehe hierzu ergänzend die Ausführungen unter Kapitel 3.15.

3) Nach den Erwägungsgründen 16 ff. gibt die Union den Mitgliedstaaten wirksame Rechtsrahmen zur vereinheitlichten Sicherstellung eines hohen Gesundheitsschutzniveaus an die Hand.

4) § 133 BGB analog.

schließung) hat. Ein Verwaltungsakt, der nur das in einer Norm enthaltene Verbot bloß wiederholt, ohne einen konkreten Bezug zu einem bestimmten Lebenssachverhalt herzustellen, ist folglich rechtswidrig.[1]) Der Verwaltungsakt muss die Norm somit mindestens mit einer konkret-individuellen Einzelfallregelung umsetzen.

Zur entsprechenden Konkretisierung der sogenannten Entscheidungstenore ist anerkannt, dass durch die Formulierung das Ziel der Anordnung entsprechend deutlich erkennbar sein. Demzufolge können für den Adressaten einzelne oder mehrere optionale Wege zur Erfüllung der Anordnung vorliegen. Dabei kann die Behörde zur näheren Konkretisierung auch beispielhaft einzelne alternative Lösungsmöglichkeiten zur Erreichung des hinreichend bestimmten Ziels aufzeigen. Derartige hilfsweise Formulierungen können angemessen sein, wenn die zugrunde liegenden Normen relativ abstrakt sind. Als Verifizierungsmöglichkeit der hinreichenden Bestimmtheit kann die Behörde auch selbst die etwaigen folgenden Vollstreckungsmaßnahmen anhand der absehbaren alternativen Kontrollergebnisse und der Frage der tatsächlichen Umsetzung von Ersatzvornahme oder unmittelbarem Zwang nachprüfen. Besonders komplex kann folglich die Umsetzung von relativ abstrakt formulierten Rechtsvorgaben unter Berücksichtigung von subjektiven Sorgfaltspflichten der Adressaten sein. Dazu zählen beispielsweise Anordnungen zur Umsetzung einer Schädlingsbekämpfung nach dem Stand der Technik bei einem festgestellten Befall sowie zur künftigen Durchführung der unternehmerischen Sorgfaltspflichten bei mehrfach vorgefundenen verdorbenen Lebensmitteln in den Betriebsräumen. Die Zulässigkeit von etwaigen Anordnungen zu Eigenkontrollsystemen wird diesbezüglich gesondert abgehandelt unter 3.17.

Unbestimmte Verwaltungsakte sind nicht vollstreckungsfähig gemäß den ergänzenden Ausführungen unter Kapitel 3.1.5 bezugnehmend auf entsprechende Rechtsprechung.

Beispiel:

Nach dem Ergebnis einer Kontrolle hat ein Unternehmer die Arbeitsfläche in der Küche nicht ausreichend sauber gehalten. Dem liegt die Feststellung zugrunde, dass alte Lebensmittelreste und Verunreinigungen von den Vortagen vorgefunden wurden. Ein solcher Verstoß lässt regelmäßig und zumindest für einen gewissen Zeitraum die Annahme von Wiederholungsverstößen zu. Demnach ist die Behörde nicht nur ermächtigt, eine einmalige Reinigung anzuordnen, sondern kann dies vorläufig auch für die Zukunft verlangen. Dies macht inzwischen der detailliert

---

1) BayVGH (München), Beschluss vom 8.2.2000 – 25 CS 99.2451, für eine § 3 Satz 2 LMHV wiederholende Anordnung, dass im Betrieb der Antragstellerin genussuntaugliche Lebensmittel und Abfälle nicht in Lebensmittellagerräumen gelagert werden dürfen.

ausformulierte Art. 138 Abs. 1 mit dem beispielhaften Katalog in Abs. 2 EU-KontrollV 2017 deutlich. Danach ergreifen die Behörden die geeigneten Maßnahmen zur Gewährleistung, dass der Unternehmer den Verstoß beendet und dass der Unternehmer erneute Verstöße dieser Art verhindert. Der Verwaltungsakt könnte demnach wie folgt lauten:

„Die Arbeitsfläche in der Küche – rechts neben der Kochstelle – ist unverzüglich, jedoch spätestens vor einem weiteren Lebensmittelumgang, gründlich zu reinigen und künftig durch regelmäßige Reinigung sauber zu halten."

Grundsätzlich sollten in Anordnungen die in abstrakt-generellen Gesetzen zulässigen bzw. erforderlichen Begriffe wie „ausreichend", „erforderlich", „regelmäßig", usw. vermieden werden. Mindestens bedürfen sie jedoch einer ergänzenden Konkretisierung gemäß vorstehenden Ausführungen. Hierbei wird im Beispiel die regelmäßige Reinigung durch den Begriff und das Ziel „sauber zu halten" gemäß den Hygienenormen konkretisiert. Dies ist unter Zugrundelegung eines durchschnittlich kundigen Lebensmittelunternehmers und dessen gebotenen Kenntnissen ausreichend bestimmt.

Beispiel – Schädlingsbekämpfung:

Nach Art. 4 Abs. 2 in Verbindung mit Anhang II Kapitel IX Nr. 4 Verordnung (EG) 852/2004 sind geeignete Verfahren zur Bekämpfung von Schädlingen vorzusehen und ein ggf. festgestellter Befall ist sachgerecht zu bekämpfen.

Nach den vorerwähnten Bestimmtheitsanforderungen können die einzelnen Anordnungen nach einzelfallbezogener Konkretisierung beispielsweise wie folgt aussehen:

1. Über die Durchführung der am xxyyzzzz vorab mündlich angeordneten sowie unter behördlicher Überwachung teils eingeleiteten Schädlingsbekämpfungs- und Hygienemaßnahmen in Form einer ergänzenden Hinzuziehung eines fachkundigen Schädlingsbekämpfers sowie einer Reinigung und Desinfektion der vom Schadnagerbefall betroffenen Bereiche ist dem Landratsamt – Veterinäramt – innerhalb von drei Tagen nach Bekanntgabe vorliegender Verfügung ein Nachweis vorzulegen.

2. Die bislang unzureichenden unternehmerischen Maßnahmen zur Schädlingsbekämpfung und das fehlende Schädlingsmonitoring sind sofort, jedoch spätestens bis zum Ablauf von zwei Tagen nach Zustellung vorliegender Verfügung, zu ergänzen bzw. einzuleiten, indem mindestens in der Küche sowie in den weiteren Zubereitungsräumen und in den einzelnen Lagerräumen Fallen für Schadnager aufgestellt und der jeweilige Standort der Fallen in einem Schädlingsbekämpfungsplan vermerkt wird. Diese Fallen sind mindestens täglich zu überprüfen und das Ergebnis der Prüfungen ist jeweils schriftlich zu dokumentieren.

3. Sofern künftig durch das unter Nr. 2. angeordnete Monitoring ein Schädlingsbefall festgestellt wird, ist dieser umgehend, spätestens bis zum Ablauf eines Tages nach dessen Feststellung, zu bekämpfen, z. B. durch das Aufstellen weiterer Schädlingsfallen.

4. Falls sich künftig ein festgestellter Schädlingsbefall durch eigene unternehmerische Bekämpfungsmaßnahmen nicht innerhalb von zwei Tagen gemäß Nr. 3. eindämmen lässt, sind innerhalb einer Woche fachkundige Schädlingsbekämpfer mit der Bekämpfung zu beauftragen.

Bem.: Vorstehende Anordnungen können gemäß dieser Systematik nur an den Lebensmittelunternehmer ergehen, wenn er grundsätzlich über die Anforderungen zur selbstständigen Schädlingsbekämpfung hinsichtlich Sachkunde, Gefahrstoffumgang usw. verfügt. Ansonsten würde die selbstständige Bekämpfungsoption als milderes Mittel ausfallen. Dann wäre grundsätzlich eine Schädlingsbekämpfung durch Externe erforderlich.

Beispiel – wiederholtes Vorfinden und Inverkehrbringen verdorbener Lebensmittel

Bei einem Lebensmittelunternehmer wurden wiederholt verdorbene Lebensmittel vorgefunden. Vereinzelt wurde auch ein Inverkehrbringen entgegen Art. 14 Abs. 2 lit. b BasisVO nachgewiesen sowie geahndet. Ergänzende Anordnungen zur künftigen Einhaltung der Sorgfaltspflichten können gemäß nachfolgender Tenorierung aussehen. Wenn ein Unternehmen solche Vorgaben dann eine angemessene Zeit lang einhält, so wird in Verbindung mit den Regelungen zur Wirksamkeit und Erledigung von Verwaltungsakten (§ 43 Abs. 2 VwVfG) ein Anspruch auf eine Aufhebung oder Erledigterklärung entstehen. Dies bedeutet für die Behörde die Verpflichtung, wirksame Anordnungen und Rechtseingriffe regelmäßig auf deren Erforderlichkeit zu prüfen.

1. Die Lebensmittel in Fertigpackungen in den Betriebsräumen sind ab Zustellung vorliegender Verfügung regelmäßig, mindestens zwei Mal pro Woche, auf ihre Geeignetheit zum menschlichen Verzehr sowie ihr Mindesthaltbarkeitsdatum oder Verbrauchsdatum zu prüfen.

2. Leicht verderbliche Lebensmittel, wie z. B. Fleisch, Wurst und Salate, sind künftig mindestens täglich und vor der Abgabe an Verbraucher auf ihre Geeignetheit zum menschlichen Verzehr zu überprüfen.

3. Beim Vorfinden von sehr leicht verderblichen Lebensmitteln in Fertigpackungen mit abgelaufenem Verbrauchsdatum sind diese unverzüglich, spätestens innerhalb von 10 min., unschädlich zu entsorgen, indem sie entweder in geschlossene Abfallbehältnisse verbracht und dort bis zur mindestens täglichen Entfernung der Abfälle aus den Betriebsräumen gelagert werden oder aus den Betriebsräumen entfernt werden.

4. Bei der Feststellung von nicht mehr zum Verzehr geeigneten Lebensmitteln, wie z. B. die am xxyyzzzz vorgefundenen, völlig verschimmelten Lebensmittel im Kühlschrank, sind diese ebenso unverzüglich, spätestens innerhalb von 10 min., unschädlich zu entsorgen gemäß den Ausführungen unter Nr. 3.

3.1.3.3 Form der Anordnung

Ein Verwaltungsakt kann schriftlich, elektronisch, mündlich oder in anderer Weise erlassen werden (§ 37 Absatz 2 Satz 1 VwVfG). Mündliche Verwaltungsakte kommen daher während der Betriebskontrolle in Betracht. Ein mündlicher Verwaltungsakt ist schriftlich oder elektronisch zu bestätigen, wenn hieran ein berechtigtes Interesse besteht und der Lebensmittelunternehmer als Betroffener dies unverzüglich, das heißt ohne schuldhaftes Zögern (vgl. § 121 Absatz 1 Satz 1 BGB), bei der Behörde verlangt (§ 37 Absatz 2 Satz 2 VwVfG). Ein elektronischer Verwaltungsakt ist unter denselben Voraussetzungen schriftlich zu bestätigen (§ 37 Absatz 2 Satz 3 VwVfG).

Inzwischen ist hierbei noch der Art. 138 Abs. 3 EU-KontrollV 2017 zu beachten. Danach ist der Unternehmer über formelle Maßnahmen nach den Abs. 1 und 2 vorstehender Norm sowie etwaige Rechtsbehelfe und Fristen schriftlich zu unterrichten. Diese Norm ist nachvollziehbar und dient der Transparenz. Auch nach den nationalen Regelungen wird eine Behörde einen vorab mündlichen Verwaltungsakt bei besonderer Bedeutung oder absehbar längerer Anhängigkeit bis zur Erledigung oder insbesondere bei folgenden Rechtsbehelfen von Amts wegen schriftlich bestätigen im Sinne der Transparenz. Insofern sind Unionsrecht und nationales Recht bereits im Wesentlichen konform. Nur weil in Einzelfällen Behörden vorab mündliche Anordnungen auch nach Rechtsbehelfen nicht schriftlich bestätigt haben, haben Widerspruchsbehörden die bloß mündlichen VA wegen Verstoß gegen die Schriftformvorgaben zu Recht aufgehoben und den Widersprüchen stattgegeben. Daraus resultierten Meinungen, wonach die Unionsnorm die mündlichen Verwaltungsakte unterbinden würde. Dies kann jedoch weder aus dem Wortlaut von Art. 138 Abs. 3 EU-KontrollV 2017 noch aus der Systematik der Norm abgeleitet werden; vielmehr stellt die EU den Mitgliedstaaten wirksame Rechtsrahmen zur Verfügung und beabsichtigt nicht, wirksame nationale Konstrukte zu untersagen. Letzteres wäre auch fraglich mit Blick auf die Zuständigkeiten der EU. Danach ist nur bei der Fallkonstellation einer „echten Erledigung" im rechtlichen Sinne von mündlichen Anordnungen bei Kontrollen vor Ort und der daraus regelmäßig resultierenden Unzulässigkeit von folgenden formalen Bestätigungen der VA darauf zu achten, dass die Unternehmen eine ggf. formlose Unterrichtung nach Art. 138 Abs. 3 EU-KontrollV über die inzwischen erledigte Anordnung und die jeweiligen Rechtsmittel erhalten.[1])

1) Siehe Amtstierärztlicher Dienst 4/2021 „Zur Zulässigkeit von mündlichen Verwaltungsakten bei Kontrollen vor Ort".

Ein den Lebensmittelunternehmer belastender elektronischer oder schriftlicher Verwaltungsakt kann strukturell beispielsweise wie folgt aussehen:

1. Briefkopf
2. **Entscheidungstenore** mit Nebenbestimmungen
   z. B. sofortige Vollziehung, Zwangsmittelandrohungen, Gebührenfestsetzung
3. Begründung:
   A. Sachverhalt

   B. fachliche und rechtliche Würdigung (Subsumtion) ggf. mit Ermessenserwägungen
4. Rechtsbehelfsbelehrung

3.1.3.4 Begründung des Verwaltungsaktes

Ein schriftlicher oder elektronischer sowie ein schriftlich oder elektronisch bestätigter Verwaltungsakt ist mit einer Begründung zu versehen (§ 39 Absatz 1 Satz 1 VwVfG). In der Begründung sind die wesentlichen tatsächlichen und rechtlichen Gründe mitzuteilen, die die Behörde zu ihrer Entscheidung bewogen haben (§ 39 Absatz 1 Satz 2 VwVfG). Die Begründung von Ermessensentscheidungen soll auch die Gesichtspunkte erkennen lassen, von denen die Behörde bei der Ausübung ihres Ermessens ausgegangen ist (§ 39 Absatz 1 Satz 3 VwVfG). Bei der regelmäßigen Anordnung der sofortigen Vollziehung (§ 80 Absatz 2 Satz 1 Nummer 4 VwGO) ist zusätzlich das besondere Interesse an der sofortigen Vollziehung des Verwaltungsakts schriftlich zu begründen (§ 80 Absatz 3 Satz 1 VwGO). Notwendig ist eine auf die Umstände des konkreten Falles bezogene Darlegung des besonderen Interesses gerade an der sofortigen Vollziehbarkeit des Verwaltungsakts.[1]) Das besondere öffentliche Interesse ergibt sich bei Anordnungen mit nur vorläufiger Wirkung unabhängig vom Einzelfall aus der Art der getroffenen Maßnahme und ihrem generellen Zweck. Nur durch die Anordnung der sofortigen Vollziehbarkeit kann die Wirksamkeit gesichert werden.[2]) Fehlt eine besondere Begründung jedoch vollständig, ist

1) BayVGH (München), Beschluss vom 11.1.2018 – 20 CS 17.1913.

2) Hessischer VGH (Kassel), Beschluss vom 28.2.2018 – 3 B 2323/17, für eine Baueinstellung.

die Anordnung der sofortigen Vollziehung rechtswidrig und wird vom Verwaltungsgericht auf Antrag des Betroffenen aufgehoben.[1]) Trotz der Möglichkeiten der Textverarbeitung mittels Kopierens und Verwendens von Textbausteinen sind bei der Begründung der Anordnung sofortiger Vollziehung in formeller Hinsicht keine strengeren Voraussetzungen anzulegen. Entscheidend ist nicht die zur Erstellung verwendete Technik, sondern der Inhalt der Begründung, der den sich aus § 80 Absatz 3 VwGO ergebenden – unverändert geltenden – Anforderungen genügen muss.[2])

3.1.3.5 Rechtsbehelfsbelehrung und Signatur

Gegen den Verwaltungsakt sind Widerspruch (§ 68 VwGO) und Anfechtungsklage (§ 42 VwGO) statthaft. Im Falle einer korrekten Rechtsbehelfsbelehrung (§ 58 Abs. 1 VwGO) beträgt die Rechtsbehelfsfrist einen Monat (§ 70 Abs. 1 VwGO) und ansonsten ein Jahr (§ 58 Abs. 2 VwGO).

3.1.4 Sofortige Vollziehung nach § 80 Abs. 2 VwGO als Vollstreckungsvoraussetzung

Aufschiebende Wirkung von Anfechtungsrechtsbehelfen

Nach § 80 Abs. 1 VwGO haben Widerspruch und Anfechtungsklage gegen Verwaltungsakte aufschiebende Wirkung. Dies bedeutet, dass vorläufig von einer behördlichen Vollstreckung abzusehen ist und die fraglichen Sachverhalte weiter bestehen können.

Hemmung der aufschiebenden Wirkung durch Unanfechtbarkeit

Die aufschiebende Wirkung wird vermieden durch Bestandskraft der Anordnung infolge Ablauf der Rechtsbehelfsfrist oder einer bestandskräftigen Entscheidung der Widerspruchsbehörde oder einer rechtskräftigen Gerichtsentscheidung oder wenn anderweitig Unanfechtbarkeit eintritt.

Sofortige Vollziehung kraft Gesetzes

Diese aufschiebende Wirkung entfällt kraft Gesetzes nach § 80 Abs. 3 VwGO in Verbindung mit § 39 Abs. 7 LFGB, beispielsweise bei gesundheitsschädlichen Erzeugnissen nach Art. 14 Abs. 2 lit. a) BasisVO. Das OVG Hamburg[3]) hat dabei bereits nachvollziehbar geklärt, dass der § 39 LFGB auch hinsichtlich Anordnungen auf der Grundlage von übergeordnetem Unionsrecht – damals Art. 54 Verordnung (EG) 882/2004 und inzwischen Art. 138 EU-KOntrollV – wirksam ist und dass ein angemessenes Risiko einer Gesundheitsschädlichkeit ausreichend ist.

---

1) BayVGH (München), Beschluss vom 15.2.2018 – 10 CS 18.98.
2) OVG Berlin-Brandenburg (Berlin), Beschluss vom 12.3.2018 – OVG 11 S 12.18.
3) OVG Hamburg, Beschluss vom 5.9.2011 – 5 Bs 139/11.

Sofortige Vollziehung kraft Verfügung der Behörde

Diese aufschiebende Wirkung entfällt ebenfalls, wenn die Überwachungsbehörden bei besonderem öffentlichen Interesse die sofortige Vollziehung nach § 80 Abs. 2 Nr. 4 VwGO ausnahmsweise anordnen. Die sofortige Vollziehung hat nach Rechtsauslegung und Rechtsprechung[1]) ausnahmsweisen Charakter. Dies ist nachvollziehbar, weil sie die Behörde im Einzelfall zur Herstellung vollendeter Tatsachen durch eine Vollstreckung ermächtigen kann. Bei der Begründung der sofortigen Vollziehung ist folglich darauf zu achten, dass nicht nur zu pauschalisiert auf den vorbeugenden Gesundheitsschutz des Lebensmittelrechts und der einzelnen Anordnungen verwiesen wird, sondern dass der Ausnahmecharakter im vorliegenden Fall deutlich gemacht wird. Dabei müssen nicht die gesamten vorausgehenden Ausführungen zum öffentlichen Interesse an den einzelnen Anordnungen wiederholt werden. Vielmehr sind entsprechende ergänzende Verweise zur Vermeidung von Wiederholungen anerkannt und dass die öffentlichen Interessen am Erlass der Anordnung mit dem besonderen Vollzugsinteresse weitgehend übereinstimmen können. Auch unter Berücksichtigung des ausnahmsweisen Charakters der sofortigen Vollziehbarkeit sind im Veterinär- und Lebensmittelwesen oftmals schwerwiegende Rechtsgüter gefährdet, sodass ggf. ein besonderes öffentliches Interesse in relativ vielen Fällen bejaht werden kann. Hierbei unterliegt die Behördenpraxis dem rechtlichen Risiko, dass bei einzelnen Verfügungen mit häufig zahlreichen Verwaltungsakten die sofortige Vollziehung (versehentlich) zu weitreichend verwendet wird.

Gegen die sofortige Vollziehung kann der Unternehmer die Eilrechtsschutzmöglichkeiten nach § 80 Abs. 4 und 5 VwGO wahrnehmen und die Wiederherstellung der aufschiebenden Wirkung des Widerspruchs beantragen.

Herstellung von Vollstreckungsvoraussetzungen bei Kontrollen vor Ort

In der Praxisanwendung ist für die Vollzugsbehörden noch die Formvorgabe nach § 80 Abs. 3 VwGO relevant. Danach ist die sofortige Vollziehung mit dem beschriebenen Ausnahmecharakter grundsätzlich schriftlich zu begründen. Dadurch wird die Behörde nachvollziehbarerweise angehalten, vor der Herstellung der Vollstreckungsvoraussetzungen und ggf. vollendeter Tatsachen die entsprechenden Rechtsgüterabwägungen besonders sorgfältig vorzunehmen. Wenn in Eilfällen, beispielsweise bei Kontrollen vor Ort, eine Schriftform nicht erfüllt werden kann, so kann bei Gefahr in Verzug und ausdrücklicher verbaler Benennung der Maßnahmen als „Not-

1) Vgl. VGH Mannheim, Beschluss vom 27.9.2011 – 1S 2254/11 und VGH München, Beschluss vom 6.9.2021 – 20 CS 20.2344.

standsmaßnahme" nach § 80 Abs. 3 VwGO dennoch eine wirksame sofortige Vollziehung erzeugt werden. Folglich ist der § 80 Abs. 3 VwGO eine zentrale Schnittstelle, die insbesondere mögliche behördliche Vorgehensweisen per bloßen vorab mündlichen Anordnungen von der Schriftform differenziert. Gemäß dieser Rechtslage hat das Veterinäramt Göppingen schon vor einigen Jahren Mustervordrucke für die schriftliche Begründung der sofortigen Vollziehung nach § 80 Abs. 3 VwGO entworfen. Dabei sind grundsätzliche Musterelemente hinsichtlich der vorstehenden rechtlichen Rahmenbedingungen beschrieben. Von besonderer Bedeutung ist jedoch, dass die besonderen Einzelfallerwägungen handschriftlich oder auf andere Weise konkret vorzunehmen sind. Nur damit werden die Einzelfallumstände für die ausnahmsweise Negierung der aufschiebenden Wirkung von Anfechtungsrechtsbehelfen wirksam begründet. Kritiker haben hierzu angeführt, dass derartige handschriftliche Erwägungen unzureichend sein könnten; hierbei ist aber entgegenzuhalten, dass bei ordnungsgemäßer Vorgehensweise gerade die besonderen Einzelfallerwägungen Eingang ins Verfahren finden und andererseits bei den schriftlichen Anordnungen gerade das Risiko einer Verwendung von allgemeinen Musterbegründungen gegeben ist. Insbesondere der VGH Mannheim[1]) hat eine derartige schriftliche Begründung der sofortigen Vollziehung im Ergebnis für zulässig angesehen. Weitere Rechtsprechung[2]) hat insbesondere untermauert, dass die Behörde den ausnahmsweisen Charakter der sofortigen Vollziehung darzulegen hat und dass die Begründung jedoch im Eilfall etwas sprachlich und gedanklich unvollkommen sein darf.

Ein Beispiel für die schriftliche Begründung der sofortigen Vollziehung vor Ort findet sich unter 3.18.

Fehlerquellen in der Praxis – sofortige Vollziehbarkeit als Vollstreckungsvoraussetzung

Hierzu ist noch bemerkenswert, dass vorab mündliche Anordnungen bzw. Verwaltungsakte relativ problemlos nachträglich schriftlich bestätigt werden können. Dies erfolgt einerseits auf unverzügliches Ersuchen des Adressaten bei einem regelmäßig zu bejahendem berechtigten Interesse nach § 37 Abs. 2 Satz 2 VwVfG. Andererseits kann die Behörde vorab mündliche Anordnungen auch von Amts wegen schriftlich bestätigen mit Blick auf die Rechtssicherheit und Transparenz von staatlichem Vorgehen. Auch Art. 138 Abs. 3 EU-KontrollV 2017 verlangt inzwischen zumindest

1) Vgl. Beschluss VGH Mannheim vom 15.9.2014 – 1 S 1439/14 zu einem Tierschutzfall.

2) Beschluss OVG Münster vom 30.3.2009 – 13 B 1910/08, Beschluss VG Freiburg vom 1.12.2012 – 4 K 2024/11 und Beschluss VG Düsseldorf vom 8.7.2010 – 26 L 683/10.

eine nachfolgende schriftliche Unterrichtung des Unternehmers über etwaige formelle Anordnungen nach den vorausgehenden Abs. 1 und 2.

Dagegen sind die behördlich angeordnete sofortige Vollziehung und die Formvorgaben in § 80 Abs. 3 der VwGO die Voraussetzungen für eine Vollstreckung. Die Herstellung dieser Voraussetzungen ist daher vor den Vollstreckungshandlungen erforderlich. Der Gesetzgeber will damit gerade, dass die Exekutive sich vor schwerwiegenden Eingriffen mit der Herstellung vollendeter Tatsachen angemessen mit der Rechtsgüterabwägung auseinandersetzt. Daher haben Gerichte nur in sehr wenigen Einzelfällen ein Nachschieben von schriftlichen Begründungen der sofortigen Vollziehung o. Ä. gehalten; von einem derartigen rechtlichen Risiko und einer etwaigen Verletzung von (Verfassungs-)Rechten der Unternehmen ist daher abzuraten.

Fehlerquellen in der Praxis – „inflationäre" Anwendung und unzureichende Begründung der sofortigen Vollziehung

Auch wenn im Lebensmittel- und Veterinärwesen ein öffentliches Interesse für die sofortige Vollziehung oftmals bejaht werden kann, entstehen dadurch auch Risiken einer zu weitreichenden Anwendung. Insbesondere Entscheidungen mit einer Vielzahl an einzelnen Anordnungen bedürfen daher einer sorgfältigen Prüfung, ob das öffentliche Interesse für die sofortige Vollziehung wirklich in allen Punkten gegeben ist.

Zudem werden für die Begründung der sofortigen Vollziehung teils noch sehr pauschale Mustertextbausteine vorgefunden, die einen Bezug zu den tatsächlich vorgefundenen Mängel nur erahnen lassen. Daher ist empfehlenswert, in der Begründung der sofortigen Vollziehung noch einmal relativ konkret und/oder zumindest zusammenfassend auf die vorherige Mängelbeschreibung und Subsumtion Bezug zu nehmen und/oder auf die vorausstehenden Ausführungen zur Vermeidung von Wiederholungen ausdrücklich zu verweisen. Die zu pauschalisierten Musterbegründungen werden zunehmend und nachvollziehbarerweise auch gerichtlich beanstandet.[1])

Bei der entsprechenden Konkretisierung von Begründungen sind die inhaltlichen Anforderungen nach § 80 Abs. 3 VwGO dagegen nicht besonders hoch. Durch diese Rechtslage und die zugehörige Rechtsprechung[2]) wird den Besonderheiten des Eilfalls und dem Schutz der Rechtsgüter Rechnung getragen. So muss sinngemäß nach Rechtsgüterabwägung der Ausnahmecharakter der sofortigen Vollziehung aus der Entscheidung hervorgehen, sei die Begründung sprachlich oder gedanklich auch unvollkommen.

1) Beispielsweise Beschluss VGH München vom 6.9.2021 – 20 CS 20.2344, Beschluss VGH Mannheim vom 27.9.2011 – 1S 2554/11.

2) Beschluss OVG Münster vom 30.3.2009 – 13 B 1910/08, Beschluss VG Freiburg vom 1.2.2012 – 4 K 2024/11, Beschluss VG Düsseldorf vom 8.7.2010 – 26 L 683/10.

3.1.5 Vollstreckung von Verwaltungsakten

Verwaltungsakte werden nach Landesrecht vollstreckt. Sie können vollstreckt werden, wenn sie unanfechtbar geworden sind oder wenn die aufschiebende Wirkung eines Rechtsbehelfs entfällt.[1]) Die aufschiebende Wirkung eines Rechtsbehelfs entfällt bei der sofortigen Vollziehbarkeit nach § 80 Abs. 2 VwGO kraft Gesetzes oder auf Anordnung der Behörde gemäß vorstehendem Kapitel 3.1.4. Nach vorstehenden Ausführungen und einem Beschluss des NdsOVG[2]) ist ein tragender Grundsatz der Vollstreckung, dass es für die Vollstreckung grundsätzlich nicht auf die Rechtmäßigkeit des GrundVA ankommt. Dieser Grundsatz wird jedoch mit Bezug auf das bedeutende Bestimmtheitsgebot gebrochen. Danach sind unbestimmte Verwaltungsakte nicht vollstreckungsfähig.

Die einzelnen Zwangsmittel sind Zwangsgeld, Ersatzvornahme und unmittelbarer Zwang.[3]) Zwangsmittel sind vor deren Anwendung schriftlich anzudrohen;[4]) nur bei Gefahr im Verzug darf davon abgewichen werden.[5])

Wenn die Grundverwaltungsakte zu einer Handlung verpflichten, so muss die Androhung der Zwangsmittel mit einer angemessenen Fristsetzung einhergehen. In diesem Zusammenhang sind die Begriffe „unverzüglich" und „sofort" zu unbestimmt. Eine eindeutige bzw. messbare bzw. kalendermäßige Frist ist erforderlich.[6])

Zwangsgeld

Zum **Zwangsgeld** ist bemerkenswert, dass es eine Beugefunktion hat. D. h., die Androhung und ggf. absehbare Festsetzung und Beitreibung soll den Willen des Adressaten beugen und ihn zur Erfüllung der Anordnung und der zugrunde liegenden Normen bewegen. Sofern der Grundverwaltungsakt zu einer einmaligen Handlung verpflichtet und der Adressat dem im Laufe des Verfahrens nachkommt, ist folglich auch keine Beitreibung eines bereits festgesetzten Zwangsgeldes mehr zulässig; der Zweck der Vollstreckung ist

1) Vgl. die entsprechenden Vollstreckungsrechte der Bundesländer, wie beispielhaft § 2 Landesverwaltungsvollstreckungsgesetz Baden-Württemberg.

2) Beschluss NdsOVG vom 17.3.2023 – ME 20/23 mit Anmerkungen Ludwig dazu in LMuR 4/2024.

3) § 19 LVwVG B.-W.

4) Vgl. § 20 Abs. 1 LVwVG B.-W.

5) Vgl. § 21 LVwVG B.-W.

6) Beschluss OVG Nordrhein-Westfalen, 12.7.1991 – 4 B 3581/90 und Beschluss VGH Mannheim vom 13.1.1995 – 10 S 3057/94, Beschluss VG Stuttgart vom 5.11.2014 – 11 K 4208/14.

damit erreicht.[1]) Im Ergebnis darf die Behörde das festgesetzte Zwangsgeld nicht mehr zur „bloßen Einnahmenerzielung" beitreiben.

Wenn der vollstreckbare Grundverwaltungsakt mit bestehender Zwangsgeldandrohung dagegen zu einer Duldung oder Unterlassung verpflichtet, so ist ein folgender Verstoß regelmäßig quasi als irreversibel anzusehen und eine Zwangsgeldfestsetzung ggf. mit erforderlicher Beitreibung zulässig. Der Adressat kann quasi nicht nachfolgend bei einer einmaligen erneuten Einhaltung der Verpflichtung eine Erledigung der Vollstreckung geltend machen. Nur wenn ein Adressat mehrmals und für eine verhältnismäßige Dauer den Grundverwaltungsakt entsprechend beachtet, wird die rechtliche Grundlage für den Grundverwaltungsakt entfallen. Dieser ist sodann für erledigt zu erklären bzw. entsprechend aufzuheben und dann kann auch nicht mehr vollstreckt werden. Sogenannte Dauerverwaltungsakte mit wiederkehrenden Handlungsverpflichtungen sind so wie die vorstehend beschriebenen Unterlassungen und Duldungen einzuordnen bzgl. der Vollstreckbarkeit. D. h., eine Missachtung ist entsprechend regelmäßig irreversibel. Folglich erledigt sich eine Vollstreckung sicher bei der Erfüllung eines Grundverwaltungsaktes, der zu einer einmaligen Handlung verpflichtet.

Ersatzvornahme

Ersatzvornahme ist die Ausführung einer vertretbaren Handlung, zu welcher der Verwaltungsakt verpflichtet, durch die Vollstreckungsbehörde oder einen von ihr beauftragten Dritten auf Kosten des Pflichtigen.[2]) Bei Androhung der Ersatzvornahme[3]) sollen die voraussichtlichen Kosten angegeben werden, wobei es sich hierbei um ein juristisches „soll" und folglich um ein regelmäßiges „muss" mit der Option zur Abweichung in atypischen Fällen handelt.

Unmittelbarer Zwang

Unmittelbarer Zwang ist jede Einwirkung auf Personen oder Sachen durch einfache körperliche Gewalt, Hilfsmittel der körperlichen Gewalt oder Waffengebrauch. Als eine Verhältnismäßigkeitsstufung sehen die landesrechtlichen Normen[4]) hierbei insbesondere vor, dass unmittelbarer Zwang nur bei Ungeeignetheit der übrigen Zwangsmittel zulässig ist und für Waffengebrauch eine ausdrückliche gesetzliche Ermächtigung[5]) erforderlich ist.

---

1) Vgl. § 11 LVwVG B.-W.; Vollstreckung ist einzustellen, wenn Zweck erreicht ist oder nicht mehr erreichbar ist.

2) § 25 LVwVG B.-W.

3) § 20 Abs. 5 LVwVG B.-W.

4) Vgl. § 26 Abs. 1 Satz 2 und Abs. 2 LVwVG B.-W.

5) Vgl. beispielsweise § 63 Polizeigesetz Nordrhein-Westfalen.

Innerhalb der Polizeigesetze[1]) einzelner Bundesländer wird die Zuständigkeit für den unmittelbaren Zwang ausdrücklich dem Polizeivollzugsdienst zugewiesen; daraus resultiert die Frage, ob besondere Polizeibehörden – wie beispielsweise die Bau- und Lebensmittelüberwachungsbehörden – mit teils anderweitigen Vollstreckungsnormen den unmittelbaren Zwang gegen Sachen und Personen ebenso umsetzen dürfen und ob vorstehend erwähnte Zuweisung an den Polizeivollzugsdienst somit nur innerhalb der Polizeigesetze einschlägig ist. Diese Diskussion dürfte von weitestreichend theoretischer Natur sein, da zumindest bei Gewalt gegen Personen der Polizeivollzugsdienst regelmäßig hinzugezogen wird.

1) § 65 PolG B.-W. und 55 Abs. 1 PolG NRW.

3.1.6 Anordnung – Muster mit Erläuterung

Muster Verfügung mit Erläuterungen

Landratsamt Musterstadt *Postfach 123* 12345 Musterstadt

Mit Postzustellungsurkunde

(Adresse)

Datum
xxyyzzzz

Landratsamt Musterstadt

Amt für Veterinärwesen
und Verbraucherschutz

Aktenzeichen xy

Zuständig für Ihr Anliegen
Herr Ludwig
(Kontaktdaten,
Datenschutzhinweis usw.)

Kassenzeichen: **xxx** (bei Zahlung unbedingt angeben)
Betrag: **150,00€**

Lebensmittelüberwachung – Lebensmittelunternehmen X, Hstraße 3, 733xx ZOrt

Beanstandungen bei der Betriebskontrollen xxyyzzzz

Sehr geehrte(r) (Lebensmittelunternehmer),

I.

mit Bezug auf die Mängel bei der o.g. Betriebskontrolle ergeht gegenüber dem Lebensmittelunternehmen X folgende

Verfügung:

1. *Entscheidungstenore* **Verwaltungsakte** nach § 35 VwVfG = Anordnungen

   Bem.: Einzelne Anordnungen müssen insbesondere hinreichend **bestimmt** sein gemäß § 37 Abs. 1 VwVfG. D. h. der Adressat muss klar erkennen können, was von ihm verlangt wird. Unbestimmtheit führt zur Rechtswidrigkeit der Anordnungen. Im Einzelfall können ergänzend noch Elemente der nachfolgenden Begründung zur Betrachtung bzgl. Bestimmtheit herangezogen werden. Vorsorglich sollten jedoch die Entscheidungstenore bereits möglichst bestimmt sein. In der Verwaltungsrechtsliteratur ist anerkannt, dass die behördliche Verifizierung der Vollstreckungsmöglichkeiten ein Indiz für die Bestimmtheit sein kann.

   Fristen:

   Bei **Duldungen** und **Unterlassungen** kann eine unverzügliche bzw. sofortige Einhaltung bzw. Erfüllung eingefordert werden.
   Für **Handlungen** bestimmt das Landesrecht, z. B. § 20 Abs. 1 LVwVG B.-W. ausdrücklich eine „angemessene Frist". Diesbezüglich wurde bei-

spielsweise „unverzüglich“ auch ungeachtet der zivilrechtlichen Definition als rechtswidrig eingestuft. Folglich sind chronologisch messbare Fristen erforderlich. Wenn die Mängel einer aktiven Fristsetzung zuwiderlaufen, wird in der Verwaltungspraxis beispielsweise „...sofort, spätestens bis zum Ablauf (z. B. eines Arbeitstages oder andere Frist).“ verwendet.

Bei kalendarisch angesetzten Fristen ist zu berücksichtigen, dass folgende Fristen beispielsweise bei mehreren Zwangsgeldfestsetzungen nicht ohne Grund kürzer werden dürfen. Ohne Begründung könnte dies zur Unverhältnismäßigkeit führen. Folglich sind entsprechende Fristberechnungen erforderlich. Dies kann durch gleichbleibende Fristbestimmungen, wie beispielsweise „innerhalb einer Woche“ vermieden werden.

2. Für diese Anordnungen unter Nr. 1. – x wird die sofortige Vollziehung verfügt.

   Bem.: Die sofortige Vollziehung nach § 80 Abs. 2 Nr. 4 Verwaltungsgerichtsordnung (VwGO) kann angeordnet werden, wenn das besondere öffentliche Interesse an der sofortigen Durchsetzung der Verwaltungsentscheidung höher zu werten ist als das Rechtsschutzinteresse des Einzelnen, von den Maßnahmen vorläufig verschont zu bleiben. Die sofortige Vollziehung ist regelmäßig zu begründen nach § 80 Abs. 3 VwGO und sie ist neben einer etwaigen Unanfechtbarkeit der Verwaltungsakte die Voraussetzung für Maßnahmen in der Verwaltungsvollstreckung. Zur Vollstreckung zählt auch bereits die Androhung von Zwangsmitteln gemäß nachfolgender Nummer 3. Gegen die Anordnung der sofortigen Vollziehung kann der Betroffene bei der Behörde und beim Verwaltungsgericht mit Antrag nach § 80 Abs. 5 VwGO die Wiederherstellung der aufschiebenden Wirkung Widerspruchs beantragen.

   Eine sofortige Vollziehbarkeit kann im Einzelfall bei wichtigen Rechtsgütern auch bereits kraft Gesetz gegeben sein z. B. nach § 39 Abs. 7 LFGB und § 37 Tiergesundheitsgesetz.

3. Für den Fall der Nichtbeachtung jeder einzelnen der Anordnungen unter Nr. 1. Bis x hiermit ein Zwangsgeld von **jeweils x €** angedroht.

   Bem.: Maßnahmen in der Verwaltungsvollstreckung wie eine Zwangsgeldandrohung können nach Landesrecht, beispielsweise § 2 LVwVfG B.-W., angewandt werden, wenn Anordnungen entweder durch Ablauf der Rechtsbehelfsfrist unanfechtbar geworden sind oder die sofortige Vollziehung angeordnet wurde oder kraft Gesetz gegeben ist beispielsweise nach § 39 LFGB.

4. Für diese Verfügung wird eine Gebühr in Höhe von x **€** festgesetzt, die unter Angabe des o.g. Buchungszeichens an die Kreiskasse zu überweisen ist.

II. **Begründung:**

1. Sachverhalt

(Sachverhalt – Betriebskontrolle mit Mängelfeststellung)

Sie waren bei der Kontrolle anwesend und hatten während der Überprüfung sowie insbesondere bei der Schlussbesprechung Gelegenheit, sich zum Sachverhalt zu äußern.

Bem.: Sofern sich der Betroffene bei der Überprüfung zum Sachverhalt äußern konnte, ist somit das Erfordernis der Anhörung gemäß § 28 LVwVfG erfüllt und dokumentiert.

2. Fachliche und rechtliche Bewertung der Verstöße

Der oben beschriebene Sachverhalt verstößt gegen folgende nachfolgende Bestimmungen. Die Hygieneverstöße werden im Einzelnen wie folgt beurteilt:

Bem.: Sachliche und rechtliche Würdigung; Subsumtion, d. h. Einordnung der festgestellten Sachverhalte in die Rechtsnormen. Ggf. abschließende Zusammenfassung, z. B. wenn Sachverhalt und Einordnung lang war.

3. Ermächtigungsgrundlagen

Die obigen Anordnungen unter Ziffer I. Nr. 1 bis x stützen sich auf (Ermächtigungsnormen – ggf. Zitat der Normen). Die Anordnungen sind geeignet, erforderlich und angemessen, um o.g. Verstöße zu beseitigen sowie die entsprechenden Risiken auf ein akzeptables Niveau zu reduzieren gemäß dem im Hygienerecht verankerten hohen Gesundheitsschutzniveau u. a. nach Art. 1 Verordnung (EG) 178/2002. Im Rahmen einer pflichtgemäßen Ermessensausübung kommen keine milderen Maßnahmen in Betracht, um einen den lebensmittelhygienerechtlichen Anforderungen genügenden Zustand herzustellen.

Bem.: Erforderlichenfalls weitere Gründe für Notwendigkeit von einzelnen Anordnungen oder Ermessenserwägungen anführen.

Bem.: Ermächtigungen sind regelmäßig Art. 137 EU-KontrollV 2017 bei Maßnahmen zur Verdachtsaufklärung oder ansonsten Art. 138 Abs. 1 ggf. in Verbindung mit Absatz 2 und dortigem spezifischen Buchstaben des Maßnahmenkatalogs. Ggf. kann ergänzend § 39 LFGB mit erwähnt werden, um die Kongruenz des nationalen Gefüges mit dem Unionsrahmen deutlich zu machen oder wenn es sich um Bedarfsgegenstände außerhalb des Regelungsbereichs der EU-KontrollV 2017 handelt. Inzwischen werden die Unionsnormen jedoch regelmäßig Vorrang haben nach Art. 2 AEUV.

4. Begründung sofortige Vollziehung

Die Verfügung der sofortigen Vollziehung erfolgt gemäß § 80 Abs. 2 Nr. 4 der Verwaltungsgerichtsordnung (VwGO). Dies bedeutet, dass wir auch dann zum Vollzug der Anordnungen mittels Vollstreckungsmaßnahmen berechtigt sind, falls Widerspruch eingelegt wird.

Die Verfügung der sofortigen Vollziehung ist im besonderen öffentlichen Interesse zum Schutze der Verbraucher vor vermeidbaren Risiken erforderlich, um durch obige Anordnungen schnellstmöglich einen rechtskonformen Umgang mit Lebensmitteln sicherzustellen. Hierfür ist die Behebung vorstehender Mängel hinsichtlich *(1, 2 und 3)* erforderlich, weil *(Begründung)*. Zur Vermeidung von bloßen Wiederholungen wird ergänzend auf vorstehende Ausführungen verwiesen.

Mittels der sofortigen Vollziehung wird verhindert, dass die angeordneten Maßnahmen zur Behebung der Hygienemängel und dem Schutz der Verbraucher durch den Schutz der aufschiebenden Wirkung eines etwaigen Widerspruchs bis zu einer rechtskräftigen Entscheidung verzögert werden.

Die Abwägung Ihres Rechtsschutzinteresses gegenüber den öffentlichen Verbraucherschutzinteressen ergibt, dass dem Schutz der Mitgeschöpfe die überwiegende Bedeutung zuzumessen ist.

Bem.: In der Verwaltungspraxis werden teils zu pauschale bzw. formelhafte Musterbegründungen vorgefunden, die die Anforderungen an den ausnahmsweisen Charakter der sofortigen Vollziehung nicht erfüllen können. Daher sollte bei der Begründung der sofortigen Vollziehung nach entsprechender Prüfung insbesondere nochmals auf die konkreten Mängel des Einzelfalls Bezug genommen werden und ggf. ergänzende Ausführungen erfolgen und / oder zumindest Verweise auf die obigen Erwägungen – siehe z. B. Beschluss VGH München vom 06.09.2021 – 20 CS 20.2344.

5. Begründung Zwangsmittel

Die Androhung eines Zwangsgeldes von jeweils x € bei Nichtbeachtung der Anordnungen stützt sich auf (Landesrecht – z. B. die §§ 19, 20 und 23 LVwVG B.-W. Die Androhung ist geeignet, erforderlich und angemessen, um einen den lebensmittelrechtlichen Anforderungen genügenden Zustand mit entsprechenden Zwangsmaßnahmen durchzusetzen. Ein Zwangsgeld in vorgenannter Höhe ist im Hinblick auf die Bedeutung der Verstöße, die erforderlichen Maßnahmen zur Behebung und den drohenden Schaden bei Nichtbeachtung der Anordnungen angemessen und ausreichend.

Bem.: *Sofern das Zwangsgeldverfahren als mildestes Zwangsmittel absehbar zu langandauernd für die Behebung der Verstöße und damit „untunlich“ bzw. ungeeignet ist, können Ersatzvornahme bzw. unmittelbarer Zwang in Betracht kommen. Die Ungeeignetheit der milderen Zwangsmittel ist entsprechend zu begründen, siehe z. B. § 19 Abs. 2 LVwVG B.-W.*

6. Begründung Gebührenfestsetzung

Die Gebührenfestsetzung für diese Verfügung erfolgt gemäß Art. 79 ff. Verordnung (EU) 2017/625 i. V. m. *§ x (Landesgebührengesetzes)* i. V. m.

Nr. 12.26.06-17. der Rechtsverordnung des (Behörde) über die Erhebung von Gebühren für die Wahrnehmung von Aufgaben als untere Verwaltungsbehörde (Gebührenverordnung) vom xxyyzzzz. Die Gebühr bemisst sich nach dem Verwaltungsaufwand und nach der Bedeutung des Gegenstands der Entscheidung, wobei es sich im vorliegenden Fall um die Kategorie -einfache Verfahren- mit einem größenordnungsmäßigen durchschnittlichen Bearbeitungsaufwand von 3h und einer entsprechenden Gebühr von 150,- € nach vorstehender Gebührennummer und –kategorie handelt. Die Gebühr wird mit der Zustellung dieser Verfügung sofort fällig (§ 18 Abs. 1 LGebG).

III.

Rechtsbehelfsbelehrung:
Gegen diese Verfügung kann innerhalb eines Monats bei (*Behörde*) in (*Sitz*) Widerspruch erhoben werden.

Mit freundlichen Grüßen

Beispiel Hygieneverfügung

Landratsamt Musterstadt *Postfach 123* 12345 Musterstadt

Mit Postzustellungsurkunde

(Adresse)

Datum
xxyyzzzz

Landratsamt Musterstadt

Amt für Veterinärwesen
und Verbraucherschutz

Aktenzeichen xy

Zuständig für Ihr Anliegen
Herr Ludwig
(Kontaktdaten,
Datenschutzhinweis usw.)

Kassenzeichen: **xxx** (bei Zahlung unbedingt angeben)
Betrag: **150,00 €**

Lebensmittelüberwachung – Speisegaststätte „A“, Hstraße 3, 733xx Z
Beanstandungen bei der Betriebskontrollen xxyyzzzz

Sehr geehrter Herr x,

I.

hinsichtlich Ihrer o.g. Speisegaststätte ergeht Ihnen gegenüber als Lebensmittelunternehmer folgende

Verfügung:

Küche

1. Die insbesondere in den Eck- und Wandbereichen teils erheblich verunreinigte Arbeitsfläche ist **sofort**, jedoch spätestens bis zum Ablauf **eines Tages** nach Zustellung vorliegender Verfügung, gründlich zu reinigen und künftig durch regelmäßige Reinigung sauber zu halten.
2. Der beschädigte Kantenumleimer des Arbeitstisches ist innerhalb **einer Woche** so instand zu setzen bzw. zu erneuern, dass er glatte und wasserabweisende Oberflächen aufweist und der Bereich somit leicht zu reinigen ist.
3. Die insbesondere durch Fettanhaftungen verunreinigten Armaturen des Backofens und die Lichtschalter sind **sofort**, jedoch spätestens bis zum Ablauf **eines Tages**, gründlich zu reinigen.
4. Die in der Küche offen gelagerten Besen und übrigen Reinigungsutensilien sind außerhalb der Küche und den Räumen mit Lebensmittelumgang

oder in einem räumlich geschlossenen Schrank aufzubewahren. Diese Anordnung ist spätestens ab dem Ablauf **eines Tages** zu beachten.

5. Der Einmalpapierhandtuchspender beim Handwaschbecken ist so regelmäßig zu befüllen, dass während der Betriebszeiten jederzeit Einmalpapierhandtücher zum hygienischen Trocknen der Hände vorhanden sind. Dieser Anordnung ist **sofort**, jedoch spätestens bis zum Ablauf eines Tages nachzukommen, und sie ist künftig zu beachten.
6. Die Verwendung von Textilhandtüchern zum Trocknen der Hände wird wegen der Kreuzkontaminationsrisiken **hiermit** untersagt.

Kühlraum

7. Das Lagern von rohem erdbehaftetem Obst und Gemüse sowie naturgemäß verunreinigten Transportkartonagen gemeinsam mit anderen sowie insbesondere verzehrsfertigen Lebensmitteln wird hiermit untersagt. Hierfür sind erdbehaftetes Obst und Gemüse sowie aus hygienischer Sicht unreine Gegenstände -wie beispielsweise Transportkartonagen- räumlich getrennt von den übrigen Lebensmitteln zu lagern, beispielsweise in unterschiedlichen Kühleinrichtungen oder durch Trennung mittels räumlich geschlossenen lebensmittelgeeigneten Behältnissen bzw. entsprechenden vollständigen Umhüllungen. Diese Anordnung ist **sofort**, spätestens ab dem Ablauf **eines Tages**, zu beachten.

Personaltoilette

8. Der defekte Elektroboiler in der Personaltoilette ist innerhalb **einer Woche** instand zu setzen, sodass beim Handwaschbecken eine Warmwasserzufuhr gegeben ist.
9. Für die obigen Anordnungen wird die sofortige Vollziehung verfügt.
10. Für den Fall der Nichtbeachtung jeder einzelnen der Anordnungen unter Nr. 1. bis 8. wird hiermit ein Zwangsgeld von jeweils **300,– €** angedroht.
11. Für diese Verfügung wird eine Gebühr in Höhe von 150,– € festgesetzt, die unter Angabe des o.g. Kassenzeichens an die Kreiskasse zu überweisen ist

II.

Begründung:

1. Sachverhalt

Im Anschluss an die Kontrolle vom xxyyzzzz wurden Sie bereits mit Kontrollbericht vom xxyyzzzz auf Ihre Sorgfaltspflichten hingewiesen und erhielten Gelegenheit zur Behebung von größenordnungsmäßig fünf Mängel bzgl. der Arbeitshygiene noch einmal ohne formelle behördliche Maßnahmen. Mit der Rückantwort zum Kontrollbericht haben Sie eine Behebung der Beanstandungen versichert und dies wurde gemäß Kontrolle vom xxyyzzzz verifiziert.

Bei der Kontrolle am xxyyzzzz durch die Lebensmittelkontrolleure Frau S und Herrn B in Ihrer Anwesenheit wurden o.g. Mängel teils wiederholt festgestellt. Dies stellte sich im Einzelnen wie folgt dar:

Küche

1. Die Arbeitsfläche ist insbesondere in den Eck- und Wandbereichen teils erheblich verunreinigt, sodass vermeidbare Risiken von nachteiligen Beeinflussungen bzw. Kontamination der dort behandelten Lebensmittel gegeben waren.
2. Der Kantenumleimer des Arbeitstisches ist beschädigt und teils abgeplatzt, sodass die offenporige und nicht leicht zu reinigende Holzoberfläche offen liegt. Damit gehen vermeidbare Risiken von Schmutzansammlungen und Keimvermehrung einher.
3. Die Armaturen des Backofens und Lichtschalter sind offensichtlich durch Fettbeläge mit Anhaftungen verunreinigt, sodass entsprechende Kreuzkontaminationsrisiken beim jeweiligen Handkontakt gegeben sind.
4. Besen und Reinigungsmittel werden teils offen in der Küche aufbewahrt, sodass die Gefahr einer Verteilung der an den Besen anhaftenden Verunreinigungen gegeben war.
5. Der Einmalpapierhandtuchspender beim Handwaschbecken ist leer, sodass ein hygienisches Trocknen der Hände nicht möglich war.
6. Beim Handwaschbecken befanden sich auch Textilhandtücher für die Händereinigung. Die Verwendung von Textilhandtüchern stellt keine Möglichkeit zum hygienischen Trocknen der Hände -wie beispielsweise mit Einmalpapierhandtüchern dar-, weil dabei Verunreinigungen über die Handtücher auf andere Personen übertragen werden können.
7. Rohes erdbehaftetes Obst und Gemüse in Form von Äpfeln, Zwiebeln und Kopfsalat wurden im Kühlraum ohne räumliche Trennung gemeinsam mit verzehrsfertigen Lebensmitteln wie beispielsweise Fleischkäse und verschiedene belegte Brötchen gelagert. Rohes erdbehaftetes Obst und Gemüse enthalten vor dem Waschen ein ausgeprägtes Keimmilieu einschließlich pathogene Mikroorganismen. Bei natürlichen Luftbewegungen, wie beim Öffnen und Schließen von Türen, sowie durch den Ventilator des Kühlaggregates können auch krankheitserregende Keime auf die offenen und verzehrsfertigen Lebensmittel gelangen. Diese Risiken können auf ein akzeptables Maß reduziert werden, indem die Erzeugnisse gemäß vorstehender Anordnung räumlich getrennt gelagert werden.

Auch Transportkartonagen sind aus hygienischer Sicht naturgemäß unrein mit Blick auf die Materialbeschaffenheit und die Umstände beim Transport. Deshalb ist ebenso eine entsprechende Trennung gegenüber aus hygienischer Sicht reinen Lebensmitteln erforderlich.

8. Der Elektroboiler beim Handwaschbecken ist defekt. Warmwasserzufuhr bei Handwaschvorrichtungen ist seit der Lebensmittelhygiene-Verordnung aus 1998 vorgeschrieben, weil Warmwasser und Seife eine bessere Fettlöslichkeit gewährleisten und dadurch eine angemessene Personalhygiene gewährleistet wird.

Sie waren bei der Kontrolle anwesend. Die Beanstandungen und vorgesehenen Maßnahmen wurden Ihnen erläutert. Sie hatten Gelegenheit zur Stellungnahme.

2. Lebensmittelrechtliche Bewertung

Sie sind der Gaststättenkonzessionsinhaber und damit der verantwortliche Lebensmittelunternehmer für die o.g. Gaststätte. Nach der Systematik des EU-Lebensmittelrechts sind das Lebensmittelunternehmen und der Lebensmittelunternehmer vollumfänglich für die Sicherheit der Lebensmittel und die Einhaltung der einschlägigen Normen verantwortlich u. a. gemäß Art. 17 Abs. 1 Verordnung (EG) Nr. 178/2002 und Art. 3 Verordnung (EG) Nr. 852/2004. Im Rahmen der Eigenkontroll- und Sorgfaltspflichten haben Lebensmittelunternehmer oder deren Vertreter den Betrieb regelmäßig zu überprüfen und Mängel ggf. abzustellen. Dadurch sind die Grundhygieneanforderungen sicherzustellen. Lebensmittelunternehmen haben zudem auf HACCP-Grundsätzen beruhende Managementsysteme für Lebensmittelsicherheit zu implementieren gemäß Art. 5 der Verordnung (EG) Nr. 852/2004. Danach sind insbesondere gesundheitsrelevante betriebsspezifische Risiken zu ermitteln, ggf. Lenkungspunkte festzulegen und für eine Reduzierung der Risiken auf ein akzeptables Maß ist Sorge zu tragen.

Nach § 3 Satz 1 LMHV dürfen Lebensmittel nur so hergestellt, behandelt und oder in den Verkehr gebracht werden, dass sie bei Beachtung der im Verkehr erforderlichen Sorgfalt der Gefahr einer nachteiligen Beeinflussung, wie z. B. durch Verunreinigungen und Mikroorganismen, nicht ausgesetzt sind. Der § 3 Satz 1 LMHV ist inzwischen eine nationale Sanktionsnorm zu den einzelnen folgenden Anforderungen im sogenannten EU-Hygienepaket.

Nach Art. 4 Abs. 2 in Verbindung mit Anhang II Kapitel 1 Nr. 1 2 der Verordnung (EG) 852/ 2004 über Lebensmittelhygiene müssen Betriebsstätten sauber und instandgehalten sein.

Gemäß Anhang II Kapitel 1 Nr. müssen Betriebsstätten, in denen mit Lebensmitteln umgegangen wird, so angelegt und konzipiert sein, dass eine angemessene Instandhaltung, Reinigung und /oder Desinfektion möglich ist und Schmutzansammlungen sowie aerogene Kontaminationen vermieden oder auf ein Mindestmaß beschränkt werden und dass eine gute Lebensmittelhygiene einschließlich Schutz gegen Kontaminationen gewährleistet ist.

Die vorstehenden Mängel Nr. 1.- 3., 6. und 7. verstoßen hinsichtlich der Verunreinigungen, unterlassenen Instandsetzungen und damit einhergehenden vermeidbaren Risiken gegen vorstehende Vorgaben des EU-Hygienepakets. Die verunreinigte Arbeitsfläche mit Lebensmittelkontakt gemäß Mangel Nr. 7. verstößt infolge der damit verbundenen Kontaminationsrisiken zudem gegen Anhang V Nr. 1. Verordnung (EG) Nr. 852/2004.

Das Lagern von erdbehaftetem Obst und Gemüse sowie Transportkartonagen räumlich gemeinsam mit aus hygienischer Sicht reinen und verzehrsfertigen Lebensmitteln verstoßen in Verbindung mit den vermeidbaren Kontaminationsrisiken gegen Anhang II Kapitel IX Nr. 2 und 3 Verordnung (EG) Nr. 852/2004.

Die fehlenden Einmalpapierhandtücher, die Nutzung von Textilhandtüchern zum Händetrocknen und die fehlende Warmwasserzufuhr infolge des defekten Boilers in der Personaltoilette nach Beanstandungen Nr. 5., 6. und 8. verstoßen gegen Anhang II Kapitel I Nr. 4 Verordnung (EG), wonach hygienische Mittel zum Trocknen der Hände vorhanden sein müssen.

Zusammenfassend wird festgehalten, dass die vorgefundenen Hygienemängel und insbesondere die Gesamtsituation mit vermeidbaren Risiken und Gesundheitsgefahren einhergehen. Dies deutet auf Mängel in den Eigenkontrollsystemen bzw. im Managementsystem für Lebensmittelsicherheit hin.

Unter Berücksichtigung von Umfang und Komplexität des Unternehmens sowie vergleichbaren Einzelfällen werden die Sachverhalte noch nicht als Tatbestandsmäßigkeit für eine Veröffentlichung der Verstöße unter Benennung des Unternehmens nach § 40 Abs. 1a Nr. 3 LFGB eingestuft. Sofern jedoch auch ungeachtet vorliegender Anordnung erneut entsprechende Mängel auftreten, kann neben der Zwangsgeldfestsetzung auch eine entsprechende Veröffentlichung in Betracht kommen bzw. die Tatbestandsmäßigkeit vorliegen.

3. Begründung Ermächtigungsgrundlage

Die obigen Anordnungen stützen sich auf Art. 138 Abs. 1 und 2 Verordnung (EG) Nr. 2017/625.

Wenn demnach ein Verstoß festgestellt wird, ergreifen die zuständigen Behörden

a) die erforderlichen Maßnahmen, um Ursprung und Umfang des Verstoßes sowie die Verantwortung des Unternehmers zu ermitteln und

b) geeignete Maßnahmen, um zu gewährleisten, dass der betreffende Unternehmer den Verstoß beendet und dass er erneute Verstöße dieser Art verhindert.

Die Systematik der Ermächtigung nach § 39 LFGB fügt sich in den Rahmen der vorstehenden Unionsnormen.

Die obigen Anordnungen unter Ziffer I. Nr. 1. bis 8. sind geeignet, erforderlich und angemessen, um o.g. Verstöße zu beseitigen und Gefahren nachteiliger Beeinflussungen bzw. Kontaminationen von Lebensmitteln und somit für die Gesundheit der Verbraucher abzuwehren. Im Rahmen einer pflichtgemäßen Ermessensausübung kommen keine milderen Maßnahmen in Betracht, um einen den lebensmittelhygienerechtlichen Anforderungen genügenden Zustand herzustellen.

4. Begründung sofortige Vollziehung

Die Verfügung der sofortigen Vollziehung erfolgt gemäß § 80 Abs. 2 Nr. 4 der Verwaltungsgerichtsordnung (VwGO). Dies bedeutet, dass wir auch dann zum Vollzug der Anordnungen mittels Vollstreckungsmaßnahmen berechtigt sind, falls Widerspruch eingelegt wird.

Die Verfügung der sofortigen Vollziehung ist im besonderen öffentlichen Interesse zum Schutze der Verbraucher erforderlich, da durch die Anordnungen vorgenannte Gefahren nachteiliger Beeinflussungen von Lebensmitteln, wie z.B. durch Verunreinigungen und Mikroorganismen, abgewehrt werden.

Gemäß vorstehenden Ausführungen gehen insbesondere die vorgefundenen Verunreinigungen, unterlassene Instandsetzungen, die gemeinsame Lagerung von erdbehaftetem Obst und Gemüse mit verzehrsfertigen Lebensmitteln sowie die unzureichenden Mittel für eine hygienische Händereinigung mit vorstehenden Rechtsverstößen und auch vermeidbaren Risiken einher. Zur Vermeidung von Wiederholungen wird ergänzend auf vorstehende Ausführungen verwiesen. Mittels der sofortigen Vollziehung wird verhindert, dass die Umsetzung und ggf. Vollstreckung der Anordnungen durch den Schutz der aufschiebenden Wirkung eines etwaigen Widerspruchs bis zu einer rechtskräftigen Entscheidung verzögert wird und dadurch die Gesundheit der Verbraucher gefährdet wird.

Nach Abwägung der öffentlichen Belange an der sofortigen Vollziehung und Ihrem privaten wirtschaftlichen Interesse an der Fortsetzung des bisherigen Betriebs unter Verletzung lebensmittelhygienerechtlicher Vorschriften, ist dem Schutz der Verbraucher Priorität einzuräumen. Danach hat die aufschiebende Wirkung des Widerspruchs ausnahmsweise zurückzustehen.

5. Begründung Zwangsmittel

Die Androhungen von Zwangsgeldern bei Nichtbeachtung der Anordnungen stützen sich auf die *(jeweiliges Landesrecht – z.B. §§ 19, 20 und 23 LVwVG B.-W)*. Nach § 19 Abs. 2 LVwVG hat die Vollstreckungsbehörde dasjenige Zwangsmittel anzuwenden, das den Pflichtigen und die Allgemeinheit voraussichtlich am Wenigsten beeinträchtigt.

Die Androhungen sind geeignet, erforderlich und angemessen, um einen den lebensmittelhygienerechtlichen Anforderungen genügenden Zustand mit entsprechenden Zwangsmaßnahmen durchzusetzen und dadurch die beschriebenen Risiken auf ein akzeptables Maß zu reduzieren.Ein Zwangsgeld in vorgenannter Höhe ist im Hinblick auf den drohenden Schaden bei Nichtbeachtung der Anordnungen angemessen und ausreichend.

6. Begründung Gebührenfestsetzung

Die Gebührenfestsetzung für diese Verfügung erfolgt gemäß Art. 79 ff. Verordnung (EU) 2017/625 i. V. m. *§ x (Landesgebührengesetzes)* i. V. m. *Nr. 12.26.06-17. der Rechtsverordnung des (Behörde) über die Erhebung von Gebühren für die Wahrnehmung von Aufgaben als untere Verwaltungsbehörde (Gebührenverordnung) vom xxyyzzzz*. Die Gebühr bemisst sich nach dem Verwaltungsaufwand und nach der Bedeutung des Gegenstands der Entscheidung, wobei es sich im vorliegenden Fall um die Kategorie -einfache Verfahren- mit einem größenordnungsmäßigen durchschnittlichen Bearbeitungsaufwand von 3h und einer entsprechenden Gebühr von 150,- € nach vorstehender Gebührennummer und –kategorie handelt. Die Gebühr wird mit der Zustellung dieser Verfügung sofort fällig (§ 18 Abs. 1 LGebG)

III.

Rechtsbehelfsbelehrung:

Gegen diese Verfügung kann innerhalb eines Monats nach Bekanntgabe bei (*Behörde*) in (*Sitz*) Widerspruch erhoben werden.

Mit freundlichen Grüßen

3.1.7 Realakte

Realakte werden insbesondere als rein faktische behördliche Rechtshandlungen beschrieben. Dazu zählen

- **nicht belastende Maßnahmen:** Dazu gehört z. B. das bereits beschriebene schlichte Verwaltungshandeln[1]) in Form einer Beratung von Bürgern und einfachen Belehrungen sowie Hinweisen bei Kontrollen. Dabei ist der Staat gemäß dem Grundsatz der Gesetzmäßigkeit der Verwaltung[2]) allgemein an Gesetz und Recht gebunden. Mangels Rechtseingriff und Verwaltungsakt sind Anfechtungsrechtsbehelfe unstatthaft bzw. unzulässig. Folglich kommen als Rechtsbehelf z. B. die (negative) Leistungsklage und Feststellungsklage in Betracht. Dies kommt mangels Belastung der Maßnahmen in der Praxis jedoch kaum vor.
- **belastende Maßnahmen:** Sie bedürfen nach dem Grundsatz des klassischen Eingriffsvorbehalts[3]) noch besonderer Ermächtigungen für Realakte bzw. sogenannte unmittelbare Ausführungen. Dazu zählt beispielsweise die Systematik des § 40 Abs. 1 und 2 LFGB in Verbindung mit Art. 10 BasisVO für die Abwicklung von Rückrufen bei unsicheren Erzeugnissen. Ferner ist im jeweiligen allgemeinen Polizeirecht der Bundesländer[4]) verankert, dass bei abwesenden und unerreichbaren Adressaten unmittelbare Ausführungen bei entsprechenden Gefahrenlagen in Betracht kommen. Dazu gehört beispielsweise das Einschlagen von Autofenstern bei im Auto befindlichen Tieren oder Kleinkindern bei sommerlicher Hitze. In den modern formulierten Spezialgesetzen wie beispielsweise Art. 138 Abs. 1 EU-KontrollV 2017 werden inzwischen neben den Anordnungsermächtigungen auch Maßnahmen aufgezählt. Dies können Grundlagen für entsprechende Realakte sein, sodass die Rückgriffe auf allgemeines Polizeirecht obsolet sind.

Das Merkmal der Regelung von Verwaltungsakten nach § 35 VwVfG dient vorrangig zur Abgrenzung gegenüber den Realakten. So ist beim schlichten Verwaltungshandeln (noch) keine belastende Regelung im Sinne einer ausreichenden Verbindlichkeit gegeben. Die belastenden Realakte werden dagegen so eng gemäß der erforderlichen Ermächtigung umgesetzt, dass

1) Siehe Ausführungen unter Kapitel 3.1.2 zu schlichtem Verwaltungshandeln.

2) Art. 20 Abs. 3 GG.

3) Vgl. Art. 58 Landesverfassung B.-W.: Niemand kann zu einer Handlung, Unterlassung oder Duldung gezwungen werden, wenn nicht ein Gesetz oder eine auf Gesetz beruhende Bestimmung es verlangt oder zulässt.

4) Vgl. z. B. § 8 Polizeigesetz Baden-Württemberg, Art. 70 Abs. 2 Polizeiaufgabengesetz Bayern.

kein gesondertes konkret-individuelles Regelungselement im Sinne von § 35 VwVfG gesehen wird.

Realakte können somit regelmäßig rascher umgesetzt werden als Verwaltungsakte, weil

- entweder im unbelastenden Bereich kein Rechtseingriff gegeben ist
- oder weil bei belastenden Realakten die besonderen Ermächtigungen eine unmittelbare Ausführung erlauben. Damit ist das Verfahren im Gegensatz zu den Anordnungen mit erforderlicher Vollziehbarkeit und Vollstreckung verkürzt.

Bei belastenden Realakten mit der Möglichkeit zur raschen Umsetzung sind die Tatbestands- und Verhältnismäßigkeit im Einzelfall von hoher Bedeutung. Zudem sind die Anhörung[1]) und die damit einhergehende Bestimmtheit bzw. Transparenz des (angekündigten) staatlichen Handelns wichtig, weil eben kein rechtsmittelfähiger Verwaltungsakt mehr folgt und die Anhörung damit das Bindeglied zur verfassungsrechtlichen Rechtswegegarantie[2]) ist. Als Rechtsbehelfe kommen insbesondere die negative Leistungsklage in Betracht und Anträge auf einstweilige Anordnungen,[3]) um die Behörde zu einem gewünschten Handeln bzw. Unterlassen zu verpflichten. Nach bereits eingetretener Erledigung der Realakte sind Feststellungsklagen einschlägig.

Beispiele Betretungsrecht, Rückrufe und Begriff Sofortmaßnahmen im Unionsrecht

Am Beispiel des Betretungsrechts kann die Differenzierung zwischen Realakten und Verwaltungsakt anschaulich dargestellt werden. Die unproblematische Ausübung des Betretungsrechts durch eine Lebensmittelüberwachungsbehörde bei zahlreichen Kontrollen pro Jahr stellt jeweilige Realakte auf der Grundlage von Art. 15 EU-KontrollV 2017 und § 42 Abs. 2 LFGB dar.

Wenn dagegen ein Unternehmer die Ausübung des Betretungsrechts gegenüber der Überwachungsbehörde verweigert, so ist eine rein faktische Durchführung als Realakt – auch mangels Ermächtigung zur unmittelbaren Ausführung – nicht mehr möglich. In diesem Fall bedürfen die vorstehenden abstrakt-generellen Ermächtigungen einer Umsetzung durch eine konkret-individuelle Anordnung, erforderlichenfalls mit sofortigen Vollziehung nach § 80 Abs. 2 VwGO und einer Vollstreckung nach obigen Ausführungen bei Kapitel 3.1.4 und 3.1.5. Das Verwaltungsgericht Ansbach hat dies mit Bezug auf den Tierschutzbereich schlüssig dargestellt.[4])

---

1) Vgl. Anspruch auf rechtliches Gehör nach Art. 103 Abs. 1 GG und jeweilige Einzelfallermächtigung.

2) Art. 19 Abs. 4 GG.

3) § 123 VwGO.

4) VG Arnsberg, Urteil vom 27.3.2012 – 8 L 140/12.

Somit ist im Ergebnis bei Einwänden der Adressaten gegen das Betretungsrecht eine klassische Umsetzung mit Verwaltungsakt, sofortiger Vollziehung und ggf. Vollstreckung erforderlich, weil keine spezifische Ermächtigung für die Ausübung des Betretungsrechts vorliegt.

Demgegenüber hat der nationale Gesetzgeber für die Umsetzung der oftmals dringlichen Rückrufe[1]) mit hohem Gesundheitsschutzinteressen die Alternative der Realakte[2]) gewählt mit der besonderen Ermächtigung nach § 40 Abs. 1 LFGB. Dies erlauben auch die unionsrechtlichen Rahmenbedingungen gemäß Art. 10 und 19 BasisVO.

Für die Zulässigkeit derartiger nationaler Ermächtigungen und „Werkzeuge" sprechen der weitreichende Überbegriff der „Maßnahmen" z. B. in Art. 138 Abs. 1 EU-KontrollV 2017 sowie Art. 16 der neuen Marktüberwachungsverordnung (EU) 2019/1020 sowie die „Sofortmaßnahmen" nach Art. 54 BasisVO und Art. 260 Verordnung (EU) 2016/429 des neuen Tiergesundheitsrechts. Selbst bei den unionsrechtlichen Rahmenvorgaben zu den mitgliedstaatlichen Rechtswegegarantien nach Art. 7 Satz 1 EU-KontrollV findet sich in Satz 2 der Hinweis auf eine ggf. erforderliche dringliche Umsetzung der Maßnahmen unbeschadet etwaiger Rechtsmittel.

1) Vgl. ergänzende Ausführungen unter Kapitel 3.15 zu Rückrufen mittels Realakten.
2) Siehe hierzu auch Kapitel 3.1 und 3.15.

Schaubild Umsetzung VA durch Vollstreckung und zügigeres Verfahren mittels Realakten

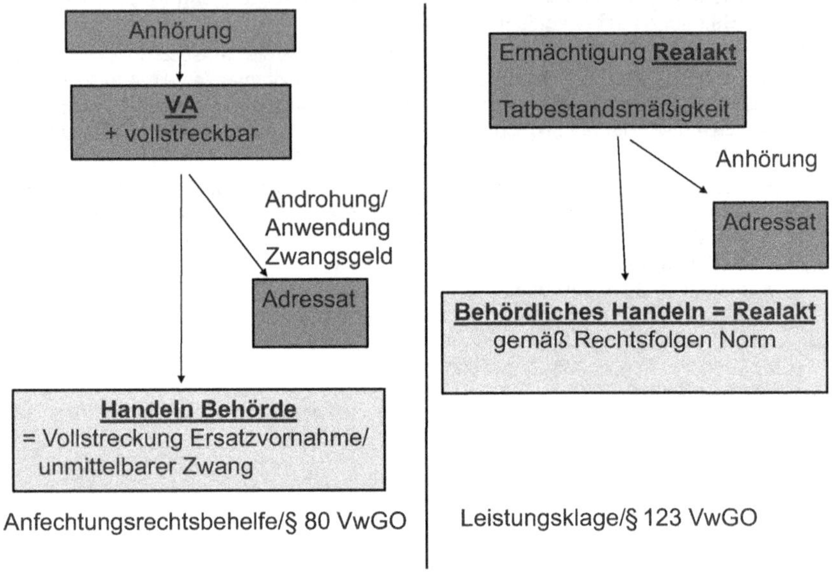

3.1.8 Gefahrenabwehr und Berührungspunkte mit Ahndungsverfahren

Ermittlungen zur Aufklärung lebensmittelrechtlicher Straftaten oder Ordnungswidrigkeiten (§ 161 Absatz 1 Satz 1, 2 StPO in Verbindung mit § 46 Absatz 1 OWiG) ermächtigen den Lebensmittelkontrolleur/Veterinär weder zum Betreten von Betriebs- und Geschäftsräumen des Lebensmittelunternehmers noch zur Einsichtnahme in Geschäftsunterlagen, Anfertigung von Bildaufnahmen oder Sicherstellung von Beweismitteln gegen den Willen des von solchen Maßnahmen Betroffenen. Dagegen sind derartige Maßnahmen zur Gefahrenabwehr im Rahmen der Lebensmittelüberwachung durch den Lebensmittelkontrolleur/Veterinär auch als durchsetzbare Verwaltungsakte möglich.[1])

1) Zur Zuständigkeit des Lebensmittelkontrolleurs, auch bei Wahrnehmung der Tätigkeiten durch einen beamteten Tierarzt (Amtstierarzt) Kapitel 1.1.

Alle im Verwaltungsverfahren zulässig getroffenen Feststellungen der Lebensmittelüberwachung nach der VO (EU) 2017/625 (§ 39 Absatz 1 LFGB)[1]) sind grundsätzlich auch in einem Straf- oder Bußgeldverfahren verwertbar (§ 161 Absatz 2 Satz 1 StPO in Verbindung mit § 46 Absatz 1 OWiG). Daher stellt es eine sehr effektive Methode der Beweissicherung dar, die wesentlich einfacheren und schnelleren verwaltungsrechtlichen Maßnahmen nach der VO (EU) 2017/625 (§ 39 Absatz 2 Satz 1, §§ 42, 43 LFGB) zur Aufklärung des Sachverhalts auszuschöpfen, die der Lebensmittelunternehmer und sein Personal bei Inspektionen und Hygienekontrollen auf dem Betriebsgelände (Artikel 14 Buchstaben b, c VO [EU] 2017/625)[2]) gemäß nicht nur zu dulden (§ 44 LFGB), sondern gemäß Artikel 15 Absatz 1 VO (EU) 2017/625 auch zu ermöglichen hat. Von besonderer Bedeutung ist auch das Auskunftsverlangen zur Aufklärung eines Gefahrenverdachts (§ 42 Absatz 2 Satz 1 Nummer 5 LFGB), da ein Beschuldigter im Strafverfahren oder Betroffener im Bußgeldverfahren grundsätzlich über die Angaben seiner Personalien hinaus nicht zur Mitwirkung verpflichtet ist.

Selbstverständlich dürfen Maßnahmen der Lebensmittelüberwachung niemals dazu dienen, das Schweigerecht des Beschuldigten (vgl. § 136 Absatz 1 Satz 2 StPO) im Strafverfahren bzw. des Betroffenen im Bußgeldverfahren zu unterlaufen. Überwachungsmaßnahmen dürfen nicht zur Ausforschung einer Straftat oder Ordnungswidrigkeit vorgeschoben werden.[3])

Mit Bezug auf den Umfang des strafprozessualen Schweigerechts an der Schnittstelle zu den gefahrenrechtlichen Informationsbefugnissen ist noch relevant, ob eine abverlangte Information den Adressaten auch strafprozessual belasten kann. So hat das Verwaltungsgericht Minden[4]) mit Bezug auf das Tierschutzrecht beispielsweise festgestellt, dass die Frage nach dem Aufenthaltsort von Pferden und die absehbare Information nicht mit einer Belastung des Adressaten einhergeht und eine solche gefahrenabwehrrechtliche Frage damit auch zulässig ist sowie nicht vom Schweigerecht geschützt wird.

---

1) Die nationalen Bestimmungen sind gegenüber dem EU-Recht obsolet, VGH Baden-Württemberg (Mannheim), Urteil vom 16.6.2014 – 9 S 1273/13, Hamburgisches OVG, Beschluss vom 5.9.2011 – 5 Bs 139/11, und sind daher nachfolgend lediglich in Klammern enthalten.

2) Die Kontrollbefugnis für das HACCP (Artikel 14 Buchstabe d VO [EU] 2017/625) ist für das Bußgeldverfahren ohne Bedeutung, da Zuwiderhandlungen in § 10 LMHV nicht als Ordnungswidrigkeiten mit Geldbuße bedroht sind.

3) BVerfG, Beschluss vom 15.3.2007 – 1 BvR 2138/05.

4) VG Minden, Urteil vom 26.4.2012 – 2 K 314/12.

Beispiel:

Der Lebensmittelunternehmer wird durch verwaltungsrechtliches Auskunftsverlangen (§ 42 Absatz 2 Satz 1 Nummer 5 LFGB) zur Angabe aufgefordert, ob und ggf. wann er die Umetikettierung überlagerten Fleisches in einem bestimmten Kühlraum angeordnet habe. Diese Auskünfte sind nicht zur Gefahrenabwehr, sondern ausschließlich zur Strafverfolgung notwendig.

3.2 Betreten von Räumen des Lebensmittelunternehmers

Die Methoden und Techniken der amtlichen Kontrolle umfassen auch Inspektionen und Hygienekontrollen auf dem Betriebsgelände der Unternehmer (Artikel 14 Buchstaben b, c EU-KontrollV 2017. Der Lebensmittelunternehmer hat Kontrollen auf dem Betriebsgelände zu ermöglichen (Artikel 15 Absatz 1 EU-KontrollV 2017. Dem Personal der zuständigen Behörde ist auf Verlangen der Zugang zu ermöglichen (Artikel 15 Absatz 1 Buchstabe a EU-KontrollV 2017. Die mit der Lebensmittelüberwachung beauftragten Personen sind gemäß § 42 Absatz 2 Satz 1 Nummer 1 Buchstabe a LFGB zur Durchführung der Überwachung ohne Anfangsverdacht einer Straftat oder Ordnungswidrigkeit befugt, Grundstücke, Betriebsräume und Transportmittel, in oder auf denen

- Erzeugnisse hergestellt, behandelt oder in den Verkehr gebracht werden,

sowie die dazugehörigen Geschäftsräume während der üblichen Betriebs- oder Geschäftszeit zu betreten. Geschäftsräume sind insbesondere solche, die in einer behördlichen Erlaubnis umfasst sind, zum Beispiel die „konzessionierten Räume" einer Gaststätte (vgl. § 3 GastG – Bund). Wohnräume dürfen

- ohne Zustimmung auskunftspflichtiger Personen (§ 42 Absatz 2 Satz 1 Nummer 5 LFGB) und
- ohne Vorliegen einer dringenden Gefahr für die öffentliche Sicherheit und Ordnung (§ 42 Absatz 2 Satz 1 Nummer 1 Buchstabe b Halbsatz 1 LFGB)

in diesen Fällen nicht betreten werden (§ 42 Absatz 7 LFGB).

Das Betretungsrecht umfasst daher auch Betriebsgrundstücke von Unternehmen, die zwar nicht selbst Lebensmittelunternehmer sind, auf deren Fläche sich aber verpachtete Kantinenbetriebe befinden. **Kleinunternehmer,** die ihre Tätigkeit in Räumen mit gemischter Wohn- und Gewerbenutzung ausüben, unterliegen insoweit dem Betretungsrecht und können sich nicht auf das Erfordernis einer dringenden Gefahr (§ 42 Absatz 2 Satz 1 Nummer 2 Buchstabe a LFGB) für mitbenutzte Wohnräume berufen.

Beispiel:

Eine „Direktvermarkterin" bietet im Internet selbstgebackene Kuchen und Torten an, Betriebsstätte der Lebensmittelunternehmerin ist die Küche ihrer Privatwohnung. Außer der Küche darf auch der Flur betreten werden, da über ihn die Lebensmittel in Verkehr gebracht werden, nicht dagegen gegen den Willen des Berechtigten ein Wohn- oder Kinderzimmer.

Der verfassungsrechtlich geschützte Begriff der Wohnung (Artikel 13 Absatz 1 GG) ist weit zu verstehen und umfasst nicht nur Wohnräume im engeren Sinn, sondern auch Geschäftsräume des Lebensmittelunternehmers.[1]) Zur Wohnung gehören dabei neben den Hauptwohnräumen auch Nebenräume, wie beispielsweise Flure, Treppen, Abstellräume, Speicher und Garagen. Im Zweifel ist die Zweckbestimmung durch den Nutzenden im Sinne einer privaten Sphäre durch äußere Zeichen der Nichtzugänglichkeit (zum Beispiel Schild, Zaun usw.) entscheidend.[2]) Bloße Verkehrsmittel wie Kraftfahrzeuge unterliegen dagegen nicht dem Wohnungsbegriff.[3])

Die Inhaberinnen oder Inhaber der in § 42 Absatz 2 LFGB bezeichneten Grundstücke, Räume, Einrichtungen und Geräte und die von ihnen bestellten Vertreter sind verpflichtet, das Betreten als Maßnahme der Lebensmittelüberwachung zu dulden (§ 44 Absatz 1 LFGB).[4]) Die Ausübung des Betretungsrechts ist daher kein Verwaltungsakt im Sinne des § 35 Satz 1 VwVfG, sondern schlichtes Verwaltungshandeln in Form eines Realakts.[5]) Der Lebensmittelunternehmer hat dem Personal der zuständigen Behörde auf Verlangen den Zugang zu den Betriebsräumen darüber hinaus auch aktiv zu ermöglichen (Artikel 15 Absatz 1 Buchstabe a VO [EU] 2017/625). Verweigert der Lebensmittelunternehmer oder sein Vertreter wiederholt den Zugang, kann die Behörde eine sofort vollziehbare Duldungsanordnung mit Zwangsgeldandrohung erlassen.[6])

Das beabsichtigte Betreten von Betriebs- und Geschäftsräumen bedarf in der Regel keiner Ankündigung (Artikel 9 Absatz 4 Satz 1 VO [EU] 2017/625). Dem Lebensmittelunternehmer und seinen Mitarbeitern sollte auch keine Gelegenheit gegeben werden, die Beweissicherung einer Ordnungs-

1) BVerfG, Beschluss vom 15.3.2007 – 1 BvR 2138/05; VG München, Beschluss vom 13.9.2017 – M 18 S 17.4089.

2) VG Aachen, Beschluss vom 21.12.2015 – 6 L 764/15.

3) VG München, Beschluss vom 18.12.2017 – M 7 X 17.5819.

4) Zur Durchsetzung von Betretungsrechten aufgrund einer Duldungsanordnung Kapitel 3.2.3.

5) VGH Baden-Württemberg (Mannheim), Urteil vom 28.11.2000 – 10 S 1375/99.

6) VG Würzburg, Beschluss vom 17.3.2017 – W 5 S 17.232, für einen Amtsveterinär.

widrigkeit oder Straftat zu unterlaufen. Es genügt eine Unterrichtung anwesender Personen bei Beginn der Maßnahme.[1]) Das Erscheinen des nicht anwesenden Lebensmittelunternehmers braucht auch dann nicht abgewartet zu werden, wenn er dies angekündigt hat.[2])

3.2.1 Übliche Betriebs- oder Geschäftszeiten und Privaträume

Das Betreten von Grundstücken, Betriebsräumen und Transportmitteln durch Bedienstete der Lebensmittelüberwachung ist während der üblichen Geschäftszeiten jederzeit auch ohne den Verdacht eines Verstoßes möglich. Übliche Betriebs- und Geschäftszeiten sind nicht solche, die der Lebensmittelunternehmer dazu erklärt, um die Überwachung zu vereiteln, sondern die im betroffenen Gewerbe einschlägigen.

- **Außerhalb üblicher Geschäftszeiten** ist das Betreten von Grundstücken, Betriebsräumen und Transportmitteln nur in besonderen Fällen zur Verhütung dringender Gefahren für die öffentliche Sicherheit und Ordnung zulässig (§ 42 Absatz 2 Satz 1 Nummer 2 Buchstabe a LFGB).
- **Wohnräume** auskunftspflichtiger Personen dürfen grundsätzlich nur zur Verhütung dringender Gefahren für die öffentliche Sicherheit und Ordnung betreten werden (§ 42 Absatz 2 Satz 1 Nummer 2 Buchstabe b LFGB, Artikel 13 Absatz 7 GG). Als Betriebs- und Wohnräume gemischt genutzte Räume unterliegen diesem erhöhten Schutz nicht.

Der Berechtigte kann auf die Einhaltung des Betretungsverbots außerhalb üblicher Geschäftszeiten und bezüglich seiner Wohnräume natürlich verzichten und damit einverstanden sein. Dann genügt für das Betreten die einfache Aufgabenzuweisung zur Überwachung (Artikel 14 VO [EU] 2017/625, § 39 Absatz 1 Satz 1 LFGB).

Eine dringende Gefahr besteht, wenn aus konkreten Anhaltspunkten nicht nur eine entfernte Möglichkeit, sondern die hinreichende Wahrscheinlichkeit besteht, dass in den betroffenen Räumen die Verletzung einer lebensmittelrechtlichen Norm entweder bereits stattfindet oder für die Zukunft unmittelbar bevorsteht.[3]) Eine solche Gefahr liegt regelmäßig vor, wenn ohne Einschreiten der Behörde mit hinreichender Wahrscheinlichkeit ein wichtiges Rechtsgut geschädigt wird.[4]) Behauptet der Inhaber von Räumen auf Frage oder aufgrund eines förmlichen Auskunftsverlangens (§ 42 Absatz 2 Satz 1 Nummer 4 LFGB)[5]) vor Ort deren Eigenschaft als reine Pri-

1) BVerwG, Urteil vom 5.11.1987 – 3 C 52/85.

2) KG (Berlin), Beschluss vom 12.7.1984 – 5 Ws (B) 237/84.

3) BVerwG, Beschluss vom 6.9.1974 – I C 17.73, für ein polizeiliches Betretungsrecht.

4) VG München, Urteil vom 9.7.2017 – M 9 K 14.1887, für ein Betreten baulicher Anlagen.

5) Zum Auskunftsverlangen (§ 42 Absatz 2 Satz 1 Nummer 5 LFGB) siehe Kapitel 3.7.

vaträume und verweigert deswegen ein Betreten, so wird bei entsprechenden Anhaltspunkten für zumindest gemischte private und gewerbliche Nutzung eine dringende Gefahr für die öffentliche Sicherheit der betroffenen Endverbraucher anzunehmen sein. In der Rechtsprechung ist geklärt, dass eine dringende Gefahr im Sinne des Artikel 13 Absatz 7 GG nicht den Eintritt einer konkreten Gefahr voraussetzt.[1])

Beispiel:

Eine Wohnungsinhaberin wirbt im Internet mit selbst gebackenen Kuchen und Torten. Unter der angegebenen Anschrift befindet sich nur eine Privatwohnung. Als der Lebensmittelkontrolleur das Betreten zur Prüfung der Lebensmittelhygiene verlangt, wird ihm dies unter Hinweis auf die privaten Räume verweigert. Der Zutritt steht ihm jedoch zumindest zu allen gemischt gewerblich und privat genutzten Räumen wie der Küche, dem zu ihr führenden Flur und Vorratsräumen zu.

Eingriffe und Beschränkungen des Grundrechts der Unverletzlichkeit der Wohnung (Artikel 13 Absatz 1 GG) sind bereits dann zulässig, wenn sie dem Zweck dienen, einen Zustand nicht eintreten zu lassen, der seinerseits eine dringende Gefahr für die öffentliche Sicherheit und Ordnung darstellen würde.[2]) Bei der Beurteilung der Gefahrenlage ist der Verhältnismäßigkeitsgrundsatz (Artikel 20 Absatz 3 GG) zu beachten und daher sind mildere Mittel wie eine Befragung des Lebensmittelunternehmers[3]) und notfalls ein mündliches förmliches Auskunftsverlangen[4]) zuvor auszuschöpfen. Sind solche weniger einschneidenden Maßnahmen erfolglos geblieben, wird man dem Lebensmittelkontrolleur/Veterinär zur Aufklärung eines bestehenden Gefahrenverdachts eine Sichtprüfung zubilligen müssen, ob es sich um die „dazugehörenden Geschäftsräume" im Sinne des §42 Absatz 2 Satz 1 Nummer 1 LFGB handelt.

Beispiel:

Die Speisekarte einer Gaststätte enthält zwar Hackfleischgerichte, bei der Betriebskontrolle der Küche sind aber keinerlei entsprechende Vorräte feststellbar. Auf Frage erklärt der Gastwirt, der Raum nebenan sei der private Vorratsraum zum Eigenbedarf seiner Familie. Auch beim nunmehr förmlichen Auskunftsverlangen bleibt er dabei, dort nur private Lebensmittel in einer Kühltruhe gelagert zu haben,

---

1) VG Regensburg, Beschluss vom 16.2.2016 – RN 5 S 16.161, für das Betretungsrecht einer Wohnung zur Feuerstättenschau.

2) BVerwG, Beschluss vom 7.6.2006 – BVerwG, Beschluss vom 7.6.2006 – 4 B 36/06, für das bauaufsichtliche Betreten einer Wohnung; VG München, Urteil vom 2.8.2017 – M 1 K 11.2656 und VG Oldenburg (Oldenburg), Beschluss vom 29.1.2015 – 5 B 474/15, für das Betretungsrecht einer Wohnung zur Feuerstättenschau.

3) Zur Befragung von Personen Kapitel 3.6.2.

4) BVerwG, Beschluss vom 6.9.1974 – I C 17/73, für ein polizeiliches Betretungsrecht.

verweigert aber das Betreten des Raums und die Besichtigung des Inhalts der Kühltruhe. Der Lebensmittelkontrolleur/Veterinär prüft daraufhin aufgrund seines Betretungsrechts, ob die Kühltruhe nicht doch das vermutete zum gewerblichen Angebot an die Gäste vorgesehene Hackfleisch enthält.

Die Bediensteten der Lebensmittelbehörde sind bei ihren Routinekontrollen verpflichtet, den Inhaber des Hausrechts oder dessen Stellvertreter vor Betreten der dem Publikum nicht eröffneten Geschäfts- und Betriebsräume davon zu unterrichten, dass sie von ihrem Zutrittsrecht Gebrauch machen werden. Ist der Filialleiter oder dessen Stellvertreter nicht sofort erreichbar oder ist aufgrund vorliegender Anhaltspunkte zu besorgen, dass durch eine Verzögerung der Zweck der Betriebskontrolle beeinträchtigt wird, genügt die entsprechende Mitteilung an einen anwesenden Betriebsangehörigen.[1]) Sofern ein vom Unternehmen eingesetzter eigener oder von einem Fremdunternehmen ausgeführter Sicherheitsdienst den Zutritt verweigert, muss dieser durch eine mündliche Anordnung und notfalls durch ein Vollzugshilfeersuchen an eine Polizeidienststelle zeitnah durchgesetzt werden.

Beispiel:

Ein zu überprüfender Kantinenbetrieb befindet sich auf dem Gelände eines Fabrikbetriebs. Der Sicherheitsdienst dieses Betriebs verweigert den Durchgang zur Kantine zur Sicherung von Geschäftsgeheimnissen. Die Verwaltungsbehörde erlässt daraufhin eine Anordnung als Verwaltungsakt gegen den Inhaber des Fabrikbetriebs, die ihr den durchsetzbaren Übergang zum Kantinengebäude ermöglicht.

Die Tatsache, dass der Bedienstete der Lebensmittelüberwachung nach dem Betreten von Räumen entgegen dem zunächst bestehenden Gefahrenverdacht keine Verstöße feststellt, führt nicht zur Rechtswidrigkeit der Anordnung und Maßnahme.[2])

3.2.2 „Hausverbote“ durch den Lebensmittelunternehmer

Gelegentlich erteilen Lebensmittelunternehmer rechtsirrig ein „Hausverbot“ oder „Betretungsverbot.“ Selbstverständlich wird die privatrechtliche Befugnis des Eigentümers, andere von jeder Einwirkung auszuschließen (vgl. § 903 Satz 1 BGB) durch das öffentlich-rechtliche Betretungsrecht für Inspektionen und Hygienekontrollen (Artikel 14 Buchstaben b, c VO [EU] 2017/625, § 42 Absatz 2 Satz 1 Nummer 1 LFGB) eingeschränkt. Der

1) BVerwG, Urteil vom 5.11.1987 – 3 C 52/85, zur entsprechenden Vorgängerbestimmung § 41 Absatz 1, Absatz 3 Nummer 1 LMBG.

2) VG Düsseldorf, Urteil vom 14.1.2009 – 5 K 6458/08.

Zugang zu solchen Räumen ist zu Kontrollzwecken zu ermöglichen (Artikel 15 Absatz 1 VO [EU] 2017/625). Der Inhaber eines Gewerbetriebes kann sich gegenüber einer beabsichtigten Kontrollmaßnahme auf das verfassungsrechtlich verbürgte Hausrecht nur berufen, wenn es ihm auch bei Würdigung der Bedeutung, die der Überwachung zukommt, aus schwerwiegenden Gründen im Einzelfall nicht zuzumuten ist, jene Kontrollmaßnahme zu dulden.[1]) Die Person des Lebensmittelkontrolleurs steht nicht im Belieben des Lebensmittelunternehmers. Dass er den Lebensmittelkontrolleur für voreingenommen und befangen hält, berechtigt ihn nicht dazu, ihn abzulehnen und ein Tätigwerden zu verhindern. Ein solches Ablehnungsrecht folgt auch nicht aus § 21 Absatz 1 Satz 1 VwVfG. Danach hat derjenige, der in einem Verwaltungsverfahren für eine Behörde tätig werden soll, den Leiter der Behörde zu unterrichten, wenn ein Grund vorliegt, der geeignet ist, Misstrauen gegen eine unparteiische Amtsausübung zu rechtfertigen. Die Vorschrift räumt damit dem Beteiligten zwar das Recht ein, Befangenheitsgründe im Rahmen eines verwaltungsinternen Verfahrens geltend zu machen, vermittelt aber kein eigenes Recht, einen Amtswalter ablehnen zu können.[2])

Erteilt ein vom Betroffenen beauftragter Rechtsanwalt der Behörde ein Haus- oder Betretungsverbot und hat er diesen auch entsprechend unzutreffend beraten, kann sich der Inhaber von Räumen beim Verweigern des Betretungsrechts in einem unvermeidbaren Verbotsirrtum (§ 11 Absatz 2 OWiG) befinden, sodass keine Ahndung als Ordnungswidrigkeit möglich ist.[3]) Es empfiehlt sich daher, dem Betroffenen selbst gegenüber die zutreffende Rechtsauffassung der Verwaltungsbehörde klarzustellen und einen Verbotsirrtum dadurch von Anfang an auszuschließen.

---

1) OVG Nordrhein-Westfalen (Münster), Beschluss vom 11.4.2017 – 13 A 2684/13 unter Bezugnahme auf Urteil vom 25.4.1978 – X A 1246/76.

2) OVG Nordrhein-Westfalen (Münster), Urteil vom 25.4.1978 – X A 1246/76.

3) Schleswig-Holsteinisches OLG (Schleswig), Beschluss vom 12.4.2007 – 2 Ss OWi 44/07 (36/07).

Durchführung der Lebensmittelkontrolle
Betretungsrecht

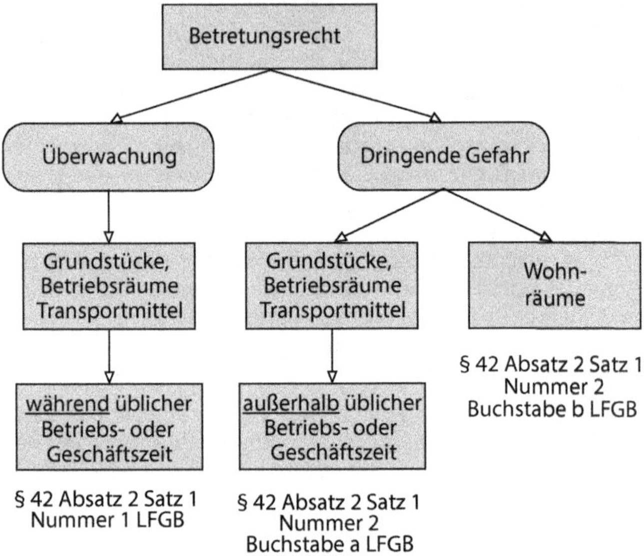

Der Lebensmittelunternehmer und seine Mitarbeiter können das Betreten von Betriebs- und Geschäftsräumen nicht deswegen verhindern, weil das Erscheinen des Lebensmittelkontrolleurs/Veterinärs zur Aufdeckung von Straftaten oder Ordnungswidrigkeiten führt. Sie sind im Gegenteil nicht nur verpflichtet, das der verwaltungsrechtlichen Gefahrenabwehr dienende Betreten zu dulden (§ 44 Absatz 1 Satz 1 Halbsatz 1 LFGB), sondern die Lebensmittelüberwachung durch Bezeichnung und Öffnung von Räumen auf Verlangen zu unterstützen (§ 44 Absatz 1 Satz 1 Nummern 1, 2 LFGB). Eine angebliche Befangenheit des Lebensmittelkontrolleurs (§ 21 Absatz 1 Satz 1 VwVfG), weil er Amtspflichtverletzungen begehe, indem er die „Mängelliste künstlich verlängere", rechtfertigt kein Betretungsverbot durch den Lebensmittelunternehmer.[1]) Dieser muss eine erneute Betriebskontrolle durch denselben Bediensteten auch dann hinnehmen, wenn es bei einer vorherigen zur Einleitung eines Bußgeldverfahrens gekommen

1) OVG Nordrhein-Westfalen (Münster), Urteil vom 25.4.1978 – X A 1246/76.

ist.[1]) Allein die als diskriminierend empfundene nachfolgende Besichtigung reicht nicht aus.[2])

3.2.3 Durchsetzung von Betretungsrechten

Verweigert der Inhaber oder von ihm bestellte Vertreter das zulässige Betreten von Grundstücken, Räumen oder Einrichtungen, so kann diese Maßnahme selbstverständlich gegen jedermann, nicht nur gegenüber dem Lebensmittelunternehmer und seinen Mitarbeitern, als Duldungspflichtige durchgesetzt werden.[3]) Zur Konkretisierung der gesetzlichen Ermöglichungspflicht (Artikel 15 Absatz 1 EU-KontrollV 2017 und Duldungspflicht (§ 44 Absatz 1 LFGB) bedarf es eines Verwaltungsakts (§ 35 Satz 1 VwVfG) für die betroffenen Räume in Form einer für sofort vollziehbar zu erklärenden mündlichen Duldungsverfügung (§ 37 Absatz 2 Satz 1 VwVfG) gegenüber den anwesenden Personen.[4]) Eine Anordnung, das „Betreten der Grundstücke, Betriebsräume und Transportmittel in oder auf denen Erzeugnisse im Sinne des Lebensmittel- und Futtermittelgesetzbuches hergestellt, behandelt oder in den Verkehr gebracht werden, zu dulden", genügt dem Bestimmtheitsgebot als Verwaltungsakt (§ 37 Absatz 1 VwVfG).[5]) Einer Begründung der mündlichen Anordnung bedarf es nicht (§ 39 Absatz 1 Satz 1 VwVfG).[6]) Zur Durchsetzung und die hierfür erforderliche Herstellung der Vollstreckungsvoraussetzungen kann die sofortige Vollziehung im besonderen öffentlichen Interesse angeordnet werden gemäß § 80 Abs. 2 Nr. 4 VwGO. Gemäß § 80 Abs. 3 VwGO ist die sofortige Vollziehung schriftlich zu begründen unter Darlegung des ausnahmsweisen Zurückstehens der aufschiebenden Wirkung etwaiger Rechtsmittel. Das Zwangsmittel bedarf ebenso einer schriftlichen Androhung nach § 20 Abs. 1 LVwVG. Durch diese Schriftformvorgaben soll die Exekutive vor einer Herstellung vollendeter Tatsachen durch eine Vollstreckung zu einer besonders sorgfältigen Prüfung angehalten werden. Diese Schriftformen können z. B. durch das unter Kapitel 3.18 angeführte Musterdokument mit

1) OVG Nordrhein-Westfalen (Münster), Beschluss vom 11.4.2017 – 13 A 2684/13.

2) BayVGH (München), Beschluss vom 26.3.2012 – 9 ZB 08.1359, für eine Baukontrolle.

3) Vgl. „Durchsetzung des Betretungsrechts und Beseitigung lebensmittelrechtlicher Verstöße vor Ort, Ludwig, Rundschau für Fleischhygiene und Lebensmittelüberwachung, 2012, S. 53.

4) VG Minden, Urteil vom 16.10.2013 – 7 K 2763/12; VG Ansbach, Urteil vom 11.12.2013 – AN 9 K 12.02067, für eine Anordnung nach dem Bundesbodenschutzgesetz.

5) VG Minden, Urteil vom 16.10.2013 – 7 K 2763/12.

6) Zur schriftlichen oder elektronischen Bestätigung einer mündlichen Anordnung § 37 Absatz 2 Satz 2 Halbsatz 1 VwVfG.

handschriftlicher Ergänzung der Einzelfallumstände erfüllt werden. Die Durchsetzung erfolgt dann mit dem Zwangsmittel des unmittelbaren Zwangs unter regelmäßiger Hinzuziehung des Polizeivollzugsdienstes. Sofern bei besonders hoher Dringlichkeit auch derartige Schriftformanforderungen vor Ort nicht erfüllt werden können, kann eine vollumfänglich mündliche Abwicklung der Maßnahmen bei Gefahr im Verzug unter Benennung als Notstandsmaßnahme gemäß § 80 Abs. 3 VwGO und § 21 LVwVG in Betracht kommen. Diese Möglichkeiten einer Durchsetzung von Maßnahmen bis hin zur bloß mündlichen Abwicklung bei entsprechender Dringlichkeit werden in Kapitel 3.1.4 sowie 3.1.5 und bzgl. Betriebsschließungen unter 3.18 näher beschrieben. Die durch die Vollstreckung entstehenden Kosten hat der Lebensmittelunternehmer als polizei- bzw. ordnungsrechtlicher Handlungsstörer gemäß auch dem Veranlasserprinzip zu tragen.[1])

Unabhängig davon stellt die Zutrittsverweigerung eine Ordnungswidrigkeit nach § 60 Absatz 2 Nummer 19 LFGB dar, die gemäß § 60 Absatz 5 Nummer 3 LFGB mit Geldbuße bis zu 20 000 Euro bedroht ist. **Der Tatbestand der Ordnungswidrigkeit ist jedoch nur verwirklicht, wenn die Anordnung als Verwaltungsakt sofort vollziehbar angeordnet ist.**

Dem Inhaber von Betriebs- und Geschäftsräumen vor Ort kann daher im Wege der Anhörung und einem stufenmäßigen Vorgehen nach dem Verhältnismäßigkeitsgrundsatz zunächst

- präventiv die Sach- und Rechtslage mit Erörterung der Kontrollbefugnisse als Anlass für die unabdingbare Kontrolle mit ggf. erforderlichen Vollstreckungsmaßnahmen und
- repressiv der Erlass eines Bußgeldbescheides wegen des Verwaltungsungehorsams

angekündigt werden.

Die Ordnungswidrigkeit entfällt im Gegensatz zur Anwendung von Zwangsmitteln auch dann nicht, wenn das Betretungsrecht nachträglich, etwa nach Eintreffen der ersuchten Polizei selbstständig ermöglicht wird.

1) Die Rechtsgrundlage für die Ersatzpflicht des Handlungsstörers ergibt sich aus Art. 138 Abs. 4 EU-KontrollV 2017 sowie den konkretisierenden einschlägigen landesrechtlichen Polizei- bzw. Ordnungsgesetzen.

Die Rechtmäßigkeit einer Kontrolle und der entsprechenden Anwendung des Betretungsrechts kann auch dann gegeben sein, wenn dabei keine Verstöße festgestellt werden. Im Falle von Anfechtungsrechtsbehelfen können sich Anordnungen infolge einer bereits durchgeführten Kontrolle dann im rechtlichen Sinne erledigt haben.[1])

Leistet eine angetroffene Person bei der Vornahme einer Diensthandlung der Lebensmittelüberwachung mit Gewalt oder durch Drohung mit Gewalt Widerstand, so macht sie sich wegen Widerstands gegen Vollstreckungsbeamte nach § 113 Absatz 1 StGB strafbar. In solchen Fällen ist für Zwecke der Strafverfolgung ein Aktenvermerk mit einer genauen Ablaufschilderung für die Strafanzeige an die Staatsanwaltschaft (§ 158 StPO) sinnvoll.

Nachfolgend finden sich ein Beispiel für einen Hinweis auf die Mitwirkungspflichten mit einer Anhörung zu einer etwaigen Anordnung zur Duldung des Betretungsrechts sowie eine lebensmittelrechtliche Betretungsanordnung.

1) Vgl. Urteil VG Augsburg vom 14.3.2022 – Au 9K 22.84.

Zustellung gegen Postzustellungurkunde

Landratsamt Musterstadt *Postfach 123* 12345 Musterstadt

Mit Postzustellungsurkunde

(Adresse)

Datum
xxyyzzzz

Landratsamt Musterstadt

Amt für Veterinärwesen
und Verbraucherschutz

Aktenzeichen xy

Zuständig für Ihr Anliegen
Herr Ludwig
(Kontaktdaten,
Datenschutzhinweis usw.)

Lebensmittelüberwachung – Lebensmittelunternehmen X
Telefonate am x über beabsichtigten Kontrolltermin
Hier: Hinweis auf Rechtslage und Anhörung zu etwaiger Anordnung zur Duldung einer Kontrolle

Sehr geehrte(r) (Lebensmittelunternehmer),

aus gegebenem Anlass weist das Landratsamt Göppingen als Lebensmittelüberwachungsbehörde auf folgende Sach- und Rechtslage hin:

Nach Art. 9 der Verordnung (EU) 2017/625 über amtliche Kontrollen sind Kontrollen von Lebensmittelunternehmen risikoorientiert und unangekündigt durchzuführen. Gemäß Art. 15 vorstehender Verordnung haben die Unternehmen die zuständigen Behörden zu unterstützen, insbesondere das Betreten von Grundstücken und Räumen zu ermöglichen, Einsicht in Unterlagen zu gewähren sowie jegliche erforderliche Auskünfte zu erteilen. Diese sogenannten Duldungs- und Mitwirkungspflichten werden durch die nationalen Regelungen in § 42 Abs. 2 Lebensmittel- und Futtermittelgesetzbuch (LFGB) ergänzt. Verstöße gegen die Mitwirkungspflichten sind bußgeldbewehrt mit einer Geldbuße bis zu 20.000,– € gemäß § 60 Abs. 5 Nr. 3 LFGB. Begrenzt werden die Mitwirkungspflichten durch das strafprozessuale Schweigerecht, wobei allgemeine Auskünfte zu einem Lebensmittelunternehmen regelmäßig nicht belastend sind und folglich nicht unter das Schweigerecht fallen.

Nach der Systematik des EU-Lebensmittelrechts sind die Unternehmen vollumfänglich für die Sicherheit der Erzeugnisse und die Einhaltung der einschlägigen Normen verantwortlich. Die vorstehend beschriebenen unternehmerischen Mitwirkungspflichten in Verbindung mit den amtlichen Kontrollen gewährleisten ein hohes Gesundheitsschutzniveau und einen effektiven Verbraucherschutz.

Im vorliegenden Fall haben Sie (z. B.: bereits gegen vorerwähnte Mitwirkungspflichten verstoßen, indem Sie am (Datum) aktenkundig eine Kontrolle verweigert und auch auf die Erörterung der Rechtslage keine Einsicht gezeigt haben. Dabei wurde aus Gründen der Verhältnismäßigkeit vor Ort noch einmal von formellen Anordnungen und Zwangsmaßnahmen abgesehen.)
Sofern Sie künftig erneut gegen die Mitwirkungspflichten verstoßen sollten, haben Sie mit einer formellen gebührenpflichtigen Anordnung zur Duldung der Kontrolle und erforderlichenfalls Vollstreckungsmaßnahmen zu rechnen. Für diesen Fall erhalten Sie bereits hiermit ergänzende Gelegenheit zur Stellungnahme. Ferner haben Sie ggf. mit der Einleitung eines Bußgeldverfahrens zu rechnen. Sofern Sie weiterhin hartnäckig oder schwerwiegend gegen rechtliche Vorgaben verstoßen sollten, kann auch eine Prüfung Ihrer lebensmittelrechtlichen Zuverlässigkeit ergänzend in Frage kommen.

Mit freundlichen Grüßen

Zustellung gegen Empfangsbekenntnis

Landratsamt Musterstadt *Postfach 123* 12345 Musterstadt

Mit Postzustellungsurkunde

(Adresse)

Datum
xxyyzzzz

Landratsamt Musterstadt

Amt für Veterinärwesen
und Verbraucherschutz

Aktenzeichen xy

Zuständig für Ihr Anliegen
Herr Ludwig
(Kontaktdaten,
Datenschutzhinweis usw.)

Kassenzeichen: **xxx** (bei Überweisung unbedingt angeben)
Betrag: **150,00 €**

Tierschutz/Lebensmittelsicherheit – Überprüfung der Tierhaltung y mit Milchkammer

Sehr geehrte/r xy,

mit Bezug auf Ihre Rinderhaltung, die zwischenzeitlich vorliegende zweite Folgemeldung des Milchprüfrings wegen erhöhten Zellgehalts in der Rohmilch und die vorausgehende mündliche Anhörung zu einer etwaigen Anordnung zur Durchsetzung einer Kontrolle ergehen folgende

I. Entscheidungen

1. Sie haben **sofort** für eine veterinär- und lebensmittelrechtliche Überprüfung Ihres Betriebes in y das Betreten der Betriebsräume für eine Hygienekontrolle, die Untersuchung der Tiere und die Einsicht in die vorhandenen unternehmerischen Dokumente zu dulden.
2. Für die Anordnung unter Nr. 1. wird die sofortige Vollziehung verfügt.
3. Für den Fall, dass Sie der Duldungsanordnung unter Nr. 1. nicht nachkommen, indem Sie die Überprüfung Ihrer Tierhaltung durch ein Verweigern des Zutritts oder Nichtöffnen von Räumen zu verhindern versuchen, wird hiermit das Zwangsmittel des unmittelbaren Zwangs angedroht.

   Der unmittelbare Zwang wird erforderlichenfalls in Form einer Betretung des Grundstücks mit Vertretern des Polizeivollzugsdienstes und der polizeilichen Öffnung von Räumen durchgeführt werden und kann im

Falle einer körperlichen Gegenwehr Ihrerseits bis zu einer vorläufigen Ingewahrsamnahme bis zum Ende der Kontrolle führen.

4. Für die Entscheidung wird eine Gebühr von 150,– € festgesetzt, die unter Angabe des o. g. Kassenzeichens an die Kreiskasse zu überweisen ist.

II. Begründung

1. Sachverhalt

Tierhaltungen einschließlich Rinderhaltungen sowie die Milcherzeugung unterliegen der amtlichen Überwachung. Die amtliche Überwachung wird durch risikoorientierte unangekündigte Kontrollen sowie ergänzende Überprüfungen auf Verdacht bei Indizien auf Rechtsverstöße vorgenommen.

Die Tierhalter und Unternehmensverantwortliche haben sich grundsätzlich über die einschlägigen Normen kundig zu machen und/oder Sachverstand von Dritten hinzuzuziehen. Ebenso haben sie im Rahmen Ihrer Sorgfaltspflichten und durch Eigenkontrollkonzepte die Tierhaltungen regelmäßig zu überprüfen sowie ggf. Mängel abzustellen. Im Zuge der Zusammenarbeit mit den Überwachungsbehörden haben die Tierhalter auch ihre Duldungs- und Mitwirkungspflichten wahrzunehmen, wonach sie den Behörden die gesetzlich vorgegebenen Daten zu übermitteln sowie auf Anfrage Auskünfte zu geben haben und insbesondere das behördliche Betretungsrecht zu ermöglichen haben. Im vorliegenden Fall sind Sie der verantwortliche Tierhalter und Lebensmittelunternehmer.

In der Vergangenheit ist Ihr Betrieb mehrfach durch Verstöße gegen veterinär- und lebensmittelrechtliche Bestimmungen aufgefallen. Dies stellt sich im Einzelnen wie folgt dar:

- A, B und C

Mit Bezug auf den aktuellen Anlass C wurden Sie zunächst über die erneute Notwendigkeit einer Kontrolle zur Verifizierung Ihrer unternehmerischen Korrekturmaßnahmen unterrichtet. Daraufhin haben Sie wiederholt Einwände gegen eine Kontrolle vorgebracht. Deshalb wurde Ihnen das gesetzliche Betretungsrecht und die bußgeldbewehrten Duldungs- und Mitwirkungspflichten sowie eine etwaige Durchsetzung der Kontrolle mittels einer formellen Anordnung sowie Vollstreckungsmaßnahmen erläutert. Auch nach diesen Erläuterungen war keine Bereitschaft zur Duldung der Kontrolle gegeben. Nachdem Sie heute ebenfalls den Zutritt verweigerten und auch auf ergänzende mündliche Hinweise keine Einsicht erkennbar war, wird Ihnen die Duldung der Kontrolle vorab mündlich und dann ergänzend durch die Zustellung vorliegender Verfügung gegen Empfangsbekenntnis vor Ort angeordnet. Erforderlichenfalls wird der Polizeivollzugsdienst zur Durchsetzung der Kontrolle hinzugezogen werden.

2. Ermächtigungs- und Rechtsgrundlagen

Nach Art. 9 Abs. 1 und 4 Verordnung (EU) 2017/625 werden veterinärrechtliche Kontrollen risikoorientiert mit angemessener Häufigkeit und regelmäßig ohne Vorankündigung durchgeführt. Gemäß Art. 15 vorstehender Verordnung haben die Unternehmer die zuständigen Behörden bei den amtlichen Kontrollen zu unterstützen und insbesondere Zugang zu den Betriebsräumen zu gewähren, Auskünfte zu erteilen, usw.

Gemäß Artikel 10 Abs. 5 der Verordnung (EU) 2016/429 über Tiergesundheit arbeiten Unternehmer, Angehörige der mit Tieren befassten Berufe und Heimtierhalter bei der Anwendung der in der Verordnung vorgesehenen Seuchenpräventions- und -bekämpfungsmaßnahmen mit der zuständigen Stelle und den zuständigen Tierärzten zusammen. Nach Art. 102 Abs. 3 der Verordnung (EU) Nr. 2016/429 führen Unternehmer von Betrieben die Aufzeichnungen gemäß Absatz 1 im betreffenden Betrieb und stellen sie der zuständigen Behörde auf Anfrage unverzüglich zur Verfügung.

Die vorstehenden unionalen Ermächtigungen werden noch durch verschiedene nationale Regelungen entsprechend ergänzt, u. a. durch § 16 Tierschutzgesetz, § 24 Tiergesundheitsgesetz und §§ 42 Abs. 2 LFGB. Demnach dürften die von der zuständigen Behörde beauftragten Personen Grundstücke, Geschäftsräume und Wirtschaftsgebäude des Auskunftspflichtigen während der Geschäfts- und Betriebszeiten betreten, geschäftliche Unterlagen einsehen, die Tiere untersuchen und Bildaufzeichnungen anfertigen, ausgenommen Personen. Der Auskunftspflichtige hat die mit der Überwachung beauftragten Personen zu unterstützen, ihnen auf Verlangen Informationen zu erteilen, die Räume zu öffnen, bei der Besichtigung und Untersuchung der Tiere Hilfestellung zu leisten und die geschäftlichen Unterlagen vorzulegen. Z. B. nach § 16 Abs. 3 Nr. 2 TierSchG darf zur Verhütung dringender Gefahren auch die Wohnung des Auskunftspflichtigen betreten werden.

Mit Bezug auf eine etwaige Feststellung von Verstößen führen die zuständigen Behörden bei Verdachtsmomenten die erforderlichen Untersuchungen nach Art. 137 Abs. 2 Verordnung (EU) 2017/625 durch, um einen derartigen Verdacht zu erhärten oder auszuräumen.

Bei der etwaigen Feststellung eines Verstoßes ergreifen die zuständigen Behörden dann nach Art. 138 Verordnung (EU) 2017/625

a) die erforderlichen Maßnahmen, um Ursprung und Umfang des Verstoßes sowie die Verantwortung des Unternehmers zu ermitteln und

b) geeignete Maßnahmen, um zu gewährleisten, dass der betreffende Unternehmer den Verstoß beendet und dass er erneute Verstöße dieser Art verhindert.

Auf vorstehende unionale und ergänzende nationale Ermächtigungen stützt sich obige Anordnung unter Ziffer I Nr. 1. Sie ist geeignet, erforderlich und angemessen, um die aktuelle Tierschutz- und Lebensmittelsicherheitskontrolle durch das Landratsamt Göppingen als zuständige Behörde durchführen und insbesondere erforderlichenfalls weitere Maßnahmen zum Schutz der Tiere und der Verbraucher einleiten zu können.

Bereits die Systematik der genannten Normen macht deutlich, dass eine effektive Überwachung zur Sicherstellung von Tierwohl und Lebensmittelsicherheit entsprechende unangekündigte Kontrollen ohne besonderen Anlass vorsieht. Danach sind planmäßige Kontrollen ohne besonderen Anlass vorgegeben und rechtmäßig.

Im vorliegenden Fall sind darüber hinaus Verstöße gegen Tierschutz- und Lebensmittelhygienebestimmungen aktenkundig. Dabei wurde eine Behebung des Verstoßes C gemäß vorstehendem Sachverhalt bislang noch nicht behördlich verifiziert. Dabei bringen Sie Einwände gegen eine Kontrolle vor. Dies erhärtet zusätzlich die Erforderlichkeit einer Kontrolle.

Im Rahmen einer pflichtgemäßen Ermessensausübung kommen somit keine milderen Mittel zur Überprüfung Ihrer Tierhaltung und Milcherzeugung in Betracht, um entweder eine Rechtskonformität oder andererseits anhängige Verstöße mit dann gebotenen Behebungsmaßnahmen feststellen zu können. Die Durchsetzung der Kontrolle ist somit Voraussetzung für eine Untersuchung und ggf. notwendige Folgemaßnahmen. Nach Abwägung der tangierten Interessen einschließlich von Grundrechten, von einer Überprüfung verschont zu bleiben, mit vorstehendem Tierschutz- und Lebensmittelsicherheitsinteresse, ist dem Tierwohl und dem Verbraucherschutz Priorität einzuräumen. Danach ist die Anordnung auch verhältnismäßig.

Des Weiteren ist zu berücksichtigen, dass redliche Tierhalter und Lebensmittelunternehmen ihren genannten Duldungs- und Mitwirkungspflichten bei amtlichen Kontrollen nachkommen. Dies relativiert zudem einen Rechtseingriff, selbst wenn dieser zwangsweise durchgesetzt werden müsste.

3. Begründung sofortige Vollziehung

Die sofortige Vollziehung wird gemäß § 80 Abs. 2 Nr. 4 der Verwaltungsgerichtsordnung (VwGO) im besonderen öffentlichen Interesse angeordnet. Dies bedeutet, dass wir auch dann zum Vollzug der Anordnung mittels Vollstreckungsmaßnahmen berechtigt sind, falls Widerspruch eingelegt wird.

Die Verfügung der sofortigen Vollziehung ist im besonderen öffentlichen Interesse erforderlich, um eine Überprüfung Ihrer Tierhaltung und der Milcherzeugung sowie erforderlichenfalls weitere Maßnahmen zum Schutz der Tiere und Verbraucher möglichst rasch durchsetzen zu können.

Hinsichtlich der Notwendigkeit von unangemeldeten tierschutz- und lebensmittelrechtlichen Überprüfungen für eine wirksame Überwachung im Sinne des Art. 9 Verordnung (EU) Nr. 2017/625 allgemein sowie als notwendige Grundlage für eine Behebung von Verstößen aus Tierwohl- und Verbraucherschutzgründen wird zur Vermeidung von Wiederholungen auf die obigen Ausführungen verwiesen.

Die Kontrolle ist grundsätzliche Voraussetzung für eine Überprüfung von den Betriebsräumen, Tieren und erforderlichenfalls Folgemaßnahmen zur Herstellung tierschutz- und lebensmittelsicherheitskonformer Zustände. Nach Abwägung der dargelegten öffentlichen Belange an der sofortigen Vollziehung und Ihrem Interesse, weiterhin von veterinär- und lebensmittelrechtlichen Überwachungsmaßnahmen auf Ihrem Grundstück verschont zu bleiben, ist dem Tier- und Verbraucherschutz Priorität einzuräumen. Demnach kann die aufschiebende Wirkung eines etwaigen Rechtsbehelfs ausnahmsweise nicht hingenommen werden.

4. Begründung unmittelbarer Zwang

Die Androhung des unmittelbaren Zwangs für den Fall der Nichtbeachtung der Anordnung stützt sich auf die §§ 19, 20 und 26 des Landesverwaltungsvollstreckungsgesetzes (LVwVG). Nach § 19 Abs. 2 LVwVG hat die Vollstreckungsbehörde dasjenige Zwangsmittel anzuwenden, das den Pflichtigen und die Allgemeinheit voraussichtlich am Wenigsten beeinträchtigt. Des Weiteren darf gemäß § 26 Abs. 2 LVwVG unmittelbarer Zwang nur angewandt werden, wenn Zwangsgeld und Ersatzvornahme nicht zum Erfolg geführt haben oder deren Anwendung untunlich ist.

Die Anwendung des Zwangsmittels Zwangsgeld ist im vorliegenden Fall ungeeignet, da bei Nichtbeachtung der Duldungsanordnung die sofortige Durchsetzung der Anordnung mittels Vollstreckungsmaßnahmen im Interesse des Tierschutzes erforderlich ist und ein weiterer Aufschub der Überwachungsmaßnahmen gemäß den obigen Ausführungen nicht hingenommen werden kann.

Das Zwangsmittel Ersatzvornahme ist im vorliegenden Fall ebenfalls ungeeignet, da es sich bei der angeordneten Maßnahme um eine unvertretbare Duldungsanordnung handelt.

Der unmittelbare Zwang ist erforderlichenfalls zur Durchsetzung der Anordnung unter Ziffer I Nr. 1 geeignet. Durch die Anwendung des unmittelbaren Zwangs entsteht Ihnen kein Nachteil, der außer Verhältnis zum Zweck der Vollstreckung steht, da das öffentliche Interesse an der Durchführung der tierschutzrechtlichen Maßnahmen Ihr privates Interesse, von Überwachungsmaßnahmen verschont zu bleiben, überwiegt.

Eine Fristsetzung für die Anwendung des unmittelbaren Zwangs ist gemäß §20 Abs. 1 Satz 2 Halbsatz 2 LVwVG entbehrlich, da es um die Durchsetzung einer Duldungspflicht geht.

5. Begründung Gebühr

Die Gebührenfestsetzung für diese Verfügung erfolgt gemäß Art. 79 ff. Verordnung (EU) 2017/625 i. V. m. § 4 Abs. 3 des Landesgebührengesetzes (LGebG) i. V. m. Nr. 12.26.06-18. der Rechtsverordnung des Landratsamtes Göppingen über die Erhebung von Gebühren für die Wahrnehmung von Aufgaben als untere Verwaltungsbehörde (Gebührenverordnung) vom 20.12.2021. Die Gebühr bemisst sich nach dem Verwaltungsaufwand und nach der Bedeutung des Gegenstands der Entscheidung, wobei es sich im vorliegenden Fall noch um die Kategorie -einfache Verfahren- mit einem größenordnungsmäßigen durchschnittlichen Bearbeitungsaufwand von 3h und einer entsprechenden Gebühr von 150,– € nach vorstehender Gebührennummer und -kategorie handelt.

Die Gebühr wird mit der Zustellung dieser Verfügung sofort fällig (§ 18 Abs. 1 LGebG).

Rechtsbehelfsbelehrung:

Gegen diese Verfügung kann innerhalb eines Monats beim Landratsamt Göppingen

Widerspruch erhoben werden. Die Frist wird auch durch Einlegung des Widerspruchs beim Regierungspräsidium Stuttgart gewahrt.

3.3 Besichtigung und Einsichtnahme

Die Methoden und Techniken der amtlichen Kontrollen können auch Inspektionen (Artikel 14 Buchstabe b VO [EU] 2017/625) und die Prüfung von Dokumenten und Aufzeichnungen des Lebensmittelunternehmers umfassen (Artikel 14 Buchstabe e VO [EU] 2017/625).

3.3.1 Inspektionsbefugnis

Zur Durchführung amtlicher Kontrollen hat der Lebensmittelunternehmer dem Personal der zuständigen Behörden auf deren Verlangen Zugang zu der Ausrüstung, den Transportmitteln, dem Betriebsgelände und den anderen Orten unter ihrer Verantwortung sowie ihrer Umgebung zu ermöglichen (Artikel 15 Absatz 1 Buchstabe b Ziffer I VO [EU] 2017/625). Die Befugnis der Lebensmittelüberwachung zu Besichtigungen in Räumen und Transportmitteln des Lebensmittelunternehmers ist zwar im nationalen Recht nicht besonders hervorgehoben, wird aber auch insoweit bereits von der Betretungsbefugnis (§ 42 Absatz 2 LFGB)[1]) mit umfasst.[2]) Die Methoden und Techniken der amtlichen Kontrolle können folgende Inspektionen umfassen (Artikel 14 Buchstaben b VO [EU] 2017/625):

- Ausrüstung, Transportmittel, Betriebsgelände und der anderen Orte unter Verantwortung des Lebensmittelunternehmers sowie ihrer Umgebung (Ziffer I),
- Tiere und Waren, einschließlich Halbfertigwaren, Ausgangsstoffe, Zutaten, Verarbeitungshilfsstoffe und anderen Produkte, die für die Zubereitung und Herstellung von Waren oder zur Fütterung oder Behandlung von Tieren verwendet werden (Ziffer II),
- Reinigungs- und Pflegemittel und -verfahren (Ziffer III) und
- Rückverfolgbarkeit, der Kennzeichnung, der Aufmachung, der Werbung sowie des einschlägigen Verpackungsmaterials, einschließlich Materialien, die dazu bestimmt sind, mit Lebensmitteln in Berührung zu kommen (Lebensmittelkontaktmaterialien) (Ziffer IV).

Der Lebensmittelunternehmer hat Kontrollen auf dem Betriebsgelände zu ermöglichen (Artikel 15 Absatz 1 VO [EU] 2017/625). Bei der Besichtigung erfolgt die Bewertung der Verfahren im Rahmen der guten Herstellungspraxis, der guten Hygienepraxis, der guten landwirtschaftlichen Praxis sowie der auf den Grundsätzen der Gefahrenanalyse und Bestimmung kritischer Kontrollpunkte (HACCP) beruhenden Verfahren (Artikel 14 Buchstabe d VO [EU] 2017/625).

3.3.2 Einsichtnahme in Geschäftsunterlagen

Zur Durchführung amtlicher Kontrollen hat der Lebensmittelunternehmer dem Personal der zuständigen Behörden auf deren Verlangen Zugang zu Dokumenten und anderen sachdienlichen Informationen zu ermöglichen (Artikel 15 Absatz 1 Buchstabe d VO [EU] 2017/625). Die Lebensmittelüberwachung ist daher nicht nur zum Betreten von Räumen, sondern auch zur Einsichtnahme in alle dort vorhandenen geschäftlichen, das heißt nicht privaten Schrift- und Datenträger, insbesondere Aufzeichnungen, Frachtbriefe, Herstellungsbeschreibungen und Unterlagen über die bei der Herstellung verwendeten Stoffe befugt (§ 42 Absatz 2 Satz 1 Nummer 3 LFGB). Lebensmittelkontrolleure/Veterinäre müssen zur Prüfung der Schrift- und Datenträger befähigt sein (§ 1 Absatz 2 Nummer 9 LKonV). Diese Eingriffsmaßnahme darf gerade dann nicht verweigert werden, wenn sie zur Aufdeckung von Verstö-

1) Zu den Betretungsrechten der Lebensmittelüberwachung (§ 42 Absatz 2 Satz 1 Nummern 1, 2 LFGB) Kapitel 3.2.

2) VG Neustadt (Weinstraße), Beschluss vom 22.9.2014 – 3 K 364/14 NW, für eine Überprüfung der Räume eines Taxiunternehmens.

ßen führt, die zugleich Straftaten oder Ordnungswidrigkeiten beinhalten. Angebliche Betriebs- und Geschäftsgeheimnisse stehen der Einsichtnahme nicht entgegen. Behauptet der Besitzer, die Unterlagen seien privater, nicht geschäftlicher Natur und unterlägen daher nicht der Einsichtnahme, darf der Lebensmittelkontrolleur/Veterinär den bestehenden Gefahrenverdacht durch Überprüfung der Unterlagen auf ihre Zugehörigkeit zur geschäftlichen oder privaten Sphäre prüfen. Eindeutig privater Inhalt darf selbstverständlich im Rahmen der Lebensmittelüberwachung nicht verwertet werden. Handelt es sich jedoch um einen Zufallsfund einer Straftat oder Ordnungswidrigkeit, so ist die Sicherstellung nach § 108 StPO ggf. in Verbindung mit § 46 Absatz 1 OWiG zu prüfen. Die Einsichtnahme in geschäftliche Aufzeichnungen ist nicht nur zu dulden (§ 44 Absatz 1 Satz 1 Halbsatz 1 LFGB), die in der Überwachung tätigen Personen sind auch bei der Erfüllung ihrer Aufgabe zu unterstützen (Artikel 15 Absatz 2 VO [EU] 2017/625, § 44 Absatz 1 Satz 1 Halbsatz 2 Nummer 2 LFGB), z. B. durch Öffnung von Räumen und Behältnissen wie Schränken und Schubladen. Von Aufzeichnungen können im Rahmen der Mitwirkungspflicht auch **Vervielfältigungen** verlangt werden (§ 42 Absatz 2 Satz 1 Nummer 3 LFGB).[1]) Ferner sind auch Bildaufnahmen von Unterlagen durch Abfotografieren möglich (§ 42 Absatz 2 Satz 1 Nummer 3 LFGB).[2]) Dies ist auch bezüglich angeblicher Betriebs- und Geschäftsgeheimnisse möglich. Diese Bedenken können dadurch ausgeräumt werden, dass Dritte ohne Einwilligung des Lebensmittelunternehmers keine Akteneinsicht in geheimhaltungsbedürftige Bestandteile erhalten (§ 30 VwVfG). Dagegen umfasst das Einsichtsrecht keine Befugnis des Lebensmittelkontrolleurs/Veterinärs, ohne Zustimmung des Lebensmittelunternehmers Unterlagen zur Prüfung auf die Dienststelle mitzunehmen.[3])

Bei **Datenträgern** ist wegen möglicher Behauptung von Schadenersatzansprüchen keine eigene Bedienung von Computern durch die Lebensmittelüberwachung, sondern ebenfalls die Zusammenarbeit auf der Grundlage des Artikel 15 Absatz 2 VO (EU) 2017/625 (§ 44 Absatz 1 Satz 1 Halbsatz 1 LFGB) vorgesehen. Dazu kann auch ein zusätzliches Auskunftsverlangen an den Lebensmittelunternehmer oder seine Mitarbeiter zum Aufbau von EDV-Systemen und Inhalt von Dateien gerichtet werden.[4]) Aus diesen kann der Lebensmittelkontrolleur/Veterinär auch **Ausdrucke** durch den Lebensmittelunternehmer verlangen (§ 42 Absatz 2 Satz 1 Nummer 3 LFGB).[5])

---

1) Zur Anfertigung von Kopien (§ 42 Absatz 2 Satz 1 Nummer 3 LFGB) Kapitel 3.4.

2) Zur Anfertigung von Abschriften (§ 42 Absatz 2 Satz 1 Nummer 3 LFGB) Kapitel 3.4.

3) VG Stuttgart, Beschluss vom 13.10.2017 – 4 K 2414/11, für eine gewerberechtliche Nachschau.

4) Zum Auskunftsverlangen (§ 42 Absatz 2 Satz 1 Nummer 5 LFGB) Kapitel 3.7.

5) Zur Anfertigung von Ausdrucken (§ 42 Absatz 2 Satz 1 Nummer 3 LFGB) Kapitel 3.4.

Die Verweigerung der Unterstützung bezüglich des Einsichtsrechts in schriftliche oder elektronische Dokumente stellt keine mit Geldbuße bedrohte Ordnungswidrigkeit nach § 60 Absatz 2 LFGB dar. Dem Verpflichteten kann daher nur präventiv der Verwaltungszwang durch sofortiges Vollzugshilfeersuchen an eine Polizeidienststelle angedroht werden. Der Lebensmittelkontrolleur/Veterinär braucht sich nicht darauf verweisen zu lassen, die gewünschten Unterlagen selbst zu suchen. Er kann durch mündliches Auskunftsverlangen gemäß § 42 Absatz 2 Satz 1 Nummer 5 LFGB sofortige mündliche Angaben zum Aufbewahrungsort durchsetzen.[1])

Befinden sich Unterlagen angeblich gerade nicht in den Betriebsräumen, sondern zum Beispiel zur Verbuchung beim Steuerberater, hat der Lebensmittelunternehmer die Lebensmittelüberwachung dadurch zu unterstützen (vgl. § 41 Absatz 1 LFGB), dass er sie auf Verlangen zugänglich macht. Ein Betretungsrecht bei Dritten wie etwa einem Steuerberater, besteht nicht.[2])

3.4 Verlangen von Vervielfältigungen und Ausdrucken

Inhaber(innen) von Räumen, Einrichtungen und Geräten, die dem Zugangsrecht (Artikel 15 Absatz 1 Buchstabe a VO [EU] 2017/625, § 42 Absatz 2 Satz 1 Nummer 1, 2 LFGB unterliegen, sowie die von ihnen bestellten Vertreter sind zur Unterstützung der Lebensmittelkontrolle (Artikel 15 Absatz 2 VO [EU] 2017/625), § 44 Absatz 1 Halbsatz 1 LFGB nicht nur durch ein zu duldendes Einsichtsrecht in Geschäftsunterlagen,[3]) sondern auch durch Anfertigung schriftlicher Duplikate verpflichtet. Sie haben auf Verlangen Abschriften, Auszüge, Ausdrucke oder Vervielfältigungen, auch von Datenträgern, oder Ausdrucke von elektronisch gespeicherten Daten über alle geschäftlichen Schrift- und Datenträger, insbesondere Aufzeichnungen, Frachtbriefe, Herstellungsbeschreibungen und Unterlagen über die bei der Herstellung verwendeten Stoffe anzufertigen (§ 42 Absatz 2 Satz 1 Nummer 3 LFGB). Werden elektronische Aufzeichnungen über Geschäftsvorfälle und andere Vorgänge mit Hilfe eines elektronischen Aufzeichnungssystems, etwa einer Digitalkasse, erfasst, muss dieses System jeden Vorgang einzeln, vollständig, richtig, zeitgerecht und geordnet aufzeichnen (§ 146a Absatz 1 Satz 1 AO). Das Verlangen der Lebensmittelüberwachung stellt einen Verwaltungsakt im Sinne des § 35 Satz 1 VwVfG

1) Zum Auskunftsverlangen (§ 42 Absatz 2 Satz 1 Nummer 5 LFGB) Kapitel 3.7.

2) VG Stuttgart, Beschluss vom 13.10.2017 – 4 K 2414/11, für eine gewerberechtliche Nachschau.

3) Zum Einsichtsrecht in Geschäftsunterlagen (§ 42 Absatz 2 Satz 1 Nummer 3 LFGB) Kapitel 3.3.

dar, dessen sofortige Vollziehbarkeit nicht gesetzlich vorgesehen und daher im Einzelfall aufgrund § 80 Absatz 2 Satz 1 Nummer 4 VwGO anzuordnen ist. Besondere Formvorschriften bestehen nicht, sodass die Anordnung sowohl schriftlich als auch mündlich durch den zur Überwachung in den Geschäftsräumen erschienenen Lebensmittelkontrolleur/Veterinär erfolgen kann. Da § 42 Absatz 2 Satz 1 Nummer 3 LFGB keine Aussage dazu trifft, dass der von der Anordnung Betroffene Kopien oder Ausdrucke auf eigene Kosten vorzunehmen hat, besteht ein Erstattungsanspruch nach landesrechtlichen Kostenvorschriften.

Gelegentlich wird dem Verlangen auf Anfertigung von Vervielfältigungen oder Ausdrucken entgegengehalten, dadurch würden **Betriebs- oder Geschäftsgeheimnisse,** insbesondere Zubereitungen oder Rezepturen für die Lebensmittelherstellung der Konkurrenz preisgegeben. Sollte dies tatsächlich der Fall sein, so führt es nicht zu einem Recht zur Verweigerung der Unterstützung der Lebensmittelkontrolle, sondern allenfalls zu einer Beschränkung der Akteneinsicht wegen schutzwürdiger Interessen (§ 29 Absatz 2 VwVfG). Die Beteiligten an einem Verwaltungsverfahren haben einen Anspruch darauf, dass Betriebs- und Geschäftsgeheimnisse von der Behörde nicht unbefugt offenbart werden (§ 30 VwVfG). Hält der Adressat eine Anordnung für rechtswidrig, so steht ihm außerdem der Widerspruch gegen den Verwaltungsakt (§ 68 ff. VwGO) und zum vorläufigen Rechtsschutz der Antrag auf Wiederherstellung der aufschiebenden Wirkung des Widerspruchs (§ 80 Absatz 5 VwGO) offen.

Die Mitwirkungspflicht des Lebensmittelunternehmers (Artikel 15 Absatz 2 VO [EU] 2017/625, § 44 Absatz 1 Halbsatz 1 LFGB wird nicht dadurch ausgeschlossen, dass durch die Anfertigung von Vervielfältigungen oder Ausdrucken eine Straftat oder Ordnungswidrigkeit aufgedeckt wird. Das Verlangen zur Anfertigung von Vervielfältigungen oder Ausdrucken ist als Verwaltungsakt mit den Mitteln des Verwaltungszwangs, insbesondere der Androhung eines Zwangsgeldes durchsetzbar. Die Zuwiderhandlung ist jedoch nicht in § 60 Absatz 2 LFGB mit Geldbuße bedroht. Dem Mitwirkungspflichtigen kann daher nur präventiv der Verwaltungszwang durch Zwangsgeld mündlich angedroht werden.

Eine Sicherstellung von Originalbelegen ist durch Artikel 15 Absatz 3 VO (EU) 2017/625 und § 42 Absatz 2 Satz 1 Nummer 3 LFGB nicht abgedeckt. Zur Beweissicherung in einem Straf- oder Bußgeldverfahren ist auf die Bestimmungen über die Sicherstellung und Beschlagnahme in § 94 StPO – ggf. in Verbindung mit § 46 Absatz 1 OWiG – zurückzugreifen.[1]) Zur Beweisführung kann aber auch ein bereits im Verwaltungsverfahren zu

1) Zur Sicherstellung und Beschlagnahme im Straf- und Bußgeldverfahren Kapitel 3.8.

Zwecken der Gefahrenabwehr vorgenommenes oder freiwillig zugelassenes Abfotografieren von Dokumenten als Anfertigung von Abschriften nach § 42 Absatz 2 Satz 1 Nummer 4 LFGB genügen.

3.5 Bildaufnahmen und Bildaufzeichnungen

Bildaufnahmen durch Fotografieren und Bildaufzeichnungen durch Filmen zur Gefahrenabwehr sind als Maßnahme der Lebensmittelüberwachung mit Einverständnis des Betroffenen schon aufgrund der Aufgabenzuweisung zulässig (Artikel 14 VO [EU] 2017/625, § 39 Absatz 2 Halbsatz 1 LFGB). Ohne eine solche Zustimmung sind Bildaufnahmen durch Fotografieren und Bildaufzeichnungen auch ohne Einverständnis des Betroffenen möglich (§ 42 Absatz 2 Satz 1 Nummer 4 LFGB). Diese Befugnis umfasst

- Mittel, Einrichtungen und Geräte zur Beförderung von Erzeugnissen, zu denen auch Lebensmittel gehören (§ 2 Absatz 1 LFGB), oder lebenden Tieren (§ 4 Absatz 1 Nummer 1 LFGB) sowie
- Grundstücke, Betriebsräume und Räume, in oder auf denen Erzeugnisse hergestellt, behandelt oder in Verkehr gebracht werden (§ 42 Absatz 1 Nummer 1 Buchstabe a LFGB), sich lebende Tiere befinden (§ 42 Absatz 1 Nummer 1 Buchstabe b, § 4 Absatz 1 Nummer 1 LFGB) oder Futtermittel verfüttert werden (§ 42 Absatz 1 Nummer 1 Buchstabe c LFGB).

An personenbezogenen Daten dürfen gegen den Willen der Betroffenen nur deren Name, Anschrift und Markenzeichen des Unternehmers sowie Namen von Beschäftigten aufgenommen oder aufgezeichnet werden, soweit dies zur Sicherung von Beweisen erforderlich ist (§ 42 Absatz 2 Satz 2 LFGB, § 47 Nummer 2, § 48 Absatz 1 BDSG). Personenbezogene Daten sind alle Informationen, die sich auf eine identifizierte oder identifizierbare natürliche Person (betroffene Person) beziehen (§ 46 Nummer 1 Halbsatz 1 BDSG). Sonstige Daten wie verschmutzte Bekleidung oder das fehlende Haarnetz bzw. die nicht getragene Kopfbedeckung von Lebensmittel behandelnden Mitarbeitern des Lebensmittelunternehmers können bei Einverständnis des Fotografierten, ansonsten bei anonymisierten Gesichtszügen aufgenommen werden.

Die Inhaber(innen) von Grundstücken, Räumen, Einrichtungen und Geräten und die von ihnen bestellten Vertreter wie z. B. ein Niederlassungs-, Filial- oder Abteilungsleiter haben Bildaufzeichnungen gemäß § 44 Absatz 1 Halbsatz 1 LFGB zu dulden. In zulässiger Weise aufgenommene Bilddokumentationen zum Nachweis von Gefahrentatbeständen dürfen auch in einem Straf- oder Bußgeldverfahren zum Nachweis von Lebensmittelstraftaten und Ordnungswidrigkeiten verwendet werden (§ 161 Absatz 2 Satz 1 StPO in Verbindung mit § 46 Absatz 1 OWiG). Diese stellen auch ihrerseits stets Gefahrentatbestände dar. Der Lebensmittelunternehmer kann daher die Aufnahme nicht mit der Begründung verweigern, sie führe zur Entdeckung und Beweissicherung von strafbaren oder ordnungswidrigen Handelns, sondern hat sie auch dann zu dulden.

Ausgeschlossen sind dagegen Privaträume auch bei dringenden Gefahren, da § 42 Absatz 2 Satz 1 Nummer 4 LFGB nicht auf Absatz 1 Nummer 2 Bezug nimmt. Bildaufnahmen dürfen jedoch im strafrechtlichen Ermittlungsverfahren nach § 100h Absatz 1 Satz 1 Nummer 1 StPO bzw. im Bußgeldverfahren aufgrund der Verweisung in § 46 Absatz 1 OWiG sogar ohne Wissen des Betroffenen und ohne gerichtliche Anordnung außerhalb von Wohnungen hergestellt werden, wenn die Erforschung des Sachverhalts auf andere Weise weniger erfolgversprechend oder erschwert wäre. Stützt die Lebensmittelkontrolle eine Bilddokumentation allerdings auf diese Rechtsgrundlage, bedeutet dies jedoch zugleich die schlüssige Einleitung eines Straf- bzw. Bußgeldverfahrens.

Die Bildaufnahme von Geschäftsunterlagen kann auf die Anfertigung von Abschriften im Sinne des § 42 Absatz 2 Satz 1 Nummer 3 LFGB gestützt werden, die der Lebensmittelunternehmer nach § 44 Absatz 1 LFGB zu dulden hat. Eine Duldung bedeutet lediglich ein passives Verhalten, nicht aber ein aktives Tun.[1])

Bildaufnahmen und Bildaufzeichnungen

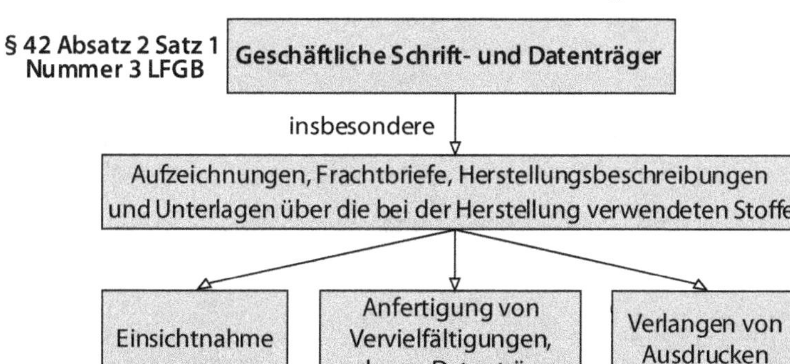

1) VG Augsburg, Urteil vom 7.10.2014 - Au 3 K 14.591.

Die Herstellung von Bildaufnahmen ist mit den Mitteln des Verwaltungszwangs, insbesondere Vollzugshilfeersuchen an eine Polizeidienststelle durchsetzbar.[1]) Daneben handelt der Auskunftspflichtige nicht nach § 60 Absatz 2 LFGB ordnungswidrig, wenn er die mögliche Mitwirkung verweigert. Die Zuwiderhandlung ist nämlich nicht in § 60 Absatz 2 LFGB als Ordnungswidrigkeit mit Geldbuße bedroht. Dem Mitwirkungspflichtigen kann daher nur präventiv der Verwaltungszwang durch sofortiges telefonisches Vollzugshilfeersuchen an eine Polizeidienststelle mündlich angedroht werden.

Zur Beweissicherung im Straf- und Bußgeldverfahren sind Bilddokumentationen durch Bildaufnahmen oder Bildaufzeichnungen außerordentlich wichtig,[2]) da sie schriftlich oder elektronisch festgehaltene Feststellungen der Lebensmittelkontrolle[3]) durch den nicht wiederholbaren Zustand von Lebensmitteln, Einrichtungen, Beförderungsmitteln und Personen zur Tatzeit der Straftat oder Ordnungswidrigkeit belegen. Im Verwaltungsverfahren aufgenommene Bildaufnahmen und Bildaufzeichnungen können nach Einführung des elektronischen Rechtsverkehrs unmittelbar in elektronisch geführten Straf- bzw. Bußgeldakten gespeichert werden (§ 32b Absatz 1 StPO ggf. in Verbindung mit § 46 Absatz 1 OWiG). Für diese Verfahren erlaubt § 100h Absatz 1 Nummer 1 StPO – ggf. in Verbindung mit § 46 Absatz 1 OWiG – die Herstellung von Bildaufnahmen außerhalb von Wohnungen sogar ohne Wissen des Betroffenen. Hierzu kann die Beweisbedeutung über Tatsachen und Ausmaß lebensmittelrechtlicher Verstöße nicht hoch genug eingeschätzt werden. Gerade die Möglichkeit der digitalen Aufnahme erlaubt ohne erhebliche Kosten die Herstellung von Bildaufzeichnungen. Die Erfahrung zeigt, dass Angeklagte und Betroffene immer wieder erst vor Gericht zu ihrer Entlastung eigene Bilddokumentationen über die angeblich völlig einwandfreien Verhältnisse vorlegen, nachdem sie gesetzmäßige Zustände nachträglich, insbesondere auf Anordnung der Lebensmittelkontrolle hergestellt haben. Dies unterbleibt, wenn eine Bildaufzeichnung der Lebensmittelüberwachung zur Tatzeit aktenkundig ist.[4])

Eindrucksvoll sind Übersichtsaufnahmen der untersuchten Räume und farbige Großaufnahmen von Lebensmitteln, Einrichtungen, Geräten oder Fahrzeugen. Einen sachlichen Grund für vergleichsweise teure Filmaufnahmen,

---

1) Zum Vollzugshilfeersuchen an eine Polizeidienststelle siehe die Erläuterungen zur Durchsetzung des Betretungsrechts durch die Lebensmittelüberwachung Kapitel 3.2.3.

2) Zur Anfertigung einer Fotodokumentation von Hygienemängeln Kapitel 4.2.

3) Zum Aktenvermerk der Lebensmittelkontrolle zu bei der Überwachung getroffenen Feststellungen Kapitel 4.1.

4) Zur Einbringung von Bildaufnahmen bei der Strafanzeige an die Staatsanwaltschaft Kapitel 5.3 und bei der Aktenführung in Bußgeldverfahren Kapitel 8.

insbesondere mit Entwicklung nur in schwarz-weißer Farbgebung ist heute nicht mehr erkennbar. Die manchmal anzutreffende Meinung, digitale Aufnahmen seien wegen ihrer Veränderbarkeit in einem Straf- oder Bußgeldverfahren vor Gericht nicht als Beweismittel verwertbar, ist völlig unzutreffend. Derartige Behauptungen werden erfahrungsgemäß nicht aufgestellt, weil der Lebensmittelkontrolleur/Veterinär jederzeit als Zeuge bestätigen könnte, dass er die Digitalaufnahmen selbst hergestellt und nicht verändert hat.

Eine zulässige Datenverarbeitung (§ 46 Nummer 2 BDSG) von Bildaufnahmen und Bildaufzeichnungen durch die Lebensmittelüberwachung im Verwaltungsverfahren ist nur durch die Benutzung dienstlicher Digitalkameras oder Mobiltelefonen mit Kamerafunktion gewährleistet. Bei der Verwendung mitgeführter privater Mobiltelefone („Handy") fehlt es an jeglicher Kontrolle des gesetzlichen Verbreitungsverbots (§§ 22, 24 KUG) und Einhaltung der Löschungsfristen (§ 42 Absatz 2 Satz 3 LFGB). Eine solche Handhabung würde zurecht vom Datenschutzbeauftragten der Behörde beanstandet (§ 5 BDSG).

Die im Verwaltungsverfahren gefertigten Aufnahmen oder Aufzeichnungen sind zu vernichten, soweit sie nicht mehr erforderlich sind, spätestens jedoch mit Ablauf des dritten Jahres nach ihrer Aufnahme oder Aufzeichnung (§ 42 Absatz 2 Satz 3 LFGB). Diese Frist gilt jedoch nicht, wenn wegen eines anhängigen Bußgeldverfahrens, staatsanwaltlichen Ermittlungsverfahrens odergerichtlichen Verfahrens eine längere Aufbewahrung erforderlich ist (§ 42 Absatz 2 Satz 4 Halbsatz 1 LFGB). Diese Erforderlichkeit ergibt sich aus der noch bestehenden Notwendigkeit zur Beweisführung in einem Straf- und Bußgeldverfahren. Aufnahmen und Aufzeichnungen können auch für die Zumessung einer Geldbuße bedeutsam sein, weil sie das Ausmaß des Verstoßes und damit die Bedeutung der Ordnungswidrigkeit (§ 17 Absatz 3 Satz 1 OWiG) wiedergegeben. Eine Vernichtung kann daher auch dann nicht verlangt werden, wenn der Betroffene den Sachverhalt einräumt oder den Einspruch gegen den Bußgeldbescheid auf die Höhe der Geldbuße beschränkt (§ 67 Absatz 2 OWiG). Auf jeden Fall sind Aufnahmen oder Aufzeichnungen mit rechtskräftigem Abschluss des Verfahrens (vgl. § 89 OWiG) zu vernichten (§ 42 Absatz 2 Satz 4 Halbsatz 2 LFGB).

3.6 Äußerungen und Befragung

Die Methoden und Techniken der Lebensmittelüberwachung im Verwaltungsverfahren können auch Gespräche mit Unternehmern und ihrem Personal umfassen (Artikel 14 Buchstabe d VO [EU] 2017/625). Damit besteht eine Rechtsgrundlage für die Verarbeitung personenbezogener Daten (§ 46 Nummer 1, 2 BDSG).

3.6.1 Unaufgeforderte Äußerungen

Unaufgeforderte Äußerungen des Lebensmittelunternehmers, seiner Vertreter und sonstigen Mitarbeiter sind in einem Straf- und Bußgeldverfahren uneingeschränkt verwertbar, weil es an jeglicher Maßnahme der Lebensmittelüberwachung fehlt. Solche Äußerungen können dann für ein Straf- oder Bußgeldverfahren von Bedeutung sein, wenn sie

- den Zuständigkeitsbereich von Personen in einem Unternehmen betreffen und dadurch der Teilnehmerkreis an einer Straftat (§§ 14, 25 ff. StGB) bzw. der Beteiligtenkreis an einer Ordnungswidrigkeit (§ 14 OWiG) erweitert wird.
- die Erklärung für die vorgeworfene Handlungsweise betreffen, und damit einen Schluss auf vorsätzliches Handeln zulassen.

Beispiel:

Bei der Betriebskontrolle einer Filiale einer Lebensmittelmarktkette teilt der Leiter der Fleischabteilung dem Lebensmittelkontrolleur/Veterinär bei der Feststellung des unhygienischen Zustands des Kühlraums unaufgefordert mit, er habe den Marktleiter schon seit mindestens einem halben Jahr erfolglos auf die dringend notwendigen Reparaturen hingewiesen. Dieser habe sich zwar den Kühlraum angesehen, aber auf fehlende Geldmittel dafür hingewiesen und ihn auf das nächste Jahr vertröstet.

Solche für das Verwaltungsverfahren bedeutungslosen, für ein Straf- oder Bußgeldverfahren jedoch sehr wichtigen Informationen sollten baldmöglichst in einem Aktenvermerk für dieses Verfahren mit wörtlichen Zitaten der Äußerungen festgehalten werden. Diese müssen von den zitierten Personen weder unterschrieben noch genehmigt werden. Sollten sie nachträglich z. B. vor Gericht bestritten werden, kann der Lebensmittelkontrolleur/Veterinär diese Angaben als Zeuge bestätigen. Sollte er sich an damalige Äußerungen nicht mehr sicher genug erinnern, so genügt es, dass er die Verantwortung für die inhaltliche Richtigkeit des Aktenvermerks übernimmt.[1])

3.6.2 Befragung von Personen

Die Beteiligten sollen bei der Ermittlung des Sachverhalts mitwirken (§ 26 Absatz 1 Satz 1 VwVfG). Sie sollen insbesondere ihnen bekannte Tatsachen und Beweismittel angeben (§ 26 Absatz 1 Satz 2 VwVfG). Eine Befragung des Lebensmittelunternehmers und seiner Vertreter oder Mitarbeiter ist daher eine personenbezogene Datenerhebung, die auf Freiwilligkeit

---

1) Zur Ordnungswidrigkeiten-Anzeige der Lebensmittelkontrolle siehe das Muster S. 124.

beruht. Als Rechtsgrundlage genügt daher die allgemeine Aufgabenzuweisung (Artikel 14 Absatz 1 VO [EU] 2017/625, § 39 Absatz 1 Satz 1 LFGB) zur Aufklärung eines Gefahrenverdachts. Zudem kann auf die entsprechenden Bestimmungen in den landesrechtlichen Sicherheits-, Polizei- bzw. Ordnungsgesetzen zurückgegriffen werden (Beispiele: § 20 Absatz 1 Satz 1 PolG Baden-Württemberg, § 24 Nummer 1 in Verbindung mit § 9 Absatz 1 PolG Nordrhein-Westfalen).

Lebensmittelkontrolleure/Veterinäre müssen zur Einholung der erforderlichen Auskünfte befähigt sein (§ 1 Absatz 2 Nummer 10 LKonV). Naturgemäß darf sich eine solche Befragung nur auf den Überwachungszweck und das Ziel der Gefahrenabwehr erstrecken und keinesfalls auf Umstände gerichtet sein, die nur dem Tatnachweis einer Straftat oder Ordnungswidrigkeit dienen können. Dies sind insbesondere in die Vergangenheit gerichtete Fragen, z. B. ob und seit wann ein bestimmter strafbarer oder ordnungswidriger Zustand von Räumen, Einrichtungen, Beförderungsmittel oder Lebensmitteln bekannt war. Dann läge nämlich bereits eine strafrechtliche Vernehmung (§ 163a StPO) bzw. bußgeldrechtliche Anhörung (§ 55 OWiG) vor, die eine Belehrung über das Schweigerecht zur Sache (§ 136 Absatz 1 Satz 2 StPO) voraussetzte. Dieses Aussageverweigerungsrecht darf niemals in Gestalt einer Befragung zu vorgeblichen Zwecken der Lebensmittelüberwachung unterlaufen werden. Zumindest in einem Strafverfahren unterlägen derart rechtswidrig erlangte Informationen einem absoluten Verwertungsverbot. Äußert sich der Befragte aber insoweit unaufgefordert, so können solche nicht durch die Maßnahme der Befragung erlangten Angaben in einem Straf- oder Bußgeldverfahren verwertet werden.

Beispiel:

Der Lebensmittelkontrolleur/Veterinär befragt den Betreiber eines fleischverarbeitenden Betriebs, ob es noch weitere Kühlräume für eine ihm bekannte Charge eines bestimmten Lieferanten gäbe. Dieser antwortet, es gäbe noch einen Kühlraum, und ergänzt unaufgefordert, hieraus sei die Belieferung von Lebensmittelmärkten aber eingestellt worden, nachdem man die Überlagerung des Bestands festgestellt habe. Dies stellt sich nachträglich anhand von Lieferscheinen als unwahr heraus.

Angaben, die bei Gelegenheit einer Befragung unaufgefordert erfolgen, und für ein Straf- oder Bußgeldverfahren beweiserheblich sind, sollten daher möglichst wörtlich in einem Aktenvermerk festgehalten werden. Im Beispiel sind die unaufgeforderten Angaben deswegen von Bedeutung, weil sie die persönliche Kenntnis des Lebensmittelunternehmers vom Bestand überlagerten Fleisches belegen. Eine Belehrung über das gesetzliche Schweigerecht im Straf- und Bußgeldverfahren (§ 136 Absatz 1 Satz 2 StPO) ist nicht erforderlich, weil es an einer entsprechenden Anhörung fehlt. Der Lebensmittelkontrolleur/Veterinär hat hier nur die Rolle eines Zeugen solcher Äußerungen.

Eine bloße Befragung kann mangels spezieller Befugnisnorm nicht durchgesetzt werden, die Verweigerung einer Antwort ist nicht mit Geldbuße bedroht und stellt daher auch keine Ordnungswidrigkeit dar. Zur weiteren Aufklärung des Gefahrenverdachts ist daher ein Auskunftsverlangen nach § 42 Absatz 2 Satz 1 Nummer 5 LFGB notwendig.

3.7 Auskunftsverlangen

Ein ausdrückliches Auskunftsverlangen gemäß § 42 Absatz 2 Satz 1 Nummer 5 LFGB ist erst notwendig, wenn bei einer formlosen Befragung durch die Lebensmittelkontrolle die Beantwortung verweigert wird und die Auskunftserteilung daher im Wege der Anordnung gegen den Willen des Befragten durchgesetzt werden muss. Die Lebensmittelüberwachung darf ihr Auskunftsrecht nicht ohne konkrete Anhaltspunkte ausüben. Unzulässig ist die allgemeine ungezielte Ausforschung des Arbeitgebers, die nur die behördliche Aufsicht erleichtern soll. Voraussetzung für die Auskunftspflicht ist jedoch nicht, dass der Verdacht auf einen Gesetzesverstoß besteht.[1]) Keinesfalls genügt nur das Ziel, die routinemäßige Kontrolltätigkeit leichter und effizienter zu gestalten.[2]) Ein Auskunftsverlangen stellt im Gegensatz zur bloßen Befragung als schlichtes Verwaltungshandeln einen Verwaltungsakt (§ 35 Satz 1 VwVfG) dar. Lebensmittelkontrolleure/Veterinäre müssen zur Einholung der erforderlichen Auskünfte befähigt sein (§ 1 Absatz 2 Nummer 9 LKonV).

3.7.1 Umfang des Auskunftsverlangens

Ein Auskunftsverlangen darf nur zur Aufklärung eines Gefahrenverdachts angeordnet werden, nicht aber für Informationen, die nur zum Nachweis einer Straftat oder Ordnungswidrigkeit Bezug haben können. Es darf daher auch nicht mit einer Anhörung vermischt werden. Letztere dient im Verwaltungsverfahren ausschließlich dem rechtlichen Gehör vor dem Erlass eines Verwaltungsaktes (§ 28 Absatz 1 VwVfG), wie etwa einer beabsichtigten Maßnahme eines Vertriebsverbots, der Anordnung einer Grundreinigung, Schädlingsbekämpfung und Desinfektion oder einer (vorübergehenden)

1) VG Ansbach, Beschluss vom 30.7.2015 – AN 4 S 15.00906; OVG Berlin-Brandenburg, Beschluss vom 31.7.2008 – OVG 5 S 60.07.

2) OVG Berlin-Brandenburg, Beschluss vom 31.7.2008 – OVG 5 S 60.07.

Betriebsschließung, im strafrechtlichen Ermittlungsverfahren zum Vorwurf einer Straftat (§ 163a StPO) und im Bußgeldverfahren zum Vorwurf einer Ordnungswidrigkeit (§ 55 OWiG).[1]) Für die bloße Befragung des Lebensmittelunternehmers und seiner Vertreter und Mitarbeiter als Maßnahme zur Gefahrenabwehr durch allgemeine personenbezogene Datenerhebung genügt die Aufgabenzuweisung (Artikel 14 VO [EU] 2017/625, § 39 Absatz 2 Satz 1 LFGB).[2]) Die Befragung des Lebensmittelunternehmers oder seiner Vertreter und Mitarbeiter stellt gegenüber dem Auskunftsverlangen nach dem Grundsatz der Verhältnismäßigkeit eine mildere Maßnahme dar.

Beispiele:

Befragung, wo sich der Lebensmittelunternehmer derzeit befindet.

Auskunftsverlangen, wo sich bestimmte Lebensmittel oder Geschäftsunterlagen befinden.

Unaufgeforderte Angaben des Lebensmittelunternehmers und seiner Mitarbeiter stellen überhaupt keine Maßnahme der Lebensmittelüberwachung dar und sind daher stets auch in einem Straf- oder Bußgeldverfahren verwertbar.

Das Auskunftsverlangen nach § 42 Absatz 2 Satz 1 Nummer 5 LFGB bedarf keiner besonderen Form. Es kann daher schriftlich oder elektronisch an ein Unternehmen, aber auch mündlich an dort während der Überwachung angetroffene Personen gerichtet werden. Es weist die Merkmale eines Verwaltungsakts im Sinne des § 35 Satz 1 VwVfG auf,[3]) ist aber nicht von Gesetzes wegen ausdrücklich sofort vollziehbar. Die Angaben sind lediglich nach § 44 Absatz 2 Satz 1 LFGB **„unverzüglich“**, das heißt ohne schuldhaftes Zögern (vgl. § 121 Absatz 1 Satz 1 BGB) zu erteilen. Es empfiehlt sich daher zur Sicherheit, die Anordnung der **sofortigen** Vollziehbarkeit gemäß § 80 Absatz 2 Satz 1 Nummer 4 VwGO auch bei mündlichem Auskunftsverlangen vor Ort zu erklären. Erfolgt diese nicht, könnte sich der Adressat der Maßnahme darauf berufen, er habe mangels Rechtsbehelfsbelehrung ein Jahr Zeit zur Beantwortung (§ 58 Absatz 2 Satz 1 VwGO). Für den Wortlaut der Anordnung empfiehlt sich das exakte „sofort“ statt dem ungenaueren „unverzüglich“, das noch schuldloses Zögern umfasst.

---

1) Zur Anhörung im Verwaltungsverfahren (§ 28 VwVfG) und wegen einer Straftat (§ 163a StPO) oder Ordnungswidrigkeit (§ 55 OWiG) und zu unaufgeforderten Angaben Kapitel 7.

2) Zur bloßen Befragung von Personen im Verwaltungsverfahren vorstehend Kapitel 3.6.

3) BayVGH (München), Beschluss vom 10.3.2003 – 12 ZB 02.2679, für ein sozialhilferechtliches Auskunftsverlangen.

Beispiel:

Der Lebensmittelunternehmer ist nicht bereit, auf eine einfache Befragung den Zeitpunkt der Einlagerung von Lebensmitteln mitzuteilen. Der Lebensmittelkontrolleur/Veterinär ordnet daher an: „Ich fordere Sie hiermit sofort vollziehbar auf, mir sofort Auskunft darüber zu geben, wann die hier vorgefundenen Lebensmittel eingelagert wurden."

Ein Auskunftsersuchen bezieht sich als Maßnahme der Gefahrenabwehr nach § 42 Absatz 2 Satz 1 Nummer 5 LFGB ausschließlich auf alle zur Lebensmittelüberwachung erforderlichen Auskünfte, insbesondere solche über die Herstellung, das Behandeln, die zur Verarbeitung gelangenden Stoffe und deren Herkunft und das Verfüttern. Keinesfalls darf es zur Umgehung des Schweigerechts eines wegen einer Straftat oder Ordnungswidrigkeit Beschuldigten bei der Anhörung (§ 136 Absatz 1 Satz 2 StPO, ggf. in Verbindung mit § 46 Absatz 1 OWiG) zur Feststellung der Tatbestandsmerkmale einer lebensmittelrechtlichen Straftat oder Ordnungswidrigkeit missbraucht werden.[1]) Unzulässig wäre daher ein Auskunftsverlangen, seit wann der Lebensmittelunternehmer gewusst habe, dass er vorgefundene Lebensmittel nicht mehr in Verkehr bringen dürfe. Da Maßnahmen der Gefahrenabwehr nur objektive Tatbestandsmerkmale voraussetzen, dürfen allein für den Tatbestand einer Straftat oder Ordnungswidrigkeit bedeutsame subjektive Tatbestandsmerkmale nicht über das Auskunftsverlangen zwangsweise erhoben werden.

---

1) Zum Verwertungsverbot so erlangter Auskünfte in einem Strafverfahren siehe Kapitel 7.1.

Lebensmittelrechtliche Auskunftsanordnung (§ 35 Satz 1 VwVfG)

Landratsamt Neukirchen Lebensmittelüberwachung

Landratsamt Neukirchen, Postfach 5678, 88888 Neukirchen

VM Lebensmittelmärkte GmbH
Geschäftsführer Dieter Frank
Leibnizstraße 12
88882 Altstein

Dienstgebäude	Feuerbachstraße 43 88888 Neukirchen
Zimmer	0432
Sachbearbeiter(in)	Frau Weber
Telefon	(0823) 8878-342
Telefax	(0823) 8878-340
E-Mail	zbslra@neukirchen.de

Ihr Zeichen, Ihre Nachricht vom	Bitte bei Antwort angeben Unser Zeichen, Unsere Nachricht vom	Datum
	0987665/20	xxyyzzzz

Vollzug des Lebensmittel- und Futtermittelgesetzbuchs (LFGB)
Auskunftsanordnung an den Lebensmittelunternehmer

Sehr geehrte Damen und Herren,
wir erlassen folgende **Auskunftsanordnung**:

1. Wir verpflichten die VM Lebensmittelmärkte GmbH, bis spätestens xxyyzzzz schriftlich oder elektronisch und unentgeltlich folgende Auskünfte zu erteilen:
   a) Verfügt die VM Lebensmittelmärkte GmbH unter der Anschrift Gewerbestraße 45, 88880 Neukirchen über Geschäftsräume oder sonstige Betriebsräume, in denen Lebensmittel hergestellt, behandelt oder in Verkehr gebracht werden? Diese Lebensmittel sind gegebenenfalls einschließlich einer Herstellung, Behandlung oder eines Inverkehrbringens listenmäßig zu bezeichnen.
   b) Hat die VM Lebensmittelmärkte GmbH für die unter Buchstabe a bezeichneten Räume eine verantwortliche Person bestellt? Diese ist gegebenenfalls einschließlich ihrer Erreichbarkeit zu bezeichnen.
   c) Beschäftigt die VM Lebensmittelmärkte GmbH unter der Anschrift Gewerbestraße 45, 88800 Neukirchen, Personal zur Herstellung, Behandlung oder um Inverkehrbringen von Lebensmitteln?
2. Wir ordnen die sofortige Vollziehung der in Nummer 1 bezeichneten Pflichten an.
3. Für den Fall der Zuwiderhandlung gegen die in Nummer 1 bezeichneten Pflichten drohen wir ein Zwangsgeld von 1000 Euro an.
4. Für diese Anordnung setzen wir eine Gebühr von 40,00 Euro fest. Unsere Auslagen betragen 3,50 Euro.[1])

1) Gebühr und Auslagen nach dem einschlägigen Kostengesetz

Gründe

1. Während der amtlichen Kontrollen und der anderen amtlichen Tätigkeiten unterstützen die Unternehmer das Personal der zuständigen Behörden und der Kontrollbehörden für ökologische/biologische Produktion bei der Erfüllung ihrer Aufgaben und arbeiten mit ihm zusammen (Artikel 15 Absatz 2 VO [EU] 2017/625). Die Anordnung zur schriftlichen oder elektronischen Auskunftserteilung des Lebensmittelunternehmers beruht auf § 42 Absatz 2 Satz 1 Nummer 5 Lebensmittel- und Futtermittelgesetzbuch (LFGB). Sie ist erforderlich, weil unter der Anschrift 88800 Neukirchen, Gewerbestraße 45, bei einer Nachschau zwar ein Firmenschild mit der Bezeichnung „VM Verbrauchermärkte GmbH" festgestellt, zu mehreren unterschiedlichen Zeitpunkten während üblicher Geschäftszeiten aber niemand angetroffen werden konnte. Nach unseren Beobachtungen befindet sind auf dem Betriebsgrundstück eine Anlage, wie sie zur Kühlung von Lebensmitteln verwendet wird. Nachdem auch Maßnahmen in anderen Betriebs- und Geschäftsräumen keinen Aufschluss erbracht haben, sind die angeordneten Auskünfte notwendig, um die Durchführung der Lebensmittelüberwachung in allen Betriebs- und Geschäftsräumen der VM Verbrauchermärkte GmbH sicherstellen zu können.
2. Die Androhung des Zwangsgeldes beruht auf <<landesrechtliche Bestimmung>>. Das Zwangsgeld beträgt mindestens <<Betrag>> Euro und höchstens <<Betrag>> Euro (<<landesrechtliche Bestimmung>>). Das wirtschaftliche Interesse an der Nichtbefolgung der Anordnungen schätzen wir auf zumindest 1000 Euro (<<landesrechtliche Bestimmung>>).
3. Die Auskunftsanordnung ist nach § 80 Absatz 2 Satz 1 Nummer 4 VwGO für sofort vollziehbar zu erklären. Das besondere öffentliche Interesse an der sofortigen Vollziehbarkeit ergibt sich aus dem Interesse der Endverbraucher an der durch eine wirksame behördliche Überwachung gewährleisteten Einhaltung lebensmittelrechtlicher Bestimmungen. Das Interesse des Verpflichteten an der Bestandskraft der Anordnung muss dem gegenüber zurückstehen.
4. Die festgesetzte Gebühr beruht auf <einschlägige Bestimmung>.

Rechtsbehelfsbelehrung

Gegen diese Anordnung können Sie innerhalb eines Monats nach ihrer Bekanntgabe Widerspruch erheben. Der Widerspruch ist schriftlich, elektronisch oder zur Niederschrift bei dem Landratsamt Neukirchen, Königstraße 2, 88880 Neukirchen, einzulegen. Rechtsbehelfe gegen diese Anordnung haben wegen der Anordnung der sofortigen Vollziehbarkeit keine aufschiebende Wirkung. Bei dem Landratsamt Neukirchen oder dem

<<Aufsichtsbehörde>> können Sie jedoch die Aussetzung der Vollziehung und beim Verwaltungsgericht <<Ort>> die Wiederherstellung der aufschiebenden Wirkung eingelegter Rechtsbehelfe beantragen. Sollte über den Widerspruch ohne zureichenden Grund in angemessener Frist sachlich nicht entschieden werden, so können Sie Klage beim Verwaltungsgericht <<Ort>> schriftlich oder zur Niederschrift der Geschäftsstelle dieses Gerichts erheben. Die Klage kann nicht vor Ablauf von drei Monaten seit Einlegung des Widerspruchs erhoben werden, außer wenn wegen besonderer Umstände des Falles eine kürzere Frist geboten ist. Die Klage muss den Kläger, den Beklagten und den Streitgegenstand bezeichnen und soll einen bestimmten Antrag enthalten. Die zur Begründung dienenden Tatsachen und Beweismittel sollen angegeben, der angefochtene Bescheid soll in Urschrift oder Abschrift beigefügt werden. Der Klage und allen Schriftsätzen sollen Abschriften für die übrigen Beteiligten beigefügt werden.

Hinweis

Ordnungswidrig handelt nach § 60 Absatz 2 Nummer 20 LFGB, wer vorsätzlich oder fahrlässig eine Auskunft nicht, nicht richtig, nicht vollständig oder nicht rechtzeitig erteilt. Die Zuwiderhandlung ist gemäß § 60 Absatz 5 LFGB mit Geldbuße bis 20000 Euro bedroht. Die Geldbuße kann in einem gesonderten Bußgeldverfahren unabhängig von einem Zwangsgeld festgesetzt werden.

Mit freundlichen Grüßen

3.7.2 Auskunftsverweigerungsrecht

Bei der Erfüllung der Auskunftspflicht kann es sich ergeben, dass der Adressat eines Auskunftsverlangens Tatsachen angeben muss, die sowohl für Maßnahmen der Gefahrenabwehr wie die Sicherstellung von Lebensmitteln als auch die Verfolgung als Straftat oder Ordnungswidrigkeit doppelt relevant sind. Dieses Spannungsfeld zwischen verwaltungsrechtlicher Mitwirkungspflicht und straf- bzw. bußgeldrechtlichem Schweigerecht löst § 44 Absatz 2 Satz 2, Absatz 3 LFGB durch ein beschränktes **Auskunftsverweigerungsrecht.** Der zur Auskunft Verpflichtete kann die Auskunft auf solche Fragen verweigern, deren wahrheitsgemäße Beantwortung ihn selbst oder nahe Angehörige (§ 383 Absatz 1 Nummern 1 bis 3 ZPO) der Gefahr strafgerichtlicher Verfolgung oder eines Bußgeldverfahrens wegen einer Ordnungswidrigkeit aussetzen würde. Der Adressat eines Auskunftsverlangens besitzt daher kein umfassendes **Aussageverweigerungsrecht** wie im straf- und bußgeldrechtlichen Ermittlungsverfahren, sondern bleibt im Verwaltungsverfahren grundsätzlich mitwirkungspflichtig.[1]) Es steht ihm also insbesondere nicht zu, ohne seinen zugezogenen Anwalt überhaupt keine Angaben mehr zu machen. Er kann aber zu bestimmten Fragen erklären, dass er sie wegen möglicher Selbstbelastung nicht beantworten wolle. Der Auskunftspflichtige braucht über dieses Recht im Gegensatz zum Schweigerecht im Straf- und Bußgeldverfahren mangels einer gesetzlichen Verpflichtung in § 42 Absatz 2 Satz 1 Nummer 5 LFGB nicht belehrt zu werden. Hat er in Unkenntnis des Auskunftsverweigerungsrechts Angaben gemacht, die den Verdacht einer Straftat oder Ordnungswidrigkeit belegen, kann er sich nicht nachträglich auf das verwaltungsrechtliche Auskunftsverweigerungsrecht mit der Beanstandung einer fehlenden Belehrung berufen. Dies gilt auch dann, wenn er dabei unaufgefordert objektive oder subjektive Tatbestandsmerkmale einer Straftat oder Ordnungswidrigkeit mitteilt. Der Betroffene kann sich auch nicht auf Geheimhaltungspflichten im Verwaltungsverfahren (§ 30 VwVfG), insbesondere „Betriebs- und Geschäftsgeheimnisse“ berufen.[2]) Einzelne Amtsgerichte vertreten jedoch im Straf- und Bußgeldverfahren die Auffassung, der Grundsatz des fairen Verfahrens (Artikel 20 Absatz 3 GG) zöge ein Beweisverwertungsverbot bezüglich aller Angaben im Verwaltungsverfahren ohne Belehrung über das beschränkte Auskunftsverweigerungsrecht nach sich. Da die Staatsanwaltschaften diese Rechtsauffassung nicht durch Einlegung von Rechtsbeschwerden gegen freisprechende Straf- oder Bußgeld-

---

1) Hessisches LSG, Beschluss vom 5.9.2006 – L 9 SO 48/06 ER, für ein sozialhilferechtliches Auskunftsverlangen.

2) BGH, Beschluss vom 15.12.1989 – 2 StR 167/89, für Angaben im Asylverfahren gegenüber der Ausländerbehörde.

entscheidungen überprüfen lassen, fehlt hierzu bisher eine obergerichtliche Rechtsprechung.

Soweit ein Lebensmittel- oder Futtermittelunternehmer jedoch

- zur Übermittlung von Informationen aus einem System oder Verfahren nach Artikel 18 Absatz 2 Unterabsatz 2 Verordnung (EG) 178/2002 (Basisverordnung) nach § 44 Absatz 3 Satz 1 Nummer 1 LFGB - auch nach vorheriger Unterrichtung der zuständigen Behörde über ein unsicheres Lebens- oder Futtermittel gemäß § 44 Absatz 4 Satz 1, Absatz 5 Satz 1 LFGB -
- zur erforderlichen Rückverfolgbarkeit bestimmter Lebensmittel oder Futtermittel nach § 44 Absatz 3 Satz 1 Nummer 2 LFGB

verpflichtet ist, dürfen diese Übermittlungen ebenso wie Unterrichtungen nach Artikel 19 Absatz 1 oder 3 Satz 1 oder Artikel 20 Absatz 1 oder 3 Satz 1 Verordnung (EG) 178/2002 (Basisverordnung) wegen der Sperrbestimmung des § 44 Absatz 6 Satz 1 LFGB grundsätzlich weder in einem Straf- noch einem Bußgeldverfahren gegen den Unterrichtenden oder Übermittelnden selbst verwendet werden. Einschlägige Angaben dürfen daher nur in der Verwaltungsakte, nicht aber in einer Bußgeldakte oder Strafanzeige erscheinen. Es empfiehlt sich ein entsprechender Sperrvermerk in der Verwaltungsakte. Eine Verwendung gegen andere Personen wie zum Beispiel Geschäftspartner ist dagegen auch im Straf- oder Bußgeldverfahren zulässig.

Auskunftsverlangen als Maßnahme zur Aufklärung des Gefahrenverdachts

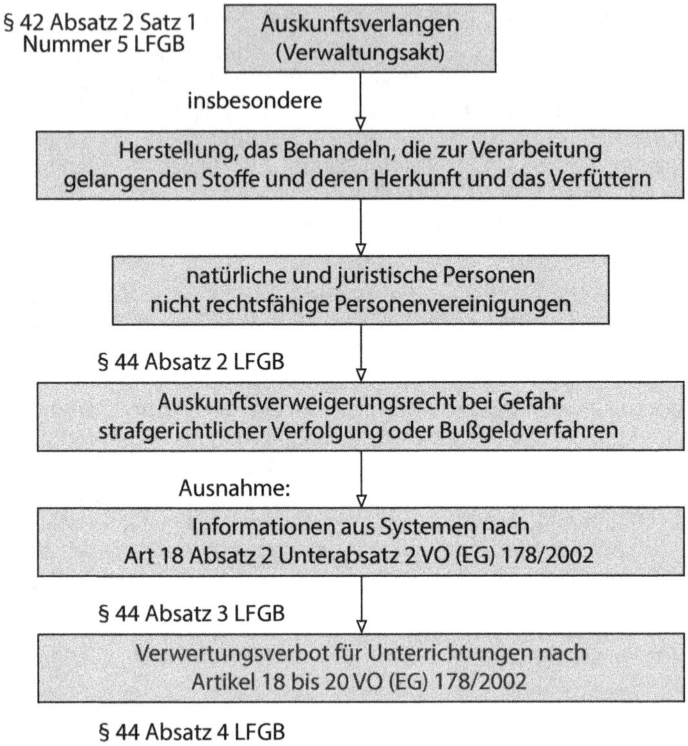

Teilt ein beauftragter Rechtsanwalt der Behörde mit, der Betroffene mache im Hinblick auf ein ihm zustehendes Aussageverweigerungsrecht keinerlei Angaben, kann sich dieser in einem unvermeidbaren Verbotsirrtum (§ 11 Absatz 2 OWiG) befinden, sodass keine Ahndung als Ordnungswidrigkeit möglich ist.[1]) Es empfiehlt sich daher, dem Betroffenen selbst gegenüber die zutreffende Rechtsauffassung der Verwaltungsbehörde klarzustellen und einen Verbotsirrtum dadurch von Anfang an auszuschließen.

1) Schleswig-Holsteinisches OLG (Schleswig), Beschluss vom 12.4.2007 - 2 Ss OWi 44/07 (36/07), für das Betretungsrecht.

Beispiel:

Ein Lebensmittelunternehmer macht auf Befragen zum Zeitpunkt der Einlagerung von Lebensmitteln keine Angaben. Auf mündliches Auskunftsverlangen erklärt er jetzt, das abgelaufene Mindesthaltbarkeitsdatum zu einem bestimmten Zeitpunkt wegen „Überlagerung" umetikettiert zu haben.

Verweigert der Auskunftspflichtige zulässig – zum Beispiel auf Anraten eines zugezogenen Rechtsanwalts – die Auskunft auf bestimmte belastende Fragen, so ist die Sperrwirkung auf das Auskunftsverlangen beschränkt. Unabhängig davon bestehen daher das Betretungsrecht von Räumen und Einrichtungen sowie das Einsichtsrecht in Geschäftsunterlagen nach § 42 Absatz 2 Satz 1 Nummer 1 bis 3 LFGB uneingeschränkt weiter.

Durch Auskunftsersuchen auf der Rechtsgrundlage des § 42 Absatz 2 Satz 1 Nummer 5 LFGB erlangte Angaben sind auch in einem Straf- und Bußgeldverfahren verwertbar. Es empfiehlt sich daher, solche doppelt relevanten Tatsachen in einer Aufzeichnung während oder unmittelbar nach der Überwachungsmaßnahme elektronisch festzuhalten. Dazu eignet sich die Form eines Aktenvermerks,[1]) der auch unter Einleitung eines Straf- oder Bußgeldverfahrens bereits als Beweissicherungsmaßnahme in dieser Verfahrensart erfolgen kann (§ 168a Absatz 1 StPO). Hierzu sollte nach Möglichkeit ein wörtliches Zitat der Auskünfte erfolgen.

Beispiel:

Aktenvermerk:

Der Geschäftsführer Müller erklärte bei der Besichtigung des Kühlraums auf mündliches Auskunftsverlangen um 10.45 Uhr: „Die Temperaturen konnten seit Sonntag nicht mehr gehalten werden. Das Kühlaggregat ist ausgefallen und ein Reparaturdienst war nicht zu erreichen. Auch am Montag ..."

Ein solcher Vermerk braucht vom Auskunftspflichtigen nicht unterzeichnet zu werden. Bei Bestreiten in einem späteren gerichtlichen Straf- und Bußgeldverfahren steht der aufnehmende Lebensmittelkontrolleur/Veterinär als Zeuge zur Verfügung, der die Tatsache dieser Angaben bestätigen kann. Daher ist eine entsprechende qualifizierte Unterzeichnung mit Zeit- und Datumsangabe der Aufzeichnung sinnvoll.

Beispiel:

Aufgezeichnet um 11.30 Uhr. Für die Richtigkeit der wörtlichen Übertragung: Waldberg, 20.3.2020, Lehmann, Lebensmittelkontrolleur.

---

1) Zur Bedeutung von Aktenvermerken der Lebensmittelüberwachung im Straf- und Bußgeldverfahren siehe Kapitel 4.1.

3.7.3 Durchsetzung des Auskunftsverlangens

Das Auskunftsverlangen ist als Verwaltungsakt mit den Mitteln des Verwaltungszwangs, insbesondere der Androhung eines Zwangsgeldes, notfalls der Ersatzzwangshaft durchsetzbar.[1]) Daneben handelt der Auskunftspflichtige auch nach § 60 Absatz 2 Nummer 20 LFGB ordnungswidrig, wenn er Angaben zu einem für sofort vollziehbar erklärten Auskunftsverlangen verweigert. Der Tatbestand einer Ordnungswidrigkeit ist auch dann verwirklicht, wenn der Auskunftspflichtige Angaben zu bestimmten Fragen verweigern könnte, sich aber nicht auf sein Auskunftsverweigerungsrecht nach § 44 Absatz 2 Satz 2 LFGB beruft. Die Zuwiderhandlung ist in § 60 Absatz 5 Nummer 3 LFGB mit Geldbuße bis zu 20 000 Euro bedroht. Dem Auskunftspflichtigen kann daher parallel

- präventiv der Verwaltungszwang durch Zwangsgeld, notfalls Ersatzzwangshaft mündlich angedroht und
- repressiv der Erlass eines Bußgeldbescheides wegen des Verwaltungsungehorsams angekündigt werden.

Auskunftspflicht von Lebensmittelunternehmern

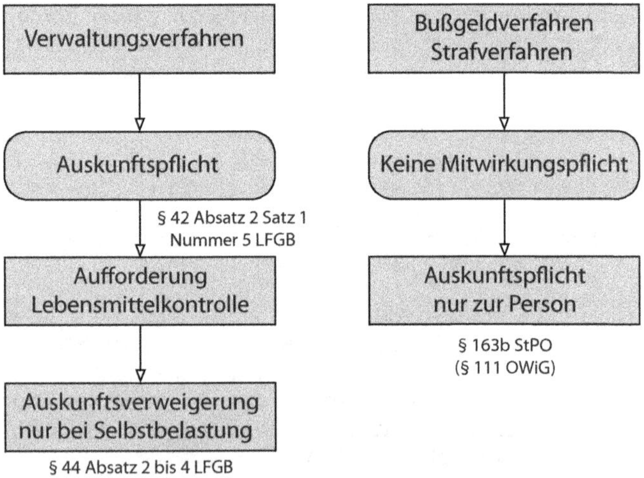

1) VG München, Beschluss vom 24.7.2017 – M 7 S 14.2320, für ein Auskunftsverlangen einer Statistikbehörde.

3.8 Sicherstellung von Beweisstücken

Die Sicherstellung von Beweisstücken, die sich auch für ein Straf- oder Bußgeldverfahren[1]) eignen, ist vielfach bereits vor Verfahrenseinleitung durch vorangegangene Maßnahmen der Lebensmittelüberwachung erfolgt. Lebensmittelkontrolleure/Veterinäre müssen zur Sicherstellung und Überwachung der aus dem Verkehr genommenen Lebensmitteln befähigt sein (§ 1 Absatz 2 Nummer 8 Buchstabe a LKonV).

Sachbeweismittel

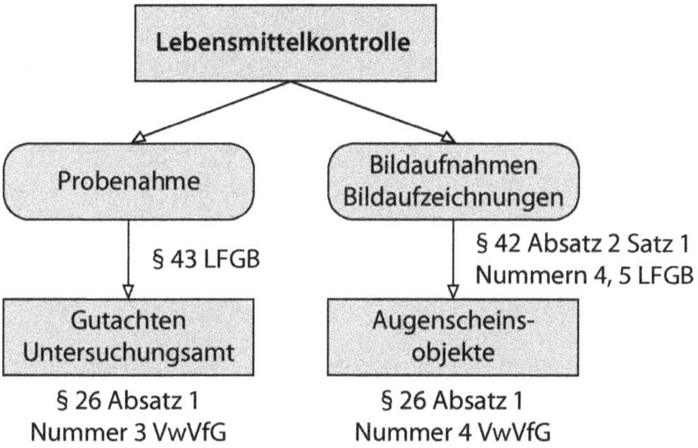

So können von Schrift- und Datenträgern Vervielfältigungen bzw. Ausdrucke verlangt, Fotografien hergestellt (§ 42 Absatz 2 Satz 1 Nummer 3 LFGB)[2]) oder Proben von Lebensmitteln genommen werden (Artikel 34 VO [EU] 2017/625, § 43 LFGB).[3]) Diese können ohne Weiteres auch in Straf- und Bußgeldverfahren zur Beweisführung verwendet werden (§ 161 Absatz 2 Satz 1 StPO in Verbindung mit § 46 Absatz 1 OWiG). Lebensmittel selbst (Artikel 3 Nummer 12 VO [EU] 2017/625, Artikel 2 der Verordnung [EG] 178/ 2002) werden im Bußgeldverfahren niemals als Beweisstücke benötigt, sondern allenfalls als Einziehungsgegenstände (§ 61 LFGB) sichergestellt oder beschlagnahmt.[4]) Einer besonderen Sicherstellung von Gegenständen als Beweisstücke im Einverständnis des Gewahrsamsinhabers nach § 94

1) Die Sicherstellung von Lebensmitteln zum Zweck der Einziehung im Straf- oder Bußgeldverfahren ist in § 61 LFGB geregelt, siehe Kapitel 3.10.

2) Zur Herstellung einer Bildaufzeichnung Kapitel 3.4 und zur Bilddokumentation als Beweismittel Kapitel 4.2.

3) Zur Probenahme von Lebensmitteln (§ 43 LFGB) Kapitel 3.9.

4) Zur Einziehung von Gegenständen (§ 61 LFGB) im Bußgeldverfahren Kapitel 3.10.

Absatz 1 StPO – ggf. in Verbindung mit § 46 Absatz 1 OWiG – oder Beschlagnahme gegen dessen Willen nach § 98 Absatz 2 StPO – ggf. in Verbindung mit § 46 Absatz 1 OWiG – bedarf es daher weitgehend nicht.

Beispiel:

Bei der Einsichtnahme in die Unterlagen des Lebensmittelunternehmers ergibt sich, dass in Verkehr gebrachtes Hackfleisch entgegen dessen Behauptung nicht taggleich behandelt worden ist. Der Lebensmittelkontrolleur fotografiert die entsprechenden Einkaufsbelege mit den Lieferdaten. Diese Bildaufnahmen werden auch in einem Straf- oder Bußgeldverfahren als Beweismittel verwendet.

Zu beachten ist, dass im Straf- und Bußgeldverfahren Beschlagnahmen von Beweismitteln gemäß § 98 StPO – ggf. in Verbindung mit § 46 Absatz 1 OWiG – nur auf gerichtliche Anordnung zulässig sind, soweit nicht Gefahr in Verzug vorliegt. Nach Möglichkeit wäre also zumindest eine telefonische Anordnung des zuständigen Ermittlungsrichters (§ 162 Absatz 1 Satz 1 StPO, ggf. in Verbindung mit § 46 Absatz 1 OWiG) einzuholen. Beweismittel, die im Straf- oder Bußgeldverfahren sichergestellt wurden, müssen nach Abschluss des Verfahrens an den Berechtigten herausgegeben werden. Sind Gegenstände sowohl Beweismittel als auch zur Einziehung vorgesehen, erfolgt keine Rückgabe.

Wer eine dienstlich in Beschlag genommene Sache zerstört, beschädigt, unbrauchbar macht oder in anderer Weise ganz oder zum Teil der Verstrickung entzieht, macht sich wegen Verstrickungsbruchs (§ 136 Absatz 1 StGB) strafbar.

3.9 Probenahme und Sachverständigengutachten

Die Probenahme (§ 8 AVVRÜb) ist ein in der Aufgabenzuweisung der Artikel 14 Buchstabe h, Artikel 34 VO (EU) 2017/625 (§ 39 Absatz 1 Satz 2 LFGB) und der Befugnisnorm des Artikel 14 Buchstabe h, Artikel 34 VO (EU) 2017/625 (§ 43 LFGB) besonders geregelter Fall der Sicherstellung von Lebensmittel- oder Futtermittelteilen zur Vorbereitung des Gutachtens eines Sachverständigen. Einer weiteren Rechtsgrundlage für diese Maßnahmen bedarf es daher nicht. Lebensmittelkontrolleure/Veterinäre müssen zur Probenahme befähigt sein (§ 1 Absatz 2 Nummer 7 LKonV). Die Probenahme erfolgt als *Planprobe* auf der Grundlage eines Jahresprobenplanes. Zusätzlich finden *Verdachtsproben* bezüglich solcher Lebensmittel statt, die dem Lebensmittelkontrolleur als neu oder verdächtig auffallen, die als *Verbraucherbeschwerden* vorgelegt werden oder als *Verfolgs- oder Nachproben* aufgrund bekannt gewordener Beanstandungen entnommen werden. Es handelt sich ausschließlich um eine Maßnahme der Lebensmittelüberwachung, nicht des Straf- oder Bußgeldverfahrens. Dies gilt sowohl für nach amtlichem Probenplan erlangte Planproben als auch außerplanmäßige Proben als Verdachtsproben, Verfolgungs- und Nachproben und Beschwerdeproben. Als ausreichende Entscheidungsgrundlage für in gerichtlichen Straf- und Bußgeldverfahren verwendeten Gutachten müssen amtliche Probenahmen so erfolgen, dass „Ausreißer“ ausgeschlossen sind.[1]) Die sogenannte „Chargenvermutung“ nach Artikel 14 Absatz 6 VO (EU) 178/2002 stellt eine Beweiserleichterung für das Verwaltungsverfahren dar, die im Hinblick auf die Unschuldsvermutung (Artikel 6 Absatz 3 MRK) nicht auf ein straf- oder Bußgeldverfahren übertragen werden kann. Die Probenahme erfolgt im Rahmen der amtlichen Lebensmittelüberwachung grundsätzlich unentgeltlich (§ 46 Absatz 5 LFGB).

Im Straf- und Bußgeldverfahren sind Probenahmen mangels besonderer Rechtsgrundlage unzulässig. Sie könnten allenfalls mit Zustimmung des Lebensmittelunternehmers als Beweisgegenstand sichergestellt (§ 94 Absatz 1 StPO in Verbindung mit § 46 Absatz 1 OWiG) oder aufgrund gerichtlicher Anordnung, bei Gefahr im Verzug auch der Verwaltungsbehörde beschlagnahmt werden (§ 94 Absatz 2 StPO in Verbindung mit § 46 Absatz 1 OWiG). Eine solche Verfahrensweise ist aber wegen der im Verwaltungsverfahren bestehenden Rechtsgrundlagen zur Probenahme nicht nur praxisfremd, sondern auch völlig unüblich.

3.9.1 Gutachten amtlicher Laboratorien

Die Probenahme ist eine ausschließliche Maßnahme des Verwaltungsverfahrens. Allein das Gutachten eines beauftragten amtlichen Laboratoriums (Artikel 37 VO [EU] 2017/625, „Landesuntersuchungsanstalt“) findet als Beweismittel in ein Straf- oder Bußgeldverfahren Einfluss. Gutachten öffentlicher Behörden sind dafür sogar unter der vereinfachten Voraussetzung der Verlesung im gerichtlichen Verfahren ausdrücklich vorgesehen (§ 256 Absatz 1 Nummer 1 Buchstabe a StPO in Verbindung mit § 46 Absatz 1 OWiG), auch wenn sie im Verwaltungsverfahren angeordnet wurden (§ 161 Absatz 2 Satz 1 StPO in Verbindung mit § 46 Absatz 1 OWiG). Allerdings kann beim Verdacht einer Straftat oder Ordnungswidrigkeit das Gutachten doppelrelevant auch auf der Rechtsgrundlage der §§ 72 ff. StPO durch die Lebensmittelüberwachung in Auftrag gegeben werden. Nur in diesem Fall kann die Kostenvormerkung des Gutachtens nach dem Entstehungsprinzip auch im Straf- bzw. Bußgeldverfahren erhoben werden.[2])

1) BayObLG (München), Beschluss vom 28.6.1993 – 3 ObOWi 41/93, für ein Strafverfahren.

2) Zu den Kosten des Sachverständigengutachtens als Auslagen der Verwaltungsbehörde im Bußgeldbescheid (§ 107 Absatz 3 Nummer 5 OWiG) Kapitel 9.9.

Andernfalls können solche Auslagen nur über eine Kostenrechnung oder einen Leistungsbescheid aufgrund einer kostenpflichtigen Beanstandung und Belehrung im Verwaltungsverfahren gegenüber dem Lebensmittelunternehmer als Veranlasser erhoben werden.[1]) Nähere Bestimmungen zu Probenahmen, Analysen, Tests und Diagnosen enthält Artikel 34 VO (EU) 2017/625.

Bestreitet der Lebensmittelunternehmer als Beschuldigter bzw. Betroffener im Straf- oder Bußgeldverfahren die Ordnungsmäßigkeit der Probenahme, so stehen als Beweismittel hierfür die Aufzeichnung der Lebensmittelüberwachung über die Probenahme und damit der Lebensmittelkontrolleur/ Veterinär als Zeuge sowie die Ausführungen des Gutachtens und damit der Sachverständige zur Verfügung.

Die Probenahme ist vom Inhaber von Grundstücken, Räumen, Einrichtungen und Geräten nicht nur zu dulden, sondern auf Verlangen auch durch Unterstützung zu ermöglichen (§ 44 Absatz 1 Nummer 3 LFGB). Eine dem personenbezogenen Auskunftsverweigerungsrecht entsprechende Befugnis zur Verweigerung einer sachbezogenen Unterstützung besteht hier nicht. Die Maßnahme ist mit den Mitteln des Verwaltungszwangs, insbesondere Vollzugshilfeersuchen an eine Polizeidienststelle durchsetzbar. Daneben handelt der Mitwirkungspflichtige auch nach § 60 Absatz 2 Nummer 19 LFGB ordnungswidrig, wenn er die Probenahme nicht duldet oder mögliche Unterstützung der Lebensmittelüberwachung verweigert. Die Zuwiderhandlung ist in § 60 Absatz 5 Nummer 3 LFGB mit Geldbuße bis zu 20 000 Euro bedroht. Dem Mitwirkungspflichtigen kann daher parallel

- präventiv der Verwaltungszwang durch sofortiges telefonisches Vollstreckungshilfeersuchen an eine Polizeidienststelle mündlich angedroht und
- repressiv der Erlass eines Bußgeldbescheides wegen des Verwaltungsungehorsams angekündigt werden.

Leistet jemand gegen die Probenahme mit Gewalt oder durch Drohung mit Gewalt Widerstand, so macht er sich wegen Widerstands gegen Vollstreckungsbeamte nach § 113 Absatz 1 StGB strafbar, wenn die Maßnahme rechtmäßig ist (§ 113 Absatz 2 StGB), sich also auf eine einschlägige Rechtsgrundlage stützen kann. Der Lebensmittelkontrolleur/Veterinär gehört zum geschützten Personenkreis der Vollstreckungsbeamten. In solchen Fällen ist für Zwecke der Strafverfolgung ein Aktenvermerk mit einer genauen Ablaufschilderung für die Strafanzeige an die Staatsanwaltschaft (§ 158 StPO) sinnvoll.

---

1) VG Lüneburg, Urteil vom 6.6.2016 – 6 A 121/15; VG Oldenburg (Oldenburg), Urteil vom 27.2.2009 – 7 A 5297/06.

3.9.2 Gegenprobe

Die beim Lebensmittelunternehmer zurückzulassende Gegenprobe (Artikel 35 Absatz 1 Satz 1 VO [EU] 2017/625, § 43 Absatz 1 Satz 2 LFGB) ist auch für ein Straf- oder Bußgeldverfahren von Bedeutung. Die zuständigen Behörden haben nämlich zu gewährleisten, dass die von einer Probenahme betroffenen Lebensmittelunternehmer das Recht haben, auf eigene Kosten ein zweites Sachverständigengutachten einzuholen (Artikel 35 Absatz 1 Satz 1 VO [EU] 2017/625). Er kann eine Überprüfung der Unterlagen über Probenahmen, Analysen, Tests oder Diagnosen durch einen anderen anerkannten und angemessen qualifizierten Sachverständigen beantragen (Artikel 35 Absatz 1 Satz 2 VO [EU] 2017/625). Die Ahndung des Betroffenen durch eine Bußgeldentscheidung setzt jedoch nicht zwingend voraus, dass eine Gegenprobe zurückgelassen wurde.[1])

Zurückzulassende Proben sind amtlich zu verschließen oder zu versiegeln (§ 43 Absatz 2 Satz 1 LFGB). Sie sind mit dem Datum der Probenahme und dem Datum des Tages zu versehen, nach dessen Ablauf der Verschluss oder die Versiegelung als aufgehoben gilt (§ 43 Absatz 2 Satz 2 LFGB). Derjenige, bei dem die Probe zurückgelassen worden ist und der nicht der Hersteller ist, hat die Probe sachgerecht zu lagern und aufzubewahren und sie auf Verlangen des Herstellers auf dessen Kosten und Gefahr einem vom Hersteller bestimmten, nach lebensmittelrechtlichen Vorschriften zugelassenen privaten Sachverständigen zur Untersuchung auszuhändigen (§ 43 Absatz 3 LFGB).

Soweit nach den Umständen die Zurücklassung einer Gegenprobe aus tatsächlichen Gründen unmöglich sein sollte, ist eine entsprechend gesicherte Gegenprobe jedenfalls zu verwahren, um für ein Gegengutachten zur Verfügung zu stehen. Steht sie nicht zur Verfügung, liegt ein Beweisverwertungsverbot nahe, soweit der Betroffene nicht auf die Zurücklassung verzichtet hat.[2]) Überzeugt das zweite Sachverständigengutachten weder die Staatsanwaltschaft im strafrechtlichen Ermittlungsverfahren bzw. die Verwaltungsbehörde im Bußgeldverfahren noch das mit der Straf- oder Bußgeldsache befasste Gericht, so folgen sie dem „Erstgutachten". Zur Einholung eines „Zweitgutachtens" auf Verlangen des Lebensmittelunternehmers besteht, sofern keine durchgreifenden Zweifel am „Erstgutachten" durch innere Widersprüche oder falsche Anknüpfungstatsachen ersichtlich sind, grundsätzlich keine Verpflichtung (vgl. § 244 Absatz 4 Satz 2 StPO für das gerichtliche Strafverfahren).

---

1) BayObLG (München), Beschluss vom 28.6.1993 – 3 ObOWi 41/93.

2) OLG Hamm, Beschluss vom 11.10.2007 – 4 Ss 403/07, unter Bezugnahme auf EuGH, Urteil vom 10.4.2003 – C-276/01; OVG Nordrhein-Westfalen (Münster), Beschluss vom 29.10.2008 – 13 B 1317/08, für das verwaltungsgerichtliche Verfahren.

3.10 Sicherstellung von Einziehungsgegenständen

Die Befugnis zur Sicherstellung von Lebensmitteln, Einrichtungen oder Geräten zum Zweck der Gefahrenabwehr und folgenden Einziehung ist landesrechtlich durch Ausführungsgesetze zum LFGB und ergänzend im allgemeinen Polizei- bzw. Ordnungsbehördenrecht geregelt. Unabhängig davon enthält § 61 LFGB eine Befugnis zur Einziehung als Nebenfolge einer lebensmittelrechtlichen Straftat nach § 58 oder 59 LFGB oder Ordnungswidrigkeit nach § 60 LFGB. Solche Bezugsgegenstände können auch Lebensmittel, Einrichtungen und Geräte sein.

Ist eine Einziehung im Straf- und Bußgeldverfahren beabsichtigt, kann diese durch eine Beschlagnahmeanordnung aufgrund § 111b Absatz 1 in Verbindung mit § 111c Absatz 1 StPO gesichert werden. Zur Anordnung der Beschlagnahme ist jedoch nur der Ermittlungsrichter des Amtsgerichts (§ 162 StPO) befugt (§ 111j Absatz 1 Satz 1 StPO). Nur bei Gefahr in Verzug besteht eine Zuständigkeit des Lebensmittelkontrolleurs/Veterinärs in Strafsachen, wenn er Ermittlungsperson der Staatsanwaltschaft im Sinne des § 152 Absatz 2 Satz 1 GVG ist (§ 111j Absatz 1 Satz 2 StPO). Im Bußgeldverfahren ist der Lebensmittelkontrolleur/Veterinär als Bediensteter der Verwaltungsbehörde (§ 35 OWiG) stets zur Anordnung bei Gefahr in Verzug zuständig.

In der Vollzugspraxis der Lebensmittelüberwachung kommen Beschlagnahmen von Geräten, Einrichtungen oder Fahrzeugen im Strafverfahren zum Zweck der späteren Einziehung durch die Staatsanwaltschaft gemäß § 61 LFGB kaum vor.[1]) Bei lebensmittelrechtlichen Ordnungswidrigkeiten steht in der Regel der Grundsatz der Verhältnismäßigkeit (§ 24 OWiG) entgegen.

Grundsätzlich abzuraten ist von der Beschlagnahme von Lebensmitteln nach §§ 111b, 111c StPO zur späteren Einziehung nach § 61 LFGB. Abgesehen davon, dass dazu im Gegensatz zur Sicherstellung zur Gefahrenabwehr im Regelfall eine richterliche Anordnung nach § 111j StPO erforderlich ist, können bis zur Anordnung der Einziehung durch strafgerichtliches Urteil erhebliche Kosten für die Aufbewahrung, insbesondere Kühlung leichtverderblicher Lebensmittel entstehen.

Nicht nur die Sicherstellung, sondern auch erforderlich werdende Notveräußerungen (vgl. § 111p StPO) können als vom Strafverfahren unabhängige Maßnahmen der Gefahrenabwehr wesentlich einfacher, schneller und effektiver durch die Behörde selbst angeordnet werden.

---

1) Die Einziehung von Gegenständen als Nebenfolge einer lebensmittelrechtlichen Ordnungswidrigkeit nach § 61 LFGB in Verbindung mit §§ 22 bis 28 OWiG ist daher in den Mustern der Bußgeldbescheide in Kapitel 10 nicht berücksichtigt.

Sicherstellung und Beschlagnahme zur Einziehung

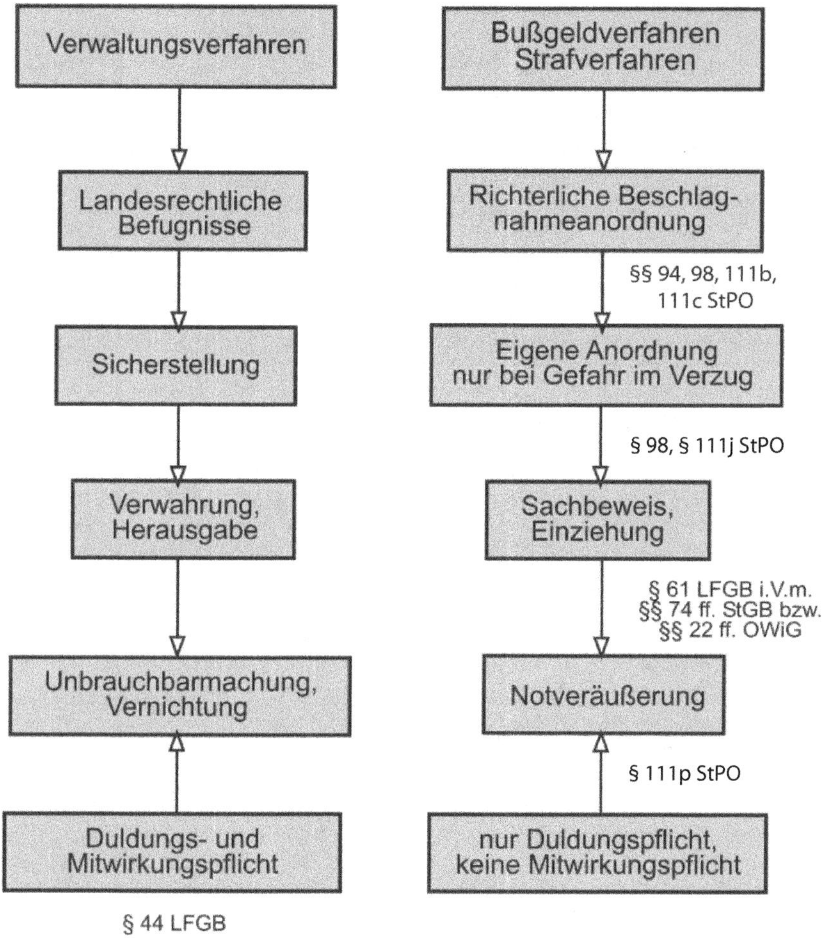

3.11 Identitätsfeststellung von Personen

Der Tatbestand einer Straftat oder Ordnungswidrigkeit kann nur von einer natürlichen Person verwirklicht werden, also dem Lebensmittelunternehmer, seinen Vertretern und Mitarbeitern. Das Unternehmen selbst – insbesondere eine juristische Person oder Personengesellschaft – kann weder strafbar noch ordnungswidrig handeln. Täter können daher nur diejenigen natürlichen Personen sein, die für das Unternehmen als gesetzliche Vertreter oder beauftragte Personen im Sinne des § 14 StGB bzw. § 9 OWiG handeln. Dieser Personenkreis gehört daher zu den Tatverdächtigen.

Beispiel:

Ein Lebensmittelhersteller, der ein Produkt falsch gekennzeichnet hat, besitzt die Rechtsform einer GmbH. Diese kann weder eine Straftat noch eine Ordnungswidrigkeit begehen. Als Täter kommen nicht die juristische Person selbst, sondern nur der Geschäftsführer als gesetzlicher Vertreter, ein Niederlassungsleiter oder ein Abteilungsleiter als beauftragte Vertreter des Unternehmens in Betracht.

Die Identitätsfeststellung solcher Personen als Verdächtige ist für die spätere Entscheidung der Staatsanwaltschaft bzw. Verwaltungsbehörde, gegen wen ein Straf- oder Bußgeldverfahren eingeleitet werden soll, von entscheidender Bedeutung. Außerdem können schriftliche oder elektronische Anhörungen und Ladungen sowie später Anklageschrift oder Strafbefehl bzw. Bußgeldbescheide nur zugestellt werden, wenn die ladungsfähige Anschrift bekannt ist. Diese Feststellungen sind im Verwaltungsverfahren nicht notwendig, da sich eine Anordnung zur Gefahrenabwehr gegen das Unternehmen selbst als polizei- oder ordnungsrechtlichen Handlungs- oder Zustandsstörer richtet. Daher erfolgen Identitätsfeststellungen von Verdächtigen durch die Lebensmittelüberwachung meist nicht.

Beispiel:

In der Niederlassung eines Lebensmittelunternehmens in der Rechtsform einer GmbH werden bei einer Betriebskontrolle schwere Mängel bei der Lagerung in einem Kühlhaus festgestellt. Als Maßnahme der Gefahrenabwehr erfolgt die Sicherstellung von Lebensmitteln gegenüber der GmbH als Handlungs- und Zustandsstörer.

Als Verdächtige einer lebensmittelrechtlichen Straftat oder Ordnungswidrigkeit kommen

- der Geschäftsführer als gesetzlicher Vertreter der GmbH (§ 14 Absatz 1 Nummer 1 StGB bzw. § 9 Absatz 1 Nummer 1 OWiG) sowie
- der Niederlassungsleiter als Teilbetriebsleiter (§ 14 Absatz 2 Satz 1 Nummer 1 StGB bzw. § 9 Absatz 2 Satz 1 Nummer 1 OWiG) und der

- Leiter des Kühlhauses als eigenverantwortlich ausdrücklich beauftragte Person (§ 14 Absatz 1 Satz 2 Nummer 2 StGB bzw. § 9 Absatz 1 Satz 2 Nummer 2 OWiG)

als Täter in Betracht.[1])

Lebensmittelkontrolleure/Veterinäre müssen grundsätzlich zur Durchführung von Ermittlungen im Bußgeldverfahren befähigt sein (§ 1 Absatz 2 Nummer 9 LKonV), also auch zu Identitätsfeststellungen.

Gesetzliche und beauftragte Vertreter von Unternehmen

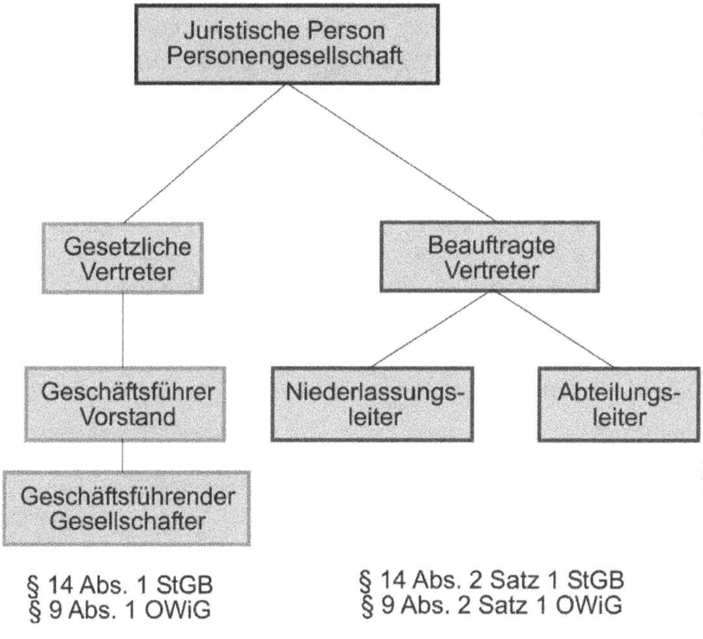

Gesetzliche Vertreter von Unternehmen wie z. B. Geschäftsführer einer GmbH, Vorstandsmitglieder einer AG oder geschäftsführende Gesellschafter einer oHG oder KG könnten auch nachträglich aus dem Handelsregister festgestellt werden.[2]) Hieraus lassen sich aber weder ihre Zuständigkeit

1) Zum Bußgeldbescheid gegen gesetzliche und beauftragte Vertreter (§ 9 OWiG) von juristischen Personen und Personenvereinigungen siehe Kapitel 11.2.

2) Zur Bedeutung des Handelsregisters im Bußgeldverfahren zur Ermittlung gesetzlicher Vertreter von Unternehmen Kapitel 11.2.1.

im Unternehmen, „Strohmannverhältnisse" noch ihre personenbezogenen Daten, insbesondere ihre zustellungsfähige Anschrift ermitteln. Beauftragte Vertreter wie Betriebs- oder Teilbetriebsleiter, Filial-, Niederlassungs- oder Abteilungsleiter sind darin überhaupt nicht eingetragen. Die Feststellung des Firmenorganigramms, das heißt die Ermittlung von Verdächtigen in der Firmenhierarchie stellt in jedem Straf- oder Bußgeldverfahren gegen mittlere und größere Unternehmensstrukturen eine erhebliche Problematik dar, weil in diesen Verfahren keine Mitwirkungspflicht besteht. Es empfiehlt sich daher gleich während der Betriebskontrolle beim Anfangsverdacht lebensmittelrechtlicher Straftaten oder Ordnungswidrigkeiten die Aufklärung und Aufzeichnung der internen Zuständigkeiten. Erfolgen hierzu keine Angaben, so können unverdächtige Personen als Zeugen befragt werden (§ 161a Absatz 1 StPO). Firmenorganigramme können nur durch förmliche Vorlageanordnungen (§ 95 Absatz 1 StPO in Verbindung mit § 46 Absatz 1 OWiG) der Verwaltungsbehörde verlangt werden.[1]) Diese Anordnung ist grundsätzlich gegenüber einer Durchsuchung von Geschäftsräumen des Lebensmittelunternehmers (§§ 103, 105 StPO in Verbindung mit § 46 Absatz 1 OWiG) und der Beschlagnahme von Dokumenten (§§ 94, 98 StPO in Verbindung mit § 46 Absatz 1 OWiG) die weniger belastende Maßnahme.[2]) Die dazu notwendige gerichtliche Anordnung (§§ 98, 105, 162 StPO in Verbindung mit § 46 Absatz 1 OWiG) wird nach dem Grundsatz der Verhältnismäßigkeit (Artikel 20 Absatz 3 GG) abgelehnt werden.[3])

---

1) Zum Vorlageverlangen (§ 95 StPO in Verbindung mit § 46 Absatz 1 OWiG) von Firmenorganigrammen durch die Verwaltungsbehörde im Bußgeldverfahren Kapitel 11.1.2.

2) LG Limburg, Beschluss vom 22.6.2012 – 1 Qs 72/12; LG Bonn, Beschluss vom 2.9.2010 – 27 Qs-B 7-34/10.

3) BVerfG, stattgebender Kammerbeschluss vom 4.3.2008 – 2 BvR 1866/03.

Identitätsfeststellung von Personen

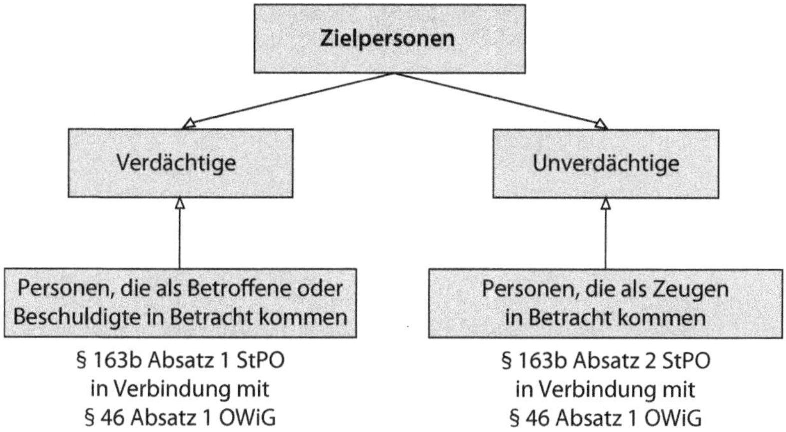

Die Identitätsfeststellung ist bereits vor Einleitung eines Straf- oder Bußgeldverfahrens

- sowohl bezüglich verdächtiger Personen zulässig, die als Täter einer Straftat oder Ordnungswidrigkeit in Betracht kommen (§ 163b Absatz 1 Satz 1 Halbsatz 1 StPO, ggf. in Verbindung mit § 46 Absatz 1 OWiG),
- als auch gegen Unverdächtige, die als Zeugen in Betracht kommen (§ 163b Absatz 2 Satz 1 Halbsatz 1 StPO, ggf. in Verbindung mit § 46 Absatz 1 OWiG).

Dazu ist zunächst der Zweck der Maßnahme zu eröffnen (§ 163b Absatz 1 Satz 1 Halbsatz 2 bzw. Absatz 2 Satz 1 Halbsatz 2 StPO, ggf. in Verbindung mit § 46 Absatz 1 OWiG). Die Anordnung einer Identitätsfeststellung ist auch gegen den Willen des Betroffenen durchsetzbar. Der Verdächtige darf festgehalten werden, wenn die Identität sonst nicht oder nur unter erheblichen Schwierigkeiten festgestellt werden kann (§ 163b Absatz 1 Satz 2 StPO, ggf. in Verbindung mit § 46 Absatz 1 OWiG). Unter diesen Voraussetzungen sind auch die Durchsuchung der Person und mitgeführter Sachen sowie die Durchführung erkennungsdienstlicher Maßnahmen zulässig (§ 163b Absatz 1 Satz 3 StPO, ggf. in Verbindung mit § 46 Absatz 1 OWiG). Die Durchführung solcher Eingriffsmaßnahmen erfolgt regelmäßig aufgrund eines Ermittlungsersuchens an eine Polizeidienststelle. Auch Unverdächtige dürfen zur Identitätsfeststellung unter besonderer Beachtung des Grundsatzes der Verhältnismäßigkeit festgehalten und notfalls durchsucht, nicht aber gegen ihren Willen erkennungsdienstlich behandelt werden (§ 163b Absatz 2 Satz 2, 3 StPO, ggf. in Verbindung mit § 46 Absatz 1 OWiG).

Beispiel:

Im vorhergehenden Beispiel befragt ein Lebensmittelkontrolleur/Veterinär einen Mitarbeiter, wer für die Lagerung beanstandeter Lebensmittel zuständig ist. Die personenbezogenen Daten des Unverdächtigen können zu dessen Identitätsfeststellung als Zeuge erhoben werden. Die Personalien des daraufhin festgestellten tatverdächtigen Leiters des Kühlhauses dürfen zu dessen Identitätsfeststellung als möglicher Beschuldigter oder Betroffener erhoben werden.

Der Lebensmittelkontrolleur/Veterinär ist als zur Identitätsfeststellung berechtigte Person auch berechtigt, sich Personalausweise vorlegen zu lassen (§ 2 Absatz 1, 2 PAuswG). Die Verweigerung ist eine mit Geldbuße bis 3000 Euro bedrohte Ordnungswidrigkeit (§ 32 Absatz 1 Nummer 2, Absatz 3 PAuswG).

Die Angaben zur Person dürfen als personenbezogene Daten nur soweit erhoben werden, als sie zur Identitätsfeststellung des Beschuldigten bzw. Betroffenen im Straf- oder Bußgeldverfahrens auch tatsächlich erforderlich sind (§ 163b Absatz 1 StPO in Verbindung mit § 46 Absatz 1 OWiG), um ihn von anderen Personen unterscheiden und während des Verfahrens erreichen zu können. Dazu sind nach der Wertung in § 111 Absatz 1 OWiG Vor-, Familien- oder Geburtsnamen, Ort oder Tag der Geburt, Wohnort, Wohnung und ggf. ausländische Staatsangehörigkeit notwendig. Die Privatanschrift ist im Bußgeldverfahren regelmäßig für die Zustellung von Bußgeldbescheiden erforderlich (§ 50 Absatz 2 OWiG).[1]) Auf jeden Fall sollte nach Einführung des elektronischen Rechtsverkehrs zusätzlich gefragt werden, ob der Betroffener ein elektronisches Postfach besitzt (E-Mail-Adresse) und bereit ist, es für Zustellungen elektronischer Dokumente im Bußgeldverfahren zur Verfügung zu stellen.[2])

Die Verweigerung zum Zweck der Identitätsfeststellung nach § 163b StPO verlangter personenbezogener Daten und die Angabe falscher Personalien stellt bei Verdächtigen wie Unverdächtigen eine mit bis zu 1000 Euro Geldbuße bedrohte Ordnungswidrigkeit nach § 111 Absatz 1 OWiG dar. Diese Bußgeldvorschrift dient ausschließlich der Sicherung der Identität einer Person, nicht aber der Aufklärung ihrer wirtschaftlichen Verhältnisse.[3]) Keine Ordnungswidrigkeit liegt daher vor, wenn der Behörde die Angaben schon anderweitig, zum Beispiel durch vorangegangene Betriebskontrollen der Lebensmittelüberwachung bekannt sind.[4])

---

1) Zur Zustellung von Bußgeldbescheiden Kapitel 9.13.

2) Zur elektronischen Kommunikation mit dem Betroffenen Kapitel 7.4.

3) OLG Hamm, Beschluss vom 13.6.2013 – 1 RBs 72/13. Zur den Tatbestandsmerkmalen der Ordnungswidrigkeit *Wieser*, Band II Teil I Nummer 1 § 111 OWiG.

4) OLG München, Beschluss vom 3.3.2010 – 5St RR (II) 039/10.

In geeigneten Fällen empfiehlt sich bei der Identitätsfeststellung nach Beurteilung und Ermessen des Lebensmittelkontrolleurs/Veterinärs eine persönliche Anhörung (§ 55 OWiG) zu den zuvor festgestellten Ordnungswidrigkeiten und wirtschaftlichen Verhältnissen des Betroffenen an Ort und Stelle anbieten. Dies erspart die spätere Versendung eines Anhörungsdokuments.[1])

3.12 Dokumentation der Betriebskontrolle

Die Betriebskontrolle der Lebensmittelüberwachung kann zur Feststellung von Verstößen des Lebensmittelunternehmers durch Augenschein führen (§ 26 Absatz 1 Nummer 4 VwVfG). Das darüber vom Lebensmittelkontrolleur angelegte Dokument wird in der Verfahrenspraxis als „Kontrollbericht" bezeichnet. Es stellt eine tabellarische Zusammenfassung von Informationen auf einem elektronischen oder schriftlichen Trägermedium dar. Daher sind sachbezogene Feststellungen, keine persönlichen Schlussfolgerungen des Lebensmittelkontrolleurs aktenkundig zu machen.

Beispiel:

Mangel Nummer	**Mängelbeschreibung Kontrollort: Küchenraum**
01	Unter der Spüle befanden sich Reste von Salat und Gemüse mit zahlreichen Anfaulungen und teilweisem Schimmelbefall.
02	Der Holzrost zwischen Spüle und Arbeitstischen ist in den Zwischenräumen durch Altöle schmierig, riecht faulig, ist an der Unterseite modrig.
...	
15	Gläserschrank/Thekenbereich: Die Gläser sind zum Teil unsauber gespült, verstaubt oder weisen frühere Benutzungsspuren auf.
16	a) Feststellung bei der Betriebskontrolle Geschirrspüle: Die Geschirrkörbe sind teilweise verrostet, der Schutzbelag löst sich ab.

Der „Kontrollbericht" wird Bestandteil der Akte im nichtförmlichen Verwaltungsverfahren (§ 9 VwVfG). Die Akten der Behörde sollen elektronisch geführt werden (§ 6 EGoVG und entsprechende landesrechtliche Vorschriften). Der Lebensmittelkontrolleur muss zur Dokumentation von Außendiensttätigkeiten befähigt sein (§ 1 Absatz 2 Nummer 12 LKonV). Das Dokument muss zu seiner Wirksamkeit weder dem Lebensmittelunternehmer, seinem Vertreter oder einem während der Kontrolle angetroffenen Mitarbeiter übermittelt noch von einer solchen Person signiert werden. Üblicherweise enthält das Dokument aber eine Erklärung des Lebensmit-

1) Zur Anhörung des Betroffenen im Bußgeldverfahren Kapitel 7.

telunternehmers oder seines Vertreters, dass er von den festgestellten lebensmittelrechtlichen Verstößen Kenntnis genommen habe und sich innerhalb einer vom Lebensmittelkontrolleur bestimmten Frist zu deren Beseitigung bereit erkläre. Das Dokument wird zu diesem Zweck durch Aushändigung eines Ausdrucks oder elektronisch durch E-Mail übermittelt. Anordnungen der Lebensmittelüberwachung können auf diese Weise nicht erteilt werden.

Das Dokument dient ausschließlich als Beweismittel und Entscheidungsgrundlage für Maßnahmen im Verwaltungsverfahren (§ 35 Satz 1 VwVfG). Es muss daher nur sachbezogene Feststellungen zur Betriebskontrolle, keine personenbezogenen Angaben enthalten. Es eignet sich daher nicht für eine „Ordnungswidrigkeiten-Anzeige“ oder „Strafanzeige“. Hierzu ist eine gesonderte personenbezogene Dokumentation erforderlich.[1])

1) Zur Beweissicherung und Dokumentation im Bußgeldverfahren Kapitel 4.

Lebensmittelrechtliche Anordnung zur Beseitigung festgestellter Mängel bei der Betriebskontrolle

Landratsamt Neukirchen Lebensmittelüberwachung

Landratsamt Neukirchen, Postfach 5678, 88888 Neukirchen

Gastro Neuland GmbH
Geschäftsführerin Marianne Huber
Heinestraße 142
88882 Altstein

Dienstgebäude	Feuerbachstraße 43 88888 Neukirchen
Zimmer	0432
Sachbearbeiter(in)	Frau Weber
Telefon	(0823) 8878-342
Telefax	(0823) 8878-340
E-Mail	zbslra@neukirchen.de

Ihr Zeichen, Ihre Nachricht vom	Bitte bei Antwort angeben Unser Zeichen, Unsere Nachricht vom	Datum
	0987665/20	xxyyzzzz

Vollzug des Lebensmittel- und Futtermittelgesetzbuchs (LFGB)
Lebensmittelhygienische Anordnung an den Lebensmittelunternehmer

Sehr geehrte Damen und Herren,
wir erlassen folgende **Ordnungsverfügung**:[1])

1. Wir verpflichten Sie, in den Betriebsräumen der von der Gastro Neuland GmbH geführten Gaststätte Heinestraße 142, 88882 Altstein folgende Maßnahmen bis spätestens xxyyzzzz durchzuführen:
   a) In der Küche ist ein vom vorhandenen Spülbecken getrenntes Handwaschbecken mit Warm- und Kaltwasserzufluss mit einer Mindestgröße von 50 x 50 cm leicht erreichbar und dauerhaft befestigt einzubauen und anschließend unabhängig zur Handreinigung zu nutzen. Ausreichende Mittel zum Händewaschen und zum hygienischen Händetrocknen sind vorzuhalten.
   b) Im Personalraum sind getrennte und geschlossene Umkleidemöglichkeiten für jede dort beschäftigte Person einzurichten, in denen Arbeitskleidung und sonstige, insbesondere Straßenkleidung ohne Berührungsmöglichkeit aufzubewahren sind.
   c) Alle Lebensmittel sind aus der Küche zu entfernen und in einem besonderen Raum (Lagerraum) mit natürlicher oder mechanischer Belüftung und elektrischer Beleuchtung zu lagern. Lebensmittel dürfen dort nicht auf dem Boden, sondern sind in Regalen zu lagern.
   d) Kühlungsbedürftige Lebensmittel sind entweder in einem begehbaren Kühlraum oder zumindest in einer Kühlzelle zu lagern, die sich im Lagerraum (Buchstabe c) befinden kann.

1) Anstelle des Begriffs „Ordnungsverfügung" tritt in manchen Ländern nach dem einschlägigen Verwaltungsverfahren der Begriff „Polizeiverfügung" oder „Bescheid".

e) Für die Abfallbeseitigung sind entweder im Freien oder in einem besonderen baulich getrennten Raum mindestens zwei Behälter für Küchen- und Speiseabfälle sowie sonstige Abfälle aufzustellen. In der Küche dürfen Abfälle nur in verschließbaren Behältern mit Fußbedienung gesammelt werden.

2. Wir ordnen die sofortige Vollziehung der in Nummer 1 bezeichneten Pflichten an.
3. Für den Fall der Zuwiderhandlung gegen die in Nummer 1 bezeichneten Pflichten drohen wir ein Zwangsgeld von 1000 Euro an.
4. Die Gastro Neuland GmbH trägt die Kosten dieser Anordnung. Wir setzen eine Gebühr von 50,00 Euro fest. Unsere Auslagen betragen 3,45 Euro.

Gründe

1. Das Landratsamt Neukirchen – Lebensmittelüberwachung – hat am 16.10.2020 in den Betriebsräumen der Gastro Neuland GmbH geführten Gaststätte Heinestraße 142, 88882 Altstein eine Betriebskontrolle durchgeführt. Dort wurde ein Schild mit der Aufschrift „Neueröffnung am 2. November" festgestellt. Die Behandlung von Lebensmitteln findet in einer gerade renovierten Küche statt, ein vorgesehener Lagerraum mit Kühleinrichtung ist noch nicht in Betrieb. Ferner ist ein Personalraum vorhanden. Dabei wurde festgestellt:

   a) In der Küche ist lediglich ein Spülbecken vorhanden, das nach Auskunft der Küchenhilfe auch zur Handreinigung des Personals verwendet werden soll. Nach Artikel 3, 4 Absatz 2 in Verbindung mit Anhang II Kapitel I Nummer 5 Buchstabe d Verordnung (EG) Nummer 852/2004 des Europäischen Parlaments und des Rates vom 29. April 2004 müssen an geeigneten Standorten genügend Handwaschbecken vorhanden sein. Diese müssen Warm- und Kaltwasserzufuhr haben; darüber hinaus müssen Mittel zum Händewaschen und zum hygienischen Händetrocknen vorhanden sein. Soweit erforderlich, müssen die Vorrichtungen zum Waschen der Lebensmittel von den Handwaschbecken getrennt angeordnet sein. Diesen Voraussetzungen entspricht der Küchenraum durch das völlige Fehlen eines Handwaschbeckens nicht. Zur Abhilfe ist eine vorschriftsmäßige Einrichtung vor der Neueröffnung des Geschäftsbetriebs erforderlich.

   b) Im Personalraum ist ein Wandbrett mit fünf Haken vorhanden, an denen Arbeits- und Straßenkleidung der beschäftigten Personen unter unmittelbarer Berührung aufgehängt werden. Personen, die in einem Bereich arbeiten, in dem mit Lebensmitteln umgegangen wird, müssen nach Artikel 3, 4 Absatz 2 in Verbindung mit Anhang II Kapitel VIII Nummer 1 Verordnung (EG) Nummer 852/2004 des Europäischen Parlaments und des Rates vom 29. April 2004 ein hohes Maß an persönlicher Sauberkeit halten; sie müssen geeignete und saubere Arbeitskleidung und erforderlichenfalls Schutzkleidung tragen. Diesen Voraussetzungen entspricht der Betriebsraum nicht, weil Arbeits- und Straßenkleidung an nebeneinander in geringem Abstand angebrachte Haken keine räumliche Trennung der Kleidungsarten ermöglichen und damit eine nachteilige Beeinflussung von Lebensmitteln droht. Zur Abhilfe sind personenbezogene Aufbewahrungsmöglichkeiten (Spinde) erforderlich, die eine räumliche Trennung von Arbeits- und sonstiger Kleidung ermöglichen.

c) Die für Endverbraucher bestimmten Lebensmittel werden in der Küche gelagert, kühlbedürftige Lebensmittel in einem Kühlschrank mit 80 Litern Fassungsvermögen und einer Innentemperatur bei der Messung von 10 Grad. Rohstoffe, Zutaten, Zwischenerzeugnisse und Enderzeugnisse, die die Vermehrung pathogener Mikroorganismen oder die Bildung von Toxinen fördern können, dürfen nach Artikel 3, 4 Absatz 2 in Verbindung mit Anhang II Kapitel IX Nummer 5 Verordnung (EG) Nummer 852/2004 des Europäischen Parlaments und des Rates vom 29. April 2004 nicht bei Temperaturen aufbewahrt werden, die einer Gesundheitsgefährdung Vorschub leisten könnten. Die Kühlkette darf nicht unterbrochen werden. Lebensmittelunternehmen, die Verarbeitungserzeugnisse herstellen, bearbeiten und umhüllen, müssen über geeignete, ausreichend große Räume zur getrennten Lagerung der Rohstoffe einerseits und der Verarbeitungserzeugnisse andererseits und über ausreichende, separate Kühlräume verfügen. Diesen Voraussetzungen entspricht die Lagerung und Kühlung von Lebensmitteln nicht, weil sie ausschließlich in der Küche unter Verwendung eines handelsüblichen Haushaltskühlschranks vorgesehen ist. Daher sind zu lagernde Lebensmittel aus der Küche zu entfernen und in einem geeigneten Lager- und Kühlraum, zumindest aber in einer Kühlzelle zu lagern, die die notwendigen Kühltemperaturen ermöglichen.

d) Für die Abfallbeseitigung sind ein offener Behälter in der Küche, im Hinterhof eine Restmülltonne vorhanden. Lebensmittelabfälle, ungenießbare Nebenerzeugnisse und andere Abfälle müssen nach Artikel 3, 4 Absatz 2 in Verbindung mit Anhang II Kapitel VI Verordnung (EG) Nummer 852/2004 des Europäischen Parlaments und des Rates vom 29. April 2004 so rasch wie möglich aus Räumen, in denen mit Lebensmitteln umgegangen wird, entfernt werden, damit eine Anhäufung dieser Abfälle vermieden wird. Lebensmittelabfälle, ungenießbare Nebenerzeugnisse und andere Abfälle sind in verschließbaren Behältern zu lagern, es sei denn, die Lebensmittelunternehmer können der zuständigen Behörde gegenüber nachweisen, dass andere Behälterarten oder andere Entsorgungssysteme geeignet sind. Diese Behälter müssen angemessen gebaut sein, einwandfrei instandgehalten sowie leicht zu reinigen und erforderlichenfalls leicht zu desinfizieren sein. Es sind geeignete Vorkehrungen für die Lagerung und Entsorgung von Lebensmittelabfällen, ungenießbaren Nebenerzeugnissen und anderen Abfällen zu treffen. Abfallsammelräume müssen so konzipiert und geführt werden, dass sie sauber und erforderlichenfalls frei von Tieren und Schädlingen gehalten werden können. Alle Abfälle sind nach geltendem Gemeinschaftsrecht hygienisch einwandfrei und umweltfreundlich zu entsorgen und dürfen Lebensmittel weder direkt noch indirekt kontaminieren. Diesen Voraussetzungen entspricht die Abfallbeseitigung nicht, weil die gesetzlichen Bestimmungen nicht einmal ansatzweise erfüllt sind, sondern durch die Lagerung in der Küche unter Verwendung eines Haushaltskühlschranks eine nachteilige Beeinflussung von Lebensmitteln naheliegt.

Lebensmittel dürfen nur so hergestellt, behandelt oder in den Verkehr gebracht werden, dass sie bei Beachtung der im Verkehr erforderlichen Sorgfalt der Gefahr einer nachteiligen Beeinflussung nicht ausgesetzt sind (§ 3 Satz 1 Lebensmittelhygieneverordnung in der Fassung vom 21.06.2016, BGBl. I S. 1469, LMHV).

Das Landratsamt Neukirchen ist für die getroffenen Feststellungen und Anordnungen aufgrund <<landesrechtliche Bestimmung>> örtlich und sachlich zuständig. Rechtsgrundlage für die vorstehenden Anordnungen ist Artikel 138 Absatz 1 Satz 1 Buchstabe b Verordnung (EU) Nummer 2017/625. Danach ergreifen, wenn ein Verstoß festgestellt wird, die zuständigen Behörden geeignete Maßnahmen, um zu gewährleisten, dass der betreffende Unternehmer den Verstoß beendet und dass er erneute Verstöße dieser Art verhindert. Alle vorstehenden Anordnungen stehen nicht im Ermessen der Lebensmittelüberwachung, sondern sind zwingend gesetzlich vorgeschrieben. Der Grundsatz der Verhältnismäßigkeit (Artikel 20 Absatz 3 GG) ist gewahrt, weil den Lebensmittelunternehmer weniger belastende Maßnahmen nicht zulässig wären.

2. Die Androhung des Zwangsgeldes beruht auf <<landesrechtliche Bestimmung>>. Das Zwangsgeld beträgt mindestens <<Betrag>> Euro und höchstens <<Betrag>> Euro (<<landesrechtliche Bestimmung>>). Das wirtschaftliche Interesse an der Nichtbefolgung der Anordnungen schätzen wir auf zumindest 1000 Euro (<<landesrechtliche Bestimmung>>).
3. Die Anordnungen sind nach § 80 Absatz 2 Satz 1 Nummer 4 VwGO für sofort vollziehbar zu erklären. Das besondere öffentliche Interesse an der sofortigen Vollziehbarkeit ergibt sich aus dem Interesse der Endver-

braucher an der Einhaltung von Bestimmungen, die nachteilige Beeinflussungen von Lebensmitteln bei der Behandlung wirksam ausschließen. Die festgestellten lebensmittelrechtlichen Verstöße verwirklichen zudem den Tatbestand einer Ordnungswidrigkeit nach § 10 Nummer 1 LMHV und sind daher bei laufendem Betrieb des Unternehmens auch nicht vorübergehend hinzunehmen. Das Interesse des Verpflichteten an der Bestandskraft der Anordnung muss dem gegenüber zurückstehen.

4. Die Kostenentscheidung beruht auf Artikel 138 Absatz 4 Verordnung (EG) Nummer 852/2004 des Europäischen Parlaments und des Rates vom 29. April 2004. Danach gehen alle auf der Grundlage dieses Artikels anfallenden Kosten zu Lasten des verantwortlichen Unternehmers.

Rechtsbehelfsbelehrung

Gegen diese Anordnung können Sie innerhalb eines Monats nach ihrer Bekanntgabe Widerspruch erheben. Der Widerspruch ist schriftlich oder zur Niederschrift bei dem Landratsamt Neukirchen, Königstraße 2, 88880 Neukirchen, einzulegen. Rechtsbehelfe gegen diese Anordnung haben wegen der Anordnung der sofortigen Vollziehbarkeit keine aufschiebende Wirkung. Bei dem Landratsamt Neukirchen oder dem <<Aufsichtsbehörde>> können Sie jedoch die Aussetzung der Vollziehung und beim Verwaltungsgericht <<Ort>> die Wiederherstellung der aufschiebenden Wirkung eingelegter Rechtsbehelfe beantragen. Sollte über den Widerspruch ohne zureichenden Grund in angemessener Frist sachlich nicht entschieden werden, so können Sie Klage beim Verwaltungsgericht <<Ort>> schriftlich oder zur Niederschrift der Geschäftsstelle dieses Gerichts erheben. Die Klage kann nicht vor Ablauf von drei Monaten seit Einlegung des Widerspruchs erhoben werden, außer wenn wegen besonderer Umstände des Falles eine kürzere Frist geboten ist. Die Klage muss den Kläger, den Beklagten und den Streitgegenstand bezeichnen und soll einen bestimmten Antrag enthalten. Die zur Begründung dienenden Tatsachen und Beweismittel sollen angegeben, der angefochtene Bescheid soll in Urschrift oder Abschrift beigefügt werden. Der Klage und allen Schriftsätzen sollen Abschriften für die übrigen Beteiligten beigefügt werden.

Hinweis

Die festgestellten Verstöße verwirklichen den Tatbestand von Ordnungswidrigkeiten nach § 10 Nummer 1 LMHV und können unabhängig von dem in Ziffer 3 angedrohten Zwangsgeld durch Bußgeldbescheid (§ 65 OWiG) mit einer Geldbuße geahndet werden.

Mit freundlichen Grüßen

Vorläufige Betriebsschließung und Anordnung einer Grundreinigung

Landratsamt Neukirchen Lebensmittelüberwachung

Landratsamt Neukirchen, Postfach 5678, 88888 Neukirchen

Herrn
Klaus Schmied
Bahnhofstraße 52
88882 Altstein

Dienstgebäude	Feuerbachstraße 43 88888 Neukirchen
Zimmer	0432
Sachbearbeiter(in)	Frau Weber
Telefon	(0823) 8878-342
Telefax	(0823) 8878-340
E-Mail	zbslra@neukirchen.de

Ihr Zeichen, Ihre Nachricht vom	Bitte bei Antwort angeben Unser Zeichen, Unsere Nachricht vom	Datum
	0987665/20	xxyyzzzz

Vollzug des Lebensmittel- und Futtermittelgesetzbuchs (LFGB)
Lebensmittelhygienische Anordnung an den Lebensmittelunternehmer

Sehr geehrte Damen und Herren,
wir erlassen folgende **Ordnungsverfügung:**[1])

1. Die Behandlung und Abgabe von Lebensmitteln in den Betriebsräumen des von Herrn Schmied geführten Pizzadienstes Bahnhofstraße 52, 88882 Altstein wird mit sofortige Wirkung untersagt. Die mündliche Ordnungsverfügung vom heutigen Tag wird hiermit schriftlich bestätigt.
2. Wir verpflichten Sie, bis spätestens xxyyzzzz
   a) in den Betriebsräumen eine Schädlingsbekämpfung, Grundreinigung und Desinfektion der Küche, des Lagerraums, des Umkleideraums und der Personaltoilette durch ein dazu qualifiziertes Unternehmen durchzuführen.
   b) das vorhandene Küchenfenster dauerhaft mit einem Insekten abhaltenden Gitter zu versehen.
3. Das mit der Schädlingsbekämpfung, Grundreinigung und Desinfektion beauftragte Unternehmen ist dem Landratsamt vor Beginn der Grundreinigung und Desinfektion unaufgefordert mitzuteilen. Die Ausführung der Maßnahmen ist bis spätestens 02.11.2020 nachzuweisen.
4. Für den Fall der Zuwiderhandlung gegen die in Nummer 1 bezeichneten Pflichten drohen wir ein Zwangsgeld von 1000 Euro an.

1) Anstelle des Begriffs „Ordnungsverfügung" tritt in manchen Ländern nach dem einschlägigen Verwaltungsverfahren der Begriff „Polizeiverfügung" oder „Bescheid".

5. Herr Schmied trägt die Kosten dieser Anordnung. Wir setzen eine Gebühr von 50,00 Euro fest. Unsere Auslagen betragen 3,45 Euro.

Gründe

1. Das Landratsamt Neukirchen - Lebensmittelüberwachung - hat am 16.10.2018 in den Betriebsräumen des von Herrn Schmied geführten Pizzadienstes Bahnhofstraße 52, 88882 Altstein eine Betriebskontrolle durchgeführt. Dabei wurde in der Küche, dem Lagerraum, dem Umkleideraum und der Personaltoilette offensichtlicher Befall durch Ungeziefer festgestellt. Offen gelagerte Lebensmittel in der Küche waren von Fluginsekten, insbesondere verschiedenen Fliegenarten befallen, die durch ein offenes Fenster ungehindert einfliegen konnten. Im Vorratsraum befanden sich im Boden- und Regalbereich zahlreiche Kadaver von Insekten (Kakerlaken). In allen überprüften Räumen waren Spuren von Mäusekot sichtbar. Auf die dieser Anordnung beigefügten Bildaufnahmen wird Bezug genommen.

   Fenster und andere Öffnungen müssen nach Artikel 3, 4 Absatz 2 in Verbindung mit Anhang II Kapitel I Nummer 4 Verordnung (EG) Nummer 852/2004 des Europäischen Parlaments und des Rates vom 29. April 2004 so gebaut sein, dass Schmutzansammlungen vermieden werden. Soweit sie nach außen öffnen können, müssen sie erforderlichenfalls mit Insektengittern versehen sein, die zu Reinigungszwecken leicht entfernt werden können. Soweit offene Fenster die Kontamination begünstigen, müssen sie während des Herstellungsprozesses geschlossen und verriegelt bleiben. Diesen Voraussetzungen entsprechen die Betriebsräume nicht, weil bei der Kontrolle im Küchenraum ein weit geöffnetes Fenster ohne jede Schutzmaßnahme festgestellt werden konnten.

   Gegenstände, Armaturen und Ausrüstungen, mit denen Lebensmittel in Berührung kommen, müssen nach Artikel 3, 4 Absatz 2 in Verbindung mit Anhang II Kapitel V Nummer 1 Buchstabe a Verordnung (EG) Nummer 852/2004 des Europäischen Parlaments und des Rates vom 29. April 2004 gründlich gereinigt und erforderlichenfalls desinfiziert werden. Die Reinigung und die Desinfektion muss so häufig erfolgen, dass kein Kontaminationsrisiko besteht; sie müssen nach Artikel 3, 4 Absatz 2 in Verbindung mit Anhang II Kapitel V Nummer 1 Buchstabe b Verordnung (EG) Nummer 852/2004 des Europäischen Parlaments und des Rates vom 29. April 2004 so gebaut, beschaffen und instand gehalten sein, dass das Risiko einer Kontamination so gering wie möglich ist. Lebensmittel sind nach Artikel 3, 4 Absatz 2 in Verbindung mit Anhang II Kapitel IX Nummer 3 Verordnung (EG) Nummer 852/2004 des Europäischen Parlaments und des Rates vom 29. April 2004 auf allen Stufen der Erzeugung, der Verarbeitung und des Vertriebs vor Kontaminationen zu schützen, die sie für den menschlichen Verzehr ungeeignet oder gesundheitsschädlich machen bzw. derart kontaminieren, dass ein Verzehr in diesem Zustand nicht zu erwarten wäre. Zudem ist Kontaminationen durch Tiere und Schädlinge nach Artikel 3, 4 Absatz 2 in Verbindung mit Anhang II Kapitel IX Nummer 4 Verordnung (EG) Nummer 852/2004 des Europäischen Parlaments und des Rates vom 29. April 2004 so weit wie möglich vorzubeugen. Von diesen Voraussetzungen ist in allen überprüften Betriebsräumen durch den vorgefundenen Schädlingsbefall abgewichen worden,

Lebensmittel dürfen nur so hergestellt, behandelt oder in den Verkehr gebracht werden, dass sie bei Beachtung der im Verkehr erforderlichen Sorgfalt der Gefahr einer nachteiligen Beeinflussung nicht ausgesetzt sind (§ 3 Satz 1 Lebensmittelhygieneverordnung in der Fassung vom 21.06.2016, BGBl. I S. 1469, LMHV).

Das Landratsamt Neukirchen ist für die getroffenen Feststellungen und Anordnungen aufgrund <<landesrechtliche Bestimmung>> örtlich und sachlich zuständig. Rechtsgrundlage für die vorstehenden Anordnungen ist Artikel 138 Absatz 1 Satz 1 Buchstabe b Verordnung (EU) Nummer 2017/625. Danach ergreifen, wenn ein Verstoß festgestellt wird, die zuständigen Behörden geeignete Maßnahmen, um zu gewährleisten, dass der betreffende Unternehmer den Verstoß beendet und dass er erneute Verstöße dieser Art verhindert. Alle vorstehenden Anordnungen stehen nicht im Ermessen der Lebensmittelüberwachung, sondern sind zwingend gesetzlich vorgeschrieben. Der Grundsatz der Verhältnismäßigkeit (Artikel 20 Absatz 3 GG) ist gewahrt, weil den Lebensmittelunternehmer weniger belastende Maßnahmen nicht zulässig wären.

2. Die Androhung des Zwangsgeldes beruht auf <<landesrechtliche Bestimmung>>. Das Zwangsgeld beträgt mindestens <<Betrag>> Euro und höchstens <<Betrag>> Euro (<<landesrechtliche Bestimmung>>). Das wirtschaftliche Interesse an der Nichtbefolgung der Anordnungen schätzen wir auf zumindest 1000 Euro (<<landesrechtliche Bestimmung>>).
3. Die Anordnungen sind nach § 80 Absatz 2 Satz 1 Nummer 4 VwGO für sofort vollziehbar zu erklären. Das besondere öffentliche Interesse an der sofortigen Vollziehbarkeit ergibt sich aus dem Interesse der Endverbraucher an der Einhaltung von Bestimmungen, die nachteilige Beeinflussungen von Lebensmitteln bei der Behandlung wirksam ausschließen. Die festgestellten lebensmittelrechtlichen Verstöße verwirklichen zudem den Tatbestand einer Ordnungswidrigkeit nach § 10 Nummer 1 LMHV und sind daher bei laufendem Betrieb des Unternehmens auch

nicht vorübergehend hinzunehmen. Die vorübergehende Betriebsschließung ist zwar eine Maßnahme, die erheblich in den eingerichteten und ausgeübten Geschäftsbetrieb des Lebensmittelunternehmers eingreift. Das Interesse des Endverbrauchers von Lebensmitteln überwiegt dieses Interesse jedoch bei Weitem. Das Interesse des Verpflichteten an der Bestandskraft der Anordnung muss dem gegenüber zurückstehen.

4. Die Kostenentscheidung beruht auf Artikel 138 Absatz 4 Verordnung (EG) Nummer 852/2004 des Europäischen Parlaments und des Rates vom 29. April 2004. Danach gehen alle auf der Grundlage dieses Artikels anfallenden Kosten zu Lasten des verantwortlichen Unternehmers.

Rechtsbehelfsbelehrung

Gegen diese Anordnung können Sie innerhalb eines Monats nach ihrer Bekanntgabe Widerspruch erheben. Der Widerspruch ist schriftlich oder zur Niederschrift bei dem Landratsamt Neukirchen, Königstraße 2, 88880 Neukirchen, einzulegen. Rechtsbehelfe gegen diese Anordnung haben wegen der Anordnung der sofortigen Vollziehbarkeit keine aufschiebende Wirkung. Bei dem Landratsamt Neukirchen oder dem <<Aufsichtsbehörde>> können Sie jedoch die Aussetzung der Vollziehung und beim Verwaltungsgericht <<Ort>> die Wiederherstellung der aufschiebenden Wirkung eingelegter Rechtsbehelfe beantragen. Sollte über den Widerspruch ohne zureichenden Grund in angemessener Frist sachlich nicht entschieden werden, so können Sie Klage beim Verwaltungsgericht <<Ort>> schriftlich oder zur Niederschrift der Geschäftsstelle dieses Gerichts erheben. Die Klage kann nicht vor Ablauf von drei Monaten seit Einlegung des Widerspruchs erhoben werden, außer wenn wegen besonderer Umstände des Falles eine kürzere Frist geboten ist. Die Klage muss den Kläger, den Beklagten und den Streitgegenstand bezeichnen und soll einen bestimmten Antrag enthalten. Die zur Begründung dienenden Tatsachen und Beweismittel sollen angegeben, der angefochtene Bescheid soll in Urschrift oder Abschrift beigefügt werden. Der Klage und allen Schriftsätzen sollen Abschriften für die übrigen Beteiligten beigefügt werden.

Hinweis

Die festgestellten Verstöße verwirklichen den Tatbestand von Ordnungswidrigkeiten nach § 10 Nummer 1 LMHV und können unabhängig von dem in Ziffer 3 angedrohten Zwangsgeld durch Bußgeldbescheid (§ 65 OWiG) mit einer Geldbuße geahndet werden.

Mit freundlichen Grüßen

3.13 EU-Schnellwarnsysteme

Auf der Grundlage von Art. 50 ff. BasisVO sind die sogenannten EU-Schnellwarnsysteme RASFF (Rapid Alert System for Food and Feed) für Lebens- und Futtermittel sowie RAPEX (Rapid Exchange) für die übrigen Konsumgüter implementiert. Mit den Schnellwarnsystemen werden zunächst Informationen über die von den Erzeugnissen ausgehenden unmittelbaren oder mittelbaren Gesundheitsrisiken innerhalb der Behörden in der EU und ggf. bei Berührung von Drittländern auch außerhalb der EU ausgetauscht. Diese Informationen dienen insbesondere zur behördlichen Verifizierung, ob die jeweiligen betroffenen Unternehmen ihren Verpflichtungen u. a. nach Art. 19 BasisVO selbstständig nachkommen und die Erzeugnisse entsprechend vom Markt nehmen sowie erforderlichenfalls auch die Verbraucher informieren. Sofern die Unternehmen ihren Verpflichtungen gemäß der lebensmittelrechtlichen Primärverantwortlichkeit nicht nachkommen, haben die Behörden die Unternehmen zu entsprechenden Handlungen für ein hohes Gesundheitsschutzniveau zu veranlassen. In Eilfällen können die Behörden auch selbst handeln, z. B. durch eine Information der Öffentlichkeit nach Art. 10 BasisVO in Verbindung mit § 40 Abs. 1 und 2 LFGB.

Die Länder und das BVL veröffentlichen dazu im Internetportal www.lebensmittelwarnung.de öffentliche Warnungen und Informationen im Sinne des § 40 LFGB. Eine Veröffentlichung ist auch dann möglich, wenn bei der Herstellung des Erzeugnisses die vorgeschriebenen mikrobiologischen Untersuchungen nach der Verordnung (EG) 2073/2005 vollständig und ordnungsgemäß durchgeführt und hierbei keine entsprechenden Keime nachgewiesen wurden.[1])

3.14 Lebensmittelrechtliche Rücknahmen – Anordnungen und ggf. Übergang zum Rückruf

Rücknahme und Rückruf nach Art. 19 BasisVO

(Art. 19 Abs. 1 BasisVO) regelt mit Absatz 1

- die sogenannte **Rücknahme** von unsicheren Erzeugnissen durch den Unternehmer vom Markt,
- die ggf. erforderliche Unterrichtung der Behörden, wenn die Erzeugnisse den Verfügungsbereich des Unternehmens verlassen haben
- und die ggf. notwendige Veranlassung eines **Rückrufes** gegenüber den Verbrauchern.

---

1) BayVGH (München), Beschluss vom 31.8.2007 – 25 CE 07.2215.

Mit den Maßstäben eines hohen Gesundheitsschutzniveaus geht damit insbesondere schlüssig einher, dass die Annahme eines Unternehmers hinsichtlich unsicherer Erzeugnisse für die Auslösung der Marktrücknahme und die Prüfung weiterer Maßnahmen ausreicht.

Systematik nach Art. 138 EU-KontrollV 2017

Die novellierte EU-KontrollV 2017 stellt den Mitgliedstaaten wirksame Rechtsrahmen für effektive amtliche Kontrollen zur Verfügung.[1]) Der Art. 138 EU-KontrollV 2017 ermächtigt mit Abs. 1 grundsätzlich zu den erforderlichen und geeigneten Maßnahmen mit Blick auf das Primärziel[2]) eines hohen Gesundheitsschutzniveaus. Daraus ergibt sich auch die Ermächtigung zu den sogenannten Realakten gemäß den Ausführungen unter 3.1.7, sodass entsprechende Rückgriffe auf das allgemeine Polizeirecht obsolet sind.

Der Abs. 2 sieht dann einen ausdrücklich nicht abschließenden Maßnahmenkatalog vor und nennt mit lit. g) auch beispielhaft Anordnungen für die Rücknahme und den Rückruf von Erzeugnissen.

Die Unsicherheit von Erzeugnissen – beispielsweise nach Art. 14 BasisVO und ähnlichen Tatbeständen – führt nach der risikoorientierten Stufensystematik des Art. 19 BasisVO zu den Rechtsfolgen bzw. unternehmerischen Pflichten

1. des Inverkehrbringungsverbots
2. regelmäßig zudem zur Rücknahme vom Markt und
3. in Abhängigkeit von der Verhältnismäßigkeit bzw. Risikobewertung ggf. auch zu einem Rückruf.

Im Übrigen hat der BGH[3]) im Jahr 2016 eine übereinstimmende zivilrechtliche Verpflichtung nicht nur zur weiteren Unterlassung der Abgabe, sondern auch zur Beseitigung des Störungszustands bestätigt.

Die **Rücknahme** von unsicheren Erzeugnissen von den gewerbsmäßigen Kunden wird umgangssprachlich auch als stille Rücknahme bezeichnet. Sie hat noch keine so starke Öffentlichkeitswirksamkeit wie ein Rückruf gegenüber den Verbrauchern. In den minder schweren Fällen im Rahmen der unsicheren Erzeugnisse kann eine Marktrücknahme ausreichend sein. Nur wenn die Erzeugnisse darüber hinausgehend auch bereits die Verbraucher erreicht haben und eine damit einhergehende Risikobewertung die entsprechende Verhältnismäßigkeit untermauert, ist nach Art. 19 Abs. 1 Satz 2

1) Siehe Erwägungsgründe 16 ff.
2) Art. 168 Abs. 1 und Art. 114 Abs. 3 AEUV sowie Art. 1 BasisVO.
3) Urteil BGH vom 29.9.2016 – I ZB 34/15.

BasisVO nachvollziehbarerweise auch eine Information der Verbraucher für ein hohes Gesundheitsschutzniveau vorgesehen und gerechtfertigt.

Wenn die Unternehmen ihre Pflichten nach Art. 19 BasisVO nicht selbstständig wahrnehmen, können behördliche Anordnungen gegenüber den Unternehmen in Betracht kommen. Diese sind auch im unionsrechtlichen Rahmen im Art. 138 Abs. 2 lit. g) EU-KontrollV 2017 beispielhaft benannt. Hierbei ist in Verbindung mit der jeweiligen Risikobewertung und Dringlichkeit jedoch auch zu berücksichtigen, dass nachhaltig mangelnde Mitwirkung der Unternehmen über die Anordnung hinaus zu Schwierigkeiten und im Falle einer erforderlichen Vollstreckung zu möglicherweise intolerablen Zeitverläufen führen kann. Wenn beispielsweise unredliche Unternehmen eine Herausgabe von Lieferlisten sowie die Durchführung der Rücknahme gegenüber den gewerbsmäßigen Kunden auch auf Anordnungen und beispielsweise Zwangsgeldandrohungen nicht durchführen, kann das anderweitig schwerlich von der Behörde ersatzweise vollstreckt werden. So werden Zwangsgelder bei erforderlichen Wiederholungen jedenfalls irgendwann zu langwierig sein. Dies kann deren grundsätzliche Geeignetheit im Einzelfall in Frage stellen. Eine Ersatzvornahme müsste dann quasi damit einhergehen, dass das Unternehmen betreten, die Lieferlisten im Unternehmen aufgefunden und von der Behörde für eine Rücknahme gegenüber den Abnehmern namens des Unternehmens verwendet werden müssen. Dies kann einerseits vor Ort absehbar in eine Durchsuchung übergehen. Zudem ist die Vertretbarkeit der Handlungen für die Durchführung einer derartigen Rücknahme namens des Unternehmens fraglich. Mit dem verbleibenden unmittelbaren Zwang kann zwar ggf. ausdrücklich Gewalt gegen Sachen oder Personen angewandt werden. Jedoch kann auch dies in eine Durchsuchung übergehen; hinsichtlich der erforderlichen Vollstreckungshandlungen sind dieselben Schwierigkeiten wie bei der Ersatzvornahme gegeben. Vor diesem Hintergrund kann die Umsetzung einer Rücknahme mittels Verwaltungsakt in erkennbar dringlichen Fällen ungeeignet sein bzw. sich im Verfahren entsprechend erweisen. Eine Umsetzung als Realakt kommt dabei auch nicht in Betracht, weil dabei dieselben praktischen und rechtlichen Schwierigkeiten wie bei vorstehenden Vollstreckungshandlungen gegeben wären. Aus dieser Ungeeignetheit von milderen Mitteln kann im Einzelfall die Erforderlichkeit und Zulässigkeit eines höherrangigen Rückrufs mit einer Umsetzung als Realakt resultieren. Derartiges Vorgehen[1]) stimmt mit dem Verhältnis von Art. 19 zu Art. 10 BasisVO sowie der national gewählten Vorgehensweise nach § 40 LFGB überein. Für die Zulässigkeit sprechen ebenso die bereits angeführte Kon-

1) Vgl. Ausführungen unter 3.1.7 zu den Realakten sowie Ermächtigungen und Rechtsmitteln.

struktion der Ermächtigungen von Art. 138 Abs. 1 und 2 EU-KontrollV 2017 sowie der Verweis in Art. 7 BasisVO zu ggf. erforderlichen Sofortmaßnahmen neben der Rechtswegegarantie. Auf die ergänzenden Ausführungen unter 3.15 wird verwiesen.

Das hohe Schutzniveau und der weite präventive Anwendungsbereich werden deutlich, indem der Unionsnormgeber neben dem „Erkennen" auch bereits den „Grund für die Annahme" von unsicheren Erzeugnissen für die Auslösung der unternehmerischen Pflichten und den Verbraucherschutz wählt. Zudem erlaubt § 40 Abs. 3 LFGB in ganz besonderen Fällen auch ausnahmsweise ein Absehen von einer Anhörung vor den behördlichen Maßnahmen. Davon sollte aus nachvollziehbaren Gründen nur Gebrauch gemacht werden, wenn auch unter Berücksichtigung der heutigen IuK-Möglichkeiten tatsächlich keine Anhörung möglich ist bzw. sie den Zweck der Maßnahme gefährden würde. Im Prinzip stellt diese Schnittstelle auch den Berührungspunkt zu einem etwaigen Handeln durch unmittelbare Ausführung in Abwesenheit bzw. bei Unerreichbarkeit von Adressaten dar gemäß den üblichen polizeirechtlichen Grundsätzen und den ergänzenden Ausführungen hierzu unter 3.1.7.

Beispiel:

Ein Unternehmer hat illegal die zulassungspflichtige Kommissionierung von Fisch aus dem Ausland in einem alten Bürogebäude und eine Verteilung der Fischerzeugnisse an Verbrauchermärkte in der Region begonnen. Nach Kenntniserlangung durch die Behörde werden katastrophale Hygienebedingungen im alten Bürogebäude mit einzelnen dortigen Kühlzellen festgestellt; die Fischerzeugnisse werden als unsicher und nicht verzehrsgeeignet beurteilt. Der nicht zugelassene und auch nicht nach Art. 6 Verordnung (EG) 852/2004 angezeigte Betrieb wird unter Anordnung der sofortigen Vollziehung untersagt. Zudem werden die Fischerzeugnisse freitagnachmittags beschlagnahmt und in den Kühleinrichtungen versiegelt bis zur vorgesehenen Entsorgung in der folgenden Woche. Ungeachtet einzelner Kontrollfahrten durch die Lebensmittelüberwachung und die Polizei sind die Siegel an den Kühlräumen am nächsten Montag zerstört und einzelne Kartons mit Edelfischerzeugnissen sind verschwunden. Darauf wird dem Unternehmer eine Frist von 4h für das Zurückbringen der entwendeten Erzeugnisse eingeräumt, vor einer behördlichen Information der Öffentlichkeit unter Nennung des Unternehmens sowie der einschlägigen Verstöße und Risiken. Zur Vermeidung der öffentlichen Warnung hat der Unternehmer die Fischerzeugnisse zurückgebracht. Neben der strafrechtlichen Ahndung der Hygieneverstöße erfolgt ein Verfahren wegen Siegelbruch.

Übersicht Pflichten der Unternehmen und ggf. behördliche Maßnahmen

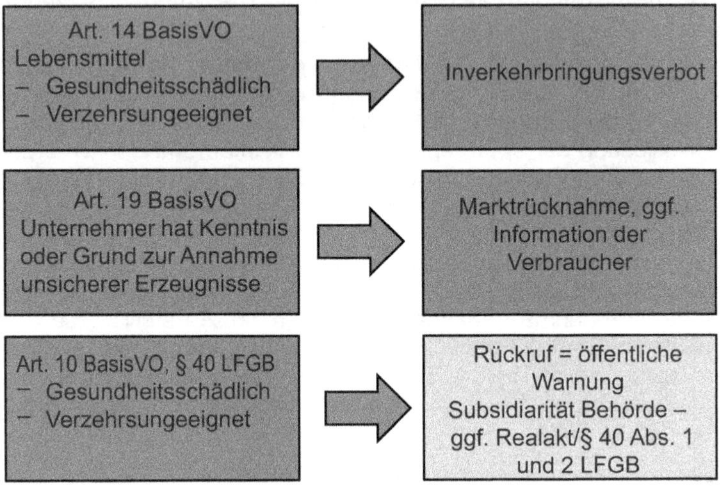

3.15 Lebensmittelrechtliche Rückrufe – ggf. behördliche Realakte zur Umsetzung

Gemäß vorstehenden Ausführungen zur Rücknahme ermächtigt der Rechtsrahmen des Art. 138 EU-KontrollV 2017 nach Abs. 1 zu jeglichen geeigneten und erforderlichen Maßnahmen und berücksichtigt im Abs. 2 lit. g) beispielhaft auch Anordnungen gegenüber Unternehmen zur Durchführung von Rücknahmen und Rückrufen. In einem risikoorientierten Stufenverhältnis sieht der Art. 19 BasisVO bei unsicheren Erzeugnissen

- die Verpflichtung der Unternehmen zum Inverkehrbringungsverbot,
- regelmäßig damit einhergehend die Marktrücknahme und
- erforderlichenfalls auch einen Rückruf vor.

Art. 10 BasisVO enthält die Ermächtigung für den behördlichen Rückruf in Verbindung mit Gesundheitsrisiken als sogenannte Information der Öffentlichkeit bzw. öffentliche Warnung.

Der nationale Gesetzgeber hat für die bedeutenden Rückrufe von unsicheren Erzeugnissen nachvollziehbar grundsätzlich eine Konstruktion mittels Realakt gewählt. Dies folgt aus der Systematik und Ermächtigung nach

§ 40 Abs. 1 und 2 LFGB.[1]) Danach können die Unternehmen ihre Verpflichtung zu ggf. erforderlichen Rückrufen zunächst wahrnehmen nach Art. 19 Abs. 1 BasisVO; das behördliche Handeln ist subsidiär. Wenn die Unternehmen ihrer Verpflichtung zur Unterrichtung der Verbraucher jedoch nicht angemessen rasch oder unzureichend im Sinne der jeweiligen Risikobewertung im Einzelfall nachkommen, so können die Behörden anstelle der Unternehmen warnen nach § 40 Abs. 1 und 2 LFGB in Verbindung mit Art. 10 und 19 BasisVO sowie Art. 138 Abs. 1 EU-KontrollV 2017. Die Wahl des Realaktes durch den nationalen Gesetzgeber bei derart hohen Schutzgütern in Form der körperlichen Unversehrtheit der Verbraucher ist plausibel. Dadurch kann der Verbraucher rasch geschützt werden und eine Vollstreckung mit den langwierigeren Voraussetzungen bzgl. Anordnung und sofortiger Vollziehung entfällt. (Eil-)Rechtsschutzmöglichkeit ist nach § 123 VwGO ebenso gegeben und mangelnde Anfechtungsrechtsbehelfe werden durch die hohen zu schützenden Rechtsgüter gerechtfertigt sowie die zur Verfügung stehende Leistungsklage. Der Unionsrechtsrahmen erlaubt diese Vorgehensweise und der EuGH[2]) hat den § 40 Abs. 1 LFGB bereits als unionsrechtskonform eingestuft, insoweit er über die gesundheitsschädlichen Lebensmittel gemäß Art. 10 BasisVO hinaus national ergänzend die zum menschlichen Verzehr ungeeigneten Lebensmittel mit erfasst.

Im Zuge der Umsetzung werden die Behörden demnach überwachen, ob die Unternehmen ihren Verbraucherschutzpflichten nachkommen. Erforderlichenfalls wird die Behörde die Unternehmen zur Tatbestandsmäßigkeit des notwendigen Rückrufs anhören und dabei ein eigenes Tätigwerden nach einer angemessenen Frist in Aussicht stellen. Nach Fristablauf und vorbehaltlich der Abwicklung von (Eil-)Rechtsbehelfen[3]) ist die Behörde dann zur Information der Öffentlichkeit befugt.

Wie bereits erwähnt, sieht der relativ junge Art. 138 EU-KontrollV 2017 im beispielhaften Katalog in Abs. 2 auch Anordnungen zu Rückrufen vor. Dies ist als milderes Mittel im Zuge von Rahmenbedingungen auch nachvollziehbar, wenn die jeweilige Dringlichkeit des Verfahrens dies zulässt. Mit Blick auf die hohen Tatbestandsvoraussetzungen und die damit einhergehenden Normschutzbereiche für Rückrufe von unsicheren Erzeugnissen ist jedoch zu sehen, dass derartige Verbraucherschutzmaßnahmen in der Regel besonders dringlich sind. Folglich ist hinsichtlich gebotener amtli-

1) Vgl. auch Kommentar zum Lebensmittelrecht Zipfel/Rathke, LFGB, § 40, Rn. 62–66, mit Darstellung der Systematik gemäß Realakt.

2) Urteil EuGH vom 11.4.2013 – C-636/11.

3) In Betracht kommen Feststellungs- und Leistungsklagen sowie § 123 VwGO als einstweiliger Rechtsschutz.

cher Maßnahmen nachvollziehbar, dass der nationale Gesetzgeber für die bedeutenden und regelmäßig dringlichen Rückrufe von unsicheren Erzeugnissen mit § 40 Abs. 1 und 2 LFGB grundsätzlich die effektivere Systematik von Realakten gewählt[1]) hat. Dies ist im beschriebenen Rahmen von Art. 138 EU-KontrollV 2017 unionsrechtskonform.

Gemäß den Ausführungen unter 3.14 erlaubt § 40 Abs. 3 LFGB nach seinem Wortlaut in ganz besonderen Fällen auch ausnahmsweise ein Absehen von einer Anhörung vor den behördlichen Maßnahmen. Damit wird an die polizeirechtliche Systematik der unmittelbaren Ausführung bei Abwesenheit bzw. Unerreichbarkeit von Adressaten angeknüpft. Zur Vermeidung von rechtlichen Risiken sollte auf eine Anhörung jedoch nur im absoluten Notfall verzichtet werden, da im heutigen IuK-Zeitalter eine ggf. kurze fernmündliche Anhörung in der Regel machbar und weniger risikoreich ist als der Verzicht. Im Ergebnis macht jedoch auch der Tatbestand eines ausnahmsweisen Absehens selbst von einer Anhörung deutlich, dass der Gesetzgeber in entsprechenden Notfällen auch derartige Fallkonstellationen berücksichtigt hat. In diesem Sinne weist auch der Art. 7 EU-KontrollV 2017 mit Satz 1 auf die Bedeutung der Rechtswegegarantie und gleichzeitig jedoch mit Satz 2 auch auf die etwaige Notwendigkeit von behördlichen Sofortmaßnahmen für den Verbraucherschutz hin.

Die relativ junge Verordnung zur Marktüberwachung (EU) 2019/1020 unterstreicht ebenso die beschriebene Systematik. Der Verordnungsgeber verwendet dabei inzwischen auch den Begriff „unverzüglich" für dringlich gebotene Gefahrenabwehrmaßnahmen. Dabei wird nach Art. 16 Abs. 2 VO (EU) 2019/1020 zunächst der Wirtschaftsakteur zu unverzüglichen Korrekturmaßnahmen wie Rücknahme sowie ggf. öffentlichem Rückruf verpflichtet. Außerdem kann die Überwachungsbehörde zu entsprechenden Korrekturmaßnahmen auffordern. Bei ausbleibenden Korrekturmaßnahmen des Unternehmens kann erforderlichenfalls die Marktüberwachungsbehörde handeln nach Art. 16 Abs. 5 VO (EU) 2019/1020.

Entsprechende Ermächtigungen und Systematiken mit Blick auf Sofortmaßnahmen und Realakte ergeben sich auch aus der Benennung von Sofortmaßnahmen z. B. in Art. 54 BasisVO und Art. 260 Verordnung (EU) 2016/429 bzgl. des neuen Tiergesundheitsrechts.

1) Vgl. auch Kommentar zum Lebensmittelrecht Zipfel/Rathke, LFGB, § 40, Rn. 62–66, mit Darstellung der Systematik gemäß Realakt.

Der Verfahrensablauf stellt sich mit Bezug auf Rückrufe bzw. öffentliche Warnungen beispielhaft wie folgt dar:

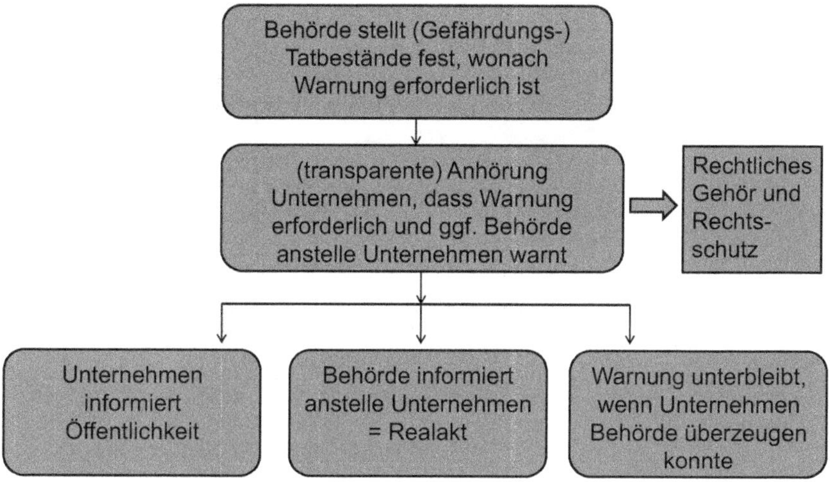

Beispiel A3 – Anhörung zu einem Rückruf von Konserven mit Bombage

Landratsamt Musterstadt *Postfach 123* 12345 Musterstadt

Mit Postzustellungsurkunde

(Adresse)

Datum
xxyyzzzz

Landratsamt Musterstadt

Amt für Veterinärwesen
und Verbraucherschutz

Aktenzeichen xy

Zuständig für Ihr Anliegen
Herr Ludwig
(Kontaktdaten,
Datenschutzhinweis usw.)

Lebensmittelüberwachung – Importeur und Großhandel X, Ystraße 4, PLZ Zdorf

Kontrolle und Probenahme am xxyyzzzz bzgl. *(Produktname mit Spezifizierung)*

hier: Anhörung zu einer Information der Öffentlichkeit

Sehr geehrte Damen und Herren, sehr geehrter Herr xy,

als Großhändler und insbesondere Importeur der verdorbenen (*Produkt*) von außerhalb der EU sind Sie rechtlich dem Hersteller gleichgestellt und damit vollumfänglich für die Sicherheit der Lebensmittel und die Einhaltung aller Rechtsnormen verantwortlich.

Von der Lebensmittelüberwachung A wurde das Landratsamt Göppingen über verdorbene (*Produkt)* und ein verhängtes Verkehrsverbot in einem Einzelhandelsunternehmen im Landkreis A informiert. Die Überprüfung heute vor Ort im o.g. Lebensmittelbetrieb in Zdorf hat bestätigt, dass nahezu alle Konservendosen eine sogenannte Bombage als Nachweis für mikrobielle Stoffwechselprozesse mit Gasbildung aufwiesen. Vor Ort wurde schließlich festgestellt, dass Sie über einen Produktfehler vom Hersteller bzw. Lieferanten in (*Drittland außerhalb EU*) informiert worden waren. Gleichwohl haben Sie bislang offenkundig weder eine notwendige Rücknahme der Erzeugnisse von den gewerbsmäßigen Kunden veranlasst noch die Notwendigkeit einer Information der Verbraucher geprüft oder gar veranlasst. Sie hatten sich vor Ort zwischenzeitlich darauf berufen, dass Sie schließlich keine Konserven mit erkennbarer Bombage abgegeben hätten und im Ergebnis alle verdächtige Ware auf Beschwerden der Abnehmer sodann aus dem Verkehr genommen hätten. Auch Chargen haben Sie offenbar nicht gebildet und infolge von unzureichenden übrigen Angaben zur Rückverfolgbarkeit entgegen Art. 18 Verordnung (EG) 178/2002 ist daher zu Ihren Lasten von einer Charge auszugehen. Ihnen wurde bereits erläutert, dass diese bisherigen unternehmerischen Maßnahmen zum Schutz der Verbraucher völlig unzureichend waren und dass dies in ergänzenden (Sanktions-)Verfahren geklärt werden wird.

Die Charge Olivenkonserven mit eindeutig erkennbaren Bombagen von nahezu allen Dosen wird hiermit infolge der Bombage als Nachweis einer entsprechenden Gasbildung durch mikrobielle Stoffwechselvorgänge als nicht für den menschlichen Verzehr geeignet und damit mindestens als nicht sicher mindestens gemäß Art. 14 Abs. 1 und 2 lit. b der Verordnung (EG) Nr. 178/2002 beurteilt. Auch eine Bildung bzw. Vermehrung insbesondere pathogener, d. h. krankheitserregender Mikroorganismen, ist bei derartigen Geschehen wahrscheinlich; die entsprechende Endbewertung bleibt der anhängigen Untersuchung vorbehalten. Mit Blick auf Konserven mit einer eventuell nicht so deutlich erkennbaren Bombage ist zu sehen, dass ein Verbraucher in Kenntnis dieser Umstände und Risiken den Verzehr eines derartig verdorbenen Erzeugnisses ablehnen würde. Auch danach sind die Erzeugnisse als nicht sicher im Sinne vorstehender Norm einzustufen.

Nach Hinweisen auf diese Rechtslage bei der Besprechung vor Ort haben Sie sodann schließlich doch eine Rücknahme der betroffenen Erzeugnisse aus dem Einzelhandel durch eine entsprechende umgehende Information Ihrer Kunden und eine Zusammenstellung der Lieferlisten für die behördliche Überwachung angekündigt.

Ebenso waren Sie bereit, einen Entwurf für eine Information der Verbraucher zu fertigen. Nach Art. 10 und 19 Verordnung (EG) Nr. 178/2002 sind die Verbraucher bei der Annahme von gesundheitlichen Risiken durch den Unternehmer und / oder die Behörden zu informieren. Insbesondere gemäß § 40 Abs. 1 Lebensmittel- und Futtermittelgesetzbuch (LFGB) ist die Öffentlichkeit auch zu informieren,

- wenn ein nicht gesundheitsschädliches, aber zum Verzehr ungeeignetes, insbesondere ekelerregendes Lebensmittel in nicht unerheblicher Menge in den Verkehr gelangt ist
- oder wenn im Einzelfall hinreichende Anhaltspunkte dafür vorliegen, dass von einem Erzeugnis eine Gefährdung für die Sicherheit und Gesundheit ausgeht oder eine damit verbundene Unsicherheit nicht innerhalb der gebotenen Zeit behoben werden kann

Die vorstehenden Tatbestände liegen vor. Die im Einzelhandel vorgefundenen Erzeugnisse mit Bombage sowie die Erkenntnisse bzgl. der heutigen Betriebskontrolle belegen, dass nicht zum Verzehr geeignete Erzeugnisse in nicht unerheblicher Menge in den Verkehr gebracht wurden. Neben dem Verderb können auch gesundheitliche Gefahren gegeben sein, sodass auch ein weiteres Zuwarten bis zum Erhalt der Untersuchungsergebnisse nicht vertretbar ist. Nur durch eine möglichst rasche Information der Öffentlichkeit kann die Gefahr eines weiteren Verzehrs der bereits an den Verbraucher gelangten verdorbenen Erzeugnisse wirksam abgewehrt und ein hohes Gesundheitsschutzniveau nach Art. 1 Verordnung (EG) 178/2002 und Art. 7 Satz 2 Verordnung (EU) 2017/625 sichergestellt werden. Die Rechte des Unternehmens und mögliche Auswirkungen einer derartigen Information wurden hierbei berücksichtigt. Die Interessen des Verbraucher- und Gesundheitsschutzes überwiegen jedoch.

Einen Entwurf für die Information der Öffentlichkeit haben Sie nach Erörterung der Rechtslage bereits mit Hilfestellung des (*Behörde*) entworfen. Das vorliegende Schreiben erhalten Sie zur ergänzenden Abstimmung sowie als Gelegenheit zur Stellungnahme.

Wir geben Ihnen hiermit im Rahmen Ihrer Sorgfaltspflichten u. a. gemäß Art. 19 VO (EG) Nr. 178/2002 sowie vorstehendem § 40 LFGB Gelegenheit, bis morgen Mittag 12:00 Uhr selbst eine Information der Verbraucher einzuleiten durch entsprechende Information der Medien (Zeitung X). Damit können Sie eine entsprechende behördliche Information der Verbraucher vermeiden gemäß § 40 Abs. 2 LFGB.

Die Information muss gemäß dem vorliegenden Entwurf mindestens die beanstandeten Lebensmittel genau nennen sowie mindestens die Gefahr in Form einer mikrobiellen Verunreinigung bzw. Kontamination.

Sofern die Information des Lebensmittelunternehmers nicht rechtzeitig oder nicht richtig ergeht, kann die Behörde ergänzend informieren nach § 40 LFGB, worauf wir hiermit hinweisen.

Falls Sie eine ergänzende Hilfestellung bei der Kontaktierung der Medien benötigen, können wir dies veranlassen.

Hinsichtlich der übrigen anstehenden Verfahren und vorliegenden Rechtsverstöße erhalten Sie gesonderte Nachricht.

Mit freundlichen Grüßen

3.16 Audits – besondere Form der amtlichen Kontrollen mit zunehmender Bedeutung

Im Vergleich mit der früheren Kontrollverordnung (EG) Nr. 882/2004 wurden die Audits in der EU-KontrollV 2017 verstärkt implementiert.[1]) Das Audit zielt gemäß auch der Definition in Art. 6 der EU-KontrollV 2017 als systematische unabhängige Prüfung darauf ab, ob Tätigkeiten und deren Ergebnisse den dazu getroffenen Regelungen entsprechen (Compliance) und ob diese Regelungen wirksam angewendet werden (Effectiveness) sowie zur Erreichung der Ziele geeignet sind. Zusammen mit dem allgemeinen Qualitätsmanagementsystem sollen regelmäßige Audits grundsätzlich eine ständige Optimierung von Prozessen gewährleisten. Dies kann folglich günstige Effekte neben der Lebensmittelsicherheit auch in Richtung Qualität und Wirtschaftlichkeit haben. Ggf. kann dies die oftmaligen Kritiken hinsichtlich (Bürokratie-)Aufwand usw. kompensieren bzw. negieren. Die zunehmende Bedeutung von Audits ist auch der umfangreichen Verankerung dieser Kontrollform in der Verordnung (EU) 2019/627 über amtliche Kontrollen Erzeugnisse tierischen Ursprungs zu entnehmen.[2])

Arten von Audits: Interne Behördenaudits erfassen eine Verifizierung des eigenen behördlichen Handelns. Ferner können Behörden die **Audits als Teil der amtlichen Kontrollen** zur Überprüfung von Unternehmen verwenden. Audits erfassen neben rechtlichen Vorgaben auch eigene interne Standards und beispielsweise das zugehörige Risikomanagement von Lebensmittelunternehmen. Gemäß dem Vorwort zur 8. Auflage und dem neuen 18. Kapitel Kooperation können Audits in Unternehmen können nur mit Zustimmung bzw. Kooperation der Unternehmen durchgeführt werden. Eine zwangsweise Umsetzung ist nicht möglich. Wenn Unternehmen nicht zur Kooperation für Audits bereit sind, wird die Behörde logischerweise die klassischen Kontrollmaßnahmen anwenden. Der beiderseitige Vorteil von Audits liegt u. a. darin, dass beispielsweise Krisenszenarien seitens Unternehmen und Behörde gemeinsam durchgespielt werden können und dass ein fachlicher Austausch auf hohem fachlichen Niveau möglich ist. Das behördliche Interesse an einem Audit eines Unternehmens quasi auch als Rechtfertigung für einen etwas erhöhten Ressourceneinsatz gegenüber einer klassischen Inspektion kann verschiedene Gründe haben. Dies kann z. B. eine vereinfachte Ausstellung von Drittlandexportbescheinigungen auf der Grundlage eines Audits sein oder das besondere Produktportfolio eines Unternehmens oder das Volumen der in den Verkehr gebrachten

1) Siehe z. B. Art. 6, 12-14 und 18 EU-KontrollV 2017.

2) Art. 3, 4 und 7, 8 Verordnung (EU) 2019/627.

Erzeugnisse oder sonstige Merkmale bzw. Problematiken wie z. B. eine hohe Beanstandungsquote mit Blick auf eine Ursachenerforschung.

Die Auditergebnisse werden den Unternehmen regelmäßig mit einem Auditbericht und Darlegung etwaiger Abweichungen mit Aufzeigen von erforderlichen Korrekturmaßnahmen übermittelt. Regelmäßig werden Unternehmen ein eigenes Interesse zur Behebung derartiger systematischer Mängel haben. Wenn die Unternehmen nachhaltig nicht dazu bereit sind, kann der Auditbericht ggf. als Anhörung in ein klassisches Verwaltungsverfahren übergeleitet werden.

Der Auditprozess mit dem Primärziel einer Optimierung von Prozessen läuft nach dem sogenannten PDCA-Zyklus (plan, do, check, act) ab:

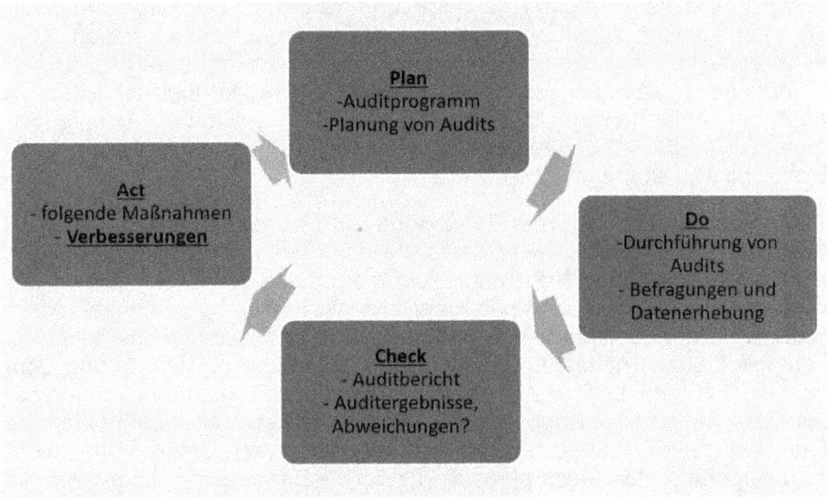

Die entsprechende Vereinbarung eines Audits mit einem Unternehmen kann beispielsweise wie folgt ablaufen:

- Kontaktaufnahme mit dem Unternehmen; Erklärung des Ablaufs eines Audits und Abfrage der Bereitschaft; ggf. Vereinbarung Zeitschiene mit Termin.
- Ggf. Ausarbeitung eines Auditplans und Abstimmung des Entwurfs mit dem Unternehmen.
- Durchführung des Audits und Eröffnung Auditbericht.
- Verifizierung etwaiger erforderlicher Korrekturmaßnahmen und erforderlichenfalls Prüfung, ob eine Überleitung in ein Verwaltungsverfahren zur Behebung von Mängeln erforderlich ist.

Ein Audit selbst läuft regelmäßig in folgenden Schritten ab:

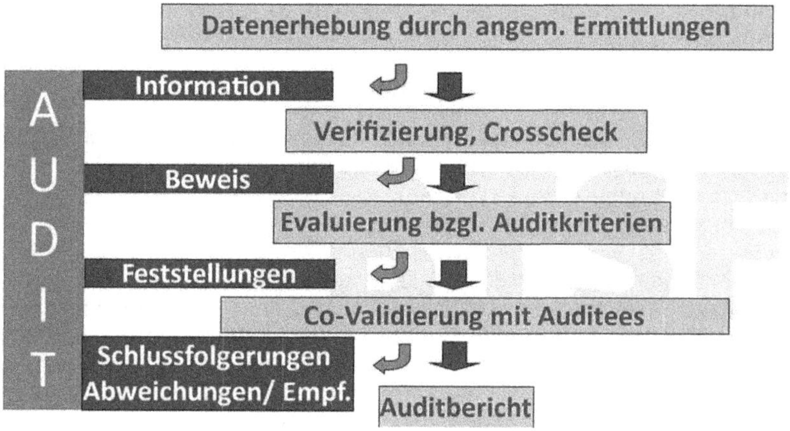

Der Auditprozess und das Ergebnis lässt sich auch mit einem beispielhaften Auditbericht darstellen:

****

Landratsamt Göppingen Amt für Veterinärwesen und Verbraucherschutz	**Auditbericht**	**Audit: UVB3 L1/2022 Metzgerei *(Name)* 9163.00 Datum: *(Datum)***
Datum des Audits	*(Datum)*, 9 bis 12.30 Uhr	
Unternehmen	*(Name Unternehmen, Adresse)*	
Vertreter des Unternehmens	*(Aufzählung Anwesende)*	
Auditteam	Auditor Stephan Ludwig, *(weitere Teilnehmer Auditteam)*	
Ziel des Audits	Ziel des Audits ist die Feststellung, ob die rechtlichen Anforderungen für die Herstellung und Abgabe von sicheren Lebensmitteln sowie durch Anwendung eines wirksamen Eigenkontroll- und HACCP-Systems erfüllt werden.	

Ggf. bereits vorliegende Zertifizierungen / Anmerkungen	Das Unternehmen wendet ein eigenes spezifisches Risikomanagementsystem in Anlehnung an ein Konzept bzw. Vorlagen von *(Name)* und teilweise der bekannten Fleischerleitlinien an.

Zusammenfassung der Auditergebnisse:

Mit dem Audit und Vorortbesuch am *(Datum)* wurden das Managementsystem für Lebensmittelsicherheit mit Eigenkontroll- und HACCP-Maßnahmen des Lebensmittelunternehmens verifiziert. Das Unternehmen wendet auch in Verbindung mit der EU-Zulassung ein eigenes spezifisches Risikomanagementsystem in Anlehnung an ein Konzept von *(Name)* sowie Teile der bekannten Fleischerleitlinien über eine gute Hygienepraxis in handwerklichen Fleischereien gemäß Erwägungsgrund 15 der Verordnung (EG) Nr. 852/2004 an. Der bauliche, technische und hygienische Zustand des Betriebes sowie die Arbeitshygiene waren augenscheinlich unauffällig bzw. einwandfrei. Das Lebensmittelunternehmen arbeitet mit einem zertifizierten Schädlingsbekämpfer zusammen. Ferner werden Untersuchungen von Hackfleisch, Fleischzubereitungen und Oberflächen-Schlachttierkörperuntersuchungen von einem akkreditierten Lebensmitteluntersuchungsinstitut vorgenommen. Mitarbeiterschulungen erfolgen anlassbezogen. Dokumentationen von Infektionsschutzbelehrungen liegen vor. Im Ergebnis werden die rechtlichen Anforderungen für die Herstellung und Abgabe von sicheren Lebensmitteln eingehalten.

Abweichungen wurden demnach nicht festgestellt. Etwaige Fristsetzungen für eine Verifizierung von Korrekturmaßnahmen entfallen daher.

Die Anforderungen an die Lebensmittelsicherheitskultur werden vom Unternehmen ebenso eingehalten, vgl. das seit März 2021 geltende Kapitel XIa der Verordnung (EU) 2021/382 zur Ergänzung der Verordnung (EG) 852/2004. Ein Merkblatt wurde ausgehändigt.

Mit Bezug auf die auch für kleine und traditionelle Unternehmern erforderlichen Mindestdokumentationen der vorliegend selten auftretenden Grenzwertabweichungen bzw. Ausreißern mit zugehörigen Korrekturmaßnahmen einschließlich Mitarbeiterinformation wird die Zusammenfassung bzw. Dokumentation auf einer Übersichtsliste empfohlen.

1. Einführung / Unternehmen

Die selbst schlachtende Metzgerei wurde am *(Datum)* vor Ort auditiert. Der anwesende Lebensmittelunternehmer *(Name)* ist Einzelunternehmer. Ferner sind *(Aufzählung Bedienstete)* beschäftigt.

Größenordnungsmäßig werden *(Anzahl)* Schweine wöchentlich geschlachtet sowie jeweils *(Anzahl)* Rind in ca. 40 KW pro Jahr. Der Zulassungsbescheid datiert vom *(Datum)*.

Hinsichtlich der Reduzierung der Probenahmehäufigkeit nach Art. 5 Abs. 3 der Verordnung (EG) Nr. 2073/2005 über mikrobiologische Kriterien für Lebensmittel liegt eine Ausnahmegenehmigung vom 15.08.2011 vor.

Die Metzgereierzeugnisse stammen zu ca. 90–95 % aus eigener Herstellung. Nach den Angaben des Unternehmers beinhalten die eigenen Qualitätsanforderungen über etwaige gesetzliche Vorgaben hinaus, dass Rohstoffe bzw. Zutaten so frisch als möglich und somit Erzeugnisse zur Weiterverarbeitung nur kurzfristig und nach spezifischer Prüfung verwendet werden; Vorwochenerzeugnisse werden demnach nicht verwendet.

Neben dem klassischen Brüh- und Kochwurstsortiment werden bzgl. der Rohwürste insbesondere größenordnungsmäßig 8 Salamiarten sowie Mett- und Zwiebelmettwurst hergestellt.

Das Unternehmen hat eine Filiale in *(Ort)*.

Der Auditplan lag dem Unternehmen vor dem Audit vor. In der Eingangsbesprechung am *(Datum)* gegen 9 Uhr wurde der vorgesehene Ablauf des Audits nochmals erläutert.

1.1 Auditkriterien

Rechtsgrundlagen und Referenzen u. a.	▶ (Lebensmittelbasis-)Verordnung (EG) Nr. 178/2002 ▶ Verordnung (EG) Nr. 852/2004 über Lebensmittelhygiene und Kapitel XIa der Verordnung (EU) 2021/382 bzgl. Lebensmittelsicherheitskultur ▶ Verordnung (EG) Nr. 853/2004 spezifische Vorschriften Lebensmittel tierischen Ursprungs ▶ Verordnung (EG) Nr. 2019/627 amtliche Überwachung Lebensmittel tierischen Ursprungs ▶ Verordnung (EG) Nr. 2017/625 über amtliche Kontrollen ▶ Verordnung (EG) Nr. 2073/2005 – über mikrobiologische Kriterien für Lebensmittel ▶ Lebensmittelhygieneverordnung und Tier-LMHV

	▸ Bekanntmachung der Kommission (2016/C 278/01) zur Umsetzung von Managementsystemen für Lebensmittelsicherheit unter Berücksichtigung von PRPs und auf die HACCP-Grundsätze gestützten Verfahren einschließlich Vereinfachung und Flexibilisierung bei der Umsetzung in bestimmten Lebensmittelunternehmen ▸ DIN ISO EN 19011:2018 Leitfaden zur Auditierung von Managementsystemen ▸ Spezifisches Risikomanagementsystem der Metzgerei AB unter Anlehnung an ein Konzept von Dr. H sowie teilweise an die notifizierte Leitlinie für eine gute Hygienepraxis in handwerklichen Fleischereien

1.2 Ziel und Umfang des Audits – Überprüfung Brüh- und Rohwurstherstellung

Das vorerwähnte Ziel des Audits hinsichtlich einer Gewährleistung sicherer Lebensmittel durch Einhaltung der Hygieneanforderungen sowie ein effektives Managementsystem für Lebensmittelsicherheit wurde vor Ort anhand des Herstellungsprozesses von Saitenwürsten und Salami überprüft.

1.3 Gefahrenanalyse und kritische Kontrollpunkte

Mit Bezug auf die beispielhaft risikoorientiert ausgewählten Erzeugnisse, die zugehörige Gefahrenanalyse und das Risikomanagement ist Folgendes besonders relevant.

Nach dem Risikomanagementsystem des Unternehmens unter Einbeziehung des Konzeptes von *(Name)*, der Leitlinie und dem Fließdiagramm für die Herstellung von Brühwürsten sind insbesondere einschlägige biologische Gefahren durch pathogene Keime, wie zum Beispiel Salmonellen, Staphylococcus aureus, Strept. spp., Listeria monocytogenes usw. bedeutend. Danach ist der Koch- und Erhitzungsprozess regelmäßig als kritischer Kontrollpunkt – CCP – mit Grenzwerten und ggf. Korrekturmaßnahmen festgelegt.

Bei der Rohwurstherstellung sind ebenfalls insbesondere vorerwähnte biologische Gefahren gegeben. Folglich ist das Reifen/Lagern regelmäßig bedeutend als CCP für eine Kontrolle und erforderlichenfalls Korrekturmaßnahmen.

Die Gefahrenanalyse und das Risikomanagement berücksichtigen nach den Dokumentationen und Erörterungen vor Ort ebenso die einschlägigen chemischen und physikalischen Risiken.

2. Feststellungen

2.1 Allgemeine Feststellungen

Der bauliche, technische und hygienische Zustand des Betriebes sowie die Arbeitshygiene waren augenscheinlich unauffällig bzw. einwandfrei. Unabhängig vom älteren Gebäude ist der Betrieb in einem guten bis sehr guten Zustand. Vermeidbare Kreuzkontaminationsrisiken oder Ähnliches sind nicht ersichtlich.

Die Schädlingsbekämpfung wird von einem zertifizierten Unternehmen verifiziert bzw. vorgenommen. Die Infektionsschutzbelehrungen der Mitarbeiter wurden erstmals vom Gesundheitsamt und werden fortlaufend bei *(Name)* durchgeführt.

Mitarbeiterschulungen werden vom Unternehmer anlassbezogen u. a. zum Jahresende, bei Rezepturänderungen, Auffälligkeiten und Reklamationen vorgenommen. Die Mitarbeiteranleitungen und die Rückverfolgbarkeit einzelner Lebensmittel wurden u. a. anhand des First-in-first-out-Prinzips der Kühlraumbestückung mit gekennzeichnetem Rindfleisch mit Einlagerungsdatum sowie einzelnen Mitarbeiteranweisungen in der Vorbereitungsküche verifiziert.

Mikrobiologische Untersuchungen von Hackfleisch und Fleischzubereitungen werden in Verbindung mit der Ausnahmegenehmigung zur Reduzierung der Probenahmehäufigkeit nach Art. 5 Abs. 3 der Verordnung (EG) Nr. 2073/2005 von einem akkreditierten Labor durchgeführt. Ebenso liegen Befunde bzgl. Stanzproben und Kratzschwammproben von Schlachttierkörpern vor.

Bezüglich Reinigungs- und Desinfektionsmaßnahmen werden Dokumentationen nach dem Konzept von *(Name)* geführt. Entsprechend wird die Temperaturüberwachung von Kühl- und Tiefkühlräumen dokumentiert. Wegen der bei Frequentierung nachvollziehbar variierenden Temperaturanzeige in der Kühlabteilung des Fleischwolfes im Verkaufsraum ist dort ergänzend ein manuelles Thermometer im hinteren Bereich vorhanden. Zudem verfügt das Unternehmen ergänzend über ein kalibrierfähiges mobiles Temperaturmessgerät.

Verantwortlichkeiten von Mitarbeitern sind gemäß den Ausführungen des Unternehmers in Verbindung mit vorstehenden Dokumentationen mit Unterzeichnung durch die jeweils Verantwortlichen transparent.

Danach sind die Basishygienemaßnahmen, sogenannte Prerequisite Programms – PrP–, gemäß der Bekanntmachung der Kommission 2016/C 278/01 erfüllt.

2.2 Verifizierung des Risikomanagementsystems anhand der Erzeugnisse

Unabhängig von den vor Ort nachfolgend überprüften Dokumentationen hat der Unternehmer im freien Gespräch und mit einem erkennbar sehr hohen Maß an Sachkunde die Arbeitsschritte und Kontrollmechanismen bei der Herstellung von Saitenwürsten und Salami erläutert. Daraus und in Verbindung mit dem Eigenkontrollkonzept sowie der Begehung des Betriebs mit Sichtung der Arbeitsgeräte resultiert Folgendes:

Die Herstellung der Saitenwurst wurde von der bereits erwähnten Auswahl frischer Rohstoffe, Rezepturanleitungen, Herstellung des Bräts, Füllen der Schafdärme, Duschen, Trocknen in der Klimakammer bei Rezepturprogramm 36, Garen und Kühlen ausführlich erläutert. Auf das Abwaschen von Salzrückständen zur Vermeidung qualitativ unerwünschter optischer Auffälligkeiten des Endprodukts wurde auch eingegangen. Bei der Brühwurstherstellung ist das Garen bzw. die Erhitzung gemäß Leitlinie als CCP eingestuft. Im vorliegenden Fall erfolgt die Überwachung des kritischen Kontrollpunkts durch eine Verifizierung der Kerntemperatur. Grenzwertabweichungen wird z. B. mit Nacherhitzen begegnet. Die ergänzende Überwachung des Erzeugnisses hinsichtlich visueller Kontrolle und übriger Sensorik des Endproduktes durch geschultes Personal wird ebenso durchgeführt; siehe ergänzende Ausführungen zur Rohwurst unten.

Die Herstellung der Rohwurst Salami und die Kontrollmechanismen wurden ebenso ausführlich beschrieben sowie verifiziert, über die Auswahl des relativ mageren TK-Fleisches und das Zufügen des Hackfleisches sowie Speck, Gewürze usw. über das Kuttern und Reifen. Bei der Rohwurstherstellung ist in Übereinstimmung mit der Leitlinie das Reifen/Lagern ein kritischer Kontrollpunkt – CCP. Die Reifeparameter und Produktrisiken werden durch die Starterkultur mit Nitritpökelsalz, die spezifischen Rezepturbedingungen in der Klimakammer mit einer Kontrolle von pH- und aw-Wert anhand von Reifetemperatur, Dauer, Feuchtigkeit, Gewichtsverlust, Färbung, Konsistenz sowie übrige Sensorik durch geschultes Personal überwacht.

Bei Grenzwertabweichungen bzw. Ausreißern kommen nach entsprechender Prüfung durch geschultes Personal z. B. eine Nacherhitzung, folgende Verwendung als Weiterverarbeitungsrohstoff zur Durcherhitzung oder eine Entsorgung über Konfiskat in Betracht. Etwaige (Neu-)Erkenntnisse werden mit den Mitarbeitern kommuniziert.

Einzelfallbeispiele mit chemischen und physikalischen Gefahren, z. B. Fremdkörper, wurden ebenso eruiert.

2.3 Krisenmanagement

Im Rahmen des unternehmerischen und behördlichen Krisenmanagements wurden die notwendigen Maßnahmen bei Hinweisen auf nicht sichere Erzeugnisse hinsichtlich Verkaufsstopp, Marktrücknahme und erforderlichenfalls öffentlicher Warnung eruiert, Art. 10 und 19 Lebensmittelbasisverordnung (EG) 178/2002 sowie § 40 LFGB. Auf die hohe Bedeutung einer auch im Unionsrecht verankerten Kooperation von Unternehmen und Überwachung im Krisenfall u. a. für eine etwaige Schadensminimierung gegenüber Verbrauchern wurde hingewiesen.

Die gegenseitigen Kontaktdaten von Unternehmen und Behörde liegen vor.

2.4 Abweichungen / erforderliche Korrekturmaßnahmen: keine

3. Schlussfolgerungen / Ergebnis

Im Rahmen des Audits am *(Datum)* wurde anhand der Überprüfung des Herstellungsprozesses von Brüh- und Rohwürsten festgestellt, dass die lebensmittelhygienerechtlichen Anforderungen für eine Herstellung sicherer Lebensmittel eingehalten werden.

Ferner erfüllt das spezifische unternehmerische Risikomanagementsystem die Anforderungen an die vorliegende EU-Zulassung sowie Art. 5 Abs. 2 Verordnung (EG) Nr. 852/2004 und die Bekanntmachung der Kommission zu den Risikomanagementsystemen. Danach liegt ein wirksames Risikomanagementsystem für die Herstellung sicherer Erzeugnisse vor.

Die Verantwortlichkeiten im Unternehmen wurden ausführlich erläutert und waren entsprechend anhand von z. B. Dokumentationen über Reinigungen, Temperaturkontrollen und Arbeitsanweisungen ersichtlich. Folglich sind auch die Anforderungen der Lebensmittelsicherheitskultur erfüllt.

4. Empfehlungen

Das EU-Lebensmittelhygienerecht sieht für handwerkliche und traditionelle Unternehmen eine verhältnismäßige Flexibilisierung der HACCP-Anforderungen vor. Danach können Dokumentationsanforderungen zur Entlastung dieser Unternehmen entsprechend angepasst bzw. angemessen reduziert werden. Eine bedeutende Grundanforderung bleibt dabei jedoch weiterhin, dass bei kritischen Kontrollpunkten etwaige Grenzwertüberschreitungen bzw. sogenannte Ausreißer mit den zugehörigen Korrekturmaßnahmen zu dokumentieren sind. Hierzu wurden beim Audit einzelne, eher selten auftretende Einzelfälle erörtert einschließlich der Korrekturmaßnahmen und der daraus resultierenden Besprechungen mit den Mitarbeitern. Zur Transparenz und Auffindbarkeit dieser bedeutenden und regelmäßig wenig aufwändigen Dokumentationen, welche ein funktionierendes Eigenkontrollsystem eines Unternehmens unterstreichen, wird die Führung einer Übersichtsliste o. Ä. empfohlen.

Veterinäramt Göppingen, *(Datum)* gez. Stephan Ludwig

3.17 Eigenkontrollen, HACCP und Möglichkeit von Anordnungen

Lebensmittelunternehmen müssen insbesondere aufgrund von Art. 5 BasisVO über angemessene und auf HACCP-Grundlagen beruhende Eigenkontrollsysteme verfügen. Zur begrifflichen Abgrenzung ist zu sehen, dass **Eigenkontrollen** jegliche unternehmerische Präventionsmaßnahmen und Ähnliches umfassen können. Darunter fallen grundsätzlich jegliche Reinigungspläne, Aufzeichnungen über Temperaturkontrollen und zugehörige Arbeitsanweisungen usw.

Das **HACCP-Konzept** (Hazard Analysis and Critical Control Point) knüpft unmittelbar an konkrete gesundheitliche Risiken an. Dabei werden u. a. die kritischen Kontrollpunkte im Rahmen einer betriebsspezifischen Risikobewertung festgelegt, Kontrollpunkte mit Grenzwerten bzw. gleichartigen Indikatoren implementiert und Korrekturmaßnahmen bei Überschreitung der Grenzwerte festgeschrieben, um die Risiken insgesamt auf ein tolerables Maß zu begrenzen.

Im Rahmen der allgemeinen Sorgfalts- und Eigenkontrollpflichten sind Unternehmen insbesondere angehalten, ihren Betrieb regelmäßig auf Mängel zu überprüfen und diese ggf. abzustellen. Die Tendenz einer Konkretisierung von Sorgfaltspflichten und Verantwortlichkeiten durch die Normgeber wird auch mit der Novellierung der Verordnung (EG) 852/2004 über Lebensmittelhygiene durch die Verordnung (EU) 2021/382 ersichtlich. Damit wird ein Begriff der **Lebensmittelsicherheitskultur** gemäß dem neuen Anhang II Kapitel XIa der Verordnung (EG) 852/2004 implementiert. Danach sind Lebensmittelunternehmer und Betriebsleitung verantwortlich; sie haben ein durchgängiges System mit transparenten Verantwortlichkeiten zur Sicherstellung unbedenklicher Erzeugnisse zu implementieren und aufrechtzuerhalten. Ferner werden mit dem neuen Kapitel Va die Sorgfaltspflichten zur Sicherstellung sicherer Erzeugnisse bei der Umverteilung durch entsprechende Prüfungen ergänzt.

Aus verschiedenen Gründen werden Behörden einschlägige Anordnungen zu Eigenkontrollsystemen nur in besonderen Fällen in Erwägung ziehen. Zum einen handelt es sich gemäß der Nomenklatur von Eigenkontrollen um originäre unternehmerische Pflichten und dabei im gewissen Rahmen auch um unternehmerische Freiheiten. Bereits deshalb wird eine Behörde nicht ohne berechtigten Grund in eine diesbezügliche Maßregelung mit daraus resultierender teilweiser Haftung gehen. Des Weiteren ist bei entsprechenden Anordnungen ein regelmäßig hohes rechtliches Risiko in Verbindung mit dem Spannungsfeld zwischen den Grundsätzen von Bestimmtheit und Verhältnismäßigkeit gegeben. So verlangt der Bestimmtheitsgrundsatz insbesondere bzgl. Anordnungen (§ 37 Abs. 1 VwVfG), dass der Adressat die Vorgabe erkennen und umsetzen können muss. So erfüllen pauschale Aufforderungen zur Nachbesserung von Eigenkontrollsystemen diese Anforderung nicht. Vielmehr ist die Behörde quasi angehalten, punktuell die Lösung des ermittelten Mangels im Eigenkontrollsystem selbst vorzugeben. Nachdem in komplexen Unternehmen die Eigenkontrollsysteme oftmals von Sachverständigengremien ausgearbeitet werden, bedarf diese Umsetzung hoher Sorgfalt. Demgegenüber gilt gemäß der Verhältnismäßigkeit und der zugehörigen Erforderlichkeit, dass jeweils das mildeste Mittel maßgeblich ist. Daraus resultiert das Risiko, dass beim (nachträglichen) Auffinden von milderen Lösungsmöglichkeiten durch den Unternehmer sodann Zweifel an der Verhältnismäßigkeit der behördlichen Anordnung begründet werden können.

Im Ergebnis kommen behördliche Anordnungen zu Eigenkontrollsystemen somit insbesondere in Frage, wenn die Behörde einen Mangel im Eigenkontrollsystem von Unternehmen nachweisen, zudem hinreichend bestimmte Lösungen aufzeigen kann und wenn das Unternehmen nicht zur eigenständigen Mängelbehebung bereit ist. Die hierfür erforderliche konkrete Ausermittlung der Problempunkte kann z. B. durch Anhörungen und/oder vorstehende Audits erfolgen. Die grundsätzliche Zulässigkeit von Anordnungen in Eigenkontrollsysteme zeigt insbesondere auch die Ermächtigung zu Anordnungen zur Häufigkeit von Eigenkontrollen im beispielhaften Maßnahmenkatalog nach Art. 138 Abs. 2 lit. e) EU-KontrollV 2017.

Beispiel:

Ein Lebensmittelunternehmen mit Speisenauslieferung an verschiedene Schulen und ähnliche Einrichtungen verwehrt sich nachhaltig gegen die Einhaltung von Heißhaltetemperaturen von Lebensmitteln und die Reduktion von entsprechenden Risiken auf ein akzeptables Niveau. Die Abnehmer der Speisen und die Überwachungsbehörden haben entsprechende Temperaturabweichungen mit daraus resultierenden vermeidbaren Risiken nachgewiesen. Das Eigenkontroll- und HACCP-Konzept weist teilweise entsprechende Mängel auf. Danach trifft eine Behörde im äußeren Auslieferungsbereich des Unternehmens folgende Verfügung:

Beispiel Anordnung Caterer

Landratsamt Musterstadt *Postfach 123* 12345 Musterstadt

Mit Postzustellungsurkunde

(Adresse)

Datum
xxyyzzzz

Landratsamt Musterstadt

Amt für Veterinärwesen
und Verbraucherschutz

Aktenzeichen xy

Zuständig für Ihr Anliegen
Herr Ludwig
(Kontaktdaten,
Datenschutzhinweis usw.)

Kassenzeichen: **xxx** (bei Zahlung unbedingt angeben)
Betrag: **200,– €**
Lebensmittelüberwachung – Speisenabgabe in der Grundschule in H und vorherige Anlieferung sowie Inverkehrbringen durch das Lebensmittelunternehmen xy
Kontrolle der Grundschule in H u. a. am xxyyzzzz
Schreiben des Lebensmittelunternehmens vom xxyyzzzz
Schreiben vom xxyyzzzz; Besprechung am xxyyzzzz im Veterinäramt

Sehr geehrte Damen und Herren,

I.

mit Bezug auf o. g. Beanstandungen ergehen gegenüber dem Lebensmittelunternehmen xy GmbH folgende

Entscheidungen:

1. Für heißzuhaltende Lebensmittel sind Heißhaltetemperaturen von mindestens +60°C sicherzustellen. Diese Anforderung ist spätestens bis zum Ablauf von **zwei Wochen** nach Zustellung dieser Verfügung umzusetzen und künftig zu beachten.
2. Für die obige Anordnung Nr. 1. wird die sofortige Vollziehung verfügt.
3. Für die Missachtung der Anordnung Nr. 1. wird ein Zwangsgeld in Höhe von 2.000,– € angedroht.
4. Für diese Verfügung wird eine Gebühr in Höhe von 200,– € festgesetzt, die unter Angabe des o.g. Kassenzeichens an die Kreiskasse zu überweisen ist.

II. Begründung:

Das Lebensmittelunternehmen xy GmbH bringt Lebensmittel in verschiedenen Grundschulen und Kindertageseinrichtungen im Landkreis X in den Verkehr. Der verantwortliche Lebensmittelunternehmer ist xy.

Nach der Systematik des EU-Lebensmittelrechts sind das Lebensmittelunternehmen und der/die Lebensmittelunternehmer/in vollumfänglich verantwortlich für die Sicherheit der Lebensmittel und die Einhaltung der einschlägigen Normen u. a. gemäß Art. 17 Abs. 1 Verordnung (EG) Nr. 178/2002 und Art. 3 Verordnung (EG) Nr. 852/2004. Im Rahmen der Eigenkontroll- und Sorgfaltspflichten haben Lebensmittelunternehmer oder deren Vertreter den Betrieb regelmäßig zu überprüfen und Mängel ggf. abzustellen.

Lebensmittelunternehmen haben zudem Managementsysteme für Lebensmittelsicherheit nach sogenannten HACCP-Grundsätzen gemäß Art. 5 der Verordnung (EG) Nr. 852/2004 zu implementierten, wonach die betriebsspezifischen Risiken ermittelt und betriebsinterne Lenkungsmaßnahmen zur Reduzierung der Risiken auf ein akzeptables Maß angewandt werden.

1. Sachverhalt – a. Aktenlage

(Sinngemäß: Grundschule H meldet vielfach unbefriedigende Heißhaltetemperaturmessungen und Unternehmer hat auf Hinweise nicht reagiert und lehnt dies ausdrücklich ab. Behördliche Temperaturrmessungen ergeben, dass ca. 50% der Heißhaltetemperaturen verschiedener Speisen unter 60°C liegen, 25% unter +55°C und einzelne Tempaturem lagen unter +50°C. Temperaturaufzeichnungen seitens des Unternehmers liegen nicht vor. Die Speisen werden frühmorgens gegen 6-7 Uhr zubereitet und kommen nach Transport kurz vor der Mittagszeit in den entsprechenden Schulen bzw. Kitas an.)

Mit dem Schreiben vom xxyyzzzz wurden Sie darauf hingewiesen, dass das ermittelte Temperaturgeschehen keinen Schluss auf ein wirksames Eigenkontrollkonzept mit Risikoreduzierung auf ein akzeptables Niveau sowie einen kontrollierten Prozess bis zur Abgabe der Speisen an die Schule zulässt. Das festgestellte Temperaturgeschehen in Verbindung mit der Aufbewahrungsdauer und unter Berücksichtigung der Häufigkeit und Bandbreite der einzelnen Abweichungen bis weit unter die nach DIN und vom BfR sowie durch mehrere EU-zertifizierte Leitlinien vorgegebenen mindestens *(+60°C / +65°C)* stellen relativ häufige und technisch vermeidbare Risiken dar. Diese sind als Rechtsverstöße nach Art. 4 Abs. 2 Verordnung (EG) Nr. 852/2004 in Verbindung mit Anhang II Kapitel IV Nr. 7 und Kapitel III Nr. 2 g) in Verbindung mit vorstehenden wissenschaftlichen Grundlagen und Leitlinien einzustufen. Ebenso deuten die Feststellungen auf Mängel in der Wirksamkeit Ihres Eigenkontrollsystems auf HACCP-Grundsätzen nach Art. 5 Verordnung (EG) Nr. 852/2004 hin.

Die vorgebrachten Argumente hinsichtlich einer besseren Qualität der Lebensmittel können die beschriebenen vermeidbaren Risiken nicht rechtfertigen. Mit Blick auf den Gesundheitsschutz sind unternehmerische und technisch mögliche Maßnahmen zur Sicherstellung der Heißhaltetemperaturen angemessen. Nach der Anhörung haben Sie um eine Besprechung im Veterinäramt X gebeten. Bei dieser Besprechung am xxyyzzzz haben Sie eine Mehrfertigung Ihres Eigenkontrollkonzeptes vorgelegt und ergänzende Angaben dazu gemacht.

1. b. Sachverhalt gemäß ergänzender Besprechung und QM-Handbuch

(Sinngemäß Prüfung des Eigenkontrollkonzepts; Unternehmer verweist auf Unbedenklichkeit. Behörde legt unter Risikobewertung Mängel des Eigenkontrollkonzepts in Übereinstimmung mit tatsächlichen Feststellungen dar und zudem Mängel unter tatsächlicher Abweichung des Unternehmens vom Risikomanagementkonzept.

2. rechtliche Bewertung a. Feststellungen und Verstöße

Die Lebensmittelunternehmen und Lebensmittelunternehmer sind vollumfänglich für die Sicherheit der Lebensmittel und die Einhaltung der einschlägigen Normen verantwortlich u. a. nach Art. 17 Verordnung (EG) Nr. 178/2002 sowie Art. 3 Verordnung (EG) Nr. 852/2004. Vorstehender Art. 17 der Verordnung (EG) Nr. 178/2002 hat den Begriff der sogenannten Lebensmittelkettenverantwortung geprägt, wonach jeder Lebensmittelunternehmer in der Lebensmittelkette verantwortlich ist. Einem Hersteller wird in Abhängigkeit vom spezifischen Lebensmittel regelmäßig eine höhere Verantwortung zukommen mit Blick auf die Kontrolle der Rezepturen, Inhaltsstoffe, Prüfung auf Kontaminanten, usw. Jedoch gerade beispielsweise bei Kühlhalte- und Heißhaltetemperaturen sind die Verantwortlichkeiten auf jeder Stufe der Lebensmittelkette und damit bei jedem beteiligten Lebensmittelunternehmer gegeben.

Die Lebensmittelunternehmer haben nach Art. 5 Verordnung (EG) Nr. 852/2004 ein oder mehrere ständige Verfahren, die auf den HACCP-Grundsätzen beruhen, einzurichten, durchzuführen und aufrechtzuerhalten. Danach sind spezifische Gefahren bei der Lebensmittelherstellung und -behandlung bis zum Inverkehrbringen zu ermitteln, ggf. kritische Kontrollpunkte sowie Grenzwerte festzulegen und Korrekturmaßnahmen für eine Reduzierung von festgestellten Risiken auf ein akzeptables Maß zu implementieren gemäß dem primären Normschutzziel des EU-Lebensmittelrechts.

Mit Blick auf die mannigfaltigen Arten von Lebensmitteln und Herstellungs- sowie Behandlungsverfahren existieren keine konkreten gesetzlichen Vorgaben zur Heißhaltetemperatur und zur maximalen Dauer einer Heißhaltung. Gleichwohl fand bislang die Mindestheißhaltetemperatur von +65°C mit entsprechenden fachlichen Einzelfallbegründungen und unter zusätzlicher Heranziehung einer Empfehlung des Bundesinstituts für Risikobewertung (BfR) Nr. 008/2008 weitreichende Anwendung seitens Lebensmittelunternehmen gemäß einschlägigen HACCP-Systemen sowie nach entsprechenden Forderungen der Überwachungsbehörden mit Blick auf die Temperaturbandbreiten von mikrobiellen Aktivitäten und auch das entsprechende Verhalten von Sporenbildnern. Im Ergebnis und auf der Grundlage wissenschaftlicher Bewertungen kommt das BfR zum Schluss, dass warmzuhaltende Speisen wie beispielsweise Reis innerhalb von drei Stunden nach der Zubereitung in einem Temperaturbereich von mindestens +65°C bis +75°C warm zu halten und auszugeben sind, um das Risiko einer Lebensmittelvergiftung durch hohe Keimzahlen insbesondere bei Reis und dem naturgemäß vorkommenden Sporenbildner Bacillus cereus zu minimieren. Auch mehrere nach Art. 7 und 9 Verordnung (EG) Nr. 852/2004 zertifizierte Leitlinien, wie beispielsweise die „Hygiene-Leitlinie für die Gastronomie" mit Berücksichtigung von Caterern, die „Leitlinie für eine gute Lebensmittelhygienepraxis in ortsveränderlichen Betriebsstäten" aus 2018 und die „Leitlinie für eine Gute Lebensmittelhygienepraxis in der Kindertagespflege" verlangen die +65°C als Mindestheißhaltetemperatur. Eine relativ aktuelle Veröffentlichung vom Juli 2019 -Hygiene in der Gemeinschaftsgastronomie- legt ebenfalls die mindestens +65°C als Mindestanforderung für heißzuhaltende Lebensmittel und notwendige Verhütungsmaßnahme bzgl. Lebensmittelinfektionen und -intoxikationen zu Grunde. Inzwischen kommt das BfR aufgrund neuerer Erkenntnisse gemäß Stellungnahme Nr. 037/2020 vom 27. August 2020 zur Empfehlung einer Heißhaltetemperatur von mindestens +60°C.

Danach können Lebensmittelunternehmen im Einzelfall die vorstehend genannten Heißhaltetemperaturen für entsprechende Risikobewertungen und in der Praxis heranziehen. Ferner können sie mit geringeren Heißhaltetemperaturen agieren, wenn sie durch wirksame Eigenkontroll- und HACCP-Konzepte eine vergleichbare Reduzierung der produkttypischen Risiken auf das akzeptable Gesundheitsschutzniveau nachweisen können.

Diese Voraussetzungen für ein Abweichen von der Mindestheißhaltetemperatur liegen im vorliegenden Einzelfall nicht vor.

Hierbei ist zunächst zu berücksichtigen, dass die Mindestheißhaltetemperaturen von +65°C bzw. +60°C auf wissenschaftlichen Grundlagen basiert mit auch formaler Zertifizierung in Leitlinien und dass dagegen das vorliegende Eigenkontrollkonzept mit Mängeln nicht ansatzweise eine entsprechende Risikoreduzierung nachweisen kann. So liegt unabhängig von den nachfolgend noch beispielhaft genannten Mängeln im Managementsystem für Lebensmittelsicherheit des Unternehmens ein vermeidbares und auch relativ hohes Risiko bei der Speisenanlieferung an verschiedene Einrichtungen im Landkreis x vor.

Die festgestellten und oben angeführten Temperaturgeschehen mit erheblichen Abweichungen unter die Mindestheißhaltetemperatur sowie relativ lange Heißhaltedauern bis zum Verzehr der Lebensmittel sind bereits nicht zu tolerieren und gemäß der vorausgehenden Stellungnahme vom xxyyzzzz als Rechtsverstöße einzustufen nach Art. 4 Abs. 2 Verordnung (EG) Nr. 852/2004 in Verbindung mit Anhang II Kapitel IV Nr. 7 und Kapitel III Nr. 2g) in Verbindung mit vorstehenden wissenschaftlichen Grundlagen und Leitlinien.

Die zwischenzeitlichen Erkenntnisse ergeben einen weiteren Verstoß nach Art. 4 Abs. 2 Verordnung (EG) Nr. 852/2004 in Verbindung mit Anhang II Kapitel IX Nr. 5 des Anhangs. Danach dürfen die Enderzeugnisse nicht bei Temperaturen aufbewahrt werden, die einer Gesundheitsgefährdung Vorschub leisten können. Nach Verordnungsvorgaben darf jedoch für begrenzte Zeit von den Temperaturvorgaben abgewichen werden, sofern dies aus praktischen Gründen bei der Zubereitung, Beförderung und Lagerung sowie beim Feilhalten und Servieren erforderlich ist und die Gesundheit des Verbrauchers dadurch nicht gefährdet wird. Diese Voraussetzungen für eine Abweichung liegen im vorliegenden Fall nicht vor mit Blick auch auf das Ausmaß der Abweichungen sowie die damit verbundenen vermeidbaren gesundheitlichen Risiken.

Des Weiteren ist insbesondere *(...ergänzende Mängelaufzählung)*.

2. rechtliche Bewertung b. Eigenkontrollkonzept

Lebensmittelunternehmen haben im Rahmen ihres Eigenkontrollkonzeptes expressis verbis zunächst einen relativ selbstständigen Gestaltungsspielraum. So hat ein Unternehmen insbesondere Entscheidungsspielraum, ob zur Beherrschung eines Risikos ein kritischer Kontrollpunkt -CCP- mit einer daraus resultierenden Notwendigkeit von Grenzwerten und Korrekturmaßnahmen festgelegt wird oder ob auf entsprechend sichere Weise ein Kontrollpunkt -CP- mit einer Beherrschung des Risikos durch Basishygienemaßnahmen als PRP -Prerequisite Programs- und / oder OPRP -Operational Prerequisite Programs- festgelegt wird.

Grenzen für den Spielraum von Eigenkontrollkonzepten sind einerseits rechtliche Vorgaben und andererseits, wenn gemäß Auditgrundsätzen ein System nicht ausreichend wirksam und damit nicht zur Zielerreichung geeignet ist. Primäre Ziele des EU-Lebensmittelsicherheitsrechts gemäß Art. 1 Verordnung (EG 178/2002 und Art. 5 Verordnung (EG) Nr. 852/2004 hinsichtlich einschlägiger Eigenkontrollkonzepte sind ein hohes Gesundheitsschutzniveau und die entsprechende Reduktion gesundheitlicher Risiken auf ein akzeptables Schutzniveau.

Eine maßgebliche Grundlage für die Bewertung von Eigenkontrollkonzepten ist die Bekanntmachung der Kommission zur Umsetzung von Managementsystemen für Lebensmittelsicherheit unter Berücksichtigung von PRPs und die auf HACCP-Grundsätze gestützten Verfahren einschließlich Vereinfachung und Flexibilisierung bei der Umsetzung in bestimmten Lebensmittelunternehmen (2016/C 278/01). Das Lebensmittelunternehmen x lehnt sich an keine einschlägige Leitlinie an gemäß der Option unter

Nr. 5 vorstehender Bekanntmachung der Kommission. Im Falle einer entsprechenden Verwendung von Leitlinien mit allgemeinen Beschreibungen von Herstellungsprozessen, Gefahren, usw. können sodann einzelne unternehmerische Adaptionen bzw. Bezüge auch vereinfacht dargestellt werden. Dies liegt jedoch hier nicht vor und danach ist das spezifische unternehmerische Konzept ausschließlich zu bewerten

Die vorstehend beschriebene Häufigkeit und Erheblichkeit der Unterschreitungen der Mindestheißhaltetemperaturen und die dabei zu berücksichtigende jeweilige Dauer bis zur Abgabe der Lebensmittel an die nachfolgenden Lebensmittelunternehmen und Endverbraucher dokumentiert über die Verstöße im Einzelfall hinaus bereits ein systematisches Problem des Eigenkontrollkonzeptes. Diese Mängel des Eigenkontrollkonzeptes mit weiteren, bereits bei summarischer Betrachtung erkennbaren Unzulänglichkeiten stellen sich wie folgt dar:

- *(Mängelauflistung Eigenkontrollkonzept)*

Danach werden die Anforderungen an ein wirksames Managementsystem zur Gewährleistung sicherer Lebensmittel nach Art. 5 Verordnung (EG) Nr. 852/2004 in Verbindung mit vorstehender Bekanntmachung der Kommission 2016/C 278/01 nicht erfüllt.

<u>Zusammenfassung</u>

Das bislang festgestellte Temperaturgeschehen mit Berücksichtigung der Häufigkeit und Bandbreite der einzelnen Abweichungen bis weit unter die nach DIN und vom BfR sowie durch mehrere EU-zertifizierte Leitlinien vorgegebenen Mindestheißhaltetemperaturen stellen relativ häufige und technisch vermeidbare Risiken dar.

Diese sind als Rechtsverstöße nach Art. 4 Abs. 2 Verordnung (EG) Nr. 852/2004 in Verbindung mit Anhang II Kapitel IV Nr. 7 und Kapitel III Nr. 2 g) sowie Kapitel IX Nr. 5 in Verbindung mit vorstehenden wissenschaftlichen Grundlagen und Leitlinien einzustufen. Danach müssen Transportbehälter und/oder Container, die zur Beförderung von Lebensmitteln verwendet werden, erforderlichenfalls die Lebensmittel auf einer geeigneten Temperatur halten können und eine Überwachung der Beförderungstemperatur ermöglichen. In Fahrzeugen müssen angemessene Vorrichtungen und/oder Einrichtungen zur Haltung und Überwachung geeigneter Temperaturbedingungen für die Lebensmittel vorhanden sein. Enderzeugnisse dürfen nicht bei Temperaturen aufbewahrt werden, die einer Gesundheitsgefährdung Vorschub leisten können

Ferner belegen die zwischenzeitlich vorliegenden Einzelheiten des Eigenkontrollkonzeptes nach derzeitigem Stand erhebliche systematische Mängel und eine mangelnde Wirksamkeit hinsichtlich der Gewährleistung sicherer Lebensmittel entgegen Art. 5 Verordnung (EG) Nr. 852/2004.

Die vorgebrachten Argumente hinsichtlich einer besseren Qualität der Lebensmittel, die vorgelegten mikrobiologischen Untersuchungen als einzelne Momentaufnahmen und auch die Hinweise auf Berater können die beschriebenen vermeidbaren Risiken nicht rechtfertigen. Mit Blick auf den Gesundheitsschutz sind unternehmerische und technisch mögliche Maßnahmen zur Sicherstellung der Heißhaltetemperaturen angemessen.

Ihre Erwiderungen können nicht greifen, weil (*Argumente*)

Im Ergebnis werden die bereits festgestellten und beschriebenen erheblichen Temperaturabweichungen als Rechtsverstöße festgehalten werden. Im Falle von wiederholten Verstößen kann unabhängig von deren Erheblichkeit der Tatbestand des § 40 Abs. 1a LFGB erfüllt sein, wonach wiederholte lebensmittelrechtliche Verstöße bei einem zu erwartenden Bußgeld von mindestens 350,– € unter Benennung der Lebensmittelunternehmen unverzüglich zu veröffentlichen sind für einen Zeitraum von längstens sechs Monaten.

Gegen die Dokumentation der beschriebenen Temperaturabweichungen als Rechtsverstoß besteht Rechtsbehelfsmöglichkeit, wohl in Form der (negativen) Leistungsklage bzw. Feststellungsklage.

2. Rechtliche Begründung c. Anordnung

Die Anordnung zur Sicherstellung einer künftigen Heißhaltetemperatur von mindestens +60°C gemäß den vorerwähnten fachlichen Erwägungen zur Risikoreduzierung auf ein angemessenes Maß stützt sich auf Art. 138 Abs. 1 und 2 Verordnung (EU) 2017/625 und § 39 LFGB. Danach treffen die zuständigen Behörden die erforderlichen und geeigneten Maßnahmen, um die Unternehmen zur Behebung von Verstößen sowie einem rechtskonformen Verhalten zu veranlassen und Wiederholungen vorzubeugen. Die beispielhafte Ermächtigung zur Regulierung der Häufigkeit von Eigenkontrollen nach Art. 138 Abs. 2 lit. e) untermauert die grundsätzliche Zulässigkeit von Anordnungen auch im Bereich der Eigenkontrollkonzepte im Rahmen des Art. 138 Abs. 1, insbesondere wenn die Unternehmen auf vorausgegangene mildere Maßnahmen in Form von Aufforderungen zur entsprechenden Risikoreduktion nicht reagiert haben. Die obige Anordnung ist geeignet, erforderlich und angemessen, um die beschriebenen vermeidbaren Risiken bei der Heißhaltung von Lebensmitteln und damit gesundheitliche Gefahren für die Verbraucher zu vermeiden sowie entsprechende lebensmittelrechtliche Verstöße zu beseitigen. Die Frist von 2 Wochen ist im Hinblick auf den bereits länger bekannten Sachverhalt angemessen, um die Vorkehrungen zur ausreichenden Heißhaltung der Speisen. Eine längere Frist ist mit Blick auf die gesundheitlichen Risiken nicht vertretbar.

Bei diesen Entscheidungen wurden Ihre wirtschaftlichen und sonstigen Interessen berücksichtigt. Mildere Maßnahmen kommen für einen wirksamen Schutz der Verbraucher im Rahmen einer pflichtgemäßen Ermessensausübung jedoch nicht in Betracht. Die Erforderlichkeit der Mindestheißhaltetemperaturen wurde ausführlich dargelegt. Dagegen hat das Lebensmittelunternehmen die pauschal vorgebrachten Einwände gegen die Heißhaltetemperatur weder mit entsprechenden eigenen Werten konkretisiert noch die Zulässigkeit von Abweichungen im Rahmen eines Eigenkontrollkonzeptes nachgewiesen. Dies untermauert die angeordnete Heißhaltetemperatur und die Erforderlichkeit der Anordnung im besonderen Maß. Folglich ist die Anordnung auch verhältnismäßig mit Blick auf das Normschutzgut Gesundheit, insbesondere da technische Möglichkeiten für die Heißhaltung gegeben sind und derartige Maßnahmen angemessen sind mit Blick auf das Schutzgut.

3. rechtliche Begründung sofortige Vollziehung

Die sofortige Vollziehung wird gemäß § 80 Abs. 2 Nr. 4 der Verwaltungsgerichtsordnung (VwGO) im besonderen öffentlichen Interesse angeordnet. Dies bedeutet, dass wir auch dann zum Vollzug der Anordnung mittels Vollstreckungsmaßnahmen berechtigt sind, falls Widerspruch eingelegt wird.

Die Verfügung der sofortigen Vollziehung für die Anordnung zur Sicherstellung der Heißhaltetemperatur ist im besonderen öffentlichen Interesse erforderlich, um möglichst rasch die oben genannten gesundheitlichen Risiken zu beseitigen für ein angemessen hohes Gesundheitsschutzniveau. Zur Vermeidung von Wiederholungen wird auf obige Ausführungen verwiesen. Die Bearbeitung des vorliegenden Verfahrens mit komplexen rechtlichen und fachlichen Fragestellungen hat naturgemäß Zeit in Anspruch genommen. Dennoch ist auch mit Blick auf den bisherigen chronologischen Verlauf die sofortige Vollziehung notwendig und zulässig, da unter dem Schutz der aufschiebenden Wirkung von Rechtsmitteln die angeordnete Maßnahme noch über Wochen, Monate oder gar länger hinausgezögert werden könnte.

Mittels der sofortigen Vollziehung wird somit ausnahmsweise verhindert, dass unter dem Schutz der aufschiebenden Wirkung eines etwaigen Widerspruchs weiterhin Lebensmittel mit vermeidbaren Gesundheitsrisiken heißgehalten werden. Nach Abwägung der öffentlichen Belange an der sofortigen Vollziehung und Ihren insbesondere wirtschaftlichen Interessen unter Verletzung lebensmittelrechtlicher Vorschriften, ist dem Schutz der Verbraucher Priorität einzuräumen.

4. Zwangsmittel / 5. Gebührenfestsetzung / III. Rechtsbehelfsbelehrung – siehe jeweils Beispiel Hygieneanordnung –

3.18 Betriebsschließungen

Die (vorläufige) Schließung von Betrieben greift weitreichend in unternehmerische (Grund-)Rechte ein und bedarf einschlägiger Ermächtigungen und einer Rechtfertigung durch entsprechende öffentliche bzw. Verbraucherschutzinteressen. Nach dem Grundsatz der Verhältnismäßigkeit und der zugehörigen Erforderlichkeit dürfen mildere Maßnahmen – wie beispielsweise einzelne Anordnungen zur Behebung einzelner Mängel – nicht adäquat geeignet sein; ansonsten wären diese einer vorläufigen Schließung vorzuziehen.

Die grundsätzlichen Ermächtigungen zur vorläufigen Schließung von Betrieben und von Einschränkungen des Inverkehrbringens von Erzeugnissen ergeben sich aus Art. 138 Abs. 1 und 2 lit. d) und h) EU-KontrollV 2017. Danach ist die Nomenklatur einer vorläufigen Schließung eines Betriebs oder von konkret bezeichneten Teilbereichen auch hinreichend bestimmt. Zur Anordnung der Betriebsschließung wird oftmals noch vorsorglich ergänzt, dass das Herstellen, Behandeln oder Inverkehrbringen von Lebensmitteln untersagt ist. Die lebensmittelrechtlichen Ermächtigungen zu Betriebsschließungen sind vom Wesen her grundsätzlich als vorläufig anzusehen, da die Schließungen regelmäßig relativ kurze Zeit bis zur Behebung von Hygienemängeln o. Ä. erfolgen. Bei gebotener längerer Dauer von Betriebsschließungen infolge von ersichtlichen Mängeln hinsichtlich der Zuverlässigkeit der Lebensmittelunternehmer werden dann weitreichendere Ermächtigungen zur Einschränkungen der Berufsfreiheit nach lex generalis von Gaststättenrecht bzgl. zugehöriger Konzession oder das Gewerberecht maßgeblich sein. Folglich erlaubt das Lebensmittelrecht als lex specialis grundsätzlich eine vorläufige Betriebsschließung regelmäßig bis zur Behebung der zugrunde liegenden Hygienemängel. Nur bei wiederholten Mängeln mit entsprechenden gewichtigen Indizien für eine Unzuverlässigkeit des Gastwirts bzw. Gewerbetreibenden kann eine vorläufige Schließung bis zu einer etwaigen Entscheidung der nach lex generalis zuständigen Gewerbe- bzw. Gaststättenbehörden andauern. In derartigen Fällen ist eine entsprechend rasche Abstimmung zwischen Lebensmittel- und den übrigen Behörden geboten, damit die vorläufige lebensmittelrechtliche Schließung nicht durch Behördenverzug unverhältnismäßig wird.

Hinsichtlich der zulassungspflichtigen Unternehmen bzgl. tierischer Lebensmittel nach Art. 4 Abs. 2 Verordnung (EG) 853/2004 ist dagegen ein Verbot mit Erlaubnisvorbehalt im spezifischen Lebensmittelrecht manifestiert. Danach darf mit den zulassungspflichtigen Tätigkeiten erst nach Erhalt der Zulassung begonnen werden. Im Zuge der Verfahren sind vorläufige Zulassungen sowie bei nachträglichem Wegfall von Zulassungsvoraussetzungen auch ein behördlicher Widerruf vorgesehen. Zur verfahrensrechtlichen Abwicklung werden dabei die §§ 48, 49 VwVfG ergänzend heranzuziehen sein.

In dringenden Fällen kann die vorläufige Schließung – beispielsweise einer Gaststätte – bis zur Behebung von Hygienemängeln vorab mündlich angeordnet werden. Dabei kann die sofortige Vollziehung nach § 80 Abs. 3 VwGO schriftlich begründet und das Zwangsmittel schriftlich angedroht werden, indem auf einem Mustervordruck vor Ort ergänzend die relevanten Einzelfallerwägungen für die ausnahmsweise erforderliche vorläufige Schließung im besonderen öffentlichen Interesse und das einzelne Zwangsmittel handschriftlich ergänzt werden. Ohne jegliche Schriftform wäre als etwaige Vollstreckungsvoraussetzung nach § 80 Abs. 3 VwGO Gefahr im Verzug sowie die Benennung der Maßnahme ausdrücklich als Notstandsmaßnahme erforderlich, sowie ein Absehen vom Formerfordernis der schriftlichen Zwangsmittelandrohung infolge von Gefahr im Verzug[1]).

1) Vgl. beispielsweise § 21 LVwVG B.-W.

Beispiele:

(1) Ein Beispiel für die handschriftliche ergänzte Begründung der sofortigen Vollziehung sieht wie folgt aus:

Beispiel schriftliche Begründung der sofVollz vor Ort

LANDRATSAMT GÖPPINGEN
Amt für Veterinärwesen und Verbraucherschutz

I. Anordnung und Begründung der sofortigen Vollziehung gemäß § 80 Abs. 2 Nr. 4 und Abs. 3 Verwaltungsgerichtsordnung

Für den/die mündlich angeordnete(n) Verwaltungsakt(e) wird hiermit die sofortige Vollziehung gemäß § 80 Abs. 2 Nr. 4 Verwaltungsgerichtsordnung (VwGO) verfügt. Das besondere öffentliche Interesse an der sofortigen Vollziehung wird gemäß § 80 Abs. 3 VwGO wie folgt begründet:

Küche, Lagerraum und Arbeitsgeräte mit Lebensmittelkontakt wie beispielsweise eine Schüssel mit eingetrockneten Nudeln sind hochgradig verunreinigt durch alte Lebensmittelreste und Fettablagerungen. In der Küche und im Lager befindet sich Schadnagerkot. Auf einem Kühlschrank in einem Ablagekorb für Servietten haben sich Mäuse eingenistet. Im Thekenbereich liegen Hundehaare. Das Handwaschbecken ist nicht funktionsfähig.
Die unter diesen Bedingungen behandelten Lebensmittel sind verzehrsungeeignet und nicht sicher (Art. 14 Abs. 2 b) VO(EG) Nr. 178/2002)
Daher ist die vorläufige Betriebsschließung erforderlich.

Im Hinblick auf die dargelegten Gefahren und / oder Rechtsverstöße und nach Abwägung mit den Interessen des Adressaten kann im besonderen öffentlichen Interesse nicht hingenommen werden, dass die angeordnete(n) Maßnahme(n) durch den Schutz der aufschiebenden Wirkung eines etwaigen Widerspruchs bis zu einer rechtskräftigen Entscheidung verzögert werden/wird.

II. Für die Missachtung der Verwaltungsakte wird hiermit folgendes Zwangsmittel gemäß § 20 Abs. 1 Landesverwaltungsvollstreckungsgesetz angedroht:

Unmittelbarer Zwang durch Versiegelung einzelner Räume, Arbeitsgeräte oder erforderlichenfalls des gesamten Betriebes

12.11.2015
(Datum)

LANDRATSAMT GÖPPINGEN
Amt für Veterinärwesen und Verbraucherschutz
Pappelallee 10
73037 Göppingen

Landratsamt Göppingen * Veterinäramt *

(Unterschrift)

(2) Wenn eine Schließungsanordnung wegen wiederholten Verstößen mit entsprechenden Indizien für die Unzuverlässigkeit des Lebensmittelunternehmers etwas länger aufrechterhalten werden muss, kann in der entsprechenden Entscheidung die Begründung hierzu wie folgt lauten:

„Nach der Systematik des Lebensmittelrechts kann eine vorläufige Betriebsschließung auf der Grundlage von Art. 138 Abs. 1 und 2 lit. d) und h) der Verordnung (EU) 2017/625 sowie § 39 Lebensmittel- und Futtermittelgesetzbuch (LFGB) zum Schutze der Verbraucher grundsätzlich bis zur Behebung der einschlägigen Gefahren angeordnet werden. Im Regelfall ist dies eine Schließung bis zu einer Beseitigung der Hygienemängel z. B. durch eine gründliche Reinigung des Betriebs sowie eine zugehörige behördliche Abnahme.
Im vorliegenden Fall war bereits am xxyyzzzz aufgrund vergleichbar schwerwiegender Verstöße die Anordnung einer vorläufigen Schließung erforderlich. Wegen des entsprechenden Inverkehrbringens von nicht sicheren Lebensmitteln erging vom Amtsgericht A ein Strafbefehl vom xxyyzzzz – Az. über 90 Tagessätze a y €. Ungeachtet dieser Maßnahmen der Lebensmittelüberwachung sowie der Strafverfolgung haben Sie erneut schwerwiegend gegen lebensmittelrechtliche Vorgaben zum Schutze der Verbraucher verstoßen und dabei eine Gesundheitsgefährdung in Kauf genommen. Ihre Hinweise auf die Information des Vermieters über einen Schädlingsbefall kann Sie dabei nicht entlasten und belegt vielmehr, dass Sie die Problematik erkannt und selbst keine ausreichenden Maßnahmen ergriffen sowie die Zustände toleriert haben. Vor diesem Hintergrund geht das Landratsamt – Veterinäramt – davon aus, dass Sie auch erneut gegen lebensmittelrechtliche Normen verstoßen werden und in diesem Sinne lebensmittelrechtlich unzuverlässig sind. Daher ist die Aufrechterhaltung vorliegender Schließungsverfügung zum Schutze der Verbraucher auch über eine Grundreinigung und ggf. Schädlingsbekämpfung hinaus erforderlich, um den Verbraucher bis zu einer Entscheidung der Gaststättenbehörde über Ihre Zuverlässigkeit und einen etwaigen Widerruf der Gaststättenkonzession zu schützen. Sofern ein etwaiger Widerruf der Gaststättenkonzession seitens der Gaststättenbehörde erfolgt, ist vorliegende Schließungsverfügung erledigt im Sinne von § 43 Abs. 2 Landesverwaltungsverfahrensgesetz (LVwVfG). Andernfalls können Sie beim Landratsamt – Veterinäramt – eine Aufhebung vorliegender Schließungsverfügung beantragen. Die Entscheidung des Landratsamtes wird von der entsprechenden Einschätzung der Gaststättenbehörde und dem Verfahrensstand abhängen.“

(3) Ein Unternehmer hat ohne Anzeige bzw. Zulassungsantrag gegenüber der Überwachungsbehörde und damit ohne deren Kenntnis den Import von Fischen und -erzeugnissen begonnen. Dabei werden die Erzeugnisse in einem alten unhygienischen Bürogebäude kommissioniert und an Endverbraucher auf Märkten sowie Verbrauchermärkte in der Region abgegeben. Nach Kenntniserlangung durch konkrete Bürgerbeschwerden über die Abgabe von sensiblen Fischerzeugnissen unter intolerablen Hygienebedingungen zieht die Überwachungsbehörde die Polizei wegen des entsprechenden hinreichenden Verdachts auch auf Straftatbestände hinzu. Nach der Vollstreckung der Betriebsschließung auf vorab mündliche Anordnung vor Ort wird noch Fisch aus den versiegelten Kühlzellen entwendet. Die folgende Untersagungsanordnung stellt sich wie folgt dar:

Beispiel Schließungsverfügung Fisch

Landratsamt Musterstadt *Postfach 123* 12345 Musterstadt

Mit Postzustellungsurkunde

(Adresse)

Datum
xxyyzzzz

Landratsamt Musterstadt

Amt für Veterinärwesen
und Verbraucherschutz

Aktenzeichen xy

Zuständig für Ihr Anliegen
Herr Ludwig
(Kontaktdaten,
Datenschutzhinweis usw.)

Kassenzeichen: **xxx** (bei Zahlung unbedingt angeben)
Betrag: **250,– €**

Lebensmittelüberwachung – Lebensmittelunternehmen, XStr. 6, PLZ Y
Beschlagnahme und Versiegelung von ca. 2,5t Fische und Fischerzeugnisse im alten Bürogebäude Gstr. 4, PLZ Z

Sehr geehrte Damen und Herren,

I.

das Landratsamt X nimmt Bezug auf die oben genannte, vorab mündliche Beschlagnahmeanordnung gegenüber der X GmbH im Telefonat vom xxyyzzzz und die schriftliche Begründung der sofortigen Vollziehung am xxyyzzzz vor Ort. In diesem Zusammenhang ergeht gegenüber dem Lebensmittelunternehmen X GmbH folgende

Verfügung:

1. Die vorab mündliche Untersagungsanordnung vom xxyyzzzz hinsichtlich des Herstellens, Behandelns und Inverkehrbringens von Lebensmitteln im alten Bürogebäude S in der xstraße in Z wird hiermit bestätigt.
2. Die am xxyyzzzz vorab mündlich angeordnete Beschlagnahme der vor Ort vorgefundenen ca. 2,5t Fisch und Fischerzeugnisse sowie Geflügel- und Fleischerzeugnisse im Kühl- und Tiefkühlraum wird hiermit bestätigt.
3. Für vorstehende Anordnungen Nr. 1. und 2. wurde bereits am xxyyzzzz vor Ort die sofortige Vollziehung verfügt, worauf hiermit ergänzend Bezug genommen wird.
4. Für den Fall einer erneuten Missachtung der Anordnung Nr. 1. wird hiermit das Zwangsmittel des unmittelbaren Zwangs in Form einer Versie-

gelung von Räumen und Arbeitsgeräten sowie Wegnahme der Lebensmittel angedroht.

5. Für diese Verfügung wird eine Gebühr in Höhe von **250,-- €** festgesetzt, die unter Angabe des o.g. Buchungszeichens an die Kreiskasse zu überweisen ist.

II. Begründung:

1. Sachverhalt

Das Lebensmittelunternehmen X GmbH ist A ansässig. Herr Y ist der Lebensmittelunternehmer.

Am xxyyzzzz wurde das Amt für Veterinärwesen und Verbraucherschutz Göppingen darüber informiert, dass in einem alten ungeeigneten Bürogebäude in E unsachgemäß mit sensiblen Lebensmitteln in Form von Fisch und Fischerzeugnissen umgegangen wird.

(Sachverhalt .... Eine Gewerbeanmeldung der X GmbH liegt nicht vor. Ebenso erfolgte keine anderweitige Anzeige bzw. Registrierung nach Art. 6 Verordnung (EG) Nr. 852/2004 beim Landratsamt G als Lebensmittelüberwachungsbehörde. Eine EU-Zulassung nach Art. 4 Verordnung (EG) Nr. 853/2004 für den Umgang mit Fisch und Fischerzeugnissen liegt ebenso nicht vor. Bei der Kontrolle am 15.01.2021 gegen 11.00 Uhr durch die Lebensmittelkontrolleure A und B gemeinsam mit der Polizeidirektion B wurde vor Ort Folgendes festgestellt:

(Hygienemängel) Die Beanstandungen wurden mit Lichtbildern dokumentiert.

2. rechtliche Begründung – vorläufige Untersagung des Herstellens, Behandelns und Inverkehrbringens von Lebensmitteln

Die Datenauswertungen und Beweismittelbewertungen dauern derzeit noch an. Vorbehaltlich einer entsprechenden folgenden umfangreichen rechtlichen Bewertung wird die Sach- und Rechtslage bei der derzeit rasch erforderlichen Bestätigung der vorab mündlichen Anordnungen nach Art. 138 Abs. 3 Verordnung (EU) Nr. 2017/625 derzeit wie folgt bewertet.

Nach der Systematik des EU-Lebensmittelrechts u. a. gemäß Art. 17 Verordnung (EG) Nr. 178/2002 und Art. 3 Verordnung (EG) Nr. 852/2004 sind die Lebensmittelunternehmen und die Lebensmittelunternehmer vollumfänglich verantwortlich für die Sicherheit der Lebensmittel und die Einhaltung der einschlägigen Normen.

Nach Art. 137 und 138 Verordnung (EU) Nr. 2017/625 treffen die Lebensmittelüberwachungsbehörden die Anordnungen, die zur Feststellung sowie Beseitigung festgestellter Verstöße oder zur Verhütung künftiger Verstöße sowie zum Schutz vor Gefahren für die Gesundheit oder vor Täuschung erforderlich sind. Sie treffen geeignete Maßnahmen, um zu gewährleisten, dass der betreffende Unternehmer den Verstoß beendet und dass er erneute Verstöße dieser Art verhindert. Nach Art. 138 Abs. 2 lit. d) und h) kann die Behörde hierfür das Inverkehrbringen von Lebensmitteln einschränken und Betriebe ganz oder teilweise schließen.

Verordnung (EG) Nr. 852/2004 über Lebensmittelhygiene enthält allgemeine Anforderungen an die Hygiene in Lebensmittelunternehmen und verlangt nach Art. 5 ein auf HACCP-Grundsätzen beruhendes Risikomanagementsystem für Lebensmittelsicherheit.

Gemäß Art. 4 der Verordnung (EG) Nr. 853/2004 dürfen Lebensmittelunternehmer in der Gemeinschaft hergestellte Erzeugnisse tierischen Ursprungs nur in Verkehr bringen, wenn sie ausschließlich in Betrieben bearbeitet und behandelt worden sind, die

a) den einschlägigen Anforderungen der Verordnung (EG) Nr. 852/2004, denen der Anhänge II und III der vorliegenden Verordnung und anderen einschlägigen lebensmittelrechtlichen Vorschriften genügen und
b) von der zuständigen Behörde registriert oder – sofern dies nach Absatz 2 erforderlich ist – zugelassen worden sind.

In Anhang III Abschnitt VIII finden sich spezifische Anforderungen an den hygienischen Umgang mit Fisch unter Berücksichtigung von mikrobiellen Risiken, Parasiten, usw.

Gemäß Art. 14 Abs. 1 und 2 Verordnung (EG) Nr. 178/2002 dürfen nicht sichere Erzeugnisse nicht in den Verkehr gebracht werden.

Verordnung (EU) Nr. 2019/627 sieht spezifische Anforderungen an die Überwachung von tierischen Erzeugnissen vor. Nach Art. 71 sind Fischereierzeugnisse genussuntauglich, wenn sie von den zuständigen Behörden als potenzielles Risiko für die Gesundheit von Mensch oder Tier oder aus einem anderen Grund als genussuntauglich erachtet werden.

a. Mangelnde formale Voraussetzungen für ein Herstellen, Behandeln und Inverkehrbringen von Fisch und Fischereierzeugnissen in der Sstraße 4 in D

Das Lebensmittelunternehmen Afisch GmbH ist weder gewerberechtlich noch lebensmittelrechtlich gemeldet noch liegt eine Zulassung nach Art. 4 Verordnung (EG) Nr. 853/2004 vor. Zulassungspflichtige Tätigkeiten dürfen erst nach Erhalt der Zulassung begonnen werden. Das alte Bürogebäude mit Kühlzellen ist nicht für Lebensmittel registriert. Voraussetzungen für einen Umgang mit offenen Lebensmitteln oder gar sehr leicht verderbliche Fischereierzeugnisse sind nicht ansatzweise gegeben.

Danach liegen die Voraussetzungen für einen Umgang mit Fisch und Fischereierzeugnissen seitens der Afisch GmbH bereits formal nicht vor und sind unzulässig nach vorstehendem Art. 4 Abs. 1 Verordnung (EG) Nr. 853/2004.

b. Vernachlässigtes Eigenkontrollkonzept

Im Rahmen von den auf HACCP- Grundsätzen beruhenden Managementsystemen für Lebensmittelsicherheit nach Art. 5 Verordnung (EG) Nr. 852/2004 haben die Unternehmen auf der Grundlage einer vorhandenen Basishygiene zusätzlich Verfahren zu implementieren und anzuwenden, wonach spezifische betriebliche Gefahren ermittelt, kritische Kontrollpunkte (CCP) festgelegt und Risiken anhand von Grenzwerten und Lenkungsmaßnahmen auf akzeptables Maß reduziert werden.

Im vorliegenden Fall wird ein Umgang mit Fisch und Fischereierzeugnissen illegal betrieben. Die nachfolgend beschriebenen Hygieneverstöße belegen das auch vor Ort nicht ersichtliche Hygienekonzept oder gar irgendein Managementsystem.

Danach liegen die Voraussetzungen für einen Umgang mit Lebensmitteln auch mangels Managementsystem für Lebensmittelsicherheit nicht vor. Dies deutet zudem auf die unten näher erläuterte Unsicherheit der vor Ort vorgefundenen Lebensmittel hin.

c. unzureichende materiell-rechtliche Voraussetzungen für das Inverkehrbringen von Lebensmitteln – Verstöße gegen die Verordnungen (EG) Nr. 852/2004 über Lebensmittelhygiene und Nr. 853/2004 bzgl. spezifischer Anforderungen für tierische Lebensmittel in Verbindung mit §§ 3 und 10 LMHV i. V. m. § 60 Abs. 2 Nr. 26a LFGB

Nach § 3 Satz 1 der LMHV dürfen Lebensmittel nur so hergestellt, behandelt oder in den Verkehr gebracht werden, dass sie bei Beachtung der im Verkehr erforderlichen Sorgfalt der Gefahr einer nachteiligen Beeinflussung, wie z. B. durch Verunreinigungen, Mikroorganismen und Schädlinge, nicht ausgesetzt sind. Die §§ 3 und 10 LMHV stellen die nationalen Sanktionsnormen zum sogenannten EU-Hygienepaket einschließlich der Verordnungen (EG) Nr. 852/2004 und 853/2004 dar.

Die entsprechenden Normabweichungen und lebensmittelrechtliche sowie gesundheitliche Risiken stellen sich wie folgt dar.

Gemäß Art. 4 Abs. 2 i. V. m. Anhang II Kapitel I Nr. 2. der Verordnung (EG) 852/2004 über Lebensmittelhygiene müssen Betriebsstätten, in denen mit Lebensmitteln umgegangen wird, so angelegt und konzipiert sein, dass eine angemessene Instandhaltung, Reinigung und/oder Desinfektion möglich ist und aerogene Kontaminationen vermieden oder auf ein Mindestmaß beschränkt werden und dass eine gute Lebensmittelhygiene, einschließlich Schutz gegen Kontaminationen gewährleistet ist.

Nach Anhang II Kapitel I Nr. 1. der Verordnung (EG) Nr. 852/2004 sind Betriebsstätten sauber und instand zu halten.

Nach Kapitel IX Nr. 3 sind Lebensmittel auf allen Stufen der Erzeugung, der Verarbeitung und des Vertriebs vor Kontaminationen zu schützen, die sie für den menschlichen Verzehr ungeeignet oder gesundheitsschädlich machen bzw. derart kontaminieren, dass ein Verzehr in diesem Zustand nicht zu erwarten wäre.

Nach Art. 4 Verordnung (EG) Nr. 853/2004 in Verbindung mit Anhang III Abschnitt V Kapitel III Nr. 1 ist Fleisch so zu bearbeiten, dass eine Kontamination so weit wie möglich verhindert oder verringert wird.

Die Feststellungen durch Amtstierärzte, Lebensmittelkontrolleure und Vollzugssachbearbeiter am xxyyzzzz mit aktenkundigen Kontrollberichten und Lichtbildmappen belegen eine Missachtung vorstehender Hygienevorgaben, indem ....

d. unzureichende materiell-rechtliche Voraussetzungen für das Inverkehrbringen von Lebensmitteln – Verstöße gegen Artikel 4 Absatz 2 in Verbindung mit Anhang II Kapitel V Nummer 1 Buchstabe a Verordnungen (EG) Nr. 852/2004 über Lebensmittelhygiene in Verbindung mit § 2 Nr. 5 Lebensmittelrechtliche Straf- und Bußgeld-verordnung und § 60 Abs. 4 Nr. 2 a LFGB

Danach sind Gegenstände, Armaturen oder Ausrüstungen, mit denen Lebensmittel in Berührung kommen, so zu reinigen und zu desinfizieren, dass kein Kontaminationsrisiko besteht oder dies so weit als möglich verringert wird.

Im vorliegenden Fall ....

e. Verstöße gegen die Verordnung (EG) Nr. 853/2004 hinsichtlich der Anforderungen an den Umgang mit Fisch in Anhang III Abschnitt VIII

Nach Kapitel III A. Nr. 1 müssen gekühlte unverpackte Erzeugnisse, die nicht unmittelbar nach ihrer Ankunft im Bestimmungsbetrieb an Land verteilt, versendet, zubereitet oder verarbeitet werden, in geeigneten Anlagen in Eis gelagert werden. Neues Eis muss so oft wie nötig nachgefüllt werden.

Gemäß Kapitel III A. Nr. 4 und Kapitel VIII Nr. 3. müssen Behältnisse für den Versand oder die Lagerung von unverpackten zubereiteten frischen Fischereierzeugnissen müssen so beschaffen sein, dass die Erzeugnisse nicht mit dem Schmelzwasser in Berührung bleiben.

Nach Kapitel III D. müssen die Lebensmittelunternehmer hinsichtlich Parasiten sicherstellen, dass die Fischereierzeugnisse einer Sichtkontrolle unterzogen werden, damit, bevor sie in Verkehr gebracht werden, sichtbare Parasiten festgestellt werden können. Sie dürfen eindeutig von Parasiten befallene Fischereierzeugnisse nicht für den menschlichen Verzehr in Verkehr bringen.

Gemäß vorstehenden Feststellungen waren ...

f. Zusammenfassung: unzureichende formale und materiell-rechtliche Voraussetzungen für ein Inverkehrbringen von Fleisch

Danach liegen die formalen und materiell-rechtlichen Voraussetzungen für ein Herstellen, Behandeln und Inverkehrbringen von Fisch und Fischereierzeugnissen Fleisch aus vorstehenden Gründen nicht einmal ansatzweise vor. Die zahlreichen und massiven Hygienemängel ohne jegliches Eigenkontrollkonzeptes belegen nicht akzeptable Risiken. Dies ist unvereinbar mit dem primären Normschutzziel des EU-Lebensmittelhygienerechts in Form eines angemessen hohen Gesundheitsschutzniveaus für die Verbraucher.

Danach ist die vorab mündliche und obige bestätigende Untersagung des Herstellens, Behandelns und Inverkehrbringens von Fischereierzeugnissen sowie Lebensmitteln unter Ziffer I. Nr. 1. Nach Art. 138 Abs. 1 und 2 geeignet, erforderlich und angemessen, um die Ausübung des unzulässigen Umgangs mit Fisch und Fischereierzeugnissen mit nicht akzeptablen Risiken für die Verbraucher vorläufig zu unterbinden.

Im Rahmen einer pflichtgemäßen Ermessensausübung konnten keine milderen Maßnahmen getroffen werden, um einen den fisch- und lebensmittelhygienerechtlichen Anforderungen genügenden Zustand herzustellen. Ihre Interessen an einer Weiterführung des Betriebs und die harten Wettbewerbsbedingungen wurden dabei berücksichtigt. Das öffentliche Interesse am Schutz der Verbraucher überwiegt jedoch schlussendlich die finanziellen Interessen.

3. rechtliche Begründung – Beschlagnahme und Entsorgung nicht sicherer Lebensmittel

Das Inverkehrbringen von nicht sicheren Lebensmitteln ist gemäß Art. 14 Abs. 1 Verordnung (EG) Nr. 178/2002 verboten. Gemäß Art. 14 Abs. 2 a) sind gesundheitsschädliche Lebensmittel unsicher. Nach Art. 14 Abs. 2 b) vorstehender Verordnung sind Lebensmittel auch nicht sicher, wenn sie für den menschlichen Verzehr ungeeignet sind.

Bei dieser Beurteilung als für den menschlichen Verzehr ungeeignet ist nach Abs. 5 vorstehender Verordnung zu berücksichtigen, ob ein Lebensmittel infolge einer durch Fremdstoffe oder auf andere Weise bewirkten Kontamination, durch Fäulnis, Verderb oder Zersetzung ausgehend von dem beabsichtigten Verwendungszweck nicht für den Verzehr durch den Menschen inakzeptabel geworden ist. Ferner sind bei der Entscheidung der Lebensmittelsicherheitsbeurteilung nach Art. 14 Abs. 3 zu berücksichtigen:

a) die normalen Bedingungen seiner Verwendung durch den Verbraucher und auf allen Produktions-, Verarbeitungs- und Vertriebsstufen sowie
b) die dem Verbraucher vermittelten Informationen einschließlich der Angaben auf dem Etikett oder sonstige ihm normalerweise zugängliche Informationen über die Vermeidung bestimmter die Gesundheit beein-

trächtigender Wirkungen eines bestimmten Lebensmittels oder einer bestimmten Lebensmittelkategorie.

Nach zugehöriger Rechtsprechung u. a. des VGH Mannheim gemäß Beschluss vom 12.2.2020 – 9 S 2637/19 und einschlägigen Kommentaren, Zipfel/Rathke, Lebensmittelrecht, C 101, Art. 14 Verordnung (EG) Nr. 178/2002, Rn. 66–69 und Meyer/Streinz/Meyer, BasisVO Art. 14 Rn. 37–47, sowie Zeitschrift für das gesamte Lebensmittelrecht 5/2020, S. 715 ff., sind kontaminierte Lebensmittel und solche in Zusammenhang mit unangemessen hohen Kontaminationsrisiken als verzehrsungeeignet nach Art. 14 Abs. 2 b) und Absatz 5 einzustufen.

Fisch und Fischereierzeugnisse sind sehr sensible Lebensmittel. Das Keimmilieu weist naturgemäß auch pathogene Mikroorganismen auf. Fischereierzeugnisse können auch von Parasiten befallen sein. Die Sensibilität der Erzeugnisse ist ebenso anhand der EU-Zulassungspflicht für entsprechende Betriebe sowie der vorstehend genannten spezifischen Normen erkennbar, wonach in Zusammenhang mit frischem Fisch jegliche Kontaminations- und mikrobielle Risiken zu vermeiden sind, eine durchgehende Kühlkette und beispielsweise eine Untersuchung auf Parasiten erforderlich sind. Eine Abweichung von diesen Anforderungen kann bei einem solch sensiblen Lebensmittel relativ rasch zu konkreten gesundheitlichen Risiken führen.

Mit der relativ jungen Verordnung (EU) Nr. 2019/627 hat der Verordnungsgeber mit Art. 71 den Risiken nochmals besonders Rechnung getragen, indem die Erzeugnisse bei unvertretbaren Risiken seitens der zuständigen Behörde als genussuntauglich einzustufen sind.

Der Betriebsstandort des Lebensmittelunternehmens Afisch GmbH in E ist weder registriert noch zugelassen. Zudem sind die hygienischen Anforderungen für einen Umgang für offene Lebensmittel oder gar das sensible Lebensmittel Fisch nicht einmal ansatzweise gegeben.

Daneben belegen die Feststellungen in Form der massiven und zahlreichen Hygieneverstöße nicht tolerable und potenzielle Gesundheitsrisiken. Bei frischem Fisch und insbesondere auch unsachgemäßem Umgang spielen insbesondere nachfolgend genannte Mikroorganismen eine Rolle: Clostridium botulinum, Vibrio parahaemolyticus, Vibrio cholerae, Listeria monocytogenes, Staphylococcus aureus, Salmonella spp., Shigella spp., E. coli, Clostridium botulinum.

Die Hygienemängel werden beispielsweise anhand …deutlich.

Mit dem Gestank geht ein vermeidbares Risiko einer Kontamination durch Gerüche einher. Ferner befinden sich zahlreiche betriebsfremde und verunreinigte Gegenstände im Bereich der offenen Fischereierzeugnisse, wie beispielsweise …

Auf die Lichtbildmappe wird vollinhaltlich verwiesen. Die vorgefundenen Mängel belegen intolerable massive Abweichungen von den normalen Hygieneanforderungen im Sinne von Art. 14 Abs. 3 Verordnung (EG) Nr. 178/2002. Damit gehen vermeidbare Hygiene- und Kreuzkontaminationsrisiken sowie auch potenzielle Gesundheitsrisiken einher. Danach sind die vorgefundenen Fische und Fischereierzeugnisse infolge der festgestellten Kontaminationen und hohen Kontaminationsrisiken mit potenziellen Gesundheitsgefahren als nicht zum menschlichen Verzehr geeignet im Sinne von Art. 14 Abs. 1 und 2 b) Verordnung (EG) Nr. 178/2002 sowie Art. 71 Verordnung (EU) Nr. 2019/627 zu bewerten. In Kenntnis der beschriebenen Umstände würde ein durchschnittlich empfindsamer Verbraucher einen Verzehr derartiger Lebensmittel ablehnen.

Nach Einschätzung des Veterinäramtes käme selbst eine Einordnung als gesundheitsschädlich nach Art. 14 Abs. 2a Verordnung (EG) Nr. 178/2002 in Betracht. Nur aus Gründen der Rechtssicherheit wird auf diese Einstufung vorsorglich verzichtet.

Auch die Tiefkühlware konnte aus folgenden Gründen nicht anderweitig beurteilt werden. So sind weder Vertriebswege der Ware transparent und sie befindet sich in einem nicht zugelassenen Unternehmen mit schwerwiegenden Hygienemängeln....

Die vorab mündlich angeordnete Beschlagnahme der der vorgefundenen Fische und Fischereierzeugnisse sowie die vorstehende Anordnung Nr. 2. als entsprechende Bestätigung stützen sich auf Art. 138 Verordnung (EU) Nr. 2017/625. Diese Anordnung ist geeignet, erforderlich und angemessen, um ein weiteres Inverkehrbringen der nicht sicheren und mindestens verzehrsungeeigneten Lebensmittel zum Schutze der Verbraucher zu verhindern und die entsprechenden Gesundheitsgefahren zu beseitigen. Im Rahmen einer pflichtgemäßen Ermessensausübung konnten keine milderen Maßnahmen getroffen werden, um einen den lebensmittelhygienerechtlichen Anforderungen genügenden Zustand herzustellen. Ihre Interessen u. a. an einem Inverkehrbringen der Lebensmittel sowie etwaige wirtschaftliche Schäden wurden dabei berücksichtigt. Das öffentliche Interesse am Schutz der Verbraucher überwiegt jedoch schlussendlich die unternehmerischen Interessen. Zudem tragen Sie die Verantwortung für die wirtschaftlichen Schäden, nachdem Sie sensible Lebensmittel ohne auch nur ansatzweise Einhaltung der einschlägigen Normen und Sicherheitsvorkehrungen an die Verbraucher abgegeben haben.

Ergänzend wird ein Strafverfahren eingeleitet werden sowie ein Verfahren zur Veröffentlichung der Verstöße nach § 40 Abs. 1a Nr. 3 LFGB, wonach erhebliche lebensmittelrechtliche Verstöße unter Benennung der Unternehmen zu veröffentlichen sind.

4. Rechtliche Begründung sofortige Vollziehung

Die sofortige Vollziehung gemäß § 80 Abs. 2 Nr. 4 der Verwaltungsgerichtsordnung (VwGO) wurde bereits für die vorab mündlichen Anordnungen vor Ort angeordnet und schriftlich begründet. Darauf wird vollumfänglich verwiesen. Die sofortige Vollziehung bedeutet, dass wir auch dann zum Vollzug der Anordnungen mittels Vollstreckungsmaßnahmen berechtigt sind, falls Widerspruch eingelegt wird.

Die Verfügung der sofortigen Vollziehung für die Anordnungen Nr. 1. ist im besonderen öffentlichen Interesse nach wie vor erforderlich, um ein zulassungsrelevantes Behandeln und Inverkehrbringen von Lebensmitteln unter potenziellen Gesundheitsrisiken durch einen Betrieb ohne entsprechende Zulassung für diesen Standort zu unterbinden. Hinsichtlich der Hygienemängel und potenziellen Gesundheitsrisiken wird zur Vermeidung von Wiederholungen auf vorstehende Ausführungen verwiesen. Zusammenfassend wird festgehalten, dass der formal rechtswidrige Umgang mit Fischereierzeugnisse in Verbindung mit den vorliegenden konkreten Feststellungen mit erheblichen Rechtsverstößen und vermeidbaren Gesundheitsrisiken für die Verbraucher einhergeht. Ebenso sind die wirtschaftlichen Nachteile für Mitbewerber zu berücksichtigen, die sich an die einschlägigen Gesundheits- und Verbraucherschutzbestimmungen halten.

Mittels der sofortigen Vollziehung wird somit verhindert, dass unter dem Schutz der aufschiebenden Wirkung eines etwaigen Widerspruchs weiterhin nicht sichere Lebensmittel hergestellt bzw. behandelt und an die Verbraucher abgegeben werden könnten. Dieses Interesse ist höher zu werten als das unternehmerische Interesse an der Fortsetzung des illegalen Umgangs mit Fischereierzeugnissen.

Hinsichtlich der Anordnung Nr. 2. wurde die beschlagnahmte Ware inzwischen mit Zustimmung des Unternehmens entsorgt. Danach hat sich diesbezüglich die sofortige Vollziehung erledigt.

5. Begründung Zwangsmittel

Die Androhung des unmittelbaren Zwangs für den Fall der Nichtbeachtung der Anordnung unter Ziffer I Nr. 1 stützt sich auf die §§ 19, 20 und 26 des Landesverwaltungsvollstreckungsgesetzes (LVwVG). Nach § 19 Abs. 2 LVwVG hat die Vollstreckungsbehörde dasjenige Zwangsmittel anzuwenden, das den Pflichtigen und die Allgemeinheit voraussichtlich am Wenigsten beeinträchtigt.

Des Weiteren darf gemäß § 26 Abs. 2 LVwVG unmittelbarer Zwang nur angewandt werden, wenn Zwangsgeld und Ersatzvornahme nicht zum Erfolg geführt haben oder deren Anwendung untunlich ist.

Die Anwendung des Zwangsmittels Zwangsgeld ist im vorliegenden Fall aufgrund des relativ langwierigen Verfahrens ungeeignet, da bei Nichtbeachtung der Untersagungsanordnung die sofortige Durchsetzung mittels Vollstreckungsmaßnahmen erforderlich ist zum Schutze der Verbraucher vor dem Verzehr von unsachgemäß behandelten Lebensmitteln.

Das Zwangsmittel Ersatzvornahme ist im vorliegenden Fall ebenfalls ungeeignet, da es sich bei einer Untersagung um keine vertretbare Handlung im Sinne des § 25 LVwVG handelt.

Der unmittelbare Zwang ist erforderlichenfalls zur Durchsetzung der Untersagungsanordnung geeignet, erforderlich und angemessen, um ein weiteres Herstellen und Behandeln sowie Abgeben von Lebensmitteln entgegen den hygienerechtlichen Bestimmungen zu verhindern und dadurch den Verbraucher zu schützen. Durch die Anwendung des unmittelbaren Zwangs entsteht Ihnen kein Nachteil, der außer Verhältnis zum Zweck der Vollstreckung steht, da die Maßnahmen zum Schutze der Gesundheit der Verbraucher Ihre privaten Interessen überwiegen.

Eine Fristsetzung für die Anwendung des unmittelbaren Zwangs ist gemäß § 20 Abs. 1 Satz 2 Halbsatz 2 LVwVG entbehrlich, da es sich bei der angeordneten Maßnahme um eine Untersagung handelt, und aufgrund von Gefahr in Verzug.

Der Siegelbruch zwischen dem xxyyzzzz und dem xxyyzzzz untermauert die Notwendigkeit von etwaigen Zwangsmitteln.

6. Gebührenfestsetzung

Die Gebührenfestsetzung für diese Verfügung erfolgt gemäß Art. 79 ff. Verordnung (EU) 2017/625 i. V. m. *§ x (Landesgebührengesetzes) i. V. m. Nr. 12.26.06-17. der Rechtsverordnung des (*Behörde) *über die Erhebung von Gebühren für die Wahrnehmung von Aufgaben als untere Verwaltungsbehörde (Gebührenverordnung) vom xxyyzzzz*. Die Gebühr bemisst sich nach dem Verwaltungsaufwand und nach der Bedeutung des Gegenstands der Entscheidung, wobei es sich im vorliegenden Fall um die 3. Kategorie -aufwändige Verfahren- mit einem Bearbeitungsaufwand gemäß beiliegender Aufstellung von x h. Danach wird die entsprechende Gebühr von 250,- € nach vorstehender Gebührennummer und –kategorie festgesetzt. Die Gebühr wird mit der Zustellung dieser Verfügung sofort fällig (§ 18 Abs. 1 LGebG).

III.

Rechtsbehelfsbelehrung:

Gegen diese Verfügung kann innerhalb eines Monats nach Bekanntgabe bei (*Behörde*) in (*Sitz*) Widerspruch erhoben werden.

Mit freundlichen Grüßen

3.19 Lebensmittelsicherheitskultur

Die Verordnung (EG) Nr. 852/2004 des EU-Hygienepakets mit allgemeinen Anforderungen an Lebensmittelunternehmen wurde mit der Verordnung (EU) 2021/382 der Kommission vom 3. März 2021 novelliert bzw. ergänzt. Dabei nimmt der Erwägungsgrund 5 Bezug auf den Green Deal der EU und die damit verbundene Farm to Fork Strategy, bzw. „Vom Hof auf den Teller" in der deutschen Fassung. Der Erwägungsgrund macht deutlich, dass ein faires, gesundes und insbesondere umweltfreundliches Lebensmittelsystem ein Schlüsselelement des Green Deal ist. In diesem Zusammenhang werden Maßnahmen zur Vermeidung von Lebensmittelverlusten und zum Umgang mit Lebensmittelspenden implementiert. Ferner wurden Hygieneanforderungen für Behälter bzw. Container für Stoffe, die Allergien oder Unverträglichkeiten auslösen, getroffen.

Des Weiteren gibt die Verordnung (EU) 2021/382 den Lebensmittelunternehmen die Einführung einer Lebensmittelsicherheitskultur vor. Dieses System ist aufrechtzuerhalten und nachzuweisen. Das entsprechende Kapitel XIa enthält dann eine Konkretisierung der Anforderungen an die Lebensmittelunternehmen. Die Implementierung der Lebensmittelsicherheitskultur beruht auf dem Codex Alimentarius als eine supranationale Zusammenfassung von verschiedenen Standards für Lebensmittel. Mit dem überarbeiteten Standard CXC 1-1969 wird das Konzept der „Lebensmittelsicherheitskultur" als allgemeiner Grundsatz eingeführt. Nach Erwägungsgrund 9 der Verordnung mit Bezugnahme auf den Codex erhöht die Lebensmittelsicherheitskultur die Lebensmittelsicherheit durch die Sensibilisierung und die Verbesserung des Verhaltens der Beschäftigten in Lebensmittelbetrieben. Diese Auswirkungen auf die Lebensmittelsicherheit wurden in mehreren wissenschaftlichen Publikationen aufgezeigt.

Die Regelungen im neuen Kapitel IXa verpflichten die Lebensmittelunternehmer insbesondere sinngemäß

- zur Einführung der Lebensmittelsicherheitskultur,
- zur Sensibilisierung der Beschäftigten in Richtung Sicherheit,
- zu offener und klarer KOmmuniikation,
- sowie zur Bereitstellung ausreichender Ressourcen.

Die Betriebsleitung wird ausdrücklich zu sinngemäß Folgendem verpflichtet:

- klare Kommunikation von Zuständigkeiten und Aufgaben,
- Verifizierung, dass Kontrollen rechtzeitig und effizient durchgeführt werden,
- Sicherstellung, dass Personal ausreichend qualifiziert und geschult ist,

- kontinuierliche Verbesserung des Managementsystems des Unternehmens für Lebensmittelsicherheit unter Berücksichtigung neuer Erkenntnisse in Wissenschaft und Technik.

Die Regelungen enthalten auch die im Lebensmittelrecht bekannte Flexibilität hinsichtlich der Rechtsauslegung zum Schutz von kleinen Unternehmen und traditionellen Verfahren. Danach sind Art und Größe von Unternehmen bei der Umsetzung der Lebensmittelsicherheitskultur zu berücksichtigen.

Die Regelungen sind seit März 2021 in Kraft. Viele Kritiker argumentieren absehbar, dass der Aufwand in keinem angemessenen Verhältnis zum Nutzen steht und es sich quasi um neuen vermeidbaren (Dokumentations-)-Aufwand mit Hemmung der wirtschaftlichen Interessen handelt. Auf der anderen Seite knüpft das Thema eben an die bedeutende Produktsicherheit sowie bekannte Systematiken von Managementsysteme an, sodass auch günstige Aufwand-Nutzen-Relationen erzielt werden können. Zudem sind wissenschaftliche Belegen für die günstigen Auswirkungen auf die Lebensmittelsicherheit gegeben.

Nach den zwischenzeitlichen Praxiserfahrungen aus der Überwachung können bislang gut aufgestellte Unternehmen die Anforderungen mit vertretbarem Aufwand umsetzen, weil im Zuge gegebener Eigenkontrollsysteme quasi nur noch eine Einführung des Begriffs Lebensmittelsicherheitskultur erforderlich ist.

Eine behördliche Checkliste für die Verifizierung kann beispielsweise wie folgt aussehen:

****

Checkliste für die Verifizierung der Lebensmittelsicherheitskultur in Lebensmittelunternehmen

Fragen / Ermittlungen
Sind die neue Rechtslage und der Begriff Lebensmittelsicherheitskultur bekannt?
Ist ein wirksames und auf HACCP-Grundlagen basierendes Managementsystem für Lebensmittelsicherheit implementiert und ausreichend dokumentiert? Sind insbesondere Verfahren für Verkaufsstopp, Rücknahme und Rückruf von unsicheren Erzeugnissen implementiert?
Sind die Verantwortlichkeiten im Unternehmen transparent bzgl. Betriebsleitung, Mitarbeiter und als Nachweis u. a. für Überwachung?
Sind ausreichende Ressourcen für die Umsetzung der im System der Lebensmittelsicherheitskultur verankerten Ziele tatsächlich vorhanden?
Sind Korrekturmaßnahmen bei auftretenden Mängeln vorgesehen?
Können einzelne Mängel ohne relevanten Bezug zur Lebensmittelsicherheit durch Art und Größe des Unternehmens gerechtfertigt werden als im Lebensmittelrecht vorgesehene angemessene Flexibilisierung für kleine bzw. traditionelle Unternehmen?

Ergebnis	**(Korrektur-)Maßnahmen**
Lebensmittelsicherheitskultur einschließlich Begriff implementiert und nachgewiesen.	keine
Systematik Lebensmittelsicherheitskultur implementiert und nachgewiesen – Begriff nicht bekannt bzw. verwendet.	Hinweis auf Begriff
Geringfügige Mängel, siehe Detailerfassung	Hinweis auf Anforderungen **Nachfolgende Verifizierung bei Gelegenheit**

Mittelgradige oder nicht behobene geringfügige Mängel, siehe Detailerfassung	**Anhörung** mit **Frist** zur Stellungnahme sowie Mitteilung etwaiger Bereitschaft zu Korrekturmaßnahmen mit Hinweisen auf ▶ Anforderungen ▶ Notwendigkeit Behebung; erforderlichenfalls kann behördliche Anordnung in Betracht kommen ▶ Ankündigung Verifizierung ▶ Bei künftigen Sorgfaltspflichtsverletzungen kann Sachverhalt unter Umständen berücksichtigt werden Weiteres Verfahren: ▶ **Verifizierung nach Frist zur Stellungnahme** ▶ **Prüfung, ob beabsichtigte Korrekturmaßnahmen des Unternehmens und zugehörige Umsetzungszeiträume angemessen** • **ggf. zustimmende Information an Unternehmen** • ggf. Punkte bzw. Fristen erläutern, die nicht vertretbar sind. Abfrage, ob Unternehmen zur Änderung bereit ist und andernfalls Ankündigung behördlicher Maßnahmen **Feststellung Mangelbehebung oder Überführung in klassisches Anordnungsverfahren** (ggf. Bestimmtheit bzw. hierfür erforderliche Ausermittlung / Verhältnismäßigkeit beachten!)

Schwerwiegende oder nicht behobene mittelgradige Mängel, siehe Detailerfassung, mit erkennbaren Risiken für Lebensmittelsicherheit wegen Zweifeln am Managementsystem für Lebensmittelsicherheit, Art. 5 Verordnung (EG) 852/2004	Anhörung zu ▶ Schwerwiegende Mängel bzgl. Lebensmittelsicherheitskultur und damit einhergehende Mängel bzgl. Art. 5 BasisV ▶ Fristsetzung mit Anhörung zur Behebung und Ankündigung der behördlichen Anordnungen, falls Unternehmen untätig bleibt ▶ Bei künftigen Sorgfaltspflichtsverletzungen kann Sachverhalt unter Umständen berücksichtigt werden ▶ Bei künftigen Sorgfaltspflichtsverletzungen kann Sachverhalt in Zusammenhang mit etwaige Zuverlässigkeitsprüfung berücksichtigt werden **Feststellung Mangelbehebung oder Überführung in klassisches Anordnungsverfahren** (ggf. Bestimmtheit bzw. hierfür erforderliche Ausermittlung / Verhältnismäßigkeit beachten!)

4 Tatnachweis von Straftaten und Ordnungswidrigkeiten

Der einer Straftat oder Ordnungswidrigkeit Beschuldigte braucht an der eigenen Überführung nicht mitzuwirken und kann daher zum Tatvorwurf schweigen oder ihn bestreiten (§ 136 Absatz 1 Satz 2 StPO). Die Beweislast liegt daher in einem Strafverfahren allein bei der Staatsanwaltschaft, in einem Bußgeldverfahren bei der Verwaltungsbehörde. Der Beschuldigte gilt so lange als unschuldig, bis seine Schuld rechtskräftig festgestellt ist (Artikel 6 Absatz 2 MRK). Eine professionelle Beweissicherung ist daher zur Widerlegung der verfassungsrechtlichen Unschuldsvermutung notwendig. Die aufgrund von Maßnahmen im lebensmittelrechtlichen Verwaltungsverfahren erlangten sach- und personenbezogenen Daten im dokumentierten Kontrollverfahren (Artikel 12 Absatz 1 Satz 1 VO [EU] 2017/625) und Aufzeichnungen über die amtlichen Kontrollen (Artikel 13 VO [EU] 2017/625) dürfen auch ohne Einwilligung der betroffenen Personen zu Beweiszwecken im Straf- und Bußgeldverfahren verwendet werden (§ 161 Absatz 2 Satz 1 StPO in Verbindung mit § 46 Absatz 1 OWiG).[1])

Die Feststellungen der Lebensmittelüberwachung sind zum Tatnachweis einer Straftat oder Ordnungswidrigkeit so aktenkundig zu machen, dass sie auch in einem lange nach dem Verstoß stattfindenden gerichtlichen Straf- oder Bußgeldverfahren noch zur Verfügung stehen. Es führt zum Beweismittelverlust, wenn die Ermittlungsergebnisse über lebensmittelrechtliche Zuwiderhandlungen nicht für das Gericht nachvollziehbar elektronisch oder schriftlich festgehalten sind. Lebensmittelkontrolleure/Veterinäre müssen zur Dokumentation der Außendiensttätigkeiten befähigt sein (§ 1 Absatz 2 Nummer 12 LKonV). Für die Dokumentation von Straftaten und Ordnungswidrigkeiten genügt stets ein Bediensteter, der notfalls als Zeuge in einem gerichtlichen Straf- oder Bußgeldverfahren zur Verfügung steht. Das „Vier-Augen-Prinzip" (§ 7 Absatz 2 Nummer 1 AVVRÜb) gilt nur für die amtliche Kontrolle.

Zur Beweisführung sind Aktenvermerke und Bildaufzeichnungen als elektronische Dokumente (§ 32b Absatz 2 StPO in Verbindung mit § 110c Satz 1 OWiG) wichtig. Auch der als Verteidiger eines Beschuldigten oder

---

1) BGH, Beschluss vom 8.12.2015, Aktenzeichen 3 StR 406/15.

Betroffenen beauftragte Rechtsanwalt muss bereits bei der Akteneinsicht[1]) beurteilen können, ob mit einer Überführung seines Mandanten hinsichtlich der vorgeworfenen Verstöße aufgrund der aktenkundigen Beweissicherung zu rechnen ist. Der Lebensmittelkontrolleur/Veterinär kann anhand des Akteninhalts vor einer notwendigen gerichtlichen Zeugenaussage sein Gedächtnis auffrischen und sich als Zeuge anhand der Bilddokumentation erläutern. Häufig ist eine Zeugenaussage aber nicht mehr erforderlich, weil der Aktenvermerk der Lebensmittelkontrolleure/Veterinäre vor Gericht verlesen und Bildaufnahmen oder -aufzeichnungen aus der Betriebskontrolle in Augenschein genommen werden können.

4.1 Protokolle der Lebensmittelüberwachung

Protokolle[2]) sowie in einem Dokument enthaltene Erklärungen der Strafverfolgungsbehörden bzw. Verwaltungsbehörden im Bußgeldverfahren (§ 46 Absatz 2 OWiG) über Ermittlungshandlungen können in einem gerichtlichen Straf- oder Bußgeldverfahren verlesen werden, soweit diese nicht eine Vernehmung – wie etwa die Anhörung des Betroffenen (§ 55 OWiG) – zum Gegenstand haben (§ 256 Absatz 1 Nummer 5 StPO, ggf. in Verbindung mit § 46 Absatz 1 OWiG).[3]) Eine solche Verlesung ist nicht nur auf Routinefälle beschränkt,[4]) sondern umfasst auch Besonderheiten bei einer Betriebskontrolle. Der ermittelnde Lebensmittelkontrolleur/Veterinär braucht dann nicht als Zeuge zu erscheinen. Der Ermittlungsbericht der Lebensmittelüberwachung muss daher eine so qualifizierte und für die Verfahrensbeteiligten nachvollziehbare Aufzeichnung enthalten, dass daraus alle wesentlichen Feststellungen zu entnehmen sind. Unzulässig ist es, be- oder entlastende Umstände nur in persönlichen Aufzeichnungen festzuhalten und sie nicht aktenkundig zu machen. Eine Übertragung beweiserheblicher Umstände muss bis zur ersten Akteneinsicht, spätestens aber bis zur Strafanzeige an die Staatsanwaltschaft bzw. Ordnungswidrigkeiten-Anzeige an die Verwaltungsbehörde geschehen sein.

1) Zur Akteneinsicht im Straf- und Bußgeldverfahren (§ 147 StPO, ggf. in Verbindung mit § 46 Absatz 1 OWiG, § 49 OWiG) Kapitel 8.

2) Der Begriff des Protokolls ersetzt als Oberbegriff die frühere Niederschrift, indem er auch das elektronische Dokument mit umfasst.

3) OLG Koblenz, Beschluss vom 30.8.2017, Aktenzeichen 1 SsBs 65/11.

4) OLG Celle, Beschluss vom 15.7.2013, Aktenzeichen 31 Ss 24/13.

Der für ein Straf- oder Bußgeldverfahren vorgesehene Ermittlungsbericht der Lebensmittelüberwachung muss andere und wesentlich mehr Darlegungen als der „Kontrollbericht“[1]) im Verwaltungsverfahren (Artikel 13 VO [EU] 2017/625) enthalten (siehe dazu das folgende Muster, S. 78). Wichtig sind Feststellungen zu folgenden Punkten:

- **Tatort der Zuwiderhandlung**
  Die Anklage bzw. der Strafbefehl wegen einer Lebensmittelstraftat oder der Bußgeldbescheid wegen einer Ordnungswidrigkeit muss den Tatort (§ 9 StGB, § 6 OWiG) enthalten, das heißt die Betriebsräume, in denen Feststellungen getroffen wurden (z. B. Küche, Lager, Kühlraum, Herstellungs- und Behandlungsräume). Dazu ist eine Bezugnahme auf die einschlägigen Bildaufnahmen aus der Bilddokumentation[2]) sehr anschaulich. Hat die Überwachung in mehreren Räumen eines größeren Betriebs stattgefunden, so ist eine tabellarische Aufzeichnung für alle Räume übersichtlich. Für die Darstellung der einzelnen Räume ist eine Kopie des Gebäudegrundrisses hilfreich, der vom Bauordnungsamt auf Anforderung (§ 161 Absatz 1 Satz 1 StPO, ggf. in Verbindung mit § 46 Absatz 1 OWiG) ohne Schwierigkeiten als eingescanntes elektronisches Dokument zu bekommen ist.
- **Tatzeit der Zuwiderhandlung**
  Berichte der Lebensmittelüberwachung enthalten meist nur den Zeitpunkt der Feststellung von Zuwiderhandlungen während der Herstellung oder Behandlung von Lebensmitteln (vgl. § 7 Absatz 3 AVVRÜb), nicht aber den für die Strafzumessung bzw. Zumessung der Geldbuße weit wichtigeren gesamten Tatzeitraum (§ 8 StGB, § 7 OWiG). Wenn es die Feststellungen erlauben, sollte unbedingt der Anfangszeitpunkt einer Dauerstraftat bzw. Dauerordnungswidrigkeit festgehalten werden. So führt eine nachgewiesene unzulässige Lagerung von sechs Monaten zu einer wesentlich höheren Strafe oder Geldbuße, als wenn der Lebensmittelunternehmer später unwiderlegt behaupten kann, die Einlagerung sei gerade erst vor der Kontrolle der Räume erfolgt. Ebenso ist die Feststellung von Bedeutung, dass sich Lebensmittelhygiene- oder Informationsverstöße zwischen Erst- und Nachkontrolle nicht geändert haben.

---

1) Zur Dokumentation der Betriebskontrolle und Abfassung eines „Kontrollberichts“ Kapitel 3.11.

2) Zur Fotodokumentation durch Bildaufzeichnung während der Betriebskontrolle Kapitel 4.2.

- **Inverkehrbringen von Lebensmitteln**

  Lebensmittelunternehmer behaupten immer wieder nachträglich im Straf- und Bußgeldverfahren, beanstandete Lebensmittel seien zum Privatgebrauch, Verfütterung oder Vernichtung, aber nicht zum Verzehr durch Endverbraucher bestimmt gewesen. Inverkehrbringen ist nach der Legaldefinition in § 3 Nummer 1 LFGB nach Artikel 3 Nummer 8 VO (EG) 178/2002 das Bereithalten von Lebensmitteln für Verkaufszwecke einschließlich des Anbietens zum Verkauf oder jeder anderen Form der Weitergabe.[1]) Um entsprechenden Schutzbehauptungen vorbeugen zu können, sollte festgehalten werden, ob Anhaltspunkte für eine getrennte Lagerung von Lebensmitteln ersichtlich sind oder behauptet werden.

- **Tatbestandsmerkmale der Straftat oder Ordnungswidrigkeit**

  Eine Darstellung des Tatgeschehens in einer Anklageschrift, einem Strafbefehl oder Bußgeldbescheid ist nur möglich, wenn im Aktenvermerk der Lebensmittelüberwachung alle Tatbestandsmerkmale enthalten sind. So genügt es etwa zu lebensmittelhygienerechtlichen Verstößen nicht, nur unhygienische Zustände darzustellen. Zum Tatbestand der Ordnungswidrigkeit nach § 10 Nummer 1 in Verbindung mit § 3 Satz 1 LMHV gehört gemäß § 2 Absatz 1 Nummer 1 LMHV[2]) auch die mögliche Beeinflussung von Lebensmitteln durch diese Zustände (siehe Muster, S. 309 ff.). Allgemeine Darstellungen und nur zusammenfassende Bewertungen ohne zugrundeliegende Tatsachen genügen nicht. Die Beschreibung muss so genau sein, dass sie auch in einem gerichtlichen Verfahren ohne Unterstützung des Lebensmittelkontrolleurs/Veterinärs nachvollziehbar ist.[3]) Jeder einzelnen Zuwiderhandlung muss daher die konkrete mögliche Beeinflussung von Lebensmitteln einzeln zugeordnet werden. Lebensmittelkontrolleure/Veterinäre müssen hierzu befähigt sein (§ 1 Absatz 2 Nummer 12 LKonV). Unzureichend ist daher auch das alleinige Voranstellen eines die Beeinflussungsmöglichkeit allgemein behauptenden Satzes vor der tabellenmäßigen Aufstellung der Zuwiderhandlungen gegen die VO (EG) Nummer 852/2004. Dies wird in der Vollzugspraxis nicht selten übersehen, weil die Feststellungen nur im Bußgeldverfahren, nicht aber im Verwaltungsverfahren wegen einer Zuwiderhandlung gegen Vorschriften der VO (EG) Nummer 852/2004 nicht notwendig sind.

---

1) VG München, Beschluss vom 18.1.2012, Aktenzeichen M 18 K 11.1303; Niedersächsisches OVG (Lüneburg), Beschluss vom 17.6.2010, Aktenzeichen 13 LA 78/09.

2) Zum Tatbestandsmerkmal der nachteiligen Beeinflussung von Lebensmitteln Kapitel 2.5.

3) Zu den Anforderungen im gerichtlichen Straf- und Bußgeldverfahren AG Dresden, Urteil vom 10.7.2015, Aktenzeichen 230 Cs 111 Js 54613/14, und AG München, Urteil vom 11.12.2015, Aktenzeichen 1112 Ds 403 Js 107582/15.

Beispiel:

Der Holzrost zwischen Spüle und Arbeitstischen ist in den Zwischenräumen schmierig, riecht faulig, an der Unterseite modrig. Ungenügend: „Verschmutzter" Holzrost oder „Unhygienischer Zustand" des Holzrosts. Kurzbeschreibungen genügen allenfalls, wenn der Zustand aus einer Bildaufzeichnung ersichtlich ist, auf das die Beschreibung verweist.

Im gerichtlichen Straf- und Bußgeldverfahren muss das Gericht aufgrund aktenkundig nachvollziehbarer Tatsachenfeststellungen selbst Schlussfolgerungen ziehen können. Dazu sind konkrete Feststellungen erforderlich.[1]) Die bloße Wiedergabe des abstrakten Gesetzeswortlauts wie „nachteilige Beeinflussung von Lebensmitteln", von **Bewertungen** wie „unhygienische Zustände" ohne **Anknüpfungstatsachen** ist daher ungenügend. Unverständliche Abkürzungen ohne Erläuterungen oder bloße Schlussfolgerungen verhindern eine gerichtliche Tatsachenfeststellung und sind deswegen grundsätzlich zu vermeiden. Es genügt zwar eine abstrakte Gefahr für die einwandfreie hygienische Beschaffenheit von Lebensmitteln, diese ist aber als gesetzliches Tatbestandsmerkmal auszuführen. Dabei ist auch eine Bezugnahme zwischen dem beanstandeten Zustand und der Gefahr nachteiliger Beeinflussung notwendig, weil ihr Lebensmittel nach § 3 Satz 1 LMHV nicht ausgesetzt sein dürfen.[2])

Für die Vollzugspraxis ideal wäre ein bundeseinheitliches Formular, das auf einer Datei in Form einer Tabelle beruht. Diese könnte sowohl im Strafverfahren von der Staatsanwaltschaft als auch im Bußgeldverfahren von der Verwaltungsbehörde bei der Anhörung und im Bußgeldbescheid Verwendung finden und eine erhebliche Arbeitserleichterung bewirken.

- **Straf- und Bußgeldvorschriften**

In jedem Aktenvermerk sollten alle einschlägigen Straf- und Bußgeldvorschriften einschließlich der zugehörigen verwaltungsrechtlichen Ausfüllungsvorschriften von Blankett-Tatbeständen und vor allem in EU-Verordnungen vollständig ausgeführt werden. Verkürzte Darstellungen wie § 60 Absatz 2 LFGB oder § 10 Nummer 1 LMHV sind zu vermeiden. Die vollständige Zitierung ermöglicht eine Selbstkontrolle der Lebensmittelüberwachung und verhindert Anzeigen an die Staatsanwaltschaft oder Bußgeldstelle von Sachverhalten, die entweder überhaupt nicht als Ordnungswidrigkeit mit Geldbuße bedroht oder bereits als Straftat

1) KG (Berlin), Beschluss vom 27.6.2006, Aktenzeichen 2 Ss 133/06 – 5 Ws (B) 360/06.

2) OVG Niedersachsen (Lüneburg), Beschluss vom 18.7.2012, Aktenzeichen 13 ME 123/12.

der Staatsanwaltschaft anzuzeigen sind. In der Vollzugspraxis kommt es nicht selten zu unnötigen Unstimmigkeiten zwischen Lebensmittelüberwachung und Bußgeldstelle wegen des Inhalts und der Vollständigkeit von Ordnungswidrigkeiten-Anzeigen.

- **Beweismittel**

  Es empfiehlt sich stets auch die Angabe der Beweismittel für die Anklageerhebung der Staatsanwaltschaft bzw. den Bußgeldbescheid der Verwaltungsbehörde. Hier können der Ermittlungsbericht in Form einer Straf- bzw. Ordnungswidrigkeiten-Anzeige selbst als Dokument, die Bildaufzeichnung (Fotodokumentation) und Angaben der angetroffenen Personen aufgeführt werden.

- **Äußerungen während der Betriebskontrolle**

  Während der Betriebskontrolle erfolgen oft unaufgeforderte Äußerungen von Personen außerhalb einer straf- oder bußgeldrechtlichen Anhörung. Diese werden kaum festgehalten, obwohl sie oft für den Nachweis des subjektiven Tatbestands von Straftaten und Ordnungswidrigkeiten[1]) außerordentlich wertvoll sind. So fallen nicht selten im Gespräch unaufgeforderte Äußerungen oder erfolgen Auskünfte aufgrund einer Befragung[2]) oder eines mündlichen Auskunftsverlangens,[3]) die einen Nachweis zum Kenntnisstand der Geschäftsführung erlauben.

Beispiel:

Der Leiter der Fleischabteilung eines Supermarkts äußert unaufgefordert, er habe den Geschäftsführer schon mehrfach zur Beseitigung untragbarer Zustände aufgefordert. Dieser habe aber auf schlechte finanzielle Verhältnisse hingewiesen und ihn immer wieder vertröstet. Damit ist vorsätzliches Handeln des Leiters der Fleischabteilung und des Geschäftsführers nachweisbar.

Der Lagerleiter einer Konservenfabrik erklärt auf ein mündliches Auskunftsverlangen, die Umetikettierung von Lebensmittelverpackungen sei zu einem bestimmten Zeitpunkt erfolgt. Der Betriebsleiter habe dies auf Anordnung des Geschäftsführers so verlangt. Damit ist vorsätzliches Handeln des Lagerleiters und des Betriebsleiters nachweisbar.

Wer sein eigenes Verhalten und das seiner Vorgesetzten oder Untergebenen erklären will, räumt damit auch oftmals die Verwirklichung des Tatbestands einer lebensmittelrechtlichen Straftat oder Ordnungswidrigkeit ein. Erfahrungsgemäß werden solche Angaben später nicht mehr

1) Zum subjektiven Tatbestand von Straftaten und Ordnungswidrigkeiten Kapitel 2.5.

2) Zur Befragung von Personen im Verwaltungsverfahren Kapitel 3.5.

3) Zum Auskunftsverlangen an Lebensmittelunternehmer und ihre Vertreter (§ 42 Absatz 2 Satz 1 Nummer 5 LFGB) Kapitel 3.6.

wiederholt oder Kenntnisse bestritten. Festgehaltene Äußerungen sollten möglichst als wörtliches Zitat, nicht in indirekter Rede wiedergegeben werden.

- **Angetroffene Verdächtige**

  Der Aktenvermerk sollte unbedingt darauf eingehen, **welche Personen** als mögliche Täter festgestellter lebensmittelrechtlicher Straftaten und Ordnungswidrigkeiten während der Betriebskontrolle in den Betriebsräumen in **welcher Funktion** angetroffen wurden. Gerade dies unterbleibt in der Vollzugspraxis sehr häufig, weil diese Feststellungen für die Gefahrenabwehr und das Verwaltungsverfahren nicht notwendig sind. Auch „Strohmannverhältnisse" bei Weiterführung des Betriebs durch einen früheren Inhaber als Geschäftsführer nach einer Gewerbeuntersagung (§ 35 GewO) in Form eines angeblich untergeordneten Arbeitsverhältnisses werden so offenbar.

Beispiel:

Aus dem Handelsregister und der Gewerbeanmeldung ist die Tochter des früheren Inhabers als jetzige Inhaberin ersichtlich. Nach den Feststellungen des Lebensmittelkontrolleurs/Veterinärs vor Ort ist die Tochter dort nie anwesend, während der frühere Inhaber von den Mitarbeitern trotz seines Arbeitnehmerverhältnisses immer noch als „Chef" angesprochen wird und allein für Auskünfte zur Verfügung steht.

Die durch **Identitätsfeststellung**[1]) erhobenen Personalien ersparen später der Staatsanwaltschaft bzw. Verwaltungsbehörde aufwändige Nachermittlungen zur Person und zustellungsfähiger Anschrift möglicher Täter. Nicht selten kann der spätere Einwand des angeblichen Versagens eines untergeordneten Mitarbeiters („Bauernopfer") auf diese Weise widerlegt werden.

Beispiel:

Der von Angestellten herbeigerufene Geschäftsführer erklärt, die beanstandete fehlende Trennung von nicht verkehrsfähigen Lebensmitteln sei ihm bekannt, er halte sie auch für völlig ausreichend. Der Lebensmittelkontrolleur/Veterinär hält Personalien und Äußerung im Prüfungsbericht fest. Die spätere Berufung vor Gericht auf die bisher unbekannte Unfähigkeit des zuständigen Mitarbeiters und das Bestreiten eigenen vorsätzlichen Handelns ist damit abgeschnitten.

1) Zur Identitätsfeststellung (§ 163b StPO ggf. in Verbindung mit § 46 Absatz 1 OWiG) Kapitel 3.10.

Unbrauchbar ist die Feststellung, jemand habe sich als „**Verantwortlicher** zu erkennen gegeben“. Ein Straf- oder Bußgeldverfahren richtet sich nur gegen Personen, die den Tatbestand einer Straftat oder Ordnungswidrigkeit zur Tatzeit verwirklicht haben, als Täter. Wer dagegen zum Kontrollzeitpunkt als Handlungs- oder Zustandsstörer und damit als Adressat von Maßnahmen der Gefahrenabwehr in Betracht kommt, ist ohne Bedeutung.

- **Angetroffene Zeugen**

  Zeugen sind Personen, die sachdienliche Wahrnehmungen gemacht, aber nicht selbst den Tatbestand von Straftaten oder Ordnungswidrigkeiten verwirklicht haben. Auch auf diese sollte der Aktenvermerk eingehen.

Beispiel:

Mitarbeiter, die Angaben dazu machen können, wie lange ein unzulässiger Zustand bereits andauert, welche rechtswidrigen Weisungen welche Vorgesetzten erteilt oder welche Bedenken sie selbst welchem Vorgesetzten gegenüber vorgetragen haben.

Ergibt sich die Person eines solchen Zeugen während der Überwachung, sollte sofort eine Identitätsfeststellung (§ 163b Absatz 2 StPO ggf. in Verbindung mit § 46 Absatz 1 OWiG) durchgeführt und der Zeuge mit Namen und zustellungsfähiger Anschrift festgehalten werden.[1]) Zeugen können später von der Staatsanwaltschaft im strafrechtlichen Ermittlungsverfahren oder im Bußgeldverfahren von der Verwaltungsbehörde vorgeladen werden. Sie sind zum Erscheinen und zur Aussage verpflichtet (§ 161a Absatz 1 Satz 1 StPO, ggf. in Verbindung mit § 46 Absatz 1 OWiG). Sie können aber auch sofort an Ort und Stelle persönlich angehört werden. Die gesetzliche Aussagepflicht gilt auch dann. Befürchtete Konsequenzen für einen Beschäftigten seitens des Arbeitgebers führen nicht zu einem Zeugnisverweigerungsrecht. Dagegen stünde dem Zeugen das arbeitsgerichtliche Verfahren zur Verfügung. Die Angaben eines Zeugen können vorläufig aufgezeichnet (§ 168a StPO, ggf. in Verbindung mit § 46 Absatz 1 OWiG) und anschließend in den Aktenvermerk aufgenommen werden. Ein möglicher Verlust des Arbeitsplatzes ist kein gesetzlicher Grund, von Beweissicherungsmaßnahmen Abstand zu nehmen.

1) Zur Identitätsfeststellung (§ 163b StPO ggf. in Verbindung mit § 46 Absatz 1 OWiG) Kapitel 3.10.

Abschließend empfiehlt sich eine Bestätigung der Übereinstimmung zwischen der vorläufigen Aufzeichnung und dem endgültigen signierten Aktenvermerk (siehe Ordnungswidrigkeiten-Anzeige Muster, S. 190): „Für die Richtigkeit der Aufzeichnung und Übertragung und zur gerichtlichen Verlesung in einem Straf- oder Bußgeldverfahren gemäß § 256 Absatz 1 Nummer 5 StPO in Verbindung mit § 46 Absatz 1 OWiG".

Der Aktenvermerk dient im Bußgeldverfahren nur zur Verfolgung lebensmittelrechtlicher Ordnungswidrigkeiten und könnte daher mit **„Ordnungswidrigkeiten-Anzeige"** überschrieben werden (vgl. Muster S. 190 ff.). Er ist nicht mit der verwaltungsrechtlichen **„Anordnung zur Behebung von Mängeln"** (vgl. § 7 Absatz 4 AVVRÜb) zu verwechseln, der dem Lebensmittelunternehmer oder seinem Beauftragten gegen Unterschrift ausgehändigt wird (siehe nachfolgendes Muster).

Aufzeichnung über eine amtliche Kontrolle Maßnahmen zur Behebung festgestellter Mängel

Landratsamt Neukirchen Neukirchen, xxyyzzz
Lebensmittelüberwachung

Aufzeichnung über eine amtliche Kontrolle
(Artikel 13 VO [EU] 2017/625)

Lebensmittelunternehmer angetroffen: ja ( ) nein (x)
Franke Dieter, Leibnizstraße 12, 88882 Altstein

Angetroffene sonstige Person:
Berger Klaus, Koch

Betriebsbezeichnung
Gaststätte Werdenfelser Hof, Goethestraße 15, 88888 Neukirchen

Mangel Lfd. Nummer	Mängelbeschreibung	Behebungsfrist Ort: Küchenraum
01	Unter der Spüle befanden sich Reste von Salat und Gemüse mit zahlreichen Anfaulungen.	
02	Der Holzrost zwischen Spüle und Arbeitstischen ist in den Zwischenräumen durch Altöle schmierig, riecht faulig, ist an der Unterseite modrig	
…		
15	Gläserschrank/Thekenbereich: Die Gläser sind zum Teil unsauber gespült, verstaubt oder weisen frühere Benutzungsspuren auf.	
16	Geschirrspüle: Die Geschirrkörbe sind teilweise verrostet, der Schutzbelag löst sich ab	xxyyzzzz

Anhörung

Sie erhalten eine ergänzende Gelegenheit zur Stellungnahme innerhalb von 3 Tagen nach der Bekanntgabe des vorliegenden Schreibens.

Gemäß den Ausführungen bei der Kontrolle vor Ort, können weitere behördliche Maßnahmen im Falle einer Mangelbehebung innerhalb der angegebenen Fristen entbehrlich sein. Andernfalls haben Sie mit formellen Maßnahmen wie z. B. einer formellen gebührenpflichtigen Anordnung und einer Androhung von Zwangsmitteln zu rechnen.

Neundorf Berger

Lebensmittelkontrolleur(in) Angetroffene Person

Die Ordnungswidrigkeiten-Anzeige ist ein internes, ausschließlich für die Verwaltung derselben Behörde zur Einleitung oder weiteren Durchführung des Bußgeldverfahrens bestimmtes Dokument. Es ist deswegen vom Betroffenen weder zu unterschreiben noch ihm – auch nur als Ausdruck oder Durchschrift – auszuhändigen. Die Bußgeldstelle sollte jede Ordnungswidrigkeiten-Anzeige sofort auf Vollständigkeit überprüfen und ggf. auf eine unverzügliche Ergänzung durch die Lebensmittelüberwachung hinwirken. Diese ist nur jetzt noch möglich, solange der festgestellte Sachverhalt noch frisch im Gedächtnis und noch nicht verblasst ist. Im gerichtlichen Verfahren sind nicht aktenkundige Feststellungen kaum noch aus der Erinnerung nachholbar.

4.2 Bildaufnahmen von Hygienemängeln

Bildaufnahmen einer Fotodokumentation[1]) dienen als sogenanntes Augenscheinobjekt zur Darstellung nicht verkehrsfähiger Lebensmittel, des Zustandes von Räumen, Einrichtungen, Transportmitteln und lebensmittelrechtlicher Hygieneverstöße. Ihre Wirkung in einem gerichtlichen Straf- oder Bußgeldverfahren kann nicht hoch genug eingeschätzt werden, da auch ein noch so ausführliches Protokoll der Lebensmittelüberwachung allein das Ausmaß von Zuwiderhandlungen nicht annähernd so drastisch zeigen kann. Dies gilt vor allem für ekelerregende Zustände. Daher ist eine Verbindung beider Beweismittel in der Form empfehlenswert, dass die tabellarische Aufzeichnung des Aktenvermerks bei jeder Einzelfeststellung auf ein oder mehrere dazugehörige Fotos ergänzend Bezug nimmt (Muster eines Aktenvermerks, S. 124). Die Erfahrung zeigt, dass betroffene Lebensmittelunternehmer in späteren gerichtlichen Verfahren in ihrer Darstellung stark herunterspielen sowie eigene Bilddokumentationen zu ihrer Entlastung vorlegen und dabei im Gegensatz zur Lebensmittelüberwachung nicht an die wahrheitsgemäße Darstellung der bei der Betriebskontrolle festgestellten Zustände gebunden sind. Lebensmittelkontrolleure/Veterinäre müssen zur Dokumentation solcher Außendiensttätigkeiten befähigt sein (§ 1 Absatz 2 Nummer 12 LKonV).

Die Bildaufzeichnung sollte ggf. mit Übersichtsaufnahmen der betreffenden Räume beginnen, in denen Lebensmittel gelagert, hergestellt oder behandelt bzw. Tiere gehalten oder verarbeitet werden. Bei größeren Unternehmen können die zu einem Raum gehörenden Aufnahmen sehr anschaulich mit einer Zuordnung eines Übersichtsplans verbunden werden, der am einfachsten dem bei der Bauaufsichtsbehörde vorhandenen Grundrissplan zu entnehmen ist. Digitale Bildaufzeichnungen können bei elektronischer Aktenführung unmittelbar in die Bußgeldakte kopiert werden. Auch digitale Videosequenzen mit Verweis auf die entsprechende Datei in der Akte sind ohne Weiteres möglich. Für die aktenkundige Bilddokumentation ist nicht jede Aufnahme erforderlich, vielmehr kann eine Auswahl der jeweils besten Aufnahmen in den Aktenvermerk der Lebensmittelüberwachung einfließen. Dabei steht auch Ausschnittvergrößerungen und Einfügungen von Hinweispfeilen durch eine Bildbearbeitung nichts entgegen. Jede sonstige Art von verändernden Bearbeitungen, etwa Farbveränderungen dargestellter Lebensmittel oder Räume müssen im Interesse der Glaubwürdigkeit der Beweisführung selbstverständlich unterbleiben. Bildbearbeitungen zum Beispiel zur Aufhellung eines wegen der Lichtverhältnisse am Tatort zu dunklen Bildaufnahmen dürfen nur dann

1) Zu Bildaufnahmen als Fotodokumentation zur Beweissicherung Kapitel 3.4.

erfolgen, wenn in den Akten ausdrücklich darauf hingewiesen wird. Grundsätzlich sollte dann das bearbeitete neben der originalen Bildaufnahme abgebildet sein.

Eine eingeblendete Bestätigung von Datum und Uhrzeit der Aufnahme sowie der Bestätigung der unveränderten Echtheit in den Akten ist nicht notwendig, aber nicht selten zu beobachten. Datum und Uhrzeit sind vor allem bei verschiedenen Kontrolltagen hilfreich, wenn mit den Aufnahmen Zustand und ggf. Veränderung von Räumen, Einrichtungen, Geräten und Lebensmitteln über einen gewissen Zeitraum dargestellt werden sollen. Für eine Bestätigung der Echtheit der Aufnahmen bietet sich eine Äußerung im dazugehörigen Aktenvermerk mit folgendem Wortlaut an: „Die Bildaufzeichnung erfolgte während der Betriebskontrolle digital und wurde unverändert gespeichert."

Eine Bilddokumentation durch digitale Bildaufzeichnung muss möglichst umgehend zur Bußgeldakte gelangen. Mit der Möglichkeit digitaler Aufnahmen gibt es auch keinen Grund mehr für die gelegentliche frühere Entschuldigung, die Filme seien zur Zeit der Akteneinsicht noch nicht entwickelt gewesen und hätten daher erst im gerichtlichen Verfahren vom Lebensmittelkontrolleur/Veterinär als Zeugen vorgelegt werden können. Nachdem der Aktenvermerk der Lebensmittelüberwachung im gerichtlichen Straf- und Bußgeldverfahren verlesbar ist (§ 256 Absatz 1 Nummer 5 StPO ggf. in Verbindung mit § 46 Absatz 1 OWiG),[1]) würden solche Aufnahmen mangels Ladung des Lebensmittelkontrolleurs/Veterinärs als Zeugen auch keinen Eingang mehr in die Beweisführung finden.

Dem Lebensmittelunternehmer ist es seinerseits nicht erlaubt, Bildaufzeichnungen von der Tätigkeit des Lebensmittelkontrolleurs vorzunehmen, weil er dadurch dessen Persönlichkeitsrecht verletzt.[2])

---

1) Zur Verlesbarkeit eines Aktenvermerks der Lebensmittelüberwachung im Straf- und Bußgeldverfahren Kapitel 4.1.

2) VG Berlin, Beschluss vom 29.10.2016, Aktenzeichen 8 L 183.16.

Ordnungswidrigkeiten-Anzeige der Lebensmittelüberwachung an die zentrale Bußgeldstelle einer Verwaltungsbehörde

Landratsamt Neukirchen

Lebensmittelüberwachung
Sg. 30 Lü 3
Vollzug des Lebensmittel- und Futtermittelgesetzbuches (LFGB)
Gaststättenküche „Werdenfelser Hof", Goethestraße 15, 88888 Neukirchen

An die Bußgeldstelle im Hause

Ordnungswidrigkeitenanzeige[1])

(§ 158 Absatz 1 Satz 1 StPO in Verbindung mit § 46 Absatz 1 OWiG)

Bei einer nicht angekündigten Betriebskontrolle am xxyyzzzz gegen 16.00 Uhr wurde in den Betriebsräumen des lebensmittelverarbeitenden Betriebs festgestellt, dass der gesamte Küchenbereich nicht ausreichend gereinigt war.

A) **Personenbezogene Feststellungen**

Angetroffen wurde der Koch Klaus Berger, geb. 10.6.1964 in Linz, wohnhaft Rosenstraße 17, 88888 Neukirchen, ausgewiesen durch Personalausweis.[2]) Er erklärte unaufgefordert: „Ich habe den Chef, Herrn Dieter Frank, seit einem halben Jahr immer wieder auf die notwendige Grundreinigung hingewiesen. Er hat das aber immer abgelehnt und auf die angespannte wirtschaftliche Lage des Betriebs hingewiesen. Ich soll froh sein, dass ich einen Arbeitsplatz habe."[3]) Auf Frage nach Schulungsmaßnahmen äußerte er: „So etwas hat es hier noch nie gegeben."[4]) Die Angaben wurden während der Betriebskontrolle wörtlich handschriftlich festgehalten und unmittelbar danach in das elektronische Dokument übertragen.

1) Dieses Dokument ist zunächst nur intern an die Bußgeldstelle zur Entscheidung der Einleitung eines Bußgeldverfahrens gerichtet und wird dem Lebensmittelunternehmer nicht bekanntgemacht.

2) Identitätsfeststellung als tatverdächtige Person (§ 163b Absatz 1 StPO in Verbindung mit § 46 Absatz 1 OWiG).

3) Im Straf- und Bußgeldverfahren verwertbare unaufgeforderte Äußerung aus dem Verwaltungsverfahren, siehe Kapitel 3.10.

4) Im Straf- und Bußgeldverfahren verwertbare Befragung zur Gefahrenabwehr im Verwaltungsverfahren, siehe Kapitel 3.5.

Die Personalien des nicht anwesenden Inhabers der Gaststätte „Werdenfelser Hof“ wurden über die Gewerbeanmeldung erhoben:

Dieter Frank, geb. 13.7.1954 in Mannheim, wohnhaft Leibnizstraße 12, 88882 Altstein.

B) **Betriebsbezogene Feststellungen**

Die nachfolgende Mängelbeschreibung wurde aus dem bei der Betriebskontrolle übergebenen Beanstandungsdokument übertragen (§ 161 Absatz 2 Satz 1 StPO in Verbindung mit § 46 Absatz 1 OWiG).

Mangel Nummer	**Mängelbeschreibung Kontrollort: Küchenraum**	**Bildaufnahme Nummer**
01	a) Feststellung bei der Betriebskontrolle Unter der Spüle befanden sich Reste von Salat und Gemüse mit zahlreichen Anfaulungen und teilweisem Schimmelbefall. b) Nachteilige Beeinflussungsmöglichkeit von Lebensmitteln Unmittelbar neben der Spüle gelagertes Frischgemüse konnte durch Mikroorganismen verunreinigt werden.	01 – 03
02	a) Feststellung bei der Betriebskontrolle Der Holzrost zwischen Spüle und Arbeitstischen ist in den Zwischenräumen durch Altöle schmierig, riecht faulig, ist an der Unterseite modrig. b) Nachteilige Beeinflussungsmöglichkeit von Lebensmitteln Auf dem Holzrost bearbeitetes Frischgemüse konnte mit alten Lebensmittelresten, insbesondere Altölen in Berührung kommen.	04
...		
15	a) Feststellung bei der Betriebskontrolle Gläserschrank/Thekenbereich: Die Gläser sind zum Teil unsauber gespült, verstaubt oder weisen frühere Benutzungsspuren auf. b) Nachteilige Beeinflussungsmöglichkeit von Lebensmitteln Rückstände von früherer Verwendung der Gläser und Staub können in neu eingefüllte Getränke gelangen.	16

Mangel Nummer	Mängelbeschreibung Kontrollort: Küchenraum	Bildaufnahme Nummer
16	a) Feststellung bei der Betriebskontrolle Geschirrspüle: Die Geschirrkörbe sind teilweise verrostet, der Schutzbelag löst sich ab. b) Nachteilige Beeinflussungsmöglichkeit von Lebensmitteln Rost und ablösender Schutzbelag können bei Wiederverwendung von gereinigtem Geschirr mit Lebensmitteln in unmittelbare Berührung kommen.	17

Ordnungswidrig handelt, wer

vorsätzlich entgegen § 3 Satz 1 Lebensmittel-Hygieneverordnung Lebensmittel behandelt. Lebensmittel dürfen nur so hergestellt, behandelt oder in Verkehr gebracht werden, dass sie bei Beachtung der im Verkehr erforderlichen Sorgfalt der Gefahr einer nachteiligen Beeinflussung (§ 2 Absatz 1 Nummer 1 LMHV) nicht ausgesetzt sind (§ 3 Satz 1 LMHV). Im Übrigen gelten die Begriffsbestimmungen des Artikels 2 Absatz 1 der VO (EG) Nummer 852/2004 des Europäischen Parlaments und des Rats vom 29. April 2004 über Lebensmittelhygiene (Abl. EU Nummer L 139 S. 1, Nummer L 226 S. 3) entsprechend (§ 2 Absatz 2 Nummer 1 LMHV).

Verletzte Bußgeldvorschriften

§ 10 Nummer 1 Lebensmittel-Hygieneverordnung (LMHV) vom 21. Juni 2016 (BGBl. I S. 1469).

Beweismittel:

a) Angaben während der Betriebskontrolle vom 12.08.2020

b) Ermittlungsbericht der Lebensmittelüberwachung vom 12.08.2020

c) Bildaufzeichnung vom 12.08.2019 über den Zustand der Betriebsräume

Die Bildaufnahmen wurden während der Betriebskontrolle digital aufgezeichnet und unverändert in der Bußgeldakte gespeichert.

C) **Hinweise und Anregungen**

Herr Berger wurde bereits bei der letzten Betriebskontrolle am 03.02.2020 auf die sich abzeichnende Notwendigkeit der Beseitigung von Hygienemängeln und die Ordnungswidrigkeit einer Zuwiderhandlung persönlich und ausdrücklich hingewiesen.

Das Herrn Klaus Berger am 04.02.2020 ausgehändigte Beanstandungsdokument wurde zeitgleich auch dem Inhaber Herrn Dieter Frank zur Kenntnisnahme zugesendet.

Der Inhaber hat sich durch die über ein halbes Jahr unterlassene Grundreinigung der Betriebsräume erhebliche rechtswidrige Vorteile verschafft, die durch die Geldbuße abgeschöpft werden sollten (§ 17 Absatz 4 OWiG).[1]) Der Reinigungsaufwand für die Grundfläche der Küchenräume von 60 m^2 für sechs Monate mit mindestens sechs Reinigungstagen wird nach hiesigen Erkenntnissen auf täglich zwei Stunden für eine Reinigungskraft mit gesetzlichem Mindestlohn geschätzt. Es wird daher eine Vorteilsabschöpfung von abgerundet 100 € angeregt (6 Reinigungstage zu je 2 Stunden á 8,50 € Mindestlohn für eine Reinigungskraft).

Elektronisch aufgezeichnet in der Dienststelle am 12.08.2020, 15.38 Uhr (§ 32b Absatz 2 StPO in Verbindung mit § 110c Satz 1 OWiG).

Für die Richtigkeit der Aufzeichnung und Übertragung und zur gerichtlichen Verlesung in einem Straf- oder Bußgeldverfahren gemäß § 256 Absatz 1 Nummer 5 StPO in Verbindung mit § 46 Absatz 1 OWiG:

Neundorf, Lebensmittelkontrolleurin
als verantwortende Person
(§ 32b Absatz 1 Satz 1 StPO in Verbindung mit § 110c Satz 1 OWiG)

1) Zur Vorteilsabschöpfung (§ 17 Absatz 4 OWiG) siehe Kapitel 9.8.

5 Verfahren beim Verdacht von Straftaten

Der Lebensmittelkontrolleur/Veterinär ist als Bediensteter der Verwaltungsbehörde (§ 35 OWiG) an der Verfolgung von Ordnungswidrigkeiten beteiligt. Die Verfahren mit hinreichenden Verdachtsmomenten auf Bußgeldtatbestände werden nach dem Opportunitätsprinzip[1]) gemäß § 47 Abs. 1 Satz 1 OWiG abgewickelt. Demnach liegt die etwaige Verfolgung im pflichtgemäßen Ermessen der Verwaltungsbehörde. Innerhalb der Behörden können die Bußgeldabteilungen organisatorisch der Lebensmittelüberwachung zugeordnet oder innerhalb der Behörde extern bei anderen Abteilungen bzw. Ämtern angesiedelt sein. Für den Bereich lebensmittelrechtlicher Straftaten besteht dagegen keine einheitliche Zuständigkeit.

5.1 Zuständigkeitsfeld des Lebensmittelkontrolleurs/ Veterinärs

Der Lebensmittelkontrolleur/Veterinär kann abgesehen von seinen präventiven Aufgaben zur Gefahrenabwehr im Interesse der Endverbraucher auch repressive Aufgaben zur Verfolgung lebensmittelrechtlicher Straftaten und Ordnungswidrigkeiten besitzen.[2]) Während die Aufgaben bei der Lebensmittelüberwachung gesetzlich zugewiesen sind, entscheidet der Behördenleiter oder der von ihm beauftragte Amts- bzw. Sachgebietsleiter im Rahmen seiner Organisationshoheit, ob und inwieweit eine interne Zuständigkeit zur Verfolgung von Ordnungswidrigkeiten zugewiesen wird. Dies ist meist zur Erteilung von Verwarnungen mit Verwarnungsgeld (§ 56 OWiG) und Einleitung von Bußgeldverfahren (§ 47 Absatz 1 Satz 1 OWiG) der Fall. Im Bereich lebensmittelrechtlicher Straftaten hat der Behördenleiter dagegen keine Entscheidungsbefugnis über die Zuständigkeit eines Lebensmittelkontrolleurs/Veterinärs zur Einleitung von Strafverfahren. Vielmehr legt jedes deutsche Land in der auf § 152 Absatz 2 Satz 1 GVG beruhenden landesrechtlichen Ausführungsverordnung fest, ob der Lebensmittelkontrolleur/Veterinär Ermittlungsperson der Staatsanwaltschaft mit entsprechenden Befugnissen zur Einleitung von strafrechtlichen Ermittlungsver-

1) Siehe dazu ergänzend Kapitel 5.2

2) Zur Abgrenzung der präventiven Aufgaben zur Gefahrenabwehr und der repressiven Aufgaben im Straf- und Bußgeldverfahren siehe Kapitel 1.2.

fahren und Beweissicherung ist. Dies führt zu für den Verbraucherschutz kaum nachvollziehbaren regionalen Unterschieden. Die Forderungen nach einer einheitlichen gesetzlichen Ermächtigung als Ermittlungsperson sind bisher nicht umgesetzt worden.

- **Lebensmittelkontrolleur/Veterinär ohne Befugnisse als Ermittlungsperson**

  Weist eine landesrechtliche Ausführungsverordnung zu § 152 Absatz 2 Satz 1 GVG den Lebensmittelkontrolleur/Veterinär nicht ausdrücklich als Ermittlungsperson der Staatsanwaltschaft aus, so hat dieser nur die Befugnis zur Einleitung von Bußgeldverfahren wegen Ordnungswidrigkeiten, nicht aber zur Einleitung von Strafverfahren wegen lebensmittelrechtlicher oder anderer Straftaten.

  Beim Anfangsverdacht einer Straftat bleibt ihm daher keine andere Möglichkeit als die Benachrichtigung der nächsten Polizeidienststelle mit der Bitte um Aufnahme von Ermittlungen zur Beweissicherung. Diese ist dazu nicht nur befugt, sondern auch aufgrund des strafrechtlichen Verfolgungszwangs auch verpflichtet (§ 163a Absatz 1 StPO). Ein Weisungsrecht des Lebensmittelkontrolleurs/Veterinärs gegenüber Polizeibeamten bei der Strafverfolgung besteht nicht. Eigene Maßnahmen sind ihm dann nur im Bereich der Gefahrenabwehr, nicht aber zur Aufklärung von Straftaten erlaubt.

  Leitet der Lebensmittelkontrolleur/Veterinär ein Bußgeldverfahren ein (§ 47 Absatz 1 Satz 1 OWiG), obwohl der klare Anfangsverdacht einer Straftat besteht, kann er sich der Strafvereitelung (§ 258 Absatz 1 StGB) schuldig machen. Bei Mischtatbeständen[1]) nach § 59/§ 60 Absatz 1 LFGB und entsprechender Rechtsverordnungen (zum Beispiel § 23/§ 24 Tier-LMHV) darf kein Bußgeldverfahren wegen einer fahrlässigen Ordnungswidrigkeit eingeleitet oder gar eine Verwarnung mit Verwarnungsgeld (§ 56 OWiG)[2]) angeboten werden, wenn vorsätzliches Handeln des Lebensmittelunternehmers wegen eines Wiederholungsfalles oder seiner eigenen Angaben offenkundig ist. Die Ermittlungen können aber wegen mit einer Straftat zusammenhängender Ordnungswidrigkeiten aufgenommen werden, wenn nachträglich auch Strafanzeige erfolgt und die Strafverfolgung dadurch gesichert ist.

1) Zu „Mischtatbeständen" nach § 59/§ 60 Absatz 1 LFGB Kapitel 2.2.

2) Zur Erteilung einer Verwarnung mit Verwarnungsgeld (§ 56 OWiG) siehe Kapitel 6.

- **Lebensmittelkontrolleur/Veterinär als Ermittlungsperson der Staatsanwaltschaft**

  Enthält die Ausführungsverordnung eines Landes zu § 152 Absatz 2 Satz 1 GVG den Lebensmittelkontrolleur/Veterinär als Ermittlungsperson der Staatsanwaltschaft, so ist er sowohl zur Einleitung strafrechtlicher Ermittlungsverfahren als auch zur Aufklärung des wahren Sachverhalts durch strafprozessuale Maßnahmen der Beweissicherung befugt. Er ist aber kein Polizeibeamter im Sinne des § 163 StPO. Lebensmittelkontrolleure/Veterinäre müssen zu Ermittlungen zur Anzeige von Straftaten befähigt sein (§ 1 Absatz 2 Nummer 10 LKonV). Die Einstellung eines eingeleiteten strafrechtlichen Ermittlungsverfahrens – auch wegen Geringfügigkeit – ist in jedem Fall der Staatsanwaltschaft zugewiesen und steht dem Lebensmittelkontrolleur/Veterinär nicht zu.[1])

Eine ausdrückliche gesetzliche Bestimmung über die Einbindung des Lebensmittelkontrolleurs/Veterinärs in die Organisation einer Behörde, insbesondere einer Ordnungs- oder Kreisverwaltungsbehörde ist bisher nicht ersichtlich. Man wird daher davon auszugehen haben, dass ein Lebensmittelkontrolleur/Veterinär mit den Befugnissen als Ermittlungsperson der Staatsanwaltschaft in zwei gleichzeitigen Beziehungen steht:

- **Hauptamt als Bediensteter der Verwaltungsbehörde**

  Jeder Lebensmittelkontrolleur/Veterinär ist zunächst Bediensteter einer Landesbehörde oder Kommune. Dieses Hauptamt umfasst den Bereich der Gefahrenabwehr und der Verfolgung lebensmittelrechtlicher Ordnungswidrigkeiten, nicht aber die Verfolgung lebensmittelrechtlicher Straftaten. Demzufolge kann der Behördenleiter oder der unmittelbare Dienstvorgesetzte dem Lebensmittelkontrolleur/Veterinär Weisungen erteilen. Dies umfasst auch die Ermessensausübung, ein Bußgeldverfahren einzuleiten (§ 47 Absatz 1 Satz 1 OWiG) oder die Einleitung zu unterlassen.

---

1) Einstellung eines strafrechtlichen Ermittlungsverfahrens durch die Staatsanwaltschaft mangels Tatverdachts (§ 170 Absatz 2 StPO), geringen Verschuldens (§ 153 Absatz 1 StPO) oder zur Ausräumung des öffentlichen Interesses an der Strafverfolgung (§ 153a Absatz 1 StPO) Kapitel 5.6.

Einbindung des Lebensmittelkontrolleurs/Veterinärs in die Verwaltungsbehörde

- **Besonderes dienstliches Verhältnis zur Staatsanwaltschaft**
  Die zusätzliche Stellung als Ermittlungsperson der Staatsanwaltschaft (§ 152 Absatz 2 Satz 1 GVG) verschafft dem Lebensmittelkontrolleur/Veterinär ein weiteres besonderes und unmittelbares Dienstverhältnis zur Staatsanwaltschaft. Insoweit haben der Behördenleiter und der Dienstvorgesetzte der Anstellungsbehörde kein Weisungsrecht zur Einleitung und Gestaltung eines strafrechtlichen Ermittlungsverfahrens. Dies gilt insbesondere für die Unterlassung der Strafverfolgung. Strafanzeigen der Lebensmittelüberwachung dürfen daher nicht zurückgehalten werden. Weisungen zur Durchführung strafrechtlicher Ermittlungen stehen dagegen der Staatsanwaltschaft zu.

Wünschenswert wäre eine noch konkretere gesetzliche Festlegung des Zuständigkeitsfeldes von Lebensmittelkontrolleuren/Veterinären über den Begriff der Ermittlungsperson der Staatsanwaltschaft in § 152 Absatz 2 Satz 1 GVG hinaus.

5.2 Anzeigepflicht der Lebensmittelüberwachung?

Eine in der Vollzugspraxis der Lebensmittelkontrolleure/Veterinäre immer wieder kontrovers beurteilte Problematik ist die Frage nach einer Anzeigepflicht beim Anfangsverdacht einer Straftat und der Konsequenz einer möglichen Strafbarkeit wegen Strafvereitelung nach § 258 StGB.

Im Gegensatz zum Ordnungswidrigkeitenrecht gilt im Strafrecht nicht das Opportunitäts- oder Zweckmäßigkeitsprinzip, sondern das Legalitätsprinzip mit Verfolgungszwang. Während die Verwaltungsbehörde beim Anfangsverdacht einer Ordnungswidrigkeit nach der Gebotenheit der Ahndung ein Entschließungsermessen über deren Verfolgung und Ahndung besitzt (§ 47 Absatz 1 OWiG), unterliegt die Staatsanwaltschaft dem gesetzlichen Verfolgungszwang wegen jeder Straftat (§ 160 Absatz 1 StPO). Das Opportunitätsprinzip kommt aber insoweit zur Anwendung, als die Staatsanwaltschaft ein eingeleitetes Strafverfahren wegen geringen Verschuldens (§ 153 Absatz 1 StPO) folgenlos oder wegen fehlenden öffentlichen Interesses an der Strafverfolgung gegen Auflagen oder Weisungen (§ 153a Absatz 1 StPO) wieder einstellen kann.

Ein strikter Verfolgungszwang gilt für **Polizeibeamte.** Die Behörden und Beamten des Polizeidienstes haben nach § 163a Absatz 1 Satz 1 StPO Straftaten zu erforschen und alle keinen Aufschub gestattenden Anordnungen zu treffen, um die Verdunkelung der Sache zu verhüten. Der Lebensmittelkontrolleur/Veterinär ist aber definitiv kein Polizeibeamter, sondern bei entsprechender Aufführung in einer landesrechtlichen Verordnung zu § 152 Absatz 2 GVG **Ermittlungsperson der Staatsanwaltschaft.** Eine ausdrückliche Vorschrift über einen Verfolgungszwang oder ein Einleitungsermessen besteht nicht. Die strafrechtliche Literatur ist nahezu einhellig der zutreffenden Auffassung, dass ein Verfolgungszwang für Ermittlungspersonen der Staatsanwaltschaft aller Art grundsätzlich nicht besteht. Damit kann auch keine Strafbarkeit wegen Strafvereitelung gemäß § 258 StGB bestehen, es sei denn, der Lebensmittelkontrolleur/Veterinär kommt einer konkreten Weisung oder einem Ermittlungsauftrag der Staatsanwaltschaft in einem bereits eingeleiteten strafrechtlichen Ermittlungsverfahren entgegen § 152 Absatz 1 GVG nicht nach.

Aus Sicht der Lebensmittelüberwachung wäre es wünschenswert, diese Grundsätze auch gesetzlich klarzustellen. Die Ableitung einer fehlenden Anzeigepflicht aus dem Umkehrschluss zum Polizeibeamten kann für die Vollzugspraxis nicht befriedigen. Bestehen in einem Land wegen fehlender gesetzlicher Bestimmungen Verwaltungsrichtlinien über eine Anzeigepflicht in bestimmten Fällen strafbaren Verhaltens[1]) z. B. erheblichen Ausmaßes der Zuwiderhandlung, Wiederholungsfällen oder besonderen Gewinnstreben, so sind diese für die Lebensmittelüberwachung verbindlich und können bei Verletzung den Vorwurf der Strafvereitelung (§ 258 StGB) begründen.

5.3 Anzeigeerstattung durch die Lebensmittelüberwachung

Vereinzelt bestehen Rahmenvorgaben[2]) für die Abwicklung der Kommunikation zwischen Lebensmittelüberwachungsbehörden und Strafverfolgung. Da die Strafanzeige in dem besonderen Dienstverhältnis zwischen Lebensmittelkontrolleur/Veterinär und Staatsanwaltschaft erstattet wird, richtet sich der Lebensmittelkontrolleur/Veterinär als Ermittlungsperson der Staatsanwaltschaft (§ 152 Absatz 2 Satz 1 GVG) unmittelbar an die Staatsanwaltschaft als Strafverfolgungsbehörde. Eine Abweichung davon kann nur mit Zustimmung der Staatsanwaltschaft erfolgen, wie z. B. eine Erstattung von Anzeigen zunächst an die Polizei für weitere Ermittlungen oder parallel an beide Institutionen.

1) Zum Beispiel für Schleswig-Holstein: Nummer 4.2 Erlass des Ministeriums für Energiewende, Landwirtschaft, Umwelt und ländliche Räume im Einvernehmen mit dem Innenministerium und dem Ministerium für Justiz, Kultur und Europa vom 23.8.2013 – V 292 – 732.0 – (Amtsblatt SH 2013, 775).

2) Vgl. z. B. in Baden-Württemberg die Gemeinsame Verwaltungsvorschrift des Ministeriums für Ländlichen Raum und Verbraucherschutz, des Justizministeriums und des Innenministeriums über die Zusammenarbeit der Verwaltungs- und Strafverfolgungsbehörden bei der Bekämpfung von Verstößen im Bereich des gesundheitlichen Verbraucherschutzes (GABl. 2016, 485; Die Justiz 2018, 485).

Strafanzeigepflicht des Lebensmittelkontrolleurs/Veterinärs?

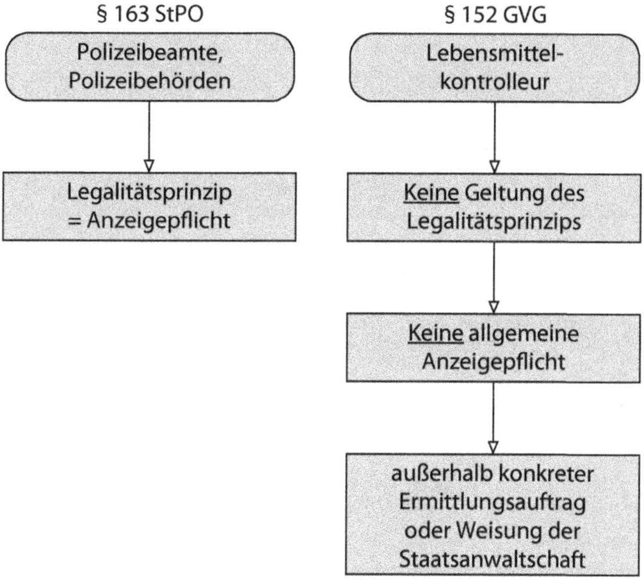

Es handelt sich also nicht um eine Strafanzeige des Behördenleiters.

Anzeige des Lebensmittelkontrolleurs/Veterinärs

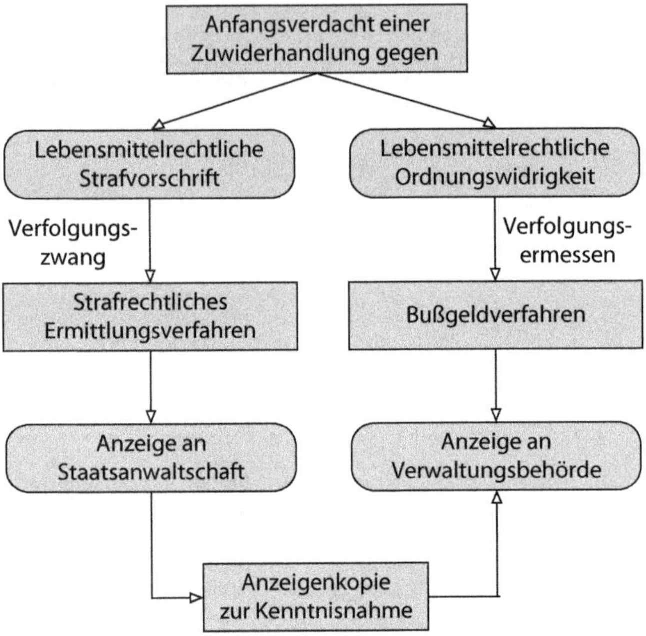

Die örtliche Zuständigkeit der Staatsanwaltschaft bestimmt sich nach der örtlichen Zuständigkeit des Gerichts, bei dem die Staatsanwaltschaft besteht (§ 143 Absatz 1 GVG). Dies ist in der Regel der Begehungsort der Straftat (§ 7 Absatz 1 StPO, § 9 StGB).[1]) Die Strafanzeige sollte daher an die für den Dienstort der Lebensmittelüberwachung nach dem Tatort zuständige Staatsanwaltschaft erstattet werden, auch wenn sich der Hauptsitz („Firmenzentrale“) des Lebensmittelunternehmers im Bezirk einer anderen Staatsanwaltschaft befindet. Die Strafverfolgungsbehörden können dann in ihrer Zuständigkeit über die weitere Durchführung des strafrechtlichen Ermittlungsverfahrens entscheiden. Ein bei einer Staatsanwaltschaft zentral geführtes Sammelverfahren findet dann statt, wenn sich Straftaten im Bereich mehrerer Staatsanwaltschaften auswirken. Ist der Lebensmittelüberwachung zum Beispiel aufgrund einer Mitteilung nach § 42 Absatz 5 LFGB bekannt, dass eine Staatsanwaltschaft bereits ein

1) Die Einrichtung von Schwerpunktstaatsanwaltschaften für Lebensmittelstraftaten (§ 143 Absatz 4 GVG) hat bisher noch kaum stattgefunden.

Ermittlungsverfahren eingeleitet hat, sollte hierauf bei der Strafanzeige unter Nennung des Aktenzeichens hingewiesen werden.

Ein Muster für den Inhalt einer Strafanzeige findet sich in Kapitel 17.2. – Beispiel 2. Der inhaltliche Aufbau sollte auf folgende Punkte eingehen (siehe Muster Ende Kapitel 5.3):

- **Angezeigte Person(en)**

  Die Strafanzeige ist nach Möglichkeit gegen bestimmte Personen zu richten, bezüglich derer bereits eine Identitätsfeststellung stattgefunden hat (§ 163b Absatz 1 StPO).[1]) Zur Weiterführung der Ermittlungen sind der vollständige Name einschließlich Geburtsnamen oder früherer Namen, Geburtstag und -ort, ggf. Staatsangehörigkeit hilfreich. Besonders wichtig für Zustellungen im Strafverfahren wäre auch die Privatanschrift des mutmaßlichen Täters.

  Hat die Anzeige Lebensmittelstraftaten in einem mittleren oder größeren Unternehmen zum Gegenstand, muss sie auf diejenigen Personen eingehen, die im Sinne des § 14 StGB für das Unternehmen gehandelt haben. Darzustellen ist also die Funktion der Verdächtigen, zum Beispiel als zuständiger Geschäftsführer, Betriebs-, Niederlassungs-, Filial- oder Abteilungsleiter. Auch der Lebensmittelüberwachung bekannte „Strohmannverhältnisse“ unter Angabe der diese Annahme stützenden Tatsachen sind wichtig, um sowohl den „Strohmann“ als auch den hinter ihm stehenden wirklichen Lebensmittelunternehmer verfolgen zu können. Ist eine Zuordnung festgestellter Straftaten zu bestimmten Personen noch nicht möglich, richtet sich die Anzeige noch „gegen Unbekannt“, indem noch nicht näher ermittelte „Verantwortliche der Firma …“ beschuldigt werden.[2])

  Nicht sinnvoll ist eine Strafanzeige gegen ein Unternehmen selbst. Personengesellschaften und juristische Personen können keine Straftatbestände verwirklichen. Im Gegensatz zum Verwaltungsrecht gilt im Strafrecht nicht das Störer-, sondern das Täterprinzip. Eine zentrale Aufgabe des strafrechtlichen Ermittlungsverfahrens ist die Aufklärung, welcher mutmaßliche Täter welchen Straftatbestand verwirklicht hat.

- **Bisherige Ermittlungen der Lebensmittelüberwachung**

  Mittelpunkt der Anzeige sind die bisherigen Ermittlungen der Lebensmittelüberwachung im Verwaltungsverfahren, aus denen sich der Anfangsverdacht einer Straftat ergibt. Die getroffenen Maßnahmen sollten dabei konkret mit der einschlägigen Rechtsgrundlage aus §§ 41

1) Zur Identitätsfeststellung von Verdächtigen (§ 163b Absatz 1 StPO in Verbindung mit § 46 Absatz 1 OWiG) Kapitel 3.10.

2) Zu den „verantwortlichen Betriebsangehörigen“ Kapitel 11.1.

bis 43 LFGB, Artikel 34 VO (EU) 2017/625 unter jeweiliger Bezugnahme auf die beigefügten Anlagen dargelegt werden. Die entsprechenden Aktenvorgänge einschließlich der gefertigten Bildaufnahmen sind zur Entscheidungsbildung der Staatsanwaltschaft mit vorzulegen. Datenschutzrechtliche Bestimmungen stehen dem nicht entgegen, weil die Verwendung doppelrelevanter Beweismittel durch § 161 Absatz 2 Satz 1 StPO abgedeckt ist.

- **Anhaltspunkte für eine Straftat**

  Die Strafanzeige kann weiter darauf eingehen, aus welchen tatsächlichen Anhaltspunkten die Lebensmittelüberwachung auf eine lebensmittelrechtliche Straftat schließt. Hier sollte der betreffende Straftatbestand des § 58 oder 59 LFGB bzw. der einschlägigen Rechtsverordnungen einschließlich der verwaltungsrechtlichen Ausfüllungsvorschriften genau zitiert sein.[1]) Beim Verdacht allgemeiner Straftaten sollte zumindest nicht auf einen Hinweis verzichtet werden. Dies sind insbesondere die Tatbestände des Betrugs (§ 263 StGB) gegenüber den Endverbrauchern beim Inverkehrbringen nicht verkehrsfähiger Lebensmittel unter Verschweigen dieser Umstände und die Urkundenfälschung (§ 267 StGB) beim Umetikettieren fremder Verpackungsaufdrucke.

- **Hinweis auf Ordnungswidrigkeiten**

  In der Strafanzeige sollte unbedingt auf Ordnungswidrigkeiten hingewiesen werden, deren Übernahme durch die Staatsanwaltschaft zu ihrem strafrechtlichen Ermittlungsverfahren nach § 42 OWiG in Betracht kommt. Auch Ordnungswidrigkeiten, die durch die Straftat nach § 21 Absatz 1 Satz 1 OWiG verdrängt werden, sollten vollständig aufgeführt werden. Lässt sich nämlich die Straftat nicht nachweisen oder wird das strafrechtliche Ermittlungsverfahren nach § 153 Absatz 1 StPO eingestellt, leben diese Bußgeldvorschriften wieder auf. Die Sache kann dann zur Verfolgung dieser Ordnungswidrigkeiten an die Verwaltungsbehörde abgegeben werden (§ 43 OWiG) und fällt nicht unbeabsichtigt unter die Einstellung.

TIPP!

Abschließend empfiehlt sich die Bitte um Mitteilung des Aktenzeichens der Staatsanwaltschaft und des Verfahrensausgangs sowie Anhörung vor einer beabsichtigten Einstellung des strafrechtlichen Ermittlungsverfahrens gemäß §§ 153, 153a StPO.[2])

1) Zum Aufbau von Blanketttatbeständen im Lebensmittelrecht Kapitel 2.1.

2) Zur Einstellung eines strafrechtlichen Ermittlungsverfahrens durch die Staatsanwaltschaft Kapitel 5.6.

Strafanzeigen erfolgen in der Verfahrenspraxis vorläufig noch in Papierform. Es empfiehlt sich jedoch vor allem zur Wiedergabe vorhandener Bildaufnahmen im gerichtlichen Strafverfahren zusätzlich einen Datenträger zu übermitteln. Nach Einführung des elektronischen Rechtsverkehrs bei den Strafverfolgungsbehörden sollen Dokumente in dieser Form übermittelt werden (§ 32b Absatz 3 Satz 1 StPO). Das elektronische Dokument ist dann in druckbarer, kopierbarer und, soweit technisch möglich, durchsuchbarer Form im Dateiformat PDF zu übermitteln (§ 2 Absatz 1 Satz 1 ERVV). Wenn bildliche Darstellungen (Bildaufnahmen vom Tatort) im Dateiformat PDF nicht verlustfrei wiedergegeben werden können, darf das elektronische Dokument zusätzlich im Dateiformat TIFF übermittelt werden (§ 2 Absatz 1 Satz 2 ERVV).

Abweichend vom System der Strafanzeige der Lebensmittelüberwachung an die Staatsanwaltschaft haben sich in der Vollzugspraxis besondere Formen der unmittelbaren Zusammenarbeit bewährt, die jedoch die Stellung der Ermittlungsperson der Staatsanwaltschaft voraussetzen. Beim Verdacht während der Überwachung festgestellter lebensmittelrechtlicher Straftaten nach § 58 LFGB und Mischtatbeständen nach § 59/§ 60 Absatz 1 LFGB kann der Lebensmittelkontrolleur/Veterinär aufgrund allgemeiner Weisung der Staatsanwaltschaft gehalten sein, sich sofort mit der Strafverfolgungsbehörde telefonisch in Verbindung zu setzen und deren rechtliche Würdigung und Entscheidung über die weiteren Ermittlungen herbeizuführen. Dies setzt die Vereinbarung eines ständig möglichen telefonischen Kontakts voraus, was nur bei größeren Staatsanwaltschaften und insbesondere Schwerpunkt-Staatsanwaltschaften möglich sein dürfte.

Beispiel:

Ein Lebensmittelkontrolleur/Veterinär stellt während einer Überwachungsmaßnahme in einem Kühlhaus das mutmaßliche Inverkehrbringen überlagerten Fleisches fest. Er nimmt sofort telefonisch Kontakt mit der Staatsanwaltschaft auf, die ihn nach Schilderung des Sachverhalts anweist, weitere strafrechtliche Ermittlungen durchzuführen.

In geringfügigen Fällen kann die Staatsanwaltschaft auch unmittelbar nach Schilderung des Sachverhalts die Einstellung gegen eine Auflage wegen fehlenden öffentlichen Interesses an der Strafverfolgung anordnen (§ 153a Absatz 1 StPO). Die Einnahme einer Geldauflage kann dabei dem Lebensmittelkontrolleur/Veterinär unmittelbar übertragen werden, sodass ein strafrechtliches Ermittlungsverfahren sehr zeitnah abgeschlossen werden kann.

Anzeige der Lebensmittelüberwachung an die Staatsanwaltschaft wegen einer Lebensmittelstraftat

Landratsamt Neukirchen, Postfach 5678, 88888 Neukirchen

Staatsanwaltschaft Kaiserstadt
Schillerstraße 56
88000 Kaiserstadt

Dienstgebäude	Hegelstraße 32, 88888 Neukirchen
Zimmer	0234
Sachbearbeiter(in)	Frau Neundorf
Telefon	(0823) 8878-887
Telefax	(0823) 8878-334
E-Mail	lkra@neukirchen.de

Ihr Zeichen, Ihre Nachricht vom	Bitte bei Antwort angeben Unser Zeichen, Unsere Nachricht vom	Datum
	0987665/20	xxyyzzzz

Strafanzeige einer Lebensmittelstraftat (§ 158 Absatz 1 StPO)

gegen Herrn Franz Schubert, geb. Maier, geb. 12.05.1961 in Kleinstadt, Kantstraße 54, 88048 Altstein

1. Sachverhalt

Der Beschuldigte betreibt seit April 2004 ein Lebensmittel-Importgeschäft in 88048 Altstein, Brahmsstraße 12. Bei einer Probenahme durch die Lebensmittelüberwachung am xxyyzzzz in der Lagerhalle wurden stichprobenartig fünf Flaschen „Bio-Apfelsaft" der Marke „Bellamele" gezogen. Diese enthalten nach dem Gutachten der Chemischen Untersuchungsanstalt vom 29.11.2019 (Blatt 12) unzulässig hohe Mengen von Pflanzenschutzmitteln.

2. Verdacht einer Straftat

Die Geschäftsunterlagen wurden nach § 42 Absatz 2 Satz 1 Nummer 3 LFGB eingesehen und mit Zustimmung des Lebensmittelunternehmers in amtlichen Gewahrsam genommen. Aus den Unterlagen ergibt sich, dass der Gewerbetreibende selbst im Besitz eines lebensmittelrechtlichen Gutachtens war, aus dem sich die Belastung mit Pflanzenschutzmitteln ergibt. Auf Befragen gemäß der Auskunftspflicht nach § 42 Absatz 2 Satz 1 Nummer 5 LFGB erklärte der Beschuldigte, dieses Gutachten sei ihm bekannt, weil es ihm vom Lieferanten übergeben worden sei.

Wir gehen daher vom Verdacht einer Straftat nach § 9 Absatz 1 Nummer 1 in Verbindung mit § 59 Absatz 1 Nummer 6 LFGB aus. Über das dortige Aktenzeichen und den Ausgang des Verfahrens bitten wir um Mitteilung.

- Für den Fall einer beabsichtigten Einstellung des Ermittlungsverfahrens wegen einer Straftat gemäß § 170 Absatz 2 Satz 1 oder § 153 Absatz 1 StPO weisen wir auf die mögliche Verfolgung einer Ordnungswidrigkeit nach § 59 Absatz 1 Nummer 6 in Verbindung mit § 60 Absatz 1 LFGB durch die Verwaltungsbehörde hin und bitten um Prüfung einer diesbezüglichen **Abgabe nach § 43 OWiG**. Diese Ordnungswidrigkeit ist mit

Geldbuße bis zu 50000 Euro bedroht (§ 60 Absatz 5 Nummer 2 LFGB) und verjährt daher in drei Jahren nach Beendigung der Tat (§ 31 Absatz 2 Nummer 1 OWiG).

- Vor einer beabsichtigten Einstellung des strafrechtlichen Ermittlungserfahrens nach § 170 Absatz 2 Satz 1, § 153 Absatz 1 oder § 153a Absatz 1 StPO bitten wir um **Anhörung gemäß Nummer 90 Absatz 1 RiStBV**.

Anlage:
Vorgenommene Ermittlungen (Dateianhang)

Neundorf
Lebensmittelkontrolleurin

5.4 Hinzuziehung der Polizei durch die Lebensmittelüberwachung

Manche Staatsanwaltschaften sehen keine direkte Anzeigeerstattung durch die Lebensmittelüberwachung vor, sondern die generelle Übergabe an die (Kriminal-)Polizei zur weiteren Bearbeitung der strafrechtlichen Ermittlungen. Erst die Polizeidienststelle legt dann die Anzeige nach Abschluss ihrer Ermittlungen der Staatsanwaltschaft vor. In diesem Fall bleibt der Lebensmittelkontrolleur/Veterinär unabhängig davon im Rahmen des § 152 Absatz 2 Satz 1 GVG weiter Ermittlungsperson der Staatsanwaltschaft und natürlich für die Lebensmittelüberwachung im Bereich der Gefahrenabwehr zuständig.

Eine unmittelbare Hinzuziehung der Polizei ist während der Durchführung der Überwachung beim Anfangsverdacht umfangreicher, vor allem organisierter lebensmittelrechtlicher Straftaten und insbesondere allgemeiner Straftaten geboten, die nicht in das vertraute Gebiet des Lebensmittelkontrolleurs/Veterinärs fallen.

Beispiele:

Bei der Kontrolle eines Gaststättenbetriebes ergibt sich der Verdacht der Körperverletzung von Endverbrauchern durch die Verabreichung verunreinigter Lebensmittel.

Bei der Betriebskontrolle einer Kühlhalle ergibt sich der Verdacht des Betrugs und der Urkundenfälschung zum Nachteil der Endverbraucher durch Austausch der Etikettierungen der Hersteller durch nachgemachte Etiketten.

Ergibt sich der Verdacht sonstiger Straftaten, für die keine Zuständigkeit der Lebensmittelüberwachung besteht, sollte zur Einleitung entsprechender strafrechtlicher Ermittlungen auf jeden Fall eine Polizeidienststelle in Kenntnis gesetzt werden. Schließlich ist eine Hinzuziehung der Polizei im Einzelfall notwendig, wenn Betretungsrechte, Einsichtnahmen, Fotoaufnahmen oder Probenahmen mit unmittelbarem Zwang durchzusetzen sind oder mit strafbaren Widerstandshandlungen (§ 113 StGB) des Lebensmittelunternehmers oder seiner Mitarbeiter zu rechnen ist.

5.5 Abgabe von Bußgeldverfahren durch die Verwaltung

Der Verdacht einer Lebensmittelstraftat kann sich auch erst nachträglich bei der Verwaltungsbehörde ergeben, wenn die Lebensmittelüberwachung den überprüften Sachverhalt zunächst nur als Ordnungswidrigkeit eingestuft hat. Dies kommt vor allem bei Mischtatbeständen[1]) vor, die zunächst als fahrlässige Ordnungswidrigkeit nach § 60 Absatz 1 in Verbindung mit § 59 LFGB angesehen wurden und sich nachträglich als vorsätzliche Straftat gemäß § 59 LFGB erweisen.

Beispiele:

Der Lebensmittelkontrolleur/Veterinär stellt bei der Überwachung Lebensmittel mit nicht zugelassenen Zusatzstoffen fest (§ 6 Absatz 1 Nummer 1 Buchstabe a LFGB) und geht zunächst von einer fahrlässigen Ordnungswidrigkeit nach § 59 Absatz 1 Nummer 1 LFGB aus.

- Der Lebensmittelunternehmer erklärt bei der Anhörung im Bußgeldverfahren gegenüber der zentralen Bußgeldstelle, er wisse dies und halte die Verwendung auch für zulässig.
- Aus einer Anfrage bei der für den Geschäftssitz des Lebensmittelunternehmers zuständigen Lebensmittelüberwachung ergibt sich, dass bereits Belehrungen erfolgten, Verwarnungen erteilt oder Bußgeldverfahren durchgeführt wurden und die Kenntnis des Betroffenen in einem Wiederholungsfall vorliegt.

Es ergibt sich der Anfangsverdacht vorsätzlichen Handelns und damit einer Straftat nach § 60 Absatz 1 LFGB.

Während die Verwaltungsbehörden ausschließlich für die Verfolgung und Ahndung von Ordnungswidrigkeiten zuständig sind (§ 35 f. OWiG), ist die Staatsanwaltschaft in der Regel nur zur Strafverfolgung berufen (§ 160 StPO). Liegt Tateinheit zwischen Straftat und Ordnungswidrigkeit vor, so wird nur das Strafgesetz angewendet (§ 21 Absatz 1 Satz 1 OWiG).[2]) Die Staatsanwaltschaft ist im Strafverfahren grundsätzlich auch zur Verfolgung von Ordnungswidrigkeiten befugt (§ 40 OWiG).

- **Abgabe an die Staatsanwaltschaft wegen Verdachts einer Straftat**

  Liegen konkrete Anhaltspunkte für eine Straftat vor, so hat die Verwaltungsbehörde die Sache nach § 41 Absatz 2 OWiG an die Staatsanwaltschaft abzugeben. Die Abgabepflicht räumt der Verwaltungsbehörde kein Ermessen ein. Sie besitzt jedoch einen Beurteilungsspielraum, ob ein Straftatbestand im Sinne des § 58 f. LFGB ggf. in Verbindung mit einer Rechtsverordnung verwirklicht sein kann. Ist dies zweifelsfrei der Fall, kann die Weiterbearbeitung im Bußgeldverfahren den Sachbearbeiter dem Verdacht der Strafvereitelung (§ 258 StGB) aussetzen. In Zweifelsfällen kann eine Rückfrage bei der Staatsanwaltschaft hilfreich sein, an deren Entschließung, ob eine Tat als Straftat verfolgt wird oder nicht, die Verwaltungsbehörde nach § 44 OWiG gebunden ist. Sieht die

1) Zum Aufbau von Mischtatbeständen Kapitel 2.2.

2) Zur Tateinheit mehrerer Ordnungswidrigkeiten (§ 19 OWiG) untereinander Kapitel 9.5.

Staatsanwaltschaft davon ab, ein Strafverfahren einzuleiten, so gibt sie eine abgegebene Sache gemäß § 41 Absatz 2 OWiG an die Verwaltungsbehörde zurück. Diese behält dann die Verfahrensherrschaft im Bußgeldverfahren (§ 46 Absatz 2 OWiG).

- **Übernahme durch die Staatsanwaltschaft wegen Zusammenhangs**

  Besteht zwischen einer Straftat und einer Ordnungswidrigkeit ein persönlicher oder sachlicher Zusammenhang, kann die Staatsanwaltschaft die Ordnungswidrigkeit auch im Strafverfahren mit verfolgen (§ 42 OWiG). Damit sollen Parallelermittlungen in einem Straf- und einem Bußgeldverfahren vermieden werden. Hat die Staatsanwaltschaft die Verfolgung der Ordnungswidrigkeit übernommen, so haben die mit der Ermittlung von Ordnungswidrigkeiten betrauten Angehörigen der sonst zuständigen Verwaltungsbehörde aufgrund § 63 Absatz 1 Satz 1 OWiG dieselben Rechte und Pflichten wie die Beamten des Polizeidienstes im Bußgeldverfahren. Die sonst zuständige Verwaltungsbehörde kann dann Beschlagnahmen, Notveräußerungen, Durchsuchungen und Untersuchungen gemäß § 63 Absatz 1 Satz 2 OWiG nach den für Ermittlungspersonen der Staatsanwaltschaft geltenden Vorschriften der Strafprozessordnung anordnen. Erhebt die Staatsanwaltschaft die öffentliche Klage (Anklage, Strafbefehlsantrag), so erstreckt sie diese nach § 64 OWiG auch auf die Ordnungswidrigkeit, sofern die Ermittlungen hierfür genügenden Anlass bieten.

Beispiel:

Die Staatsanwaltschaft führt ein strafrechtliches Ermittlungsverfahren wegen fahrlässiger Körperverletzung von Endverbrauchern (§ 229 StGB). Sie übernimmt auf Anregung der Verwaltungsbehörde auch Lebensmittelhygieneverstöße, die im Zusammenhang mit der Lebensmittelüberwachung aufgedeckt wurden.

- **Abgabe der Staatsanwaltschaft an die Verwaltungsbehörde**

  Umgekehrt kann auch im Strafverfahren der Fall eintreten, dass die Staatsanwaltschaft zunächst ein Ermittlungsverfahren nur wegen der verfolgten Straftat einstellt und schließlich nur der Verdacht einer Ordnungswidrigkeit verbleibt, für die der Staatsanwaltschaft die Zuständigkeit fehlt. Sie gibt dann die Sache nach § 43 Absatz 1 OWiG an die Verwaltungsbehörde zur weiteren Bearbeitung als Bußgeldverfahren ab. Die Verwaltungsbehörde ist an die rechtliche Beurteilung der Staatsanwaltschaft nicht gebunden, da sie im Bußgeldverfahren deren Befugnisse besitzt (§ 46 Absatz 2 OWiG).

Beispiel:

Die Staatsanwaltschaft stellt strafrechtliche Ermittlungen wegen fahrlässiger Körperverletzung (§ 229 StGB) gegen einen Lebensmittelunternehmer ein. Sie gibt die Sache wegen verbleibender lebensmittelrechtlicher Ordnungswidrigkeiten an die zuständige Verwaltungsbehörde ab.

Die Abgabe der Staatsanwaltschaft an die Verwaltungsbehörde unterbricht die Verfolgungsverjährung der Ordnungswidrigkeit (§ 33 Absatz 1 Satz 1 Nummer 8 OWiG).[1])

Die Abgabe eines Bußgeldverfahrens an die Staatsanwaltschaft gemäß § 41 Absatz 1 OWiG erfolgt durch dienstliches Dokument. Eine Abgabenachricht an den Betroffenen ergeht dabei nicht, um die Ermittlungen der Staatsanwaltschaft nicht zu gefährden. Der nunmehrige Beschuldigte erhält rechtliches Gehör durch die Vernehmung der Staatsanwaltschaft. Amtliche Muster für das Abgabedokument an die Staatsanwaltschaft aufgrund Verwaltungsrichtlinien bestehen soweit ersichtlich nicht. Es orientiert sich inhaltlich an der Strafanzeige der Lebensmittelüberwachung an die Staatsanwaltschaft. Auf die dortigen Erläuterungen wird daher Bezug genommen.[2])

---

1) OLG Celle, Beschluss vom 18.6.1999 – 233 Ss 25/99 (OWi), VRS 97, 369 (1999).

2) Zur Strafanzeige der Lebensmittelüberwachung an die Staatsanwaltschaft Kapitel 5.3.

Verfolgungskompetenz

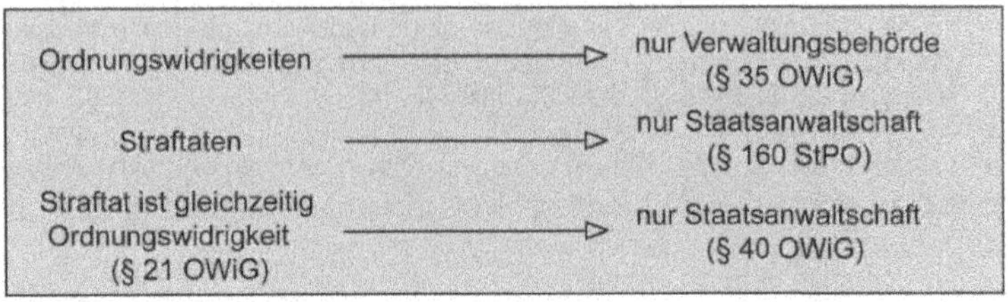

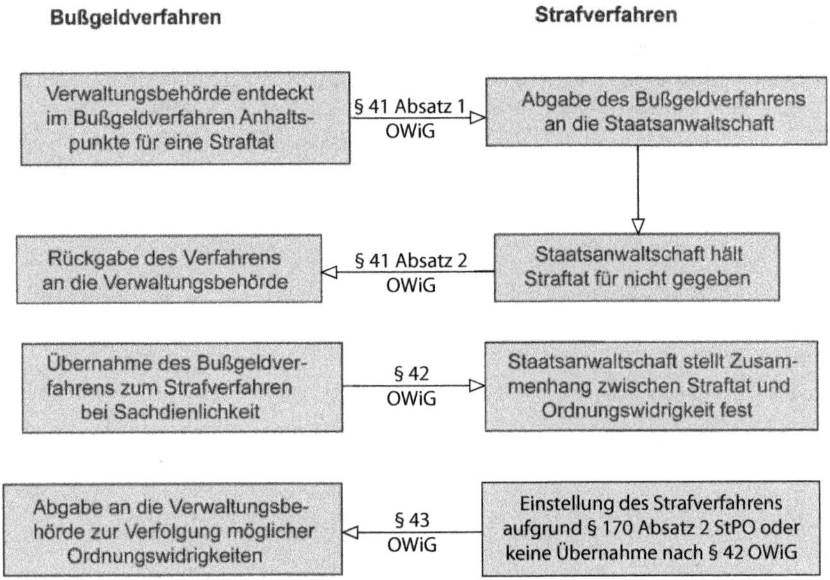

Die Verwaltungsbehörde ist an die Entscheidung der Staatsanwaltschaft, ob eine Tat als Straftat verfolgt wird, gebunden (§ 44 OWiG).

Abgabe eines Bußgeldverfahrens an die Staatsanwaltschaft (§ 41 Absatz 1 OWiG)

Landratsamt Neukirchen Zentrale Bußgeldstelle

Landratsamt Neukirchen, Postfach 5678, 88888 Neukirchen

Staatsanwaltschaft Kaiserstadt
Schillerstraße 56
88000 Kaiserstadt

Dienstgebäude	Feuerbachstraße 43 88888 Neukirchen
Zimmer	0432
Sachbearbeiter(in)	Frau Weber
Telefon	(0823) 8878-342
Telefax	(0823) 8878-340
E-Mail	zbslra@neukirchen.de

Ihr Zeichen, Ihre Nachricht vom	Bitte bei Antwort angeben Unser Zeichen, Unsere Nachricht vom	Datum
	0987665/20	xxyyzzzz

Abgabe eines Bußgeldverfahrens wegen Verdachts einer Straftat (§ 41 Absatz 1 OWiG)

Anlage

Vorgenommene Ermittlungen (Dateianhang)

Betroffener

Herr Franz Schubert, geb. Maier, geb. 12.05.1961 in Kleinstadt, Kantstraße 54, 88882 Altstein

Bisherige Ermittlungen

Der Betroffene betreibt seit April 2004 ein Lebensmittel-Importgeschäft in 88882 Altstein, Brahmsstraße 12. Bei einer Probenahme durch die Lebensmittelüberwachung am xxyyzzzzin der Lagerhalle wurden stichprobenartig fünf Flaschen „Bio-Apfelsaft“ der Marke „Bellamele“ gezogen. Diese enthalten nach dem Gutachten der Chemischen Untersuchungsanstalt vom 29.07.2020 (Datei 12) unzulässig hohe Mengen an Pflanzenschutzmitteln. Aufgrund dieser Feststellungen wurde gegen den Betroffenen wegen einer fahrlässigen Ordnungswidrigkeit nach § 9 Absatz 1 Nummer 1 in Verbindung mit § 59 Absatz 1 Nummer 6, § 60 Absatz 1 LFGB ein Bußgeldverfahren eingeleitet.

Verdacht einer Straftat

Zwischenzeitlich wurde uns bekannt, dass derselbe „Bio-Apfelsaft“ vom Betroffenen bereits an seinem früheren Unternehmenssitz in 65765 Felsenstein, Landkreis Burgberge, in Verkehr gebracht und in gleicher Weise beanstandet worden ist. Dies ergibt sich aus den anliegenden Eintragungen im Gewerbezentralregister. Der Betroffene hat daher die neuerliche Zuwiderhandlung offensichtlich vorsätzlich begangen. Er ist daher einer Straftat nach § 9 Absatz 1 Nummer 1 in Verbindung mit § 59 Absatz 1 Nummer 6 LFGB verdächtig.

- Für den Fall einer beabsichtigten Einstellung des Ermittlungsverfahrens wegen einer Straftat gemäß § 170 Absatz 2 Satz 1 oder § 153 Absatz 1 StPO weisen wir auf die mögliche Verfolgung einer Ordnungswidrigkeit nach § 59 Absatz 1 Nummer 6 in Verbindung mit § 60 Absatz 1 LFGB durch die Verwaltungsbehörde hin und bitten um Prüfung einer diesbezüglichen **Abgabe nach § 43 OWiG**. Diese Ordnungswidrigkeit ist mit Geldbuße bis zu 50000 Euro bedroht (§ 60 Absatz 5 Nummer 2 LFGB) und verjährt daher in drei Jahren nach Beendigung der Tat (§ 31 Absatz 2 Nummer 1 OWiG).
- Vor einer beabsichtigten Einstellung des strafrechtlichen Ermittlungsverfahrens nach § 170 Absatz 2 Satz 1, § 153 Absatz 1 oder § 153a Absatz 1 StPO bitten wir um **Anhörung gemäß Nummer 90 Absatz 1 RiStBV**.

Weber

Abgaben zwischen Verwaltungsbehörden und Staatsanwaltschaften erfolgen meist noch in Papierform. Es empfiehlt sich jedoch vor allem zur Wiedergabe vorhandener Bildaufnahmen im gerichtlichen Straf- und Bußgeldverfahren zusätzlich einen Datenträger zu übermitteln. Nach Einführung des elektronischen Rechtsverkehrs sollen Dokumente in dieser Form übermittelt werden (§ 32b Absatz 3 Satz 1 StPO). Das elektronische Dokument ist dann in druckbarer, kopierbarer und, soweit technisch möglich, durchsuchbarer Form im Dateiformat PDF zu übermitteln (§ 2 Absatz 1 Satz 1 ERVV). Wenn bildliche Darstellungen (Bildaufnahmen vom Tatort) im Dateiformat PDF nicht verlustfrei wiedergegeben werden können, darf das elektronische Dokument zusätzlich im Dateiformat TIFF übermittelt werden (§ 2 Absatz 1 Satz 2 ERVV).

5.6 Zusammenarbeit der Lebensmittelüberwachung mit der Staatsanwaltschaft

Die Staatsanwaltschaft ist als Strafverfolgungsbehörde verpflichtet, wegen aller verfolgbaren Straftaten einzuschreiten, sofern zureichende tatsächliche Anhaltspunkte vorliegen (§ 152 Absatz 2 StPO). Sobald sie durch eine Anzeige oder auf anderem Wege von dem Verdacht einer Straftat Kenntnis erhält, hat sie zu ihrer Entschließung darüber, ob die öffentliche Klage zu erheben ist, den Sachverhalt zu erforschen (§ 160 Absatz 1 StPO). Die Kenntnis der Staatsanwaltschaft über eine Lebensmittelstraftat kann auf der Anzeige der Lebensmittelüberwachung (§ 158 StPO) oder der Polizei (§ 163 StPO) oder der Abgabe einer Bußgeldsache durch die Verwaltungsbehörde (§ 41 Absatz 1 OWiG) beruhen.

Verfahren der Staatsanwaltschaft bei der Verfolgung von Lebensmittelstraftaten

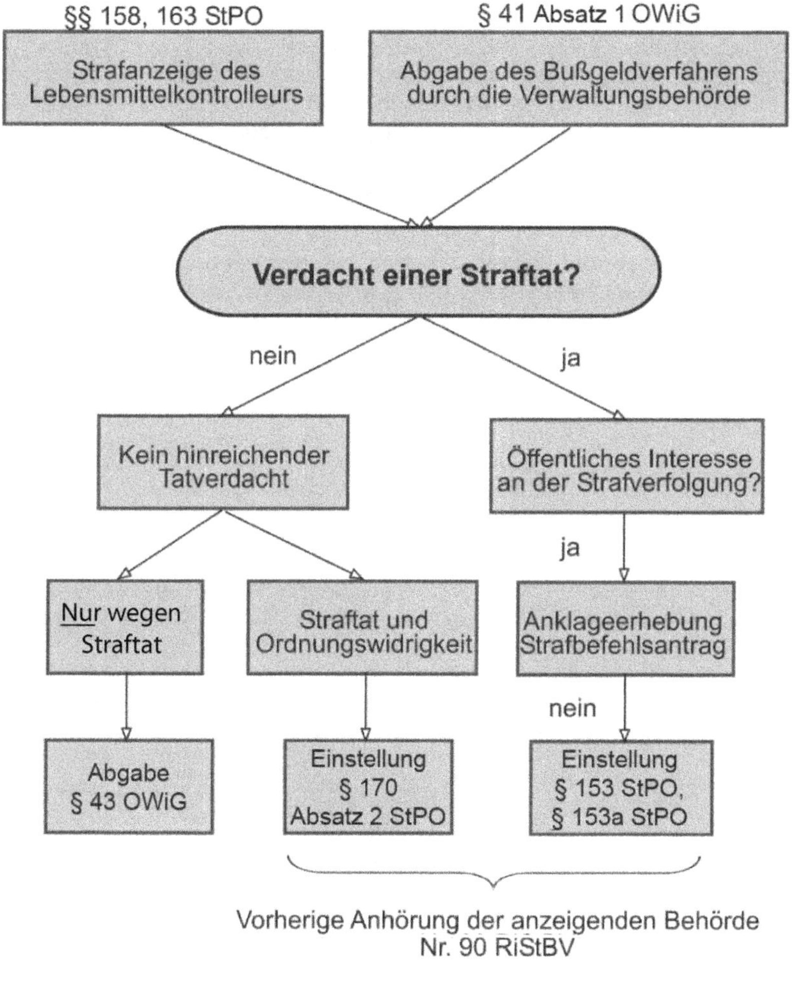

Die Staatsanwaltschaft überprüft zunächst, ob sich der Anfangsverdacht einer lebensmittelrechtlichen oder sonstigen Straftat und eventueller Ordnungswidrigkeiten bestätigt. Als sonstige Straftaten kommen insbesondere Betrug (§ 263 StGB), Urkundenfälschung (§ 267 StGB) und fahrlässige Körperverletzung (§ 223 StGB) zum Nachteil der Endverbraucher in Betracht. Ist dies nicht der Fall, stellt sie das gesamte Verfahren mangels Tatverdacht aus tatsächlichen Gründen ein (§ 170 Absatz 2 Satz 1 StPO). Lässt sich nur eine Ordnungswidrigkeit feststellen, gibt sie die Sache wegen fehlender eigener Zuständigkeit an die zuständige Verwaltungsbehörde (§ 35 OWiG) zur weiteren Verfolgung im Bußgeldverfahren ab (§ 43 OWiG).

Liegt ein hinreichender Tatverdacht zur Anklageerhebung (Strafbefehlsantrag) wegen einer Lebensmittelstraftat oder sonstigen Straftat vor (§ 170 Absatz 1 StPO), prüft die Staatsanwaltschaft, ob ein öffentliches Interesse an der Strafverfolgung besteht oder das strafrechtliche Ermittlungsverfahren nicht

- folgenlos wegen geringer Schuld (§ 153 Absatz 1 StPO) oder
- gegen Auflagen oder Weisungen zur Beseitigung des öffentlichen Interesses an der Strafverfolgung (§ 153a Absatz 1 StPO)

eingestellt werden kann. Solche Anträge werden häufig und frühzeitig durch Verteidiger von Lebensmittelunternehmern gestellt. Die Zustimmung der Lebensmittelüberwachung zur Einstellung ist nicht vorgesehen, da die Staatsanwaltschaft alleinige verfahrensleitende Behörde ist (§ 152 Absatz 2 StPO).[1]) Einstellungen durch die Staatsanwaltschaft erfolgen bei Lebensmittelstraftaten wegen der relativ geringen Strafdrohungen in § 58 f. LFGB nicht selten. Die Kriterien für Einstellungsentscheidungen werden in den Ländern sehr unterschiedlich gewertet, allgemeine Richtlinien existieren nicht.

Für die Lebensmittelüberwachung ist es wichtig, dass keine Einstellungen erfolgen, die aus Sicht der Gefahrenabwehr unvertretbar erscheinen. Vielfach lassen beschuldigte Lebensmittelunternehmer Umstände vortragen, zu denen der Staatsanwalt im Gegensatz zur Lebensmittelüberwachung außer dem Akteninhalt keine zusätzlichen Informationen besitzt. Die für die Staatsanwaltschaft maßgeblichen Richtlinien für das Strafverfahren und das Bußgeldverfahren (RiStBV) sehen daher die Anhörung von Behörden vor, die Strafanzeige erstattet haben oder sonst am Ausgang des Strafverfahrens interessiert sind. Dies gilt vor allem vor einer beabsichtigten Ein-

1) Die Verwaltungsbehörde (§ 35 OWiG) ist nur für das Bußgeldverfahren zuständig und daher am strafrechtlichen Ermittlungsverfahren überhaupt nicht beteiligt.

stellung eines Strafverfahrens.[1]) Um dieses Interesse zu verdeutlichen, sollte sowohl bei der Vorlage von Strafanzeigen der Lebensmittelüberwachung als auch bei der Abgabe durch die Verwaltungsbehörde hierauf hingewiesen werden (vgl. die Muster einer Strafanzeige am Ende Kapitel 5.3 und Abgabe einer Bußgeldsache am Ende Kapitel 5.5).

TIPP!

Für die Lebensmittelüberwachung wie die Verwaltungsbehörde ist es hilfreich, bei der zuständigen Staatsanwaltschaft einen Ansprechpartner zu besitzen.[2])

Im Gegensatz zum sonstigen Wirtschaftsstrafrecht gibt es noch immer kaum besondere Schwerpunktstaatsanwaltschaften für Lebensmittelstrafsachen (§ 143 Absatz 4 GVG). Diese gehören gerade bei kleineren Staatsanwaltschaften zur allgemeinen Kriminalität, sodass keine spezielle Fachabteilung besteht. Lebensmittelrechtliche Vorkenntnisse können dann nicht stets vorausgesetzt werden. Auch muss mit dem gelegentlichen Wechsel des Referatsstaatsanwalts gerechnet werden. Daher ist für die Zusammenarbeit eine zumindest jährliche **verfahrensunabhängige Dienstbesprechung** zu empfehlen, die in manchen Ländern sogar durch Verwaltungsrichtlinie ausdrücklich vorgesehen ist.[3]) Dabei ist auch eine Teilnahme von Polizeibehörden sinnvoll, insbesondere in Ländern, in denen die Lebensmittelüberwachung keine Ermittlungsperson der Staatsanwaltschaft ist (§ 152 Absatz 2 Satz 1 GVG). Auch die Teilnahme eines mit Lebensmittelstraf- und Bußgeldverfahren befassten Richters ist dabei denkbar. Als Themen für eine solche Dienstbesprechung bieten sich an:

---

1) Nummer 90 Absatz 1 RiStBV Anhörung von Behörden und öffentlichen Körperschaften:
Hat eine Behörde oder öffentliche Körperschaft die Strafanzeige erstattet oder ist sie sonst am Ausgang des Verfahrens interessiert, so soll ihr der Staatsanwalt, bevor er das Verfahren einstellt, die Gründe mitteilen, die für die Einstellung sprechen, und ihr Gelegenheit zur Äußerung geben; zur Vereinfachung können Ablichtungen aus den Akten beigefügt werden. Stellt der Staatsanwalt entgegen einer widersprechenden Äußerung ein, so soll er auch die Einwendungen würdigen, die gegen die Einstellung erhoben worden sind.

2) Zur vorgezogenen Zusammenarbeit zwischen Lebensmittelkontrolle und Staatsanwaltschaft während der Überwachung Kapitel 5.3.

3) Beispiel Freistaat Bayern: Nummer 2 (Gemeinsame Besprechungen) Gemeinsame Bekanntmachung der Bayerischen Staatsministerien für Umwelt und Gesundheit, der Justiz und für Verbraucherschutz und des Innern zur Zusammenarbeit der Verwaltungs- und Strafverfolgungsbehörden bei der Bekämpfung von Verstößen im Bereich des gesundheitlichen Verbraucherschutzes vom 23. April 2012 (Aktenzeichen 42b-G8901-2012/1, 4640-II1297/06, IZ1-0004-208).

- Ansprechpartner bei der Staatsanwaltschaft mit telefonischer Erreichbarkeit
- Klärung einer Anzeigepflicht der Lebensmittelüberwachung
- Strafanzeigen unmittelbar an die Staatsanwaltschaft oder über die Polizei
- Inhalt und Einheitlichkeit der Strafanzeigen der Lebensmittelüberwachung
- Anzeigeerstattung durch den Lebensmittelkontrolleur oder die Verwaltung
- Inhalt der Abgabeverfügung der Verwaltungsbehörde (§ 41 Absatz 1 OWiG)
- Stellungnahmen der Lebensmittelüberwachung nach Strafanzeigen
- Rückgabe nach Einstellungen zur weiteren Verfolgung und Ahndung verbleibender Ordnungswidrigkeiten durch die Verwaltungsbehörde
- Anhörung der Verwaltungsbehörde vor Einstellungen durch die Staatsanwaltschaft
- Notwendigkeit von Zeugenvernehmungen der Lebensmittelkontrolleure oder Verlesung von Vermerken in der gerichtlichen Hauptverhandlung

Über das Ergebnis einer Dienstbesprechung sollte ein gemeinsames Protokoll gefertigt werden, nach deren Ergebnis die Beteiligten verfahren können.

5.7 Mitteilung der Staatsanwaltschaft über strafrechtliche Ermittlungen

Die Staatsanwaltschaft unterrichtet die zuständige Lebensmittelüberwachungsbehörde (§ 38 Absatz 1 Satz 1 LFGB) unverzüglich von Amts wegen über die Einleitung des Strafverfahrens bezüglich der betroffenen lebensmittelrechtlichen Straftaten (§ 42 Absatz 6 Satz 1 LFGB), damit aufgrund dieser Kenntnis möglichst frühzeitig Maßnahmen zur Gefahrenabwehr durchgeführt werden können. In Betracht kommen dann die Unterbindung weiteren Inverkehrbringens von nicht zum menschlichen Verzehr geeigneten Lebensmitteln, der Rückruf bereits ausgelieferter Lebensmittel, die Unterrichtung und Warnung der Bevölkerung nach dem Verbraucherinformationsgesetz (VIG) und die Anordnung von Vertriebsverboten oder Betriebsschließungen.

Hier kann ein Zielkonflikt zwischen der Gefährdung von Ermittlungsmaßnahmen der Staatsanwaltschaft und der Notwendigkeit rascher Gefahrabwehrmaßnahmen durch die Lebensmittelüberwachung auftreten. Der beschuldigte Lebensmittelunternehmer könnte vorgewarnt werden und

Beweismittel vor deren Sicherstellung im strafrechtlichen Ermittlungsverfahren vernichten oder beiseiteschaffen. Die Staatsanwaltschaft wird daher in der Unterrichtung auf die mögliche Gefährdung ihrer Ermittlungen und auf eine notwendige Abstimmung zwischen Strafverfolgungs- und Gefahrabwehrbehörden hinweisen. Es empfiehlt sich dann eine zeitgleiche Durchführung der Maßnahmen im Betrieb des Lebensmittelunternehmers.

Eine Mitteilung der Staatsanwaltschaft ist überflüssig, wenn das Strafverfahren durch die Abgabe der Sache durch die Verwaltungsbehörde aus einem Bußgeldverfahren (§ 41 Absatz 1 OWiG) erfolgte (§ 42 Absatz 6 Satz 2 LFGB)[1]) und die Behörde deswegen von den Gefahrtatbeständen bereits selbst Kenntnis besitzt.

Eine Übermittlung personenbezogener Daten durch die Staatsanwaltschaft unterbleibt, soweit und solange ihr Zwecke des Strafverfahrens oder besondere bundesgesetzliche oder entsprechende landesgesetzliche Verwendungsregelungen entgegenstehen (§ 42 Absatz 6 Satz 3 LFGB). Hier kommen etwa das Steuergeheimnis (§ 30 Absatz 1, 4 AO) und das Sozialgeheimnis (§ 35 Absatz 1 SGB I, § 67 ff. SGB X) in Betracht.

1) Zur Abgabe der Sache durch die Verwaltungsbehörde an die Staatsanwaltschaft wegen Verdachts einer Straftat gemäß § 41 Absatz 1 OWiG Kapitel 5.5.

6 Erteilung von Verwarnungen

Die Erteilung einer Verwarnung ist ein freiwilliges Verfahren, das dem Vorhalt geringfügiger Ordnungswidrigkeiten dient und mit einem Verwarnungsgeld von 5,00 Euro bis höchstens 55,00 Euro verbunden werden kann. Dieses Verfahren eignet sich also nur für den Bagatellbereich, besitzt aber insbesondere bei der Lebensmittelüberwachung größte Verbreitung.

6.1 Durchführung des Verwarnungsverfahrens

Eine Verwarnung kann als folgenloser Vorhalt einer lebensmittelrechtlichen Ordnungswidrigkeit auch durch die Lebensmittelüberwachung an Ort und Stelle erteilt werden (§ 56 Absatz 1 Satz 2 OWiG). Diese Alternative hat keine praktische Bedeutung, da sie sich mit Belehrungen oder Ermahnungen und der Ankündigung der Einleitung eines Bußgeldverfahrens im Verwaltungsverfahren überdeckt. Bei einer Lebensmittelkontrolle kann auf die begangene Ordnungswidrigkeit und die Einleitung eines Bußgeldverfahrens bei einer erneuten hingewiesen und dies im Kontrollbericht vermerkt werden. In der Vollzugspraxis kommt daher ausschließlich die Verwarnung mit Verwarnungsgeld vor, bei der ein Vorhalt der Ordnungswidrigkeit mit der Erhebung eines Verwarnungsgelds verbunden wird (§ 56 Absatz 1 Satz 1 OWiG). Beim Verdacht einer Straftat ist die Erteilung einer Verwarnung auch neben einer Strafanzeige (§ 158 StPO) unzulässig, da nur das Strafgesetz anzuwenden ist (§ 21 Absatz 1 Satz 1 OWiG).

Zur Erteilung einer Verwarnung mit oder ohne Verwarnungsgeld sind regelmäßig sowohl die Lebensmittelkontrolleure/Veterinäre als auch die Verwaltung durch den Dienstherrn allgemein ermächtigt (§ 57 f. OWiG). Die Verwarnung mit Verwarnungsgeld erfordert keine besondere Form und ist daher auch durch den Lebensmittelkontrolleur/Veterinär während der Durchführung der Überwachung mündlich möglich. Auf die Freiwilligkeit des Verfahrens ist grundsätzlich hinzuweisen (§ 56 Absatz 2 Satz 1 OWiG).

Beispiel:

> Der Lebensmittelkontrolleur/Veterinär entdeckt während der Besichtigung der Küchenräume eines Bistros eine rauchende Mitarbeiterin des Lebensmittelunternehmers. Er hält ihr den Lebensmittelhygieneverstoß mündlich vor und stellt anschließend die Frage: „Sind Sie mit einer Verwarnung über 30 Euro einverstanden?“

Das Verwarnungsgeld muss mindestens 5 Euro betragen und darf 55 Euro nicht übersteigen (§ 56 Absatz 1 Satz 1 OWiG). Die konkrete Höhe des Verwarnungsgelds liegt im Ermessen des Erteilenden und sollte sich an der Bedeutung der Ordnungswidrigkeit und dem Vorwurf orientieren, der den Täter trifft.[1]) Genügt die Obergrenze zur Ahndung der Ordnungswidrigkeit nicht, darf keine Verwarnung mehr erteilt werden, vielmehr ist ein Bußgeldverfahren einzuleiten. Bei mehreren in Tatmehrheit stehenden Verstößen (§ 20 OWiG) können jedoch mehrere Verwarnungen mit Verwarnungsgeld erteilt werden, solange der Gesamtverstoß noch als geringfügig zu bewerten ist.[2])

Ein „Verwarnungsgeldkatalog" in Form einer Verwaltungsrichtlinie kann Bestandteil eines in einem Land erlassenen Bußgeldkatalogs sein. Das Verwarnungsverfahren ist stets kostenfrei. Kosten (Gebühren und Auslagen) werden nach § 56 Absatz 3 Satz 2 OWiG ausdrücklich nicht erhoben. Es gibt also entgegen einer verbreiteten Meinung keine „gebührenpflichtige Verwarnung". Gebühren und Auslagen, die im Verwaltungsverfahren entstanden sind, dürfen selbstverständlich nicht mit dem Verwarnungsverfahren verbunden werden. Wirtschaftliche Verhältnisse des Betroffenen sind nicht zu berücksichtigen, da diese bei geringfügigen Geldbußen in der Regel unberücksichtigt bleiben (§ 17 Absatz 3 Satz 2 OWiG).[3]) Auch die Bewilligung von Teilbeträgen in Form einer „Ratenzahlung" ist nur bei der Geldbuße (§ 18 OWiG),[4]) nicht aber beim Verwarnungsgeld vorgesehen.

Die Verwarnung mit Verwarnungsgeld setzt das Einverständnis des Betroffenen voraus (§ 56 Absatz 2 Satz 1 OWiG) und ist daher nicht durchsetzbar. Allerdings ist der Hinweis möglich, dass bei Ablehnung der angebotenen Verwarnung die unmittelbare Einleitung eines mit Kosten verbundenen förmlichen Bußgeldverfahrens folgt. Die dann zu erhebende Gebühr beträgt mindestens 25,00 Euro (§ 107 Absatz 1 Satz 1 OWiG), die Auslagenpauschale für die Zustellung eines Bußgeldbescheides 3,50 Euro (§ 107 Absatz 3 Nummer 2 OWiG).[5]) Der Bußgeldbescheid wird also gegenüber der Verwarnung mit Verwarnungsgeld mindestens 28,50 Euro „teurer". Beharrt der Betroffene trotzdem auf seiner Ablehnung, wird die

1) Die Bedeutung der Ordnungswidrigkeit und der den Täter treffende Vorwurf sind auch gesetzliche Grundlagen der Ahndung für die Geldbuße (§ 17 Absatz 3 Satz 1 OWiG), siehe Kapitel 9.6.

2) So für Verkehrsordnungswidrigkeiten (§ 24 StVG) ausdrücklich in § 2 Absatz 7 BkatV bestimmt.

3) Zur Zumessung der Geldbuße (§ 17 OWiG) Kapitel 9.6.

4) Zur Bewilligung von Zahlungserleichterungen bei der Festsetzung der Geldbuße (§ 18 OWiG) Kapitel 9.9.

5) Zur Kostenentscheidung des Bußgeldbescheides (§§ 105, 107 OWiG) Kapitel 9.9.

Verwarnung nicht wirksam (§ 56 Absatz 2 Satz 1 OWiG) und das Verwarnungsverfahren endet damit. In diesem Fall sollte zur Beschleunigung unmittelbar durch persönliche Anhörung (§ 55 OWiG)[1]) an Ort und Stelle ein Bußgeldverfahren eingeleitet werden. Ist der Betroffene nunmehr mit der Verwarnung einverstanden und bereit, das erhobene Verwarnungsgeld zu bezahlen, kann sofort in das Verwarnungsverfahren zurückgekehrt und dieses unmittelbar abgeschlossen werden.

Beispiel:

Der Lebensmittelkontrolleur/Veterinär erteilt eine Verwarnung mit Verwarnungsgeld. Der Betroffene lehnt sie ab, weil er sich keiner Schuld bewusst sei. Auch der Hinweis, dass dann ein kostenpflichtiger Bußgeldbescheid folge, ändert nichts. Daraufhin erklärt der Lebensmittelkontrolleur/Veterinär, dass er jetzt ein Bußgeldverfahren einleite und der Betroffene sich nun zur vorgeworfenen Ordnungswidrigkeit äußern könne, dazu aber nicht verpflichtet sei. Dieser erklärt sich nun doch mit der Verwarnung mit Verwarnungsgeld einverstanden.

Bleibt es bei der Weigerung des Betroffenen, sollten vor einer Anhörung zur Sache zunächst zur Identitätsfeststellung noch notwendige personenbezogene Daten festgestellt werden (§ 163b Absatz 1 StPO in Verbindung mit § 46 Absatz 1 OWiG).[2]) Dazu gehört neben Namen, Vorname, Geburtsort und Geburtsdatum auch die Privatanschrift des Betroffenen, um die mangelfreie Zustellung des Bußgeldbescheides zu gewährleisten (§ 51 Absatz 2 OWiG). Die „Firmenanschrift" genügt daher nicht. Eine Verweigerung der verlangten Angaben zur Person stellt eine in § 111 Absatz 1, 3 OWiG mit bis zu 1000 Euro Geldbuße bedrohte weitere Ordnungswidrigkeit dar, soweit die zur Identitätsfeststellung notwendigen Angaben (§ 163b Absatz 1 StPO in Verbindung mit § 46 Absatz 1 OWiG) der Lebensmittelüberwachung nicht schon anderweitig bekannt sind.[3]) Als Maßnahme der Identitätsfeststellung ist der Lebensmittelkontrolleur/Veterinär auch berechtigt, sich einen Personalausweis, den vorläufigen Personalausweis und den Ersatz-Personalausweis vorlegen zu lassen (§ 1 Absatz 1, 2 PAuswG). Die Weigerung des Betroffenen ist als Ordnungswidrigkeit mit Geldbuße bis zu 3000 Euro bedroht (§ 32 Absatz 1 Nummer 1, Absatz 3 PAuswG). Die Angabe eines elektronischen Postfachs des Betroffenen für Zustellungen im Bußgeldverfahren gehört dagegen zu den nicht erzwingbaren freiwilligen personenbezogenen Daten des Betroffenen.

---

1) Zur Anhörung des Betroffenen im Bußgeldverfahren (§ 55 OWiG) Kapitel 7.2.

2) Zur Identitätsfeststellung von Verdächtigen (§ 163b Absatz 1 StPO in Verbindung mit § 46 Absatz 1 OWiG) Kapitel 3.10.

3) OLG München, Beschluss vom 3.3.2010, Aktenzeichen 5St RR (II) 039/10.

Der Betroffene ist bei der ersten Anhörung vor den Angaben zur Sache darüber zu belehren, dass es ihm freistehe, sich zur Beschuldigung zu äußern oder nicht zur Sache auszusagen (§ 136 Absatz 1 Satz 2 StPO in Verbindung mit § 46 Absatz 1 OWiG). Die Angaben können vorläufig aufgezeichnet werden (§ 168a StPO in Verbindung mit § 46 Absatz 1 OWiG).

Erteilen einer Verwarnung (§ 56 OWiG)

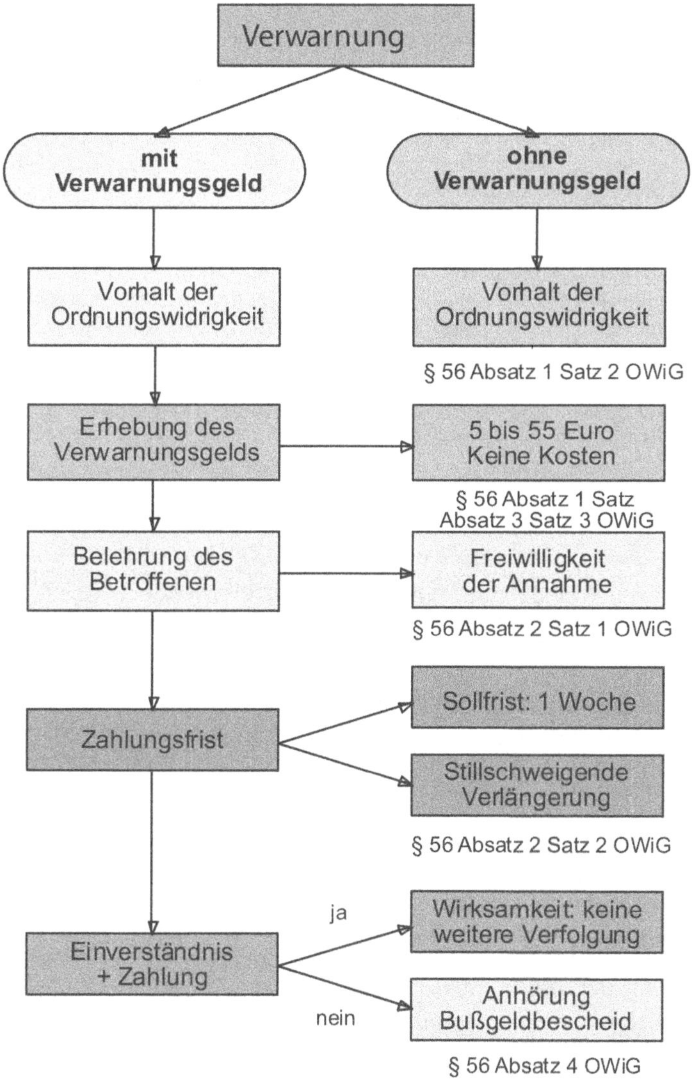

Beispiel:

Der Betroffene verweigert endgültig sein Einverständnis mit einer Verwarnung mit Verwarnungsgeld. Der Lebensmittelkontrolleur/Veterinär erhebt daraufhin mündlich die Personalien und hört den Betroffenen mit dem einleitenden Satz: „Sie können sich jetzt zur Ordnungswidrigkeit äußern, sind dazu aber nicht verpflichtet" an. Dieser erklärt, der vorgeworfene Verstoß komme überall vor und sei auch bei größter Sorgfalt nicht zu vermeiden. Der Lebensmittelkontrolleur/Veterinär hält seine Belehrung und die Äußerung handschriftlich vorläufig fest und überträgt sie anschließend in seine Ordnungswidrigkeitenanzeige.

Das Verwarnungsgeld kann entweder sofort oder binnen einer Woche bezahlt werden (§ 56 Absatz 2 Satz 1 OWiG). Ob eine sofortige Zahlung beim Lebensmittelkontrolleur/Veterinär möglich ist, hängt davon ab, ob ihm vom Behördenleiter oder von ihm beauftragten Amts- bzw. Sachgebietsleiter eine Befugnis zur Entgegennahme von Bargeld erteilt ist („Inkassobefugnis"). Dies ist wohl allgemein der Fall. Bei einer schriftlich oder elektronisch durch die Verwaltung erteilten Verwarnung ist eine Zahlung nur innerhalb einer Zahlungsfrist möglich.

6.2 Vorteile und Risiken des Verwarnungsverfahrens

Das Verwarnungsverfahren ist wegen seiner Einfachheit in der Vollzugspraxis der Lebensmittelüberwachung außerordentlich beliebt. Auch Lebensmittelunternehmer im Bereich von Kleinbetrieben und im Reisegewerbe schätzen es wegen seiner Kostenfreiheit sehr. Für die Erteilung einer Verwarnung mit Verwarnungsgeld spricht die gegenüber dem förmlichen Bußgeldverfahren sehr schnelle und einfache Erledigungsart bei Bagatellordnungswidrigkeiten. Es bestehen keine Formerfordernisse, eine Verwarnung ist auch mündlich während der Betriebskontrolle ohne weitere Aufklärung des Sachverhalts und Anhörung des Betroffenen möglich. Auch entfällt die Zustellung eines förmlichen Bescheids. Das Verwarnungsverfahren ist wegen seines großen Anwendungsbereichs bei den Verkehrsordnungswidrigkeiten allgemein bekannt und besitzt eine hohe Akzeptanz bei Betroffenen, da Gebühr und Auslagen entfallen (Erfolgsquote erfahrungsgemäß 90 %). Auch ein Vollstreckungsverfahren entfällt, da die Zahlung des Verwarnungsgelds bereits Wirksamkeitsvoraussetzung der Verwarnung ist.

Diesen erheblichen Vorteilen des Verwarnungsverfahrens stehen allerdings erhebliche Risiken gegenüber. Die gesetzliche Obergrenze des Verwarnungsgelds von nur 55 Euro (§ 56 Absatz 1 Satz 1 OWiG) führt nur zu einer geringen Beeindruckungs- und Abschreckungswirkung. Die Lebensmittelunternehmer richten sich auf einen solchen Betrag ein und bezahlen ihn aus der „Portokasse“. Es verbreitet sich eine Erwartung, jetzt bis zur nächsten Betriebskontrolle „Ruhe“ zu haben und sich mit der „Gebühr“ von der Einhaltung lebensmittelrechtlicher Vorschriften freikaufen zu können. Außerdem muss der Lebensmittelunternehmer den berechtigten Eindruck gewinnen, dass sich ordnungswidrig zu handeln schon deswegen lohnt, weil das Verwarnungsverfahren keine Abschöpfung des aus der Ordnungswidrigkeit gezogenen wirtschaftlichen Vorteils (§ 17 Absatz 4 OWiG) erlaubt. Das Verwarnungsverfahren bewirkt dann keine Pflichtenmahnung, sondern lädt im Gegenteil zur Fortsetzung und Wiederholung der Zuwiderhandlung ein. Lebensmittelrechtliche Ordnungswidrigkeiten dürfen sich aber nicht auch noch lohnen.

Eine Verwarnung mit Verwarnungsgeld kann nur in einer behördeninternen Vorgangsdatei gespeichert werden (§ 49c OWiG), nicht jedoch in für alle Verwaltungsbehörden allgemein zugänglichen Registern, insbesondere nicht im Gewerbezentralregister (GZR).[1]) Ebenso findet bei nichtdeutschen Betroffenen keine Mitteilung an die Ausländerbehörden statt.[2]) Lebensmittelunternehmer mit auswärtigem Firmensitz und vor allem im Reisegewerbe (§ 55 GewO) können sich daher nicht selten zu Unrecht als Ersttäter ausgeben. Der Lebensmittelkontrolleur/Veterinär erhält keine Kenntnis von Vorahndungen, sodass Wiederholungsfälle unerkannt bleiben.

Beispiel:

Bei der Kontrolle eines Volksfestes weist ein Süßwarenstand keine Glasabdeckung als Schutzvorkehrung gegen das mögliche Hineingreifen und Tröpfchen-Übertragungen auf. Der Standbetreiber behauptet wahrheitswidrig, er sei noch nie deswegen beanstandet worden, erklärt sich aber mit der angebotenen Verwarnung mit Verwarnungsgeld einverstanden. Tatsächlich ist er schon mehrfach beanstandet und verwarnt worden. Die Verwarnungsgelder hält er aber für „billiger“ als den Austausch der von Kunden immer wieder beschädigten Glasabdeckung.

Auch die Zahlungsunfähigkeit eines Lebensmittelunternehmers ist kein Argument für eine „freiwillig bezahlte“ Verwarnung mit Verwarnungsgeld anstelle einer an sich gebotenen Geldbuße in einem Bußgeldbescheid. Die Rechtsprechung zur Erzwingungshaft (§ 96 OWiG) geht mittlerweile davon aus, dass die Zahlungsunfähigkeit im Bußgeldverfahren nicht mit den Pfändungsgrenzen der Zwangsvollstreckung gleichzusetzen ist. Die Erzwingungshaft zur Durchsetzung einer Geldbuße ist daher auch dann

1) Zur Eintragung des Lebensmittelunternehmers im Gewerbezentralregister (GZR) Kapitel 12.

2) Zur Mitteilung der Lebensmittelüberwachung an Ausländerbehörden Kapitel 13.

möglich, wenn der Betroffene die Vermögensauskunft abgegeben hat[1]) oder sich in einem Insolvenz- oder Restschuldbefreiungsverfahren befindet.[2]) In allen Fällen ist ihm zuzumuten, die Geldbuße zumindest in Teilbeträgen (vgl. § 18 OWiG) aus dem pfändungsfreien Einkommen bis zum sozialhilferechtlichen Existenzminimum zu bezahlen und seine Lebensführung entsprechend einzuschränken.

Das Verwarnungsverfahren sollte daher seinem gesetzlichen Zweck nach auf geringfügige Ordnungswidrigkeiten beschränkt bleiben, wofür sich insbesondere Zuwiderhandlungen von Arbeitnehmern eigenen. Nachdem kein amtlicher Bußgeldkatalog existiert, gibt es auch keine Vorgaben für den Anwendungsbereich der Verwarnung mit Verwarnungsgeld.

1) LG Arnsberg, Beschluss vom 2.2.2006, Aktenzeichen 2 Qs 19/06; LG Berlin, Beschluss vom 3.7.2006, Aktenzeichen 505 Qs 54/06; LG Potsdam, Beschluss vom 14.9.2006, Aktenzeichen 21 Qs 108/06.

2) LG Potsdam, Beschluss vom 14.9.2006, Aktenzeichen 21 Qs 108/06.

7 Anhörung im Straf-, Bußgeld- und Verwaltungsverfahren

Die Anhörung dient dem rechtlichen Gehör des von einer beabsichtigten Maßnahme Betroffenen (Artikel 103 Absatz 1 GG). Daher ist

- sowohl im Verwaltungsverfahren vor dem Erlass einer Anordnung zur Gefahrenabwehr in Form eines Verwaltungsaktes (§ 28 Absatz 1 VwVfG)
- als auch im strafrechtlichen Ermittlungsverfahren (§ 163a StPO) und vor dem Erlass eines Bußgeldbescheides (§ 55 OWiG)

eine Anhörung vorgesehen. Die erste Anhörung wegen einer Straftat als Beschuldigter oder Ordnungswidrigkeit als Betroffener bedeutet zugleich die Einleitung eines strafrechtlichen Ermittlungsverfahrens bzw. Bußgeldverfahrens und unterbricht die Verfolgungsverjährung (§ 78a Absatz 1 Satz 1 Nummer 1 StGB bzw. § 33 Absatz 1 Satz 1 Nummer 1 OWiG). Personenbezogene Informationen aus einer Anhörung im Verwaltungsverfahren können auch als Beweismittel für ein Straf- oder Bußgeldverfahren verwertet werden (§ 161 Absatz 2 Satz 1 StPO in Verbindung mit § 46 Absatz 1 OWiG). Lebensmittelkontrolleure/Veterinäre müssen zu Vernehmungen in Verwaltungs- und Bußgeldverfahren befähigt sein (§ 1 Absatz 2 Nummer 10 LKonV). Zu Vernehmungen wegen einer lebensmittelrechtlichen Straftat ist der Lebensmittelkontrolleur/Veterinär nur dann befugt, wenn er nach einschlägiger landesrechtlicher Verordnung Ermittlungsperson der Staatsanwaltschaft ist (§ 152 Absatz 2 GVG).

7.1 Verwertung von Angaben aus dem Verwaltungsverfahren

Meist sind Anhörungen zunächst wegen einer beabsichtigten Anordnung im Verwaltungsverfahren (§ 28 Absatz 1 VwVfG) erforderlich. Diese Anhörung ist nicht mit dem Auskunftsverlangen (§ 42 Absatz 2 Satz 1 Nummer 5 LFGB) zu verwechseln, das als verwaltungsrechtliche Maßnahme zur Aufklärung eines Gefahrenverdachts während der Lebensmittelüberwachung dient.[1])

1) Zum Auskunftsverlangen bei der Lebensmittelüberwachung (§ 42 Absatz 2 Satz 1 Nummer 5 LFGB) siehe Kapitel 3.7.

Da die präventive Gefahrenabwehr gegenüber der repressiven Ahndung von Zuwiderhandlungen als Straftat oder Ordnungswidrigkeit vorrangig ist, wird die verwaltungsrechtliche Anhörung nach § 28 Absatz 1 VwVfG auch dann zuerst stattfinden, wenn bereits der konkrete Verdacht einer lebensmittelrechtlichen Straftat oder Ordnungswidrigkeit besteht. Eine besondere Form ist nicht vorgesehen. Das rechtliche Gehör kann daher durch den Lebensmittelkontrolleur/Veterinär an Ort und Stelle mündlich gewährt und in einem Aktenvermerk der elektronischen Verwaltungsakte festgehalten werden.[1]) Anhörungen können aber auch elektronisch oder schriftlich erfolgen, was etwa vor Erlass eines elektronischen oder schriftlichen Verwaltungsaktes angebracht ist. Aus der Anhörung muss deutlich werden, dass sie bezüglich eines beabsichtigten Verwaltungsaktes stattfindet. Stellungnahmen oder gar Fragen, die nur für den Tatnachweis einer lebensmittelrechtlichen Straftat oder Ordnungswidrigkeit bedeutsam sein können, sind selbstverständlich unzulässig und schon wegen Umgehung der Belehrungspflicht im Straf- und Bußgeldverfahren nach § 136 Absatz 1 Satz 2 StPO ggf. in Verbindung mit § 46 Absatz 1 OWiG verboten. Vermischungen zwischen den Anhörungsformen sind daher unbedingt zu vermeiden, da sie zumindest im Strafverfahren zu einem Verwertungsverbot führen. Möglich sind jedoch gestaffelte Anhörungen, bei denen zunächst die verwaltungsrechtliche abgeschlossen wird und nach Belehrung die straf- bzw. bußgeldrechtliche folgt (siehe folgendes Muster einer gestaffelten Anhörung, S. 242). Nur dann ist eine Verwertung von Angaben aus der Anhörung im Verwaltungsverfahren (§ 28 Absatz 1 VwVfG) auch im Straf- und Bußgeldverfahren möglich (§ 161 Absatz 2 Satz 1 StPO in Verbindung mit § 46 Absatz 1 OWiG).

Der Beteiligte eines Verwaltungsverfahrens (§ 13 Absatz 1 Nummer 2 VwVfG) hat zwar keine Äußerungspflicht, aber Gelegenheit zur Äußerung. Ein besonderes Aussage- oder Auskunftsverweigerungsrecht besteht deswegen nicht.

Niemand braucht sich jedoch wegen einer Straftat oder Ordnungswidrigkeit selbst zu belasten. Eine diesbezügliche Belehrung ist im Gegensatz zum Straf- und Bußgeldverfahren aber nicht vorgesehen. Äußerungen des angehörten Lebensmittelunternehmers können daher auch in einem Straf- und Bußgeldverfahren Verwendung finden (§ 161 Absatz 2 Satz 1 StPO in Verbindung mit § 46 Absatz 1 OWiG).

1) Zur elektronischen Verwaltungsakte § 6 EGovG und entsprechende landesrechtliche Vorschriften.

Anhörung des Lebensmittelunternehmers als Beteiligter – Beschuldigter/Betroffener

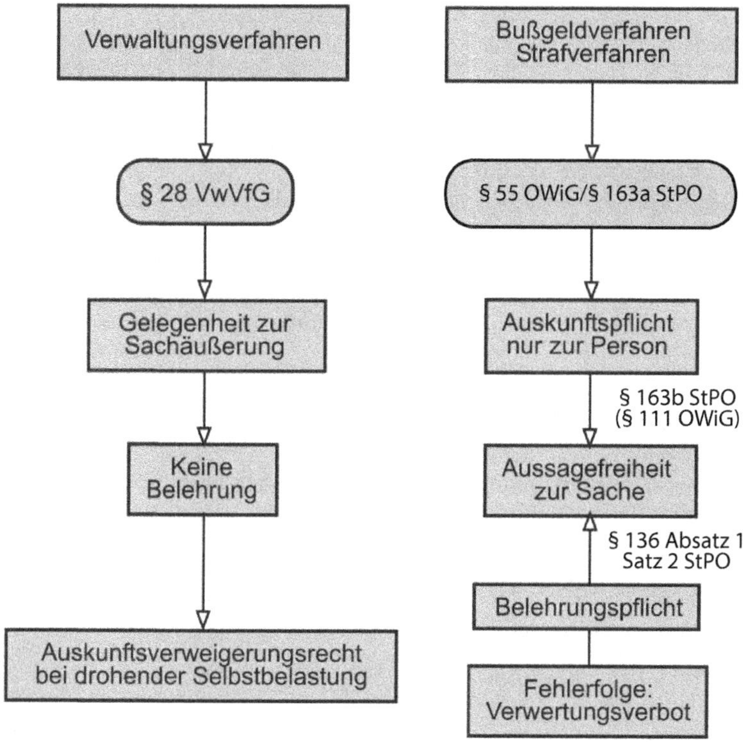

Unaufgeforderte Äußerungen anwesender Personen während der Lebensmittelüberwachung stellen keine Anhörungen dar, da es an einer entsprechenden Maßnahme der Behörde fehlt. Sie können stets, auch vorläufig aufgezeichnet und in einem Straf- und Bußgeldverfahren gegen den Beschuldigten bzw. Betroffenen verwendet werden. Nicht selten erfolgen hier wertvolle Äußerungen etwa zum Unternehmensaufbau („Firmenorganigramm") und zur Zuständigkeit und zum Kenntnisstand innerhalb einer mehrköpfigen Geschäftsleitung und leitender oder sonst entscheidungsbefugter Mitarbeiter (vgl. § 14 StGB, § 9 OWiG). Solche Äußerungen werden in der Regel bei einer Anhörung im Straf- oder Bußgeldverfahren nicht wiederholt. Trotzdem hält die Lebensmittelüberwachung derartige Angaben oft nur deswegen nicht fest, weil sie für das Verwaltungsverfahren, in dem sich Verwaltungsakte gegen das Unternehmen selbst und nicht gegen darin tätige Personen richten, ohne Bedeutung sind.

Beispiel:

Während der Besichtigung von Einrichtungen eines fleischverarbeitenden Betriebes erklärt der zuständige Abteilungsleiter Huber, er habe die festgestellten Missstände dem Geschäftsführer Maier schon vor einem halben Jahr mitgeteilt. Dieser sei daraufhin persönlich erschienen, habe sich alles angesehen, aber nur auf die angespannte wirtschaftliche Situation des Unternehmens und die Konkurrenzsituation hingewiesen.

Der Lebensmittelkontrolleur/Veterinär hält die Äußerungen in einem Aktenvermerk fest und berücksichtigt sie bei der Einleitung von Bußgeldverfahren gegen den

- Abteilungsleiter Huber (§ 9 Absatz 2 Satz 1 Nummer 2 OWiG) und
- Geschäftsführer Maier (§ 9 Absatz 1 Nummer 1 OWiG)

als Beteiligte (§ 14 OWiG) an der lebensmittelrechtlichen Ordnungswidrigkeit.

Nach Einführung des elektronischen Rechtsverkehrs im Straf- und Bußgeldverfahren genügt ein Aktenvermerk in Form eines elektronischen Dokuments mit der Namensangabe des Lebensmittelkontrolleurs/Veterinärs als verantwortender Person (§ 32b Absatz 1 Satz 1 StPO in Verbindung mit § 110c Satz 1 OWiG). Einer Genehmigung oder Signatur durch die betroffene Person bedarf es nicht.

7.2 Persönliche Anhörung während der Lebensmittelkontrolle

Eine persönliche Anhörung an Ort und Stelle empfiehlt sich immer dann, wenn sich bereits während der Lebensmittelüberwachung der hinreichende Verdacht lebensmittelrechtlicher Straftaten oder Ordnungswidrigkeiten ergibt. Diese Anhörung kann in Form einer mündlichen Vernehmung erfolgen, die zunächst handschriftlich vorläufig aufgezeichnet und anschließend in die Bußgeldakte übertragen wird (§ 168a StPO ggf. in Verbindung mit § 46 Absatz 1 OWiG). Nach Einführung des elektronischen Rechtsverkehrs ist auch eine sofortige Erstellung eines elektronischen Dokument (Datei) mit der Signatur des Lebensmittelkontrolleurs/Veterinärs als verantwortender Person (§ 32b Absatz 1 Satz 1 StPO in Verbindung mit § 110c Satz 1 OWiG) möglich.

7.2.1 Belehrung über die Aussagefreiheit im Straf- und Bußgeldverfahren

Rechtsgrundlage der Vernehmung im Strafverfahren ist § 163a Absatz 1 Satz 1 StPO bzw. § 55 Absatz 1 OWiG in Verbindung mit § 163a Absatz 1 StPO im Bußgeldverfahren. Der Beschuldigte des Ermittlungsverfahrens bzw. Betroffene im Bußgeldverfahren ist nach dem Ermessen des ermittelnden Lebensmittelkontrolleurs/Veterinärs, spätestens aber vor dem Abschluss der Ermittlungen anzuhören, soweit sie nicht zur Einstellung führen. Spätestens bei Beginn der ersten Vernehmung ist dem Beschuldigten im Strafverfahren bzw. dem Betroffenen im Bußgeldverfahren zu eröffnen, welche Tat ihm zur Last gelegt wird und welche Strafvorschriften bzw. Bußgeldvorschriften in Betracht kommen (§ 136 Absatz 1 Satz 1 StPO ggf. in Verbindung mit § 46 Absatz 1 OWiG). Diese Eröffnung des Tatvorwurfes kann durch Bezugnahme auf die zuvor festgestellten und während der Betriebskontrolle bereits besprochenen Verstöße abgekürzt werden. Anschließend ist der Beschuldigte bzw. Betroffene verständlich über sein Aussageverweigerungsrecht zu belehren. Niemand braucht an der eigenen Überführung wegen einer Straftat oder Ordnungswidrigkeit gegen seinen Willen mitzuwirken. Inhalt der Belehrung ist nach § 136 Absatz 1 Satz 2 StPO ggf. in Verbindung mit § 46 Absatz 1 OWiG der Hinweis, dass es dem Beschuldigten bzw. Betroffenen nach dem Gesetz freistehe, sich zu der Beschuldigung zu äußern oder nicht zur Sache auszusagen. Bei einer strafrechtlichen Vernehmung ist zusätzlich darauf hinzuweisen, dass der Beschuldigte jederzeit, auch schon vor seiner Vernehmung, einen von ihm zu wählenden Verteidiger befragen kann (§ 136 Absatz 1 Satz 2 StPO). Möchte der Beschuldigte vor seiner Vernehmung einen Verteidiger befragen, sind ihm Informationen zur Verfügung zu stellen, die es ihm erleichtern, einen Verteidiger zu kontaktieren (§ 136 Absatz 1 Satz 3 StPO). Auf bestehende anwaltliche Notdienste ist dabei hinzuweisen (§ 136 Absatz 1 Satz 4 StPO). Er ist in diesem Fall ferner darüber zu belehren, dass er einzelne Beweiserhebungen zu seiner Entlastung beantragen kann (§ 136 Absatz 1 Satz 5 StPO).

Die gelegentlich festzustellende **„informatorische Befragung"** des Lebensmittelunternehmers in einem Straf- oder Bußgeldverfahren beruht dagegen auf keiner Rechtsgrundlage und sollte daher wegen des Grundrechts auf informationelle Selbstbestimmung (Artikel 2 Absatz 1 GG) grundsätzlich vermieden werden. Sie ist von der Rechtsprechung[1]) nur insoweit anerkannt, als noch kein Anfangsverdacht einer Straftat oder Ordnungswidrigkeit gegen eine bestimmte Person als mutmaßlicher Täter vor-

1) BayObLG, Beschluss vom 21.5.2003, Aktenzeichen 2 ObOWi 219/03, für eine polizeiliche Befragung eines alkoholisierten Verkehrsteilnehmers.

liegt und darf keinesfalls zur Umgehung der Belehrungspflicht nach § 136 Absatz 1 Satz 2 StPO missbraucht werden. Bei einem nur allgemeinen Tatverdacht ist vor der ersten Befragung als Betroffener noch keine Belehrung erforderlich.[1])

Es ist möglich, eine Anhörung im strafrechtlichen Ermittlungsverfahren oder Bußgeldverfahren an eine Anhörung im Verwaltungsverfahren anzuschließen. Der Angehörte muss jedoch eindeutig erkennen können, wann die Anhörung zum beabsichtigten Verwaltungsakt beendet ist und das rechtliche Gehör zum Vorwurf einer Straftat oder Ordnungswidrigkeit beginnt. Dies ist durch eine nachvollziehbare Trennung beider Maßnahmen und verständliche Belehrung über die Aussagefreiheit an dieser Stelle zu verdeutlichen. Jede Vermischung der Anhörungen unter Umgehung der Belehrungspflicht nach § 136 Absatz 1 Satz 2 StPO stellt nicht nur einen schwerwiegenden Verfahrensfehler und Eingriff in die Rechte des Angehörten dar, sondern kann zumindest im strafrechtlichen Ermittlungsverfahren zu einem Verwertungsverbot führen.[2]) Jede Täuschung und Drohung mit unzulässigen Maßnahmen hat nach § 136a Absatz 1 Sätze 1, 3, Absatz 3 StPO ein Verwertungsverbot sogar dann zur Folge, wenn der Beschuldigte bzw. Betroffene der Verwertung zustimmt. Für die Begründung einer Anordnung als Verwaltungsakt dürfen die unter Verstoß der Belehrungspflicht in einem Straf- oder Bußgeldverfahren erlangten Angaben dagegen herangezogen werden, da das Verwaltungsverfahren keine Belehrungspflicht kennt.[3])

7.2.2 Aufzeichnung der persönlichen Anhörung

Persönliche Anhörungen haben gegenüber der Versendung eines Anhörungsdokuments den großen Vorteil, dass sich der Vernehmende ein persönliches Bild vom Wahrheitsgehalt der Angaben machen, den Angehörten befragen und mit dem bisherigen Ermittlungsstand durch **Vorhalte** konfrontieren kann. Zunächst sollte sich der Beschuldigte bzw. Betroffene immer selbst im Zusammenhang äußern und dann gestellte Fragen beantworten können. Entsprechen seine Angaben jedoch offensichtlich nicht der Wahrheit, können ihm die entgegenstehenden Feststellungen der Lebensmittelüberwachung sofort vorgehalten werden.

1) LG Gießen, Beschluss vom 9.12.2013, Aktenzeichen 7 Qs 196/13.

2) BGH, Beschluss vom 27.2.1992, Aktenzeichen 5 StR 190/91; BayObLG, Beschluss vom 2.11.2004, Aktenzeichen 1St RR 109/04.

3) BayVGH (München), Beschluss vom 14.11.2002, Aktenzeichen 22 CS 02.2687, für eine Gewerbeuntersagung wegen Verstoß gegen lebensmittelrechtliche Bestimmungen über das Inverkehrbringen; VGH Baden-Württemberg (Mannheim), Beschluss vom 16.7.2007, Aktenzeichen 10 S 608/07, für ein Verwaltungsverfahren zur Entziehung der Fahrerlaubnis wegen strafbaren Betäubungsmittelkonsums im Straßenverkehr.

Beispiel:

Der Lebensmittelkontrolleur/Veterinär hört den Mitarbeiter eines Lebensmittelunternehmers mündlich zu einer Ordnungswidrigkeit an und belehrt ihn ordnungsgemäß. Der Betroffene bestreitet dabei seine innerbetriebliche Verantwortung und Kenntnis. Auf Frage muss er einräumen, es gebe sonst keine für die Abteilung zuständige Person. Auf Vorhalt der Angaben eines anderen Mitarbeiters muss er zugeben, von der Zuwiderhandlung doch gewusst zu haben.

Bei der ergänzenden Befragung eines Beschuldigten oder Betroffenen ist auf **offene Fragestellung** zu achten. Zu vermeiden sind Suggestivfragen, die eine Antwort bereits vorwegnehmen.

Beispiel:

Richtig: Sind Sie als Küchenchef auch für die Lagerung von Lebensmitteln zuständig?

Falsch: Als Küchenchef sind Sie dann auch für die Lagerung von Lebensmitteln zuständig?

Zu vermeiden sind auch Kettenfragen, bei denen einige Fragen zusammengefasst sind. Niemand kann sich bei einer persönlichen Anhörung mehrere Fragen merken und darauf antworten.

Vorhalte sind ein wichtiges Vernehmungsmittel. Sie müssen allerdings auf gesicherten Tatsachen beruhen und dürfen nicht auf Täuschung des Angehörten ausgerichtet sein. Dies kann zu einem Verwertungsverbot führen (§ 136a Absatz 1 Sätze 1, 3, Absatz 3 StPO).

Sehr wichtig ist es bei jeder Anhörung wegen einer Straftat oder Ordnungswidrigkeit, auch auf die **wirtschaftlichen Verhältnisse** des Beschuldigten bzw. Betroffenen einzugehen. Die wirtschaftliche Leistungsfähigkeit ist sowohl für die Höhe eines Tagessatzes einer Geldstrafe (§ 40 Absatz 2 StGB) als auch für die Zumessung einer nicht geringfügigen Geldbuße (§ 17 Absatz 3 Satz 2 OWiG) von Bedeutung. Das rechtliche Gehör hat sich daher auch auf die Rechtsfolgen einer Straftat oder Ordnungswidrigkeit zu erstrecken (§ 160 Absatz 3 StPO ggf. in Verbindung mit § 46 Absatz 1 OWiG). Die Bußgeldvorschrift „Falsche Namensangabe" in § 111 OWiG dient ausschließlich der Sicherung der Identität einer Person, nicht aber der Aufklärung ihrer wirtschaftlichen Verhältnisse.[1])

Die Aufzeichnung untergliedert sich in die Angaben zur Person und zur Sache. Soll vorab eine verwaltungsrechtliche Anhörung aufgezeichnet werden, empfiehlt sich zunächst die Darstellung der für beide Verfahren gleichen Angaben zur Person (siehe folgendes Muster einer gestaffelten ver-

1) OLG Hamm, Beschluss vom 13.6.2013, Aktenzeichen 1 RBs 72/13.

waltungs- und bußgeldrechtlichen Anhörung, S. 2426, Ziffer 1). Wichtig ist für die Zustellung in einem Straf- und Bußgeldverfahren die Aufnahme der **Privatanschrift,** nicht diejenige der bereits bekannten Firmenanschrift. Nachdem der Betroffene trotz Einführung des elektronischen Rechtsverkehrs nicht verpflichtet ist, ein elektronisches Postfach einzurichten und bekanntzugeben, empfiehlt sich die regelmäßige Nachfrage, ob Mitteilungen und Zustellungen der Verwaltungsbehörde im Bußgeldverfahren über ein dann aufzuzeichnendes De-Mail-Konto erfolgen können. Durch klare optische Abgrenzungen folgen dann die verwaltungsrechtlichen und danach straf- bzw. bußgeldrechtlichen Anhörungen (siehe folgendes Muster einer gestaffelten Anhörung, S. 242, Ziffer 2 und 3). Die Trennung beider Teile wird durch die Eröffnung des Tatvorwurfs und die Belehrung über das Schweigerecht im Straf- bzw. Bußgeldverfahren deutlich.

Die Aufzeichnung der Äußerungen des Beschuldigten bzw. Betroffenen ist nicht im Konjunktiv und indirekter Rede, sondern als persönliche Angabe im Indikativ und in Ich-Form darzustellen. Die Vernehmung gibt also die Äußerungen des Vernommenen möglichst originalgetreu wieder.

Beispiel:

Die mir seit Jahresanfang bekannten Mängel im Kühlraum habe ich aus zeitlichen und finanziellen Gründen noch nicht beheben können, werde dies aber innerhalb der mir gesetzten Frist nachholen.

Nicht: Herr Müller erklärte, die Verstöße im Kühlraum seien ihm seit Jahresanfang bekannt. Aus zeitlichen und finanziellen Gründen habe er sie noch nicht beheben können, werde dies aber innerhalb der ihm gesetzten Frist nachholen.

Will der im Straf- oder Bußgeldverfahren Angehörte Angaben aus einer vorangegangenen verwaltungsrechtlichen Anhörung wiederholen, so steht dem natürlich nichts entgegen. Dies kann mit dem Satz „Ich möchte meine obigen Angaben wiederholen“ eingefügt werden. Die vorausgegangene verwaltungsrechtliche Anhörung wird dann zum Bestandteil auch der straf- oder bußgeldrechtlichen. Unbedingt zu vermeiden ist die Verwendung von Fachsprache der Lebensmittelüberwachung, insbesondere unbestimmter Rechtsbegriffe aus dem LFGB, nationalen oder EU-Verordnungen. Solche Anhörungen klingen vorformuliert und daher völlig unglaubwürdig.

Beispiel:

Der angehörte Inhaber einer Dorfgaststätte soll angeblich geäußert haben: „Ich räume ein, in der Küche mehrere mir vorgehaltene Flächen in Bereichen, in denen Lebensmittel behandelt werden, nicht ausreichend gereinigt und dadurch diese Lebensmittel der Gefahr nachteiliger Beeinflussung ausgesetzt zu haben.“

Die straf- oder bußgeldrechtliche Anhörung schließt mit den Angaben zu den wirtschaftlichen Verhältnissen. Wichtig sind die monatlichen Nettoeinkünfte, bei Verheirateten auch das Einkommen des Ehegatten sowie Unterhaltspflichten und Schulden ohne Gegenwert als Abzugsposten (vgl. Muster einer gestaffelten Anhörung S. 242).

Die Aufzeichnung der Anhörung ist entweder zur Genehmigung vorzulesen oder zur Durchsicht und Unterschrift vorzulegen (§ 168a Absatz 3 Satz 1 StPO ggf. in Verbindung mit § 46 Absatz 1 OWiG). Bei einer nur vorläufigen Aufzeichnung in Form einer handschriftlichen Notiz genügt das Vorlesen dieser Aufzeichnungen (§ 168a Absatz 3 Satz 4 StPO ggf. in Verbindung mit § 46 Absatz 1 OWiG). Hierauf kann der Angehörte auch verzichten (§ 168a Absatz 3 Satz 6 StPO ggf. in Verbindung mit § 46 Absatz 1 OWiG). Diese Möglichkeit wird er wählen, wenn er noch während der Aufzeichnung um Zuhören und sofortige Unterbrechung bei Aufzeichnungsfehlern gebeten wird.

Beispiel:

Ich nehme jetzt Ihre Angaben auf und bitte Sie, dabei genau zuzuhören. Sollte etwas nicht richtig sein, unterbrechen Sie mich bitte sofort.

Die endgültige Aufzeichnung ist unverzüglich, das heißt ohne schuldhaftes Zögern (vgl. § 121 Absatz 1 Satz 1 BGB) herzustellen (§ 168a Absatz 2 Satz 2 StPO ggf. in Verbindung mit § 46 Absatz 1 OWiG). Nach Einführung des elektronischen Rechtsverkehrs erfolgt dies durch Speicherung als elektronisches Dokument in der Bußgeldakte (§ 32b Absatz 2 StPO in Verbindung mit § 110c Satz 1 OWiG). Es genügt die Namensangabe des Lebensmittelkontrolleurs/Veterinärs als verantwortender Person (§ 32b Absatz 1 Satz 1 StPO in Verbindung mit § 110c Satz 1 OWiG).[1]) Die vorläufigen Aufzeichnungen (handschriftliche Notizen) sind zu den Akten zu nehmen oder, wenn sie sich nicht dazu eignen, bei der Dienststelle mit den Akten aufzubewahren (§ 168a Absatz 2 Satz 3 StPO ggf. in Verbindung mit § 46 Absatz 1 OWiG). Solche Ausgangsdokumente werden dann zu Aktenführungszwecken mit Übertragungsvermerk eingescannt (§ 32e StPO in Verbindung mit § 110c Satz 1 OWiG). Eine Unterschrift (Signatur) oder Genehmigung der endgültigen Aufzeichnung durch den Vernommenen ist nicht notwendig. Dieser erhält auch keine Ausfertigung seiner Anhörung.[2]) Das Dokument ist nur in der Bußgeldakte zu speichern, nicht aber dem Beschuldigten bzw. Betroffenen zur Unterschrift oder gar Genehmigung zuzusenden.

1) Eine qualifizierte elektronische Signatur nach Artikel 3 Nummer 12 Verordnung (EU) Nummer 910/2014 ist nicht vorgeschrieben (Umkehrschluss aus § 32b Absatz 1 Satz 2 StPO).

2) Zur Akteneinsicht des Beschuldigten, Betroffenen (§ 49 Absatz 1 OWiG) und Verteidigers (§ 147 StPO, ggf. in Verbindung mit § 46 Absatz 1 OWiG) Kapitel 8.

7.2.3 Einsatz von Dolmetschern

Die Amts- und Gerichtssprache ist auch im Straf- und Bußgeldverfahren deutsch (§ 184 Satz 1 GVG, ggf. in Verbindung mit § 46 Absatz 1 OWiG). Beherrscht der persönlich angehörte Beschuldigte oder Betroffene die deutsche Sprache nicht so weit, dass er der Maßnahme folgen und sich ausreichend äußern kann, so ist entweder ein Dolmetscher zu beauftragen oder von der persönlichen Anhörung vorläufig abzusehen.[1]) Ein beauftragter Dolmetscher muss die Qualifikation zur einwandfreien Wiedergabe verwaltungs- und straf- bzw. bußgeldrechtlicher Rechtsbegriffe besitzen. Dies ist nur von solchen Personen zu erwarten, die auch von Gerichten, Staatsanwaltschaften oder Polizeibehörden zu Übersetzungen herangezogen werden. Es empfiehlt sich daher, auf dort vorhandene Verzeichnisse zurückzugreifen. Der aufgeführte Personenkreis rechnet mit kurzfristigen Beauftragungen und erscheint daher auch auf telefonische Anforderung unverzüglich am Vernehmungsort. Dringend abzuraten ist von Familienangehörigen, die sich als Dolmetscher anbieten oder vom Beschuldigten oder Betroffenen selbst beigezogen werden. Diese verfügen in der Regel nicht über Übersetzungskenntnisse für Rechtsbegriffe in deutscher Sprache. Außerdem besteht keine Gewissheit über eine zutreffende Übersetzung, sodass später in einem gerichtlichen Verfahren unwiderlegbar behauptet werden könnte, die von der Lebensmittelüberwachung aufgezeichneten Angaben entsprächen nicht denen des Betroffenen.

Der Einsatz eines Dolmetschers hat unmittelbare Auslagen zur Folge, da auch im Bußgeldverfahren ein Vergütungsanspruch gemäß § 59 OWiG nach den Sätzen des JVEG besteht. Dieser ist dem beauftragten Dolmetscher nach dem Zeitaufwand und entstandenen Fahrtkosten unmittelbar und ohne Rücksicht auf den Ausgang des Verfahrens zu erstatten. Kosten eines zur Anhörung des Betroffenen zugezogenen Dolmetschers können in einem Bußgeldverfahren als Auslagen der Verwaltungsbehörde festgesetzt werden (§ 107 Absatz 3 Nummer 5 OWiG). Sie werden der Behörde jedoch nicht erstattet, wenn ein erlassener Bußgeldbescheid durch eine gerichtliche Bußgeldentscheidung ersetzt wird oder eine Beschuldigtenvernehmung im eingeleiteten strafrechtlichen Ermittlungsverfahren stattfindet. Bei der Vollstreckung eines Bußgeldbescheides ist die Erzwingungshaft (§ 96 OWiG) nur wegen der Geldbuße, nicht aber wegen den Auslagen der Verwaltungsbehörde zulässig. Die verbleibende

1) LG Verden, Beschluss vom 25.2.1983, Aktenzeichen 1 Qs 74/83; LG Ansbach, Beschluss vom 11.7.1979, Aktenzeichen Qs 36/79 OWi; LG München II, Beschluss vom 18.11.1980, Aktenzeichen 4 Qs 21/80; AG Mannheim, Beschluss vom 10.1.1983, Aktenzeichen 27 OWi 143/80. Zum gerichtlichen Bußgeldverfahren siehe § 187 Absatz 1 Satz 1 GVG in Verbindung mit § 46 Absatz 1 OWiG.

Verwaltungsvollstreckung ist nicht selten aussichtslos, sodass die verauslagten Dolmetscherkosten letztlich niedergeschlagen werden müssen. Auslagen für Dolmetscher, die nur im Verwaltungsverfahren zum Einsatz kommen, können als verfahrensfremde Kosten weder im Straf- noch im Bußgeldverfahren angesetzt werden.

Persönliche Anhörung als Betroffener durch die Lebensmittelüberwachung Verwaltungsverfahren – Bußgeldverfahren

Landratsamt Neukirchen

– Lebensmittelüberwachung -

Kantstraße 23, 88888 Neukirchen   Neukirchen, xxyyzzzz

1. Zur Person

Dieter Frank, geb. 13.7.1954 in Mannheim, Gastwirt,
wohnhaft: Leibnizstraße 12, 88882 Altstein

Identitätsnachweis aufgrund verlangtem und vorgelegtem Personalausweis (Datenabgleich erfolgt)

Elektronisches Postfach für Zustellungen im Bußgeldverfahren bereitgestellt:

Dieter.Frank@Werdenfelser-Hof.de

2. Anhörung als Beteiligter des Verwaltungsverfahrens (§ 28 Absatz 1 VwVfG)

Die lebensmittelhygienerechtlichen Verstöße in Küche und Vorratsraum wurden mit Herrn Frank als Inhaber der Gaststätte „Werdenfelser Hof" besprochen. Dieser erklärte, die Verstöße zu kennen, aber wegen der geringen Umsätze und hohen Kosten noch nicht zur Reinigung und Instandsetzung gekommen zu sein. Die erforderlichen Maßnahmen könne er jetzt aber zeitlich und finanziell schaffen.

Zu den besprochenen Reinigungsmaßnahmen wurde Herrn Frank eine Frist bis zur angekündigten Nachkontrolle am 22.10.2020 gesetzt.

3. Anhörung als Betroffener des Bußgeldverfahrens (§ 55 OWiG in Verbindung mit § 163a StPO)

Der Betroffene wurde anschließend auf den Tatbestand der Ordnungswidrigkeiten nach § 10 Nummer 1, § 3 Satz 1, § 2 Absatz 2 LMHV in Verbindung mit VO (EG) Nummer 852/2004 hingewiesen und über sein Aussageverweigerungsrecht als Betroffener im Bußgeldverfahren (§ 55 OWiG in Verbindung mit § 163a StPO) belehrt und erklärte:

a) Ordnungswidrigkeit

Ich bin seit 2014 alleiniger Inhaber der Gaststätte „Werdenfelser Hof" und möchte zunächst meine obigen Angaben wiederholen. Die besprochenen Hygienemängel kenne ich seit gut einem halben Jahr. Ich habe sie aus finanziellen Gründen wegen der Renovierung des großen Saals im letzten Jahr noch nicht beheben können, werde dies aber innerhalb der mir gesetzten Frist nachholen. Auf Frage: Von den mir jetzt erläuterten betriebseigenen Schulungsmaßnahmen habe ich nichts gewusst. Darüber muss ich mich jetzt informieren.

b) Wirtschaftliche Verhältnisse

   Mein monatliches Nettoeinkommen beträgt ca. 1200 Euro. Meine Frau arbeitet bei mir mit, hat aber kein eigenes Einkommen. Wir haben zwei schulpflichtige Kinder.

Der Betroffene wurde darauf hingewiesen, dass die zu erwartende Geldbuße bei vollständiger und fristgerechter Beseitigung der festgestellten ordnungswidrigen Zustände bis zur Nachkontrolle abgemildert werden kann.

Vorläufig aufgezeichnet durch Abkürzungen gemäß § 168a Absatz 2 Satz 1 StPO in Verbindung mit § 46 Absatz 1 OWiG. Vorgelesen und genehmigt, endgültig elektronisch aufgezeichnet am selben Tag (Vorläufige Aufzeichnungen sind als Dateianhang beigefügt).

Für die Richtigkeit der Aufzeichnung und Übertragung zu Nummer 3:

Neundorf, Lebensmittelkontrolleurin
als verantwortende Person
(§ 32b Absatz 1 Satz 1 StPO in Verbindung mit § 110c Satz 1 OWiG)

7.3 Kombinierte Betroffenen-/Zeugenanhörungen

Gelegentlich ist zu beobachten, dass die Verwaltungsbehörde ihre Aufgabe zur Ermittlung eines Täters dadurch zu umgehen versucht, dass sie ein Lebensmittelunternehmer telefonisch, elektronisch oder schriftlich nach der Person des **„Verantwortlichen"** befragt. Hierfür gibt es selbstverständlich keine Rechtsgrundlage, weil dem Straf- und Ordnungswidrigkeitenrecht nicht das Störerprinzip der Gefahrenabwehr, sondern das strafrechtliche Täterprinzip zugrunde liegt. Im Strafverfahren kann jemand nur Beschuldigter oder Zeuge, im Bußgeldverfahren nur Betroffener oder Zeuge sein. Welche Stellung jemand im Bußgeldverfahren einnimmt, entscheidet die Verwaltungsbehörde, nicht das Unternehmen, in dessen Geschäftsbetrieb die Ordnungswidrigkeit begangen worden sein soll. Unzulässig sind im Bußgeldverfahren auch kombinierte „Betroffenen-/Zeugenanhörungen", in denen sich der Adressat – nicht die Verwaltungsbehörde – entscheiden kann, entweder als Betroffener sich selbst als Täter zu erkennen zu geben oder als Zeuge die Person des Täters mitzuteilen.

Sowohl Aufforderungen an Lebensmittelunternehmer, den „Verantwortlichen" zu benennen, als auch kombinierte „Betroffenen-/Zeugenanhörungen" führen unabhängig von ihrer Rechtswidrigkeit dazu, dass die Verwaltungsbehörde die Verfahrenshoheit aus der Hand gibt. Sie lässt sich vom am Verfahrensausgang interessierten Unternehmen vielmehr vorgeben, wer nach dessen Ansicht verfolgt werden darf. Diese Situation wird nicht selten dazu ausgenutzt, einen ehemaligen Geschäftsführer oder untergeordneten Mitarbeiter als „Verantwortlichen" zu präsentieren, während die wahren, aber nicht ermittelten Täter der Ordnungswidrigkeit unbehelligt bleiben. Es ist daher keine Frage des rechtlichen Gehörs, wem die Anhörung „geschickt" werden soll. Die Ermittlung des Täters innerhalb einer betrieblichen Organisation erfolgt entweder bereits durch die Lebensmittelüberwachung oder durch Überprüfung der Gewerbeanmeldung und ggf. des elektronischen Handelsregisters nach den gesetzlichen Vertretern des Unternehmens (vgl. § 9 Absatz 1 OWiG).[1]) Sonstige beauftragte Vertreter (vgl. § 9 Absatz 2 OWiG) wie Marktleiter oder Abteilungsleiter von Teilbereichen wie einer Lebensmittelabteilung, Lager- oder Küchenchefs können durch den Lebensmittelkontrolleur/Veterinär durch Identitätsfeststellung vor Ort (§ 163b Absatz 1 StPO in Verbindung mit § 46 Absatz 1 OWiG) als weitere Täter ermittelt werden.[2])

---

1) Zur Ermittlung der gesetzlichen und beauftragten Vertreter (§ 9 OWiG) als mutmaßliche Täter einer im Betrieb oder Unternehmen begangenen Ordnungswidrigkeit Kapitel 11.1.2.

2) Zur Identitätsfeststellung von Verdächtigen (§ 163b Absatz 1 StPO in Verbindung mit § 46 Absatz 1 OWiG) Kapitel 3.10.

7.4 Anhörung des Betroffenen durch die Bußgeldstelle

Hat die Anhörung noch nicht vor Ort durch den Lebensmittelkontrolleur/Veterinär während der Betriebskontrolle stattgefunden, muss sie durch die Verwaltung erfolgen. Eine Anhörung des Betroffenen im Bußgeldverfahren (§ 55 OWiG in Verbindung mit § 163b StPO)[1]) kann nur dann durch Versendung eines elektronischen Dokuments erfolgen, wenn der Betroffene dazu ein elektronisches Postfach im geeigneten Dateiformat (PDF) und sicherem Übertragungsweg zur Verfügung stellt. Es empfiehlt sich daher, dies bereits während der Kontrolle im Lebensmittelunternehmen zu klären und dem Betroffenen die Möglichkeit der Mitteilung eines elektronischen Postfachs für Zustellungen im Bußgeldverfahren zu geben.[2]) Andernfalls muss das elektronisch gespeicherte Anhörungsdokument (§ 32a Absatz 2 StPO in Verbindung mit § 110c Satz 1 OWiG) auch nach Einführung des elektronischen Rechtsverkehrs ausgedruckt und an den Betroffenen durch einfachen Brief mit der Post an die Privatanschrift (§ 50 Absatz 2 OWiG) bekanntgegeben werden (§ 50 Absatz 1 Satz 1 OWiG). Einer Zustellung bedarf es nicht, weil gegen die Anhörung kein befristeter Rechtsbehelf statthaft ist (§ 50 Absatz 1 Satz 2 OWiG).

Gegenüber einer persönlichen Anhörung durch den Lebensmittelkontrolleur/Veterinär hat die schriftliche Form den Nachteil, dass weder Fragen noch Vorhalte an den Betroffenen möglich sind. Eine große Anzahl der beigefügten Äußerungsdokumente wird nicht einmal zurückgesendet, wozu auch keine gesetzliche Verpflichtung besteht.[3]) Vielfach ist dann nach Aktenlage zu entscheiden. Kommt das mitgesendete Äußerungsdokument an die Bußgeldstelle zurück, so liegen die Ausführungen des Betroffenen nicht selten neben der Sache. Eine praxisbezogene gute Alternative ist die sogenannte „Online-Anhörung“, bei der dem Betroffenen Gelegenheit gegeben wird, sich über das Internetportal der Verwaltungsbehörde elektronisch zu äußern. Er kann sich dann

- entweder schriftlich durch Zurücksendung des beigefügten Äußerungsdokuments oder

---

1) Im strafrechtlichen Ermittlungsverfahren werden schriftliche oder elektronische Anhörungen durch die Staatsanwaltschaft durchgeführt. Anhörungen durch die Verwaltungsbehörde wegen Straftaten sind mangels Zuständigkeit unzulässig.

2) Zur Feststellung eines elektronischen Postfachs des Betroffenen für Mitteilungen und Zustellungen der Verwaltungsbehörde im Bußgeldverfahren während der Lebensmittelkontrolle Kapitel 7.2.2.

3) Entgegen dem Text mancher Anhörungsdokumente stellt die unterlassene Rücksendung keine ordnungswidrige „Personalienverweigerung“ im Sinne des § 111 Absatz 1 OWiG dar.

- elektronisch durch eine im Anhörungsdokument mitgeteilte individuelle Kennung mit Passwort äußern.

Eine elektronische Anhörung über das Internetportal der Verwaltungsbehörde hat den Vorteil, dass sie interaktiv geführt werden kann. Dem Betroffenen wird zunächst Gelegenheit gegeben, sich im Zusammenhang zu äußern. Anschließend können ihm konkrete Fragen zur Beschuldigung und seinen wirtschaftlichen Verhältnissen gestellt werden, die er freiwillig beantworten oder „wegklicken" kann.[1])

Das Anhörungsdokument muss in gleichem Umfang wie der Bußgeldbescheid aus sich heraus verständlich sein und alle vorgeworfenen Einzelfälle mit Tatzeit, Tatort und Tathergang enthalten (vergleiche § 66 Absatz 1 Nummer 3 OWiG). Dem Betroffenen ist eine echte Gelegenheit zu geben, die gegen ihn vorliegenden Verdachtsgründe zu beseitigen und zu seinen Gunsten sprechende Tatsachen geltend zu machen (§ 136 Absatz 2 StPO in Verbindung mit § 46 Absatz 1 OWiG). Die bloße Wiedergabe des Gesetzestextes stellt daher kein ausreichendes rechtliches Gehör dar. Verweisungen auf den Inhalt, insbesondere Blattzahlen der Bußgeldakte, genügen ebenfalls nicht. Der Tatvorwurf sollte daher auch aus verfahrensökonomischen Gründen genauso wie in einem späteren Bußgeldbescheid abgefasst werden. Eine elektronischen Ordnungswidrigkeiten-Anzeige des Lebensmittelkontrolleurs/Veterinärs sollte bereits so abgefasst werden, dass ihr Inhalt im geeigneten Dateiformat zunächst in das Anhörungsdokument und ggf. später in den Bußgeldbescheid kopiert werden kann. Die Angabe der Beweismittel ist nur für den Bußgeldbescheid vorgesehen (§ 66 Absatz 1 Nummer 4 OWiG) und daher im Anhörungsdokument noch nicht notwendig.

Ein schriftliches Anhörungsdokument ist grundsätzlich an die von der Verwaltungsbehörde zu ermittelnde Privatanschrift des Betroffenen, nicht an eine Firmenanschrift zu senden. Um entsprechende personenbezogene Ermittlungen kann eine Polizeidienststelle ersucht werden (§ 161 Absatz 1 Satz 1 StPO in Verbindung mit § 46 Absatz 1 OWiG). Auch für die mangelfreie Zustellung eines nachfolgenden Bußgeldbescheides (§ 51 Absatz 2 OWiG) ist die Privatanschrift, ggf. aus den Angaben im Äußerungsdokument festzustellen. Hat der Betroffene bereits einen Rechtsanwalt als **Verteidiger** beauftragt, sind Anhörungs- wie Äußerungsdokument trotz vorliegender Mandatsanzeige gleichwohl an ihn, nicht an einen Rechtsanwalt als Verteidiger zu senden. Dieser erhält jedoch das elektronische Dokument zusätzlich über sein empfangsbereites besonderes elektronisches Anwaltspostfach (§ 31a BRAO) zur Kenntnisnahme, um seinen Mandanten

1) Zur „Online-Anhörung" ausführlich *Wieser*-Kommentar Teil I Nummer 1 § 55 OWiG.

zur Frage einer Äußerung richtig beraten zu können. Eine Verpflichtung zur Weiterleitung eines Anhörungsdokuments an den Betroffenen besteht nicht. Vor Einführung des elektronischen Rechtsverkehrs ist noch eine postalische Übersendung eines Ausdrucks an den Verteidiger erforderlich.

Als **Äußerungsfrist** für den Betroffenen genügt grundsätzlich eine Woche. Dabei handelt es sich nicht um eine gesetzliche, sondern eine Behördenfrist, die im Einzelfall aus begründetem Anlass wie Urlaubsabwesenheit verlängert werden kann. Kommt das Äußerungsdokument eine Woche nach Fristablauf nicht zurück oder nimmt der Betroffene nicht an einer „Online-Anhörung“ teil, ist davon auszugehen, dass er die Gelegenheit rechtlichen Gehörs nicht wahrnehmen will, und daher nach Aktenlage über den Erlass eines Bußgeldbescheides zu entscheiden.

Die „Online-Anhörung“ bzw. das schriftlich zurückzusendende Äußerungsdokument ist in die Pflichtangaben zur Person und die freiwilligen Angaben zur Sache unterteilt. Die Pflichtangaben dienen nur zur Identitätsfeststellung des Adressaten als Betroffener, nicht zur Klärung seiner Täterschaft. Wer seine personenbezogenen Daten wahrheitsgemäß angibt, gibt sich nicht als Täter der vorgeworfenen Ordnungswidrigkeit zu erkennen, sondern kommt seiner gesetzlichen Mitwirkungspflicht nach § 163b Absatz 1 StPO in Verbindung mit § 46 Absatz 1 OWiG nach. Bei einem schriftlichen Äußerungsdokument empfiehlt sich die Gelegenheit, ein elektronisches Postfach für folgende Mitteilungen und Zustellungen an den Betroffenen im laufenden Bußgeldverfahren bekannt zu geben. Ein nachfolgender Bußgeldbescheid kann dann unmittelbar aus der Bußgeldakte elektronisch zugestellt werden. Der Betroffene ist aber auch nach Einführung des elektronischen Rechtsverkehrs nicht zur Teilnahme daran verpflichtet. Er kann sich daher weiter schriftlich äußern und kann zur elektronischen Kommunikation mit der Verwaltungsbehörde (§ 32a StPO in Verbindung mit § 110c Satz 1 OWiG) nicht verpflichtet werden.

Die freiwilligen Angaben des Betroffenen zur Sache müssen bei der „Online-Anhörung“ wie beim schriftlichen Äußerungsdokument rechtliches Gehör sowohl zum Tatvorwurf als auch den Rechtsfolgen geben (vgl. § 160 Absatz 3 Satz 1 StPO in Verbindung mit § 46 Absatz 1 OWiG). Die Angaben zu den wirtschaftlichen Verhältnissen sind für die Zumessung der Geldbuße bei nicht geringfügigen Ordnungswidrigkeiten (§ 17 Absatz 3 Satz 2 OWiG) erforderlich.[1]) Daher sind Fragen nach dem monatlichen Nettoeinkommen, Unterhaltspflichten und Schulden ohne Gegenwert von Bedeutung, um glaubhaften Angaben folgen oder bei fehlenden oder unglaub-

1) Zur Zumessung der Geldbuße wegen einer Ordnungswidrigkeit (§ 17 Absatz 3 OWiG) siehe Kapitel 9.2.

würdigen Ausführungen die wirtschaftlichen Verhältnisse schätzen zu können. Auf die Konsequenz der Schätzung bei fehlenden oder ungeeigneten Angaben sollte der Betroffene daher gleich im Äußerungsdokument hingewiesen werden. Die Bußgeldvorschrift „Falsche Namensangabe" in § 111 OWiG dient ausschließlich der Sicherung der Identität einer Person, nicht aber der Aufklärung ihrer wirtschaftlichen Verhältnisse.[1])

1) OLG Hamm, Beschluss vom 13.6.2013, Aktenzeichen 1 RBs 72/13.

Schriftliche oder elektronische Anhörung des Betroffenen (Anhörungsdokument) Inverkehrbringen unsicherer Lebensmittel (Inhaber einer Einzelfirma)

Landratsamt Neukirchen Zentrale Bußgeldstelle

Landratsamt Neukirchen, Postfach 5678, 88888 Neukirchen

Frau
Silvia Werner
Droste-Hülshoff-Straße 112
88881 Freiberg

Dienstgebäude	Feuerbachstraße 43 88888 Neukirchen
Zimmer	0432
Sachbearbeiter(in)	Frau Weber
Telefon	(0823) 8878-342
Telefax	(0823) 8878-340
E-Mail	zbsira@neukirchen.de

Ihr Zeichen, Ihre Nachricht vom	Bitte bei Antwort angeben Unser Zeichen, Unsere Nachricht vom	Datum
	OWi-0987665/20	xxyyzzzz

Anhörung als Betroffene wegen einer Ordnungswidrigkeit

Sehr geehrte Frau Werner,

nach unseren Feststellungen haben Sie folgende Ordnungswidrigkeit begangen:

Sie haben am xxyyzzzz als Inhaberin der Firma Lemex-Lebensmittelgroßhandel, Freiberg, Lortzingstraße 12, 2830 kg argentinisches Rindfleisch an die Firma Globus-Verbrauchermärkte GmbH in Neustadt ausgeliefert. Dabei erkannten Sie aufgrund mangelnder Sorgfalt nicht, dass die Lebensmittel wegen Überlagerung zwischen sechs und neun Monaten nicht mehr zum Verzehr durch den Menschen geeignet waren.

Ordnungswidrig handelt,

wer fahrlässig entgegen § 11 Absatz 2 Nummer 1 Lebensmittel- und Futtermittelgesetzbuch (LFGB) ein Lebensmittel in den Verkehr bringt. Es ist verboten, andere als dem Verbot des Artikel 14 Absatz 1 in Verbindung mit Absatz 2 Buchstabe b der VO (EG) Nummer 178/2002 unterliegende Lebensmittel die für den Verzehr durch den Menschen ungeeignet sind, in den Verkehr zu bringen (§ 11 Absatz 2 Nummer 1 LFGB).

Verletzte Bußgeldvorschriften

§ 59 Absatz 1 Nummer 8 in Verbindung mit § 60 Absatz 1 Nummer 1 Lebensmittel- und Futtermittelgesetzbuch (LFGB) in der Fassung der Bekanntmachung 03. Juni 2013 (BGBl. I S. 1426).

Wegen dieser Zuwiderhandlungen haben wir gegen Sie ein Bußgeldverfahren nach dem Gesetz über Ordnungswidrigkeiten (OWiG) eingeleitet (§ 47 Absatz 1 Satz 1 OWiG). Durch die Anhörung erhalten Sie Gelegenheit, sich zur Beschuldigung zu äußern. Dazu können Sie sich dazu schriftlich oder elektronisch äußern (Online-Anhörung):

Schriftliche Äußerung

Wir bitten Sie, das anliegende Äußerungsdokument bis spätestens eine Woche ab Zugang mit der Post zurückzusenden und zwar auch dann, wenn Sie sich nicht zur Sache und zu Ihren wirtschaftlichen Verhältnissen äußern wollen.

Online – Anhörung

Sie können sich auch elektronisch äußern und dazu unser Verwaltungsportal im Internet unter www.<Bezeichnung>/formulare/anhörung.de verwenden. Mit der Kennung <Bezeichnung> und dem Passwort <Bezeichnung> erhalten Sie für dieses Verfahren einen individuellen Zugang.

Sollten Sie die Gelegenheit zu rechtlichem Gehör nicht wahrnehmen, müssen Sie damit rechnen, dass wir nach Ablauf der Äußerungsfrist ohne weiteres Anschreiben einen Bußgeldbescheid nach Aktenlage gegen Sie erlassen und dabei Ihre wirtschaftlichen Verhältnisse schätzen werden.

Hinweis

Hat ein Verteidiger Ihre Vertretung angezeigt, erhält er eine elektronische Mitteilung der Anhörung.

Mit freundlichen Grüßen

Landratsamt Neukirchen – Zentrale Bußgeldstelle

Äußerung zum Vorwurf einer Ordnungswidrigkeit (§ 55 OWiG)

Az. OWi-0987665/20 Neukirchen, den xxyyzzz

Zurück an:
Landratsamt Neukirchen
Kantstraße 23
88888 Neukirchen

Bitte in Druckschrift ausfüllen!

1. Angaben zur Person (Pflichtangaben):

Name (Ehename)	Werner
Vornamen	Silvia
ggf. Geburtsname	Rosenbauer
Anschrift (Straße Nummer)	Droste-Hülshoff-Straße 112
PLZ (Ort, Kreis)	99973 Freiberg
Geburtsdatum	11.09.1978
Geburtsort (Kreis)	Mittweida
Elektronisches Postfach für Mitteilungen und Zustellungen (freiwillig)	
E-Mail-Adresse	werner@silvia.de

2. **Angaben zur Sache (Freiwillige Angaben):**
   Wir haben das Rindfleisch von unserem Vorlieferanten Zentralfleisch Ltd. in Nordstadt gekauft. Mit diesem Unternehmen arbeiten wir seit über fünf Jahren zusammen und hatten noch nie Veranlassung zu Reklamationen. Wir sind sehr verärgert und haben die Geschäftsbeziehung abgebrochen. Unsere Auslieferung an die Globus-Verbrauchermärkte können wir allerdings nicht mehr rückgängig machen, weil sie schon vollständig verkauft ist.
3. **Wirtschaftliche Verhältnisse (Freiwillige Angaben):**
   Hinweis: Sollten Sie Ihre wirtschaftlichen Verhältnisse nicht, nicht nachvollziehbar oder unglaubhaft angeben, wären wir bei der Zumessung einer Geldbuße gezwungen, diese zu schätzen:

Monatliches Nettoeinkommen geordnet
Schulden ohne Gegenwert

Werner
(Unterschrift)

Schriftliche oder elektronische Anhörung des Betroffenen (Anhörungsdokument) Lebensmittelhygieneverstöße (Inhaber einer Einzelfirma)

Landratsamt Neukirchen Zentrale Bußgeldstelle

Landratsamt Neukirchen, Postfach 5678, 88888 Neukirchen

Herrn
Dieter Frank
Leibnizstraße 12
88882 Altstein

Dienstgebäude	Feuerbachstraße 43 88888 Neukirchen
Zimmer	0432
Sachbearbeiter(in)	Frau Weber
Telefon	(0823) 8878-342
Telefax	(0823) 8878-340
E-Mail	zbslra@neukirchen.de

Ihr Zeichen, Ihre Nachricht vom	Bitte bei Antwort angeben Unser Zeichen, Unsere Nachricht vom	Datum
	0987665/20	xxyyzzzz

Anhörung als Betroffener wegen einer Ordnungswidrigkeit

Sehr geehrter Herr Frank,

nach unseren Feststellungen haben Sie folgende Ordnungswidrigkeiten begangen:

I.

Sie haben als Inhaber der Gaststätte „Werdenfelser Hof" in 88888 Neukirchen, Goethestraße 15 am Freitag, den xxyyzzzz zwischen 10.00 Uhr und 11.30 Uhr Speisen verschiedener Art, darunter Fleischgerichte mit Beilagen zubereitet. Dabei hatten Sie als Lebensmittelunternehmer folgende lebensmittelhygienische Anforderungen einzuhalten:

1. Betriebsstätten, in denen mit Lebensmitteln umgegangen wird, müssen sauber und stets instandgehalten sein

   (Artikel 4 Absatz 2 Verordnung (EG) Nummer 852/2004 in Verbindung mit Anhang II Kapitel I Nummer 1).

   Von diesen Anforderungen sind Sie bewusst abgewichen, indem Sie in der Küche Fettablagerungen auf und vor dem dort aufgestellten Elektroherd seit längerer Zeit nicht entfernt haben, so dass es zu starken verkrusteten Verschmutzungen kam. Durch mögliche Berührung wurden die dort behandelten Lebensmittel der Gefahr nachteiliger Beeinflussung durch diese Verunreinigungen ausgesetzt.

2. Betriebsstätten, in denen mit Lebensmitteln umgegangen wird, müssen sauber und stets instandgehalten sein

   (Artikel 4 Absatz 2 Verordnung (EG) Nummer 852/2004 in Verbindung mit Anhang II Kapitel I Nummer 1).

Von diesen Anforderungen sind Sie bewusst abgewichen, indem Sie in der Küche aufgrund mangelhafter Reinigung des Fußbodens Verschmutzungen nicht beseitigten, in denen sich mehrere lebende Ameisen und Käfer (Kakerlaken) befanden. Dadurch wurden die dort behandelten Lebensmittel der Gefahr nachteiliger Beeinflussung durch tierische Schädlinge ausgesetzt.

3. Flächen (einschließlich Flächen von Ausrüstungen) in Bereichen, in denen mit Lebensmitteln umgegangen wird, und insbesondere Flächen, die mit Lebensmitteln in Berührung kommen, sind in einwandfreiem Zustand zu halten und müssen leicht zu reinigen und erforderlichenfalls zu desinfizieren sein

   (Artikel 4 Absatz 2 Verordnung (EG) Nummer 852/2004 in Verbindung mit Anhang II Kapitel I Nummer 1 Buchstabe f).

   Von diesen Anforderungen sind Sie bewusst abgewichen, indem Sie in der Küche die für die Zerteilung und Zubereitung vorgesehene Arbeitsplatte aus Hartholz längere Zeit nicht reinigten. In den vorhandenen Scharten der Oberfläche befanden sich während der Zubereitung von Frischfleisch zahlreiche, bereits verfärbte Fleischreste. Dadurch wurden die dort behandelten Lebensmittel der Gefahr nachteiliger Beeinflussung durch Mikroorganismen und Verunreinigungen ausgesetzt.

4. Reinigungs- und Desinfektionsmittel dürfen nicht in Bereichen gelagert werden, in denen mit Lebensmitteln umgegangen wird

   (Artikel 4 Absatz 2 Verordnung (EG) Nummer 852/2004 in Verbindung mit Anhang II Kapitel I Nummer 10).

   Von diesen Anforderungen sind Sie bewusst abgewichen, indem Sie im Vorratsraum neben für den Geschäftsbetrieb bestimmten, gefüllten Kartoffelbehältern 2,5 kg Schädlingsbekämpfungsmittel Supertox, 5 l Pflanzenschutzmittel Floran und ca. 15 l verschiedene Lösungsmittel lagerten.[1])

5. Es müssen an geeigneten Standorten genügend Handwaschbecken vorhanden sein. Diese müssen Warm- und Kaltwasserzufuhr haben; darüber hinaus müssen Mittel zum Händewaschen und zum hygienischen Händetrocknen vorhanden sein

   (Artikel 4 Absatz 2 Verordnung (EG) Nummer 852/2004 in Verbindung mit Anhang II Kapitel I Nummer 4 Satz 1, 2).

   Von diesen Anforderungen sind Sie bewusst abgewichen, indem Sie in der Personaltoilette weder Seife noch Handtücher zur Verfügung stell-

1) Dieser Verstoß beruht auf § 2 Nummer 2 LMRStV, der im Gegensatz zu § 10 Nummer 1 in Verbindung mit § 3 Satz 1 LMHV keine Gefahr nachteiliger Beeinflussung im Sinne des § 2 Absatz 1 Nummer 1 LMHV erfordert.

ten. Dadurch wurden die Lebensmittel der Gefahr nachteiliger Beeinflussung durch Mikroorganismen und Verunreinigungen ausgesetzt.

6. Die Wandflächen sind in einwandfreiem Zustand zu halten und müssen leicht zu reinigen sein

   (Artikel 4 Absatz 2 Verordnung (EG) Nummer 852/2004 in Verbindung mit Anhang II Kapitel II Nummer 1 Buchstabe b).

   Von diesen Anforderungen sind Sie bewusst abgewichen, indem Sie im Kühlraum ca. 1,5 m² heruntergefallene Fliesen nicht erneuerten. Dadurch wurden die dort lagernden Lebensmittel der Gefahr nachteiliger Beeinflussung durch diese Verunreinigungen ausgesetzt.

Diese Verstöße waren Ihnen bereits spätestens Ende yyzzzz bekannt.

II.

Während der Kontrolle der Betriebsräume haben Sie dem Bediensteten der Lebensmittelüberwachung Krämer trotz Belehrung über die Ordnungswidrigkeit Ihres Verhaltens keine Auskunft über die Herkunft des im Geschäftsbetrieb verarbeiteten Obsts, Salats und Gemüses gegeben.

Ordnungswidrig handelt,

I.

1. (Nummer 4) im Sinne des § 60 Absatz 4 Nummer 2 Buchstabe a des Lebensmittel- und Futtermittelgesetzbuches (LFGB), wer gegen die Verordnung (EG) Nummer 852/2004 verstößt, indem er vorsätzlich entgegen Artikel 4 Absatz 2 in Verbindung mit Anhang II Kapitel I Nummer 10 ein Reinigungs- oder Desinfektionsmittel lagert und
2. (Nummern 1 bis 3, 5 bis 6) wer vorsätzlich entgegen § 3 Satz 1 Lebensmittel-Hygieneverordnung Lebensmittel behandelt. Lebensmittel dürfen nur so hergestellt, behandelt oder in Verkehr gebracht werden, dass sie bei Beachtung der im Verkehr erforderlichen Sorgfalt der Gefahr einer nachteiligen Beeinflussung (§ 2 Absatz 1 Nummer 1 LMHV) nicht ausgesetzt sind (§ 3 Satz 1 LMHV). Im Übrigen gelten die Begriffsbestimmungen des Artikels 2 Absatz 1 der VO (EG) Nummer 852/2004 des Europäischen Parlaments und des Rats vom 29. April 2004 über Lebensmittelhygiene (Abl. EU Nummer L 139 S. 1, Nummer L 226 S. 3) entsprechend.

II.

wer vorsätzlich entgegen § 44 Absatz 2 Satz 1 Lebensmittel- und Futtermittelgesetzbuch (LFGB) eine Auskunft nicht erteilt. Soweit es zur Durchführung der Vorschriften über den Verkehr mit Erzeugnissen im Sinne dieses Gesetzes erforderlich ist, sind die mit der Überwachung beauftragten Personen befugt, von natürlichen und juristischen Personen und nicht rechtsfähigen Personenvereinigungen alle erforderlichen Auskünfte, insbesondere solche über die Herstellung, die zur Verarbeitung gelangenden Stoffe und deren Herkunft zu verlangen.

Verletzte Bußgeldvorschriften

I.

(Nummer 4) § 2 Nummer 2 Lebensmittelrechtliche Straf- und Bußgeldverordnung (LMRStV) in der Fassung der Bekanntmachung vom 09. Mai 2017 (BGBl. I S. 1170) und

(Nummern 1 bis 3, 5 bis 6) § 10 Nummer 1 Lebensmittel-Hygieneverordnung vom 21. Juni 2016 (BGBl. I S. 1469).

II.

§ 60 Absatz 2 Nummer 20 Lebensmittel- und Futtermittelgesetzbuch (LFGB) in der Bekanntmachung vom 03. Juni 2013 (BGBl. I S. 1426)

Wegen dieser Zuwiderhandlungen haben wir gegen Sie ein Bußgeldverfahren nach dem Gesetz über Ordnungswidrigkeiten (OWiG) eingeleitet (§ 47 Absatz 1 Nummer 1 OWiG). Durch die Anhörung erhalten Sie Gelegenheit, sich zur Beschuldigung zu äußern. Dazu können Sie sich dazu schriftlich oder elektronisch äußern (Online-Anhörung):

Schriftliche Äußerung

Wir bitten Sie, das anliegende Äußerungsdokument bis spätestens eine Woche ab Zugang mit der Post zurückzusenden und zwar auch dann, wenn Sie sich nicht zur Sache und zu Ihren wirtschaftlichen Verhältnissen äußern wollen.

Online – Anhörung

Sie können sich auch elektronisch äußern und dazu unser Verwaltungsportal im Internet unter www.<Bezeichnung>/formulare/anhörung.de verwenden. Mit der Kennung <Bezeichnung> und dem Passwort <Bezeichnung> erhalten Sie für dieses Verfahren einen individuellen Zugang.

Sollten Sie die Gelegenheit zu rechtlichem Gehör nicht wahrnehmen, müssen Sie damit rechnen, dass wir nach Ablauf der Äußerungsfrist ohne weiteres Anschreiben einen Bußgeldbescheid nach Aktenlage gegen Sie erlassen und dabei Ihre wirtschaftlichen Verhältnisse schätzen werden.

Hinweis

Hat ein Verteidiger Ihre Vertretung angezeigt, erhält er eine elektronische Mitteilung der Anhörung.

Mit freundlichen Grüßen

Äußerung zum Vorwurf einer Ordnungswidrigkeit (§ 55 OWiG)

Az. OWi-0987665/20 Neukirchen, den xxyyzzz

Zurück an:
Landratsamt Neukirchen
Kantstraße 23
88888 Neukirchen

Bitte in Druckschrift ausfüllen!

1. **Angaben zur Person (Pflichtangaben):**

Name (Ehename)	Frank
Vornamen	Dieter
ggf. Geburtsname	Rosenbauer
Anschrift (Straße Nummer)	Leibnizstraße 12
PLZ (Ort, Kreis)	88832 Altstein
Geburtsdatum	23.7.1954
Geburtsort (Kreis)	Mannheim

Elektronisches Postfach für
Mitteilungen und Zustellungen (freiwillig)
E-Mail-Adresse frank@dieter.de

2. **Angaben zur Sache (Freiwillige Angaben):**

Die Kontrolle ist nicht angekündigt worden und hat vor den Augen eines Lieferanten stattgefunden. Ich erteile Ihnen deswegen Hausverbot! Die Reinigung war übrigens für den Nachmittag genau dieses Tages vorgesehen. Ich hätte übrigens gar keine Angaben machen müssen, weil ich ein Auskunftsverweigerungsrecht habe. Das mache ich jetzt geltend!

3. **Wirtschaftliche Verhältnisse (Freiwillige Angaben):**

Hinweis: Sollten Sie Ihre wirtschaftlichen Verhältnisse nicht, nicht nachvollziehbar oder unglaubhaft angeben, wären wir bei der Zumessung einer Geldbuße gezwungen, diese zu schätzen:

Monatliches Nettoeinkommen 1200 Euro

Schulden ohne Gegenwert 400 Euro monatlich Unterhaltspflicht für nichteheliches Kind

Frank

(Unterschrift)

7.5 Angeblicher Tatbestands- oder Verbotsirrtum

Bei persönlichen wie schriftlichen oder elektronischen Anhörungen tragen die Betroffenen immer wieder zu ihrer Entlastung vor, sie hätten bestimmte Umstände nicht gekannt. Diese Einwendung ist zwar bei der Gefahrenabwehr bedeutungslos, spielt aber im Bußgeldverfahren eine wichtige Rolle für die Frage, ob eine Ordnungswidrigkeit vorsätzlich oder nur fahrlässig begangen wurde.[1]) Bei fahrlässiger Tatbestandsverwirklichung steht nur der halbe Höchstbetrag der Geldbuße für vorsätzliches Handeln zur Verfügung (§ 60 Absatz 2 ff. LFGB in Verbindung mit § 17 Absatz 2 OWiG). Bei den Mischtatbeständen des § 60 Absatz 1 LFGB[2]) ist nur fahrlässiges Handeln Ordnungswidrigkeit, vorsätzliches dagegen Straftat. In diesem Fall darf das Bußgeldverfahren nicht fortgeführt werden, die Sache ist vielmehr unverzüglich an die Staatsanwaltschaft abzugeben (§ 41 Absatz 1 OWiG).[3])

Die Einwendungen des Betroffenen bei der Anhörung sind daher nach der Bestimmung über den Irrtum in § 11 OWiG zu überprüfen. Entscheidend ist, ob sich der Betroffene über

- ein Tatbestandsmerkmal – Tatbestandsirrtum, § 11 Absatz 1 OWiG – oder über
- eine einschlägige Rechtsvorschrift – Verbotsirrtum, § 11 Absatz 2 OWiG –

geirrt hat. Die Abgrenzung ist im Einzelfall aber oft schwierig. So kann ein Tatbestandsirrtum vorliegen, wenn der Betroffene meint, eine Verpackung genüge den gesetzlichen Vorgaben und sich deshalb nicht über den Inhalt der Norm, sondern über den Umstand täuscht, dass die Verpackung den gesetzlichen Anforderungen tatsächlich nicht genügt.[4]) Im Zweifel wird es daher geboten sein, einen Tatbestandsirrtum als die für den Betroffenen günstigere Alternative anzunehmen. Dies hat besonders für die Abgrenzung zwischen Straftat und Ordnungswidrigkeit bei Mischtatbeständen für das Verfahren wie den Betroffenen erhebliche Bedeutung.

7.5.1 Tatbestandsirrtum

Wer bei Begehung einer Handlung einen Umstand nicht kennt, der zum gesetzlichen Tatbestand gehört, handelt nach § 11 Absatz 1 Satz 1 OWiG nicht vorsätzlich. Die im Lebensmittelrecht durchgehend bestehende Mög-

---

1) Zur Abgrenzung von Vorsatz und Fahrlässigkeit siehe Kapitel 2.5.

2) Zu den lebensmittelrechtlichen Mischtatbeständen (§ 59/§ 60 Absatz 1 LFGB) siehe Kapitel 2.2.

3) Zur Abgabe einer Sache an die Staatsanwaltschaft wegen Verdachts einer Straftat (§ 41 Absatz 1 OWiG) siehe Kapitel 5.5.

4) AG Saarbrücken, Urteil vom 19.5.2010, Aktenzeichen 43 OWi 31 Js 204/10 (82/10).

lichkeit der Ahndung wegen fahrlässigen Handelns (§ 10 OWiG) bleibt nach § 11 Absatz 1 Satz 2 OWiG unberührt.

Beispiel:

Der Betroffene behauptet gegenüber dem Lebensmittelkontrolleur/Veterinär, er habe einige gelagerte nicht mehr verkehrsfähige Lebensmittel übersehen. Seine Mitarbeiter hätten ohne sein Wissen gehandelt.

Die zur Fahrlässigkeit führende Einwendung eines Tatbestandsirrtums braucht keineswegs einfach hingenommen zu werden, sondern ist auf eine Schutzbehauptung des Betroffenen zu überprüfen. Nicht selten lässt sich nämlich zumindest ein bedingter Vorsatz des Betroffenen[1]) durch billigende Inkaufnahme der Tatbestandsverwirklichung nachweisen, wenn er selbst bei der Kontrolle

- die Umstände durch wirtschaftliche Sachzwänge, Personalmangel, Urlaubszeit oder Einarbeitung eines neuen Mitarbeiters erklärt und damit
- darlegt, sich mit einer lebensmittelrechtlichen Ordnungswidrigkeit abgefunden zu haben.

Beispiel:

Der Lebensmittelkontrolleur/Veterinär hält dem Betroffenen im vorhergehenden Beispiel vor, dass genau dieselben Lebensmittel bereits bei der letzten Betriebskontrolle beanstandet wurden, er dies schon damals durch Unterschrift zur Kenntnis genommen hatte und trotzdem nicht eingeschritten sei. Es sei daher zumindest von bedingtem Vorsatz auszugehen. Der Bußgeldbescheid wird wegen vorsätzlichen Handelns erlassen.

7.5.2 Verbotsirrtum

Fehlt dem Täter bei Begehung der Handlung die Einsicht, etwas Unerlaubtes zu tun, namentlich weil er das Bestehen oder die Anwendbarkeit einer Rechtsvorschrift nicht kennt, so handelt er nach § 11 Absatz 2 OWiG nicht vorwerfbar, wenn er diesen Irrtum nicht vermeiden konnte. Ein Irrtum ist nur dann unvermeidbar, wenn der Täter trotz der ihm nach den Umständen des Falles, seiner Persönlichkeit sowie seines Lebens- und Berufskreises zuzumutenden Anspannung des Gewissens die Einsicht in das Unrechtmäßige nicht zu gewinnen vermochte.[2])

Die Vermeidbarkeit des rechtlichen Irrtums setzt im Zweifel eine **Prüfungs- und Erkundigungspflicht** des Lebensmittelunternehmers voraus. Er irrt

1) Zum bedingten Vorsatz des Betroffenen Kapitel 2.7.

2) OLG Hamm, Beschluss vom 11.3.2008, Aktenzeichen 3 Ss OWi 687/07.

vermeidbar, wenn er sich nicht informiert oder sich am Recht überhaupt desinteressiert zeigt. Eine Prüfungs- und Erkundigungspflicht setzt dort ein, wo für den Täter ein Anlass besteht, über die rechtliche Qualität seines Verhaltens nachzudenken.[1]) Die Einwendung, die Lebensmittelüberwachung oder Verwaltung habe ihn nicht über einschlägige lebensmittelrechtliche Bestimmungen unterrichtet, ist daher das Geständnis des vermeidbaren Verbotsirrtums.

Der Lebensmittelunternehmer hat sich daher von sich aus nach den Rechtsvorschriften, die auf dem betreffenden Gebiet des Lebensmittelrechts zu beachten sind, insbesondere auch nach EU-Verordnungen **vor** Beginn der gewerblichen Tätigkeit aus allgemein zugänglichen Quellen zu erkundigen. Ist er dazu intellektuell nicht in der Lage, muss er sich erforderlichenfalls Rechtsrat bei kompetenter Stelle wie einer Fachbehörde, einem Berufsverband oder Rechtsanwalt einholen. Die Auskunft des Betriebsvorgängers, eines Konkurrenten oder Freundes genügt dazu nicht.

Ein Lebensmittelunternehmer muss sich auch fortlaufend über neue und geänderte, auch EU-Vorschriften in Kenntnis halten. Bei Einführung neuer Bestimmungen schafft das Opportunitätsprinzip (§ 47 Absatz 1 Satz 1 OWiG) eine Art Karenzzeit für die Ahndung von Zuwiderhandlungen. Nach einer gewissen Zeit müssen neue Bestimmungen aber jedem Lebensmittelunternehmer bekannt sein.

Fehlen dem Betroffenen Kenntnisse der deutschen Sprache oder des deutschen Rechtssystems, so hat er einen Verbotsirrtum trotzdem nach Möglichkeit zu vermeiden. Seiner Erkundigungspflicht muss er auf seine Kosten durch einen qualifizierten Dolmetscher in gleicher Weise wie jeder andere Lebensmittelunternehmer nachkommen. Völlig ungenügend ist es, die Erledigung solcher Aufgaben auf angeblich sprachkundige Familienangehörige zu übertragen und sich auf sie zu verlassen.

Die Berufung auf **mangelnde Sprachkenntnisse** entlastet daher ebenso wie angebliches Analphabetentum grundsätzlich nicht. Auch die Betreiber von Kleinbetrieben wie etwa Dönerbuden können sich auch nicht auf für sie nicht verständliche Vorschriften in deutscher Sprache mit der Begründung berufen, ihr Kundenkreis bestehe ausschließlich aus Personen aus ihrem Heimatland.

---

1) Brandenburgisches OLG (Brandenburg), Beschluss vom 26.3.2007, Aktenzeichen 1 Ss (OWi) 348 B/06.

Irrtum des Täters (§ 11 OWiG)

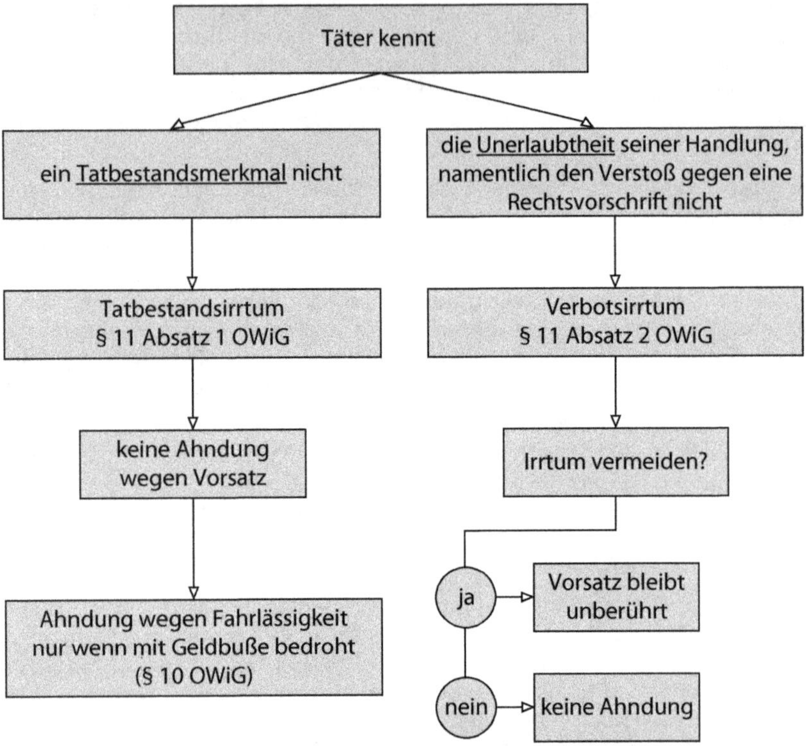

Liegt ein **vermeidbarer Verbotsirrtum** wegen Missachtung der Erkundigungspflicht vor, handelt der Lebensmittelunternehmer entgegen einer verbreiteten Ansicht keineswegs fahrlässig, sondern vorsätzlich.[1]) Er verwirklicht den Tatbestand einer Ordnungswidrigkeit nämlich bewusst und gewollt, weil er seine Handlung irrigerweise für erlaubt hält.

Der Fall des **unvermeidbaren Verbotsirrtums** eines Lebensmittelunternehmers nach Ausschöpfung aller erreichbaren Erkenntnisquellen kommt in der Vollzugspraxis bei abweichenden Beurteilungen unbestimmter Rechtsbegriffe wie „angemessen", „geeignet" oder „erforderlich" durch andere Überwachungsbehörden vor.[2])

1) KG (Berlin), Beschluss vom 30.1.2015, Aktenzeichen 3 Ws (B) 16/15 – 162 Ss 173/14; OLG Düsseldorf, Beschluss vom 25.4.2014, Aktenzeichen IV-2 RBs 2/14.

2) Brandenburgisches OLG (Brandenburg), Beschluss vom 26.3.2007, Aktenzeichen 1 Ss (OWi) 348 B/06.

Beispiel:

Der Betreiber eines Imbissstandes legt die Bescheinigung einer anderen Lebensmittelüberwachungsbehörde vor, die ihm auf Anfrage nach einer früheren Betriebskontrolle ausgestellt wurde. Aus dieser ergibt sich, dass die jetzt beanstandete Einrichtung des Imbissstandes bei der früheren Betriebskontrolle ausdrücklich als geeignet beurteilt wurde.

Beruft sich der Betroffene auf eine angebliche abweichende Beurteilung oder Anordnung einer anderen Lebensmittelüberwachung oder Verwaltung, darf dies nicht einfach als Schutzbehauptung abgetan werden. Solchen Behauptungen ist stets durch eine Anfrage bei der bezeichneten Dienststelle nachzugehen.

Beispiel:

Bei der Betriebskontrolle eines Imbissstandes auf einem Volksfest wird der im Reisegewerbe tätige Lebensmittelunternehmer wegen der Abdeckung von Lebensmitteln beanstandet. Er behauptet, vor zwei Wochen in einem anderen Land schon einmal auf einem Volksfest kontrolliert worden zu sein. Der dortige Lebensmittelkontrolleur/Veterinär habe genau die jetzt beanstandete Abdeckung verlangt. Daraufhin erfolgt eine Nachfrage bei der benannten Behörde, die aber ergibt, dass die behauptete Auskunft so nicht erteilt worden ist.

Bestätigt die dienstliche Stellungnahme einer anderen Fachbehörde die Behauptung des Betroffenen, so muss das Bußgeldverfahren aus rechtlichen Gründen eingestellt werden, weil dem Betroffenen nicht die Überprüfung zuzumuten ist, ob unbestimmte Rechtsbegriffe von verschiedenen Behörden unterschiedlich ausgelegt werden oder der Vollzug eines Landes von dem eines anderen abweicht. In der Einstellungsverfügung sollte für den Fall künftiger Verstöße auf die Rechtsauffassung der zuständigen Lebensmittelüberwachung unmissverständlich hingewiesen werden.

7.6 Beweisanträge

Der Betroffene kann jederzeit auch im Zusammenhang mit einer Anhörung Beweisanträge zu seiner Entlastung stellen. Während diese im Verwaltungsverfahren für die Behörde unverbindlich sind (§ 24 Absatz 1 VwVfG), sind sie im Bußgeldverfahren nach § 163a StPO in Verbindung mit § 46 Absatz 1 OWiG beachtlich. Ein Beweisantrag besteht aus einem Beweisthema und einem Beweismittel.

Beispiel:

> Der Betroffene beantragt, die Auskunft einer anderen Lebensmittelüberwachungsbehörde zum Beweis dazu einzuholen, dass die jetzt beanstandete Ausstattung seines Verkaufswagens von dieser so als zulässig bestätigt worden sei.

Die Verwaltungsbehörde muss entscheiden, ob der Beweisantrag sachdienlich ist und dann die Beweise erheben. Es ist nicht Aufgabe des Betroffenen, seine Unschuld zu beweisen, sondern der Verwaltungsbehörde, die Unschuldsvermutung (Artikel 6 Absatz 3 MRK) zu widerlegen. Im obigen Beispiel darf sie daher nicht vom Betroffenen verlangen, eine Bestätigung der von ihm benannten Behörde vorzulegen, sondern hat die Auskunft selbst einzuholen. Der Beweisantrag ist zweifelsohne entscheidungserheblich, denn es würde zur Einstellung des Bußgeldverfahrens führen, wenn sich der Betroffene aufgrund der abweichenden Auskunft einer anderen Behörde in einem unvermeidbaren Verbotsirrtum befunden haben sollte.[1])

Hält die Verwaltungsbehörde einen Beweisantrag für nicht sachdienlich, so erlässt sie weder einen Zwischenbescheid noch benachrichtigt sie den Betroffenen oder seinen Verteidiger, sondern entscheidet über den Erlass eines Bußgeldbescheids. Die Ablehnung eines Beweisantrags ist nur mit dem Einspruch gegen den Bußgeldbescheid (§ 67 OWiG), nicht aber selbstständig anfechtbar. Die Gründe für die Ablehnung können in einer Begründung des Bußgeldbescheids (§ 66 Absatz 3 OWiG) aufgeführt werden.

Besondere Bedeutung kann der Antrag des Betroffenen auf die Bestellung eines zweiten privaten Sachverständigen mit der Behauptung besitzen, die Feststellungen des amtlichen Sachverständigen im Verwaltungsverfahren seien unzutreffend und dürften daher nicht im Bußgeldverfahren verwendet werden. Im vorausgegangenen Verwaltungsverfahren kann der Lebensmittelunternehmer auf eigene Kosten ein zweites Sachverständigengutachten durch einen anderen anerkannten und angemessen qualifizierten Sachverständigen beantragen (Artikel 35 Absatz 1 VO [EU] 2017/625). In gerichtlichen Straf- und Bußgeldverfahren ist jedoch die Verwendung behördlicher Gutachten sogar unter der vereinfachten Einführung durch Verlesung möglich (§ 256 Absatz 1 Nummer 1 Buchstabe a StPO in Verbindung mit § 46 Absatz 1 OWiG). Ein zweites Gutachten wäre daher nur dann zu veranlassen, wenn das Erstgutachten von falschen Anknüpfungstatsachen ausginge, innere Widersprüche aufwiese oder der neue Sachverständige über überlegene Forschungsmethoden verfügte (§ 244 Absatz 4 StPO in Verbindung mit § 46 Absatz 1 OWiG). Derartige Beweis-

1) Zum Verbotsirrtum (§ 11 Absatz 2 OWiG) siehe Kapitel 7.5.2.

anträge können daher in der Regel abgelehnt werden. Ein grundsätzlicher Anspruch auf ein Zweit-, Gegen- oder Obergutachten besteht keinesfalls. Selbstverständlich steht es dem Betroffenen auch im Bußgeldverfahren frei, selbst ein solches Gutachten als „Privatgutachten" erstellen zu lassen. Die Verwaltungsbehörde muss dann entscheiden, welchem sie nach Stellungnahme des behördlichen Sachverständigen sie den Vorzug geben will.

8 Aktenführung und Akteneinsicht

Das Recht der Aktenführung ist im Straf- und Bußgeldverfahren anders als im Verwaltungsverfahren geregelt und bedingt daher eine getrennte Aktenführung. Der verwaltungsrechtliche Vorgang unterliegt der Akteneinsicht des Lebensmittelunternehmers als Beteiligten des Verwaltungsverfahrens (§ 13 Absatz 1 Nummer 2 VwVfG) und einem von ihm beauftragten Rechtsanwalt als Bevollmächtigtem (§ 14 VwVfG) auf der Dienststelle, soweit dies zur Rechtsverteidigung durch eine Rechtsanwältin oder einen Rechtsanwalt erforderlich ist (§ 29 Absatz 1 Satz 1, Absatz 3 Satz 1 VwVfG). Personenbezogene Daten (Artikel 4 Nummer 1 DSGVO) dürfen nur aufgrund der jeweiligen Rechtsgrundlagen verarbeitet werden (Artikel 6 Absatz 3 Satz 1 DSGVO).

Über Anträge auf Akteneinsicht des Betroffenen im Bußgeldverfahren entscheidet die Verwaltungsbehörde aufgrund § 49 Absatz 1 OWiG, über die Akteneinsicht eines Verteidigers gemäß § 147 StPO in Verbindung mit § 46 Absatz 1 OWiG. Endverbraucher können als Geschädigte Auskünfte oder Akteneinsicht nach § 406e StPO in Verbindung mit § 46 Absatz 1 OWiG erhalten. Hat der Lebensmittelkontrolleur/Veterinär Strafanzeige an die Staatsanwaltschaft erstattet, entscheidet diese über die Einsicht in die Akten des strafrechtlichen Ermittlungsvorgangs auf der Grundlage des § 147 StPO. Unabhängig von der Akteneinsicht des Betroffenen oder Verteidigers im Straf- und Bußgeldverfahren ist die Informationsgewährung durch Akteneinsicht an Dritte nach dem Verbraucherinformationsgesetz (§ 5 Absatz 1 Satz 1 VIG).

Leitet der Lebensmittelkontrolleur/Veterinär zugleich ein Verwaltungsverfahren zur Gefahrabwehr und ein Bußgeldverfahren zur Ahndung von Zuwiderhandlungen ein, so kann über die Gewährung der Akteneinsicht nach unterschiedlichen Bestimmungen zu entscheiden sein.

Beispiel:

Bei einer Betriebskontrolle werden so erhebliche Hygieneverstöße festgestellt, dass der Lebensmittelkontrolleur/Veterinär die vorläufige Betriebsschließung (Verwaltungsverfahren) anordnet und den Lebensmittelunternehmer wegen der mutmaßlichen Ordnungswidrigkeiten anhört (Bußgeldverfahren). Dieser beauftragt daraufhin einen Rechtsanwalt, der Akteneinsicht beantragt. Die Verwaltungsbehörde entscheidet darüber im

- Verwaltungsverfahren nach § 29 VwVfG bzw.
- Bußgeldverfahren nach § 147 StPO in Verbindung mit § 46 Absatz 1 OWiG.

8.1 Führung von Verwaltungs- und Bußgeldakten

Verwaltungsakten sind bereits wegen der planmäßigen amtlichen Betriebskontrollen (§ 7 AVVRüb) bezüglich jedes Lebensmittelunternehmers zu führen. Sie sollen nach den Grundsätzen ordnungsgemäßer Aktenführung elektronisch geführt werden (§ 6 Satz 1, 3 EGovG und entsprechende landesrechtliche Vorschriften). Getrennte Bußgeldakten sind nur dann anzulegen, wenn die Lebensmittelüberwachung auch tatsächlich ein Bußgeldverfahren zusätzlich einleitet (§ 47 Absatz 1 Satz 1 OWiG). Dies wird sich in der Regel durch die Ordnungswidrigkeiten-Anzeige des Lebensmittelkontrolleurs/Veterinärs, spätestens durch die Anhörung als Betroffener (§ 55 OWiG in Verbindung mit § 163a StPO) ergeben. Richtet sich das Bußgeldverfahren gegen mehrere Betroffene, die für den Lebensmittelunternehmer handeln (§ 9 Absatz 1, 2 OWiG), sollte das Bußgeldverfahren stets in einer einzigen, nicht in getrennten Bußgeldakte geführt werden. Der Inhalt der Bußgeldakte muss den Verwaltungsvorgang nur soweit wiedergeben als er verfahrensbezogen ist. Insoweit dürfen im Verwaltungsverfahren erlangte Erkenntnisse auch im Bußgeldverfahren verwertet werden (§ 161 Absatz 2 Satz 1 StPO in Verbindung mit § 46 Absatz 1 OWiG). Eine vollständige Übertragung der Verwaltungsakte in die Bußgeldakte ist daher überflüssig und kann sogar der Rechtmäßigkeit der Datenverarbeitung widersprechen (Artikel 6 Absatz 3 Satz 1 DSGVO). Von der Verwendung im Bußgeldverfahren sind lediglich solche Inhalte der Verwaltungsakte zwingend ausgenommen, die zur Rückverfolgung von Lebensmitteln gegen den Willen eines Auskunftspflichtigen gewonnen wurden und strafbaren oder ordnungswidrigen Inhalt aufweisen (§ 44 Absatz 6 Satz 1 LFGB). Sie dürfen grundsätzlich nicht in die Bußgeldakten übernommen werden, weil sie sonst der Akteneinsicht unterliegen würden.[1])

Bußgeldakten können bis Ende 2025 nur dann elektronisch geführt werden, wenn dies durch Einführungsverordnung des betreffenden Landes ausdrücklich vorgesehen ist (§ 110a Absatz 2 OWiG).[2]) Während dieser Übergangsphase ist daher ein „Medienbruch" zwischen Verwaltungs- und Bußgeldakte unvermeidlich. Solange Verwaltungsbehörden, Staatsanwaltschaften und Gerichte noch rechtlich gezwungen sind, Papierakten zu führen, kann es sich in Abstimmung mit den Justizbehörden empfehlen, bei

---

1) Zur Einschränkung des Auskunftsverweigerungsrechts des Lebensmittelunternehmers bei der Rückverfolgung von Lebensmitteln (§ 44 Absatz 6 Satz 1 LFGB) Kapitel 3.7.2.

2) Die zwingende elektronische Aktenführung ist durch Artikel 33 des Gesetzes zur Einführung der elektronischen Akte in der Justiz und zur weiteren Förderung des elektronischen Rechtsverkehrs vom 5. Juli 2017 (BGBl. I S. 2208) erst ab dem 1. Januar 2026 vorgeschrieben.

Aktenübersendungen zusätzlich einen elektronischen Datenträger beizufügen, der insbesondere zur besseren Wiedergabe von Bildaufnahmen während der Lebensmittelkontrolle geeignet ist. Erst nach Einführung des elektronischen Rechtsverkehrs im Bußgeldverfahren ist eine einheitliche elektronische Form der Aktenführung möglich.

Akteneinsicht (Papierakte)
Bußgeldverfahren – Verwaltungsverfahren

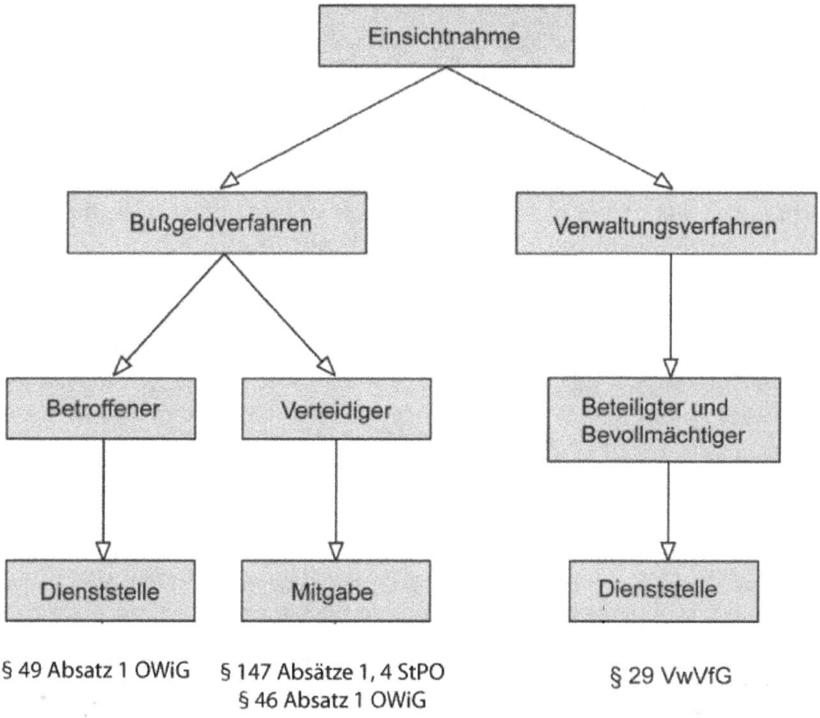

8.2 Akteneinsicht im Bußgeldverfahren

Bei einem Antrag auf Akteneinsicht des Betroffenen oder seines Verteidigers muss die Behörde zunächst klären, ob er für das Verwaltungsverfahren (§ 29 VwVfG), das Bußgeldverfahren oder beide Verfahren gestellt ist. Im Bußgeldverfahren gelten besondere, vom Verwaltungsverfahren völlig unabhängige Bestimmungen.

8.2.1 Akteneinsicht des Betroffenen

Im Bußgeldverfahren entscheidet die Verwaltungsbehörde über die Gewährung und technische Ausführung der Akteneinsicht auf Antrag des Betroffenen (§ 49 Absatz 1 OWiG). Der Betroffene braucht über sein Recht auf Akteneinsicht nicht, auch nicht bei der Anhörung zur Ordnungswidrigkeit (§ 55 OWiG) belehrt zu werden. Er muss also sein Recht selbst kennen und geltend machen. Die Ablehnung der Akteneinsicht darf nur wegen Gefährdung des Untersuchungserfolges, auch in anderen Straf- und Bußgeldverfahren erfolgen (§ 49 Absatz 1 Satz 1 Alternative 1 OWiG). Eine teilweise Ablehnung ist bezüglich des Akteninhalts gerechtfertigt, der überwiegende schutzwürdige Interessen Dritter (§ 49 Absatz 1 Satz 1 Alternative 2 OWiG) wie im Bußgeldverfahren mitverfolgte Personen, etwa Mitarbeiter des Lebensmittelunternehmers betrifft.[1]) Die Akteneinsicht eines Verteidigers (§ 147 StPO in Verbindung mit § 46 Absatz 1 OWiG) schließt die zusätzliche des Betroffenen nicht aus.[2]) Die Befugnis zur Akteneinsicht, auf die der Betroffene nicht hingewiesen werden muss, wird in der Vollzugspraxis kaum wahrgenommen. Sie ist kostenfrei, da in § 107 Absatz 5 OWiG nicht erwähnt. Die Einsichtnahme erfolgt unter Aufsicht, zu Erläuterungen oder Ausdrucken ist die Verwaltungsbehörde nicht verpflichtet. Der Betroffene kann sich jedoch Notizen machen oder Dokumente abfotografieren. Solange die Akten noch nicht elektronisch geführt werden, können an Stelle der Einsichtnahme auch Kopien aus der Bußgeldakte übermittelt werden (§ 49 Absatz 1 Satz 2 OWiG). Auch diese Ersatzform ist kostenfrei, weil sie in § 107 Absatz 5 OWiG ebenfalls nicht erwähnt ist.

8.2.2 Akteneinsicht des Verteidigers

Beauftragt der Betroffene einen **Rechtsanwalt** als Verteidiger, so nimmt dieser das Recht auf Akteneinsicht regelmäßig sofort wahr, um eine sachgerechte Beratung seines Mandanten sicherstellen zu können. Bei einem Antrag auf Akteneinsicht muss die Behörde zunächst klären, ob er für das Verwaltungsverfahren (§ 29 VwVfG), das Bußgeldverfahren (§ 147 StPO in Verbindung mit § 46 Absatz 1 OWiG) oder beide Verfahren gestellt ist. Im Gegensatz zum Verwaltungsverfahren steht dem Verteidiger im Bußgeldverfahren nicht nur der beschränkte Akteninhalt (§ 29 Absatz 1 Satz 1 VwVfG), sondern die vollständige Bußgeldakte, die im Falle eines Einspruchs gegen einen Bußgeldbescheid dem Gericht vorzulegen wäre, ohne Einschränkung zur Verfügung (§ 147 Absatz 1 StPO in Verbindung mit § 46 Absatz 1 OWiG).

1) Zum Informantenschutz bei der Akteneinsicht Kapitel 8.2.3.

2) Zur Akteneinsicht des Verteidigers nachfolgend Kapitel 8.2.2.

Syndikusrechtsanwälte dürfen in Straf- und Bußgeldsachen, die sich gegen ihren eigenen Arbeitgeber oder dessen Mitarbeiter richten, nicht als Verteidiger oder Vertreter tätig werden (§ 46c Absatz 2 Satz 2 Halbsatz 1 BRAO). Handelt es sich um einen unternehmensbezogenen Tatvorwurf, gilt das Verteidigungs- und Vertretungsverbot für alle Rechtsanwälte (§ 46c Absatz 2 Satz 2 Halbsatz 2 BRAO). Sie erhalten daher auch keine Akteneinsicht nach § 147 StPO in Verbindung mit § 46 Absatz 1 OWiG.

Ein Rechtsanwalt braucht zur Akteneinsicht keine nachgewiesene **elektronische oder schriftliche Vollmacht** des Betroffenen vorzulegen. Da der privatrechtliche Geschäftsbesorgungsvertrag (§ 675 BGB) im Innenverhältnis nicht formbedürftig ist, gilt dies auch für das Außenverhältnis zur Verwaltungsbehörde (§ 164 BGB). Es genügt die in der Regel mit dem Antrag auf Akteneinsicht verbundene bloße Mandatsanzeige. Im Gegensatz zum Verwaltungsverfahren darf auch nicht die Vorlage einer elektronischen oder schriftlichen Vollmacht verlangt werden.[1])

Eine **vorläufige Beschränkung der Akteneinsicht** wegen Gefährdung des Untersuchungserfolges bis zum Abschluss der Ermittlungen (§ 147 Absatz 2 StPO in Verbindung mit § 46 Absatz 1 OWiG) lässt sich im Bußgeldverfahren kaum begründen. Gegen die Verweigerung der Akteneinsicht ist der Antrag auf gerichtliche Entscheidung als Rechtsbehelf statthaft (§ 147 Absatz 5 Satz 2 StPO in Verbindung mit § 46 Absatz 1 OWiG).

8.2.2.1 Elektronische Bußgeldakte

Nach Einführung des elektronischen Rechtsverkehrs aufgrund einer Einführungsverordnung wird Einsicht in elektronische Bußgeldakten in der Regel nur noch durch Bereitstellen des Inhalts der Akte zum Abruf gewährt (§ 32f Absatz 1 Satz 1 StPO in Verbindung mit § 110c Satz 1 OWiG). Rechtsanwälte sind zur Verwendung eines bei der Bundesrechtsanwaltskammer geführten besonderen elektronischen Anwaltspostfachs („beA") verpflichtet (§ 31 BRAO). Die elektronische Akteneinsicht ist daher durch Abruf über das besondere elektronische Behördenpostfach ohne Schwierigkeiten möglich. Die dafür geltenden Standards werden durch Rechtsverordnung des Bundes einheitlich bestimmt (§ 32f Absatz 6 StPO in Verbindung mit § 110c Satz 1 OWiG).

Andere Formen der Akteneinsicht sind auf Ausnahmefälle beschränkt. Nur auf besonderen Antrag wird Akteneinsicht durch Einsichtnahme in die elektronischen Akten in Diensträumen gewährt (§ 32f Absatz 1 Satz 2 StPO in Verbindung mit § 110c Satz 1 OWiG). Ein Aktenausdruck oder ein Daten-

1) Der Nachweis auf Verlangen der Behörde durch Vorlage einer schriftlichen Vollmacht ist nur im Verwaltungsverfahren vorgesehen (§ 14 Absatz 1 Satz 3 VwVfG).

träger mit dem Inhalt der elektronischen Akten wird nur noch auf besonders zu begründenden Antrag nur übermittelt, wenn der Antragsteller hieran ein berechtigtes Interesse hat (§ 32f Absatz 1 Satz 3 StPO in Verbindung mit § 110c Satz 1 OWiG). Die Entscheidung der Verwaltungsbehörde über die Form der Gewährung von Akteneinsicht ist nicht anfechtbar (§ 32f Absatz 3 StPO in Verbindung mit § 110c Satz 1 OWiG). Die elektronische Akteneinsicht ist grundsätzlich kostenfrei (§ 107 Absatz 5 Satz 2 OWiG).

8.2.2.2 Papierakten

Einsicht in Bußgeldakten, die nach Einführung des elektronischen Rechtsverkehrs noch in Papierform vorliegen, wird durch Einsichtnahme in die Akten in Diensträumen gewährt (§ 32f Absatz 2 Satz 1 StPO in Verbindung mit § 110c Satz 1 OWiG). Die Akteneinsicht kann, soweit nicht wichtige Gründe entgegenstehen, auch durch Bereitstellen des Inhalts der Akten zum Abruf oder durch Bereitstellen einer Aktenkopie zur Mitnahme gewährt werden. Nur noch auf besonderen Antrag werden einem Verteidiger oder Rechtsanwalt, soweit nicht wichtige Gründe entgegenstehen, die Akten zur Einsichtnahme in seine Geschäftsräume oder in seine Wohnung mitgegeben (§ 32f Absatz 2 Satz 2 StPO in Verbindung mit § 110c Satz 1 OWiG). Der frühere Regelfall der Mitgabe der Bußgeldakte an Rechtsanwälte ist folglich zum seltenen Ausnahmefall geworden. Eine Aktenversendung, auch von Ausdrucken ist nicht mehr vorgesehen. Die Entscheidung der Verwaltungsbehörde über die Form der Gewährung von Akteneinsicht ist nicht anfechtbar (§ 32f Absatz 3 StPO in Verbindung mit § 110c Satz 1 OWiG). Mit der Gewährung der Akteneinsicht an den Verteidiger empfiehlt es sich, eine angemessene Frist zur Stellungnahme zu setzen, um damit das Bußgeldverfahren zu beschleunigen. Hierzu genügt in einfachen Fällen eine Woche, in umfangreicheren zwei und in sehr komplexen Verfahren höchstens ein Monat. Verstreicht diese Frist fruchtlos, sollte unverzüglich nach Aktenlage entschieden werden.

Aktenführung
Bußgeldverfahren – Verwaltungsverfahren

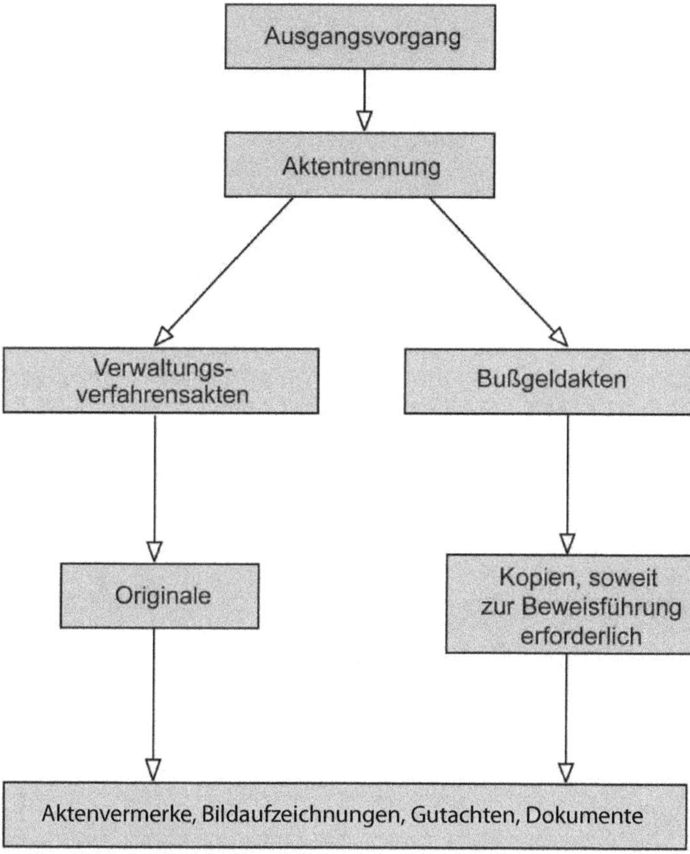

8.2.3 Informantenschutz

Ein Informantenschutz etwa von anzeigenden Arbeitnehmern eines Lebensmittelunternehmers durch Beschränkung der Akteneinsicht ist unzulässig. Die von der Behörde abgegebene Zusicherung der Vertraulichkeit ist daher nur dann einzuhalten, wenn die begünstigten Personen nicht in der Bußgeldakte erwähnt sind und folglich auch nicht als Zeugen zur Verfügung stehen. Die Bußgeldakte beginnt dann mit dem Kontrollbericht der Lebensmittelüberwachung. Über die Angaben von Informanten ist eine Aufzeichnung in einem gesonderten internen Vorgang anzulegen, um die Behörde vor Schadenersatzforderungen bei leichtfertig oder vorsätzlich unwahren Anzeigen zu bewahren und in geeigneten Fällen auch den Anzeigeerstatter haftbar machen zu können (§ 469 StPO in Verbindung mit § 46 Absatz 1 OWiG).

Informanten haben zwar als Zeugen vor Gericht zu erscheinen und auszusagen (§ 48 StPO in Verbindung mit § 46 Absatz 1 OWiG). Ihre Aussage wird aber in der Regel deswegen nicht benötigt, weil aufgrund ihrer Informationen die Lebensmittelüberwachung dienstliche Feststellungen treffen und sich nicht auf die Angaben von Laien verlassen wird.

8.3 Akteneinsicht für betroffene Verbraucher

Durch eine lebensmittelrechtliche Straftat oder Ordnungswidrigkeit kann auch ein Endverbraucher betroffen sein. Der durch die Zuwiderhandlung Verletzte kann unter Darlegung seines rechtlichen Interesses Akteneinsicht in die Straf- oder Bußgeldakten durch einen Rechtsanwalt, jedoch nicht durch sich selbst beantragen (§ 406e Absatz 1 Satz 1 StPO, ggf. in Verbindung mit § 46 Absatz 1 OWiG). Der Verletzte kann den Antrag nur selbst stellen, wenn er nicht anwaltlich vertreten ist (§ 406e Absatz 4 Satz 1 StPO in Verbindung mit § 46 Absatz 1 OWiG). Die Einsicht in die Akten ist zu versagen, soweit überwiegende schutzwürdige Interessen des Beschuldigten oder anderer Personen entgegenstehen (§ 406e Absatz 2 Satz 1 StPO, ggf. in Verbindung mit § 46 Absatz 1 OWiG). Sie kann versagt werden, soweit der Untersuchungszweck, auch in einem anderen Strafverfahren, gefährdet erscheint oder das Verfahren unangemessen verzögert wird (§ 406e Absatz 2 Satz 2 StPO, ggf. in Verbindung mit § 46 Absatz 1 OWiG). Über die Gewährung der Akteneinsicht entscheidet im strafrechtlichen Ermittlungsverfahren die Staatsanwaltschaft, im Bußgeldverfahren die Verwaltungsbehörde. Diese sind nach rechtskräftigem Abschluss des Verfahrens ebenfalls zuständig. Während des gerichtlichen Verfahrens entscheidet das mit der Sache befasste Gericht (§ 406e Absatz 4 Satz 1 StPO, ggf. in Verbindung mit § 46 Absatz 1 OWiG).

8.4 Akteneinsicht zur Informationsgewährung an Dritte

Jeder beliebige Dritte hat nach Maßgabe des Verbraucherinformationsgesetzes (VIG) Anspruch auf freien Zugang zu allen Daten auch über Verstöße gegen das LFGB selbst, auf dessen Grundlage erlassene Rechtsverordnungen und unmittelbar geltende Rechtsakte der EU sowie Maßnahmen und Entscheidungen, die im Zusammenhang mit solchen Verstößen getroffen worden sind (§ 1 Absatz 1 Nummer 1 VIG). Der Informationszugang kann durch Auskunftserteilung, **Gewährung von Akteneinsicht** oder in sonstiger Weise erfolgen (§ 5 Absatz 1 VIG). Dritte haben aber grundsätzlich keinen Anspruch auf Zugang bzw. Zugänglichmachung der Informationen über Ergebnisse der amtlichen Lebensmittelüberwachung im Gastronomiebereich durch Mitteilung der Punktebewertung der Hauptmerkmale II bis IV der Risikobewertung zu den jeweiligen Betriebskontrollen, welche in der Form eines Kontrollberichts im Internet veröffentlicht wurden.[1])

Dieser Anspruch besteht zudem nicht während der Dauer eines

- **Verwaltungsverfahrens,** es sei denn, es handelt sich um in § 1 Absatz 1 Satz 1 Nummer 1 oder 2 VIG genannte Informationen,
- **Gerichtsverfahrens,** das heißt eines verwaltungsgerichtlichen, straf- oder bußgeldrechtlichen gerichtlichen Verfahrens,
- **strafrechtlichen Ermittlungsverfahrens,** wozu die Lebensmittelüberwachung, Polizei oder Staatsanwaltschaft zuständig sein können, oder
- **ordnungswidrigkeitsrechtlichen Verfahrens**

hinsichtlich der Informationen, die Gegenstand des Verfahrens sind (§ 2 Nummer 1 b VIG). Ein entsprechender Antrag eines Dritten (§ 3 VIG) ist daher wegen Unzulässigkeit abzulehnen. Eine Stellungnahme des durch den Antrag auf Informationszugang Betroffenen (§ 4 Absatz 1 Satz 1 VIG) ist daher nicht notwendig. Der Antrag ist in der Regel innerhalb einer Frist von einem Monat zu bescheiden (§ 4 Absatz 2 Satz 1 VIG). Die Entscheidung ist ein Verwaltungsakt, gegen den ein Widerspruchsverfahren (§ 68 VwGO) stattfindet (§ 4 Absatz 4 VIG).

1) VG Düsseldorf, Urteil vom 13.3.2015, Aktenzeichen 26 K 5722/13.

9 Erlass des Bußgeldbescheids

Der Aufbau eines Bußgeldbescheids ist streng vom Bescheid des Verwaltungsverfahrens zu unterscheiden.[1]) Während dieser in Entscheidungssatz, allgemeine und besondere Begründung sowie Rechtsbehelfsbelehrung untergliedert ist, ergibt sich der gesetzliche Inhalt des Bußgeldbescheids aus § 66 OWiG. Die Zumessung der Geldbuße beruht aufgrund §§ 17 bis 20 OWiG, die Kostenentscheidung auf §§ 105 und 107 Absatz 1, 3 OWiG. Der Bußgeldbescheid stammt vom Strafbefehl des Strafverfahrens ab und stellt im Gegensatz zu den Anordnungen einer Ordnungs- oder Polizeiverfügung nur eine vorläufige behördliche Entscheidung dar.[2]) Der Betroffene kann sich mit dieser abfinden, sodass sie rechtskräftig wird, oder aber durch den Einspruch eine gerichtliche Bußgeldentscheidung herbeiführen. Das zuständige Amtsgericht (§ 68 OWiG) überprüft nicht etwa – wie das Verwaltungsgericht einen ordnungsrechtlichen oder Kostenbescheid – den Bußgeldbescheid, sondern sein Urteil oder Beschluss ersetzt den Bußgeldbescheid. Die Rechtsnatur des Bußgeldbescheids bedingt deswegen einen völlig andersartigen Aufbau, der keinesfalls dem Bescheid des Verwaltungsverfahrens nachgebildet werden darf.

Der Erlass des Bußgeldbescheides ist nach Einführung des elektronischen Rechtsverkehrs als elektronisches Dokument (§ 32b Absatz 2 StPO in Verbindung mit § 110c Satz 1 OWiG) durch den Vermerk über den Abschluss der Ermittlungen („Abschlussvermerk“) als begleitende Verfügung gekennzeichnet (§ 61 OWiG). Eine Signatur ist nur bei der Verfügung, nicht aber beim Bußgeldbescheid erforderlich (§ 110c Satz 2 OWiG). Es genügt die Namenswiedergabe des Sachbearbeiters als verantwortender Person auf der Begleitverfügung (§ 32b Absatz 1 Satz 1 StPO in Verbindung mit § 110c Satz 1, 2 OWiG).[3]) Der Bußgeldbescheid selbst muss keine zusätzliche Namenswiedergabe enthalten. Er ist erlassen, sobald er durch die verantwortende Person oder auf deren Veranlassung als elektronisches Dokument gespeichert ist (§ 32b Absatz 2 StPO in Verbindung mit § 110c Satz 1 OWiG).

---

1) Zur Ordnungs- oder Polizeiverfügung der Lebensmittelüberwachung als Bescheid im Verwaltungsverfahren Kapitel 3.1.3.3 und 3.1.6.

2) Die Parallelvorschrift für den Strafbefehl in § 409 Absatz 1 Satz 1 StPO ist nahezu wortgleich.

3) Eine qualifizierte elektronische Signatur (Artikel 3 Nummer 12 Verordnung [EU] Nummer 910/2014) ist nicht vorgeschrieben (Umkehrschluss aus § 32b Absatz 1 Satz 2 StPO).

Beispiel:

Abschlussvermerk

1. Die Ermittlungen sind abgeschlossen.
2. Bußgeldbescheid nach Dateianhang gegen den Betroffenen Huber.
3. Eingestellt gegen die Betroffene Müller wegen geringen Verschuldens (§ 47 Absatz 1 Satz 2 OWiG).
4. Wiedervorlage mit Rechtsbehelf oder Ablauf der Einspruchsfrist.

Lindemann
Sachbearbeiterin als verantwortende Person
(§ 32b Absatz 1 Satz 1 StPO in Verbindung mit § 110c Satz 1, 3 OWiG)

Adressat des Bußgeldbescheides ist nach dem Täterprinzip stets ein Betroffener als natürliche Person.[1]) Sollen mehrere Betroffene geahndet werden, wie dies bei Eheleuten als gemeinsame Lebensmittelunternehmer vorkommt, ist nach dem Auswahlermessen (§ 47 Absatz 1 Satz 1 OWiG) zu prüfen, ob beide ahndungswürdig sind. Ist dies der Fall, müssen getrennte Bußgeldbescheide erlassen und die Zumessung der Geldbußen (§ 17 Absatz 3, 4 OWiG) gesondert erfolgen. Ein gegen die Eheleute erlassener „Familienbußgeldbescheid" ist unwirksam und nach Rechtskraft auch nicht vollstreckbar.[2])

Der Bußgeldbescheid wird heute allgemein – ebenso wie der Bescheid im Verwaltungsverfahren – im Briefstil mit persönlicher Anrede „Sehr geehrte Frau <Name>," bzw. „Sehr geehrter Herr <Name>," und der Schlussformel „Mit freundlichen Grüßen" abgefasst. Professionelle Datenverarbeitungssysteme verwenden dazu die Schreib- und Gestaltungsregeln für die Textverarbeitung DIN 5008.

9.1 Tatvorwurf – objektiver Tatbestand

Der Bußgeldbescheid enthält als zentralen Bestandteil die Bezeichnung der Tat, die dem Betroffenen als mutmaßlichen Täter der Ordnungswidrigkeit zur Last gelegt wird (Tathergang), einschließlich Zeit (Tatzeit) und Ort (Tatort) ihrer Begehung (§ 66 Absatz 1 Nummer 3 OWiG). Er ist insoweit den Anforderungen an die Anklageschrift (§ 200 Absatz 1 Satz 1 StPO) und an den Strafbefehl (§ 409 Absatz 1 Nummer 3 StPO) nachgebildet[3]) und

1) Zum Bußgeldbescheid gegen eine juristische Person oder Personenvereinigung (§ 88 OWiG) als Rechtsfolge der Ordnungswidrigkeiten seiner Organe (§ 30 OWiG) Kapitel 11.

2) OLG Karlsruhe, Beschluss vom 19.7.1974, Aktenzeichen 3 Ss (B) 92/74.

3) Thüringer OLG (Jena), Beschluss vom 18.4.2016, Aktenzeichen 1 OLG 121 SsRs 6/16; OLG Hamm, Beschluss vom 26.11.2012, Aktenzeichen 4 RBs 291/12.

daher in Form eines Tatvorwurfs im persönlichen Anklagestil, nicht etwa im unpersönlichen Feststellungsstil auszuführen. Dies geschieht nach einem einleitenden Satz.[1])

Beispiel:

Nach unseren Feststellungen haben Sie folgende Ordnungswidrigkeit begangen:

Wendungen wie „werden Sie beschuldigt“ oder „wird Ihnen vorgeworfen“ erscheinen dagegen der Ordnungswidrigkeit als bloßen Verwaltungsungehorsam und gegenüber einer Straftat der Geldbuße als bloßer Pflichtenmahnung gegenüber einer Geldstrafe nicht mehr angemessen.

9.1.1 Tathergang

Nach dem einleitenden Satz folgt der Tatvorwurf, der dem Anklagesatz des Strafbefehls nachempfunden ist.[2]) Der Bußgeldbescheid bedarf einer Konkretisierung der Handlungen des Betroffenen, an die der Tatvorwurf anknüpft, damit dieser seiner Umgrenzungsfunktion gerecht wird.[3]) Entscheidend ist, dass der Betroffene anhand der individuellen Tatbeschreibung des Bußgeldbescheides erkennen kann,

- wegen welches nach der Lebensauffassung einheitlichen geschichtlichen Vorgangs er zur Verantwortung gezogen werden soll und
- dass insoweit eine Verwechslung mit einem möglichen gleichartigen anderen Fehlverhalten desselben Betroffenen ausgeschlossen ist.[4])

Deshalb ist darzustellen, wann (Tatzeit, § 6 OWiG) und wo (Tatort, § 7 OWiG) und vor allem wie ein bestimmter Täter gehandelt oder etwas pflichtwidrig unterlassen hat, nicht dagegen, was die Lebensmittelüberwachung im Verwaltungsverfahren festgestellt hat.[5]) Nicht der Lebensmittelkontrolleur/Veterinär, sondern der Lebensmittelunternehmer hat ordnungswidrig gehandelt!

1) Die Angaben „vorsätzlich“ bzw. „fahrlässig“ sind im einleitenden Satz verfehlt, weil sie erst später bei den angewendeten Bußgeldvorschriften (§ 66 Absatz 1 Nummer 3 OWiG) aufzuführen sind.

2) Zur nahezu wortgleichen Parallelvorschrift für den Strafbefehl § 409 Absatz 1 Satz 1 Nummer 3 StPO.

3) OLG Karlsruhe, Beschluss vom 14.9.2016. Aktenzeichen 2 (7) SsBs 397/16.

4) OLG Düsseldorf, Beschluss vom 18.4.2016, Aktenzeichen IV-3 RBs 36/16.

5) OLG Bamberg, Beschluss vom 18.11.2015, Aktenzeichen 3 Ss OWi 1218/15.

Beispiel:

Sie hatten seit 10.7.2020 als Inhaberin der Firma Lemex-Lebensmittelgroßhandel, Freiberg, Lortzingstraße 12, 2830 kg bis zum 1.10.2020 zu verbrauchendes argentinisches Rindfleisch im Kühlhaus des Unternehmens gelagert. Obwohl Sie aufgrund der Überlagerung Annahme für ein Verkehrsverbot hatten, unterließen Sie aus mangelnder Sorgfalt die vorgeschriebene Mitteilung an das für die Lebensmittelüberwachung zuständige Landratsamt bis zum 16.11.2020 und lieferten die Lebensmittel am 11.11.2020 an die Firma Globus-Verbrauchermärkte GmbH in Neustadt aus.

Verfehlt ist es wegen der Bestimmung des § 66 Absatz 1 Nummer 3 OWiG deshalb, nach dem Vorbild der Begründung eines Verwaltungsaktes (§ 39 VwVfG) anstelle des Tathergangs die Feststellungen der Lebensmittelüberwachung aus deren Ordnungswidrigkeiten-Anzeige wiederzugeben:

Fehlbeispiel:

Bei einer Betriebskontrolle der Kühlräume der Firma Globus-Verbrauchermärkte GmbH wurde am 16.11.2020 festgestellt, dass sich dort 2830 kg argentinisches Rindfleisch befand. Die Nachforschungen der Lebensmittelüberwachung haben ergeben, dass diese am 11.11.2020 von der Firma Lemex-Lebensmittelgroßhandel, Freiberg, Lortzingstraße 12, ausgeliefert worden waren, obwohl sie bis spätestens 1.10.2020 zu verbrauchen waren und aufgrund der Überlagerung die Annahme für ein Verkehrsverbot bestand. Die vorgeschriebene Mitteilung an das für die Lebensmittelüberwachung zuständige Landratsamt erfolgte bis zum Kontrollzeitpunkt nicht.

Solche Feststellungen ersetzen den Tatvorwurf nicht und können zur Nichtigkeit des Bußgeldbescheids führen. Sie gehören allenfalls in eine – vom Tatvorwurf getrennte – Begründung des Bußgeldbescheids (§ 66 Absatz 3 OWiG). Beim Tathergang ist dagegen der konkrete Einzelfall darzustellen. Die bloße Wiedergabe des Gesetzeswortlauts genügt daher nicht.[1])

Fehlbeispiel:

Sie haben zum Verzehr durch den Menschen nicht mehr geeignete Lebensmittel veräußert.

Die Angabe der gesetzlichen Merkmale der Ordnungswidrigkeit und der Bußgeldvorschriften (§ 66 Absatz 1 Nummer 3 OWiG) ist erst nach dem Tatvorwurf aufzuführen. Dazu eignet sich die Wendung „Ordnungswidrig handelt, wer …“. Der Betroffene soll also zunächst erkennen, welche **konkrete** Handlung ihm vorgeworfen wird, und anschließend, unter welche

1) Thüringer OLG (Jena), Beschluss vom 18.4.2016, Aktenzeichen 1 OLG 121 SsRs 6/16.

abstrakten lebensmittelrechtlichen Vorschriften und Bußgeldvorschriften diese Handlung einzuordnen ist.

Auch die Funktion des Lebensmittelunternehmers als Täter der Ordnungswidrigkeit ist konkret zu bezeichnen. Unbedingt zu vermeiden ist die Bezeichnung „Verantwortlicher", die dem Bußgeldverfahren fremd ist.

Beispiel:

Sie haben als Inhaberin der Metzgerei Jungmann … .

Fehlbeispiel:

Sie haben als Verantwortliche der Metzgerei Jungmann … .

9.1.2 Tathergang bei EU-Verordnungen

Wenige Erkenntnisse bestehen bisher in der Vollzugspraxis für die Abfassung des Tatvorwurfs eines Bußgeldbescheids wegen Zuwiderhandlungen gegen nationale Bußgeldvorschriften, die eine Verletzung von Ge- oder Verboten in EU-Verordnungen zum Gegenstand haben. Hier empfiehlt es sich, die Abweichungen zwischen

- dem abstrakten Soll-Zustand nach der EU-Verordnung und
- den durch die Lebensmittelüberwachung konkret festgestellten Ist-Zustand

in der Schilderung des Tathergangs gegenüberzustellen. Bei der häufigen Ordnungswidrigkeit bei Zuwiderhandlungen gegen Lebensmittelhygienevorschriften nach § 10 Absatz 1 Nummer 1 in Verbindung mit § 3 Satz 1 LMHV darf nicht übersehen werden, dass die Gefahr einer nachteiligen Beeinflussung von Lebensmitteln im Sinne des § 2 Absatz 1 Nummer 1 LMHV zum gesetzlichen Tatbestand der Bußgeldvorschrift gehört und daher in Bezug zum Ist-Zustand gesetzt werden muss. Ungenügend ist die bloße Darstellung einer solchen Schlussfolgerung im Bußgeldbescheid ohne die festgestellten Anknüpfungstatsachen. Liegen mehrere Hygieneverstöße vor, genügt keine zusammenfassende Behauptung in einem vorangestellten Satz.

Fehlbeispiel:

In den nachfolgend aufgeführten Einzelfällen konnten behandelte Lebensmittel nachteilig beeinflusst werden.

Vielmehr ist es notwendig, jedem einzelnen Verstoß die konkrete Gefahr nachteiliger Beeinflussung von Lebensmitteln gegenüberzustellen. Zum Aufbau eines Bußgeldbescheids wegen einer Mehrzahl von Lebensmittelhygieneverstößen mit der jeweils zugeordneten möglichen Beeinflussung von Lebensmitteln siehe der folgende Musterbescheid. Hier ist zur optischen Abgrenzung in jedem Einzelfall (Laufende Nummern in arabischen Ziffern) zuerst der Soll- und Ist-Zustand (jeweils Buchstabe „a“) gegenübergestellt und dann die mögliche nachteilige Beeinflussung von Lebensmitteln (jeweils Buchstabe „b“) konkret dargestellt.

Bußgeldbescheid wegen Lebensmittel-Hygieneverstößen § 10 Absatz 1 Nummer 1 LMHV

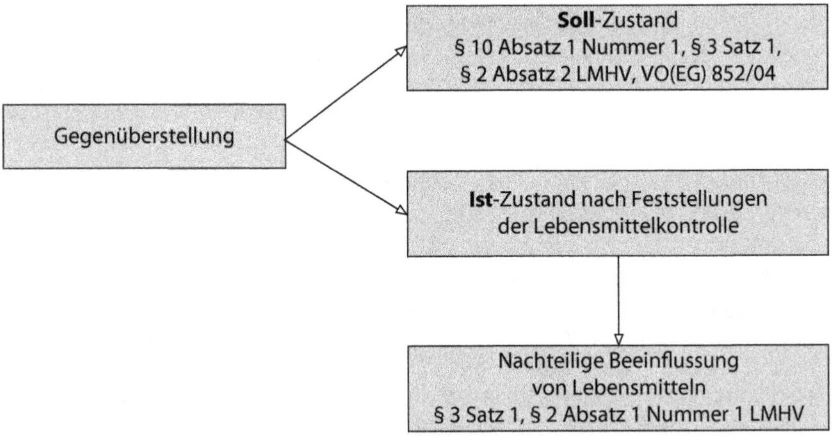

Unbedingt zu vermeiden ist eine Vermischung der Darstellung des Tatvorwurfs mit sonstigen Erwägungen des Sachbearbeiters. Ausführungen zur Beweissicherung, Auseinandersetzungen mit Einwendungen des Betroffenen oder zur Zumessung der Geldbuße sind an dieser Stelle verfehlt und ggf. nach einer gesonderten Zwischenüberschrift „Begründung des Bußgeldbescheids“ auch optisch vom Tatvorwurf aufzuführen. Enthält der Bußgeldbescheid zwar umfangreiche Ausführungen, aber keinen Tatvorwurf im Sinne des § 66 Absatz 1 Nummer 3 OWiG, so kann er keine Grundlage für ein gerichtliches Verfahren darstellen und führt dort zur Einstellung wegen fehlender Verfahrensgrundlage nach § 206a StPO in Verbindung mit § 46 Absatz 1 OWiG.

9.1.3 Tatzeit und Tatort

Die Bezeichnung der dem Betroffenen vorgeworfenen Tat im Bußgeldbescheid muss auch Zeit (§ 6 OWiG) und Ort (§ 7 OWiG) ihrer Begehung enthalten (§ 66 Absatz 1 Nummer 3 OWiG). Als Tatzeit wird oft nur der Kontrolltag angegeben, wozu die fehlerhafte Darstellungsweise verleitet, bei einer Kontrolle an einem bestimmten Datum sei „festgestellt" worden. Richtigerweise liegen aber meist Dauerordnungswidrigkeiten mit einem Anfangs- und Enddatum vor. Diese müssen bereits in der Ordnungswidrigkeiten-Anzeige zumindest näherungsweise durch das Datum der letzten Vorkontrolle enthalten sein. Keinesfalls reicht es aus, anstelle fehlender Ermittlungen den Kontrolltag anzugeben und den Tatzeitraum mit dem Wort „davor" zu ersetzen. Erst recht darf den Betroffenen nicht unterstellt werden, die Ordnungswidrigkeit hätte im gesamten Zeitraum bis zum Beginn der Verfolgungsverjährung (§ 31 Absatz 1 Satz 1 OWiG) bestanden. Wird nur der Kontrolltag als Tatzeit der Ordnungswidrigkeit angegeben, kann auch nur dieser mit der Geldbuße geahndet werden. Dem Betroffenen wird dann der restliche Tatzeitraum mit einer viel zu niedrigen Geldbuße „geschenkt", weil die Bedeutung der Ordnungswidrigkeit (§ 17 Absatz 3 Satz 1 OWiG) nicht mit dem gesamten Ausmaß erfasst wird.

Der Tatort der vorgeworfenen Ordnungswidrigkeit ist mit den Betriebs- und Geschäftsräumen des Lebensmittelunternehmers identisch und daher in der Regel unproblematisch. Sind mehrere Ordnungswidrigkeiten in verschiedenen Räumen begangen worden (Küche, Kühlraum, Vorratsraum), so sollten sie jeweils genau angegeben werden.

9.2 Tatvorwurf – subjektiver Tatbestand

Neben den objektiven Tatbestandsmerkmalen ist auch der subjektive Tatbestand der Ordnungswidrigkeit wiederzugeben. Die Angabe „vorsätzlich" oder „fahrlässig" gehören als abstrakte Tatbestandsmerkmale erst zu den gesetzlichen Merkmalen der Ordnungswidrigkeit und weder in den einleitenden Satz noch in die Darstellung des Tatvorwurfs selbst. Hier eignen sich als konkrete Beschreibungen der abstrakten Rechtsbegriffe folgende Darstellungen:[1])

1) Zu den verschiedenen Formen des Vorsatzes und der Fahrlässigkeit Kapitel 2.7.

- **Direkter Vorsatz**
  ... haben Sie „wissentlich", „bewusst", „in Kenntnis", „um zu".
- **Bedingter Vorsatz**
  „nahmen Sie billigend in Kauf", „haben Sie aus Gleichgültigkeit", „rechneten Sie damit".
- **Bewusste Fahrlässigkeit**
  „übersahen Sie bei der Überprüfung der Lieferung aus mangelnder Sachkunde".
- **Unbewusste Fahrlässigkeit**
  „erkannten Sie aus mangelnder Sorgfalt (Nachlässigkeit) nicht, dass".

  Dabei erkannten Sie aufgrund mangelnder Sorgfalt nicht, dass die Lebensmittel wegen Überlagerung zwischen sechs und neun Monaten nicht mehr zum Verzehr durch Menschen geeignet waren.

9.3 Gesetzliche Merkmale und Bußgeldvorschriften

Dem konkreten Tatvorwurf folgen die abstrakten gesetzlichen Merkmale der Ordnungswidrigkeit und die Bußgeldvorschriften (§ 66 Absatz 1 Nummer 3 OWiG). Der mutmaßlich rechtsunkundige Betroffene soll nachvollziehen können, unter welche gesetzlichen Bestimmungen die Verwaltungsbehörde die ihm vorgeworfene Tathandlung eingeordnet („subsumiert") hat und welche Bußgeldvorschriften dadurch verwirklicht sind.

Die gesetzlichen Merkmale der Ordnungswidrigkeit werden vom vorausgehenden Tatvorwurf am besten durch die hervorgehobene Wendung „Ordnungswidrig handelt, wer" abgegrenzt. Der Betroffene kann dann einfach nachvollziehen, welche Zuwiderhandlung er konkret begangen haben soll und unter welche abstrakten Tatbestandsmerkmale sie fallen sollen. Erst an dieser Stelle ist daher im Bußgeldbescheid der Gesetzeswortlaut der verletzten Bestimmungen des LFGB oder nationaler lebensmittelrechtlicher Verordnungen aufzuführen.

Die verletzten Bußgeldvorschriften des § 60 Absatz 1 bis 4 LFGB bzw. derjenigen aus den betroffenen Verordnungen (zum Beispiel § 10 Nummer ... LMHV) sind nochmals gesondert aufzuführen. Dabei ist auf vollständige Zitierung der Blankettvorschriften einschließlich zugehörigen verwaltungsrechtlichen Ausfüllungsbestimmungen zu achten (zum Beispiel § 60 Absatz 2 Nummer 22 in Verbindung mit § 11 Absatz 4 Satz 1 LFGB). Ob die Fundstelle detailliert bis zur letzten Gesetzesänderung anzugeben ist, bestimmt sich nach den Vorgaben landesrechtlicher Verwaltungsrichtlinien zur Zitierung.

9.4 Beweismittel

Nach der Tathandlung, den gesetzlichen Merkmalen der Ordnungswidrigkeit und den Bußgeldvorschriften enthält der Bußgeldbescheid die Beweismittel (§ 66 Absatz 1 Nummer 4 OWiG). Diese sind konkret zu bezeichnen, inhaltsleere Pauschalbezeichnungen genügen nicht. Hierzu gehören:

- **Feststellungen der Lebensmittelüberwachung**

  Ungenügend ist die formelhafte Angabe „Vorgänge der Lebensmittelüberwachung“ oder „Bußgeldakte“. Im Hinblick auf die Möglichkeit der Verlesung im einem gerichtlichen Bußgeldverfahren (§ 256 Absatz 1 Nummer 5 StPO in Verbindung mit § 46 Absatz 1 OWiG) empfiehlt sich die Angabe von Berichten, insbesondere Ordnungswidrigkeiten-Anzeigen, die der Lebensmittelkontrolleur/Veterinär zu diesem Zweck verfasst hat.[1]) Er selbst sollte als sachverständiger Zeuge nur dann im Bußgeldbescheid aufgeführt werden, wenn die Verwaltungsbehörde seine persönliche Aussage nach einem Einspruch in einem gerichtlichen Bußgeldverfahren aus besonderen Gründen ausnahmsweise für notwendig hält. Nicht verlesungsfähig ist der im Verwaltungsverfahren erstellte „Kontrollbericht“, weil er nicht die notwendigen Angaben für das Bußgeldverfahren enthält.[2])

- **Eigene Angaben des Betroffenen**

  Angaben, die der Betroffene in Zusammenhang mit einer Anhörung im Bußgeld- oder Verwaltungsverfahren, unaufgefordert oder aufgrund eines Auskunftsverlangens gemacht hat,[3]) sind aufzuführen, wenn sie zur Beweisführung dienen sollen. Diese sind mit dem betreffenden Datum wiederzugeben, zum Beispiel *„Ihre Angaben bei der Anhörung zur Betriebsschließung vom 10.11.2020“*. Ungenügend ist die pauschale Bezeichnung *„Angaben des Betroffenen“*.

- **Bildaufnahmen der Lebensmittelüberwachung**

  Bildaufnahmen oder -aufzeichnungen[4]) sind als sogenannte Augenscheinobjekte praktisch außerordentlich wichtige Beweismittel. Bildaufnahmen sind statische Einzelbilder, Bildaufzeichnungen fortlaufende Darstellungen. Die Bezeichnung als „Bildaufnahmen bzw. Bildaufzeichnung vom 13.11.2020“ genügt dabei, eine Wiedergabe einzelner Aufnahmen ist nicht notwendig.

---

1) Zur Ordnungswidrigkeiten-Anzeige der Lebensmittelüberwachung Kapitel 4.1.

2) Zum „Kontrollbericht“ der Lebensmittelüberwachung Kapitel 3.12.

3) Zu Angaben des Betroffenen im Verwaltungsverfahren Kapitel 3.6, zur Anhörung des Betroffenen im Verwaltungs- und Bußgeldverfahren Kapitel 7.

4) Zu Bildaufnahmen der Lebensmittelüberwachung bei der Betriebskontrolle Kapitel 3.7.

► **Gutachten amtlicher Laboratorien**

Die Beweisführung zum Zustand von Lebensmitteln kann auf elektronische oder schriftliche Gutachten gestützt werden, die im Verwaltungsverfahren zur Auswertung einer vorangegangenen Probenahme (§ 43 LFGB, Artikel 34 VO [EU] 2017/625) angeordnet wurden.[1]) Sie sind doppelrelevant und dürfen auch im Bußgeldverfahren verwendet werden (§ 161 Absatz 2 Satz 1 StPO in Verbindung mit § 46 Absatz 1 OWiG). Ein Gutachten enthält zunächst Tatsachenfeststellungen und zieht daraus auf der Grundlage der besonderen Sachkunde des Sachverständigen qualifizierte Schlussfolgerungen. Bloße gutachtliche Stellungnahmen zu einzelnen von der Lebensmittelüberwachung gestellten Fragen sind daher noch keine Gutachten. Hat ein beamteter Tierarzt (Amtstierarzt) im vorangegangenen Verwaltungsverfahren bereits Maßnahmen oder Anordnungen gegenüber einem Lebensmittelunternehmer getroffen oder war er sonst an den Ermittlungen beteiligt, verfügt er nicht mehr über die notwendige Unparteilichkeit. Daher scheidet er in diesem Fall als Sachverständiger im Bußgeldverfahren wegen Besorgnis der Befangenheit aus (§ 74 StPO in Verbindung mit § 71 Absatz 1 OWiG).

Gutachten von Sachverständigen können in einem gerichtlichen Bußgeldverfahren verlesen werden (§ 256 Absatz 1 Nummer 1 Buchstabe a StPO in Verbindung mit § 46 Absatz 1 OWiG). Daher sollte in der Regel nicht der Name des unterzeichnenden Sachverständigen, sondern das Gutachten selbst als Beweismittel bezeichnet werden.

Die Probenahme beim Lebensmittelunternehmer selbst ist kein Beweismittel, sondern nur eine Maßnahme der Lebensmittelüberwachung im Verwaltungsverfahren.[2]) Sie ist daher im Straf- und Bußgeldverfahren nicht aufzubewahren und auch im Bußgeldbescheid nicht aufzuführen.

Keine Beweismittel sind die Verwaltungs- und Bußgeldakten selbst. Sie enthalten nur die oben genannten Beweismittel. Das Amtsgericht ist im gerichtlichen Bußgeldverfahren zwar nicht an die im Bußgeldbescheid bezeichneten Beweismittel gebunden, erhält aber dadurch Kenntnis, wie die Verwaltungsbehörde den Tatvorwurf der Ordnungswidrigkeit nachzuweisen beabsichtigt.

---

1) Zum Gutachten amtlicher Laboratorien im Verwaltungsverfahren Kapitel 3.9.

2) Zur Probenahme von Lebensmitteln (§ 43 LFGB) Kapitel 3.9.

9.5 Anzahl der Geldbußen bei mehreren Ordnungswidrigkeiten

Die Zumessung der Geldbuße durch die Verwaltungsbehörde im Bußgeldbescheid beruht ebenso wie bei der gerichtlichen Bußgeldentscheidung auf §§ 17 bis 20 OWiG. Das Gericht überprüft zwar nicht die behördliche Entscheidung, sondern entscheidet ohne Bindung an den Bußgeldbescheid in der Sache selbst. Eine von der Verwaltungsbehörde festgesetzte Geldbuße kann im gerichtlichen Bußgeldverfahren jedoch nur Bestand haben, wenn die gesetzlichen Zumessungsrichtlinien beachtet wurden.

Ausgangspunkt für die Zumessung der Geldbuße ist die Frage, ob eine oder mehrere Ordnungswidrigkeiten begangen wurden. Verletzt nämlich dieselbe Handlung mehrere Gesetze, nach denen sie als Ordnungswidrigkeit geahndet werden kann (ungleichartige Tateinheit), oder ein solches Gesetz mehrmals (gleichartige Tateinheit), so wird nur eine einzige Geldbuße festgesetzt (§ 19 Absatz 1 OWiG). Diese wird dann wegen der größeren Bedeutung des Gesamtverstoßes (vgl. § 17 Absatz 3 Satz 1 OWiG) höher ausfallen.

Beispiel:

Ein Lebensmittelunternehmer begeht bei der Lebensmittelherstellung zeitgleich eine Vielzahl von Lebensmittelinformationsverstößen durch unrichtige Kennzeichnung verschiedenartiger Verpackungen. Es liegt gleichartige Tateinheit von Ordnungswidrigkeiten vor, wenn durch jede Einzelhandlung dieselbe Bußgeldvorschrift verletzt ist. Werden beim Produktionsprozess auch Lebensmittelhygieneverstöße gegen eine andere Bußgeldvorschrift begangen, so liegt ungleichartige Tateinheit vor.

Tateinheit mehrerer Ordnungswidrigkeiten (§ 19 OWiG)

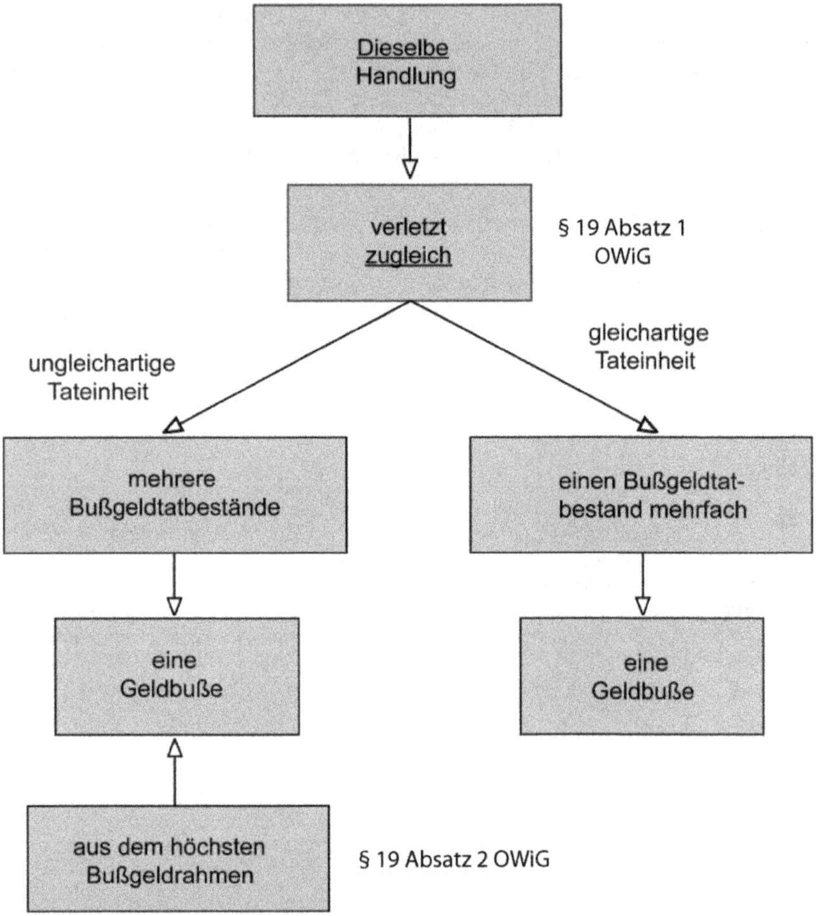

Sofern im Fall der ungleichartigen Tateinheit mehrerer Ordnungswidrigkeiten die gesetzlichen Höchstbeträge unterschiedlich sind, ist für die Zumessung der Geldbuße der höchste Bußgeldrahmen maßgeblich (§ 19 Absatz 2 Satz 1 OWiG).

Beispiel:

Ein Lebensmittelunternehmer begeht durch dieselbe Handlung zwei tateinheitliche Ordnungswidrigkeiten, die mit einem Höchstbetrag von 100 000 bzw. 50 000 Euro Geldbuße bedroht sind. Die Geldbuße ist aus dem Höchstbetrag von 100 000 Euro zu bestimmen.

Mehrere Geldbußen sind nur dann gesondert festzusetzen, wenn nicht dieselbe Handlung und daher kein Fall der Tateinheit, sondern Tatmehrheit vorliegt (§ 20 OWiG). Eine Gesamtgeldbuße gibt es im Ordnungswidrigkeitenrecht nicht. Die Geldbußen sind daher kumulativ ohne Absenkung im Einzelnen festzusetzen.[1])

Beispiel:

Ein Lebensmittelunternehmer hat nicht verzehrfähige Lebensmittel in Verkehr gebracht. Bei der *Betriebskontrolle verweigert er den Zutritt zu den Lagerräumen. Es sind zwei Geldbußen aus dem jeweils maßgeblichen Bußgeldrahmen festzusetzen.*

9.6 Gesetzliche Zumessungskriterien der Geldbuße

Das Höchstmaß der Geldbuße ist bei allen lebensmittelrechtlichen Ordnungswidrigkeiten gesetzlich festgelegt (§ 17 Absatz 1 OWiG).[2]) Es beträgt bei Ordnungswidrigkeiten, die auf § 60 Absatz 1 bis 4 LFGB beruhen, gemäß § 60 Absatz 5 LFGB

- **100 000 Euro** in den Fällen des § 60 Absatz 1 Nummer 1 in Verbindung mit 59 Absatz 1 Nummer 8 oder Nummer 10 oder Absatz 2 Nummer 1 Buchstabe a oder Buchstabe b LFGB (60 Absatz 5 Nummer 1 LFGB),
- **50 000 Euro** in den Fällen des § 60 Absatz 1 Nummer 2 in Verbindung mit Absatzes 1 Nummer 2, des Absatzes 2 Nummer 1 bis 13, 18, 24, 25 und 26 Buchstabe a, des Absatzes 3 Nummer 1 sowie des Absatzes 4 Nummer 1 Buchstabe a und Nummer 2 Buchstabe a LFGB (§ 60 Absatz 5 Nummer 2 LFGB),
- **20 000 Euro** in den übrigen Fällen (§ 60 Absatz 5 Nummer 3 LFGB).[3])

---

1) BGH, Beschluss vom 16.12.2015, Aktenzeichen 4 StR 227/15; OLG Hamm, Vorlagebeschluss vom 30.4.2015, Aktenzeichen III-3 RBs 116/15.

2) Das gesetzliche Höchstmaß der Geldbuße kann jedoch durch Abschöpfung des aus der Ordnungswidrigkeit gezogenen wirtschaftlichen Vorteils überschritten werden (§ 17 Absatz 4 OWiG). Zur Vorteilsabschöpfung Kapitel 9.9.

3) Das jeweilige Höchstmaß der Geldbuße (§ 60 Absatz 5 LFGB) wurde durch die Neufassung des LFGB ebenso wie bei den Geld- und Freiheitsstrafen (§§ 58, 59 LFGB) nicht erhöht.

Die Staffelung des Höchstmaßes der Geldbuße von 100 000, 50 000 und 20 000 Euro ist auch für Rechtsverordnungen maßgeblich, deren Bußgeldvorschriften von § 60 LFGB abgeleitet sind, insbesondere also auch für Ordnungswidrigkeiten nach der lebensmittelrechtlichen Straf- und Bußgeldverordnung (LMRStV). EU-Verordnungen selbst können dagegen keine Bußgeldvorschriften enthalten, da das Straf- und Ordnungswidrigkeitenrecht ebenso wie das Polizei- und Ordnungsrecht der Gefahrenabwehr zum nationalen Recht, nicht zum EU-Recht gehört. Ein europaweit einheitliches Sanktionensystem gibt es bisher im Lebensmittelrecht nicht. Ist also eine Zuwiderhandlung gegen ein durch EU-Verordnung bestimmtes Ge- oder Verbot nicht durch nationales deutsches Recht mit Geldbuße bedroht, liegt auch keine Ordnungswidrigkeit vor (§ 3 OWiG). Insbesondere im Lebensmittelhygienerecht klaffen daher noch immer große Ahndungslücken, deren Schließung auch bei Drucklegung der Neuauflage dieses Buches noch immer nicht absehbar war.

Beispiel:

Eine Zuwiderhandlung gegen das vom Lebensmittelunternehmer nach Anhang II Kapitel XII Nummer 1 VO (EG) Nummer 852/2004 zu beachtenden HACCP ist weder in der LMHV noch einer sonstigen nationalen deutschen Bußgeldvorschrift mit Geldbuße bedroht und daher auch keine Ordnungswidrigkeit.

Droht das Gesetz für vorsätzliches und fahrlässiges Handeln[1]) Geldbuße an, ohne im Höchstmaß zu unterscheiden, so kann fahrlässiges Handeln im Höchstmaß nur mit der Hälfte des angedrohten Höchstbetrages der Geldbuße geahndet werden (§ 17 Absatz 2 OWiG). Die gesetzlichen Höchstbeträge gelten dann nur für vorsätzliches Handeln und sind bei Fahrlässigkeit zu halbieren. Dies gilt nur bei reinen Bußgeldvorschriften nach § 60 Absatz 2 bis 4 LFGB, nicht aber bei Mischtatbeständen[2]) nach § 59/§ 60 Absatz 1 LFGB. Hier gilt das Höchstmaß der Geldbuße bereits ausdrücklich für fahrlässiges Handeln, sodass deswegen die weitere Reduzierung des Höchstbetrags der Geldbuße durch § 17 Absatz 2 OWiG ausdrücklich ausgeschlossen ist.

Beispiele:

Die Vereitelung einer Probenahme (§ 43 Absatz 1 Satz 1 LFGB) ist als vorsätzliche Ordnungswidrigkeit (§ 60 Absatz 2 Nummer 19 LFGB) in § 60 Absatz 5 Nummer 3 LFGB mit Geldbuße bis 20 000 Euro bedroht. Da für fahrlässiges Handeln kein besonderer Höchstbetrag ausgewiesen ist, beträgt das gesetzliche Höchstmaß aufgrund § 17 Absatz 2 OWiG dann nur 10 000 Euro.

1) Zur Abgrenzung von Vorsatz und Fahrlässigkeit siehe Kapitel 2.5 und 7.5.

2) Zum Begriff des Mischtatbestandes siehe Kapitel 2.2.

Eine fahrlässige Ordnungswidrigkeit nach § 59 Absatz 1 Nummer 1 in Verbindung mit § 60 Absatz 1 Nummer 2 LFGB ist nach § 60 Absatz 5 Nummer 2 LFGB mit 50 000 Euro bedroht, weil vorsätzliches Handeln bereits Straftat ist. Eine Unterscheidung des Höchstmaßes der Geldbuße für vorsätzliches und fahrlässiges Handeln ist daher nicht möglich.

Innerhalb des gesetzlichen Bußgeldrahmens richtet sich die Zumessung der Geldbuße gemäß § 17 Absatz 3 Satz 1 OWiG nach dem objektiven Merkmal „Bedeutung der Ordnungswidrigkeit" und dem subjektiven Merkmal „Vorwurf, der den Täter trifft" als Grundlagen der Ahndung.

- **Bedeutung der Ordnungswidrigkeit**

  Das objektive Merkmal bewertet das Gewicht der Verletzung der Rechtsordnung. Hierzu gehören bei Dauerordnungswidrigkeiten das Ausmaß der Zuwiderhandlungen und die Länge des Tatzeitraums, bei Tateinheit mehrerer Ordnungswidrigkeiten (§ 19 Absatz 1 OWiG)[1]) die Anzahl der einzelnen Verstöße, ihr Ausmaß und ihre Nachhaltigkeit.
- **Vorwurf, der den Täter trifft**

  Das subjektive Merkmal bewertet das persönliche Verhalten des Täters. Zu seinen Gunsten kann eine nur untergeordnete Stellung im Lebensmittelunternehmen (§ 9 Absatz 2 Satz 1 Nummer 2 OWiG) oder ein vermeidbarer Verbotsirrtum (§ 11 Absatz 2 OWiG)[2]) berücksichtigt werden, sofern er nicht auf gleichgültiger oder sogar rechtsfeindlicher Einstellung beruht. Gegen den Betroffenen sprechen dagegen ein Hinwegsetzen über eine frühere ausdrückliche Belehrung der Lebensmittelüberwachung, Androhung eines Bußgeldverfahrens und natürlich Wiederholungsfälle, in denen bereits eine Verwarnung mit Verwarnungsgeld (§ 56 Absatz 1 Satz 1 OWiG)[3]) erteilt oder eine Geldbuße durch Bußgeldbescheid festgesetzt worden war. Geldbußen, die im Gewerbezentralregister (GZR)[4]) bereits getilgt sind oder tilgungsreif sind (§ 153 GewO), dürfen dagegen nicht mehr zum Nachteil des Betroffenen berücksichtigt werden. Uneinsichtigkeit darf nur dann schärfend gewertet werden, wenn sie auf Gleichgültigkeit, nicht auf einer anderen Rechtsauffassung des Lebensmittelunternehmers als derjenigen der Verwaltung beruht.

---

1) Zur Anzahl der Geldbußen bei Tateinheit (§ 19 OWiG) und Tatmehrheit (§ 20 OWiG) siehe Kapitel 9.5.

2) Zum Verbotsirrtum (§ 11 Absatz 2 OWiG) aufgrund mangelnder Erkundigung siehe Kapitel 7.5.

3) Zur Erteilung einer Verwarnung mit Verwarnungsgeld (§ 56 Absatz 1 Satz 1 OWiG) siehe Kapitel 6.

4) Zum Gewerbezentralregister (GZR) siehe Kapitel 12.

Auch die wirtschaftlichen Verhältnisse des Täters kommen bei der Zumessung der Geldbuße in Betracht (§ 17 Absatz 3 Satz 2 Halbsatz 1 OWiG). Nur bei geringfügigen Ordnungswidrigkeiten bleiben sie in der Regel unberücksichtigt (§ 17 Absatz 3 Satz 2 Halbsatz 2 OWiG). Diese Grenze wird von der Rechtsprechung seit zwei Jahrzehnten bei einer Geldbuße von 250 Euro gezogen.[1]) Die Verwaltungsbehörde kann die wirtschaftlichen Verhältnisse des Betroffenen nur dann berücksichtigen, wenn sie ihm dazu bei der Anhörung rechtliches Gehör gegeben hat.[2]) Erscheinen diese nach den vorliegenden Angaben glaubhaft, können sie der Zumessung zugrunde gelegt werden. Andernfalls schätzt die Verwaltungsbehörde das durchschnittliche monatliche Nettoeinkommen des Betroffenen, wobei Angaben zu seinem Beruf allerdings wenig aussagekräftig sind. Macht der Betroffene keine Angaben zu seinen wirtschaftlichen Verhältnissen, können allerdings auch seine Verbindlichkeiten bei der Zumessung der Geldbuße nicht mildernd berücksichtigt werden.[3]) Ein in der Verfahrenspraxis geeigneter Schätzungsmaßstab ist der „Entgeltatlas" der Bundesagentur für Arbeit für Berufsgattungen, der allgemein im Internet zugänglich ist.

Beispiel:

Die Lebensmittelüberwachung stellt eine Reihe massiver Lebensmittelhygieneverstöße über einen längeren Zeitraum fest. Die Verwaltungsbehörde berücksichtigt den erheblichen Tatzeitraum, die Anzahl der Einzelverstöße und deren Nachhaltigkeit verschärfend bei der Bedeutung der Ordnungswidrigkeit (§ 17 Absatz 3 Satz 1 OWiG). Sie stellt außerdem im Gewerbezentralregister einen noch nicht tilgungsreifen Bußgeldbescheid mit einem einschlägigen Tatvorwurf fest und berücksichtigt den nunmehrigen Wiederholungsfall ebenfalls verschärfend beim Vorwurf, der den Täter trifft (§ 17 Absatz 3 Satz 1 OWiG). Sie hält daher eine Geldbuße von 500 Euro für erforderlich, um den Betroffenen wirksam von der erneuten Wiederholung der Zuwiderhandlung abzuhalten. Bei diesem Betrag verbleibt es, weil er aufgrund des monatlichen Nettoeinkommens des Betroffenen auch wirtschaftlich zumutbar ist (§ 17 Absatz 3 Satz 2 OWiG).

---

1) OLG Oldenburg (Oldenburg), Beschluss vom 29.10.2014, Aktenzeichen 2 Ss OWi 278/14; OLG Braunschweig, Beschluss vom 11.7.2013, Aktenzeichen 1 Ss (OWi) 92/13.

2) Zu den wirtschaftlichen Verhältnissen des Betroffenen bei der persönlichen und schriftlichen oder elektronischen Anhörung Kapitel 7.2 und 7.4.

3) OLG Hamm, Beschluss vom 13.6.2013, Aktenzeichen 1 RBs 72/13.

Höhe lebensmittelrechtlicher Geldbußen

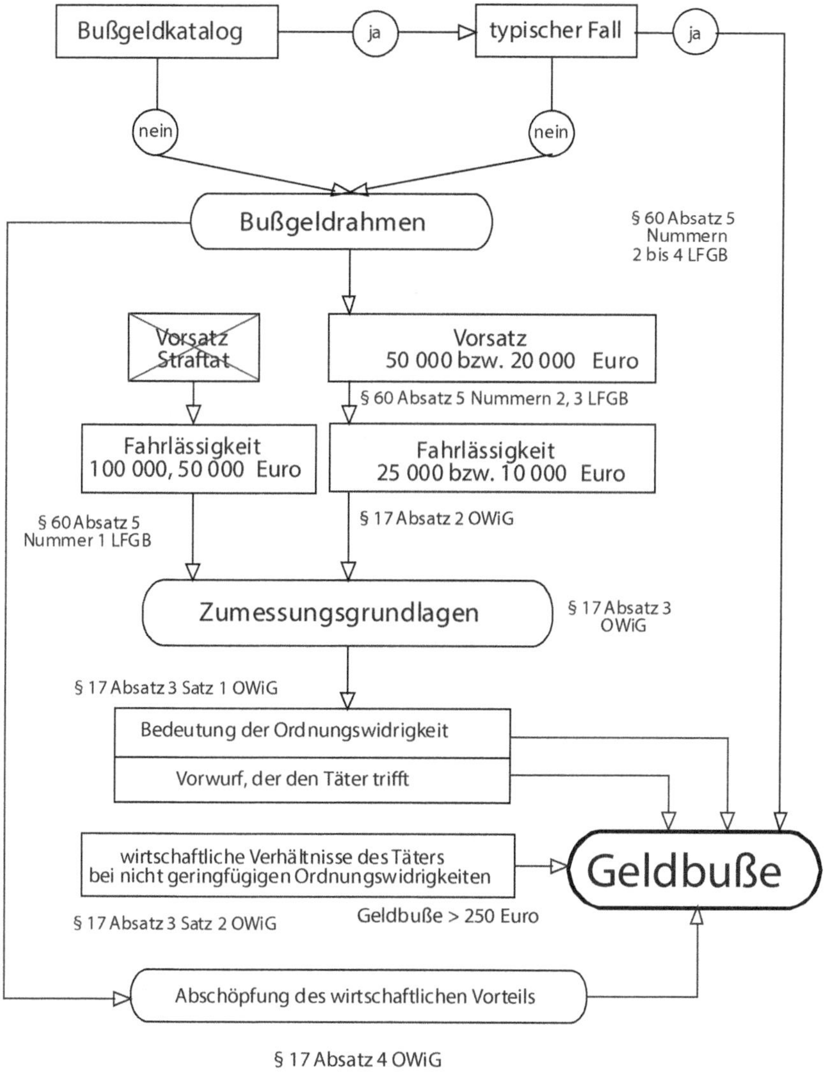

Wichtig ist, dass die Geldbuße spezialpräventiv für den Täter und generalpräventiv für Nachahmer abschreckend wirkt. Unangemessen geringe Geldbußen bergen das Risiko, vom Lebensmittelunternehmer in seine Preiskalkulation als eine Art „besondere Betriebsausgaben“ einkalkuliert zu werden. Rechtswidriges Handeln darf aber nicht „billiger“ sein als Rechtsreue. Verstöße sollten daher mit wirksamen, abschreckenden und verhältnismäßigen Sanktionen belegt werden, deren Strenge sich unter anderem nach den potenziellen Schäden im Hinblick auf die menschliche Gesundheit richtet, die aufgrund der Verstöße entstehen können, unter anderem auch in Fällen, in denen Unternehmer bei einer amtlichen Kontrolle nicht kooperieren oder in denen falsche oder irreführende amtliche Bescheinigungen oder Attestierungen vorgelegt oder verwendet werden. Damit finanzielle Sanktionen wegen Verstößen gegen Vorschriften aufgrund betrügerischer und irreführender Praktiken ausreichend abschreckend wirken, sollten sie in einer Höhe festgelegt werden, die möglichst über dem mit dem Verstoß angestrebten ungerechtfertigten Vorteil liegt (Erwägungsgrund 90 VO [EU] 2017/625).

9.7 Anwendung von Bußgeldkatalogen

Bußgeldkataloge sind interne Verwaltungsrichtlinien, die einem durchschnittlichen Verstoß eine Regelgeldbuße zuordnen.[1]) Die Verwaltungsbehörde ist an solche Vorgaben gebunden, sofern nicht ein atypischer, vom Regelfall abweichender Sachverhalt vorliegt. Für Gerichte ist ein Bußgeldkatalog nur eine grobe Orientierungshilfe ohne Bindungswirkung.[2]) Sie setzen die Geldbuße stets nach den gesetzlichen Kriterien der Einzelzumessung in § 17 OWiG fest. Während eine Vielzahl von Bußgeldkatalogen zum Beispiel im Umwelt- oder Baurecht existieren, ist dies derzeit für das Lebensmittelrecht soweit ersichtlich noch nicht der Fall. Weder das BMEL noch die zuständigen Landesministerien haben bisher Bußgeldkataloge ausgearbeitet. Eine Ausnahme bildet mittlerweile und soweit ersichtlich nur der Freistaat Sachsen.

Beabsichtigt eine Verwaltungsbehörde selbst einen Bußgeldkatalog zu erstellen, so sollte dieser keine Vollständigkeit anstreben, sondern sich auf die praktisch bedeutsamen Tatbestände beschränken. Angesichts der uferlosen Menge sich ständig erweiternder Bußgeldvorschriften ist dies auch gar nicht möglich. Die Regelgeldbußen für solche Tatbestände orien-

1) Nur der Bußgeldkatalog für Verkehrsordnungswidrigkeiten beruht auf einer Rechtsverordnung (§ 26a StVG).

2) Zum Hinweis auf die Verwendung eines Bußgeldkatalogs durch die Verwaltungsbehörde in der Begründung des Bußgeldbescheids (§ 66 Absatz 3 OWiG) siehe Kapitel 9.12.

tieren sich an Erfahrungswerten der Verwaltungsbehörde. Überregionale Bußgeldkataloge stellen eine Auswertung von Erfahrungswerten mehrerer Verwaltungsbehörden dar. Sie orientieren sich an den Merkmalen des § 17 Absatz 3 OWiG und gehen von einer durchschnittlichen Bedeutung der Ordnungswidrigkeit, einem durchschnittlichen Vorwurf, der den Täter trifft (§ 17 Absatz 3 Satz 1 OWiG), und durchschnittlichen wirtschaftlichen Verhältnissen aus. Sinnvoll ist daher eine Präambel, aus der sich ergibt, dass der Sachbearbeiter bei „atypischen" Sachverhalten nicht mehr an die Regelsätze gebunden ist. Die Einbeziehung einer Vorteilsabschöpfung gemäß § 17 Absatz 4 OWiG in einen Bußgeldkatalog scheidet naturgemäß von vornherein aus.[1])

Bei Ordnungswidrigkeiten nach § 60 Absatz 2 bis 4 LFGB liegt es nahe, bei den Regelsätzen von vorsätzlichem Handeln auszugehen und für fahrlässige Begehungsweise einen angemessenen Abschlag bis zu 50 % vorzusehen. Ebenso können angemessene Abschläge für untergeordnete Betriebsangehörige und Aufschläge für Wiederholungsfälle eingearbeitet werden. Unbedingt zu vermeiden sind dabei aus § 17 Absatz 3 OWiG nicht abzuleitende mathematische Halbierungen oder Verdoppelungen des Regelbetrags.

Weist eine Ordnungswidrigkeit in der Vollzugspraxis eine gewisse Bandbreite von Verstößen auf, kann der Bußgeldkatalog statt Festbeträgen von Geldbußen auch den gesetzlichen Bußgeldrahmen auf Mindest- und Höchstbeträge eingrenzen (zum Beispiel 150 bis 250 Euro) und damit das Ermessen des Sachbearbeiters näher festlegen. Sind diese Eckpunkte allerdings zu weit entfernt (zum Beispiel 250 bis 5 000 Euro), ist der Bußgeldkatalog jedoch praktisch nicht mehr brauchbar.

9.8 Abschöpfung des wirtschaftlichen Vorteils

Eine weitere Zumessungsrichtlinie der Geldbuße ist die Abschöpfung des wirtschaftlichen Vorteils, den der Täter aus der Ordnungswidrigkeit gezogen hat (§ 17 Absatz 4 Satz 1 OWiG). Aus der Tat gezogene wirtschaftliche Vorteile werden hiernach definiert als der Gewinn aufgrund der Ordnungswidrigkeit, und zwar abzüglich von Kosten und Aufwendungen, die zur Erzielung des Gewinns erforderlich waren.[2]) Die Geldbuße hat dann einen „ahndenden" Teil (§ 17 Absatz 3 OWiG) und einen „abschöpfenden" Teil (§ 17 Absatz 4 OWiG).[3]) Die Geldbuße hat zu gewährleisten, dass die finan-

1) Zur Vorteilsabschöpfung (§ 17 Absatz 4 OWiG) siehe Kapitel 9.8.

2) AG Lüdinghausen, Urteil vom 27.2.2012, Aktenzeichen 19 OWi 277/11.

3) OLG Karlsruhe, Beschluss vom 29.12.2016, Aktenzeichen 2 (7) SsBs 632/16.

ziellen Sanktionen bei Verstößen im Einklang mit nationalem Recht entweder mindestens dem wirtschaftlichen Vorteil für den Unternehmer entsprechen oder gegebenenfalls als Prozentsatz des Umsatzes des Unternehmers festgelegt werden (Artikel 139 Absatz 2 VO [EU] 2017/625). Eine Schätzung des Gewinns ist zulässig. Die Grundlagen, auf denen die Schätzung basiert, müssen in der gerichtlichen Bußgeldentscheidung nachvollziehbar dargelegt werden.[1]) Pauschale Schätzungen, insbesondere im Rahmen eines Bußgeldkatalogs sind deshalb ausgeschlossen. Möglich ist aber die Abschöpfung von Betriebsausgaben, die sich der Betroffene durch sein rechtswidriges Handeln erspart hat.

Beispiel:

Die Lebensmittelüberwachung stellt Hygienemängel durch starke Verschmutzungen in der Küche einer Gaststätte fest. Bei der Zumessung der Geldbuße wird ein Betrag abgeschöpft, der sich aus dem nach Lebenserfahrung geschätzten Zeitaufwand der Reinigung durch Geringverdiener und der zu reinigenden Gesamtfläche der Betriebsräume zusammensetzt.

Erst zukünftig noch zu erwartende wirtschaftliche Vorteile können nicht mit der Geldbuße abgeschöpft werden.[2]) Die Grundlagen für eine konkrete Schätzung müssen durch Anknüpfungstatsachen ermittelt werden. Geeignete Parameter für eine ersparte Grundreinigung sind

- der nach der Grundfläche der Betriebsräume geschätzte Reinigungsaufwand in Stunden und Arbeitskräften mit dem gesetzlichen Mindestlohn und
- die Anzahl der im Tatzeitraum der Dauerordnungswidrigkeit notwendigen Reinigungstage.

Die Verwaltungsbehörde kann Anknüpfungstatsachen – sofern keine eigenen Erkenntnisse der Lebensmittelüberwachung vorliegen – durch Internetrecherche oder Auskünfte bei anderen Behörden gewinnen. Rechtsgrundlage für personenbezogene Auskünfte im Bußgeldverfahren ist § 161 Absatz 1 Satz 1 StPO in Verbindung mit § 46 Absatz 1 OWiG.

Beispiel:

Der Sachbearbeiter ermittelt übliche Preise im Gebäudereinigerhandwerk durch Anfrage bei der Handwerkskammer oder Innung und stellt die Gesamtfläche der Betriebsräume durch beim Bauamt angeforderte Grundrisspläne fest.

---

1) BGH, Beschluss vom 8.12.2016, Aktenzeichen 5 StR 424/15. Zur Problematik und den Möglichkeiten der Vorteilsabschöpfung in der Rechtsprechung siehe die Erläuterungen bei *Wieser*, OWiG-Kommentar, Teil I Nummer 1 § 17 OWiG.

2) OLG Karlsruhe, Beschluss vom 29.12.2016, Aktenzeichen 2 (7) SsBs 632/16.

Die Abschöpfung des wirtschaftlichen Vorteils ist keine Nebenfolge der Ordnungswidrigkeit, sondern Bestandteil der Geldbuße. Sie besteht also aus einem „Ahndungsteil" und einem „Abschöpfungsteil".[1]) Die Vorteilsabschöpfung darf folglich im Bußgeldbescheid nicht gesondert ausgewiesen werden, sondern findet Einfluss bei der Festsetzung der Geldbuße.

Beispiel:

Die Verwaltungsbehörde geht von ersparten Aufwendungen für Reinigungskräfte von 500 Euro aus und schöpft diesen wirtschaftlichen Vorteil durch die Geldbuße ab (§ 17 Absatz 4 OWiG). Der Betrag wird durch die allgemeinen Zumessungsrichtlinien der Bedeutung der Ordnungswidrigkeit und des Vorwurfs, der den Täter trifft (§ 17 Absatz 3 Satz 1 OWiG) auf 800 Euro erhöht. Bei diesem Betrag verbleibt es, weil er aufgrund des monatlichen Nettoeinkommens des Betroffenen auch wirtschaftlich zumutbar ist (§ 17 Absatz 3 Satz 2 OWiG).

Mit der Vorteilsabschöpfung hat der Gesetzgeber bestimmt, dass der wirtschaftliche Vorteil die Untergrenze der Geldbuße ist. Die Verhängung einer Geldbuße, die niedriger als der gezogene wirtschaftliche Vorteil ist, kommt lediglich ausnahmsweise bei Abwägung aller Umstände des Einzelfalles, etwa wenn die Bedeutung der Tat und der Vorwurf, der den Täter trifft, gering sind, zum Beispiel bei einem Formalverstoß oder bei anderweitiger Abschöpfung des erlangten Vorteils in Betracht.[2])

9.9 Kosten des Bußgeldverfahrens

Der Betroffene trägt auch die Kosten des Bußgeldverfahrens (§ 105 Absatz 1 OWiG in Verbindung mit § 465 Absatz 1 StPO). Diese untergliedern sich in eine Gebühr (§ 107 Absatz 1 OWiG) und bestimmte Auslagen der Verwaltungsbehörde (§ 107 Absatz 3 OWiG). Gebühren und Auslagen dürfen nur dann durch Bußgeldbescheid erhoben werden, wenn sie auch in diesem Verfahren entstanden sind. Sofern sie im Verwaltungsverfahren entstanden sind, müssen sie auch dann in diesem Verfahren erhoben werden, wenn die Feststellungen der Lebensmittelüberwachung zur Einleitung eines Bußgeldverfahrens geführt haben.

9.9.1 Gebühr im Bußgeldverfahren

Die pauschale Gebühr des Bußgeldbescheides beträgt 5 % der Geldbuße (§ 107 Absatz 1 Satz 1, 3 OWiG), wobei mehrere Geldbußen bei Tatmehrheit (§ 20 OWiG) zusammenzurechnen sind. Bis zu einer Geldbuße von

1) LG Düsseldorf, Beschluss vom 21.11.2017, Aktenzeichen 10 KLs 14/11.

2) OLG Frankfurt (Main), Beschluss vom 11.6.2010, Aktenzeichen 2 Ss-OWi 277/10.

500 Euro oder dem Gesamtbetrag mehrerer Geldbußen bis zu 500 Euro ist der Mindestbetrag von 25 Euro anzusetzen (§ 107 Absatz 1 Satz 3 OWiG). Einem Unternehmer wird für eine amtliche Kontrolle oder eine andere amtliche Tätigkeit, die auf der Grundlage einer Beschwerde durchgeführt wurde, eine Gebühr oder Abgabe auferlegt, wenn diese Kontrolle zu der Feststellung eines Verstoßes führt (Artikel 83 Absatz 1 VO [EU] 2017/625). Diese und Gebühren nach § 63 LFGB sind jedoch im Verwaltungsverfahren entstanden und dürfen daher nur in diesem, nicht aber im Bußgeldbescheid erhoben werden. Wegen der abschließenden bundesrechtlichen Regelung sind auch landesrechtliche Bestimmungen unanwendbar.

9.9.2 Auslagen der Verwaltungsbehörde

Als Auslagen der Verwaltungsbehörde dürfen nur solche Beträge angesetzt werden, die im Bußgeldverfahren entstanden und in § 107 Absatz 3 OWiG aufgeführt sind (§ 105 Absatz 1 OWiG in Verbindung mit § 464, § 465 Absatz 1 StPO). Dies ist zunächst die **Zustellungspauschale** von 3,50 Euro (§ 107 Absatz 3 Nummer 2 OWiG) für die Zustellung des Bußgeldbescheides an den Betroffenen durch die Post oder die Behörde (§ 51 OWiG in Verbindung mit §§ 3, 4 VwZG bzw. entsprechende landesrechtliche Bestimmungen). Diese entfällt nach Einführung des elektronischen Rechtsverkehrs bei Zustellungen an den

- Betroffenen über ein von ihm zur Verfügung gestelltes besonderes elektronisches Postfach
- Rechtsanwalt als Verteidiger des Betroffenen über das besondere elektronische Anwaltspostfach (§ 31a BRAO).

Auch bei vereinfachten Zustellungen an Rechtsanwälte gegen Empfangsbekenntnis in Papierform (§ 51 OWiG in Verbindung mit § 5 Absatz 2 VwZG bzw. entsprechende landesrechtliche Bestimmungen) entfällt die Zustellungspauschale.

Die in der Kostenvormerkung für das **Gutachten** eines Landesuntersuchungsamtes als Sachverständigem aufgeführten Beträge dürfen nur dann im Bußgeldbescheid als Auslagen der Verwaltungsbehörde (§ 107 Absatz 3 Nummer 5 OWiG) aufgeführt werden, wenn die Anordnung der Lebensmittelüberwachung zumindest auch im Bußgeldverfahren auf der Rechtsgrundlage der §§ 72 ff. StPO in Verbindung mit § 46 Absatz 1 OWiG erfolgt ist.[1]) Hat die Lebensmittelüberwachung zur Anhörung eines der deutschen Sprache nicht ausreichend mächtigen Betroffenen einen **Dolmetscher**

1) Zum Gutachten eines Landesuntersuchungsamts aufgrund einer Probenahme (§ 43 LFGB) siehe Kapitel 3.9.1.

hinzugezogen,[1]) so sind entstandene Vergütungsansprüche als Auslagen nach § 107 Absatz 3 Nummer 5 OWiG festzusetzen. **Fahrtkosten** der Lebensmittelüberwachung sind bei Verwendung eines Dienstfahrzeugs in Höhe von 0,30 Euro für jeden gefahrenen Kilometer anzusetzen, soweit sie zumindest auch bei der Verfolgung von Ordnungswidrigkeiten im Bußgeldverfahren entstanden sind (§ 107 Absatz 3 Nummer 6 Buchstabe c OWiG).

Die Auslagenpauschale für die **Akteneinsicht** ist bei der Aktenversendung einer Papierakte nicht im Bußgeldbescheid, sondern vom Antragsteller zu verlangen (§ 107 Absatz 5 Satz 1 OWiG). Bei der elektronischen Akteneinsicht werden keine Auslagen erhoben (§ 107 Absatz 5 Satz 2 OWiG).

1) Zur Zuziehung eines Dolmetschers bei der Anhörung im Bußgeldverfahren (vgl. § 59 OWiG) siehe Kapitel 7.2.3.

Kosten des Bußgeldverfahrens im Bußgeldbescheid

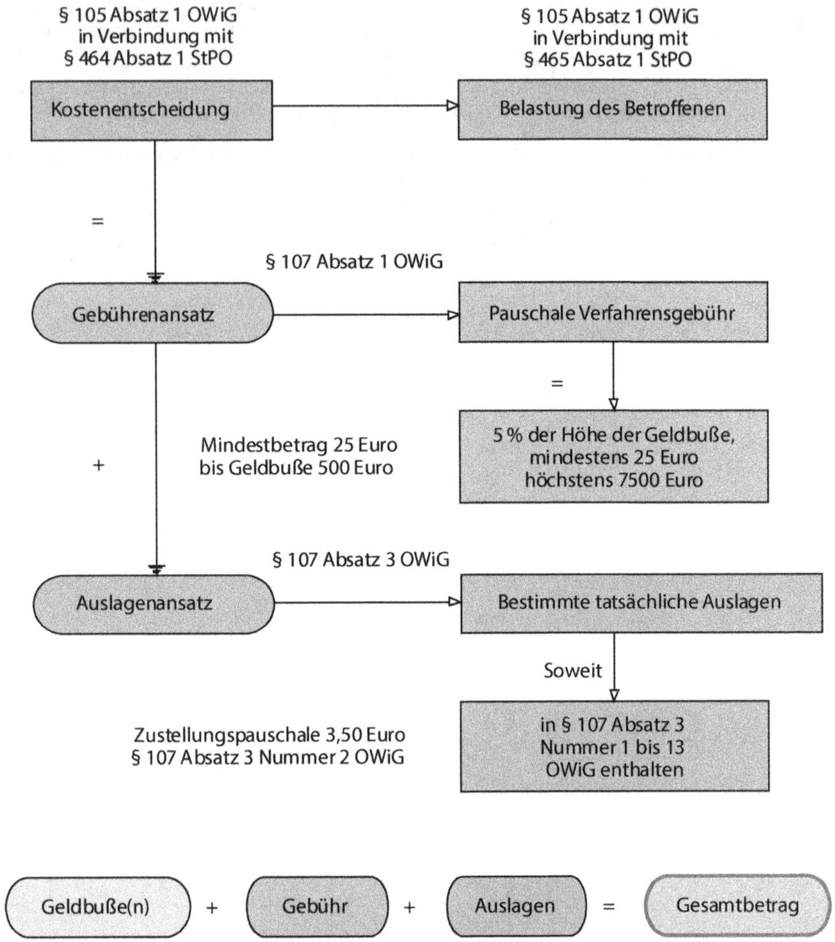

9.9.3 Kosten der Lebensmittelüberwachung

Alle Kosten, die in einem vorausgegangenen Verwaltungsverfahren entstanden sind, können daher auch dann nicht im Bußgeldbescheid aufgeführt werden, wenn sie später zur Einleitung eines Bußgeldverfahrens geführt haben. Dies betrifft insbesondere Fahrtkosten zum Betrieb oder Unternehmen, die Besichtigung von Räumen, Einrichtungen und Geschäftsunterlagen, die Probenahme und ihre Auswertung durch ein Sachverständigengutachten.[1]) Dies ist aufgrund eines konkreten Kostenverzeichnisses auch dann möglich, wenn die Maßnahmen aufgrund einer Plankontrolle nicht zu einer Beanstandung führen.[2]) Solche auf Maßnahmen oder Anordnungen (Artikel 83 Absatz 1 VO [EU] 2017/625, § 39 Absatz 2 LFGB) beruhenden Kosten sind nach den einschlägigen landesrechtlichen Bestimmungen außerhalb des Bußgeldverfahrens durch Verwaltungsakt gesondert zu erheben.[3]) Dies gilt insbesondere für die Kosten einer im Verwaltungsverfahren durchgeführten Probenahme.[4])

9.10 Verständigung der Verfahrensbeteiligten

Eine Verständigung zwischen der Verwaltungsbehörde und dem Betroffenen ist nur bezüglich der Rechtsfolgen, nicht über das Vorliegen einer Ordnungswidrigkeit möglich. Diese ist zuerst aufzuklären und dem Betroffenen hierzu rechtliches Gehör bei der Anhörung zu geben.[5]) Eine Verständigung ist folglich nur erzielbar, wenn der Betroffene den Tatvorwurf ganz oder so weit einräumt, dass die Verwaltungsbehörde bereit ist, die Verfolgung darauf zu beschränken (§ 47 Absatz 1 Satz 2 OWiG). Bevor die Tatbestandsseite durch Aufzeichnung der Anhörung nicht geklärt ist, kommt eine Verständigung über die Rechtsfolgen daher nicht in Betracht, da der Verwaltungsbehörde die Beurteilungsgrundlage dazu fehlt. Ist der Betroffene durch einen Rechtsanwalt als Verteidiger vertreten, ist eine Abstimmung über diesen herbeizuführen. Gelegentlich wenden sich auch Verteidiger selbst an die Verwaltungsbehörde, um die Möglichkeiten einer einvernehmlichen Beendigung des Bußgeldverfahrens abzuklären. Erklärungen von Rechtsanwälten, der Tatvorwurf werde eingeräumt, genügen nicht. Solche Erklärungen sind inhaltslos und dem Betroffenen nicht zuzurechnen. Erforderlich ist eine vom Betroffenen unterzeichnete substantiierte Erklärung, in dem der vorgeworfene Sachverhalt (§ 66 Absatz 1 Nummer 3 OWiG) für den Fall eingeräumt wird, dass die Geldbuße in einem bestimmten Bereich eines Mindest- und Höchstbetrags festgesetzt wird.

Eine Verständigung zwischen den Verfahrensbeteiligten kann kein freies „Aushandeln“ der Geldbuße zum Gegenstand haben. Auch ein „Vergleich“

1) VG Braunschweig, Urteil vom 23.8.2016, Aktenzeichen 5 A 141/15.

2) VG Hannover, Urteil vom 22.9.2016, Aktenzeichen 15 A 610/15.

3) VG Lüneburg, Urteil vom 6.6.2016, Aktenzeichen 6 A 121/15; Schleswig-Holsteinisches VG, Urteil vom 19.4.2013, Aktenzeichen 1 A 58/11. Zur Ordnungs- bzw. Polizeiverfügung der Lebensmittelüberwachung Kapitel 3.1.3.3 und 3.6.

4) VG Oldenburg (Oldenburg), Urteil vom 27.2.2009, Aktenzeichen 7 A 5297/06.

5) Zur Anhörung des Betroffenen (§ 55 OWiG) Kapitel 7.4.

ist dem Bußgeldverfahren fremd, da vertragliche Vereinbarungen nur im Privatrecht möglich sind.[1]) Eine Verständigung kann sich daher nur an den gesetzlichen Zumessungsrichtlinien in § 17 Absatz 3 OWiG und bei einer beabsichtigten Vorteilsabschöpfung in § 17 Absatz 4 OWiG orientieren. Wirkt der Betroffene an einer Verständigung kooperativ mit, so müssen seine Mitwirkung und die dadurch gezeigte Einsicht auch beim Vorwurf, der den Täter trifft (§ 17 Absatz 3 Satz 1 OWiG), bezüglich der Höhe der Geldbuße honoriert werden. Eine solche Milderung stellt also kein „Abkaufen“ der Bußgeldentscheidung gegen ein Geständnis der Ordnungswidrigkeit dar.

Lassen sich die gegenseitigen Vorstellungen zwischen Verwaltungsbehörde und Betroffenem sowie ggf. dessen Verteidiger nicht zu einer Übereinstimmung bringen, kommt es eben nicht zu einer Verständigung der Verfahrensbeteiligten. Der Bußgeldbescheid ist dann nach Aktenlage zu erlassen, der Betroffene kann dann eine gerichtliche Bußgeldentscheidung herbeiführen. Droht eine Verständigung an der Höhe der zu zahlenden Geldbuße zu scheitern, so kann die Verwaltungsbehörde Zahlungserleichterungen nach § 18 OWiG in Form einer Zahlungsfrist oder/und Bewilligung von Teilbeträgen anbieten.[2]) Während des Laufs von Zahlungserleichterungen ruht auch die Vollstreckungsverjährung (§ 34 Absatz 4 Nummer 3 OWiG).

Beispiel:

> Der Betroffene erklärt, die von der Verwaltungsbehörde vorgesehene Geldbuße nicht bezahlen zu können, weil sein Eislokal nur im Sommer geöffnet sei und nur mäßigen Gewinn abwerfe. Die Verwaltungsbehörde bietet für den Fall einer Verständigung eine Zahlungsfrist bis August des nächsten Jahres und Teilbeträge für die folgende Zahlung der Geldbuße an.

Nach einer Verständigung kann ein Bußgeldbescheid, über dessen Inhalt Einigkeit erzielt wurde, unmittelbar erlassen und durch Übergabe zugestellt werden (§ 51 Absatz 2 OWiG), sodass die Einspruchsfrist (§ 67 Absatz 1 Satz 1 OWiG) zu laufen beginnt. Der Betroffene kann nach einer Verständigung über die Höhe der Geldbuße nicht (!) wirksam auf einen Einspruch als Rechtsbehelf verzichten (§ 302 Absatz 1 Satz 2 StPO in Verbindung mit § 67 Absatz 2 OWiG). Er kann daher trotz einer entsprechenden Erklärung gegenüber der Verwaltungsbehörde innerhalb der zweiwöchigen Einspruchsfrist (§ 67 Absatz 1 Satz 1 OWiG) noch wirksam einen Rechtsbehelf einlegen.

---

1) Nur dort, nicht aber im Bußgeldverfahren ist ein Vergleichsvertrag nach § 779 BGB möglich.

2) Zur Bewilligung von Zahlungserleichterungen (§ 18 OWiG) Kapitel 9.11.

9.11 Zahlungserleichterungen

Bei einer Verständigung der Verfahrensbeteiligten oder von Amts wegen sind dem Betroffenen bereits im Bußgeldbescheid Zahlungserleichterungen zu bewilligen, wenn ihm nach seinen wirtschaftlichen Verhältnissen nicht zuzumuten ist, die Geldbuße sofort zu zahlen. Die Verwaltungsbehörde kann ihm eine Zahlungsfrist bewilligen (Stundungswirkung) oder gestatten, die Geldbuße in bestimmten Teilbeträgen („Raten") zu zahlen (§ 18 Satz 1 OWiG). Die Bewilligung von Teilbeträgen kann mit einer Verfallklausel verbunden werden, nach der die Vergünstigung entfällt, wenn der Betroffene einen Teilbetrag nicht rechtzeitig zahlt (§ 18 Satz 2 OWiG), also in Verzug gerät. Beide Möglichkeiten können auch kombiniert werden. Eine Anordnung der Verzinsung ist dagegen mangels Rechtsgrundlage nicht möglich.

Beispiele:

Dem Betroffenen wird eine Zahlungsfrist von sechs Monaten bewilligt, die mit der Rechtskraft des Bußgeldbescheides beginnt. Die Geldbuße wird abweichend von der Rechtsbehelfsbelehrung erst zu diesem Zeitpunkt fällig.

Der Betroffene kann die Geldbuße sodann in monatlichen Teilbeträgen von 150 Euro jeweils zum 15. eines Monats entrichten. Diese Vergünstigung entfällt, wenn er mit einem Teilbetrag in Verzug gerät.

Die Vollzugspraxis zeigt, dass die Bewilligung von Zahlungserleichterungen im Bußgeldbescheid zu einer Abnahme von Rechtsbehelfen führt.

Zahlungserleichterungen im Bußgeldbescheid (§ 18 OWiG)

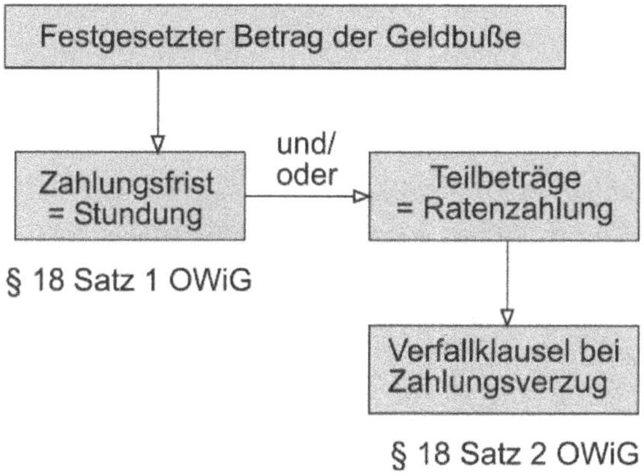

9.12 Begründung des Bußgeldbescheides

Der Bußgeldbescheid ist gegenüber der gerichtlichen Bußgeldentscheidung nur ein vorläufiger Bescheid, der ein Angebot an den Betroffenen enthält, mit dem er sich jedoch nicht abzufinden braucht. § 66 Absatz 3 OWiG verlangt daher über die Angaben zum Tatvorwurf (§ 66 Absatz 1 Nummer 3 OWiG) und zu den Beweismitteln (§ 66 Absatz 1 Nummer 4 OWiG) hinaus keine weitere Begründung.[1]) Diese ist bei Bußgeldbescheiden mit einfachen Sachverhalten und geringen Geldbußen auch weder sinnvoll noch üblich. Handelt es sich jedoch um umfangreiche Sachverhalte und erhebliche Geldbußen, so ist eine Begründung zur Information des Betroffenen, seines Verteidigers und ggf. des später mit der Sache befassten Gerichts angebracht. Sie sollte auf zwei wichtige Themen eingehen, nämlich vorgebrachte Einwendungen des Betroffenen gegen den Tatvorwurf und die Zumessung der Geldbuße im Bußgeldbescheid. Dabei können folgende Einzelheiten von Bedeutung sein:

1. **Einwendungen gegen den Tatvorwurf**
   a) Stellungnahme zu rechtlichen Einwendungen,
      - verwaltungsrechtliche Tatbestandsmerkmale (zum Beispiel Zustand von Lebensmitteln)
      - materielles Ordnungswidrigkeitenrecht (zum Beispiel Tatbestands- oder Verbotsirrtum)
      - formelles Ordnungswidrigkeitenrecht (zum Beispiel Verjährungseinwand)

   b) Stellungnahme zu tatsächlichen Einwendungen,
      - Widerlegung von Schutzbehauptungen durch Ermittlungsergebnis
      - Gründe für die Ablehnung oder Ergebnis durchgeführter Beweisanträge
2. **Zumessung der Geldbuße**
   > Vorhandener Bußgeldkatalog:
      - Wiedergabe und Erläuterung des Regelsatzes,
      - bei Rahmensätzen innerhalb des Rahmensatzes Einzelzumessung nach unten b und c.

   > Kein Bußgeldkatalog: Einzelzumessung nach a bis c
      a) Bußgeldrahmen (Vorsatz oder Fahrlässigkeit, § 17 Absatz 2 OWiG)

---
1) Zur Begründung einer Ordnungs- oder Polizeiverfügung als Verwaltungsakt (§ 39 Absatz 1 Satz 1 VwVfG, § 80 Absatz 3 VwGO) Kapitel 3.1.3.4 und 3.1.6.

b) Allgemeine Zumessungsrichtlinien (§ 17 Absatz 3 OWiG)
   - Bedeutung der Ordnungswidrigkeit (zum Beispiel Dauer, Häufigkeit, Regelmäßigkeit)
   - Vorwurf, der den Täter trifft (zum Beispiel Verbotsirrtum oder Wiederholungsfall)
   - Wirtschaftliche Verhältnisse (Angabe des Betroffenen oder Schätzung der Behörde)

c) Abschöpfung des wirtschaftlichen Vorteils (§ 17 Absatz 4 OWiG)

Bußgeldbescheid gegen den Inhaber einer Einzelfirma (natürliche Person) wegen Inverkehrbringens unsicherer Lebensmittel

Landratsamt Neukirchen Zentrale Bußgeldstelle

Landratsamt Neukirchen, Postfach 5678, 88888 Neukirchen

Zustellungsurkunde
Frau
Silvia Werner
Droste-Hülshoff-Straße 112
88881 Freiberg

Dienstgebäude	Feuerbachstraße 43 88888 Neukirchen
Zimmer	0432
Sachbearbeiter(in)	Frau Weber
Telefon	(0823) 8878-342
Telefax	(0823) 8878-340
E-Mail	zbslra@neukirchen.de

Ihr Zeichen, Ihre Nachricht vom	Bitte bei Antwort angeben Unser Zeichen, Unsere Nachricht vom	Datum
	0987665/20	xxyyzzzz

Betroffene:

Frau Silvia Werner, Geburtsname Rosenbauer, geb. 11.09.1978 in Mittweida, Droste-Hülshoff-Straße 112, 88881 Freiberg

Verteidiger: -

Bußgeldbescheid

Sehr geehrte Frau Werner,

nach unseren Feststellungen haben Sie folgende Ordnungswidrigkeit begangen:

Sie haben am xxyyzzzz als Inhaberin der Firma Lemex-Lebensmittelgroßhandel, Freiberg, Lortzingstraße 12, 2830 kg argentinisches Rindfleisch an die Firma Globus-Verbrauchermärkte GmbH in Neustadt ausgeliefert. Dabei erkannten Sie aufgrund mangelnder Sorgfalt nicht, dass die Lebensmittel wegen Überlagerung zwischen sechs und neun Monaten nicht mehr zum Verzehr durch den Menschen geeignet waren.

Ordnungswidrig handelt,

wer fahrlässig entgegen § 11 Absatz 2 Nummer 1 Lebensmittel- und Futtermittelgesetzbuch (LFGB) ein Lebensmittel in den Verkehr bringt. Es ist verboten, andere als dem Verbot des Artikel 14 Absatz 1 in Verbindung mit Absatz 2 Buchstabe b der VO (EG) Nummer 178/2002 unterliegende Lebensmittel, die für den Verzehr durch den Menschen ungeeignet sind, in den Verkehr zu bringen (§ 11 Absatz 2 Nummer 1 LFGB).

Verletzte Bußgeldvorschriften

§ 59 Absatz 1 Nummer 8 in Verbindung mit § 60 Absatz 1 Nummer 1 Lebensmittel- und Futtermittelgesetzbuch (LFGB) in der Fassung der Bekanntmachung vom 03. Juni 2013 (BGBl. I S. 1426).

Beweismittel

a) Ihre Angaben bei der persönlichen Anhörung vom 13.10.2020
b) Ermittlungsbericht der Lebensmittelüberwachung vom 13.10.2020
c) Bildaufzeichnung von eingesehenen Belegen und Schriftverkehr
d) Gutachten der Staatlichen Untersuchungsanstalt Mittelstadt vom 20.10.2020

Als Folge dieser Ordnungswidrigkeit setzen wir gegen Sie folgende Geldbuße fest (§ 17 OWiG). Sie tragen auch die Kosten des Bußgeldverfahrens (§§ 464, 465 Absatz 1 StPO in Verbindung mit § 46 Absatz 1 OWiG). Diese bestehen aus der Verfahrensgebühr (§ 107 Absatz 1 OWiG) und unseren Auslagen (§ 107 Absatz 3 OWiG).

Geldbußen	5000,00 Euro
Gebühr	250,00 Euro
Auslagen	3,50 Euro
Gesamtbetrag	5253,50 Euro

Zahlungserleichterungen

Sie können die Geldbuße und die Kosten des Bußgeldverfahrens in monatlichen Teilbeträgen von 500 Euro jeweils zum 15. eines Monats ab Rechtskraft des Bußgeldbescheids bezahlen (§ 18 Satz 1 OWiG). Diese Vergünstigung entfällt bezüglich des Restbetrags, wenn Sie mit einem Teilbetrag in Verzug geraten (§ 18 Satz 2 OWiG).

Begründung des Bußgeldbescheides

1) Ihre Angaben bei der Anhörung vom xxyyzzzz

   Die von Ihnen veräußerten Lebensmittel sind nach dem Gutachten der Staatlichen Untersuchungsanstalt Mittelstadt wegen Überlagerung zwischen sechs und neun Monaten durchgehend für den menschlichen Verzehr nicht mehr geeignet. Ihre Auffassung, hierfür als bloßer Zwischenhändler keine Verantwortung zu tragen, kann Sie nicht entlasten. Jeder Lebensmittelunternehmer auf den verschiedenen Handelsstufen ist nach § 11 Absatz 2 Nummer 1 LFGB selbstständig dafür verantwortlich, keine für den menschlichen Verzehr ungeeigneten Lebensmittel in den Verkehr zu bringen. Sie hätten sich daher zumindest durch ausreichende Stichproben über die Verkehrsfähigkeit des Rindfleisches zu vergewissern gehabt und hätten sich keinesfalls auf die mehrjährige einwandfreie Geschäftsbeziehung zu Ihrem Geschäftspartner verlassen dürfen.

2) Zumessung der Geldbuße (§ 17 Absatz 3 OWiG):

   Die Ordnungswidrigkeit ist mit Geldbuße bis 100 000 Euro bedroht (§ 60 Absatz 5 Nummer 1 LFGB). Bei der Zumessung der Geldbuße haben wir folgende Umstände berücksichtigt:

a) Bedeutung der Ordnungswidrigkeit (§ 17 Absatz 3 Satz 1 OWiG):

Verschärfend wirkte sich die Menge der in Verkehr gebrachten Lebensmittel von 830 kg Rindfleisch aus. Zu Ihrem Nachteil musste auch berücksichtigt werden, dass die gesamte verkehrsunfähige Lieferung von Ihrem Kunden bereits verkauft wurde und eine Gefährdung der Endverbraucher daher nicht mehr verhindert werden konnte.

b) Vorwurf, der den Täter trifft (§ 17 Absatz 3 Satz 1 OWiG):

Verschärfend mussten wir berücksichtigen, dass im Gewerbezentralregister bereits zwei Eintragungen vom 03.11.2012 und 15.04.2013 wegen vergleichbarer lebensmittelrechtlicher Ordnungswidrigkeiten enthalten sind und daher ein Wiederholungsfall vorliegt.

c) Wirtschaftliche Verhältnisse (§ 17 Absatz 3 Satz 2 OWiG):

Das Monatseinkommen musste für die Zumessung der Geldbuße geschätzt werden, da Sie bei der Anhörung dazu keine nachvollziehbaren Angaben gemacht haben. Wir schätzen Ihr Einkommen als Inhaberin eines mittelständischen Unternehmens der Lebensmittelbranche auf 2500 Euro netto.

Hinweis auf strafbares Verhalten im Wiederholungsfall

Aus gegebenem Anlass weisen wir Sie darauf hin, dass bei vorsätzlichem Handeln keine Ordnungswidrigkeit, sondern bereits eine **Straftat** vorliegt (§ 11 Absatz 2 Nummer 1 in Verbindung mit § 59 Absatz 1 Nummer 8 LFGB). Diese ist mit **Freiheitsstrafe bis zu einem Jahr oder Geldstrafe** bedroht. Bei einem Wiederholungsfall müssen Sie daher mit einer Strafanzeige an die Staatsanwaltschaft rechnen.

Rechtsbehelfsbelehrung

Gegen diesen Bußgeldbescheid können Sie innerhalb von zwei Wochen ab Zustellung bei dem Landratsamt Neukirchen schriftlich oder zur Niederschrift Einspruch einlegen (§ 67 OWiG). *Sie können den Einspruch auch elektronisch einlegen. Verwenden Sie dazu unser Internetportal <<Bezeichnung>> mit der Kennung <<Bezeichnung>> und dem Passwort <<Bezeichnung>>. Andere als die dort bezeichneten Dateiformate sind dabei unzulässig.*[1]*)* Der Rechtsbehelf ist in deutscher Sprache einzulegen (§ 184 GVG in Verbindung mit § 46 Absatz 1 OWiG).

1) Die kursiv dargestellten Sätze betreffen die Einlegung des Einspruchs als Rechtsbehelf nach Einführung des elektronischen Rechtsverkehrs. Sie sind daher erst nach Erlass einer entsprechenden Einführungsverordnung im Bereich der Verwaltungsbehörde hinzuzufügen.

Sofern Sie eine Begründung des Einspruchs beabsichtigen, bitten wir Sie, diese möglichst mit der Einlegung des Einspruchs zu verbinden.

Falls wir den Bußgeldbescheid trotz eines Einspruchs aufrechterhalten (§ 69 Absatz 2 Satz 1 OWiG), entscheidet das Amtsgericht aufgrund dieses Bußgeldbescheides über das Vorliegen einer Ordnungswidrigkeit und die Rechtsfolgen aufgrund einer mündlichen Hauptverhandlung (§ 71 OWiG), ohne an die Höhe der festgesetzten Geldbuße gebunden zu sein. Das Gericht kann mit Ihrer Zustimmung auch durch schriftlichen Beschluss entscheiden (§ 72 OWiG), wobei es an die Rechtsfolgen des Bußgeldbescheides gebunden ist.

Zahlungsaufforderung

Nach Rechtskraft des Bußgeldbescheides ist die Geldbuße innerhalb weiterer zwei Wochen (also vier Wochen ab Zustellung) an die Kreiskasse oder eines der in den Fußzeilen der ersten Seite dieses Bescheides bezeichneten Konten zu bezahlen (§ 95 Absatz 1 OWiG), sofern keine abweichenden Zahlungsfristen bewilligt sind.

Hinweis auf Erzwingungshaft

Unterbleibt die Zahlung und wird auch eine Zahlungsunfähigkeit nicht dargelegt, so kann die Geldbuße durch die vom Amtsgericht angeordnete Erzwingungshaft gegen einen gesetzlichen Vertreter durchgesetzt werden (§ 96 OWiG). Bei Unmöglichkeit sofortiger Zahlung sind Zahlungserleichterungen (Zahlungsfrist, Teilleistungen) möglich (§ 18, § 93 OWiG).

Mit freundlichen Grüßen

Bußgeldbescheid gegen den Inhaber einer Einzelfirma (natürliche Person) wegen unterlassener Unterrichtung der Behörde über unsichere Lebensmittel

Landratsamt Neukirchen Zentrale Bußgeldstelle

Landratsamt Neukirchen, Postfach 5678, 88888 Neukirchen

Zustellungsurkunde
Frau
Silvia Werner
Droste-Hülshoff-Straße 112
88881 Freiberg

Dienstgebäude	Feuerbachstraße 43 88888 Neukirchen
Zimmer	0432
Sachbearbeiter(in)	Frau Weber
Telefon	(0823) 8878-342
Telefax	(0823) 8878-340
E-Mail	zbsira@neukirchen.de

Ihr Zeichen, Ihre Nachricht vom	Bitte bei Antwort angeben Unser Zeichen, Unsere Nachricht vom	Datum
	0987665/20	xxyyzzzz

Betroffene:

Frau Silvia Werner, Geburtsname Rosenbauer, geb. 11.09.1978 in Mittweida, Droste-Hülshoff-Straße 112, 88881 Freiberg

Verteidiger: –

Bußgeldbescheid

Sehr geehrte Frau Werner,

nach unseren Feststellungen haben Sie folgende Ordnungswidrigkeit begangen:

Die Firma Zentralfleisch Ltd., Nordstadt hat der von Ihnen betriebenen Firma Lemex, Lebensmittelgroßhandel, Freiberg, am xxyyzzzz auf Ihre Bestellung vom xxyyzzzz mindestens 32 t argentinisches Rindfleisch geliefert, die Sie in einem Kühlhaus Ihres Unternehmens zum Zweck des Weiterverkaufs an Einzelhändler vorübergehend einlagerten. Wegen fehlender Eignung zum Verzehr durch Überlagerung beanstandeten Sie am xxyyzzzz die Lieferung bei der Firma Zentralfleisch Ltd., die sie daraufhin am xxyyzzzz zurücknahm und an einen anderen Lebensmittelunternehmer auslieferte. Sie unterließen es wissentlich, das Landratsamt Neukirchen ohne schuldhaftes Zögern nach dem xxyyzzzz schriftlich oder elektronisch unter Angabe Ihres Namens und Ihrer Anschrift darüber unter Angabe des Namens und der Anschrift des Lieferanten zu unterrichten.

Ordnungswidrig handelt,

wer vorsätzlich entgegen § 44 Absatz 4 Satz 1 Lebensmittel- und Futtermittelgesetzbuch (LFGB) die zuständige Behörde nicht unterrichtet. Ergänzend zu Artikel 19 Absatz 1 Satz 1 VO (EG) Nummer 178/2002 hat ein Lebensmittelunternehmer, der Grund zu der Annahme hat, dass ein von ihm angeliefertes Lebensmittel (Nummer 1) oder ein von ihm erworbenes Lebensmittel, über das er die tatsächliche unmittelbare Sachherrschaft erlangt hat (Nummer 2) einem Verkehrsverbot nach Artikel 14 Absatz 1 der VO (EG) Nummer 178/2002 unterliegt, unverzüglich die für die Überwachung zuständig Behörde schriftlich oder elektronisch unter Angabe seines Namens und seiner Anschrift darüber unter Angabe des Namens und der Anschrift desjenigen, von dem ihm das Lebensmittel angeliefert worden ist oder von dem er das Lebensmittel erworben hat, zu unterrichten (§ 44 Absatz 4 Satz 1 LFGB).

Verletzte Bußgeldvorschriften:

§ 60 Absatz 2 Nummer 22 Lebensmittel- und Futtermittelgesetzbuch (LFGB) in der Fassung der Bekanntmachung vom 03. Juni 2013 (BGBl. I S. 1426).

Beweismittel

a) Ihre Angaben bei der persönlichen Anhörung vom xxyyzzzz

b) Ermittlungsbericht der Lebensmittelüberwachung vom xxyyzzzz

c) Bildaufzeichnung von eingesehenen Belegen und Schriftverkehr

Als Folge dieser Ordnungswidrigkeit setzen wir gegen Sie die folgende Geldbuße fest (§ 17 OWiG). Sie tragen auch die Kosten des Bußgeldverfahrens (§§ 464, 465 Absatz 1 StPO in Verbindung mit § 46 Absatz 1 OWiG). Diese bestehen aus der Verfahrensgebühr (§ 107 Absatz 1 OWiG) und unseren Auslagen (§ 107 Absatz 3 OWiG).

Geldbußen	2000,00 Euro
Gebühr	100,00 Euro
Auslagen	3,50 Euro
Gesamtbetrag	2103,50 Euro

Begründung des Bußgeldbescheides

1) Ihre Angaben bei der Anhörung vom xxyyzzzz

   Ihre Auffassung, die gesetzliche Verpflichtung sei Ihnen völlig unbekannt gewesen, weil wir Sie bei keiner unserer bisherigen Betriebskontrollen darüber aufgeklärt hätten, entlastet Sie nicht. Den Lebensmittelunternehmer trifft eine Erkundigungspflicht auch über neue oder geänderte Bestimmungen, um einen Irrtum über die Ordnungswidrigkeit seines Verhaltens zu vermeiden (§ 11 Absatz 2 OWiG). Gerade im Lebensmittelrecht drängt sich die Veränderung rechtlicher Bestimmungen auf, so dass eine ständige Fortbildung zu den Grundvoraussetzungen der unternehmerischen Zuverlässigkeit gehört. Die von Ihnen angeregte Einstellung des Bußgeldverfahrens (§ 47 Absatz 1 Satz 2 OWiG) ist nicht möglich, weil die Ahndung mit Geldbuße als ernste Pflichtenmahnung angesichts zweier Vorahndungen und der Menge der in diesem Fall betroffenen unsicheren Lebensmittel eine erneute Ahndung geboten erscheinen lässt.

2) Zumessung der Geldbuße (§ 17 Absatz3 OWiG)

   Die Ordnungswidrigkeit ist mit Geldbuße bis 20 000 Euro bedroht (§ 60 Absatz 5 Nummer 3 LFGB). Bei der Zumessung der Geldbuße haben wir folgende Umstände berücksichtigt:

   a) Bedeutung der Ordnungswidrigkeit (§ 17 Absatz 3 Satz 1 OWiG)

      Verschärfend wirkte sich die Menge der bei Ihnen gelagerten Lebensmittel von mindestens 32 t aus. Die Ordnungswidrigkeit hat daher ein sehr erhebliches Ausmaßen.

   b) Vorwurf, der den Täter trifft (§ 17 Absatz 3 Satz 1 OWiG)

      Verschärfend mussten wir berücksichtigen, dass im Gewerbezentralregister bereits zwei Eintragungen vom 03.11.2017 und 15.04.2018 wegen vergleichbarer lebensmittelrechtlicher Ordnungswidrigkeiten enthalten sind und daher ein Wiederholungsfall vorliegt.

   c) Wirtschaftliche Verhältnisse (§ 17 Absatz 3 Satz 2 OWiG)

      Das Monatseinkommen musste für die Zumessung der Geldbuße geschätzt werden, da Sie bei der Anhörung dazu keine nachvollziehbaren Angaben gemacht haben. Wir schätzen Ihr Einkommen als Inhaberin eines mittelständischen Unternehmens der Lebensmittelbranche auf 2500 Euro netto.

Rechtsbehelfsbelehrung

Gegen diesen Bußgeldbescheid können Sie innerhalb von zwei Wochen ab Zustellung bei dem Landratsamt Neukirchen schriftlich oder zur Niederschrift Einspruch einlegen (§ 67 OWiG). *Sie können den Einspruch auch elektronisch einlegen. Verwenden Sie dazu unser Internetportal <<Bezeichnung>> mit der Kennung <<Bezeichnung>> und dem Passwort <<Bezeichnung>>. Andere als die dort bezeichneten Dateiformate sind dabei unzulässig.[1])* Der Rechtsbehelf ist in deutscher Sprache einzulegen (§ 184 GVG in Verbindung mit § 46 Absatz 1 OWiG).

Sofern Sie eine Begründung des Einspruchs beabsichtigen, bitten wir Sie, diese möglichst mit der Einlegung des Einspruchs zu verbinden.

Falls wir den Bußgeldbescheid trotz eines Einspruchs aufrechterhalten (§ 69 Absatz 2 Satz 1 OWiG), entscheidet das Amtsgericht aufgrund dieses Bußgeldbescheides über das Vorliegen einer Ordnungswidrigkeit und die Rechtsfolgen aufgrund einer mündlichen Hauptverhandlung (§ 71 OWiG),

1) Die kursiv dargestellten Sätze betreffen die Einlegung des Einspruchs als Rechtsbehelf nach Einführung des elektronischen Rechtsverkehrs. Sie sind daher erst nach Erlass einer entsprechenden Einführungsverordnung im Bereich der Verwaltungsbehörde hinzuzufügen.

ohne an die Höhe der festgesetzten Geldbuße gebunden zu sein. Das Gericht kann mit Ihrer Zustimmung auch durch schriftlichen Beschluss entscheiden (§ 72 OWiG), wobei es an die Rechtsfolgen des Bußgeldbescheides gebunden ist.

Zahlungsaufforderung

Nach Rechtskraft des Bußgeldbescheides ist die Geldbuße innerhalb weiterer zwei Wochen (also vier Wochen ab Zustellung) an die Kreiskasse oder eines der in den Fußzeilen der ersten Seite dieses Bescheides bezeichneten Konten zu bezahlen (§ 95 Absatz 1 OWiG), sofern keine abweichenden Zahlungsfristen bewilligt sind.

Hinweis auf Erzwingungshaft

Unterbleibt die Zahlung und wird auch eine Zahlungsunfähigkeit nicht dargelegt, so kann die Geldbuße durch die vom Amtsgericht angeordnete Erzwingungshaft gegen einen gesetzlichen Vertreter durchgesetzt werden (§ 96 OWiG). Bei Unmöglichkeit sofortiger Zahlung sind Zahlungserleichterungen (Zahlungsfrist, Teilleistungen) möglich (§ 18, § 93 OWiG).

Mit freundlichen Grüßen

9.13 Zustellung des Bußgeldbescheides

Auch nach Einführung des elektronischen Rechtsverkehrs besteht für den Betroffenen keine Verpflichtung, ein elektronisches Postfach einzurichten und mitzuteilen. Eine elektronische Zustellung ist daher nur möglich, wenn der Betroffene bei der Betriebskontrolle im Verwaltungsverfahren oder bei der Anhörung auf Anregung der Verwaltungsbehörde ein geeignetes elektronisches Postfach zur Verfügung stellt. Eine der Lebensmittelüberwachung bekannte E-Mail-Adresse des Betroffenen genügt dazu nicht. Sofern er dies nicht anbietet, verbleibt es folglich bei der herkömmlichen Zustellung eines Ausdrucks durch die Post mit Zustellungsurkunde (§ 51 Absatz 1 OWiG in Verbindung mit § 3 VwZG). Die Notwendigkeit der „Postzustellungsurkunde" (PZU) bleibt daher auch nach der endgültigen Einführung des elektronischen Rechtsverkehrs ab 2026 erhalten. Der Bußgeldbescheid ist mit der Post grundsätzlich dem Betroffenen selbst zuzustellen (§ 51 Absatz 2 OWiG). Eine Zustellung über das Unternehmen, bei dem er als Geschäftsführer, Filial- oder Abteilungsleiter nur beschäftigt ist, ist daher unzulässig. Auch Umgehungsversuche wie „zu Händen" oder „Herrn Maier in Firma" ändern daran nichts. Abgesehen davon würde ein solcher Umgehungsversuch eine unrechtmäßige Offenbarung personenbezogener Daten an Dritte bedeuten (Artikel 6 DSGVO).

Ein solcher Zustellungsmangel setzt zudem die Einspruchsfrist (§ 67 Absatz 1 Satz 1 OWiG) nicht in Lauf, sodass der Bußgeldbescheid nicht rechtskräftig werden kann. Außerdem wird die Verfolgungsverjährung (§ 33 Absatz 1 Satz 1 Nummer 9 OWiG) nicht unterbrochen. Die Privatanschrift des Betroffenen muss daher spätestens bei Erlass des Bußgeldbescheids bekannt sein.[1])

Beispiel:

Herrn
Klaus Müller
Lenaustraße 12
12345 Neustadt

Fehlbeispiel:

Firma Fleischfrost GmbH
zu Händen Herrn Klaus Müller
Gewerbering 112
23456 Altstadt

1) Zur Ermittlung der Adresse des Betroffenen durch Identitätsfeststellung (§ 163b Absatz 1 StPO in Verbindung mit § 46 Absatz 1 OWiG) siehe Kapitel 3.10.

Bei anwaltlich verteidigten Betroffenen ist die besondere bußgeldrechtliche Bestimmung des § 51 Absatz 3 OWiG zur wechselseitigen Zustellung und Benachrichtigung zu beachten. An wen zustellen ist, richtet sich danach, ob sich zum Zeitpunkt der Zustellung eine nachgewiesene Vollmacht bei den Bußgeldakten befindet. In diesem Fall erfolgt die Zustellung an in Deutschland zugelassene Rechtsanwälte nach Einführung des elektronischen Rechtsverkehrs vom besonderen elektronischen Behördenpostfach an das besondere elektronische Anwaltspostfach (§ 31a BRAO). Solange diese Zustellungsform noch nicht durch Rechtsverordnung erlaubt ist, ist in der Regel an den Verteidiger ein Ausdruck gegen Empfangsbekenntnis zuzustellen (vgl. § 51 Absatz 1 OWiG in Verbindung mit § 5 Absatz 2 VwZG), der Betroffene ist über die Zustellung formlos zu benachrichtigen. Umgekehrt ist die Zustellung an den Betroffenen zu richten, wenn keine nachgewiesene Vollmacht aktenkundig ist. Die bloße Mandatsanzeige des Rechtsanwaltes ersetzt diese nicht. Die Zustellung an den Betroffenen sollte im Bußgeldverfahren stets öffentlich-rechtlich mit Zustellungsurkunde durch die Post (§ 51 Absatz 1 OWiG in Verbindung mit § 3 VwZG),[1]) nicht privatrechtlich durch Einschreiben (§ 51 Absatz 1 OWiG in Verbindung mit § 4 VwZG) vorgenommen werden, weil nur diese die Vorteile eines sicheren Zugangs bietet. Stellt die Verwaltungsbehörde an den Betroffenen zu, ist der Verteidiger über das besondere elektronische Anwaltspostfach (§ 31a BRAO) bzw. durch einfachen Brief zu benachrichtigen. Eine Zustellung durch Einschreiben mit Rückschein (§ 51 Absatz 1 OWiG in Verbindung mit § 4 VwZG) ist nur dann notwendig, wenn sie im Ausland zu erfolgen hat, weil dort die Zustellung mit Zustellungsurkunde nicht möglich ist.

1) Die Zustellung durch die Post mit Zustellungsurkunde wird umgangssprachlich häufig als „Postzustellungsurkunde“ oder kurz „PZU“ bezeichnet.

Zustellung und Benachrichtigung bei verteidigtem Betroffenen (§ 51 Absatz 3 OWiG)

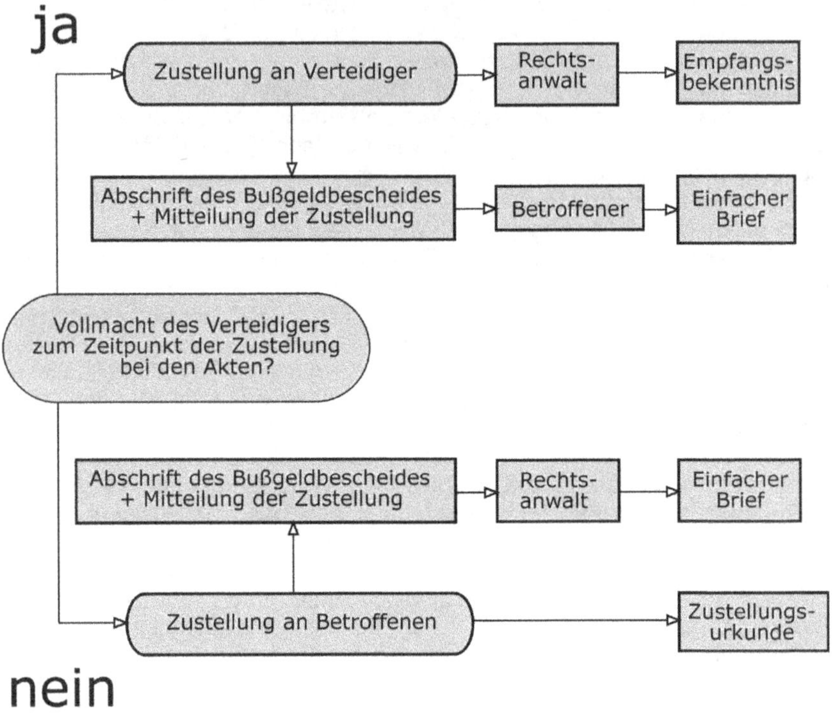

10 Bußgeldbescheid bei Verstößen gegen EU-Verordnungen

Der Aufbau von Bußgeldbescheiden bietet auch erfahrenen Sachbearbeitern bisher unbekannte Abfassungsprobleme, soweit sie Zuwiderhandlungen gegen EU-Verordnungen mit ihrer von der nationalen Gesetzgebung sehr stark abweichenden Gesetzestechnik zum Gegenstand haben. Amtliche Muster bestehen dazu soweit ersichtlich nicht. Die Musterbescheide in diesem Buch wollen daher eine Anregung zur Bescheidtechnik geben.

10.1 Bescheidtechnik

Alle Muster dieses Buches sind im bürgerfreundlichen persönlichen Bescheidstil, dem so genannten Briefstil, nicht im früheren unpersönlichen „Obrigkeitsstil" abgefasst. Der Tatvorwurf enthält entsprechend § 66 Absatz 1 Nummer 3 OWiG den Tathergang einschließlich Tatort und Tatzeit. Bei einer Mehrzahl von Zuwiderhandlungen ist jedes einzelne ordnungswidrige Verhalten einzeln aufzuführen, während gemeinsame Merkmale wie Tatort und Tatzeit im Interesse der Übersichtlichkeit des Bußgeldbescheides vorab dargestellt und nicht fortlaufend wiederholt werden sollten. Jede Zuwiderhandlung ist so aufgebaut, dass in Form einer durch Buchstaben gekennzeichneten Auflistung jeweils dem **Sollzustand** nach Vorgabe einer EU-Verordnung der tatsächliche **Istzustand** gegenübergestellt wird.

Beispiel:

Sollzustand

Betriebsstätten, in denen mit Lebensmitteln umgegangen wird, müssen sauber und stets instand gehalten sein
(Artikel 4 Absatz 2 Verordnung (EG) Nummer 852/2004 in Verbindung mit Anhang II Kapitel I Nummer 1).

Istzustand

Von diesen Anforderungen sind Sie bewusst abgewichen, indem Sie in der Küche Fettablagerungen auf und vor dem dort aufgestellten Elektroherd seit längerer Zeit nicht entfernt haben, sodass es zu starken verkrusteten Verschmutzungen kam.

Durch mögliche Berührung wurden die dort behandelten Lebensmittel der Gefahr nachteiliger Beeinflussung durch diese Verunreinigungen ausgesetzt.

Es ist also nicht darzustellen, was die Lebensmittelüberwachung festgestellt hat – ein häufiger Abfassungsfehler der Vollzugspraxis –, sondern was dem Betroffenen objektiv und subjektiv vorgeworfen wird. Die Feststellungen der Lebensmittelüberwachung sollten jedoch bei umfangreicheren Sachverhalten und höheren Geldbußen in einer besonderen Begründung des Bescheides (§ 66 Absatz 3 OWiG) dargestellt sein.[1])

Sieht der Tatbestand einer Ordnungswidrigkeit als Merkmal die Gefahr nachteiliger Beeinflussung von Lebensmitteln vor (z. B. § 10 Nummer 1 in Verbindung mit § 3 Satz 1, § 2 Absatz 1 Nummer 1 LMHV), so ist dies für jeden Verstoß durch die jeweiligen Anknüpfungstatsachen konkret auszuführen.

Beispiel:

> Durch mögliche Berührung mit den Händen von Mitarbeitern wurden die dort behandelten Lebensmittel der Gefahr nachteiliger Beeinflussung durch diese Verunreinigungen ausgesetzt.

Die Wiederholung des bloßen Gesetzeswortlauts: „Dadurch konnten Lebensmittel der Gefahr nachteiliger Beeinflussung ausgesetzt werden." genügt nicht. Unzureichend ist auch die bloße Voranstellung eines Satzes vor den Einzelfällen mit der pauschalen Behauptung, durch die in den Fußzeilen der ersten Seite dieses Bescheides aufgeführten Verstöße seien Beeinträchtigungen von Lebensmitteln möglich gewesen.

Für vorsätzliches Handeln empfiehlt sich die Umschreibung „bewusst", für fahrlässiges Handeln die Umschreibung „aus mangelnder Sorgfalt" (vgl. Beispiel oben unter „Istzustand"). Die Bezeichnung als „Vorsatz" oder „Fahrlässigkeit" folgt erst bei der Unterordnung unter die abstrakten gesetzlichen Merkmale der Ordnungswidrigkeit (§ 66 Absatz 1 Nummer 3 OWiG), während sie im Tatvorwurf falsch ist.

Beispiel:

> Ordnungswidrig handelt, wer vorsätzlich entgegen Artikel 4 Absatz 2 Verordnung (EG) Nummer 852/2004 Lebensmittel als Inhaber herstellt, behandelt oder in Verkehr bringt. Lebensmittel dürfen nur so hergestellt, behandelt oder in Verkehr gebracht werden, dass sie bei Beachtung der im Verkehr erforderlichen Sorgfalt der Gefahr einer nachteiligen Beeinflussung nicht ausgesetzt sind.

Enthält ein Bußgeldbescheid mehrere in Tateinheit (§ 19 OWiG) stehende Zuwiderhandlungen, so sind diese durch arabische Ziffern gekennzeichnet. Stehen Zuwiderhandlungen dagegen in Tatmehrheit (§ 20 OWiG), sind

1) Zur Begründung des Bußgeldbescheides (§ 66 Absatz 3 OWiG) siehe Kapitel 9.12.

sie durch römische Ziffern voneinander abgegrenzt. Diese Abgrenzung ist im Fall der Tatmehrheit bei den folgenden Teilen des Bußgeldbescheides, insbesondere den gesondert festgesetzten Geldbußen fortgeführt.

Dem Tatvorwurf folgen die angewendeten Bußgeldvorschriften (§ 66 Absatz 1 Nummer 3 OWiG). Bei Blankett-Tatbeständen sind auch die verwaltungsrechtlichen Ausfüllungsvorschriften und die Bezugsvorschriften aus EU-Verordnung zu zitieren, soweit diese noch nicht bei den gesetzlichen Merkmalen der Ordnungswidrigkeit aufgeführt sind. Für den Umfang der Zitierung mit Fundstelle und letzter Gesetzesänderung sind landesrechtliche Verwaltungsrichtlinien maßgeblich.

Die von der Verwaltungsbehörde vorgesehenen Beweismittel sollen dem Betroffenen, ggf. seinem Verteidiger und einem später mit der Sache befassten Gericht erkennen lassen, wie der Nachweis der vorgeworfenen Ordnungswidrigkeit(en) erfolgen soll. Als Beweismittel im Sinne des § 66 Absatz 1 Nummer 4 OWiG kommen in Betracht:

- Eigene Angaben des Betroffenen bei der Anhörung im Bußgeldverfahren (§ 55 OWiG)[1]) oder Verwaltungsverfahren (§ 28 Absatz 1 VwVfG) sowie während der Betriebskontrolle, soweit sie für den Tatnachweis bedeutsam sind.
- Feststellungen der Lebensmittelüberwachung, wobei die Angabe eines nach § 256 Absatz 1 Nummer 5 StPO in Verbindung mit § 46 Absatz 1 OWiG verlesungsfähigen Dokuments anstelle eines Zeugen genügt.[2]) Die Person des Lebensmittelkontrolleurs/Veterinärs sollte nicht aufgeführt werden, es sei denn, die Verwaltungsbehörde legt aus besonderen Gründen des Einzelfalls ausnahmsweise Wert auf persönliche Erläuterungen des Zeugen vor Gericht.
- Bildaufnahmen oder -aufzeichnungen[3]) aus der Betriebskontrolle von Grundstücken, Räumen, Geräten, Einrichtungen, Lebensmitteln, Tieren als Augenscheinobjekten.
- Gutachten eines amtlichen Laboratoriums über die Auswertung der gezogenen Proben (§ 43 LFGB) aus dem Verwaltungsverfahren. Da ein behördliches Gutachten gemäß § 256 Absatz 1 Nummer 1 Buchstabe a StPO in Verbindung mit § 46 Absatz 1 OWiG im gerichtlichen Bußgeld-

1) Zur Anhörung des Betroffenen (§ 55 OWiG in Verbindung mit § 163a StPO) siehe Kapitel 7.4 und 7.6.

2) Zum gerichtlich verlesbaren Aktenvermerk der Lebensmittelüberwachung (§ 256 Absatz 1 Nummer 5 StPO in Verbindung mit § 46 Absatz 1 OWiG) anstelle einer Zeugenvernehmung des Lebensmittelkontrolleurs Kapitel 4.1.

3) Zur Anfertigung einer Bilddokumentation als Augenscheinobjekt Kapitel 4.2.

verfahren stets verlesungsfähig ist, braucht und sollte der Name des Sachverständigen nicht als Beweismittel aufgeführt werden.

Beispiel:

a) Ihre Angaben bei der Anhörung vom 13.10.2020
b) Ermittlungsbericht der Lebensmittelüberwachung vom 13.10.2020
c) Bildaufnahmen vom 13.10.2018 über den Zustand der Betriebsräume
d) Gutachten des Landesuntersuchungsamtes Neukirchen vom 20.11.2020

Die Akten der Lebensmittelüberwachung und die Bußgeldakte sind dagegen keine Beweismittel, sondern enthalten diese nur.

10.2 Bußgeldbescheid bei Einzelfirmen

Sind Ordnungswidrigkeiten im Betrieb einer Einzelfirma begangen worden, ist der Bußgeldbescheid gegen die natürliche Person des Inhabers als Täter zu erlassen, nicht etwa an die Firma zu richten. Die Zustellung an den Betroffenen (§ 51 Absatz 2 OWiG) erfolgt daher an die ermittelte Privatanschrift, nicht unter der Anschrift der Firma. Bei verteidigten Betroffenen ist § 51 Absatz 3 OWiG zu beachten. Der Betroffene darf nicht als „Verantwortlicher" bezeichnet werden, vielmehr ist seine Funktion als „Inhaber der Firma <Name>", „Betreiber der Gaststätte <Name>" usw. aufzuführen. Bei einer Einzelfirma gibt es keinen „Geschäftsführer", da dieser nur gesetzlicher Vertreter einer GmbH sein kann (§ 35 Absatz 1 GmbHG). Für den Tatzeitraum (§ 66 Absatz 1 Nummer 3 OWiG) ist es von Bedeutung, seit wann die Zuwiderhandlungen dem Betroffenen bekannt waren (Vorsatz) oder hätten bekannt sein müssen (Fahrlässigkeit).

Bußgeldbescheid wegen Zuwiderhandlung gegen eine EU-Verordnung gegen den Inhaber einer Einzelfirma (natürliche Person)

Landratsamt Neukirchen Zentrale Bußgeldstelle

Landratsamt Neukirchen, Postfach 5678, 88888 Neukirchen

Dienstgebäude	Feuerbachstraße 43 88888 Neukirchen
Zimmer	0432
Sachbearbeiter(in)	Frau Weber
Telefon	(0823) 8878-342
Telefax	(0823) 8878-340
E-Mail	zbslra@neukirchen.de

Herrn
Dieter Frank
Leibnizstraße 12
88882 Altstein

Ihr Zeichen, Ihre Nachricht vom	Bitte bei Antwort angeben Unser Zeichen, Unsere Nachricht vom	Datum
	0987665/20	xxyyzzzz

Betroffener: Herr Dieter Frank, geb. 13.7.1954 in Mannheim, Leibnizstraße 12, 88882 Altstein

Verteidiger: –

Bußgeldbescheid

Sehr geehrter Herr Frank,

nach unseren Feststellungen haben Sie folgende Ordnungswidrigkeiten begangen:

I.

Sie haben als Inhaber der Gaststätte „Werdenfelser Hof" in 88888 Neukirchen, Goethestraße 15 am Dienstag, den xxyyzzzz zwischen 10.00 Uhr und 11.30 Uhr Speisen verschiedener Art, darunter Fleischgerichte mit Beilagen zubereitet. Dabei hatten Sie als Lebensmittelunternehmer folgende lebensmittelhygienische Anforderungen einzuhalten:

1. Betriebsstätten, in denen mit Lebensmitteln umgegangen wird, müssen sauber und stets instandgehalten sein

   (Artikel 4 Absatz 2 Verordnung (EG) Nummer 852/2004 in Verbindung mit Anhang II Kapitel I Nummer 1).

   Von diesen Anforderungen sind Sie bewusst abgewichen, indem Sie in der Küche Fettablagerungen auf und vor dem dort aufgestellten Elektroherd seit längerer Zeit nicht entfernt haben, so dass es zu starken verkrusteten Verschmutzungen kam.

   Durch mögliche Berührung wurden die dort behandelten Lebensmittel der Gefahr nachteiliger Beeinflussung durch diese Verunreinigungen ausgesetzt.

2. Betriebsstätten, in denen mit Lebensmitteln umgegangen wird, müssen sauber und stets instandgehalten sein

   (Artikel 4 Absatz 2 Verordnung (EG) Nummer 852/2004 in Verbindung mit Anhang II Kapitel I Nummer 1).

   Von diesen Anforderungen sind Sie bewusst abgewichen, indem Sie in der Küche aufgrund mangelhafter Reinigung des Fußbodens Verschmutzungen nicht beseitigten, in denen sich mehrere lebende Ameisen und Käfer (Kakerlaken) befanden.

   Dadurch wurden die dort behandelten Lebensmittel der Gefahr nachteiliger Beeinflussung durch tierische Schädlinge ausgesetzt.

3. Flächen (einschließlich Flächen von Ausrüstungen) in Bereichen, in denen mit Lebensmitteln umgegangen wird, und insbesondere Flächen, die mit Lebensmitteln in Berührung kommen, sind in einwandfreiem Zustand zu halten und müssen leicht zu reinigen und erforderlichenfalls zu desinfizieren sein

   (Artikel 4 Absatz 2 Verordnung (EG) Nummer 852/2004 in Verbindung mit Anhang II Kapitel I Nummer 1 Buchstabe f).

   Von diesen Anforderungen sind Sie bewusst abgewichen, indem Sie in der Küche die für die Zerteilung und Zubereitung vorgesehene Arbeitsplatte aus Hartholz längere Zeit nicht reinigten. In den vorhandenen Scharten der Oberfläche befanden sich während der Zubereitung von Frischfleisch zahlreiche, bereits verfärbte Fleischreste.

   Dadurch wurden die dort behandelten Lebensmittel der Gefahr nachteiliger Beeinflussung durch Mikroorganismen und Verunreinigungen ausgesetzt.

4. Reinigungs- und Desinfektionsmittel dürfen nicht in Bereichen gelagert werden, in denen mit Lebensmitteln umgegangen wird

   (Artikel 4 Absatz 2 Verordnung (EG) Nummer 852/2004 in Verbindung mit Anhang II Kapitel I Nummer 10).

   Von diesen Anforderungen sind Sie bewusst abgewichen, indem Sie im Vorratsraum neben für den Geschäftsbetrieb bestimmten, gefüllten Kartoffelbehältern 2,5 kg Schädlingsbekämpfungsmittel Supertox, 5 l Pflanzenschutzmittel Floran und ca. 15 l verschiedene Lösungsmittel lagerten.[1])

5. Es müssen an geeigneten Standorten genügend Handwaschbecken vorhanden sein. Diese müssen Warm- und Kaltwasserzufuhr haben; darüber hinaus müssen Mittel zum Händewaschen und zum hygienischen Händetrocknen vorhanden sein

---

1) Dieser Verstoß beruht auf § 2 Nummer 2 LMRStV, der im Gegensatz zu § 10 Nummer 1 in Verbindung mit § 3 Satz 1 LMHV keine Gefahr nachteiliger Beeinflussung im Sinne des § 2 Absatz 1 Nummer 1 LMHV erfordert.

(Artikel 4 Absatz 2 Verordnung (EG) Nummer 852/2004 in Verbindung mit Anhang II Kapitel I Nummer 4 Satz 1, 2).

Von diesen Anforderungen sind Sie bewusst abgewichen, indem Sie in der Personaltoilette weder Seife noch Handtücher zur Verfügung stellten.

Dadurch wurden die Lebensmittel der Gefahr nachteiliger Beeinflussung durch Mikroorganismen und Verunreinigungen ausgesetzt.

6. Die Wandflächen sind in einwandfreiem Zustand zu halten und müssen leicht zu reinigen sein

   (Artikel 4 Absatz 2 Verordnung (EG) Nummer 852/2004 in Verbindung mit Anhang II Kapitel II Nummer 1 Buchstabe b).

   Von diesen Anforderungen sind Sie bewusst abgewichen, indem Sie im Kühlraum ca. 1,5 m^2 heruntergefallene Fliesen nicht erneuerten.

   Dadurch wurden die dort lagernden Lebensmittel der Gefahr nachteiliger Beeinflussung durch diese Verunreinigungen ausgesetzt.

Diese Verstöße waren Ihnen bereits spätestens Ende Februar 2008 bekannt.

II.

Während der Kontrolle der Betriebsräume haben Sie der Bediensteten der Lebensmittelüberwachung Neundorf trotz Belehrung über die Ordnungswidrigkeit Ihres Verhaltens keine Auskunft über die Durchführung der nach Artikel 4 Absatz 2 Verordnung (EG) Nummer 852/2004 vorgeschriebenen betriebseigenen Maßnahmen und Kontrollen gegeben.

Ordnungswidrig handelt,

I.

1. (Nummer 4) im Sinne des § 60 Absatz 4 Nummer 2 Buchstabe a des Lebensmittel- und Futtermittelgesetzbuches (LFGB), wer gegen die Verordnung (EG) Nummer 852/2004 verstößt, indem er vorsätzlich entgegen Artikel 4 Absatz 2 in Verbindung mit Anhang II Kapitel I Nummer 10 ein Reinigungs- oder Desinfektionsmittel lagert und
2. (Nummer 1 bis 3, 5 bis 6) wer vorsätzlich entgegen § 3 Satz 1 Lebensmittel-Hygieneverordnung Lebensmittel behandelt. Lebensmittel dürfen nur so hergestellt, behandelt oder in Verkehr gebracht werden, dass sie bei Beachtung der im Verkehr erforderlichen Sorgfalt der Gefahr einer nachteiligen Beeinflussung (§ 2 Absatz 1 Nummer 1 LMHV) nicht ausgesetzt sind (§ 3 Satz 1 LMHV). Im Übrigen gelten die Begriffsbestimmungen des Artikels 2 Absatz 1 der VO (EG) Nummer 852/2004 des Europäischen Parlaments und des Rats vom 29. April 2004 über Lebensmittelhygiene (Abl. EU Nummer L 139 S. 1, Nummer L 226 S. 3) entsprechend.

II.

wer vorsätzlich entgegen § 44 Absatz 2 Satz 1 Lebensmittel- und Futtermittelgesetzbuch (LFGB) eine Auskunft nicht erteilt. Soweit es zur Durchführung der Vorschriften über den Verkehr mit Erzeugnissen im Sinne dieses Gesetzes erforderlich ist, sind die mit der Überwachung beauftragten Personen befugt, von natürlichen und juristischen Personen und nicht rechtsfähigen Personenvereinigungen alle erforderlichen Auskünfte, insbesondere solche über die Herstellung, die zur Verarbeitung gelangenden Stoffe und deren Herkunft zu verlangen.

Verletzte Bußgeldvorschriften

I.

(Nummer 4) § 2 Nummer 2 Lebensmittelrechtliche Straf- und Bußgeldverordnung (LMRStV) in der Fassung der Bekanntmachung vom 09. Mai 2019 (BGBl. I S. 1170) und

(Nummer 1 bis 3, 5 bis 6) § 10 Nummer 1 Lebensmittel-Hygieneverordnung vom 21. Juni 2016 (BGBl. I S. 1469).

II.

§ 60 Absatz 2 Nummer 20 Lebensmittel- und Futtermittelgesetzbuch (LFGB) in der Bekanntmachung vom 03. Juni 2013 (BGBl. I S. 1426)

Beweismittel

a) Ihre Angaben bei der persönlichen Anhörung vom 10.11.2020

b) Ermittlungsbericht der Lebensmittelüberwachung vom 10.11.2020

c) Bildaufzeichnung vom 10.11.2020 über den Zustand der Betriebsräume

Als Folge dieser Ordnungswidrigkeiten setzen wir gegen Sie die folgenden Geldbußen fest (§§ 17, 20 OWiG). Sie tragen auch die Kosten des Bußgeldverfahrens (§§ 464, 465 Absatz 1 StPO in Verbindung mit § 46 Absatz 1 OWiG). Diese bestehen aus der Verfahrensgebühr (§ 107 Absatz 1 OWiG) und unseren Auslagen (§ 107 Absatz 3 OWiG).

Geldbußen	I) 2000,00 Euro
	II) 125,00 Euro
Gebühr	106,25 Euro
Auslagen	3,50 Euro
Gesamtbetrag	2234,75 Euro

Zahlungserleichterungen

Sie können die Geldbuße und die Kosten des Bußgeldverfahrens in monatlichen Teilbeträgen von 500 Euro jeweils zum 15. eines Monats ab Rechtskraft des Bußgeldbescheids bezahlen (§ 18 Satz 1 OWiG). Diese Vergünstigung entfällt bezüglich des Restbetrags, wenn Sie mit einem Teilbetrag in Verzug geraten (§ 18 Satz 2 OWiG).

Begründung des Bußgeldbescheides

1) Ihre Angaben bei der Anhörung vom xxyyzzzz

   Ihre Auffassung, die Betriebskontrolle hätte angekündigt und Sie hätten auf Ihr Auskunftsverweigerungsrecht hingewiesen werden müssen, trifft nicht zu. Amtliche Kontrollen durch die Lebensmittelüberwachung sind durch ausdrückliche gesetzliche Bestimmung in Artikel 9 Absatz 4 VO [EU] 2017/625 auch ohne Ankündigung vorgesehen. Das von Ihnen ausgesprochene „Hausverbot" ist daher bedeutungslos. Eine Belehrungspflicht über das Ihnen nach § 44 Absatz 2 Satz 2 LFGB zustehende Auskunftsverweigerungsrecht ist nicht vorgesehen. Auf dieses Recht muss sich der Auskunftspflichtige gegenüber dem Auskunftsberechtigten ausdrücklich berufen.

2) Zumessung der Geldbuße (§ 17 Absatz 3 OWiG)

   Die Ordnungswidrigkeit unter I. ist mit Geldbuße bis 50 000 Euro bedroht (§ 60 Absatz 5 Nummer 2 LFGB),

   die Ordnungswidrigkeit unter II. ist mit Geldbuße bis 20 000 Euro bedroht (§ 60 Absatz 5 Nummer 3 LFGB).

   Bei der Zumessung der Geldbuße wegen der Ordnungswidrigkeiten unter I. haben wir folgende Umstände berücksichtigt:

   a) Bedeutung der Ordnungswidrigkeit (§ 17 Absatz 3 Satz 1 OWiG)

      Verschärfend wirkte sich die Anzahl von sechs festgestellten Lebensmittelhygieneverstößen erheblichen Ausmaßes aus.

   b) Vorwurf, der den Täter trifft (§ 17 Absatz 3 Satz 1 OWiG)

      Verschärfend mussten wir berücksichtigen, dass aufgrund zweier einschlägiger Eintragungen im Gewerbezentralregister vom 10.12.2018 und 21.06.2019 ein Wiederholungsfall vorliegt. Zudem haben Sie die Hygienemängel trotz Aufforderung bei der Vorkontrolle am 02.08.2019 und trotz Belehrung durch die Lebensmittelüberwachung weiter nicht beseitigt.

   c) Abschöpfung des wirtschaftlichen Vorteils (§ 17 Absatz 4 OWiG)

      Mit der Geldbuße soll auch der aus der Ordnungswidrigkeit gezogene wirtschaftliche Vorteil abgeschöpft werden (§ 17 Absatz 4 Satz 1 OWiG). Dabei kann auch das gesetzliche Höchstmaß der

Geldbuße überschritten werden (§ 17 Absatz 4 Satz 2 OWiG). Wir bewerten die bisher ersparten Reinigungskosten bezüglich der Hygienemängel in Ihren Geschäftsräumen auf 500 Euro. Dabei legen wir eine Gesamtfläche der Betriebsräume von 150 m^2 und einen Zeitraum von sechs Monaten und den Einsatz von Zeitarbeitskräften zugrunde.

d) Wirtschaftliche Verhältnisse (§ 17 Absatz 3 Satz 2 OWiG)
Das Monatseinkommen wurde der Zumessung der Geldbuße nach Ihren glaubhaften Angaben unter Berücksichtigung der angegebenen Unterhaltsverpflichtungen zugrunde gelegt. Da Ihnen die sofortige Zahlung der Geldbuße nicht zumutbar ist, haben wir Zahlungserleichterungen in monatlichen Teilbeträgen von 500 Euro bewilligt (§ 18 OWiG).

Bei der Ordnungswidrigkeit unter II. sind wir vom Regelahndungssatz des Bußgeldkataloges „Lebensmittelrecht" des Landratsamtes Neukirchen ausgegangen.

Rechtsbehelfsbelehrung

Gegen diesen Bußgeldbescheid können Sie innerhalb von zwei Wochen ab Zustellung bei dem Landratsamt Neukirchen schriftlich oder zur Niederschrift Einspruch einlegen (§ 67 OWiG). *Sie können den Einspruch auch elektronisch einlegen. Verwenden Sie dazu unser Internetportal <<Bezeichnung>> mit der Kennung <<Bezeichnung>> und dem Passwort <<Bezeichnung>>. Andere als die dort bezeichneten Dateiformate sind dabei unzulässig.*[1]) Der Rechtsbehelf ist in deutscher Sprache einzulegen (§ 184 GVG in Verbindung mit § 46 Absatz 1 OWiG).

Sofern Sie eine Begründung des Einspruchs beabsichtigen, bitten wir Sie, diese möglichst mit der Einlegung des Einspruchs zu verbinden.

Falls wir den Bußgeldbescheid trotz eines Einspruchs aufrechterhalten (§ 69 Absatz 2 Satz 1 OWiG), entscheidet das Amtsgericht aufgrund dieses Bußgeldbescheides über das Vorliegen einer Ordnungswidrigkeit und die Rechtsfolgen aufgrund einer mündlichen Hauptverhandlung (§ 71 OWiG), ohne an die Höhe der festgesetzten Geldbuße gebunden zu sein. Das Gericht kann mit Ihrer Zustimmung auch durch schriftlichen Beschluss entscheiden (§ 72 OWiG), wobei es an die Rechtsfolgen des Bußgeldbescheides gebunden ist.

1) Die kursiv dargestellten Sätze betreffen die Einlegung des Einspruchs als Rechtsbehelf nach Einführung des elektronischen Rechtsverkehrs. Sie sind daher erst nach Erlass einer entsprechenden Einführungsverordnung im Bereich der Verwaltungsbehörde hinzuzufügen.

Zahlungsaufforderung

Nach Rechtskraft des Bußgeldbescheides ist die Geldbuße innerhalb weiterer zwei Wochen (also vier Wochen ab Zustellung) an die Kreiskasse oder eines der in den Fußzeilen der ersten Seite dieses Bescheides bezeichneten Konten zu bezahlen (§ 95 Absatz 1 OWiG), sofern keine abweichenden Zahlungsfristen bewilligt sind.

Hinweis auf Erzwingungshaft

Unterbleibt die Zahlung und wird auch eine Zahlungsunfähigkeit nicht dargelegt, so kann die Geldbuße durch die vom Amtsgericht angeordnete Erzwingungshaft gegen einen gesetzlichen Vertreter durchgesetzt werden (§ 96 OWiG). Bei Unmöglichkeit sofortiger Zahlung sind Zahlungserleichterungen (Zahlungsfrist, Teilleistungen) möglich (§ 18, § 93 OWiG).

Mit freundlichen Grüßen

11 Juristische Personen und Personengesellschaften

Lebensmittelunternehmen bzw. Lebensmittelunternehmer sind aufgrund der Legaldefinition in Artikel 3 Nummern 2, 3 VO (EG) 178/2002 („Basisverordnung“) Adressaten lebensmittelrechtlicher Pflichten (§ 3 Nummern 6, 7 LFGB). Ergibt sich aus der Anzeige der Lebensmittelüberwachung eine betriebliche Organisation in Form einer juristischen Person (GmbH, UG [haftungsbeschränkt], AG, Ltd.) oder einer Personengesellschaft (GbR, oHG, KG) oder einer Mischform (GmbH & Co. KG, Ltd. & Co. KG), so kann gegen solche Unternehmen mangels Handlungsfähigkeit im Sinne des § 1 Absatz 1 OWiG weder ein Bußgeldverfahren eingeleitet noch ihnen in einem Bußgeldbescheid der Vorwurf ordnungswidrigen Handelns gemacht werden.

Der Sachbearbeiter der Verwaltungsbehörde kann nur solche Betriebsangehörige ahnden, die für das Unternehmen im Sinne des § 9 OWiG handeln. Dazu gehören gesetzliche Vertreter wie Geschäftsführer einer GmbH oder Vorstandsmitglieder einer AG (§ 9 Absatz 1 OWiG), aber auch beauftragte Vertreter wie Betriebsleiter, Niederlassungs-, Filial- oder Abteilungsleiter (§ 9 Absatz 2 Satz 1 OWiG).

Beispiel:

Die VM-Markt GmbH betreibt eine Reihe von Verbrauchermärkten an verschiedenen Standorten. Bei einer Kontrolle in der Lebensmittelabteilung eines Marktes werden Verstöße festgestellt. Ein Bußgeldverfahren kann gegen den Geschäftsführer als gesetzlichen Vertreter der juristischen Person sowie den Leiter der Lebensmittelabteilung und den Marktleiter als beauftragte Vertreter eingeleitet werden.

Wirken mehrere Personen bei Begehung einer Ordnungswidrigkeit zusammen, zum Beispiel durch Anweisung und Ausführung eines lebensmittelrechtlichen Verstoßes, so können sie als Beteiligte (§ 14 OWiG) verfolgt werden. Eine Beteiligung ist auch durch pflichtwidriges Unterlassen gebotenen Einschreitens möglich (§ 8 OWiG).

Beispiel:

Geschäftsführer und Marktleiter kennen die Verstöße in der Lebensmittelabteilung, schreiten aber pflichtwidrig nicht ein, sondern lassen die Zuwiderhandlungen durch deren Leiter unbeanstandet. Ein Einschreiten wäre ihnen aufgrund ihrer leitenden Stellung nicht nur möglich und zumutbar, sondern auch geboten gewesen.

In größeren Unternehmen ist die Einhaltung lebensmittelrechtlicher Pflichten aufgrund arbeitsteiliger Organisation regelmäßig von der Betriebsleitung auf Mitarbeiter wie Betriebsleiter, Niederlassungs-, Filial- oder Abteilungsleiter delegiert. Kann dem Inhaber einer Einzelfirma, Geschäftsführer einer GmbH usw. eine bewusste Beteiligung im Sinne des § 14 OWiG auch durch pflichtwidriges Unterlassen (§ 8 OWiG) an im Unternehmen begangenen Ordnungswidrigkeiten nicht mehr nachgewiesen werden, so kommt wegen der mangelhaften Betriebsorganisation der Auffangtatbestand „Verletzung der Aufsichtspflicht in Betrieben und Unternehmen" in § 130 OWiG in Betracht.

Beispiel:

Die VM-Markt GmbH betreibt eine Reihe von Verbrauchermärkten an verschiedenen Standorten. Der Geschäftsführer hat die Wahrnehmung lebensmittelrechtlicher Pflichten auf den Marktleiter delegiert, der sie dem Leiter der Lebensmittelabteilung weiter übertragen hat. Der Geschäftsführer kümmert sich aber nicht weiter darum, ob diese Pflichten auch tatsächlich in der Filiale eingehalten werden.

Unabhängig von der Ahndung intern zuständiger Betriebsangehöriger kann eine juristische Person oder Personenvereinigung als Nebenbeteiligte (§ 88 OWiG) für die Zuwiderhandlungen leitender Personen durch eine Geldbuße haften (§ 30 OWiG). Ein Interesse daran besteht insbesondere dann, wenn ein gesetzlicher Vertreter (§ 9 OWiG) durch Tod oder unbekannten Aufenthalt als Betroffener zur Tatzeit der Ordnungswidrigkeit nicht mehr vorhanden ist oder eine Geldbuße gegen ihn wegen seiner persönlichen oder wirtschaftlichen Verhältnisse (Schwere Erkrankung, Insolvenz) nicht sinnvoll erscheint. Eine Haftung von juristischen Personen und Personengesellschaften ist ferner zur Abschöpfung dort angefallener, aus der Ordnungswidrigkeit entstandener wirtschaftlicher Vorteile denkbar. Hier ist ein einheitliches Verfahren mit Geldbußen gegen das Unternehmen selbst und seine Organe (§ 30 Absatz 1 OWiG) und ein selbstständiges Verfahren nur gegen das nebenbeteiligte Unternehmen möglich (§ 30 Absatz 4 OWiG).

Beispiel:

Der frühere Geschäftsführer der VM-Markt GmbH hat nach den Feststellungen der Lebensmittelüberwachung seine Aufsichtspflicht in erheblichem Maße nicht ausgeübt. Da er inzwischen in den Ruhestand getreten ist, besteht kein Ahndungsinteresse an ihm mehr. Daher ergeht ein Bußgeldbescheid im selbstständigen Verfahren gegen die nebenbeteiligte, vom neunen Geschäftsführer vertretene juristische Person.

Der Sachbearbeiter der Verwaltungsbehörde hat nach dem Opportunitätsprinzip (§ 47 Absatz 1 Satz 1 OWiG) das Auswahlermessen, welche dieser gesetzlichen Alternativen er im Bußgeldverfahren verwirklicht. Dieses Ermessen wird er daran ausrichten, in welche Richtung die Ahndung mit Geldbuße als ernste Pflichtenmahnung geboten ist. Die Möglichkeiten der Verwaltungsbehörde sind in dem Musterfall „DHS Hotelbetriebs GmbH“[1]) dargestellt.

1) Dieser fiktive Firmenname ist ebenso wie die Namen der Mitarbeiter frei erfunden. Übereinstimmungen oder Ähnlichkeiten mit bestehenden Unternehmen wären rein zufällig.

Auswahl des Verfolgungsziels

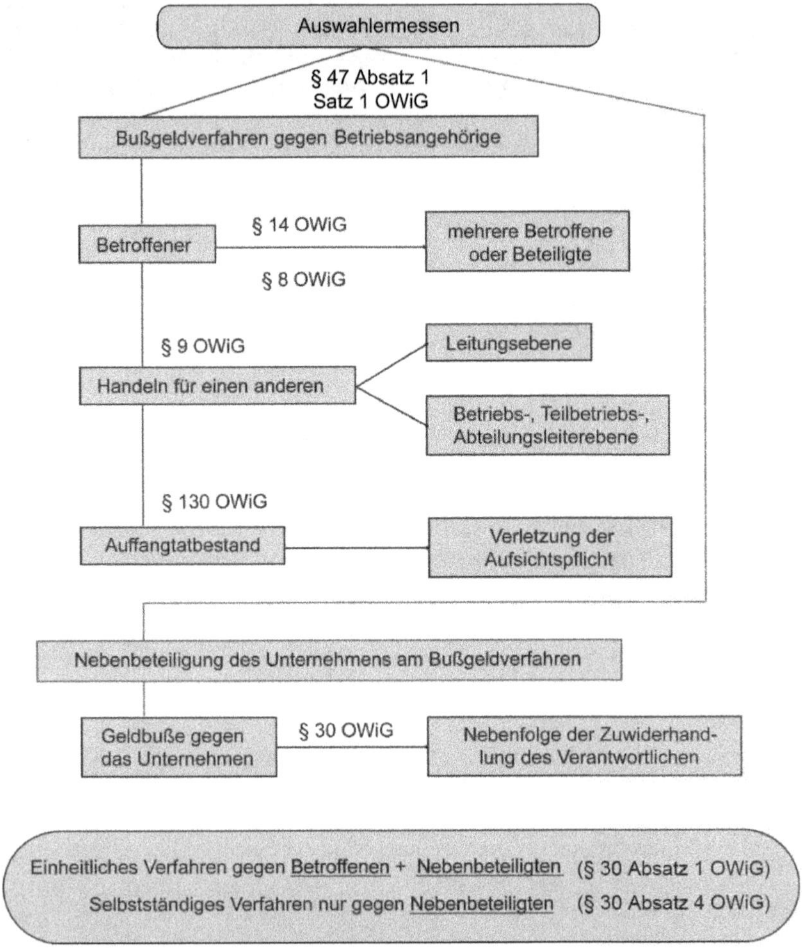

- Bußgeldverfahren gegen Betriebsangehörige
  - ► Küchenchef Eisinger als zur Einhaltung von Lebensmittelhygienevorschriften ausdrücklich eigenverantwortlich Beauftragter (§ 9 Absatz 2 Satz 1 Nummer 2 OWiG)

- ► Hotelleiter Maier als Betriebsleiter (§ 9 Absatz 2 Satz 1 Nummer 1 OWiG) und Beteiligter (§ 14 OWiG) an der Ordnungswidrigkeit des Küchenchefs Eisinger durch pflichtwidriges Unterlassen (§ 8 OWiG) gebotenen Einschreitens
- ► Geschäftsführer Tischner als gesetzlicher Vertreter (§ 9 Absatz 1 Nummer 1 OWiG) der DHS Hotelbetriebs GmbH

- Nebenbeteiligung des Unternehmens
  - ► DHS Hotelbetriebs GmbH als Nebenbeteiligte (§ 88 OWiG), gegen die eine Geldbuße festgesetzt werden soll (§ 30 OWiG)

Musterfall „DHS Hotelbetriebs GmbH“

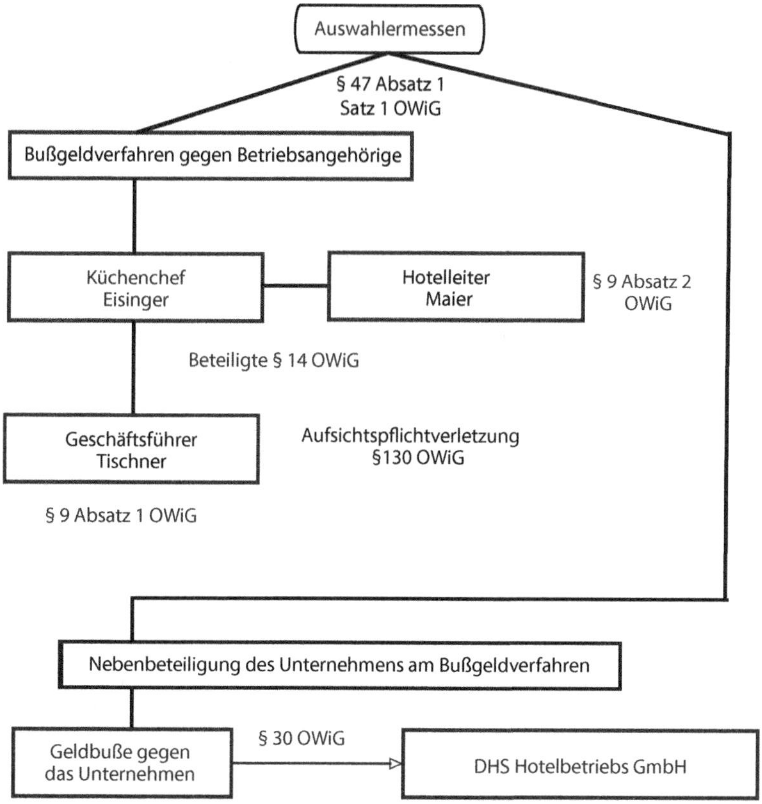

11.1 „Verantwortliche“ Betriebsangehörige

Im Bußgeldverfahren ist nicht ein „Verantwortlicher“ eines Unternehmens, sondern sind die Personen als Täter zu verfolgen, die dort als Tatort (§ 7 OWiG) und zur Tatzeit (§ 6 OWiG) den Tatbestand einer Ordnungswidrigkeit verwirklicht haben.

11.1.1 Irrweg „Verantwortlicher“

Die in der Vollzugspraxis häufig anzutreffende Bezeichnung als „Verantwortlicher“ oder „verantwortlicher Betriebsangehöriger“ ist dem Bußgeldverfahren fremd. Verantwortlicher ist nur der Handlungs- oder Zustandsstörer im Polizei- und Ordnungsrecht, gegen den ein Verwaltungsakt erlassen werden kann. So könnte im Beispiel allenfalls gegen die „DHS Hotelbetriebs GmbH“ eine Anordnung zur Reinigung oder Schließung der Betriebsräume ergehen. Im Bußgeldverfahren sind jedoch die natürlichen Personen zu ermitteln, die für einen anderen, nämlich die juristische Person „DHS Hotelbetriebs GmbH“ im Sinne des § 9 OWiG gehandelt haben. Daher sind Feststellungen der Lebensmittelüberwachung, wer als Verantwortlicher „festgestellt“ wurde oder „sich zu erkennen gegeben“ habe, für das Bußgeldverfahren nicht weiterführend. Mangels Rechtsgrundlage rechtswidrig und häufig irreführend ist die schriftliche Anfrage beim Unternehmen nach der Person des „Verantwortlichen“. Da niemand an der eigenen Überführung wegen einer Ordnungswidrigkeit mitzuwirken braucht (vgl. § 136 Absatz 1 Satz 2 StPO in Verbindung mit § 46 Absatz 1 OWiG), sind weder Inhaber von Unternehmen noch gesetzliche Vertreter wie Geschäftsführer zur Beantwortung verpflichtet. Auch eine Zeugenvernehmung würde eine Belehrung über ein Auskunftsverweigerungsrecht (§ 55 StPO in Verbindung mit § 46 Absatz 1 OWiG) erfordern, da sich der Zeuge zumindest wegen einer Ordnungswidrigkeit der Verletzung der Aufsichtspflicht in Betrieben und Unternehmen (§ 130 OWiG) selbst belasten könnte. Außerdem verleiten solche Anfragen zur folgenlosen Benennung eines kleinen Mitarbeiters als „Verantwortlichem“, gegen den dann auch ein Bußgeldbescheid ergeht, während die Geschäftsleitung unbehelligt bleibt. Dies kann nicht Ziel des Bußgeldverfahrens mit der Geldbuße als ernste Pflichtenmahnung sein. Schließlich ist bedeutungslos, wer nach Einleitung des Bußgeldverfahrens „verantwortlich“ ist, weil nur Täter der Ordnungswidrigkeit sein kann, wer zum Tatzeitpunkt (§ 6 OWiG) gehandelt hat.

Beispiel:

Auf Anfrage der Verwaltungsbehörde teilt der Geschäftsführer der DHS Hotelbetriebs GmbH mit, „Verantwortlicher“ sei der Küchenchef Hermann. Dies führt zur Einleitung eines Bußgeldverfahrens gegen die benannte Person, nicht aber gegen den Hotelchef und den Geschäftsführer. Später stellt sich heraus, dass Herr Hermann zum Zeitpunkt der von der Lebensmittelüberwachung festgestellten Zuwiderhandlungen noch die Küche eines anderen Hotels desselben Unternehmens geleitet hat und damit als Täter ausscheidet.

11.1.2 Handeln für einen anderen

Im Bußgeldverfahren ist zu ermitteln, gegen wen sich der Anfangsverdacht einer Ordnungswidrigkeit zur Tatzeit richtet, indem er für ein Unternehmen in der Rechtsform einer juristischen Person oder Personengesellschaft im Sinne des § 9 OWiG gehandelt hat. Dies ist keine Frage der Zustellung des Bußgeldbescheides, sondern bereits der Einleitung des Bußgeldverfahrens und der Anhörung als Betroffener. Gesetzliche Vertreter von Unternehmen (§ 9 Absatz 1 OWiG) wie der Geschäftsführer einer GmbH oder geschäftsführende Gesellschafter einer oHG lassen sich aus dem elektronischen **Handelsregister**[1]) einfach feststellen. Betriebs-, Filial- oder Abteilungsleiter müssen dagegen von der Lebensmittelüberwachung durch Identitätsfeststellung als Verdächtige ermittelt und in der Ordnungswidrigkeiten-Anzeige mit zustellungsfähiger Anschrift festgehalten werden (§ 163b Absatz 1 StPO in Verbindung mit § 46 Absatz 1 OWiG).[2]) Ist dies nicht geschehen, kann die Stellung als beauftragter Vertreter (§ 9 Absatz 2 OWiG) nur aus früheren Vorgängen oder durch Verweisung der „Verantwortlichkeit" in der Anhörung gesetzlicher Vertreter festgestellt werden.

Beispiele:

Aus einem früheren Bußgeldverfahren ist bekannt, dass Herr Maier Hotelleiter und Herr Eisinger Küchenchef des von der DHS Hotelbetriebs GmbH betriebenen Hotels „Karwendel" sind.

In seiner Anhörung erklärt der Geschäftsführer Tischner, für die Einhaltung lebensmittelrechtlicher Bestimmungen seien in der „DHS Hotelbetriebs GmbH" die jeweiligen Hotelleiter selbst verantwortlich. Dies sei beim Hotel „Karwendel" Herr Maier. Dieser verweist bei seiner Anhörung auf die Zuständigkeit des Küchenchefs Eisinger, auf den er diesen Aufgabenkreis übertragen habe.

Im Beispielfall könnten Bußgeldverfahren gegen den

- Geschäftsführer Tischner als gesetzlichen Vertreter der GmbH (§ 9 Absatz 1 Nummer 1 OWiG),
- Hotelleiter Maier als (Teil-)Betriebsleiter (§ 9 Absatz 2 Satz 1 Nummer 1 OWiG) und

---

1) Zum elektronischen Handelsregister siehe das Internetportal www.handelsregister.de.

2) Zu Ermittlungen beauftragter Vertreter (§ 9 Absatz 2 OWiG) in Unternehmen durch die Lebensmittelüberwachung Kapitel 3.11 und 4.1.

- Küchenchef Eisinger als für den Bereich der Lebensmittelbehandlung ausdrücklich Beauftragten und eigenverantwortlich Tätigen (§ 9 Absatz 2 Satz 1 Nummer 2 OWiG)

eingeleitet werden.

Handeln für einen anderen (§ 9 OWiG)

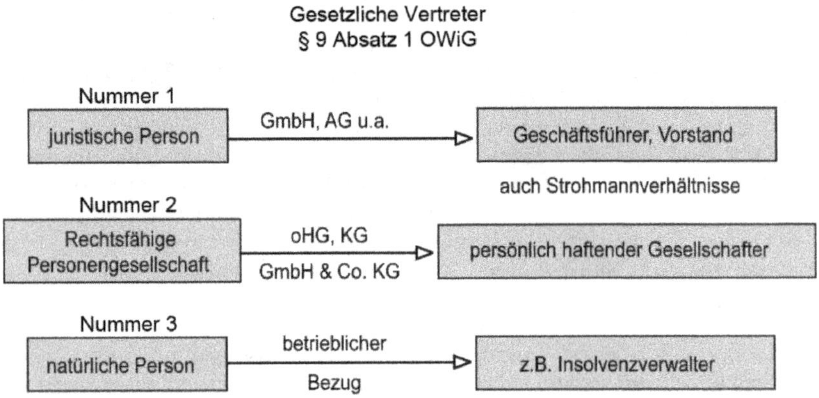

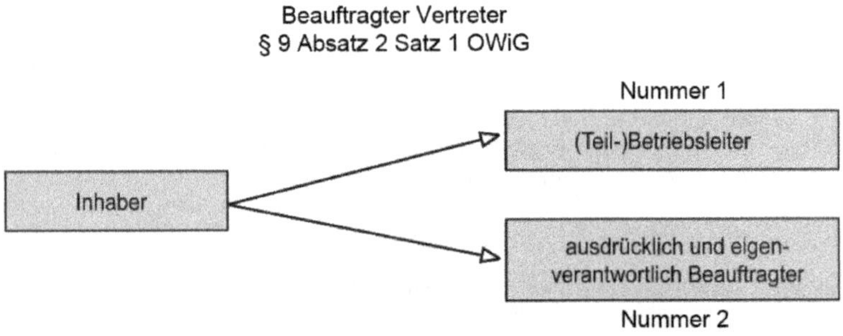

11.1.3 Beteiligung an der Ordnungswidrigkeit

Beteiligen sich mehrere an einer Ordnungswidrigkeit, so handelt jeder von ihnen ordnungswidrig (§ 14 Absatz 1 Satz 1 OWiG).[1)]

Ein Beteiligter wird also ohne Rücksicht auf Art und Umfang seines Tatbeitrags unterschiedslos als Täter der Ordnungswidrigkeit behandelt. Erst bei der Zumessung der Geldbuße (§ 17 OWiG) sind die Bedeutung der Ordnungswidrigkeit und der den Täter treffende Vorwurf individuell zu berücksichtigen. Als Beteiligter ist auch ein Vorgesetzter anzusehen, der die Begehung von ordnungswidrigem Verhalten anordnet oder trotz Kenntnis pflichtwidrig nicht unterbindet. Dies gilt auch für militärische Vorgesetzte etwa beim Betrieb von Truppenküchen der Bundeswehr.

Bei einer solchen Garantenstellung des Vorgesetzten liegt Begehen durch Unterlassen vor, das einer Handlung gleichgestellt ist (§ 8 OWiG). Hier kann den Vorgesetzten wegen seiner hervorgehobenen Stellung im Unternehmen eine höhere Geldbuße treffen, obwohl er den Tatbestand einer Ordnungswidrigkeit nicht eigenhändig, sondern nur mittelbar durch Anordnung oder Unterlassen verwirklicht hat.

Beispiel:

Der Hotelleiter wird vom Küchenchef auf unhygienische Zustände in Räumen, in denen Lebensmittel behandelt werden, aufmerksam gemacht. Trotz dieser Kenntnis unternimmt er wegen der schlechten finanziellen Lage des Unternehmens nichts, sondern lässt den Betrieb so weiterlaufen.

Eine Beteiligung im Sinne des § 14 Absatz 1 Satz 1 OWiG ist möglich, wenn mehrere Personen im Rahmen einer **Unrechtsvereinbarung** gemeinsam handeln oder ein Täter an der Ordnungswidrigkeit eines anderen wissentlich mitwirkt. Eine Beteiligung ist nur vorsätzlich, also nicht fahrlässig möglich.

- **Gemeinsame Tatbestandsverwirklichung**

  Handeln mehrere Personen aufgrund einer Unrechtsvereinbarung zusammen, so sind sie wegen ihres gemeinsamen Vorsatzes Beteiligte.

  Beispiel:

  Zwei Inhaber einer Dönerbude führen trotz Beanstandung durch die Lebensmittelüberwachung weiterhin wissentlich keine Reinigungsmaßnahmen durch.

1) Zur Beteiligung an einer Ordnungswidrigkeit *Wieser*, OWiG-Kommentar Teil I Nummer 1 §§ 8, 14 OWiG.

Lässt sich ein Beteiligungsvorsatz nicht nachweisen, so handelt es sich um im Gesetz nicht besonders erwähnte fahrlässige Nebentäter.

Beispiel:

Mehrere Geschäftsführer einer GmbH kümmern sich aus mangelnder Sorgfalt nicht um die Einhaltung lebensmittelrechtlicher Bestimmungen.

- **Beteiligung an der Ordnungswidrigkeit eines anderen**

  Beteiligungsfälle können auch in der Form vorliegen, dass ein Beteiligter ordnungswidriges Verhalten eines anderen anordnet oder pflichtwidrig aufgrund einer Garantenstellung (§ 8 OWiG) nicht unterbindet. Dies kommt bei betriebsbezogenen Ordnungswidrigkeiten vor, die von Vorgesetzten angeordnet oder pflichtwidrig nicht unterbunden werden. Dies ist typischerweise bei Vorgesetzten der Fall. Der Tathergang der Beteiligungshandlung oder des pflichtwidrig unterlassenen Einschreitens ist im Bußgeldbescheid konkret darzustellen. Die Behauptung, der Betroffene habe die Handlung eines anderen „kausal" gefördert, ist unzureichend.[1])

1) OLG Karlsruhe, Beschluss vom 14.9.2016, Aktenzeichen 2 (7) SsBs 397/16.

Beteiligung an einer Ordnungswidrigkeit (§ 14 OWiG) – Grundsatz § 14 Absatz 1 Satz 1 OWiG –

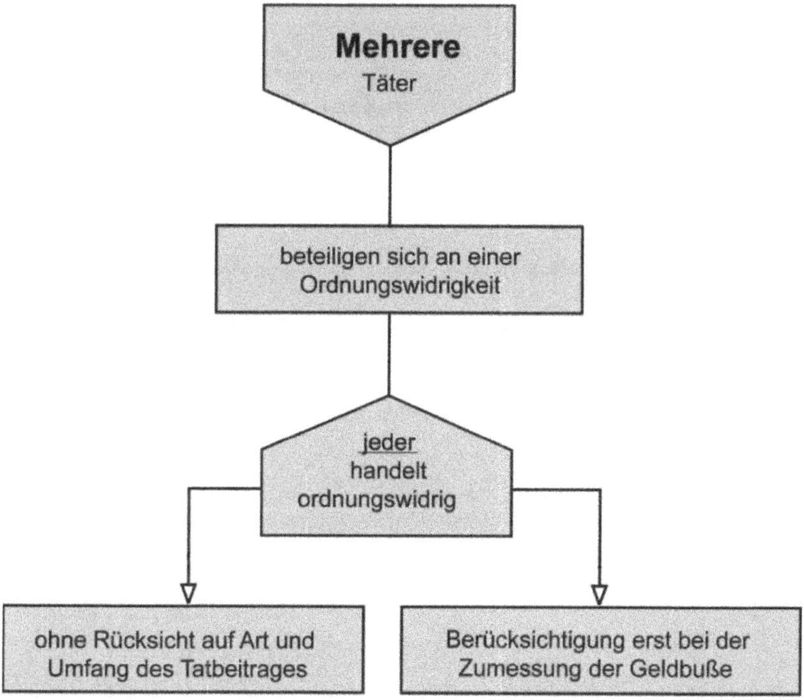

Der „Haupttäter", der die Ordnungswidrigkeit eigenhändig begangen hat, muss **vorsätzlich** gehandelt haben. Nicht erforderlich ist, dass die Ordnungswidrigkeit auch verfolgt oder geahndet wird.

Beispiel:

Bei einem Lebensmittelhygieneverstoß durch den Küchenchef ist für eine Beteiligung des Hotelleiters zwar vorsätzliches Handeln des Küchenchefs, nicht aber die Einleitung eines Bußgeldverfahrens gegen ihn erforderlich. Der Hotelleiter kann daher auch geahndet werden, wenn der Küchenchef verstorben oder unbekannten Aufenthalts ist, aber aufgrund der Feststellungen der Lebensmittelüberwachung feststeht, dass er den Verstoß wissentlich begangen hat.

Der Teilnehmer muss doppelt vorsätzlich handeln. Er muss zunächst wissen, dass der „Haupttäter“ vorsätzlich handelt, und auch selbst vorsätzlich handeln.[1])

Beispiel:

Der Hotelchef kennt aufgrund einer vom Küchenchef veranlassten gemeinsamen Besichtigung den Zustand der Räume, in denen Lebensmittel behandelt werden, und der darin befindlichen Einrichtungen. Trotzdem unternimmt er auch weiter nichts, um ordnungsgemäße Verhältnisse herzustellen, sondern lässt den Küchenbetrieb in diesem Zustand weiterlaufen. Ihm ist daher bekannt, dass der Küchenchef weiter ordnungswidrig handelt.

Beteiligung an einer Ordnungswidrigkeit (§ 14 OWiG)

– „Doppeltes Vorsatz“-Erfordernis bei Teilnahme –

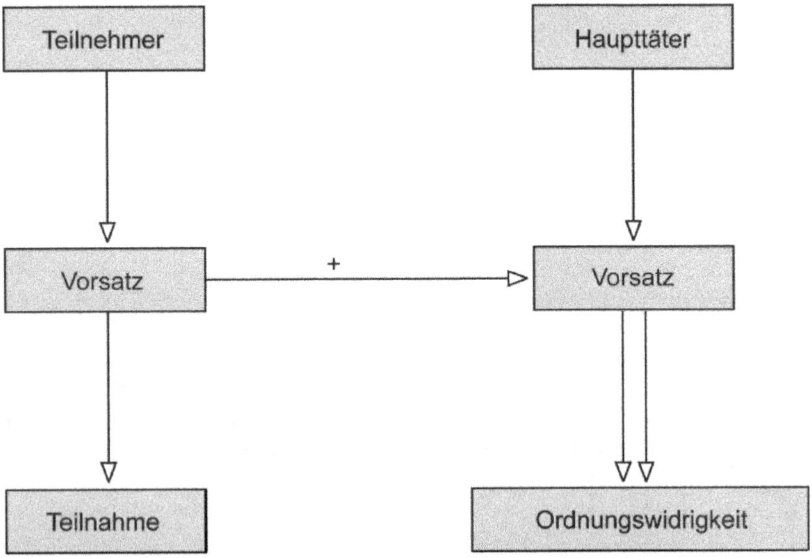

Lässt sich die Beteiligung eines Vorgesetzten durch doppelten Vorsatz nicht nachweisen, kommt eine Ahndung wegen des Auffangtatbestandes der Verletzung der Aufsichtspflicht in Betrieben und Unternehmen wegen mangelhafter Betriebsorganisation nach § 130 OWiG in Betracht.[2])

1) Zum „doppelten“ Vorsatz der Beteiligten *Wieser*, OWiG-Kommentar Teil I Nr. 1 § 14 OWiG.

2) Zum Auffangtatbestand der Verletzung der Aufsichtspflicht in Betrieben und Unternehmen (§ 130 OWiG) Kapitel 11.3.

Schriftliche oder elektronische Anhörung des Betroffenen (Anhörungsdokument) (Küchenchef als ausdrücklich beauftragte eigenverantwortliche Person, § 9 Absatz 2 Satz 1 Nummer 2 OWiG)

Landratsamt Neukirchen Zentrale Bußgeldstelle

Landratsamt Neukirchen, Postfach 5678, 88888 Neukirchen

Herrn
Manfred Eisinger
Bergstraße 112
88881 Freiberg

Dienstgebäude	Feuerbachstraße 43 88888 Neukirchen
Zimmer	0432
Sachbearbeiter(in)	Frau Weber
Telefon	(0823) 8878-342
Telefax	(0823) 8878-340
E-Mail	zbslra@neukirchen.de

Ihr Zeichen, Ihre Nachricht vom	Bitte bei Antwort angeben Unser Zeichen, Unsere Nachricht vom	Datum
	0987665/20	xxyyzzzz

Anhörung wegen einer Ordnungswidrigkeit (§ 55 OWiG)

Sehr geehrter Herr Eisinger,

nach unseren Feststellungen haben Sie folgende Ordnungswidrigkeiten begangen:

I.

Sie haben als Küchenchef des von der DHS Hotelbetriebs GmbH mit Sitz in 84300 Kaiserberg betriebenen Hotels „Karwendel" in 88882 Altstein, Weiherstraße 54, am Freitag, den 9.10.2020 zwischen 10.00 Uhr und 11.30 Uhr Speisen verschiedener Art, darunter Fleischgerichte mit Beilagen zubereitet. Dabei hatten Sie folgende lebensmittelrechtliche Anforderungen einzuhalten:

1. Betriebsstätten, in denen mit Lebensmitteln umgegangen wird, müssen sauber und stets instandgehalten sein (Artikel 4 Absatz 2 Verordnung (EG) Nummer 852/2004 in Verbindung mit Anhang II Kapitel I Nummer 1).

   Von diesen Anforderungen sind Sie bewusst abgewichen, indem Sie in der Küche Fettablagerungen auf und vor dem dort aufgestellten Elektroherd seit längerer Zeit nicht entfernt haben, so dass es zu starken verkrusteten Verschmutzungen kam. Durch mögliche Berührung wurden die dort behandelten Lebensmittel der Gefahr nachteiliger Beeinflussung durch diese Verunreinigungen ausgesetzt.

2. Betriebsstätten, in denen mit Lebensmitteln umgegangen wird, müssen sauber und stets instandgehalten sein (Artikel 4 Absatz 2 Verordnung (EG) Nummer 852/2004 in Verbindung mit Anhang II Kapitel I Nummer 1).

Von diesen Anforderungen sind Sie bewusst abgewichen, indem Sie in der Küche aufgrund mangelhafter Reinigung des Fußbodens Verschmutzungen nicht beseitigten, in denen sich mehrere lebende Ameisen und Käfer (Kakerlaken) befanden.

Dadurch wurden die dort behandelten Lebensmittel der Gefahr nachteiliger Beeinflussung durch tierische Schädlinge ausgesetzt.

3. Flächen (einschließlich Flächen von Ausrüstungen) in Bereichen, in denen mit Lebensmitteln umgegangen wird, und insbesondere Flächen, die mit Lebensmitteln in Berührung kommen, sind in einwandfreiem Zustand zu halten und müssen leicht zu reinigen und erforderlichenfalls zu desinfizieren sein (Artikel 4 Absatz 2 Verordnung (EG) Nummer 852/2004 in Verbindung mit Anhang II Kapitel I Nummer 1 Buchstabe f).

   Von diesen Anforderungen sind Sie bewusst abgewichen, indem Sie in der Küche die für die Zerteilung und Zubereitung vorgesehene Arbeitsplatte aus Hartholz längere Zeit nicht reinigten. In den vorhandenen Scharten der Oberfläche befanden sich während der Zubereitung von Frischfleisch zahlreiche, bereits verfärbte Fleischreste.

   Dadurch wurden die dort behandelten Lebensmittel der Gefahr nachteiliger Beeinflussung durch Mikroorganismen und Verunreinigungen ausgesetzt.

4. Reinigungs- und Desinfektionsmittel dürfen nicht in Bereichen gelagert werden, in denen mit Lebensmitteln umgegangen wird

   (Artikel 4 Absatz 2 Verordnung (EG) Nummer 852/2004 in Verbindung mit Anhang II Kapitel I Nummer 10).

   Von diesen Anforderungen sind Sie bewusst abgewichen, indem Sie im Vorratsraum neben für den Geschäftsbetrieb bestimmten, gefüllten Kartoffelbehältern 2,5 kg Schädlingsbekämpfungsmittel Supertox, 5 l Pflanzenschutzmittel Floran und ca. 15 l verschiedene Lösungsmittel lagerten.[1])

5. Es müssen an geeigneten Standorten genügend Handwaschbecken vorhanden sein. Diese müssen Warm- und Kaltwasserzufuhr haben; darüber hinaus müssen Mittel zum Händewaschen und zum hygienischen Händetrocknen vorhanden sein

   (Artikel 4 Absatz 2 Verordnung (EG) Nummer 852/2004 in Verbindung mit Anhang II Kapitel I Nummer 4 Satz 1, 2).

   Von diesen Anforderungen sind Sie bewusst abgewichen, indem Sie in der Personaltoilette weder Seife noch Handtücher zur Verfügung stellten.

---

1) Dieser Verstoß beruht auf § 2 Nummer 2 LMRStV, der im Gegensatz zu § 10 Nummer 1 in Verbindung mit § 3 Satz 1 LMHV keine Gefahr nachteiliger Beeinflussung im Sinne des § 2 Absatz 1 Nummer 1 LMHV erfordert.

Dadurch wurden die Lebensmittel der Gefahr nachteiliger Beeinflussung durch Mikroorganismen und Verunreinigungen ausgesetzt.

6. Die Wandflächen sind in einwandfreiem Zustand zu halten und müssen leicht zu reinigen sein

   (Artikel 4 Absatz 2 Verordnung (EG) Nummer 852/2004 in Verbindung mit Anhang II Kapitel II Nummer 1 Buchstabe b).

   Von diesen Anforderungen sind Sie bewusst abgewichen, indem Sie im Kühlraum ca. 1,5 m² heruntergefallene Fliesen nicht erneuerten.

   Dadurch wurden die dort lagernden Lebensmittel der Gefahr nachteiliger Beeinflussung durch diese Verunreinigungen ausgesetzt.

Diese Verstöße waren Ihnen bereits spätestens Ende Februar 2020 bekannt.

II.

Während der Kontrolle der Betriebsräume haben Sie dem Bediensteten der Lebensmittelüberwachung Krämer trotz Belehrung über die Ordnungswidrigkeit Ihres Verhaltens keine Auskunft über die Durchführung der nach Artikel 4 Absatz 2 Verordnung (EG) Nummer 852/2004 vorgeschriebenen betriebseigenen Maßnahmen und Kontrollen gegeben.

Ordnungswidrig handelt,

I.

wer als ausdrücklich beauftragte, in eigener Verantwortung dem Inhaber obliegende Aufgaben wahrnehmende Person (§ 9 Absatz 2 Satz 1 Nummer 2 Gesetz über Ordnungswidrigkeiten – OWiG)

1. (Nummer 4) im Sinne des § 60 Absatz 4 Nummer 2 Buchstabe a des Lebensmittel- und Futtermittelgesetzbuches (LFGB) gegen die Verordnung (EG) Nummer 852/2004 verstößt, indem er vorsätzlich entgegen Artikel 4 Absatz 2 in Verbindung mit Anhang II Kapitel I Nummer 10 ein Reinigungs- oder Desinfektionsmittel lagert und
2. (Nummer 1 bis 3, 5 bis 6) vorsätzlich entgegen § 3 Satz 1 Lebensmittel-Hygieneverordnung Lebensmittel behandelt. Lebensmittel dürfen nur so hergestellt, behandelt oder in Verkehr gebracht werden, dass sie bei Beachtung der im Verkehr erforderlichen Sorgfalt der Gefahr einer nachteiligen Beeinflussung (§ 2 Absatz 1 Nummer 1 LMHV) nicht ausgesetzt sind (§ 3 Satz 1 LMHV). Im Übrigen gelten die Begriffsbestimmungen des Artikels 2 Absatz 1 der VO (EG) Nummer 852/2004 des Europäischen Parlaments und des Rats vom 29. April 2004 über Lebensmittelhygiene (Abl. EU Nummer L 139 S. 1, Nummer L 226 S. 3) entsprechend.

II.

wer vorsätzlich entgegen § 44 Absatz 2 Satz 1 Lebensmittel- und Futtermittelgesetzbuch (LFGB) eine Auskunft nicht erteilt. Soweit es zur Durchführung der Vorschriften über den Verkehr mit Erzeugnissen im Sinne dieses Gesetzes erforderlich ist, sind die mit der Überwachung beauftragten Personen befugt, von natürlichen und juristischen Personen und nicht rechtsfähigen Personenvereinigungen alle erforderlichen Auskünfte, insbesondere solche über die Herstellung, die zur Verarbeitung gelangenden Stoffe und deren Herkunft zu verlangen.

Verletzte Bußgeldvorschriften

I.

(Nummer 4) § 2 Nummer 2 Lebensmittelrechtliche Straf- und Bußgeldverordnung (LMRStV) in der Fassung der Bekanntmachung vom 09. Mai 2017 (BGBl. I S. 1170) und

(Nummer 1 bis 3, 5 bis 6) § 10 Nummer 1 Lebensmittel-Hygieneverordnung vom 21. Juni 2016 (BGBl. I S. 1469).

II.

§ 60 Absatz 2 Nummer 20 Lebensmittel- und Futtermittelgesetzbuch (LFGB) in der Bekanntmachung vom 03. Juni 2013 (BGBl. I S. 1426)

Wegen dieser Zuwiderhandlungen haben wir gegen Sie ein Bußgeldverfahren nach dem Gesetz über Ordnungswidrigkeiten (OWiG) eingeleitet (§ 47 Absatz 1 Nummer 1 OWiG). Durch die Anhörung erhalten Sie Gelegenheit, sich zur Beschuldigung zu äußern. Dazu können Sie sich dazu schriftlich oder elektronisch äußern (Online-Anhörung):

Schriftliche Äußerung

Wir bitten Sie, das anliegende Äußerungsdokument bis spätestens eine Woche ab Zugang mit der Post zurückzusenden und zwar auch dann, wenn Sie sich nicht zur Sache und zu Ihren wirtschaftlichen Verhältnissen äußern wollen.

Online – Anhörung

Sie können sich auch elektronisch äußern und dazu unser Verwaltungsportal im Internet unter www.<Bezeichnung>/formulare/anhörung.de verwenden. Mit der Kennung <Bezeichnung> und dem Passwort <Bezeichnung> erhalten Sie für dieses Verfahren einen individuellen Zugang.

Sollten Sie die Gelegenheit zu rechtlichem Gehör nicht wahrnehmen, müssen Sie damit rechnen, dass wir nach Ablauf der Äußerungsfrist ohne weiteres Anschreiben einen Bußgeldbescheid nach Aktenlage gegen Sie erlassen und dabei Ihre wirtschaftlichen Verhältnisse schätzen werden.

Hinweis

Hat ein Verteidiger Ihre Vertretung angezeigt, erhält er eine elektronische Mitteilung der Anhörung.

Mit freundlichen Grüßen

Landratsamt Neukirchen – Zentrale Bußgeldstelle

Äußerung zum Vorwurf einer Ordnungswidrigkeit (§ 55 OWiG)

Az. 0987665/17 Neukirchen, den xxyyzzzz

Zurück an:
Landratsamt Neukirchen
Kantstraße 23
88888 Neukirchen

Bitte in Druckschrift ausfüllen!

1. **Angaben zur Person (Pflichtangaben):**

Name (Ehename)	Eisinger
Vornamen	Manfred
ggf. Geburtsname	Müller
Anschrift (Straße Nummer)	Bergstraße 112
PLZ (Ort, Kreis)	88882 Altstein
Geburtsdatum	02.05.1960
Geburtsort (Kreis)	Neustadt
Elektronisches Postfach für Mitteilungen und Zustellungen (freiwillig)	
E-Mail-Adresse	Eisinger@manfred.de

2. **Angaben zur Sache (Freiwillige Angaben):**

Die ganzen Mängel habe ich dem Hotelchef Maier seit Februar mehrfach gezeigt. Geändert hat sich aber gar nichts, weil dafür angeblich kein Geld vorhanden war. Sie können mich deswegen nicht verantwortlich machen, Herr Maier ist dafür zuständig.

Die angebliche Auskunftsverweigerung können Sie mir auch nicht vorwerfen. Ich hätte nämlich gar keine Angaben machen müssen, weil ich ein Auskunftsverweigerungsrecht habe, über das Sie mich nicht einmal aufgeklärt haben. Das mache ich jetzt geltend!

3. **Wirtschaftliche Verhältnisse (Freiwillige Angaben):**

Hinweis: Sollten Sie Ihre wirtschaftlichen Verhältnisse nicht, nicht nachvollziehbar oder unglaubhaft angeben, wären wir bei der Zumessung einer Geldbuße gezwungen, diese zu schätzen:

Monatliches Nettoeinkommen	1500 Euro
Schulden ohne Gegenwert	250 Euro Unterhalt für nichteheliches Kind

Eisinger
(Unterschrift)

Bußgeldbescheid gegen eine vom Inhaber ausdrücklich beauftragte eigenverantwortliche Person (§ 9 Absatz 2 Satz 1 Nummer 2 OWiG – Küchenchef)

Landratsamt Neukirchen Zentrale Bußgeldstelle

Landratsamt Neukirchen, Postfach 5678, 88888 Neukirchen

Zustellungsurkunde
Herrn
Manfred Eisinger
Bergstraße 112
88881 Freiberg

Dienstgebäude	Feuerbachstraße 43 88888 Neukirchen
Zimmer	0432
Sachbearbeiter(in)	Frau Weber
Telefon	(0823) 8878-342
Telefax	(0823) 8878-340
E-Mail	zbstra@neukirchen.de

Ihr Zeichen, Ihre Nachricht vom	Bitte bei Antwort angeben Unser Zeichen, Unsere Nachricht vom	Datum
	0987665/20	xxyyzzzz

Betroffener:

Herr Manfred Eisinger, Geburtsname Müller, geb. 02.05.1960 in Neustadt, Bergstraße 112, 88882 Altstein

Verteidiger: -

Bußgeldbescheid

Sehr geehrter Herr Eisinger,

nach unseren Feststellungen haben Sie folgende Ordnungswidrigkeiten begangen:

I.

Sie haben als Küchenchef des von der DHS Hotelbetriebs GmbH mit Sitz in 84300 Kaiserberg betriebenen Hotels „Karwendel" in 88882 Altstein, Weiherstraße 54 am Dienstag, xxyyzzzz zwischen 10.00 Uhr und 11.30 Uhr Speisen verschiedener Art, darunter Fleischgerichte mit Beilagen zubereitet. Dabei hatten Sie folgende lebensmittelrechtliche Anforderungen einzuhalten:

1. Betriebsstätten, in denen mit Lebensmitteln umgegangen wird, müssen sauber und stets instandgehalten sein

   (Artikel 4 Absatz 2 Verordnung (EG) Nummer 852/2004 in Verbindung mit Anhang II Kapitel I Nummer 1).

   Von diesen Anforderungen sind Sie bewusst abgewichen, indem Sie in der Küche Fettablagerungen auf und vor dem dort aufgestellten Elektroherd seit längerer Zeit nicht entfernt haben, so dass es zu starken verkrusteten Verschmutzungen kam.

   Durch mögliche Berührung wurden die dort behandelten Lebensmittel der Gefahr nachteiliger Beeinflussung durch diese Verunreinigungen ausgesetzt.

2. Betriebsstätten, in denen mit Lebensmitteln umgegangen wird, müssen sauber und stets instandgehalten sein

   (Artikel 4 Absatz 2 Verordnung (EG) Nummer 852/2004 in Verbindung mit Anhang II Kapitel I Nummer 1).

   Von diesen Anforderungen sind Sie bewusst abgewichen, indem Sie in der Küche aufgrund mangelhafter Reinigung des Fußbodens Verschmutzungen nicht beseitigten, in denen sich mehrere lebende Ameisen und Käfer (Kakerlaken) befanden.

   Dadurch wurden die dort behandelten Lebensmittel der Gefahr nachteiliger Beeinflussung durch tierische Schädlinge ausgesetzt.

3. Flächen (einschließlich Flächen von Ausrüstungen) in Bereichen, in denen mit Lebensmitteln umgegangen wird, und insbesondere Flächen, die mit Lebensmitteln in Berührung kommen, sind in einwandfreiem Zustand zu halten und müssen leicht zu reinigen und erforderlichenfalls zu desinfizieren sein

   (Artikel 4 Absatz 2 Verordnung (EG) Nummer 852/2004 in Verbindung mit Anhang II Kapitel I Nummer 1 Buchstabe f).

   Von diesen Anforderungen sind Sie bewusst abgewichen, indem Sie in der Küche die für die Zerteilung und Zubereitung vorgesehene Arbeitsplatte aus Hartholz längere Zeit nicht reinigten. In den vorhandenen Scharten der Oberfläche befanden sich während der Zubereitung von Frischfleisch zahlreiche, bereits verfärbte Fleischreste.

   Dadurch wurden die dort behandelten Lebensmittel der Gefahr nachteiliger Beeinflussung durch Mikroorganismen und Verunreinigungen ausgesetzt.

4. Reinigungs- und Desinfektionsmittel dürfen nicht in Bereichen gelagert werden, in denen mit Lebensmitteln umgegangen wird

   (Artikel 4 Absatz 2 Verordnung (EG) Nummer 852/2004 in Verbindung mit Anhang II Kapitel I Nummer 10).

   Von diesen Anforderungen sind Sie bewusst abgewichen, indem Sie im Vorratsraum neben für den Geschäftsbetrieb bestimmten, gefüllten Kartoffelbehältern 2,5 kg Schädlingsbekämpfungsmittel Supertox, 5 l Pflanzenschutzmittel Floran und ca. 15 l verschiedene Lösungsmittel lagerten.[1])

5. Es müssen an geeigneten Standorten genügend Handwaschbecken vorhanden sein. Diese müssen Warm- und Kaltwasserzufuhr haben; darüber hinaus müssen Mittel zum Händewaschen und zum hygienischen Händetrocknen vorhanden sein

---

1) Dieser Verstoß beruht auf § 2 Nummer 2 LMRStV, der im Gegensatz zu § 10 Nummer 1 in Verbindung mit § 3 Satz 1 LMHV keine Gefahr nachteiliger Beeinflussung im Sinne des § 2 Absatz 1 Nummer 1 LMHV erfordert.

(Artikel 4 Absatz 2 Verordnung (EG) Nummer 852/2004 in Verbindung mit Anhang II Kapitel I Nummer 4 Satz 1, 2).

Von diesen Anforderungen sind Sie bewusst abgewichen, indem Sie in der Personaltoilette weder Seife noch Handtücher zur Verfügung stellten.

Dadurch wurden die Lebensmittel der Gefahr nachteiliger Beeinflussung durch Mikroorganismen und Verunreinigungen ausgesetzt.

6. Die Wandflächen sind in einwandfreiem Zustand zu halten und müssen leicht zu reinigen sein

   (Artikel 4 Absatz 2 Verordnung (EG) Nummer 852/2004 in Verbindung mit Anhang II Kapitel II Nummer 1 Buchstabe b).

   Von diesen Anforderungen sind Sie bewusst abgewichen, indem Sie im Kühlraum ca. 1,5 m^2 heruntergefallene Fliesen nicht erneuerten.

   Dadurch wurden die dort lagernden Lebensmittel der Gefahr nachteiliger Beeinflussung durch diese Verunreinigungen ausgesetzt.

Diese Verstöße waren Ihnen bereits spätestens Ende Februar 2020 bekannt.

II.

Während der Kontrolle der Betriebsräume haben Sie dem Bediensteten der Lebensmittelüberwachung Krämer trotz Belehrung über die Ordnungswidrigkeit Ihres Verhaltens keine Auskunft über die Durchführung der nach Artikel 4 Absatz 2 Verordnung (EG) Nummer 852/2004 vorgeschriebenen betriebseigenen Maßnahmen und Kontrollen gegeben.

Ordnungswidrig handelt,

I.

wer als ausdrücklich beauftragte, in eigener Verantwortung dem Inhaber obliegende Aufgaben wahrnehmende Person (§ 9 Absatz 2 Satz 1 Nummer 2 Gesetz über Ordnungswidrigkeiten – OWiG)

1. (Nummer 4) im Sinne des § 60 Absatz 4 Nummer 2 Buchstabe a des Lebensmittel- und Futtermittelgesetzbuches (LFGB) gegen die Verordnung (EG) Nummer 852/2004 verstößt, indem er vorsätzlich entgegen Artikel 4 Absatz 2 in Verbindung mit Anhang II Kapitel I Nummer 10 ein Reinigungs- oder Desinfektionsmittel lagert und
2. (Nummer 1 bis 3, 5 bis 6) vorsätzlich entgegen § 3 Satz 1 Lebensmittel-Hygieneverordnung Lebensmittel behandelt. Lebensmittel dürfen nur so hergestellt, behandelt oder in Verkehr gebracht werden, dass sie bei Beachtung der im Verkehr erforderlichen Sorgfalt der Gefahr einer nachteiligen Beeinflussung (§ 2 Absatz 1 Nummer 1 LMHV) nicht ausgesetzt sind (§ 3 Satz 1 LMHV). Im Übrigen gelten die Begriffsbestimmungen des Artikels 2 Absatz 1 der VO (EG) Nummer 852/2004 des Europäischen Parlaments und des Rats vom 29. April 2004 über Lebensmittelhygiene (Abl. EU Nummer L 139 S. 1, Nummer L 226 S. 3) entsprechend.

II.

wer vorsätzlich entgegen § 44 Absatz 2 Satz 1 Lebensmittel- und Futtermittelgesetzbuch (LFGB) eine Auskunft nicht erteilt. Soweit es zur Durchführung der Vorschriften über den Verkehr mit Erzeugnissen im Sinne dieses Gesetzes erforderlich ist, sind die mit der Überwachung beauftragten Personen befugt, von natürlichen und juristischen Personen und nicht rechtsfähigen Personenvereinigungen alle erforderlichen Auskünfte, insbesondere solche über die Herstellung, die zur Verarbeitung gelangenden Stoffe und deren Herkunft zu verlangen.

Verletzte Bußgeldvorschriften

I.

(Nummer 4) § 2 Nummer 2 Lebensmittelrechtliche Straf- und Bußgeldverordnung (LMRStV) in der Fassung der Bekanntmachung vom 09. Mai 2017 (BGBl. I S. 1170) und

(Nummer 1 bis 3, 5 bis 6) § 10 Nummer 1 Lebensmittel-Hygieneverordnung vom 21. Juni 2016 (BGBl. I S. 1469).

II.

§ 60 Absatz 2 Nummer 20 Lebensmittel- und Futtermittelgesetzbuch (LFGB) in der Bekanntmachung vom 03. Juni 2013 (BGBl. I S. 1426)

Beweismittel

a) Ihre Angaben bei der Anhörung vom xxyyzzzz

b) Ermittlungsbericht der Lebensmittelüberwachung vom xxyyzzzz

c) Bildaufzeichnung vom xxyyzzzz über den Zustand der Betriebsräume

Als Folge dieser Ordnungswidrigkeiten setzen wir gegen Sie die folgenden Geldbußen fest (§§ 17, 20 OWiG). Sie tragen auch die Kosten des Bußgeldverfahrens (§§ 464, 465 Absatz 1 StPO in Verbindung mit § 46 Absatz 1 OWiG). Diese bestehen aus der Verfahrensgebühr (§ 107 Absatz 1 OWiG) und unseren Auslagen (§ 107 Absatz 3 OWiG).

Geldbußen	a) 2000,00 Euro
	b) 125,00 Euro
Gebühr	106,25 Euro
Auslagen	3,50 Euro
Gesamtbetrag	2234,75 Euro

Zahlungserleichterungen

Sie können Geldbuße, Gebühr und Auslagen in monatlichen Teilbeträgen von je 100 Euro ab Rechtskraft des Bußgeldbescheides jeweils bis zum 15. eines Monats zahlen. Diese Vergünstigung entfällt, wenn Sie mit einem fälligen Teilbetrag in Verzug geraten. In diesem Fall ist der Gesamtrestbetrag sofort zur Zahlung fällig.

Begründung des Bußgeldbescheides

1) Ihre Angaben bei der Anhörung vom xxyyzzzz

   Ihre Auffassung, die Hotelleitung sei für den Zustand der Betriebsräume allein verantwortlich, entlastet Sie nicht. Als Leiter des gesamten Küchenbereichs sind Sie für die Einhaltung lebensmittelrechtlicher Bestimmungen ausdrücklich beauftragt und handeln eigenverantwortlich für den Lebensmittelunternehmer (§ 9 Absatz 1 Satz 2 Nummer 2 OWiG).

   Eine Belehrungspflicht über das Ihnen nach § 44 Absatz 2 Satz 2 LFGB zustehende Auskunftsverweigerungsrecht ist gesetzlich nicht vorgesehen. Auf dieses Recht muss sich der Auskunftspflichtige gegenüber dem Auskunftsberechtigten ausdrücklich berufen. Eine nachträgliche Geltendmachung ist daher nicht möglich, so dass Ihre Angaben verwertbar bleiben.

2) Zumessung der Geldbuße (§ 17 Absatz 3 OWiG):

   Die Ordnungswidrigkeit unter I. ist mit Geldbuße bis 50 000 Euro bedroht (§ 60 Absatz 5 Nummer 2 LFGB),

   die Ordnungswidrigkeit unter II. ist mit Geldbuße bis 20 000 Euro bedroht (§ 60 Absatz 5 Nummer 3 LFGB).

   Bei der Zumessung der Geldbuße wegen der Ordnungswidrigkeiten unter I. haben wir folgende Umstände berücksichtigt:

   a) Bedeutung der Ordnungswidrigkeit (§ 17 Absatz 3 Satz 1 OWiG):

      Verschärfend wirkte sich die Anzahl von sechs festgestellten Lebensmittelhygieneverstößen erheblichen Ausmaßes aus. Die Zuwiderhandlungen weisen ein hohes Maß an unmittelbarer Gefährdung für die Hotel- und Restaurantbesucher als Endverbraucher auf.

   b) Vorwurf, der den Täter trifft (§ 17 Absatz 3 Satz 1 OWiG):

      Verschärfend mussten wir berücksichtigen, dass aufgrund zweier einschlägiger Eintragungen im Gewerbezentralregister vom 10.12.2019 (Geldbuße 250 Euro) und 21.6.2018 (Geldbuße 600 Euro) ein erneuter Wiederholungsfall vorliegt. Zudem haben Sie die Hygienemängel trotz Aufforderung bei der Vorkontrolle am 02.10.2020 und trotz Belehrung durch die Lebensmittelüberwachung weiter nicht beseitigt.

   c) Wirtschaftliche Verhältnisse (§ 17 Absatz 3 Satz 2 OWiG):

      Das Monatseinkommen wurde der Zumessung der Geldbuße nach Ihren glaubhaften Angaben unter Berücksichtigung der angegebenen Unterhaltsverpflichtungen zugrunde gelegt.

Bei der Ordnungswidrigkeit unter II. sind wir vom Regelahndungssatz des Bußgeldkataloges „Lebensmittelrecht" des Landratsamtes Neukirchen ausgegangen.

Rechtsbehelfsbelehrung

Gegen diesen Bußgeldbescheid können Sie innerhalb von zwei Wochen ab Zustellung bei dem Landratsamt Neukirchen schriftlich oder zur Niederschrift Einspruch einlegen (§ 67 OWiG). *Sie können den Einspruch auch elektronisch einlegen. Verwenden Sie dazu unser Internetportal <<Bezeichnung>> mit der Kennung <<Bezeichnung>> und dem Passwort <<Bezeichnung>>. Andere als die dort bezeichneten Dateiformate sind dabei unzulässig.*[1]) Der Rechtsbehelf ist in deutscher Sprache einzulegen (§ 184 GVG in Verbindung mit § 46 Absatz 1 OWiG).

Sofern Sie eine Begründung des Einspruchs beabsichtigen, bitten wir Sie, diese möglichst mit der Einlegung des Einspruchs zu verbinden.

Falls wir den Bußgeldbescheid trotz eines Einspruchs aufrechterhalten (§ 69 Absatz 2 Satz 1 OWiG), entscheidet das Amtsgericht aufgrund dieses Bußgeldbescheides über das Vorliegen einer Ordnungswidrigkeit und die Rechtsfolgen aufgrund einer mündlichen Hauptverhandlung (§ 71 OWiG), ohne an die Höhe der festgesetzten Geldbuße gebunden zu sein. Das Gericht kann mit Ihrer Zustimmung auch durch schriftlichen Beschluss entscheiden (§ 72 OWiG), wobei es an die Rechtsfolgen des Bußgeldbescheides gebunden ist.

Zahlungsaufforderung

Nach Rechtskraft des Bußgeldbescheides ist die Geldbuße innerhalb weiterer zwei Wochen (also vier Wochen ab Zustellung) an die Kreiskasse oder eines der in den Fußzeilen der ersten Seite dieses Bescheides bezeichneten Konten zu bezahlen (§ 95 Absatz 1 OWiG), sofern keine abweichenden Zahlungsfristen bewilligt sind.

Hinweis auf Erzwingungshaft

Unterbleibt die Zahlung und wird auch eine Zahlungsunfähigkeit nicht dargelegt, so kann die Geldbuße durch die vom Amtsgericht angeordnete Erzwingungshaft gegen einen gesetzlichen Vertreter durchgesetzt werden (§ 96 OWiG). Bei Unmöglichkeit sofortiger Zahlung sind Zahlungserleichterungen (Zahlungsfrist, Teilleistungen) möglich (§ 18, § 93 OWiG).

Mit freundlichen Grüßen

---

1) Die kursiv dargestellten Sätze betreffen die Einlegung des Einspruchs als Rechtsbehelf nach Einführung des elektronischen Rechtsverkehrs. Sie sind daher erst nach Erlass einer entsprechenden Einführungsverordnung im Bereich der Verwaltungsbehörde hinzuzufügen.

Schriftliche oder elektronische Anhörung als Betroffener (Anhörungsdokument) (Teil-Betriebsleiter, § 9 Absatz 2 Satz 1 Nummer 1 OWiG – Hotelchef)

Landratsamt Neukirchen Zentrale Bußgeldstelle

Landratsamt Neukirchen, Postfach 5678, 88888 Neukirchen

Herrn
Werner Maier
Goethestraße 12
65997 Talbergen

Dienstgebäude	Feuerbachstraße 43 88888 Neukirchen
Zimmer	0432
Sachbearbeiter(in)	Frau Weber
Telefon	(0823) 8878-342
Telefax	(0823) 8878-340
E-Mail	zbslra@neukirchen.de

Ihr Zeichen, Ihre Nachricht vom	Bitte bei Antwort angeben Unser Zeichen, Unsere Nachricht vom	Datum
	0987665/20	xxyyzzzz

Betroffener: Herr Werner Maier, geb. 04.05.1959 in Altstadt, Goethestraße 12, 65997 Talbergen

Verteidiger: –

Anhörung wegen einer Ordnungswidrigkeit (§ 55 OWiG)

Sehr geehrter Herr Maier,

nach unseren Feststellungen haben Sie folgende Ordnungswidrigkeiten begangen:

Sie sind Leiter des von der DHS Hotelbetriebs GmbH mit Sitz in 84300 Kaiserberg betriebenen Hotels „Karwendel“ in 88882 Altstein, Weiherstraße 54. Ihnen ist spätestens seit der Lebensmittelkontrolle vom xxyyzzzz bekannt, dass der mit der Leitung der Hotelküche beauftragte Herr Manfred Eisinger wissentlich lebensmittelhygienische Vorschriften im Betriebsablauf nicht einhält. Am Freitag, den xxyyzzzz zwischen 10.00 Uhr und 11.30 Uhr hat Herr Eisinger in der Hotelküche Speisen verschiedener Art, darunter Fleischgerichte mit Beilagen zubereitet. Dabei hatte er folgende lebensmittelrechtliche Anforderungen einzuhalten:

1. Betriebsstätten, in denen mit Lebensmitteln umgegangen wird, müssen sauber und stets instandgehalten sein

   (Artikel 4 Absatz 2 Verordnung (EG) Nummer 852/2004 in Verbindung mit Anhang II Kapitel I Nummer 1).

   Von diesen Anforderungen ist Herr Eisinger bewusst abgewichen, indem er in der Küche Fettablagerungen auf und vor dem dort aufgestellten Elektroherd seit längerer Zeit nicht entfernt hat, so dass es zu starken verkrusteten Verschmutzungen kam.

Durch mögliche Berührung wurden die dort behandelten Lebensmittel der Gefahr nachteiliger Beeinflussung durch diese Verunreinigungen ausgesetzt.

2. Betriebsstätten, in denen mit Lebensmitteln umgegangen wird, müssen sauber und stets instandgehalten sein

   (Artikel 4 Absatz 2 Verordnung (EG) Nummer 852/2004 in Verbindung mit Anhang II Kapitel I Nummer 1).

   Von diesen Anforderungen ist Herr Eisinger bewusst abgewichen, indem er in der Küche aufgrund mangelhafter Reinigung des Fußbodens Verschmutzungen nicht beseitigte, in denen sich mehrere lebende Ameisen und Käfer (Kakerlaken) befanden.

   Dadurch wurden die dort behandelten Lebensmittel der Gefahr nachteiliger Beeinflussung durch tierische Schädlinge ausgesetzt.

3. Flächen (einschließlich Flächen von Ausrüstungen) in Bereichen, in denen mit Lebensmitteln umgegangen wird, und insbesondere Flächen, die mit Lebensmitteln in Berührung kommen, sind in einwandfreiem Zustand zu halten und müssen leicht zu reinigen und erforderlichenfalls zu desinfizieren sein

   (Artikel 4 Absatz 2 Verordnung (EG) Nummer 852/2004 in Verbindung mit Anhang II Kapitel I Nummer 1 Buchstabe f).

   Von diesen Anforderungen ist Herr Eisinger bewusst abgewichen, indem er in der Küche die für die Zerteilung und Zubereitung vorgesehene Arbeitsplatte aus Hartholz längere Zeit nicht reinigte. In den vorhandenen Scharten der Oberfläche befanden sich während der Zubereitung von Frischfleisch zahlreiche, bereits verfärbte Fleischreste.

   Dadurch wurden die dort behandelten Lebensmittel der Gefahr nachteiliger Beeinflussung durch Mikroorganismen und Verunreinigungen ausgesetzt.

4. Reinigungs- und Desinfektionsmittel dürfen nicht in Bereichen gelagert werden, in denen mit Lebensmitteln umgegangen wird

   (Artikel 4 Absatz 2 Verordnung (EG) Nummer 852/2004 in Verbindung mit Anhang II Kapitel I Nummer 10).

   Von diesen Anforderungen ist Herr Eisinger bewusst abgewichen, indem er im Vorratsraum neben für den Geschäftsbetrieb bestimmten, gefüllten Kartoffelbehältern 2,5 kg Schädlingsbekämpfungsmittel Supertox, 5 l Pflanzenschutzmittel Floran und ca. 15 l verschiedene Lösungsmittel lagerte.[1])

1) Dieser Verstoß beruht auf § 2 Nummer 2 LMRStV, der im Gegensatz zu § 10 Nummer 1 in Verbindung mit § 3 Satz 1 LMHV keine Gefahr nachteiliger Beeinflussung im Sinne des § 2 Absatz 1 Nummer 1 LMHV erfordert.

5. Es müssen an geeigneten Standorten genügend Handwaschbecken vorhanden sein. Diese müssen Warm- und Kaltwasserzufuhr haben; darüber hinaus müssen Mittel zum Händewaschen und zum hygienischen Händetrocknen vorhanden sein

   (Artikel 4 Absatz 2 Verordnung (EG) Nummer 852/2004 in Verbindung mit Anhang II Kapitel I Nummer 4 Satz 1, 2).

   Von diesen Anforderungen ist Herr Eisinger bewusst abgewichen, indem er in der Personaltoilette weder Seife noch Handtücher zur Verfügung stellte.

   Dadurch wurden die Lebensmittel der Gefahr nachteiliger Beeinflussung durch Mikroorganismen und Verunreinigungen ausgesetzt.
6. Die Wandflächen sind in einwandfreiem Zustand zu halten und müssen leicht zu reinigen sein

   (Artikel 4 Absatz 2 Verordnung (EG) Nummer 852/2004 in Verbindung mit Anhang II Kapitel II Nummer 1 Buchstabe b).

   Von diesen Anforderungen ist Herr Eisinger bewusst abgewichen, indem er im Kühlraum ca. 1,5 m^2 heruntergefallene Fliesen nicht erneuerte.

   Dadurch wurden die dort lagernden Lebensmittel der Gefahr nachteiliger Beeinflussung durch diese Verunreinigungen ausgesetzt.

Trotz des Ihnen bereits spätestens Ende yyzzzz bekannten rechtswidrigen Verhaltens des Küchenchefs haben Sie als Leiter des Hotelbetriebes nicht auf Herrn Eisinger eingewirkt und dadurch die Einhaltung der verbindlichen Lebensmittelhygienevorschriften durchgesetzt.

Ordnungswidrig handelt,

wer als vom Inhaber eines Betriebes oder einem sonst dazu Befugten zur teilweisen Leitung beauftragte Person (§ 9 Absatz 2 Satz 1 Nummer 1 Gesetz über Ordnungswidrigkeiten – OWiG) und als Beteiligter an einer Ordnungswidrigkeit (§ 14 OWiG) durch pflichtwidriges Unterlassen (§ 8 OWiG)

1. (Nummer 4) im Sinne des § 60 Absatz 4 Nummer 2 Buchstabe a des Lebensmittel- und Futtermittelgesetzbuches (LFGB) gegen die Verordnung (EG) Nummer 852/2004 verstößt, indem er vorsätzlich entgegen Artikel 4 Absatz 2 in Verbindung mit Anhang II Kapitel I Nummer 10 ein Reinigungs- oder Desinfektionsmittel lagert und
2. (Nummer 1 bis 3, 5 bis 6) vorsätzlich entgegen § 3 Satz 1 Lebensmittel-Hygieneverordnung Lebensmittel behandelt. Lebensmittel dürfen nur so hergestellt, behandelt oder in Verkehr gebracht werden, dass sie bei Beachtung der im Verkehr erforderlichen Sorgfalt der Gefahr einer nachteiligen Beeinflussung (§ 2 Absatz 1 Nummer 1 LMHV) nicht ausgesetzt

sind (§ 3 Satz 1 LMHV). Im Übrigen gelten die Begriffsbestimmungen des Artikels 2 Absatz 1 der VO (EG) Nummer 852/2004 des Europäischen Parlaments und des Rats vom 29. April 2004 über Lebensmittelhygiene (Abl. EU Nummer L 139 S. 1, Nummer L 226 S. 3) entsprechend.

Verletzte Bußgeldvorschriften

(Nummer 4) § 2 Nummer 2 Lebensmittelrechtliche Straf- und Bußgeldverordnung (LMRStV) in der Fassung der Bekanntmachung vom 09. Mai 2017 (BGBl. I S. 1170) und

(Nummer 1 bis 3, 5 bis 6) § 10 Nummer 1 Lebensmittel-Hygieneverordnung vom 21. Juni 2016 (BGBl. I S. 1469).

Wegen dieser Zuwiderhandlungen haben wir gegen Sie ein Bußgeldverfahren nach dem Gesetz über Ordnungswidrigkeiten (OWiG) eingeleitet (§ 47 Absatz 1 Nummer 1 OWiG). Durch die Anhörung erhalten Sie Gelegenheit, sich zur Beschuldigung zu äußern. Dazu können Sie sich dazu schriftlich oder elektronisch äußern (Online-Anhörung):

Schriftliche Äußerung

Wir bitten Sie, das anliegende Äußerungsdokument bis spätestens eine Woche ab Zugang mit der Post zurückzusenden und zwar auch dann, wenn Sie sich nicht zur Sache und zu Ihren wirtschaftlichen Verhältnissen äußern wollen.

Online - Anhörung

Sie können sich auch elektronisch äußern und dazu unser Verwaltungsportal im Internet unter www.<Bezeichnung>/formulare/anhörung.de verwenden. Mit der Kennung <Bezeichnung> und dem Passwort <Bezeichnung> erhalten Sie für dieses Verfahren einen individuellen Zugang.

Sollten Sie die Gelegenheit zu rechtlichem Gehör nicht wahrnehmen, müssen Sie damit rechnen, dass wir nach Ablauf der Äußerungsfrist ohne weiteres Anschreiben einen Bußgeldbescheid nach Aktenlage gegen Sie erlassen und dabei Ihre wirtschaftlichen Verhältnisse schätzen werden.

Hinweis

Hat ein Verteidiger Ihre Vertretung angezeigt, erhält er eine elektronische Mitteilung der Anhörung.

Mit freundlichen Grüßen

Äußerungsdokument zum Vorwurf einer Ordnungswidrigkeit (§ 55 OWiG)

Az. 0987665/20 Neukirchen, den xxyyzzzz

Zurück an:
Landratsamt Neukirchen
Kantstraße 23
88888 Neukirchen

Bitte in Druckschrift ausfüllen!

1. Angaben zur Person (Pflichtangaben)

Name (Ehename)	Maier
Vornamen	Werner
ggf. Geburtsname	
Anschrift (Straße Nummer)	Goethestraße 30
PLZ (Ort, Kreis)	65997 Talbergen
Geburtsdatum	04.05.1959
Geburtsort (Kreis)	Altstadt
Elektronisches Postfach für Mitteilungen und Zustellungen	
E-Mail-Adresse	wernermaier@online.de

2. Angaben zur Sache (Freiwillige Angaben)

Ich bin der Leiter eines Hotels der DHS-Hotelbetriebs GmbH. Nach dem Arbeitsvertrag, den ich in Anlage mitschicke, ist Herr Eisinger als Küchenchef allein für die Einhaltung aller lebensmittelrechtlichen Vorschriften verantwortlich. So ist das in einem arbeitsteiligen Unternehmen üblich. Wenden Sie sich daher bitte an Herrn Eisinger!

3. Wirtschaftliche Verhältnisse (Freiwillige Angaben)

Hinweis: Sollten Sie Ihre wirtschaftlichen Verhältnisse nicht, nicht nachvollziehbar oder unglaubhaft angeben, wären wir bei der Zumessung einer Geldbuße gezwungen, diese zu schätzen:

Monatliches Nettoeinkommen	geregelt
Schulden ohne Gegenwert	

Maier
(Unterschrift)

Bußgeldbescheid gegen einen (Teil-)Betriebsleiter (§ 9 Absatz 2 Satz 1 Nummer 1 OWiG – Hotelchef)

Landratsamt Neukirchen Zentrale Bußgeldstelle

Landratsamt Neukirchen, Postfach 5678, 88888 Neukirchen

Herrn
Werner Maier
Goethestraße 12
65997 Talbergen

Dienstgebäude	Feuerbachstraße 43 88888 Neukirchen
Zimmer	0432
Sachbearbeiter(in)	Frau Weber
Telefon	(0823) 8878-342
Telefax	(0823) 8878-340
E-Mail	zbslra@neukirchen.de

Ihr Zeichen, Ihre Nachricht vom	Bitte bei Antwort angeben Unser Zeichen, Unsere Nachricht vom	Datum
	0987665/20	xxyyzzzz

Betroffener: Herr Werner Maier, geb. 04.05.1959 in Altstadt, Betriebsleiter, Goethestraße 30, 65997 Talbergen

Verteidiger: --

Bußgeldbescheid

Sehr geehrter Herr Maier,

nach unseren Feststellungen haben Sie folgende Ordnungswidrigkeiten begangen:

Sie sind Leiter des von der DHS Hotelbetriebs GmbH mit Sitz in 84300 Kaiserberg betriebenen Hotels „Karwendel" in 88882 Altstein, Weiherstraße 54. Ihnen ist spätestens seit der Lebensmittelkontrolle vom xxyyzzzz bekannt, dass der mit der Leitung der Hotelküche beauftragte Herr Manfred Eisinger wissentlich lebensmittelhygienische Vorschriften im Betriebsablauf nicht einhält. Am Freitag, den xxyyzzzz zwischen 10.00 Uhr und 11.30 Uhr hat Herr Eisinger in der Hotelküche Speisen verschiedener Art, darunter Fleischgerichte mit Beilagen zubereitet. Dabei hatte er folgende lebensmittelrechtliche Anforderungen einzuhalten:

1. Betriebsstätten, in denen mit Lebensmitteln umgegangen wird, müssen sauber und stets instandgehalten sein

   (Artikel 4 Absatz 2 Verordnung (EG) Nummer 852/2004 in Verbindung mit Anhang II Kapitel I Nummer 1).

   Von diesen Anforderungen ist Herr Eisinger bewusst abgewichen, indem er in der Küche Fettablagerungen auf und vor dem dort aufgestellten Elektroherd seit längerer Zeit nicht entfernt hat, so dass es zu starken verkrusteten Verschmutzungen kam.

Durch mögliche Berührung wurden die dort behandelten Lebensmittel der Gefahr nachteiliger Beeinflussung durch diese Verunreinigungen ausgesetzt.

2. Betriebsstätten, in denen mit Lebensmitteln umgegangen wird, müssen sauber und stets instandgehalten sein

   (Artikel 4 Absatz 2 Verordnung (EG) Nummer 852/2004 in Verbindung mit Anhang II Kapitel I Nummer 1).

   Von diesen Anforderungen ist Herr Eisinger bewusst abgewichen, indem er in der Küche aufgrund mangelhafter Reinigung des Fußbodens Verschmutzungen nicht beseitigte, in denen sich mehrere lebende Ameisen und Käfer (Kakerlaken) befanden.

   Dadurch wurden die dort behandelten Lebensmittel der Gefahr nachteiliger Beeinflussung durch tierische Schädlinge ausgesetzt.

3. Flächen (einschließlich Flächen von Ausrüstungen) in Bereichen, in denen mit Lebensmitteln umgegangen wird, und insbesondere Flächen, die mit Lebensmitteln in Berührung kommen, sind in einwandfreiem Zustand zu halten und müssen leicht zu reinigen und erforderlichenfalls zu desinfizieren sein

   (Artikel 4 Absatz 2 Verordnung (EG) Nummer 852/2004 in Verbindung mit Anhang II Kapitel I Nummer 1 Buchstabe f).

   Von diesen Anforderungen ist Herr Eisinger bewusst abgewichen, indem er in der Küche die für die Zerteilung und Zubereitung vorgesehene Arbeitsplatte aus Hartholz längere Zeit nicht reinigte. In den vorhandenen Scharten der Oberfläche befanden sich während der Zubereitung von Frischfleisch zahlreiche, bereits verfärbte Fleischreste.

   Dadurch wurden die dort behandelten Lebensmittel der Gefahr nachteiliger Beeinflussung durch Mikroorganismen und Verunreinigungen ausgesetzt.

4. Reinigungs- und Desinfektionsmittel dürfen nicht in Bereichen gelagert werden, in denen mit Lebensmitteln umgegangen wird

   (Artikel 4 Absatz 2 Verordnung (EG) Nummer 852/2004 in Verbindung mit Anhang II Kapitel I Nummer 10).

   Von diesen Anforderungen ist Herr Eisinger bewusst abgewichen, indem er im Vorratsraum neben für den Geschäftsbetrieb bestimmten, gefüllten Kartoffelbehältern 2,5 kg Schädlingsbekämpfungsmittel Supertox, 5 l Pflanzenschutzmittel Floran und ca. 15 l verschiedene Lösungsmittel lagerte.[1])

---

1) Dieser Verstoß beruht auf § 2 Nummer 2 LMRStV, der im Gegensatz zu § 10 Nummer 1 in Verbindung mit § 3 Satz 1 LMHV keine Gefahr nachteiliger Beeinflussung im Sinne des § 2 Absatz 1 Nummer 1 LMHV erfordert.

5. Es müssen an geeigneten Standorten genügend Handwaschbecken vorhanden sein. Diese müssen Warm- und Kaltwasserzufuhr haben; darüber hinaus müssen Mittel zum Händewaschen und zum hygienischen Händetrocknen vorhanden sein

   (Artikel 4 Absatz 2 Verordnung (EG) Nummer 852/2004 in Verbindung mit Anhang II Kapitel I Nummer 4 Satz 1, 2).

   Von diesen Anforderungen ist Herr Eisinger bewusst abgewichen, indem er in der Personaltoilette weder Seife noch Handtücher zur Verfügung stellte.

   Dadurch wurden die Lebensmittel der Gefahr nachteiliger Beeinflussung durch Mikroorganismen und Verunreinigungen ausgesetzt.
6. Die Wandflächen sind in einwandfreiem Zustand zu halten und müssen leicht zu reinigen sein

   (Artikel 4 Absatz 2 Verordnung (EG) Nummer 852/2004 in Verbindung mit Anhang II Kapitel II Nummer 1 Buchstabe b).

   Von diesen Anforderungen ist Herr Eisinger bewusst abgewichen, indem er im Kühlraum ca. 1,5 m² heruntergefallene Fliesen nicht erneuerte.

   Dadurch wurden die dort lagernden Lebensmittel der Gefahr nachteiliger Beeinflussung durch diese Verunreinigungen ausgesetzt.

Trotz des Ihnen bereits spätestens yyzzzz bekannten rechtswidrigen Verhaltens des Küchenchefs haben Sie als Leiter des Hotelbetriebes nicht auf Herrn Eisinger eingewirkt und dadurch die Einhaltung der verbindlichen Lebensmittelhygienevorschriften durchgesetzt.

Ordnungswidrig handelt,

wer als vom Inhaber eines Betriebes oder einem sonst dazu Befugten zur teilweisen Leitung beauftragte Person (§ 9 Absatz 2 Satz 1 Nummer 1 Gesetz über Ordnungswidrigkeiten – OWiG) und als Beteiligter an einer Ordnungswidrigkeit (§ 14 OWiG) durch pflichtwidriges Unterlassen (§ 8 OWiG)

1. (Nummer 4) im Sinne des § 60 Absatz 4 Nummer 2 Buchstabe a des Lebensmittel- und Futtermittelgesetzbuches (LFGB) gegen die Verordnung (EG) Nummer 852/2004 verstößt, indem er vorsätzlich entgegen Artikel 4 Absatz 2 in Verbindung mit Anhang II Kapitel I Nummer 10 ein Reinigungs- oder Desinfektionsmittel lagert und
2. (Nummer 1 bis 3, 5 bis 6) vorsätzlich entgegen § 3 Satz 1 Lebensmittel-Hygieneverordnung Lebensmittel behandelt. Lebensmittel dürfen nur so hergestellt, behandelt oder in Verkehr gebracht werden, dass sie bei Beachtung der im Verkehr erforderlichen Sorgfalt der Gefahr einer nachteiligen Beeinflussung (§ 2 Absatz 1 Nummer 1 LMHV) nicht ausgesetzt

sind (§3 Satz 1 LMHV). Im Übrigen gelten die Begriffsbestimmungen des Artikels 2 Absatz 1 der VO (EG) Nummer 852/2004 des Europäischen Parlaments und des Rats vom 29. April 2004 über Lebensmittelhygiene (Abl. EU Nummer L 139 S. 1, Nummer L 226 S. 3) entsprechend.

Verletzte Bußgeldvorschriften

(Nummer 4) §2 Nummer 2 Lebensmittelrechtliche Straf- und Bußgeldverordnung (LMRStV) in der Fassung der Bekanntmachung vom 09. Mai 2017 (BGBl. I S. 1170) und

(Nummer 1 bis 3, 5 bis 6) §10 Nummer 1 Lebensmittel-Hygieneverordnung vom 21. Juni 2016 (BGBl. I S. 1469).

Beweismittel

a) Ihre Angaben bei der persönlichen Anhörung vom 10.10.2020

b) Ermittlungsbericht der Lebensmittelüberwachung vom 10.10.20120

c) Herr Manfred Eisinger, Bergstraße 112, 88882 Altstein (Zeuge)

d) Bildaufzeichnung vom 010.2020 über den Zustand der Betriebsräume

Als Folge dieser Ordnungswidrigkeit setzen wir gegen Sie die folgende Geldbuße fest (§ 17 OWiG). Sie tragen auch die Kosten des Bußgeldverfahrens (§§ 464, 465 Absatz 1 StPO in Verbindung mit § 46 Absatz 1 OWiG). Diese bestehen aus der Verfahrensgebühr (§ 107 Absatz 1 OWiG) und unseren Auslagen (§ 107 Absatz 3 OWiG).

Geldbuße	4000,00 Euro
Gebühr	200,00 Euro
Auslagen	3,50 Euro
Gesamtbetrag	4203,50 Euro

Begründung des Bußgeldbescheides

1) Ihre Angaben bei der Anhörung vom xxyyzzzz

Nach Ihrer Auffassung sind für die festgestellten Ordnungswidrigkeiten nicht Sie, sondern allein der Küchenchef Herr Manfred Eisinger verantwortlich. Dazu haben Sie auf den Arbeitsvertrag des Herrn Eisinger verwiesen, der eine ausschließliche Verantwortlichkeit für die Einhaltung lebensmittelhygienischer Vorschriften aufweist. Trotzdem bleibt der Betriebsleiter eines Unternehmens gemäß §9 Absatz 2 Satz 1 Nummer 1 OWiG neben der ausdrücklich beauftragten, eigenverantwortlich handelnden Person im Sinne des §9 Absatz 2 Satz 1 Nummer 2 OWiG weiter verantwortlich. Diese Verantwortlichkeit kann nicht privatrechtlich durch Arbeitsvertrag ausgeschlossen werden. Herr Eisinger hat Sie zudem seit Februar 2019 wiederholt auf die ordnungswidrigen Zustände hingewiesen, deren Beseitigung Sie unter Hinweis auf die angespannten wirtschaftlichen Verhältnisse abgelehnt haben. Da Ihnen die Verstöße bekannt waren, handeln Sie als Beteiligter an der Ordnungswidrigkeit des Herrn Eisinger, auch wenn ahndungsbegründende besondere persönliche Merkmale bei Ihnen selbst nicht vorliegen (§ 14 Absatz 1 OWiG). Als Betriebsleiter haben Sie nach § 8 OWiG rechtlich dafür einzustehen, dass der Tatbestand Ihnen bekannter Ordnungswidrigkeiten nicht weiter verwirklicht wird.

2) Zumessung der Geldbuße (§ 17 Absatz 3 OWiG):

   Die Ordnungswidrigkeit ist mit Geldbuße bis 50 000 Euro bedroht (§ 60 Absatz 5 Nummer 2 LFGB).

   a) Bedeutung der Ordnungswidrigkeit (§ 17 Absatz 3 Satz 1 OWiG):

      Verschärfend wirkte sich die durch Ihr Verhalten ermöglichte Anzahl von sechs festgestellten Lebensmittelhygieneverstößen erheblichen Ausmaßes aus. Die Zuwiderhandlungen weisen ein hohes Maß an unmittelbarer Gefährdung für die Hotel- und Restaurantbesucher als Endverbraucher auf.

   b) Vorwurf, der den Täter trifft (§ 17 Absatz 3 Satz 1 OWiG):

      Verschärfend mussten wir berücksichtigen, dass Sie trotz Kenntnis der Zustände in der Hotelküche überhaupt nicht eingeschritten sind, sondern im Gegenteil die sich aufdrängenden, massiven Hygieneverstöße und die Gefährdung der Endverbraucher durch die unzulässige Berufung auf den Arbeitsvertrag des Herrn Eisinger hingenommen und damit erst ermöglicht haben. Darin liegt ein besonders hohes Maß an Pflichtwidrigkeit.

   c) Wirtschaftliche Verhältnisse (§ 17 Absatz 3 Satz 2 OWiG):

      Das Monatseinkommen musste nach Ihrem Beruf auf 3000 Euro geschätzt werden, da Sie bei der Anhörung insoweit keine Angaben gemacht haben. Wir sind dabei von den Richtsätzen der Oberfinanzdirektion für den Betreiber eines vergleichbaren Hotelbetriebes und unseren Erfahrungen aus anderen Bußgeldverfahren ausgegangen.

Rechtsbehelfsbelehrung

Gegen diesen Bußgeldbescheid können Sie innerhalb von zwei Wochen ab Zustellung bei dem Landratsamt Neukirchen schriftlich oder zur Niederschrift Einspruch einlegen (§ 67 OWiG). *Sie können den Einspruch auch elektronisch einlegen. Verwenden Sie dazu unser Internetportal <<Bezeichnung>> mit der Kennung <<Bezeichnung>> und dem Passwort <<Bezeichnung>>. Andere als die dort bezeichneten Dateiformate sind dabei unzuläs-*

sig.[1]) Der Rechtsbehelf ist in deutscher Sprache einzulegen (§ 184 GVG in Verbindung mit § 46 Absatz 1 OWiG).

Sofern Sie eine Begründung des Einspruchs beabsichtigen, bitten wir Sie, diese möglichst mit der Einlegung des Einspruchs zu verbinden.

Falls wir den Bußgeldbescheid trotz eines Einspruchs aufrechterhalten (§ 69 Absatz 2 Satz 1 OWiG), entscheidet das Amtsgericht aufgrund dieses Bußgeldbescheides über das Vorliegen einer Ordnungswidrigkeit und die Rechtsfolgen aufgrund einer mündlichen Hauptverhandlung (§ 71 OWiG), ohne an die Höhe der festgesetzten Geldbuße gebunden zu sein. Das Gericht kann mit Ihrer Zustimmung auch durch schriftlichen Beschluss entscheiden (§ 72 OWiG), wobei es an die Rechtsfolgen des Bußgeldbescheides gebunden ist.

Zahlungsaufforderung

Nach Rechtskraft des Bußgeldbescheides ist die Geldbuße innerhalb weiterer zwei Wochen (also vier Wochen ab Zustellung) an die Kreiskasse oder eines der in den Fußzeilen der ersten Seite dieses Bescheides bezeichneten Konten zu bezahlen (§ 95 Absatz 1 OWiG), sofern keine abweichenden Zahlungsfristen bewilligt sind.

Hinweis auf Erzwingungshaft

Unterbleibt die Zahlung und wird auch eine Zahlungsunfähigkeit nicht dargelegt, so kann die Geldbuße durch die vom Amtsgericht angeordnete Erzwingungshaft gegen einen gesetzlichen Vertreter durchgesetzt werden (§ 96 OWiG). Bei Unmöglichkeit sofortiger Zahlung sind Zahlungserleichterungen (Zahlungsfrist, Teilleistungen) möglich (§ 18, § 93 OWiG).

Mit freundlichen Grüßen

---

1) Die kursiv dargestellten Sätze betreffen die Einlegung des Einspruchs als Rechtsbehelf nach Einführung des elektronischen Rechtsverkehrs. Sie sind daher erst nach Erlass einer entsprechenden Einführungsverordnung im Bereich der Verwaltungsbehörde hinzuzufügen.

11.2 Bußgeldbescheide gegen Geschäftsführer juristischer Personen

Beabsichtigt die Verwaltungsbehörde die bußgeldrechtliche Ahndung der Geschäftsführung eines Unternehmens, so ist bereits vor Einleitung eines Bußgeldverfahrens zu ermitteln, gegen welche Person oder Personen sich der Anfangsverdacht richtet. Dabei ist es im Gegensatz zum Verwaltungsrecht bedeutungslos, wer derzeit gesetzlicher Vertreter einer juristischen Person oder Personengesellschaft ist. Entscheidend ist vielmehr, welche Person oder Personen dies zur Tatzeit der Ordnungswidrigkeit (§ 6 OWiG) waren. Auf den Entdeckungszeitpunkt der Ordnungswidrigkeit kommt es grundsätzlich nicht an. Daher sind rechtswidrige personenbezogene Datenerhebungen bei Unternehmen durch die Anfrage nach dem „Verantwortlichen“ auch sinnlos. Sie erlauben es den befragten Unternehmen nicht nur zu bestimmen, wen die Verwaltungsbehörde verfolgen kann, sondern führt nicht selten zur Verfolgung Unschuldiger.[1])

11.2.1 Auskunft aus dem Handelsregister

Der gesetzliche Vertreter einer in Deutschland eingetragenen juristischen Person oder Personengesellschaft lässt sich sehr einfach über das **elektronische Handelsregister** (www.handelsregister.de) feststellen. Ist das zuständige Registergericht unbekannt, lässt es sich über das elektronische Unternehmensregister (www.unternehmensregister.de) ermitteln. Auch ausländische Gesellschaften wie zum Beispiel die im Companieshouse, Cardiff/GB eingetragene Limited (Ltd.) muss – sofern sie in Deutschland eine gewerbliche Tätigkeit ausübt – neben ihrer Stammeintragung (www.companieshouse.gov.uk) auch im deutschen Handelsregister eingetragen sein.

1) Zum Irrweg der Ermittlung eines „Verantwortlichen“ eines Unternehmens als Täter einer Ordnungswidrigkeit Kapitel 11.1.1.

Musterauszug aus dem elektronischen Handelsregister

Amtsgericht Neustadt Handelsregister	HR B 10545
Firma:	DHS Hotelbetriebs GmbH
Sitz:	Altstadt
Gegenstand des Unternehmens:	Hotel- und Gaststättenbetriebe
Stammkapital:	25 000 Euro
Gesetzlicher Vertreter:	Schreiner, Hans, Kaufmann, Kaiserberg, *10.05.1969 Maurer, Max, Kaufmann, Kaiserberg, *15.03.1972 Tischler, Werner, Ingenieur, Neustadt, *06.03.1951
Rechtsverhältnisse:	Gesellschaft mit beschränkter Haftung Gesellschaftsvertrag vom 14. April 2001 Ist nur ein Geschäftsführer bestellt, so vertritt er die Gesellschaft allein. Sind mehrere Geschäftsführer bestellt, so vertreten sie die Gesellschaft zusammen oder mit einem Prokuristen. Gesellschafterbeschluss vom 24. Juni 2020: Änderung der Firma und Sitzverlegung nach Kaiserberg und entsprechende Satzungsänderung in § 1. Maurer, Max wird zum Geschäftsführer berufen Tischler, Werner wird zum Geschäftsführer berufen Schreiner, Hans ist nicht mehr Geschäftsführer. Aufgelöst durch Eröffnung des Insolvenzverfahrens am 26. August 2019 (AG Neustadt 30 IN 345/20)

Der Handelsregisterauszug gibt wieder, wer zur Tatzeit der Ordnungswidrigkeit (§ 6 OWiG) gesetzlicher Vertreter einer juristischen Person oder Personengesellschaft war und gegen wen sich folglich der Anfangsverdacht der Ordnungswidrigkeit richtet. Eintragungen, die nicht mehr zutreffen, wie frühere Firmenbezeichnungen und ausgeschiedene Geschäftsführer werden nicht gelöscht, sondern sind unterstrichen wiedergegeben.

Beispiel:

Bei einer am 10. Juni 2020 begangenen Ordnungswidrigkeit kann nach dem vorstehenden Muster des Handelsregisterauszugs nur der inzwischen ausgeschiedene Geschäftsführer Schreiner, nicht aber können die jetzigen Geschäftsführer Maurer und Tischner Täter sein. Der Anfangsverdacht richtet sich allein gegen Schreiner, gegen die anderen Geschäftsführer darf kein Bußgeldverfahren eingeleitet werden.

Auch der Zeitpunkt des Wechsels ist aus dem Handelsregister ersichtlich, da unter der Rubrik „Rechtsverhältnisse" auch der maßgebliche Gesellschafterbeschluss aufgeführt ist. Daher ist auch sofort erkennbar, ob sich der Anfangsverdacht der Ordnungswidrigkeit gegen mehrere gesetzliche Vertreter der juristischen Person bzw. Personengesellschaft richtet. Hier können zwei verschiedene Fälle eintreten, die sich auch überschneiden können:

Variante 1:

Mehrere gesetzliche Vertreter sind gleichzeitig eingetragen.

Sofern nicht der für einen Geschäftsbereich zuständige gesetzliche Vertreter bereits aus der Lebensmittelüberwachung bekannt ist, richtet sich der Anfangsverdacht gegen jeden von ihnen.

Variante 2:

Mehrere gesetzliche Vertreter sind nacheinander eingetragen.

Eintragungszeitraum und Tatzeitpunkt der Ordnungswidrigkeit (§ 6 OWiG), nicht etwa deren Feststellung sind abzugleichen. Bei einer Dauerordnungswidrigkeit kommt es auf die Zuordnung des jeweiligen Tatzeitraums auf die Eintragung an.

Variante 3:

Mehrere gesetzliche Vertreter sind teilweise gleichzeitig und teilweise nacheinander eingetragen.

Bei gleichzeitigem Vorliegen der beiden ersten Varianten ist der jeweilige Tatzeitraum mit der Eintragung abzugleichen und zu prüfen, ob der Anfangsverdacht bereits auf einen bekannt zuständigen gesetzlichen Vertreter konkretisierbar ist oder sich zunächst gegen alle richtet.

Diese notwendigen Ermittlungen dürfen nicht durch ein Anschreiben an das Unternehmen umgangen werden, wer der „verantwortliche" Geschäftsführer sei. Dadurch würde das Schweigerecht des Betroffenen (§ 136 Absatz 1 Satz 2 StPO in Verbindung mit § 46 Absatz 1 OWiG) unterlaufen. Ein Geschäftsführer ist nicht verpflichtet, an seiner eigenen Überführung als Täter einer Ordnungswidrigkeit mitzuwirken. Unternehmen können als solche nicht als Zeugen angehört werden. Ein Geschäftsführer wäre als Zeuge auf sein Auskunftsverweigerungsrecht wegen möglicher Selbstbelastung (§ 55 StPO in Verbindung mit § 46 Absatz 1 OWiG) zu belehren.

11.2.2 Firmenorganigramme

Verfügt die Behörde über ein vom Unternehmen vorgelegten Organigramm, so gibt dies nur die internen Zuständigkeiten zum Zeitpunkt der Erstellung wieder, der mit dem Tatzeitpunkt der Ordnungswidrigkeit (§ 6 OWiG) nicht übereinstimmen muss. Derartige Unterlagen können daher nur Orientierungshilfen sein, behördliche Feststellungen aber nicht ersetzen. Immerhin lässt sich daraus ablesen, ob in einem Unternehmen eine

- Aufgabenteilung in verschiedene **Geschäftsbereiche** unter mehreren gesetzlichen Vertretern (§ 9 Absatz 1 OWiG) besteht, zum Beispiel ein technischer, ein kaufmännischer und ein für den Personalbereich zuständiger Geschäftsführer, Vorstand, geschäftsführender Gesellschafter usw.
- Untergliederung in mehrere betriebsinterne **Entscheidungsebenen** wie zum Beispiel Betriebsleiter, Werksleiter, Marktleiter (§ 9 Absatz 2 Satz 1 Nummer 1 OWiG) und Abteilungsleiter als sonstige eigenverantwortlich beauftragte Personen (§ 9 Absatz 2 Satz 1 Nummer 2 OWiG) existiert, die ihrerseits wieder verschiedenen Aufgabenbereichen zugewiesen sein können.

Firmenorganigramme sind manchmal aus einer Homepage des Lebensmittelunternehmens aus dem Internet ersichtlich. Sie sind in einem Bußgeldverfahren auch Beweismittel, die der Beschlagnahme unterliegen (§ 94 Absatz 1 StPO in Verbindung mit § 46 Absatz 1 OWiG). Die Verwaltungsbehörde kann daher die Vorlage und Auslieferung verlangen (§ 95 Absatz 1 StPO in Verbindung mit § 46 Absatz 1 OWiG). Zur Verweigerung wäre nur der Tatverdächtige selbst berechtigt und wer sich als Zeuge auf ein Zeugnisverweigerungsrecht berufen könnte (§ 95 Absatz 2 Satz 2 StPO in Verbindung mit § 46 Absatz 1 OWiG), was auf eine juristische Person oder Personengesellschaft als Adressat der Maßnahme nicht zutreffen kann. Die Vorlageanordnung kann daher durch die gerichtliche Festsetzung eines Ordnungsgeldes gegen Unternehmen mit Ausnahme der Einzelfirma und Gesellschaft bürgerlichen Rechts (GbR) erzwungen werden (§ 95 Absatz 2 Satz 1 StPO in Verbindung mit §46 Absatz 1 OWiG). Die Verwaltungsbehörde muss dazu einen Antrag beim Ermittlungsrichter des Amtsgerichts stellen (§162 StPO in Verbindung mit §46 Absatz 1 OWiG). Dieser sollte bereits im Vorlageverlangen für den Fall der unberechtigten Weigerung angekündigt werden.[1])

11.2.3 Überprüfung der Gewerbeanzeige

Bereits jeder Beginn eines selbstständigen Betriebs eines stehenden Gewerbes, einer Zweigniederlassung oder einer unselbstständigen Zweigstelle ist der örtlich zuständigen Gewerbebehörde unabhängig von einer Erlaubnispflicht oder Eintragung im Handelsregister zum Zwecke der Gewerbeüberwachung auf einem amtlichen Vordruck anzuzeigen (§ 14 Absatz 1 Satz 1 GewO). Dies gilt entsprechend für Verlegungen, wesentliche Änderungen und Betriebsaufgaben (§ 14 Absatz 1 Satz 2 GewO). Trotzdem ist von einer Überprüfung der Gewerbeanzeige anstelle des Handelsregisters abzuraten. Im Gegensatz zum Handelsregister lässt sich hier nämlich nicht verlässlich feststellen, ob der Wechsel eines gesetzlichen Vertreters der Gewerbebehörde auch pflichtgemäß mitgeteilt worden ist. Die Angaben können daher veraltet sein und nicht die gesetzliche Vertretung zum Tatzeitpunkt der Ordnungswidrigkeit (§6 OWiG) wiedergeben.

11.2.4 Mehrere gleichzeitige gesetzliche Vertreter

Ergeben sich aus dem Handelsregister mehrere gesetzliche Vertreter zur Tatzeit (§6 OWiG) und sind die internen Zuständigkeitsverteilungen nicht bekannt, so richtet sich der Anfangsverdacht gegen alle. Keinesfalls besteht eine allgemeine Zuständigkeit für alle Bereiche eines Unternehmens oder gar eine gegenseitige Überwachungspflicht ohne begründeten Anlass.

Das Bußgeldverfahren muss mangels konkreter Erkenntnisse notfalls gegen alle aus dem Handelsregister ersichtlichen gesetzlichen Vertreter durch die erste Anhörung (§55 OWiG) eingeleitet werden. Krass willkürlich wäre es, einen gesetzlichen Vertreter nach dem Zufallsprinzip auszuwählen und ihn nach einer Art „Gesamtschuldnerschaft" in Anspruch zu nehmen.

Beispiel:

Die Zuständigkeit eines von drei Geschäftsführern einer GmbH zur Einhaltung lebensmittelrechtlicher Bestimmungen ist bereits aus der Lebensmittelüberwachung bekannt. Neben diesem technischen Geschäftsführer gibt es noch einen kaufmännischen Geschäftsführer und einen Personalchef, die aber gesonderte

1) Zur Vorlageanordnung *Wieser*, OWiG-Kommentar Teil II, Nummer 4 § 95 StPO.

Zuständigkeiten haben. Liegen diese Erkenntnisse nicht vor, muss sich der Anfangsverdacht zunächst gegen jeden der drei Geschäftsführer richten.

Es ist Aufgabe des Ermittlungsverfahrens, aufzuklären, gegen wen sich der Anfangsverdacht erhärtet oder zerstreut.

Daher ist mangels konkreter Erkenntnisse zunächst gegen alle gesetzlichen Vertreter ein Bußgeldverfahren durch die Anhörung als Betroffene (§ 55 OWiG) einzuleiten. Durch die erste Anhörung wird auch bei allen Betroffenen die Verfolgungsverjährung der Ordnungswidrigkeit (§ 33 Absatz 1 Satz 1 Nummer 1 OWiG) unterbrochen.[1])

Die Wohnanschriften der gesetzlichen Vertreter sind zwar nicht aus dem Handelsregister ersichtlich, jedoch die angegebenen Wohnorte und Geburtsdaten. Die zugehörigen Anschriften lassen sich durch Anfrage bei der jeweiligen Meldebehörde feststellen.

Die Anhörung kann ergeben, dass nur einer von mehreren Geschäftsführern für den Bereich lebensmittelrechtlicher Pflichten oder der diesbezüglichen Aufsichtspflicht im Sinne des § 130 OWiG zuständig ist. Eine bußgeldrechtlich bewehrte gegenseitige Überwachungspflicht gesetzlicher Vertreter von Unternehmen besteht nicht. Das Bußgeldverfahren ist ggf. mangels Tatnachweises gegen die nicht als zuständig festgestellten Personen aus tatsächlichen Gründen einzustellen (§ 170 Absatz 2 Satz 1 StPO in Verbindung mit § 46 Absatz 1 OWiG). Sie stehen dann als Zeugen im Bußgeldverfahren gegen den als zuständig festgestellten Betroffenen zur Verfügung.

Die Einstellung eines Bußgeldverfahrens vor Erlass eines Bußgeldbescheides führt mangels Rechtsgrundlage nicht zur Erstattung der Auslagen des Betroffenen. Dies gilt auch dann, wenn er einen Rechtsanwalt beauftragt hat und dessen Ausführungen zur Einstellung des Bußgeldverfahrens führen. Die Einstellung ist daher nur durch formlose Mitteilung ohne Begründung bekannt zu machen (siehe folgendes Musterschreiben).[2]) Es empfiehlt sich jedoch die Aufnahme eines Hinweises auf die sich nun ergebende Aufsichtspflicht im Sinne des § 130 OWiG wegen der jetzt bekannten Unzuverlässigkeit des zuständigen gesetzlichen Vertreters im Hinblick auf Wiederholungsfälle.

---

1) Zur Verfolgungsverjährung *Wieser*, OWiG-Kommentar Teil I Nummer 1 § 31 OWiG, und zur Unterbrechung der Verfolgungsverjährung dort § 33 OWiG.

2) Zur Einstellung des Bußgeldverfahrens und seiner Kostenfolge *Wieser*, OWiG-Kommentar Teil I Nummer 1 §§ 47 und 105 OWiG.

Mehrere Geschäftsführer einer GmbH (§ 9 Absatz 1 Nummer 1 OWiG)

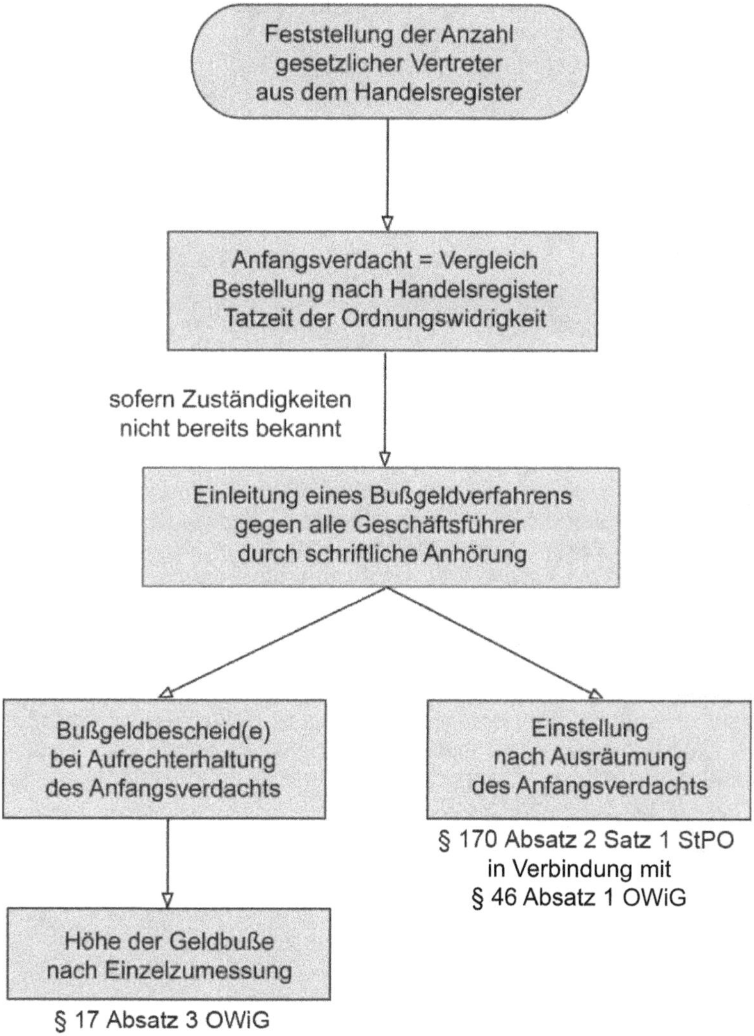

Einstellung eines Bußgeldverfahrens (Gesetzlicher Vertreter einer juristischen Person, § 9 Absatz 1 Nummer 1 OWiG – Geschäftsführer)

Landratsamt Neukirchen Zentrale Bußgeldstelle

Landratsamt Neukirchen, Postfach 5678, 88888 Neukirchen

Herrn
Werner Tischler
Gabelsbergerstraße 30
56453 Neustadt

Dienstgebäude	Feuerbachstraße 43
	88888 Neukirchen
Zimmer	0432
Sachbearbeiter(in)	Frau Weber
Telefon	(0823) 8878-342
Telefax	(0823) 8878-340
E-Mail	zbslra@neukirchen.de

Ihr Zeichen, Ihre Nachricht vom	Bitte bei Antwort angeben Unser Zeichen, Unsere Nachricht vom	Datum
	0987665/20	xxyyzzzz

Bußgeldverfahren wegen Verletzung der Aufsichtspflicht (§ 130 OWiG)

Sehr geehrter Herr Tischler,
wir haben Ihre Einwendungen überprüft und stellen das gegen Sie eingeleitete Bußgeldverfahren wegen einer fahrlässigen Ordnungswidrigkeit der Verletzung der Aufsichtspflicht (§ 130 Absatz 1 Gesetz über Ordnungswidrigkeiten – OWiG) aus tatsächlichen Gründen ein (§ 170 Absatz 2 Satz 1 Strafprozessordnung – StPO – in Verbindung mit § 46 Absatz 1 OWiG).[1])
Wir weisen jedoch darauf hin, dass wir bei weiteren Zuwiderhandlungen des Geschäftsführers Maurer, gegen den wir wegen des auch Ihnen bisher vorgeworfenen Sachverhalts einen Bußgeldbescheid erlassen haben, von einer **gesteigerten Aufsichtspflicht** auch außerhalb Ihres Zuständigkeitsbereichs ausgehen und deren Verletzung als Ordnungswidrigkeit nach § 130 OWiG betrachten werden. Wir bitten Sie daher, die Einhaltung lebensmittelrechtlicher Vorschriften in dem von Ihnen vertretenen Unternehmen künftig sicherzustellen.

Mit freundlichen Grüßen

1) Alternativ bei geringem Verschulden des Betroffenen: „wir haben Ihre Einwendungen überprüft und stellen das gegen Sie eingeleitete Bußgeldverfahren wegen Verletzung der Aufsichtspflicht ein, weil eine Ahndung der begangenen Ordnungswidrigkeit noch nicht geboten erscheint (§ 47 Absatz 1 Satz 2 Gesetz über Ordnungswidrigkeiten – OWiG)."

11.2.5 Mehrere nachfolgende gesetzliche Vertreter

Folgen mehrere gesetzliche Vertreter nach dem Handelsregistereintrag zeitlich aufeinander, so kann jeder von ihnen nur Täter in dem ihn betreffenden Tatzeitraum einer Dauerordnungswidrigkeit sein. Dieser Fall tritt häufig dann ein, wenn Verstöße gegen lebensmittelrechtliche Bestimmungen bei mehreren Kontrollen nacheinander festgestellt werden.

Beispiel:

Die Lebensmittelüberwachung führt im Februar, September und November eines Jahres Kontrollen durch, bei denen zahlreiche Verstöße festgestellt werden, die im Laufe des Jahres schleppend und nur teilweise beseitigt werden. Bei der Kontrolle im

- Februar ist Geschäftsführer A eingetragen, sodass der Tatzeitraum bis zu diesem Zeitpunkt ihm zuzuordnen ist.
- September ist Geschäftsführer B seit März eingetragen, sodass der Tatzeitraum ab März bis zur Kontrolle ihm zuzuordnen ist.
- November ist im Oktober das Insolvenzverfahren eröffnet und ein Insolvenzverwalter eingesetzt worden, sodass der Tatzeitraum ab Oktober bis zur Kontrolle ihm zuzuordnen ist.

Die Insolvenz eines Unternehmens führt nicht zu einem Verfolgungshindernis zugunsten seiner gesetzlichen Vertreter wie der früheren Geschäftsführer und eines gerichtlich bestellten Insolvenzverwalters (vgl. §§ 27, 56 InsO) bei einer Betriebsfortführung während des Insolvenzverfahrens. Es unterliegt aber dem Opportunitätsprinzip (§ 47 Absatz 1 Satz 1 OWiG), ob noch eine Ahndung wegen der im durch die Insolvenz aufgelösten Unternehmen besteht. Beim Insolvenzverwalter kann ein Ahndungsbedürfnis nur dann bestehen, wenn er von der Lebensmittelüberwachung auf bestehende Verstöße aufmerksam gemacht wurde und der Aufforderung, sie abzustellen, nicht nachkommt.

Beispiel:

Über das Vermögen eines fleischverarbeitenden Betriebs wird das Insolvenzverfahren eröffnet, der Betrieb jedoch durch den Insolvenzverwalter fortgeführt. Die Lebensmittelüberwachung übersendet ihm den Mängelbericht der letzten Kontrolle zur Kenntnisnahme und die Aufforderung, die festgestellten Verstöße umgehend abzustellen. Bei der nächsten Kontrolle dauern diese jedoch unbeeinflusst an. Daraufhin wird gegen ihn ein Bußgeldverfahren eingeleitet.

11.2.6 Mehrfache Zuständigkeit von Verwaltungsbehörden

Bei größeren Lebensmittelunternehmen wird sich häufig ergeben, dass eine Ordnungswidrigkeit in einer Filiale begangen wurde, während der Hauptbetrieb im Zuständigkeitsbereich einer anderen Verwaltungsbehörde liegt. Örtlich zuständig ist die Verwaltungsbehörde am Tatort (§ 7 OWiG) der Ordnungswidrigkeit (§ 37 Absatz 1 Nummer 1 OWiG) oder am Wohnsitz des Betroffenen zur Einleitung des Bußgeldverfahrens (§ 37 Absatz 1 Nummer 2 OWiG). Bei einer mehrfachen örtlichen Zuständigkeit ist die Verwaltungsbehörde vorrangig zuständig, in deren Bezirk die erste Anhörung als Betroffener im Bußgeldverfahren stattgefunden hat (§ 38 OWiG). Es erscheint jedoch sachdienlich, das Bußgeldverfahren stets am Hauptsitz des Lebensmittelunternehmens zu führen. Diese Verwaltungsbehörde besitzt aus der Lebensmittelüberwachung die längste und tiefste Kenntnis des betroffenen Betriebes. Aus diesen sachdienlichen Gründen sollte stets eine Abstimmung der örtlich zuständigen Verwaltungsbehörden und ggf. eine Übertragung des Bußgeldverfahrens durch Vereinbarung (§ 38 Absatz 2 Satz 1 OWiG) erfolgen.

Beispiel:

Bei einer Lebensmittelkontrolle in einer Filiale eines größeren Unternehmens werden Hygienemängel festgestellt. Die für den Hauptsitz zuständige Verwaltungsbehörde teilt auf Anfrage mit, dass dies auch bei anderen Filialen schon vorgekommen sei. Das bereits eingeleitete Bußgeldverfahren wird durch Vereinbarung mit der für den Hauptsitz zuständigen Verwaltungsbehörde an diese abgegeben, weil diese die Erkenntnisse aus den früheren Zuwiderhandlungen bei der Täterermittlung und beim subjektiven Tatbestand der Ordnungswidrigkeit bei den Betroffenen besser nutzen kann.

Örtliche Zuständigkeit

(§ 37 OWiG)

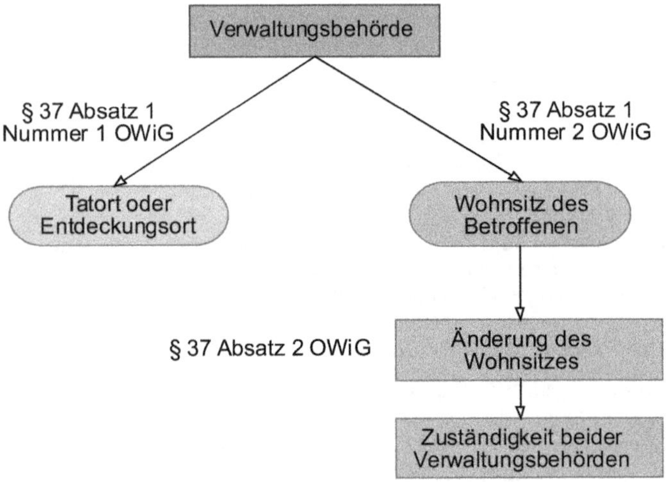

Ein wesentlicher Gesichtspunkt einer Zuständigkeitsvereinbarung kann auch in der Aufdeckung von Zuwiderhandlungen in mehreren Niederlassungen eines Unternehmens liegen. In diesem Fall empfiehlt sich ein zentral geführtes Bußgeldverfahren.

Beispiel:

Die Lebensmittelkontrolle stellt in einer Niederlassung Kennzeichnungsverstöße fest. Bei einer Nachfrage ergibt sich, dass die für den Hauptsitz örtlich zuständige Verwaltungsbehörde zwar noch keine einschlägigen Erkenntnisse hat. Sie veranlasst aber bei mehreren Niederlassungen gezielte Kontrollen, bei denen weitere Verstöße festgestellt werden. Die Verwaltungsbehörde am Hauptsitz des Lebensmittelunternehmens führt dort ein zentrales Bußgeldverfahren wegen aller festgestellten Verstöße.

Richtet sich das Bußgeldverfahren gegen mehrere Personen aus einem Lebensmittelunternehmen, die ordnungswidrig für es gehandelt haben, sollte keine Aufspaltung auf die für den Wohnsitz der Betroffenen örtlich zuständigen Verwaltungsbehörden erfolgen, sondern ein zentrales Verfahren geführt werden, dass dann ggf. bei Einsprüchen gegen die erlassenen Bußgeldbescheide zur Hauptverhandlung vor einem und nicht verschiedenen Amtsgerichten führt.

Beispiel:

In einer Niederlassung einer GmbH werden lebensmittelrechtliche Zuwiderhandlungen festgestellt. Die zuständige Verwaltungsbehörde leitet ein Bußgeldverfahren gegen den Abteilungsleiter, den Niederlassungsleiter und den Geschäftsführer ein. Sowohl der Geschäftssitz der GmbH als auch die Wohnsitze der Betroffenen befinden sich in den Zuständigkeitsbereichen verschiedener anderer Verwaltungsbehörden. Die einleitende Verwaltungsbehörde bittet die Verwaltungsbehörde am Sitz der GmbH, das Bußgeldverfahren wegen Sachdienlichkeit gegen sämtliche Betroffene zu übernehmen.

Von erheblicher Bedeutung kann ein zentral geführtes Verfahren auch zur Vermeidung des sogenannten „Strafklageverbrauchs" sein. Niemand darf nämlich wegen desselben Sachverhalts mehrfach geahndet werden (Art. 103 Absatz 3 GG). Dies gilt auch dann, wenn mehrere Verwaltungsbehörden in Unkenntnis voneinander Bußgeldverfahren durchführen.

Beispiel:

Im vorhergehenden Beispiel hat die für die Niederlassung, in der Kennzeichnungsverstöße festgestellt wurden, deswegen einen Bußgeldbescheid gegen den Inhaber des Unternehmens erlassen. Mehrere andere Verwaltungsbehörden, die für andere Niederlassungen örtlich zuständig sind, stellen bei Kontrollen ebenfalls Kennzeichnungsverstöße fest. Wegen dieser kann kein Bußgeldverfahren mehr eingeleitet werden, weil der dem Inhaber vorgeworfene Sachverhalt bereits durch einen Bußgeldbescheid geahndet worden ist.

Es empfiehlt sich grundsätzlich, vor dem Erlass eines Bußgeldbescheides durch eine elektronische Rundumanfrage bei allen als örtlich zuständig bekannten Verwaltungsbehörden, zumindest aber bei der für den Hauptsitz zuständigen Verwaltungsbehörde eine Anfrage vorzunehmen, ob dort ebenfalls Erkenntnisse über Zuwiderhandlungen vorliegen oder bereits ein Bußgeldverfahren eingeleitet wurde. Der Zufluss der Geldbuße aus einem Bußgeldbescheid darf dabei kein Kriterium sein. Diese steht ausschließlich der Verwaltungsbehörde zu, die den Bußgeldbescheid erlassen hat.

11.3 Aufsichtspflichtverletzung in Betrieben und Unternehmen

Mit der steigenden Größe eines Unternehmens gestaltet sich der Nachweis der Kenntnis eines betriebsbezogenen lebensmittelrechtlichen Verstoßes und damit die Möglichkeit einer Beteiligung des gesetzlichen Vertreters an der Ordnungswidrigkeit gemäß § 14 Absatz 1 Satz 1 OWiG immer schwieriger. Der notwendige Beteiligungsvorsatz[1]) ist bei der Geschäftsleitung auch nur in Form des bedingten Vorsatzes durch billigende Inkaufnahme[2]) vor allem bei Erstverstößen kaum nachweisbar. In diesen Fällen muss auf die Verletzung der Aufsichtspflicht in Betrieben und Unternehmen nach § 130 OWiG zurückgegriffen werden. Dieser Rückgriff ist allerdings im außergewerblichen Bereich nicht möglich. So kann der militärische Vorgesetzte einer Truppenküche der Bundeswehr nicht wegen Verletzung der Aufsichtspflicht verfolgt werden.

11.3.1 Tatbestand der Aufsichtspflichtverletzung

Der Auffangtatbestand der Aufsichtspflichtverletzung nach § 130 OWiG ahndet die mangelhafte Betriebsorganisation, wenn der

- Inhaber eines Unternehmens oder im Falle einer juristischen Person[3])
- ein über § 9 Absatz 1 OWiG gleichgestellter gesetzlicher Vertreter bzw.
- ein über § 9 Absatz 2 Satz 1 OWiG beauftragter Vertreter[4])

die Einhaltung lebensmittelrechtlicher Verpflichtungen arbeitsteilig auf eine niedrigere Ebene der Unternehmenshierarchie delegiert hat.

1) Zum doppelten Vorsatz des Beteiligten (§ 14 Absatz 1 Satz 1 OWiG) Kapitel 11.1.3.
2) Zum bedingten Vorsatz des Täters bei einer Ordnungswidrigkeit Kapitel 2.7.
3) OLG Celle, Beschluss vom 10.11.2015, Aktenzeichen 2 Ss (OWi) 112/15.
4) OLG Karlsruhe, Beschluss vom 26.7.2016, Aktenzeichen 2 (4) SsBs 253/16.

Beispiel:

Der Geschäftsführer der DHS Hotelbetriebs GmbH hat die Einhaltung lebensmittelrechtlicher Vorschriften in den von der Gesellschaft betriebenen Hotels auf die jeweiligen Hotelleiter übertragen.

Grundsätzlich sind öffentlich-rechtliche Pflichten nicht durch privatrechtliche Handlungen wie zum Beispiel durch Arbeitsvertrag übertragbar. Nur die Wahrnehmung öffentlich-rechtlicher Pflichten kann innerhalb eines arbeitsteiligen Unternehmens auf andere Personen delegiert werden. Die privatrechtliche Übertragung öffentlich-rechtlicher Pflichten in Betrieben und Unternehmen lässt die Oberaufsicht des Inhabers als Normadressaten oder dessen gesetzlichen Vertreters nicht entfallen. An die Stelle des Inhabers tritt bei juristischen Personen und Personengesellschaften der gesetzliche Vertreter im Sinne des § 9 Absatz 1 OWiG.

Beispiel:

Der Normadressat lebensmittelrechtlicher Vorschriften ist die DHS-Hotelbetriebs GmbH als Lebensmittelunternehmer. Der Geschäftsführer kann jedoch deren Wahrnehmung als gesetzlicher Vertreter auf den Hotelleiter als beauftragtem Vertreter übertragen. Dieser kann die Wahrnehmung weiter auf den Küchenchef eigenverantwortlich weiterübertragen.

Wer die Wahrnehmung öffentlich-rechtlicher Pflichten in einem Unternehmen weiter überträgt, wird dadurch aber niemals von seiner eigenen Oberaufsicht befreit und kann sich auch nicht durch entsprechende Klauseln in einem Arbeitsvertrag freizeichnen. Er hat im Rahmen seiner Aufsichtspflicht die Einhaltung ihn treffender ordnungsrechtlicher Vorschriften durch wirksame Maßnahmen zu gewährleisten. Die Art dieser Maßnahmen schreibt § 130 Absatz 1 Satz 1 OWiG nicht vor, sie unterliegt ausschließlich der Organisationshoheit des Lebensmittelunternehmers. Der Lebensmittelunternehmer kann die Aufsichtspflicht daher durch persönliche Überprüfungen wahrnehmen, aber auch weitere Aufsichtspersonen auf nachgeordneten Entscheidungsebenen einsetzen. Die Aufsichtspflicht wird allgemein durch ein Compliance-System zur Einhaltung unternehmensbezogener Gesetzesvorschriften und speziell durch die Beachtung des HACCP wahrgenommen.[1]) In diesem Fall gehören zu den erforderlichen Aufsichtsmaßnahmen auch die Bestellung, sorgfältige Auswahl und Überwachung von Aufsichtspersonen (§ 130 Absatz 1 Satz 2 OWiG).

1) Die Nichtbeachtung des HACCP selbst ist in § 10 LMHV nicht mit Geldbuße bedroht (§ 3 OWiG) und daher keine Ordnungswidrigkeit (§ 1 Absatz 1 OWiG).

Beispiel:

Der Geschäftsführer der DHS Hotelbetriebs GmbH überträgt die Aufsichtspflicht zur Einhaltung lebensmittelrechtlicher Bestimmungen auf die einzelnen Hotelleiter als Betriebsleiter im Sinne des § 9 Absatz 2 Satz 1 Nummer 1 OWiG und bestimmt sie dadurch zu Aufsichtspersonen nach § 130 Absatz 1 Satz 2 OWiG.

Voraussetzung für eine Aufsichtspflichtverletzung in einem Lebensmittelunternehmen ist die Feststellung einer von ihrem Organ begangenen Ordnungswidrigkeit, durch die Pflichten, welche das Unternehmen treffen, verletzt worden sind.[1]) Die Stellung als gesetzlicher Vertreter führt nicht schon für sich allein zur Verantwortlichkeit für einen von Mitarbeitern des Lebensmittelunternehmers begangenen Verstoß. Der Vorwurf der Begehung einer Ordnungswidrigkeit gegenüber dem gesetzlichen Vertreter setzt vielmehr grundsätzlich voraus, dass ihm diese Ordnungswidrigkeit nach den allgemeinen Grundsätzen zu Täterschaft und Teilnahme, Tun und Unterlassen zugerechnet werden kann.[2])

An die Aufsichtspflicht dürfen jedoch keine überzogenen Anforderungen gestellt werden.[3]) Hat der Inhaber oder ein gesetzlicher Vertreter alle zumutbaren Maßnahmen getroffen, um eine lebensmittelrechtliche Ordnungswidrigkeit zu verhindern und geschieht sie durch die nicht vorhersehbare Eigenmächtigkeit eines Mitarbeiters trotzdem, so liegt keine Aufsichtspflichtverletzung vor. Entscheidend ist nicht der nachträgliche Erkenntnisstand der Lebensmittelüberwachung, sondern sind die Möglichkeiten des Aufsichtspflichtigen zum Zeitpunkt der Delegation auf nachgeordnete Unternehmensebenen. Es dürfen daher nicht nachträglich überspannte Anforderungen gestellt werden, die über zumutbare und tatsächlich mögliche Aufsichtsmaßnahmen hinausgehen, wie etwa die ständige Überwachung aller Mitarbeiter in Bezug auf die Einhaltung aller öffentlich-rechtlichen Pflichten. Ordnungswidriges Handeln liegt nach § 130 Absatz 1 Satz 1 OWiG nur vor, wenn eine Zuwiderhandlung im Betrieb oder Unternehmen begangen wird, die durch gehörige Aufsicht auch tatsächlich verhindert oder zumindest wesentlich erschwert worden wäre.

1) OLG Rostock, Beschluss vom 14.1.2013, Aktenzeichen 2 Ss (OWi) 254/12 I 276/12; Thüringer OLG (Jena), Beschluss vom 2.11.2005, Aktenzeichen 1 Ss 242/05.

2) OLG Rostock, Beschluss vom 14.1.2013, Aktenzeichen 2 Ss (OWi) 254/12 I 276/12.

3) Zur Zumutbarkeit von Aufsichtspflichten siehe Wieser, OWiG-Kommentar Teil I Nr. 1, § 130 OWiG.

Beispiel:

Der Geschäftsführer der DHS Hotelbetriebs GmbH überträgt die Aufsichtspflicht zur Einhaltung lebensmittelrechtlicher Bestimmungen auf einen neu eingestellten Hotelleiter mit besten Referenzen durch klare Anweisungen. Dieser erweist sich auch bei zahlreichen und überraschenden Stichproben als sehr zuverlässig. Aufgrund persönlicher Umstände kommt er seinen Pflichten plötzlich nicht mehr nach. Bevor dies bei der nächsten Überwachungsmaßnahme für den Geschäftsführer erkennbar wird, entdeckt die Lebensmittelüberwachung eine lebensmittelrechtliche Ordnungswidrigkeit ausschließlich in diesem Hotelbetrieb.

In der Rechtsprechung noch ungeklärt ist die Auswirkung eines mangelhaften HACCP-Konzepts auf den Tatbestand der Aufsichtspflichtverletzung. Auch ein ausreichendes HACCP ersetzt nicht die stichprobenartige Überwachung der Mitarbeiter auf Einhaltung lebensmittelrechtlicher Pflichten.

Die Aufsichtspflicht gilt nur für Ordnungswidrigkeiten, die im eigenen Betrieb oder Unternehmen begangen werden. Betriebsbezogen sind in erster Linie solche Pflichten, welche nach verwaltungsrechtlichen Gesetzen sachlich den Wirkungsbereich der juristischen Person betreffen und sich daher in Form von Geboten oder Verboten an diese als Normadressaten wenden.[1]) Die Betriebsbezogenheit fehlt bei der Beauftragung eines **Subunternehmers,** also eines eigenständigen Unternehmens.

Die Anwendbarkeit des § 130 Absatz 1 OWiG auf **Konzernsachverhalte** kann nicht pauschal beantwortet werden, sondern ist stets von den konkreten Umständen des Einzelfalls abhängig. Für den Umfang der Aufsichtspflicht sind die tatsächlichen Verhältnisse im Konzern maßgeblich, weshalb auf die tatsächliche Einflussnahme der Konzernmutter auf die Tochtergesellschaft abzustellen ist. Nur wenn der Tochtergesellschaft von der Konzernmutter Weisungen erteilt werden, die das Handeln der Tochtergesellschaft beeinflussen, und dadurch die Gefahr der Verletzung betriebsbezogener Pflichten begründet wird, besteht im Umfang dieser konkreten Einflussnahme eine gesellschaftsrechtliche Aufsichtspflicht der Konzernmutter. Ist die Tochtergesellschaft in ihrer Willensbildung und Handlungsfreiheit nicht durch die Weisungen der Konzernmutter beeinflusst, verbleibt die bußgeldrechtliche Verantwortlichkeit zur Einhaltung betriebsbezogener Pflichten und die korrespondierende besondere Aufsichtspflicht im Sinne des § 130 OWiG trotz der Einbettung in den Konzern bei den Leitungspersonen der rechtlich selbstständigen Tochtergesellschaft.[2])

---

1) VG Düsseldorf, Urteil vom 18.5.2017, Aktenzeichen 6 K 6022/16, unter Bezugnahme auf OLG Celle, Beschluss vom 26.11.2004, Aktenzeichen 1 Ws 388/04.

2) OLG München, Beschluss vom 23.9.2014, Aktenzeichen 3 Ws 599/14.

Auffangtatbestand § 130 OWiG
Verletzung der Aufsichtspflicht in Betrieben und Unternehmen

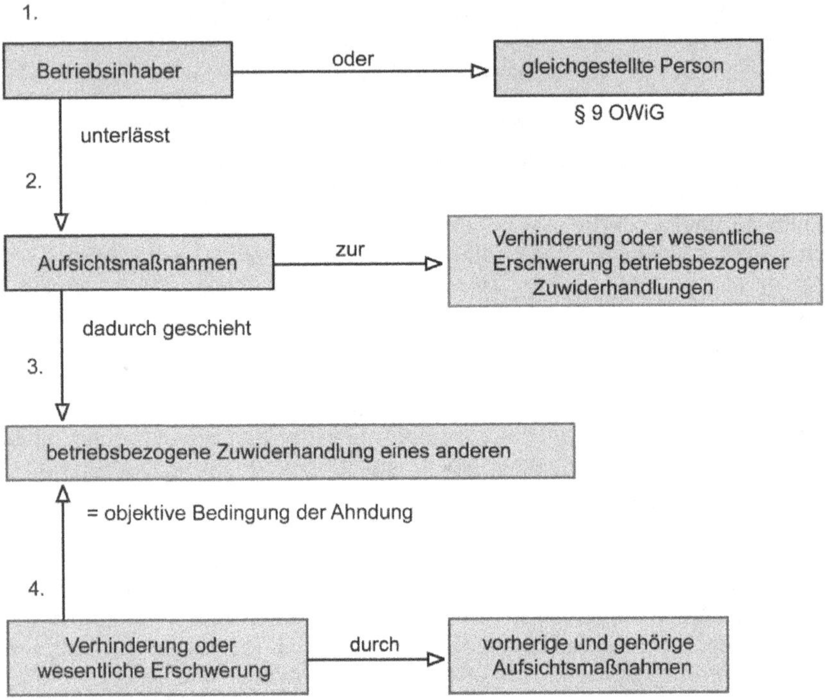

11.3.2 Abgrenzung zur Beteiligung an der Grundordnungswidrigkeit

Die Verletzung der Aufsichtspflicht nach § 130 Absatz 1 Satz 1 OWiG kann im Gegensatz zur Beteiligung an der lebensmittelrechtlichen Bezugsordnungswidrigkeit (§ 14 OWiG)[1]) sowohl vorsätzlich als auch fahrlässig begangen werden.

Daher sind drei Fälle voneinander abzugrenzen:

- **Vorsätzliche Beteiligung an der Grundordnungswidrigkeit**
  Eine Beteiligung an einer im Betrieb oder Unternehmen begangenen lebensmittelrechtlichen Ordnungswidrigkeit (§ 14 Absatz 1 Satz 1

1) Zur Beteiligung an einer Ordnungswidrigkeit (§ 14 OWiG) Kapitel 11.1.3.

OWiG) setzt die konkrete Kenntnis des Beteiligten an der vorsätzlich begangenen betriebsbezogenen Ordnungswidrigkeit voraus. Sie ist daher in Fällen rechtswidriger Anweisungen oder bei pflichtwidrig unterlassenem Einschreiten trotz konkreter Wiederholungsgefahr einer konkreten betriebsbezogenen Ordnungswidrigkeit auch durch Unterlassen (§ 8 OWiG) möglich.[1])

- **Vorsätzliche Aufsichtspflichtverletzung**

  Die Aufsichtspflicht ist vorsätzlich verletzt, wenn der Aufsichtspflichtige zwar nicht die Begehung einer konkreten betriebsbezogenen Ordnungswidrigkeit anordnet oder gegen eine solche konkrete Ordnungswidrigkeit nicht einschreitet (dann Beteiligung nach § 14 Absatz 1 OWiG), seine Aufsichtspflicht aber bewusst nicht wahrnimmt und deswegen ordnungswidriges Verhalten abstrakt nicht erkennt. Dies ist immer dann der Fall, wenn der Aufsichtspflichtige die Verantwortung ohne Eigenkontrolle auf Mitarbeiter überträgt. Nicht selten lässt sich dies aus zur vermeintlichen Entlastung vorgelegten Arbeitsverträgen entnehmen, die ausdrücklich eine Klausel enthalten, wonach der Arbeitnehmer für die Einhaltung lebensmittelrechtlicher Vorschriften „ausschließlich verantwortlich" ist.

Beispiel:

Im Arbeitsvertrag zwischen der DHS Hotelbetriebs GmbH und dem Hotelleiter Maier ist festgelegt, dass dieser allein für die Einhaltung aller öffentlich-rechtlichen Vorschriften beim Betrieb des Hotels „Karwendel" verantwortlich ist. Der Hotelleiter überträgt die alleinige Verantwortung für die Einhaltung lebensmittelrechtlicher Vorschriften im Arbeitsvertrag mit dem Küchenchef Eisinger auf diesen weiter.

- **Fahrlässige Aufsichtspflichtverletzung**

  Der praktisch häufigste Fall ist die fahrlässige Aufsichtspflichtverletzung, bei der ein Aufsichtspflichtiger aus mangelnder Sorgfalt oder Nachlässigkeit zumutbare und mögliche Aufsichtsmaßnahmen nicht trifft und daher fahrlässig ordnungswidriges Verhalten abstrakt nicht erkennt.

Beispiel:

Der Geschäftsführer der DHS Hotelbetriebs GmbH überprüft die ordnungsgemäße Leitung des Hotels „Karwendel" nur einmal jährlich. Die Kontrolle beschränkt sich auf betriebswirtschaftliche Fragen und geht auf die Einhaltung lebensmittelrechtlicher Vorschriften nicht ein. Ein anderes betriebsinternes oder ein externes Kontrollsystem besteht nicht.

---

1) Vgl. den Beispielfall des unterlassenen Einschreitens des Hotelleiters gegenüber dem Küchenchef trotz positiver Kenntnis der Zuwiderhandlung Kapitel 11.1.3.

11.3.3 Zumessung der Geldbuße

Das Höchstmaß der Geldbuße wegen der Aufsichtspflichtverletzung bestimmt sich zwar grundsätzlich nach dem für die Pflichtverletzung angedrohten Höchstmaß der Geldbuße (§ 130 Absatz 3 Satz 2 OWiG). Treffen aber eine fahrlässige Grundordnungswidrigkeit und eine fahrlässige Aufsichtspflichtverletzung zusammen, so ist die Halbierungsregel des § 17 Absatz 2 OWiG doppelt anzuwenden, was den Höchstbetrag der Geldbuße dann auf ein Viertel reduziert.

Beispiel:

Eine lebensmittelrechtliche Ordnungswidrigkeit ist nach § 60 Absatz 5 LFGB mit Geldbuße bis zu 100 000, 50 000 oder 20 000 Euro bedroht. Hat der zuständige Mitarbeiter eines Unternehmens nur fahrlässig gehandelt, reduziert sich das Höchstmaß der Geldbuße auf 50 000, 25 000 oder 10 000 Euro (§ 17 Absatz 2 OWiG erstmals). Hat auch der Aufsichtspflichtige fahrlässig gehandelt, weil er etwa aus Nachlässigkeit keine ausreichenden Aufsichtsmaßnahmen getroffen hat, reduziert sich der Höchstbetrag erneut auf nunmehr 25 000, 12 500 oder 5 000 Euro (§ 17 Absatz 2 OWiG nochmals).

Bei der Zumessung der Geldbuße nach § 130 Absatz 3 OWiG kommt es nicht auf die lebensmittelrechtliche Ordnungswidrigkeit als objektive Bedingung der Ahnung, sondern auf das Ausmaß der Aufsichtspflichtverletzung sowie den Täter treffenden Vorwurf an (§ 17 Absatz 3 Satz 1 OWiG). Hat der Betroffene seine Pflicht, Rechtsverletzungen aus der Sphäre des Unternehmens zu unterbinden, genügt und ein effizientes Compliance-Management installiert, das auf die Vermeidung von Rechtsverstößen ausgelegt sein muss, ist dies für die Zumessung von Bedeutung. Dabei kann auch eine Rolle spielen, ob er während des Bußgeldverfahrens entsprechende Regelungen optimiert und ihre betriebsinternen Abläufe so gestaltet hat, dass vergleichbare Normverletzungen zukünftig jedenfalls deutlich erschwert werden.[1])

11.3.4 Aufbau des Bußgeldbescheids

Die Beteiligung an einer lebensmittelrechtlichen Ordnungswidrigkeit (§ 14 Absatz 1 OWiG) und die Verletzung der Aufsichtspflicht (§ 130 OWiG) als Auffangtatbestand schließen sich gegenseitig aus. Der Sachbearbeiter muss sich daher beim Erlass des Bußgeldbescheides klar sein, ob eine Beteiligung nachweisbar ist oder er auf den Auffangtatbestand zurückgreifen muss. Eine Vermischung beider Alternativen bei der Anhörung und im Bußgeldbescheid ist daher unbedingt zu vermeiden. Sind bei der Anhö-

1) BGH, Urteil vom 9.5.2017, Aktenzeichen 1 StR 265/16.

rung noch beide Alternativen offen, sollte die Beteiligung an der Grundordnungswidrigkeit vorgeworfen und mit dem Hinweis verbunden werden, dass zumindest auch eine vorsätzliche oder fahrlässige Verletzung der Aufsichtspflicht in Betracht kommt. Andernfalls wäre eine erneute Anhörung notwendig, wenn sich die Beteiligung wegen der Einwendungen des Betroffenen nicht nachweisen lässt und das rechtliche Gehör zur Aufsichtspflichtverletzung noch nicht gewährt wurde. Beim Erlass des Bußgeldbescheides darf keine Vermischung aus Grundordnungswidrigkeit und Aufsichtspflichtverletzung als Tatvorwurf erfolgen.

TIPP!

Zu vermeiden sind daher Formulierungen wie „der Betroffene habe näher ausgeführte lebensmittelrechtliche Bestimmungen nicht eingehalten und damit seine Aufsichtspflicht nicht erfüllt".

Die von anderen im Betrieb oder Unternehmen begangene lebensmittelrechtliche Zuwiderhandlung ist vielmehr nur objektive Bedingung der Ahndung des Aufsichtspflichtigen als Anknüpfungstat.

Beispiel

Das fahrlässige Inverkehrbringen eines Lebensmittels mit einer irreführenden Kennzeichnung (§ 11 Absatz 1 Nummer 1 in Verbindung mit § 59 Absatz 1 Nummer 7, § 60 Absatz 1 Nummer 2 LFGB) richtet sich ausschließlich an den „nach Artikel 8 Absatz 1 VO (EU) Nummer 1169/2011 verantwortlichen Lebensmittelunternehmer oder Importeur", der dafür verantwortlich ist, dass die Anforderungen des Lebensmittelrechts in dem ihrer Kontrolle unterstehenden Lebensmittelunternehmen erfüllt werden (Artikel 3 Nummer 3 VO [EG] 178/2002). Handelt der Betroffene als gesetzlicher Vertreter (§ 9 Absatz 1 OWiG) oder beauftragter Vertreter (§ 9 Absatz 2 Satz 1 OWiG) für den Lebensmittelunternehmer oder Importeur, ist diese Zuständigkeit zu ermitteln. Andernfalls fehlt es an einer vom Betroffenen begangenen Ordnungswidrigkeit und mithin an der für eine Ahndung gemäß § 130 Absatz 1 in Verbindung mit § 9 Absatz 1 oder Absatz 2 Satz 1 OWiG erforderlichen Anknüpfungstat.[1])

Abweichend von anderen Ordnungswidrigkeiten hat ein Bußgeldbescheid wegen einer Ordnungswidrigkeit nach § 130 Absatz 1 OWiG daher folgenden Aufbau:

1. **Stellung des Aufsichtspflichtigen** als Inhaber des Betriebes oder Unternehmens oder gleichgestellte Person gemäß § 9 OWiG (zum Beispiel Geschäftsführer einer GmbH).

1) OLG Karlsruhe, Beschluss vom 26.7.2016, Aktenzeichen 2 (4) SsBs 253/16.

2. **Erforderliche Aufsichtsmaßnahmen** zur Verhinderung oder Erschwerung betriebsbezogener Zuwiderhandlungen (Stichproben, Innenrevision, externe Kontrolle), insbesondere auch bezüglich der Bestellung, sorgfältigen Auswahl und Überwachung weiterer **Aufsichtspersonen** (§ 130 Absatz 1 Satz 2 OWiG).
3. Darstellung der von anderen im Betrieb oder Unternehmen begangenen lebensmittelrechtlichen **Grundordnungswidrigkeit.** Diese ist als bloße **objektive Bedingung der Ahndung** daher ausnahmsweise nicht im persönlichen Anklagestil, sondern in der unpersönlichen Form darzustellen.
4. Mögliche **Verhinderung** oder zumindest **wesentliche Erschwerung** der unter Ziffer 3 bezeichneten betriebsbezogenen Zuwiderhandlung durch gehörige Aufsichtsmaßnahmen (zum Beispiel häufige stichprobenartige Kontrollen).

Schriftliche oder elektronische Anhörung als Betroffenen (Anhörungsdokument) (Gesetzlicher Vertreter einer juristischen Person, § 9 Absatz 1 Nummer 1 OWiG – Geschäftsführer)

Landratsamt Neukirchen Zentrale Bußgeldstelle

Landratsamt Neukirchen, Postfach 5678, 88888 Neukirchen

Dienstgebäude	Feuerbachstraße 43
	88888 Neukirchen
Zimmer	0432
Sachbearbeiter(in)	Frau Weber
Telefon	(0823) 8878-342
Telefax	(0823) 8878-340
E-Mail	zbsira@neukirchen.de

Herrn
Hans Schreiner
Schillerstraße 115
84300 Kaiserberg

Ihr Zeichen, Ihre Nachricht vom	Bitte bei Antwort angeben Unser Zeichen, Unsere Nachricht vom	Datum
	0987665/20	xxyyzzzz

Anhörung wegen einer Ordnungswidrigkeit (§ 55 OWiG)

Sehr geehrter Herr Schreiner,

nach unseren Feststellungen haben Sie folgende Ordnungswidrigkeiten begangen:

Sie sind Geschäftsführer der DHS Hotelbetriebs GmbH mit Sitz in 84300 Kaiserberg, die das Hotel „Karwendel" in 88882 Altstein, Weiherstraße 54 betreibt. Sie haben daher auch für die Einhaltung der lebensmittelrechtlichen Vorschriften in deren Geschäftsbetrieb zu sorgen. Dazu gehört auch die zumindest stichprobenweise Überwachung des für das Hotel eingesetzten Betriebsleiters Werner Maier.

Am Dienstag, den xxyyzzzz zwischen 10.00 Uhr und 11.30 Uhr wurden unter Leitung des Küchenchefs Herrn Manfred Eisinger in der Hotelküche Speisen verschiedener Art, darunter Fleischgerichte mit Beilagen zubereitet. Dabei waren folgende lebensmittelrechtliche Anforderungen einzuhalten:

1. Betriebsstätten, in denen mit Lebensmitteln umgegangen wird, müssen sauber und stets instandgehalten sein (Artikel 4 Absatz 2 Verordnung (EG) Nummer 852/2004 in Verbindung mit Anhang II Kapitel I Nummer 1).

   Von diesen Anforderungen ist Herr Eisinger bewusst abgewichen, indem er in der Küche Fettablagerungen auf und vor dem dort aufgestellten Elektroherd seit längerer Zeit nicht entfernt hat, so dass es zu starken verkrusteten Verschmutzungen kam.

Durch mögliche Berührung wurden die dort behandelten Lebensmittel der Gefahr nachteiliger Beeinflussung durch diese Verunreinigungen ausgesetzt.

2. Betriebsstätten, in denen mit Lebensmitteln umgegangen wird, müssen sauber und stets instandgehalten sein (Artikel 4 Absatz 2 Verordnung (EG) Nummer 852/2004 in Verbindung mit Anhang II Kapitel I Nummer 1).

   Von diesen Anforderungen ist Herr Eisinger bewusst abgewichen, indem er in der Küche aufgrund mangelhafter Reinigung des Fußbodens Verschmutzungen nicht beseitigte, in denen sich mehrere lebende Ameisen und Käfer (Kakerlaken) befanden.

   Dadurch wurden die dort behandelten Lebensmittel der Gefahr nachteiliger Beeinflussung durch tierische Schädlinge ausgesetzt.

3. Flächen (einschließlich Flächen von Ausrüstungen) in Bereichen, in denen mit Lebensmitteln umgegangen wird, und insbesondere Flächen, die mit Lebensmitteln in Berührung kommen, sind in einwandfreiem Zustand zu halten und müssen leicht zu reinigen und erforderlichenfalls zu desinfizieren sein

   (Artikel 4 Absatz 2 Verordnung (EG) Nummer 852/2004 in Verbindung mit Anhang II Kapitel I Nummer 1 Buchstabe f).

   Von diesen Anforderungen ist Herr Eisinger bewusst abgewichen, indem er in der Küche die für die Zerteilung und Zubereitung vorgesehene Arbeitsplatte aus Hartholz längere Zeit nicht reinigte. In den vorhandenen Scharten der Oberfläche befanden sich während der Zubereitung von Frischfleisch zahlreiche, bereits verfärbte Fleischreste.

   Dadurch wurden die dort behandelten Lebensmittel der Gefahr nachteiliger Beeinflussung durch Mikroorganismen und Verunreinigungen ausgesetzt.

4. Reinigungs- und Desinfektionsmittel dürfen nicht in Bereichen gelagert werden, in denen mit Lebensmitteln umgegangen wird

   (Artikel 4 Absatz 2 Verordnung (EG) Nummer 852/2004 in Verbindung mit Anhang II Kapitel I Nummer 10).

   Von diesen Anforderungen ist Herr Eisinger bewusst abgewichen, indem er im Vorratsraum neben für den Geschäftsbetrieb bestimmten, gefüllten Kartoffelbehältern 2,5 kg Schädlingsbekämpfungsmittel Supertox, 5 l Pflanzenschutzmittel Floran und ca. 15 l verschiedene Lösungsmittel lagerte.[1])

1) Dieser Verstoß beruht auf § 2 Nummer 2 LMRStV, der im Gegensatz zu § 10 Nummer 1 in Verbindung mit § 3 Satz 1 LMHV keine Gefahr nachteiliger Beeinflussung im Sinne des § 2 Absatz 1 Nummer 1 LMHV erfordert.

5. Es müssen an geeigneten Standorten genügend Handwaschbecken vorhanden sein. Diese müssen Warm- und Kaltwasserzufuhr haben; darüber hinaus müssen Mittel zum Händewaschen und zum hygienischen Händetrocknen vorhanden sein

   (Artikel 4 Absatz 2 Verordnung (EG) Nummer 852/2004 in Verbindung mit Anhang II Kapitel I Nummer 4 Satz 1, 2).

   Von diesen Anforderungen ist Herr Eisinger bewusst abgewichen, indem er in der Personaltoilette weder Seife noch Handtücher zur Verfügung stellte.

   Dadurch wurden die Lebensmittel der Gefahr nachteiliger Beeinflussung durch Mikroorganismen und Verunreinigungen ausgesetzt.

6. Die Wandflächen sind in einwandfreiem Zustand zu halten und müssen leicht zu reinigen sein

   (Artikel 4 Absatz 2 Verordnung (EG) Nummer 852/2004 in Verbindung mit Anhang II Kapitel II Nummer 1 Buchstabe b).

   Von diesen Anforderungen ist Herr Eisinger bewusst abgewichen, indem er im Kühlraum ca. 1,5 m^2 heruntergefallene Fliesen nicht erneuerte.

   Dadurch wurden die dort lagernden Lebensmittel der Gefahr nachteiliger Beeinflussung durch diese Verunreinigungen ausgesetzt.

Diese nach

(Nummer 4) § 2 Nummer 2 Lebensmittelrechtliche Straf- und Bußgeldverordnung (LMRStV) in der Fassung der Bekanntmachung vom 09. Mai 2017 (BGBl. I S. 1170) und

(Nummer 1 bis 3, 5 bis 6) § 10 Nummer 1 Lebensmittel-Hygieneverordnung vom 21. Juni 2016 (BGBl. I S. 1469).

mit Geldbuße bedrohten betriebsbezogenen Zuwiderhandlungen waren Ihnen aufgrund mangelnder Sorgfalt durch ungenügende Beaufsichtigung des Betriebsleiters Maier unbekannt geblieben. Bei auch nur gelegentlicher Überprüfung der Einhaltung lebensmittelrechtlicher Vorschriften wären Ihnen derart massive Verstöße aufgefallen, zumal sie bereits bei einer Betriebskontrolle am 10.02.2019 beanstandet und auch dem Betriebsleiter zur Kenntnis gebracht wurden. Durch ausreichende betriebliche Organisation und Überwachung hätte die Zuwiderhandlung durch Ihr Einschreiten verhindert oder zumindest wesentlich erschwert werden können.

Ordnungswidrig handelt,

wer als vertretungsberechtigtes Organ einer juristischen Person (§ 9 Absatz 1 Nummer 1 Gesetz über Ordnungswidrigkeiten – OWiG) fahrlässig in einem Betrieb oder Unternehmen die Aufsichtsmaßnahmen unterlässt, die erforderlich sind, um in dem Betrieb oder Unternehmen Zuwiderhandlungen gegen Pflichten zu verhindern, die den Inhaber als solchen treffen und deren Verletzung mit Geldbuße bedroht ist, wenn eine solche Zuwiderhandlung begangen wird, die durch gehörige Aufsicht verhindert oder wesentlich erschwert worden wäre.

Wegen dieser Zuwiderhandlungen haben wir gegen Sie ein Bußgeldverfahren nach dem Gesetz über Ordnungswidrigkeiten (OWiG) eingeleitet (§ 47 Absatz 1 Nummer 1 OWiG). Durch die Anhörung erhalten Sie Gelegenheit, sich zur Beschuldigung zu äußern. Dazu können Sie sich dazu schriftlich oder elektronisch äußern (Online-Anhörung):

Schriftliche Äußerung

Wir bitten Sie, das anliegende Äußerungsdokument bis spätestens eine Woche ab Zugang mit der Post zurückzusenden und zwar auch dann, wenn Sie sich nicht zur Sache und zu Ihren wirtschaftlichen Verhältnissen äußern wollen.

Online - Anhörung

Sie können sich auch elektronisch äußern und dazu unser Verwaltungsportal im Internet unter www.<Bezeichnung>/formulare/anhörung.de verwenden. Mit der Kennung <Bezeichnung> und dem Passwort <Bezeichnung> erhalten Sie für dieses Verfahren einen individuellen Zugang.

Sollten Sie die Gelegenheit zu rechtlichem Gehör nicht wahrnehmen, müssen Sie damit rechnen, dass wir nach Ablauf der Äußerungsfrist ohne weiteres Anschreiben einen Bußgeldbescheid nach Aktenlage gegen Sie erlassen und dabei Ihre wirtschaftlichen Verhältnisse schätzen werden.

Hinweis

Hat ein Verteidiger Ihre Vertretung angezeigt, erhält er eine elektronische Mitteilung der Anhörung.

Mit freundlichen Grüßen

Äußerung zum Vorwurf einer Ordnungswidrigkeit (§ 55 OWiG)

Az. 0987665/20 Neukirchen, den xxyyzzzz

Zurück an:
Landratsamt Neukirchen
Kantstraße 23
88888 Neukirchen

Bitte in Druckschrift ausfüllen!

1. **Angaben zur Person (Pflichtangaben):**

Name (Ehename)	Schreiner
Vornamen	Hans
ggf. Geburtsname	
Anschrift (Straße Nummer)	Schillerstraße 115
PLZ (Ort, Kreis)	84300 Kaiserberg
Geburtsdatum	14.05.1971
Geburtsort (Kreis)	Altstadt
Elektronisches Postfach für Mitteilungen und Zustellungen (freiwillig)	
E-Mail-Adresse	schreinerpartner@dhs.de

2. **Angaben zur Sache (Freiwillige Angaben):**
   Ich habe mit dem Hotelbetrieb selbst gar nichts zu tun. Dafür ist Herr Werner Maier als Hotelchef zuständig. Dies wird Ihnen Herr Maier auch gerne selbst bestätigen. Mein Aufgabenbereich ist nur die Finanzierung und Vermarktung von Hotel- und Ferienanlagen. Ich betrachte daher die Sache als erledigt.
3. **Wirtschaftliche Verhältnisse (Freiwillige Angaben):**
   Hinweis: Sollten Sie Ihre wirtschaftlichen Verhältnisse nicht, nicht nachvollziehbar oder unglaubhaft angeben, wären wir bei der Zumessung einer Geldbuße gezwungen, diese zu schätzen:
   Monatliches Nettoeinkommen geregelt
   Schulden ohne Gegenwert

   Schreiner
   (Unterschrift)

Bußgeldbescheid gegen den gesetzlichen Vertreter einer juristischen Person (§ 9 Absatz 1 Nummer 1 OWiG – Geschäftsführer)

Landratsamt Neukirchen Zentrale Bußgeldstelle

Landratsamt Neukirchen, Postfach 5878, 88888 Neukirchen

Herrn Rechtsanwalt
Klaus Kollmann
Gellertstraße 425
88882 Altstein

Dienstgebäude	Feuerbachstraße 43
	88888 Neukirchen
Zimmer	0432
Sachbearbeiter(in)	Frau Weber
Telefon	(0823) 8878-342
Telefax	(0823) 8878-340
E-Mail	zbslra@neukirchen.de

Ihr Zeichen, Ihre Nachricht vom	Bitte bei Antwort angeben Unser Zeichen, Unsere Nachricht vom	Datum
	0987665/20	xxyyzzzz

Betroffener:

Herr Hans Schreiner, geb. 14.05.1971 in Altstadt, Geschäftsführer Gellertstraße 42, 84300 Kaiserberg

Verteidiger: Herr Rechtsanwalt Klaus Kollmann, Gellertstraße 42, 88882 Altstein

Bußgeldbescheid

Sehr geehrter Herr Schreiner,

nach unseren Feststellungen haben Sie folgende Ordnungswidrigkeiten begangen:

Sie sind Geschäftsführer der DHS Hotelbetriebs GmbH mit Sitz in 84300 Kaiserberg, die das Hotel „Karwendel“ in 88882 Altstein, Weiherstraße 54 betreibt. Sie haben daher auch für die Einhaltung der lebensmittelrechtlichen Vorschriften in deren Geschäftsbetrieb zu sorgen. Dazu gehört auch die zumindest stichprobenweise Überwachung des für das Hotel eingesetzten Betriebsleiters Werner Maier.

Am Freitag, den xxyyzzzz zwischen 10.00 Uhr und 11.30 Uhr wurden unter Leitung des Küchenchefs Herrn Manfred Eisinger in der Hotelküche Speisen verschiedener Art, darunter Fleischgerichte mit Beilagen zubereitet. Dabei waren folgende lebensmittelrechtliche Anforderungen einzuhalten:

1. Betriebsstätten, in denen mit Lebensmitteln umgegangen wird, müssen sauber und stets instandgehalten sein (Artikel 4 Absatz 2 Verordnung (EG) Nummer 852/2004 in Verbindung mit Anhang II Kapitel I Nummer 1).

   Von diesen Anforderungen ist Herr Eisinger bewusst abgewichen, indem er in der Küche Fettablagerungen auf und vor dem dort aufgestellten Elektroherd seit längerer Zeit nicht entfernt hat, so dass es zu starken verkrusteten Verschmutzungen kam.

Durch mögliche Berührung wurden die dort behandelten Lebensmittel der Gefahr nachteiliger Beeinflussung durch diese Verunreinigungen ausgesetzt.

2. Betriebsstätten, in denen mit Lebensmitteln umgegangen wird, müssen sauber und stets instandgehalten sein (Artikel 4 Absatz 2 Verordnung (EG) Nummer 852/2004 in Verbindung mit Anhang II Kapitel I Nummer 1).

   Von diesen Anforderungen ist Herr Eisinger bewusst abgewichen, indem er in der Küche aufgrund mangelhafter Reinigung des Fußbodens Verschmutzungen nicht beseitigte, in denen sich mehrere lebende Ameisen und Käfer (Kakerlaken) befanden.

   Dadurch wurden die dort behandelten Lebensmittel der Gefahr nachteiliger Beeinflussung durch tierische Schädlinge ausgesetzt.

3. Flächen (einschließlich Flächen von Ausrüstungen) in Bereichen, in denen mit Lebensmitteln umgegangen wird, und insbesondere Flächen, die mit Lebensmitteln in Berührung kommen, sind in einwandfreiem Zustand zu halten und müssen leicht zu reinigen und erforderlichenfalls zu desinfizieren sein

   (Artikel 4 Absatz 2 Verordnung (EG) Nummer 852/2004 in Verbindung mit Anhang II Kapitel I Nummer 1 Buchstabe f).

   Von diesen Anforderungen ist Herr Eisinger bewusst abgewichen, indem er in der Küche die für die Zerteilung und Zubereitung vorgesehene Arbeitsplatte aus Hartholz längere Zeit nicht reinigte. In den vorhandenen Scharten der Oberfläche befanden sich während der Zubereitung von Frischfleisch zahlreiche, bereits verfärbte Fleischreste.

   Dadurch wurden die dort behandelten Lebensmittel der Gefahr nachteiliger Beeinflussung durch Mikroorganismen und Verunreinigungen ausgesetzt.

4. Reinigungs- und Desinfektionsmittel dürfen nicht in Bereichen gelagert werden, in denen mit Lebensmitteln umgegangen wird

   (Artikel 4 Absatz 2 Verordnung (EG) Nummer 852/2004 in Verbindung mit Anhang II Kapitel I Nummer 10).

   Von diesen Anforderungen ist Herr Eisinger bewusst abgewichen, indem er im Vorratsraum neben für den Geschäftsbetrieb bestimmten, gefüllten Kartoffelbehältern 2,5 kg Schädlingsbekämpfungsmittel

Supertox, 5 l Pflanzenschutzmittel Floran und ca. 15 l verschiedene Lösungsmittel lagerte.[1])

5. Es müssen an geeigneten Standorten genügend Handwaschbecken vorhanden sein. Diese müssen Warm- und Kaltwasserzufuhr haben; darüber hinaus müssen Mittel zum Händewaschen und zum hygienischen Händetrocknen vorhanden sein

   (Artikel 4 Absatz 2 Verordnung (EG) Nummer 852/2004 in Verbindung mit Anhang II Kapitel I Nummer 4 Satz 1, 2).

   Von diesen Anforderungen ist Herr Eisinger bewusst abgewichen, indem er in der Personaltoilette weder Seife noch Handtücher zur Verfügung stellte.

   Dadurch wurden die Lebensmittel der Gefahr nachteiliger Beeinflussung durch Mikroorganismen und Verunreinigungen ausgesetzt.

6. Die Wandflächen sind in einwandfreiem Zustand zu halten und müssen leicht zu reinigen sein

   (Artikel 4 Absatz 2 Verordnung (EG) Nummer 852/2004 in Verbindung mit Anhang II Kapitel II Nummer 1 Buchstabe b).

   Von diesen Anforderungen ist Herr Eisinger bewusst abgewichen, indem er im Kühlraum ca. 1,5 m^2 heruntergefallene Fliesen nicht erneuerte.

   Dadurch wurden die dort lagernden Lebensmittel der Gefahr nachteiliger Beeinflussung durch diese Verunreinigungen ausgesetzt.

Diese nach

(Nummer 4) § 2 Nummer 2 Lebensmittelrechtliche Straf- und Bußgeldverordnung (LMRStV) in der Fassung der Bekanntmachung vom 09. Mai 2019 (BGBl. I S. 1170) und

(Nummer 1 bis 3, 5 bis 6) § 10 Nummer 1 Lebensmittel-Hygieneverordnung vom 21. Juni 2016 (BGBl. I S. 1469).

mit Geldbuße bedrohten betriebsbezogenen Zuwiderhandlungen waren Ihnen aufgrund mangelnder Sorgfalt durch ungenügende Beaufsichtigung des Betriebsleiters Maier unbekannt geblieben. Bei auch nur gelegentlicher Überprüfung der Einhaltung lebensmittelrechtlicher Vorschriften wären Ihnen derart massive Verstöße aufgefallen, zumal sie bereits bei einer Betriebskontrolle am 10.03.2019 beanstandet und auch dem Betriebsleiter zur Kenntnis gebracht wurden. Durch ausreichende betriebliche Organisation und Überwachung hätte die Zuwiderhandlung durch Ihr Einschreiten verhindert oder zumindest wesentlich erschwert werden können.

---

1) Dieser Verstoß beruht auf § 2 Nummer 2 LMRStV, der im Gegensatz zu § 10 Nummer 1 in Verbindung mit § 3 Satz 1 LMHV keine Gefahr nachteiliger Beeinflussung im Sinne des § 2 Absatz 1 Nummer 1 LMHV erfordert.

Ordnungswidrig handelt,

wer als vertretungsberechtigtes Organ einer juristischen Person (§ 9 Absatz 1 Nummer 1 Gesetz über Ordnungswidrigkeiten – OWiG) fahrlässig in einem Betrieb oder Unternehmen die Aufsichtsmaßnahmen unterlässt, die erforderlich sind, um in dem Betrieb oder Unternehmen Zuwiderhandlungen gegen Pflichten zu verhindern, die den Inhaber als solchen treffen und deren Verletzung mit Geldbuße bedroht ist, wenn eine solche Zuwiderhandlung begangen wird, die durch gehörige Aufsicht verhindert oder wesentlich erschwert worden wäre.

Verletzte Bußgeldvorschriften:

§ 130 Absatz 1 Gesetz über Ordnungswidrigkeiten (OWiG) in der Fassung der Bekanntmachung vom 19. Februar 1987 (BGBl. I S. 602).

Beweismittel:

a) Ihre Angaben bei der Anhörung vom xxyyzzzz

b) Ermittlungsbericht der Lebensmittelüberwachung vom xxyyzzzz

c) Herr Manfred Eisinger, Bergstraße 112, 88882 Altstein (Zeuge)

d) Herr Werner Maier, Goethestraße 30, 99997 Talbergen (Zeuge)

e) Bildaufzeichnung vom xxyyzzzz über den Zustand der Betriebsräume

Als Folge dieser Ordnungswidrigkeit setzen wir gegen Sie die folgende Geldbuße fest (§ 17 OWiG). Sie tragen auch die Kosten des Bußgeldverfahrens (§§ 464, 465 Absatz 1 StPO in Verbindung mit § 46 Absatz 1 OWiG). Diese bestehen aus der Verfahrensgebühr (§ 107 Absatz 1 OWiG) und unseren Auslagen (§ 107 Absatz 3 OWiG).

Geldbuße	2000,00 Euro
Gebühr 100,00 Euro	
Auslagen	0,00 Euro
Gesamtbetrag	2100,00 Euro

Begründung des Bußgeldbescheides:

1) Ihre Angaben bei der Anhörung vom xxyyzzzz

   Nach Ihrer Auffassung ist für die Leitung des Hotels „Karwendel“ in Altstein und damit für die von der Lebensmittelüberwachung festgestellten Ordnungswidrigkeiten allein der Betriebsleiter Herr Werner Maier verantwortlich. Trotzdem bleibt der Geschäftsführer eines Unternehmens als gesetzlicher Vertreter gemäß § 9 Absatz 1 Nummer 1 OWiG dem Betriebsleiter im Sinne des § 9 Absatz 2 Satz 1 Nummer 1 OWiG weiter verantwortlich. Diese Verantwortlichkeit kann nicht privatrechtlich ausgeschlossen werden. Es handelt sich bei Zuwiderhandlungen gegen lebensmittelrechtliche Vorschriften um betriebsbezogene Ordnungswidrigkeiten gemäß § 130 Absatz 1 OWiG.

2) Zumessung der Geldbuße (§ 17 Absatz 3 OWiG):
   Die Ordnungswidrigkeit ist mit Geldbuße bis 25 000 Euro bedroht (§ 130 Absatz 3 OWiG, § 60 Absatz 5 Nummer 2 LFGB, § 17 Absatz 2 OWiG).
   a) Bedeutung der Ordnungswidrigkeit (§ 17 Absatz 3 Satz 1 OWiG):
      Verschärfend wirkte sich die durch Ihr Verhalten ermöglichte Anzahl von fünf festgestellten Lebensmittelhygieneverstößen erheblichen Ausmaßes aus. Die Zuwiderhandlungen weisen ein hohes Maß an unmittelbarer Gefährdung für die Hotel- und Restaurantbesucher als Endverbraucher auf.
   b) Vorwurf, der den Täter trifft (§ 17 Absatz 3 Satz 1 OWiG):
      Verschärfend mussten wir berücksichtigen, dass Sie trotz Ihrer hervorgehobenen Stellung im Unternehmen als Geschäftsführer keinerlei Betriebsorganisation und Zuständigkeitsregelungen getroffen haben, obwohl die Beachtung des lebensmittelrechtlichen Verbraucherschutzes zu den zentralen Aufgaben des Inhabers von Hotel- und Restaurantbetrieben gehört. Durch Ihre völlig fehlende Sorgfalt haben Sie die Zustände in der Hotelküche erst ermöglicht, weil Sie nicht einmal erkannten, dass auch der Hotelleiter Maier die Einhaltung lebensmittelrechtlicher Vorschriften unzulässig durch Arbeitsvertrag auf den Küchenchef Eisinger übertragen hatte. Damit fand im gesamten Unternehmensbereich keinerlei Kontrolle statt.
   c) Wirtschaftliche Verhältnisse (§ 17 Absatz 3 Satz 2 OWiG):
      Das Monatseinkommen musste nach Ihrem Beruf auf 5000 Euro geschätzt werden, da Sie bei der Anhörung insoweit keine Angaben gemacht haben. Wir sind dabei von den Richtsätzen der Oberfinanzdirektion für den Betreiber eines vergleichbaren Unternehmens mit mehreren Hotelbetrieben und unseren Erfahrungen aus anderen Bußgeldverfahren ausgegangen.

Hinweis für einen Wiederholungsfall

Wir möchten Sie aus gegebenem Anlass darauf hinweisen, dass Sie als gesetzlicher Vertreter der DHS Hotelbetriebs GmbH zur Durchsetzung der lebensmittelrechtlichen Bestimmungen verpflichtet sind. Sollten wir bei einer erneuten Überprüfung der Betriebsräume wiederum Verstöße gegen Lebensmittelhygienevorschriften feststellen, die von Ihnen nicht unterbunden worden waren, so müssen Sie mit einer Ahndung als Beteiligter an solchen Ordnungswidrigkeiten (§ 14 OWiG) durch pflichtwidriges Unterlassen des gebotenen Einschreitens (§ 8 OWiG) und einer wesentlich höheren Geldbuße rechnen.

Rechtsbehelfsbelehrung

Gegen diesen Bußgeldbescheid können Sie innerhalb von zwei Wochen ab Zustellung bei dem Landratsamt Neukirchen schriftlich oder zur Niederschrift Einspruch einlegen (§ 67 OWiG). *Sie können den Einspruch auch elektronisch einlegen. Verwenden Sie dazu unser Internetportal <<Bezeichnung>> mit der Kennung <<Bezeichnung>> und dem Passwort <<Bezeichnung>>. Andere als die dort bezeichneten Dateiformate sind dabei unzulässig.*[1]) Der Rechtsbehelf ist in deutscher Sprache einzulegen (§ 184 GVG in Verbindung mit § 46 Absatz 1 OWiG).

Sofern Sie eine Begründung des Einspruchs beabsichtigen, bitten wir Sie, diese möglichst mit der Einlegung des Einspruchs zu verbinden.

Falls wir den Bußgeldbescheid trotz eines Einspruchs aufrechterhalten (§ 69 Absatz 2 Satz 1 OWiG), entscheidet das Amtsgericht aufgrund dieses Bußgeldbescheides über das Vorliegen einer Ordnungswidrigkeit und die Rechtsfolgen aufgrund einer mündlichen Hauptverhandlung (§ 71 OWiG), ohne an die Höhe der festgesetzten Geldbuße gebunden zu sein. Das Gericht kann mit Ihrer Zustimmung auch durch schriftlichen Beschluss entscheiden (§ 72 OWiG), wobei es an die Rechtsfolgen des Bußgeldbescheides gebunden ist.

Zahlungsaufforderung

Nach Rechtskraft des Bußgeldbescheides ist die Geldbuße innerhalb weiterer zwei Wochen (also vier Wochen ab Zustellung) an die Kreiskasse oder eines der in den Fußzeilen der ersten Seite dieses Bescheides bezeichneten Konten zu bezahlen (§ 95 Absatz 1 OWiG), sofern keine abweichenden Zahlungsfristen bewilligt sind.

Hinweis auf Erzwingungshaft

Unterbleibt die Zahlung und wird auch eine Zahlungsunfähigkeit nicht dargelegt, so kann die Geldbuße durch die vom Amtsgericht angeordnete Erzwingungshaft gegen einen gesetzlichen Vertreter durchgesetzt werden (§ 96 OWiG). Bei Unmöglichkeit sofortiger Zahlung sind Zahlungserleichterungen (Zahlungsfrist, Teilleistungen) möglich (§ 18, § 93 OWiG).

Mit freundlichen Grüßen

---

1) Die kursiv dargestellten Sätze betreffen die Einlegung des Einspruchs als Rechtsbehelf nach Einführung des elektronischen Rechtsverkehrs. Sie sind daher erst nach Erlass einer entsprechenden Einführungsverordnung im Bereich der Verwaltungsbehörde hinzuzufügen.

11.4 Bußgeldbescheide gegen juristische Personen und Personengesellschaften

Juristische Personen und Personengesellschaften sind nicht handlungsfähig und können daher selbst keine Ordnungswidrigkeiten begehen. Die Einleitung eines Bußgeldverfahrens ist folglich nur gegen natürliche Personen als Täter einer Ordnungswidrigkeit möglich. Hat ein Organ oder Mitglied eines Organs einer juristischen Person oder Personenvereinigung[1]) eine betriebsbezogene Ordnungswidrigkeit begangen, so kann gegen diese eine Geldbuße (§ 30 OWiG) als Nebenbeteiligte des Bußgeldverfahrens (§ 88 OWiG) festgesetzt werden. Diese haftet letztlich für das ordnungswidrige Verhalten ihrer Vertreter.[2])

Geldbuße gegen Organe juristischer Personen und Personenvereinigungen

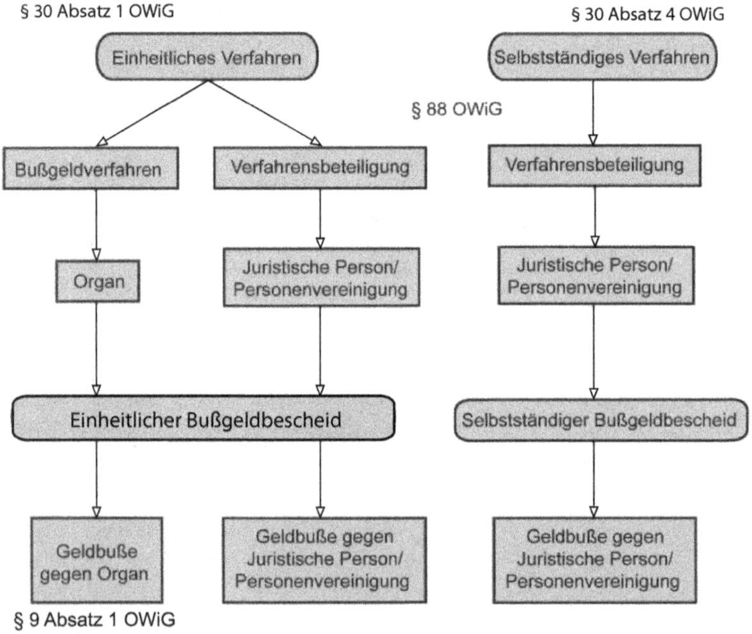

1) Der Begriff der Personenvereinigung in § 30 OWiG umfasst Personengesellschaften (GbR, oHG, KG) und den nicht rechtsfähigen Verein.

2) Zur bußgeldrechtlichen Haftung juristischer Personen und Personenvereinigungen im Einzelnen Wieser, OWiG-Kommentar Teil I Nr. 1 §§ 30, 88 OWiG.

§30 OWiG ermöglicht es gegen eine juristische Person oder Personenvereinigung eine Geldbuße festzusetzen, wenn eine der näher bezeichneten Leitungspersonen eine Straftat oder Ordnungswidrigkeit begangen hat, durch die Pflichten, welche die juristische Person oder die Personenvereinigung treffen, verletzt worden sind oder die juristische Person oder die Personenvereinigung bereichert worden ist oder werden sollte. Einer der wichtigsten Fälle ist die Begehung einer Aufsichtspflichtverletzung nach §130 OWiG. Zweck der Norm ist es eine Besserstellung juristischer Personen zu vermeiden. Juristischen Personen, die nur durch ihre Organe zu handeln imstande sind, fließen die Vorteile der in ihrem Interesse vorgenommenen Zuwiderhandlungen zu. Sie wären daher gegenüber natürlichen Personen bessergestellt, wären sie bei Fehlen einer Sanktionsmöglichkeit nicht den Nachteilen ausgesetzt, die als Folge der Nichtbeachtung der Rechtsordnung im Rahmen der zu ihren Gunsten begangenen Zuwiderhandlungen eintreten können. So kann zum Beispiel gegen einen Einzelunternehmer, der unter Verletzung der ihm obliegenden Pflichten als Unternehmer eine Straftat oder Ordnungswidrigkeit selbst begeht, die Strafe oder Geldbuße unter Berücksichtigung des wirtschaftlichen Wertes seines Unternehmens und der für das Unternehmen erzielten oder beabsichtigten Vorteile festgesetzt werden, während bei einer entsprechenden Pflichtverletzung durch das Organ einer juristischen Person die Strafe oder Geldbuße nur unter Berücksichtigung seiner persönlichen wirtschaftlichen Verhältnisse festgesetzt werden kann. Die hiernach zulässige Strafe oder Geldbuße würde vielfach in keinem angemessenen Verhältnis zur Tragweite der Tat stehen und weder geeignet sein, die der juristischen Person zugeflossenen Gewinne abzuschöpfen noch die Erzielung solcher Gewinne zu bekämpfen.[1])

Beispiel:

> Der Geschäftsführer der DHS Hotelbetriebs GmbH verletzt seine Aufsichtspflicht durch nachlässige Überwachung des Hotelleiters (§130 Absatz 1 OWiG). Deswegen kommt es in dem zur Gesellschaft gehörenden Hotel „Karwendel“ zu einem lebensmittelrechtlichen Verstoß durch den Küchenchef. Die DHS Hotelbetriebs GmbH kann als Nebenbeteiligte (§88 OWiG) am Bußgeldverfahren gegen den Geschäftsführer neben diesem mit einer Geldbuße (§30 OWiG) belegt werden.

Dem Sachbearbeiter der Verwaltungsbehörde stehen insgesamt drei Varianten zur Verfügung, die er nach dem Opportunitätsprinzip (§47 Absatz 1 Satz 1 OWiG) nutzen kann:

1) VG Düsseldorf, Urteil vom 18.5.2017, Aktenzeichen 6 K 6022/16, unter Bezugnahme auf BT-Drs. V/1269, S. 5.

- **Bußgeldverfahren nur gegen das Organ**

  Genügt die Ahndung des Organs als gesetzlichem Vertreter (§ 9 Absatz 1 OWiG) einer juristischen Person (Personenvereinigung) allein zur Pflichtenmahnung, sind deren Nebenbeteiligung (§ 88 OWiG) und eine weitere Geldbuße gegen sie (§ 30 OWiG) nicht erforderlich.[1])

Beispiel:

Der Geschäftsführer einer GmbH ist zugleich einziger Gesellschafter. Dieser geschäftsführende Gesellschafter ist also nicht nur gesetzlicher Vertreter, sondern auch alleiniger wirtschaftlicher Eigentümer („Einpersonen-GmbH"). Es genügt die alleinige Ahndung des Geschäftsführers als Betroffener in dem gegen ihn gerichteten Bußgeldverfahren. Ein zusätzliches Vorgehen gegen die GmbH würde ihn wirtschaftlich doppelt treffen.

- **Einheitliches Verfahren gegen das Organ und die Nebenbeteiligte**

  Das Bußgeldverfahren richtet sich sowohl gegen den gesetzlichen Vertreter (§ 9 Absatz 1 OWiG) als auch gegen die nebenbeteiligte juristische Person (Personenvereinigung). Dieses einheitliche Verfahren nach § 30 Absatz 1 OWiG ist dann angebracht, wenn keine wirtschaftliche Einheit zwischen Organ und juristischer Person (Personenvereinigung) besteht und auch die wirtschaftlichen Eigentümer bußgeldrechtlich herangezogen werden sollen, um die Organe künftig besser zu beaufsichtigen.

Beispiel:

Der Geschäftsführer einer GmbH ist nur angestellt, nicht aber zugleich Gesellschafter. Er ist damit als Organ nur gesetzlicher Vertreter, nicht aber auch wirtschaftlicher Eigentümer. Zur Beeindruckung der personenverschiedenen Gesellschafter als wirtschaftliche Eigentümer erscheint ein zusätzliches Vorgehen gegen die GmbH geboten.

Ein wichtiger Anwendungsbereich ist auch die Abschöpfung eines aus der Ordnungswidrigkeit gezogenen wirtschaftlichen Vorteils (§ 17 Absatz 4 OWiG),[2]) der nicht dem Geschäftsführer, sondern nur der von ihm vertretenen juristischen Person (Personenvereinigung) zugute gekommen ist.

---

1) Zur Problematik der sogenannten Einpersonen-GmbH *Wieser*, OWiG-Kommentar Teil I Nr. 1 § 30 OWiG.

2) Zur Abschöpfung des wirtschaftlichen Vorteils durch die Geldbuße (§ 17 Absatz 4 OWiG) siehe Kapitel 9.8.

Beispiel:

Eine GmbH hat sich durch Lebensmittelhygieneverstöße erhebliche Reinigungskosten erspart. Diese werden durch eine Geldbuße gegen sie als Nebenbeteiligte mit abgeschöpft. Gegen den nur angestellten Geschäftsführer wird als Organ eine weitere Geldbuße ohne Vorteilsabschöpfung festgesetzt.

- **Selbstständiges Verfahren nur gegen die Nebenbeteiligte**

  Ein selbstständiges Verfahren nach § 30 Absatz 4 OWiG richtet sich nur gegen eine juristische Person (Personenvereinigung) als Nebenbeteiligte, ohne dass gegen ein Organ als gesetzlichen Vertreter (§ 9 Absatz 1 OWiG) ein Bußgeldverfahren eingeleitet ist oder dieses zum Beispiel nach dem Opportunitätsgrundsatz wieder eingestellt wurde (§ 47 Absatz 1 Satz 2 OWiG). Diese Alternative hat vor allem dann Bedeutung, wenn das Organ nicht mehr erreichbar ist, die Festsetzung einer Geldbuße wegen der wirtschaftlichen Situation des Organs zur Pflichtenmahnung nicht geeignet ist oder das zuständige Organ wegen der Vielzahl der gesetzlichen Vertreter (§ 9 Absatz 1 OWiG) in großen Unternehmen nicht ermittelt werden kann.

Beispiele:

Die Ermittlungen ergeben, dass der zur Tatzeit bestellte Geschäftsführer

- verstorben oder unbekannten Aufenthalts ist, also kein Täter zur Verfügung steht.
- ausgeschieden und inzwischen als Rentner keiner wirtschaftlichen Tätigkeit mehr nachgeht, also eine Ahndung wegen fehlender Wiederholungsgefahr nicht geboten ist.
- ausgeschieden ist und die eidesstattliche Versicherung abgegeben hat oder sich in einem Insolvenzverfahren befindet, also eine erhebliche Geldbuße nicht möglich und nicht vollstreckbar ist.
- nach dem Handelsregisterauszug einer von insgesamt zehn Geschäftsführern ist und die für den Aufgabenbereich des lebensmittelrechtlichen Verstoßes zuständige Person nicht ermittelbar ist.

Für die Planung eines solchen Bußgeldverfahrens ist es wichtig, zunächst über das elektronische Handelsregister (www.handelsregister.de) oder Unternehmensregister (www.unternehmensregister.de) die Organisation der juristischen Person (Personenvereinigung) zur Tatzeit zu ermitteln (Organigramm).

ACHTUNG!

Gegenüber der Nebenbeteiligung ist immer die Frage vorrangig, ob der oder die Ahndung der gesetzlichen Vertreter möglich und geboten ist.

Sobald dies geklärt ist, stellt sich nach dem Opportunitätsprinzip (§ 47 Absatz 1 Satz 1 OWiG) erst die weitere Frage, ob eine Nebenbeteiligung (§ 88 OWiG) überhaupt in Betracht kommt und dann ein einheitliches Verfahren (§ 30 Absatz 1 OWiG) oder selbstständiges Verfahren (§ 30 Absatz 4 OWiG) durchgeführt werden soll. Besondere Vorsicht ist geboten, wenn der gesetzliche Vertreter selbst anregt, eine Geldbuße gegen die juristische Person oder Personengesellschaft festzusetzen und das Bußgeldverfahren gegen ihn selbst einzustellen. Damit scheidet nicht nur eine Geldbuße in sein Privatvermögen als ernste persönliche Pflichtenmahnung, sondern auch die Eintragung in das Gewerbezentralregister (GZR) aus.[1])

Die Nebenbeteiligung einer juristischen Person (Personenvereinigung) ist immer dann sinnlos, wenn diese bereits insolvent ist oder voraussichtlich in Kürze wird. Im Insolvenzverfahren werden juristische Personen und Personenvereinigungen grundsätzlich von Gesetzes wegen aufgelöst, sodass sie als Vollstreckungsschuldner der Geldbuße wegfallen. Die Geldbuße kann als nachrangige Forderung nicht einmal zur Insolvenztabelle angemeldet werden (§ 39 Absatz 1 Nummer 3, § 174 InsO). Die im Bußgeldverfahren gewählte Verfahrensart kann nachträglich nicht mehr geändert werden! Die Erfolglosigkeit eines selbstständigen Verfahrens (§ 30 Absatz 4 OWiG) gegen eine insolvente juristische Person (Personenvereinigung) erlaubt also nicht den nachträglichen Erlass eines Bußgeldbescheides gegen das bisher nicht verfolgte Organ. Zur Vermeidung solch unerwünschter Ergebnisse sollte bereits vor der Anordnung der Nebenbeteiligung durch Anfrage bei der eigenen Kasse nach Zahlungsrückständen und Auskunftsersuchen (§ 161 Absatz 1 Satz 1 StPO in Verbindung mit § 46 Absatz 1 OWiG) beim Amtsgericht als zentralen Vollstreckungs- und Insolvenzgericht geklärt werden, ob die Zahlungsunfähigkeit bereits eingetreten ist oder bevorsteht. Ein bereits eingetragener Insolvenzvermerk ist zudem aus dem Handelsregisterauszug ersichtlich.

Eine weitere Problematik besteht bei der verbreiteten Form der sogenannten „Einpersonen-GmbH“,[2]) bei der nur ein Gesellschafter als wirtschaftlicher Eigentümer vorhanden ist, der sich selbst als Geschäftsführer bestellt hat und damit auch einziges Vertretungsorgan in Personalunion ist.[3]) Hier

1) Zur Eintragung von Vertretern im Sinne des § 9 OWiG in das Gewerbezentralregister (GZR) Kapitel 12.

2) Zur Problematik der sogenannten Einpersonen-GmbH *Wieser*, OWiG-Kommentar Teil I Nr. 1 § 30 OWiG.

3) Diese Situation ist auch bei der Private Limited Company, kurz Limited (Ltd.) regelmäßig gegeben. Eine Nebenbeteiligung kommt aber nicht in Betracht, weil diese selbst entweder bereits vermögenslos ist, zumindest eine Vollstreckung am ausländischen Unternehmenssitz nicht möglich ist.

würde es zu einer verbotenen Mehrfachahndung führen (vgl. Artikel 103 Absatz 3 GG), wenn der geschäftsführende Gesellschafter einmal als Geschäftsführer (Organ im Sinne des § 9 Absatz 1 OWiG) und nochmals als Gesellschafter (wirtschaftlicher Eigentümer) über § 30 Absatz 1 OWiG belastet würde. Daher ist vor einer Nebenbeteiligung (§ 88 OWiG) bei der Anforderung des Handelsregisterauszuges auch ein Auszug aus der beim Registergericht einzureichenden Gesellschafterliste notwendig, um Personengleichheiten als geschäftsführender Gesellschafter einer Einpersonen-GmbH erkennen zu können.

Die Anordnung der Nebenbeteiligung (§ 88 OWiG) wird in der Regel mit der Anhörung wegen der Ordnungswidrigkeit (§ 55 OWiG) verbunden. Im einheitlichen Verfahren (§ 30 Absatz 1 OWiG) sind zwei getrennte Anhörungen durchzuführen, nämlich die des Organs als gesetzlichem Vertreter (§ 9 Absatz 1 OWiG) und diejenige der nebenbeteiligten juristischen Person (Personenvereinigung). Dies wird besonders deutlich, wenn das Organ mittlerweile gewechselt hat und die Personalunion dadurch inzwischen entfallen ist. Sowohl die Anhörung als auch der Bußgeldbescheid gegen das Organ sind an die Privatanschrift zu richten (§ 51 Absatz 2 OWiG), während die mit der Anordnung der Verfahrensbeteiligung verbundene Anhörung und der Bußgeldbescheid gegen die juristische Person (Personenvereinigung) an die Firmenanschrift erfolgen.[1])

1) Zur Ermittlung der Privatanschrift des Geschäftsführers als Organ und Betroffener Kapitel 11.2.1.

Einheitliches Verfahren bei der Einpersonen-GmbH

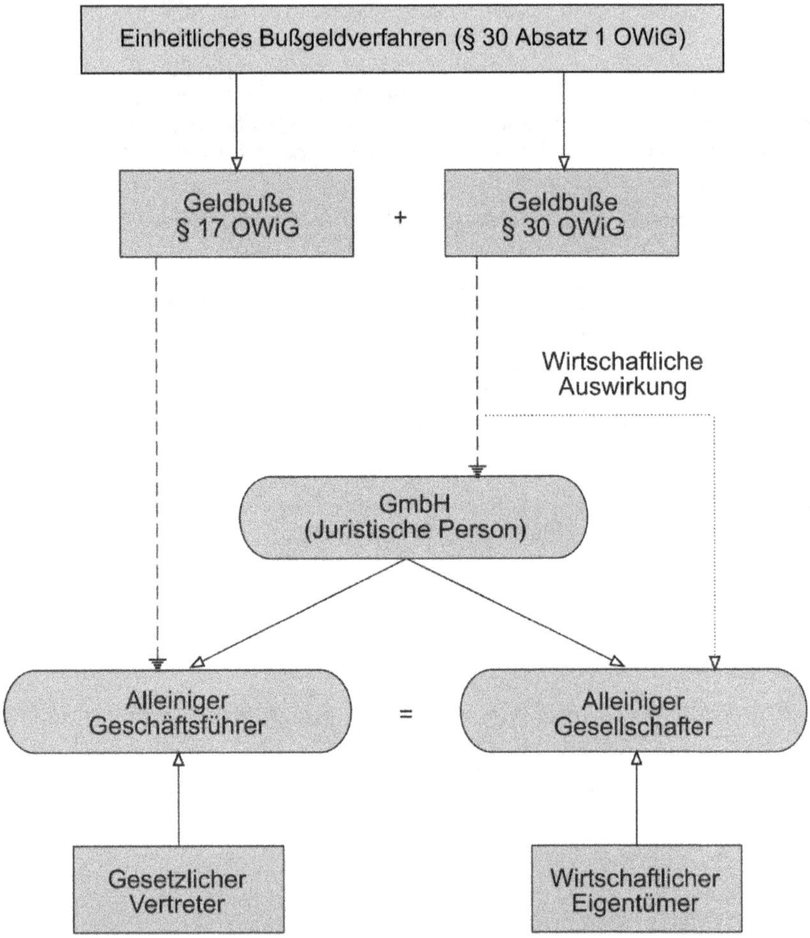

Folge: Mögliche Doppelahndung des Geschäftsführer-Gesellschafters

Die Abfassung des Bußgeldbescheides gegen eine juristische Person (Personenvereinigung) verlangt einen unpersönlichen Stil, da die Ordnungswidrigkeit im Gegensatz zum Bußgeldbescheid gegen eine natürliche Person nicht vorgeworfen wird, sondern das Unternehmen nur für die Ordnungswidrigkeit des Organs haftbar gemacht werden soll. Die Geldbuße ist folglich im Bußgeldbescheid auch als Nebenfolge der Ordnungswidrigkeit des Organs zu bezeichnen. Bei der Kostenentscheidung bestehen keine Besonderheiten, da § 107 Absatz 1 Satz 2 OWiG bezüglich der Gebühr auch auf § 30 OWiG verweist und die Auslagen der Verwaltungsbehörde nach § 107 Absatz 3 OWiG auch für diese Verfahrensart gelten.[1])

---

1) Zur Gebühr (§ 107 Absatz 1 OWiG) und den Auslagen der Verwaltungsbehörde (§ 107 Absatz 3 OWiG) im Bußgeldbescheid gegen eine natürliche Person Kapitel 9.9.

Anhörung einer nebenbeteiligten juristischen Person (§ 88 OWiG)

Landratsamt Neukirchen Zentrale Bußgeldstelle

Landratsamt Neukirchen, Postfach 5678, 88888 Neukirchen

DHS Hotelbetriebs-GmbH
Geschäftsführer Hans Schreiner
Alte Straße 65
84300 Kaiserberg

Dienstgebäude	Feuerbachstraße 43 88888 Neukirchen
Zimmer	0432
Sachbearbeiter(in)	Frau Weber
Telefon	(0823) 8878-342
Telefax	(0823) 8878-340
E-Mail	zbslra@neukirchen.de

Ihr Zeichen, Ihre Nachricht vom	Bitte bei Antwort angeben Unser Zeichen, Unsere Nachricht vom	Datum
	0987665/20	xxyyzzzz

Anhörung als Nebenbeteiligte wegen einer Ordnungswidrigkeit (§§ 55, 88 OWiG)

Sehr geehrte Damen und Herren,

nach unseren Feststellungen hat der gesetzliche Vertreter der im Bußgeldverfahren nebenbeteiligten juristischen Person folgende Ordnungswidrigkeit begangen:

Herr Hans Schreiner ist Geschäftsführer der DHS Hotelbetriebs GmbH mit Sitz in 84300 Kaiserberg, die das Hotel „Karwendel" in 88882 Altstein, Weiherstraße 54 betreibt. Er hat daher auch für die Einhaltung der lebensmittelrechtlichen Vorschriften in deren Geschäftsbetrieb zu sorgen. Dazu gehört auch die zumindest stichprobenweise Überwachung des für das Hotel eingesetzten Betriebsleiters Werner Maier.

Am Freitag, den xxyyzzzz zwischen 10.00 Uhr und 11.30 Uhr wurden unter Leitung des Küchenchefs Herrn Manfred Eisinger in der Hotelküche Speisen verschiedener Art, darunter Fleischgerichte mit Beilagen zubereitet. Dabei waren folgende lebensmittelrechtliche Anforderungen einzuhalten:

1. Betriebsstätten, in denen mit Lebensmitteln umgegangen wird, müssen sauber und stets instandgehalten sein

   (Artikel 4 Absatz 2 Verordnung (EG) Nummer 852/2004 in Verbindung mit Anhang II Kapitel I Nummer 1).

   Von diesen Anforderungen ist Herr Eisinger bewusst abgewichen, indem er in der Küche Fettablagerungen auf und vor dem dort aufgestellten Elektroherd seit längerer Zeit nicht entfernt hat, so dass es zu starken verkrusteten Verschmutzungen kam.

   Durch mögliche Berührung wurden die dort behandelten Lebensmittel der Gefahr nachteiliger Beeinflussung durch diese Verunreinigungen ausgesetzt.
2. Betriebsstätten, in denen mit Lebensmitteln umgegangen wird, müssen sauber und stets instandgehalten sein

(Artikel 4 Absatz 2 Verordnung (EG) Nummer 852/2004 in Verbindung mit Anhang II Kapitel I Nummer 1).

Von diesen Anforderungen ist Herr Eisinger bewusst abgewichen, indem er in der Küche aufgrund mangelhafter Reinigung des Fußbodens Verschmutzungen nicht beseitigte, in denen sich mehrere lebende Ameisen und Käfer (Kakerlaken) befanden.

Dadurch wurden die dort behandelten Lebensmittel der Gefahr nachteiliger Beeinflussung durch tierische Schädlinge ausgesetzt.

3. Flächen (einschließlich Flächen von Ausrüstungen) in Bereichen, in denen mit Lebensmitteln umgegangen wird, und insbesondere Flächen, die mit Lebensmitteln in Berührung kommen, sind in einwandfreiem Zustand zu halten und müssen leicht zu reinigen und erforderlichenfalls zu desinfizieren sein

   (Artikel 4 Absatz 2 Verordnung (EG) Nummer 852/2004 in Verbindung mit Anhang II Kapitel I Nummer 1 Buchstabe f).

   Von diesen Anforderungen ist Herr Eisinger bewusst abgewichen, indem er in der Küche die für die Zerteilung und Zubereitung vorgesehene Arbeitsplatte aus Hartholz längere Zeit nicht reinigte. In den vorhandenen Scharten der Oberfläche befanden sich während der Zubereitung von Frischfleisch zahlreiche, bereits verfärbte Fleischreste.

   Dadurch wurden die dort behandelten Lebensmittel der Gefahr nachteiliger Beeinflussung durch Mikroorganismen und Verunreinigungen ausgesetzt.

4. Reinigungs- und Desinfektionsmittel dürfen nicht in Bereichen gelagert werden, in denen mit Lebensmitteln umgegangen wird

   (Artikel 4 Absatz 2 Verordnung (EG) Nummer 852/2004 in Verbindung mit Anhang II Kapitel I Nummer 10).

   Von diesen Anforderungen ist Herr Eisinger bewusst abgewichen, indem er im Vorratsraum neben für den Geschäftsbetrieb bestimmten, gefüllten Kartoffelbehältern 2,5 kg Schädlingsbekämpfungsmittel Supertox, 5 l Pflanzenschutzmittel Floran und ca. 15 l verschiedene Lösungsmittel lagerte.[1])

5. Es müssen an geeigneten Standorten genügend Handwaschbecken vorhanden sein. Diese müssen Warm- und Kaltwasserzufuhr haben; darüber hinaus müssen Mittel zum Händewaschen und zum hygienischen Händetrocknen vorhanden sein

1) Dieser Verstoß beruht auf § 2 Nummer 2 LMRStV, der im Gegensatz zu § 10 Nummer 1 in Verbindung mit § 3 Satz 1 LMHV keine Gefahr nachteiliger Beeinflussung im Sinne des § 2 Absatz 1 Nummer 1 LMHV erfordert.

(Artikel 4 Absatz 2 Verordnung (EG) Nummer 852/2004 in Verbindung mit Anhang II Kapitel I Nummer 4 Satz 1, 2).

Von diesen Anforderungen ist Herr Eisinger bewusst abgewichen, indem er in der Personaltoilette weder Seife noch Handtücher zur Verfügung stellte.

Dadurch wurden die Lebensmittel der Gefahr nachteiliger Beeinflussung durch Mikroorganismen und Verunreinigungen ausgesetzt.

6. Die Wandflächen sind in einwandfreiem Zustand zu halten und müssen leicht zu reinigen sein

   (Artikel 4 Absatz 2 Verordnung (EG) Nummer 852/2004 in Verbindung mit Anhang II Kapitel II Nummer 1 Buchstabe b).

   Von diesen Anforderungen ist Herr Eisinger bewusst abgewichen, indem er im Kühlraum ca. 1,5 m^2 heruntergefallene Fliesen nicht erneuerte.

   Dadurch wurden die dort lagernden Lebensmittel der Gefahr nachteiliger Beeinflussung durch diese Verunreinigungen ausgesetzt.

Diese nach

(Nummer 4) § 2 Nummer 2 Lebensmittelrechtliche Straf- und Bußgeldverordnung (LMRStV) in der Fassung der Bekanntmachung vom 09. Mai 2017 (BGBl. I S. 1170) und

(Nummer 1 bis 3, 5 bis 6) § 10 Nummer 1 Lebensmittel-Hygieneverordnung vom 21. Juni 2016 (BGBl. I S. 1469).

mit Geldbuße bedrohten betriebsbezogenen Zuwiderhandlungen waren dem Geschäftsführer aufgrund mangelnder Sorgfalt durch ungenügende Beaufsichtigung des Betriebsleiters Maier unbekannt geblieben. Bei auch nur gelegentlicher Überprüfung der Einhaltung lebensmittelrechtlicher Vorschriften wären Ihnen derart massive Verstöße aufgefallen, zumal sie bereits bei einer Betriebskontrolle am 10.3.2017 beanstandet und auch dem Betriebsleiter zur Kenntnis gebracht wurden. Durch ausreichende betriebliche Organisation und Überwachung hätte die Zuwiderhandlung durch Ihr Einschreiten verhindert oder zumindest wesentlich erschwert werden können.

Ordnungswidrig handelt,

wer als vertretungsberechtigtes Organ einer juristischen Person (§ 9 Absatz 1 Nummer 1 Gesetz über Ordnungswidrigkeiten – OWiG) fahrlässig in einem Betrieb oder Unternehmen die Aufsichtsmaßnahmen unterlässt, die erforderlich sind, um in dem Betrieb oder Unternehmen Zuwiderhandlungen gegen Pflichten zu verhindern, die den Inhaber als solchen treffen und deren Verletzung mit Geldbuße bedroht ist, wenn eine solche Zuwiderhandlung begangen wird, die durch gehörige Aufsicht verhindert oder wesentlich erschwert worden wäre.

Verletzte Bußgeldvorschriften:

§ 130 Absatz 1 Gesetz über Ordnungswidrigkeiten (OWiG) in der Fassung der Bekanntmachung vom 19. Februar 1987 (BGBl. I S. 602).

Wegen dieser Zuwiderhandlungen sind die Verfahrensbeteiligung als Nebenbeteiligte gemäß § 88 OWiG sowie die Festsetzung einer Geldbuße gemäß § 30 OWiG als Nebenfolge der Ordnungswidrigkeit beabsichtigt. Durch die Anhörung erhalten Sie Gelegenheit, sich zur Beschuldigung schriftlich oder elektronisch äußern (Online-Anhörung):

Schriftliche Äußerung

Wir bitten Sie, das anliegende Äußerungsdokument bis spätestens eine Woche ab Zugang mit der Post zurückzusenden und zwar auch dann, wenn Sie sich nicht zur Sache und zu Ihren wirtschaftlichen Verhältnissen äußern wollen.

Online - Anhörung

Sie können sich auch elektronisch äußern und dazu unser Verwaltungsportal im Internet unter www.<Bezeichnung>/formulare/anhörung.de verwenden. Mit der Kennung <Bezeichnung> und dem Passwort <Bezeichnung> erhalten Sie für dieses Verfahren einen individuellen Zugang.

Sollten Sie die Gelegenheit zu rechtlichem Gehör nicht wahrnehmen, müssen Sie damit rechnen, dass wir nach Ablauf der Äußerungsfrist ohne weiteres Anschreiben einen Bußgeldbescheid nach Aktenlage gegen Sie erlassen und dabei Ihre wirtschaftlichen Verhältnisse schätzen werden.

Hinweis

Hat ein Verteidiger Ihre Vertretung angezeigt, erhält er eine elektronische Mitteilung der Anhörung.

Mit freundlichen Grüßen

Äußerung zum Vorwurf einer Ordnungswidrigkeit (§ 55 OWiG)

Az. 0987665/20 Neukirchen, den xxyyzzzz

Zurück an:
Landratsamt Neukirchen
Kantstraße 23
88888 Neukirchen

Bitte in Druckschrift ausfüllen!

1. **Angaben zur Person (Pflichtangaben):**

   Name DHS-Hotelbetriebs GmbH
   Anschrift (Straße Nummer) Alte Straße 65
   PLZ (Ort, Kreis) 84300 Kaiserberg
   Gesetzlicher Vertreter (Name) Hans Schreiner
   Gesetzlicher Vertreter (Bezeichnung) Geschäftsführer
   Elektronisches Postfach für
   Mitteilungen und Zustellungen (freiwillig)
   E-Mail-Adresse schreinerpartner@dhs.de

2. **Angaben zur Sache (Freiwillige Angaben):**

   Auch die Firma selbst hat mit dem Hotelbetrieb unmittelbar nichts zu tun. Das ist auch keine Angelegenheit der Geschäftsleitung. Dafür ist Herr Werner Maier als Hotelchef zuständig. Dies wird Ihnen Herr Maier auch gerne selbst bestätigen. Mein Aufgabenbereich als Geschäftsführer ist nur die Finanzierung und Vermarktung von Hotel- und Ferienanlagen. Ich betrachte daher die Sache auch insoweit als erledigt.

3. **Wirtschaftliche Verhältnisse (Freiwillige Angaben):**

   Hinweis: Sollten Sie Ihre wirtschaftlichen Verhältnisse nicht, nicht nachvollziehbar oder unglaubhaft angeben, wären wir bei der Zumessung einer Geldbuße gezwungen, diese zu schätzen:

   geregelt

   Schreiner
   (Unterschrift)

Bußgeldbescheid gegen den gesetzlichen Vertreter einer juristischen Person (§ 9 Absatz 1 Nummer 1 OWiG – Geschäftsführer)

Landratsamt Neukirchen Zentrale Bußgeldstelle

Landratsamt Neukirchen, Postfach 5678, 88888 Neukirchen

Dienstgebäude	Feuerbachstraße 43
	88888 Neukirchen
Zimmer	0432
Sachbearbeiter(in)	Frau Weber
Telefon	(0823) 8878-342
Telefax	(0823) 8878-340
E-Mail	zbslra@neukirchen.de

Herrn Rechtsanwalt
Klaus Kollmann
Gellertstraße 425
88882 Altstein

Ihr Zeichen, Ihre Nachricht vom	Bitte bei Antwort angeben Unser Zeichen, Unsere Nachricht vom	Datum
	0987665/20	xxyyzzzz

Betroffener:

Herr Hans Schreiner, geb. 14.05.1971 in Altstadt, Geschäftsführer Gellertstraße 42, 84300 Kaiserberg

Verteidiger: Herr Rechtsanwalt Klaus Kollmann, Gellertstraße 42, 88882 Altstein

Bußgeldbescheid

Sehr geehrter Herr Schreiner,

nach unseren Feststellungen haben Sie folgende Ordnungswidrigkeiten begangen:

Sie sind Geschäftsführer der DHS Hotelbetriebs GmbH mit Sitz in 84300 Kaiserberg, die das Hotel „Karwendel" in 88882 Altstein, Weiherstraße 54 betreibt. Sie haben daher auch für die Einhaltung der lebensmittelrechtlichen Vorschriften in deren Geschäftsbetrieb zu sorgen. Dazu gehört auch die zumindest stichprobenweise Überwachung des für das Hotel eingesetzten Betriebsleiters Werner Maier.

Am Freitag, den xxyyzzzz zwischen 10.00 Uhr und 11.30 Uhr wurden unter Leitung des Küchenchefs Herrn Manfred Eisinger in der Hotelküche Speisen verschiedener Art, darunter Fleischgerichte mit Beilagen zubereitet. Dabei waren folgende lebensmittelrechtliche Anforderungen einzuhalten:

1. Betriebsstätten, in denen mit Lebensmitteln umgegangen wird, müssen sauber und stets instandgehalten sein (Artikel 4 Absatz 2 Verordnung (EG) Nummer 852/2004 in Verbindung mit Anhang II Kapitel I Nummer 1).

Von diesen Anforderungen ist Herr Eisinger bewusst abgewichen, indem er in der Küche Fettablagerungen auf und vor dem dort aufgestellten Elektroherd seit längerer Zeit nicht entfernt hat, so dass es zu starken verkrusteten Verschmutzungen kam.

Durch mögliche Berührung wurden die dort behandelten Lebensmittel der Gefahr nachteiliger Beeinflussung durch diese Verunreinigungen ausgesetzt.

2. Betriebsstätten, in denen mit Lebensmitteln umgegangen wird, müssen sauber und stets instandgehalten sein (Artikel 4 Absatz 2 Verordnung (EG) Nummer 852/2004 in Verbindung mit Anhang II Kapitel I Nummer 1).

   Von diesen Anforderungen ist Herr Eisinger bewusst abgewichen, indem er in der Küche aufgrund mangelhafter Reinigung des Fußbodens Verschmutzungen nicht beseitigte, in denen sich mehrere lebende Ameisen und Käfer (Kakerlaken) befanden.

   Dadurch wurden die dort behandelten Lebensmittel der Gefahr nachteiliger Beeinflussung durch tierische Schädlinge ausgesetzt.

3. Flächen (einschließlich Flächen von Ausrüstungen) in Bereichen, in denen mit Lebensmitteln umgegangen wird, und insbesondere Flächen, die mit Lebensmitteln in Berührung kommen, sind in einwandfreiem Zustand zu halten und müssen leicht zu reinigen und erforderlichenfalls zu desinfizieren sein

   (Artikel 4 Absatz 2 Verordnung (EG) Nummer 852/2004 in Verbindung mit Anhang II Kapitel I Nummer 1 Buchstabe f).

   Von diesen Anforderungen ist Herr Eisinger bewusst abgewichen, indem er in der Küche die für die Zerteilung und Zubereitung vorgesehene Arbeitsplatte aus Hartholz längere Zeit nicht reinigte. In den vorhandenen Scharten der Oberfläche befanden sich während der Zubereitung von Frischfleisch zahlreiche, bereits verfärbte Fleischreste.

   Dadurch wurden die dort behandelten Lebensmittel der Gefahr nachteiliger Beeinflussung durch Mikroorganismen und Verunreinigungen ausgesetzt.

4. Reinigungs- und Desinfektionsmittel dürfen nicht in Bereichen gelagert werden, in denen mit Lebensmitteln umgegangen wird

   (Artikel 4 Absatz 2 Verordnung (EG) Nummer 852/2004 in Verbindung mit Anhang II Kapitel I Nummer 10).

   Von diesen Anforderungen ist Herr Eisinger bewusst abgewichen, indem er im Vorratsraum neben für den Geschäftsbetrieb bestimmten, gefüllten Kartoffelbehältern 2,5 kg Schädlingsbekämpfungsmittel

Supertox, 5 l Pflanzenschutzmittel Floran und ca. 15 l verschiedene Lösungsmittel lagerte.[1])

5. Es müssen an geeigneten Standorten genügend Handwaschbecken vorhanden sein. Diese müssen Warm- und Kaltwasserzufuhr haben; darüber hinaus müssen Mittel zum Händewaschen und zum hygienischen Händetrocknen vorhanden sein

   (Artikel 4 Absatz 2 Verordnung (EG) Nummer 852/2004 in Verbindung mit Anhang II Kapitel I Nummer 4 Satz 1, 2).

   Von diesen Anforderungen ist Herr Eisinger bewusst abgewichen, indem er in der Personaltoilette weder Seife noch Handtücher zur Verfügung stellte.

   Dadurch wurden die Lebensmittel der Gefahr nachteiliger Beeinflussung durch Mikroorganismen und Verunreinigungen ausgesetzt.

6. Die Wandflächen sind in einwandfreiem Zustand zu halten und müssen leicht zu reinigen sein

   (Artikel 4 Absatz 2 Verordnung (EG) Nummer 852/2004 in Verbindung mit Anhang II Kapitel II Nummer 1 Buchstabe b).

   Von diesen Anforderungen ist Herr Eisinger bewusst abgewichen, indem er im Kühlraum ca. 1,5 m^2 heruntergefallene Fliesen nicht erneuerte.

   Dadurch wurden die dort lagernden Lebensmittel der Gefahr nachteiliger Beeinflussung durch diese Verunreinigungen ausgesetzt.

Diese nach

(Nummer 4) § 2 Nummer 2 Lebensmittelrechtliche Straf- und Bußgeldverordnung (LMRStV) in der Fassung der Bekanntmachung vom 09. Mai 2019 (BGBl. I S. 1170) und

(Nummer 1 bis 3, 5 bis 6) § 10 Nummer 1 Lebensmittel-Hygieneverordnung vom 21. Juni 2016 (BGBl. I S. 1469).

mit Geldbuße bedrohten betriebsbezogenen Zuwiderhandlungen waren Ihnen aufgrund mangelnder Sorgfalt durch ungenügende Beaufsichtigung des Betriebsleiters Maier unbekannt geblieben. Bei auch nur gelegentlicher Überprüfung der Einhaltung lebensmittelrechtlicher Vorschriften wären Ihnen derart massive Verstöße aufgefallen, zumal sie bereits bei einer Betriebskontrolle am 10.03.2019 beanstandet und auch dem Betriebsleiter zur Kenntnis gebracht wurden. Durch ausreichende betriebliche Organisation und Überwachung hätte die Zuwiderhandlung durch Ihr Einschreiten verhindert oder zumindest wesentlich erschwert werden können.

---

1) Dieser Verstoß beruht auf § 2 Nummer 2 LMRStV, der im Gegensatz zu § 10 Nummer 1 in Verbindung mit § 3 Satz 1 LMHV keine Gefahr nachteiliger Beeinflussung im Sinne des § 2 Absatz 1 Nummer 1 LMHV erfordert.

Ordnungswidrig handelt,

wer als vertretungsberechtigtes Organ einer juristischen Person (§ 9 Absatz 1 Nummer 1 Gesetz über Ordnungswidrigkeiten – OWiG) fahrlässig in einem Betrieb oder Unternehmen die Aufsichtsmaßnahmen unterlässt, die erforderlich sind, um in dem Betrieb oder Unternehmen Zuwiderhandlungen gegen Pflichten zu verhindern, die den Inhaber als solchen treffen und deren Verletzung mit Geldbuße bedroht ist, wenn eine solche Zuwiderhandlung begangen wird, die durch gehörige Aufsicht verhindert oder wesentlich erschwert worden wäre.

Verletzte Bußgeldvorschriften:

§ 130 Absatz 1 Gesetz über Ordnungswidrigkeiten (OWiG) in der Fassung der Bekanntmachung vom 19. Februar 1987 (BGBl. I S. 602).

Beweismittel:

a) Ihre Angaben bei der Anhörung vom xxyyzzzz
b) Ermittlungsbericht der Lebensmittelüberwachung vom xxyyzzzz
c) Herr Manfred Eisinger, Bergstraße 112, 88882 Altstein (Zeuge)
d) Herr Werner Maier, Goethestraße 30, 99997 Talbergen (Zeuge)
e) Bildaufzeichnung vom xxyyzzzz über den Zustand der Betriebsräume

Als Folge dieser Ordnungswidrigkeit setzen wir gegen Sie die folgende Geldbuße fest (§ 17 OWiG). Sie tragen auch die Kosten des Bußgeldverfahrens (§§ 464, 465 Absatz 1 StPO in Verbindung mit § 46 Absatz 1 OWiG). Diese bestehen aus der Verfahrensgebühr (§ 107 Absatz 1 OWiG) und unseren Auslagen (§ 107 Absatz 3 OWiG).

Geldbuße	2000,00 Euro
Gebühr	100,00 Euro
Auslagen	0,00 Euro
Gesamtbetrag	2100,00 Euro

Begründung des Bußgeldbescheides:

1) Ihre Angaben bei der Anhörung vom xxyyzzzz

Nach Ihrer Auffassung ist für die Leitung des Hotels „Karwendel" in Altstein und damit für die von der Lebensmittelüberwachung festgestellten Ordnungswidrigkeiten allein der Betriebsleiter Herr Werner Maier verantwortlich. Trotzdem bleibt der Geschäftsführer eines Unternehmens als gesetzlicher Vertreter gemäß § 9 Absatz 1 Nummer 1 OWiG dem Betriebsleiter im Sinne des § 9 Absatz 2 Satz 1 Nummer 1 OWiG weiter verantwortlich. Diese Verantwortlichkeit kann nicht privatrechtlich ausgeschlossen werden. Es handelt sich bei Zuwiderhandlungen gegen lebensmittelrechtliche Vorschriften um betriebsbezogene Ordnungswidrigkeiten gemäß § 130 Absatz 1 OWiG.

2) Zumessung der Geldbuße (§ 17 Absatz 3 OWiG):

Die Ordnungswidrigkeit ist mit Geldbuße bis 25 000 Euro bedroht (§ 130 Absatz 3 OWiG, § 60 Absatz 5 Nummer 2 LFGB, § 17 Absatz 2 OWiG).

a) Bedeutung der Ordnungswidrigkeit (§ 17 Absatz 3 Satz 1 OWiG):

Verschärfend wirkte sich die durch Ihr Verhalten ermöglichte Anzahl von fünf festgestellten Lebensmittelhygieneverstößen erheblichen Ausmaßes aus. Die Zuwiderhandlungen weisen ein hohes Maß an unmittelbarer Gefährdung für die Hotel- und Restaurantbesucher als Endverbraucher auf.

b) Vorwurf, der den Täter trifft (§ 17 Absatz 3 Satz 1 OWiG):

Verschärfend mussten wir berücksichtigen, dass Sie trotz Ihrer hervorgehobenen Stellung im Unternehmen als Geschäftsführer keinerlei Betriebsorganisation und Zuständigkeitsregelungen getroffen haben, obwohl die Beachtung des lebensmittelrechtlichen Verbraucherschutzes zu den zentralen Aufgaben des Inhabers von Hotel- und Restaurantbetrieben gehört. Durch Ihre völlig fehlende Sorgfalt haben Sie die Zustände in der Hotelküche erst ermöglicht, weil Sie nicht einmal erkannten, dass auch der Hotelleiter Maier die Einhaltung lebensmittelrechtlicher Vorschriften unzulässig durch Arbeitsvertrag auf den Küchenchef Eisinger übertragen hatte. Damit fand im gesamten Unternehmensbereich keinerlei Kontrolle statt.

c) Wirtschaftliche Verhältnisse (§ 17 Absatz 3 Satz 2 OWiG):

Das Monatseinkommen musste nach Ihrem Beruf auf 5000 Euro geschätzt werden, da Sie bei der Anhörung insoweit keine Angaben gemacht haben. Wir sind dabei von den Richtsätzen der Oberfinanzdirektion für den Betreiber eines vergleichbaren Unternehmens mit mehreren Hotelbetrieben und unseren Erfahrungen aus anderen Bußgeldverfahren ausgegangen.

Hinweis für einen Wiederholungsfall

Wir möchten Sie aus gegebenem Anlass darauf hinweisen, dass Sie als gesetzlicher Vertreter der DHS Hotelbetriebs GmbH zur Durchsetzung der lebensmittelrechtlichen Bestimmungen verpflichtet sind. Sollten wir bei einer erneuten Überprüfung der Betriebsräume wiederum Verstöße gegen Lebensmittelhygienevorschriften feststellen, die von Ihnen nicht unterbunden worden waren, so müssen Sie mit einer Ahndung als Beteiligter an solchen Ordnungswidrigkeiten (§ 14 OWiG) durch pflichtwidriges Unterlassen des gebotenen Einschreitens (§ 8 OWiG) und einer wesentlich höheren Geldbuße rechnen.

Rechtsbehelfsbelehrung

Gegen diesen Bußgeldbescheid können Sie innerhalb von zwei Wochen ab Zustellung bei dem Landratsamt Neukirchen schriftlich oder zur Niederschrift Einspruch einlegen (§ 67 OWiG). *Sie können den Einspruch auch elektronisch einlegen. Verwenden Sie dazu unser Internetportal <<Bezeichnung>> mit der Kennung <<Bezeichnung>> und dem Passwort <<Bezeichnung>>. Andere als die dort bezeichneten Dateiformate sind dabei unzulässig.*[1]) Der Rechtsbehelf ist in deutscher Sprache einzulegen (§ 184 GVG in Verbindung mit § 46 Absatz 1 OWiG).

Sofern Sie eine Begründung des Einspruchs beabsichtigen, bitten wir Sie, diese möglichst mit der Einlegung des Einspruchs zu verbinden.

Falls wir den Bußgeldbescheid trotz eines Einspruchs aufrechterhalten (§ 69 Absatz 2 Satz 1 OWiG), entscheidet das Amtsgericht aufgrund dieses Bußgeldbescheides über das Vorliegen einer Ordnungswidrigkeit und die Rechtsfolgen aufgrund einer mündlichen Hauptverhandlung (§ 71 OWiG), ohne an die Höhe der festgesetzten Geldbuße gebunden zu sein. Das Gericht kann mit Ihrer Zustimmung auch durch schriftlichen Beschluss entscheiden (§ 72 OWiG), wobei es an die Rechtsfolgen des Bußgeldbescheides gebunden ist.

Zahlungsaufforderung

Nach Rechtskraft des Bußgeldbescheides ist die Geldbuße innerhalb weiterer zwei Wochen (also vier Wochen ab Zustellung) an die Kreiskasse oder eines der in den Fußzeilen der ersten Seite dieses Bescheides bezeichneten Konten zu bezahlen (§ 95 Absatz 1 OWiG), sofern keine abweichenden Zahlungsfristen bewilligt sind.

Hinweis auf Erzwingungshaft

Unterbleibt die Zahlung und wird auch eine Zahlungsunfähigkeit nicht dargelegt, so kann die Geldbuße durch die vom Amtsgericht angeordnete Erzwingungshaft gegen einen gesetzlichen Vertreter durchgesetzt werden (§ 96 OWiG). Bei Unmöglichkeit sofortiger Zahlung sind Zahlungserleichterungen (Zahlungsfrist, Teilleistungen) möglich (§ 18, § 93 OWiG).

Mit freundlichen Grüßen

---

1) Die kursiv dargestellten Sätze betreffen die Einlegung des Einspruchs als Rechtsbehelf nach Einführung des elektronischen Rechtsverkehrs. Sie sind daher erst nach Erlass einer entsprechenden Einführungsverordnung im Bereich der Verwaltungsbehörde hinzuzufügen.

Selbstständiger Bußgeldbescheid gegen eine nebenbeteiligte juristische Person (§ 30 Absatz 4 OWiG)

Landratsamt Neukirchen Zentrale Bußgeldstelle

Landratsamt Neukirchen, Postfach 5678, 88888 Neukirchen

DHS Hotelbetriebs-GmbH
Geschäftsführer Hans Schreiner
Alte Straße 65
84300 Kaiserberg

Dienstgebäude	Feuerbachstraße 43 88888 Neukirchen
Zimmer	0432
Sachbearbeiter(in)	Frau Weber
Telefon	(0823) 8878-342
Telefax	(0823) 8878-340
E-Mail	zbsira@neukirchen.de

Ihr Zeichen, Ihre Nachricht vom	Bitte bei Antwort angeben Unser Zeichen, Unsere Nachricht vom	Datum
	0987665/20	xxyyzzzz

Betroffener: Herr Hans Schreiner, geb. 14.05.1971 in Altstadt, Geschäftsführer Gellertstraße 42, 84300 Kaiserberg

Verteidiger: Herr Rechtsanwalt Klaus Kollmann, Gellertstraße 42, 88882 Altstein

Nebenbeteiligte: DHS Hotelbetriebs-GmbH, Geschäftsführer Hans Schreiner, Alte Straße 65, 84300 Kaiserberg

Verteidiger: –

Bußgeldbescheid

Sehr geehrte Damen und Herren,

nach unseren Feststellungen hat der gesetzliche Vertreter der am Bußgeldverfahren nebenbeteiligten juristischen Person folgende Ordnungswidrigkeit begangen:

Herr Hans Schreiner ist Geschäftsführer der DHS Hotelbetriebs GmbH mit Sitz in 84300 Kaiserberg, die das Hotel „Karwendel" in 88882 Altstein, Weiherstraße 54 betreibt. Er hat daher auch für die Einhaltung der lebensmittelrechtlichen Vorschriften in deren Geschäftsbetrieb zu sorgen. Dazu gehört auch die zumindest stichprobenweise Überwachung des für das Hotel eingesetzten Betriebsleiters Werner Maier.

Am Freitag, den 10.10.2020 zwischen 10.00 Uhr und 11.30 Uhr wurden unter Leitung des Küchenchefs Herrn Manfred Eisinger in der Hotelküche Speisen verschiedener Art, darunter Fleischgerichte mit Beilagen zubereitet. Dabei waren folgende lebensmittelrechtliche Anforderungen einzuhalten:

1. Betriebsstätten, in denen mit Lebensmitteln umgegangen wird, müssen sauber und stets instandgehalten sein (Artikel 4 Absatz 2 Verordnung (EG) Nummer 852/2004 in Verbindung mit Anhang II Kapitel I Nummer 1).

Von diesen Anforderungen ist Herr Eisinger bewusst abgewichen, indem er in der Küche Fettablagerungen auf und vor dem dort aufgestellten Elektroherd seit längerer Zeit nicht entfernt hat, so dass es zu starken verkrusteten Verschmutzungen kam.

Durch mögliche Berührung wurden die dort behandelten Lebensmittel der Gefahr nachteiliger Beeinflussung durch diese Verunreinigungen ausgesetzt.

2. Betriebsstätten, in denen mit Lebensmitteln umgegangen wird, müssen sauber und stets instandgehalten sein (Artikel 4 Absatz 2 Verordnung (EG) Nummer 852/2004 in Verbindung mit Anhang II Kapitel I Nummer 1).

   Von diesen Anforderungen ist Herr Eisinger bewusst abgewichen, indem er in der Küche aufgrund mangelhafter Reinigung des Fußbodens Verschmutzungen nicht beseitigte, in denen sich mehrere lebende Ameisen und Käfer (Kakerlaken) befanden.

   Dadurch wurden die dort behandelten Lebensmittel der Gefahr nachteiliger Beeinflussung durch tierische Schädlinge ausgesetzt.

3. Flächen (einschließlich Flächen von Ausrüstungen) in Bereichen, in denen mit Lebensmitteln umgegangen wird, und insbesondere Flächen, die mit Lebensmitteln in Berührung kommen, sind in einwandfreiem Zustand zu halten und müssen leicht zu reinigen und erforderlichenfalls zu desinfizieren sein

   (Artikel 4 Absatz 2 Verordnung (EG) Nummer 852/2004 in Verbindung mit Anhang II Kapitel I Nummer 1 Buchstabe f).

   Von diesen Anforderungen ist Herr Eisinger bewusst abgewichen, indem er in der Küche die für die Zerteilung und Zubereitung vorgesehene Arbeitsplatte aus Hartholz längere Zeit nicht reinigte. In den vorhandenen Scharten der Oberfläche befanden sich während der Zubereitung von Frischfleisch zahlreiche, bereits verfärbte Fleischreste.

   Dadurch wurden die dort behandelten Lebensmittel der Gefahr nachteiliger Beeinflussung durch Mikroorganismen und Verunreinigungen ausgesetzt.

4. Reinigungs- und Desinfektionsmittel dürfen nicht in Bereichen gelagert werden, in denen mit Lebensmitteln umgegangen wird

   (Artikel 4 Absatz 2 Verordnung (EG) Nummer 852/2004 in Verbindung mit Anhang II Kapitel I Nummer 10).

   Von diesen Anforderungen ist Herr Eisinger bewusst abgewichen, indem er im Vorratsraum neben für den Geschäftsbetrieb bestimmten, gefüllten Kartoffelbehältern 2,5 kg Schädlingsbekämpfungsmittel

Supertox, 5 l Pflanzenschutzmittel Floran und ca. 15 l verschiedene Lösungsmittel lagerte.[1])

5. Es müssen an geeigneten Standorten genügend Handwaschbecken vorhanden sein. Diese müssen Warm- und Kaltwasserzufuhr haben; darüber hinaus müssen Mittel zum Händewaschen und zum hygienischen Händetrocknen vorhanden sein

   (Artikel 4 Absatz 2 Verordnung (EG) Nummer 852/2004 in Verbindung mit Anhang II Kapitel I Nummer 4 Satz 1, 2).

   Von diesen Anforderungen ist Herr Eisinger bewusst abgewichen, indem er in der Personaltoilette weder Seife noch Handtücher zur Verfügung stellte.

   Dadurch wurden die Lebensmittel der Gefahr nachteiliger Beeinflussung durch Mikroorganismen und Verunreinigungen ausgesetzt.

6. Die Wandflächen sind in einwandfreiem Zustand zu halten und müssen leicht zu reinigen sein

   (Artikel 4 Absatz 2 Verordnung (EG) Nummer 852/2004 in Verbindung mit Anhang II Kapitel II Nummer 1 Buchstabe b).

   Von diesen Anforderungen ist Herr Eisinger bewusst abgewichen, indem er im Kühlraum ca. 1,5 m^2 heruntergefallene Fliesen nicht erneuerte.

   Dadurch wurden die dort lagernden Lebensmittel der Gefahr nachteiliger Beeinflussung durch diese Verunreinigungen ausgesetzt.

Diese nach

(Nummer 4) § 2 Nummer 2 Lebensmittelrechtliche Straf- und Bußgeldverordnung (LMRStV) in der Fassung der Bekanntmachung vom 09. Mai 2019 (BGBl. I S. 1170) und

(Nummer 1 bis 3, 5 bis 6) § 10 Nummer 1 Lebensmittel-Hygieneverordnung vom 21. Juni 2016 (BGBl. I S. 1469)

mit Geldbuße bedrohten betriebsbezogenen Zuwiderhandlungen waren dem Geschäftsführer aufgrund mangelnder Sorgfalt durch ungenügende Beaufsichtigung des Betriebsleiters Maier unbekannt geblieben. Bei auch nur gelegentlicher Überprüfung der Einhaltung lebensmittelrechtlicher Vorschriften wären dem Geschäftsführer derart massive Verstöße aufgefallen, zumal sie bereits bei einer Betriebskontrolle am 10.02.2019 beanstandet und auch dem Betriebsleiter zur Kenntnis gebracht wurden. Durch ausreichende betriebliche Organisation und Überwachung hätte die Zuwiderhandlung durch Ihr Einschreiten verhindert oder zumindest wesentlich erschwert werden können.

1) Dieser Verstoß beruht auf § 2 Nummer 2 LMRStV, der im Gegensatz zu § 10 Nummer 1 in Verbindung mit § 3 Satz 1 LMHV keine Gefahr nachteiliger Beeinflussung im Sinne des § 2 Absatz 1 Nummer 1 LMHV erfordert.

Ordnungswidrig handelt,

wer als vertretungsberechtigtes Organ einer juristischen Person (§ 9 Absatz 1 Nummer 1 Gesetz über Ordnungswidrigkeiten – OWiG) fahrlässig in einem Betrieb oder Unternehmen die Aufsichtsmaßnahmen unterlässt, die erforderlich sind, um in dem Betrieb oder Unternehmen Zuwiderhandlungen gegen Pflichten zu verhindern, die den Inhaber als solchen treffen und deren Verletzung mit Geldbuße bedroht ist, wenn eine solche Zuwiderhandlung begangen wird, die durch gehörige Aufsicht verhindert oder wesentlich erschwert worden wäre.

Verletzte Bußgeldvorschriften

§ 130 Absatz 1 Gesetz über Ordnungswidrigkeiten (OWiG) in der Fassung der Bekanntmachung vom 19. Februar 1987 (BGBl. I S. 602).

Beweismittel

a) Ihre Angaben bei der Anhörung vom 19.10.2020
b) Ermittlungsbericht der Lebensmittelüberwachung vom 13.10.2020
c) Herr Manfred Eisinger, Bergstraße 112, 88882 Altstein (Zeuge)
d) Herr Werner Maier, Goethestraße 30, 99997 Talbergen (Zeuge)
e) Bildaufzeichnung vom 10.10.2020 über den Zustand der Betriebsräume

Als Nebenfolge dieser Ordnungswidrigkeiten setzen wir gegen die am selbstständigen Bußgeldverfahren nebenbeteiligte juristische Person eine Geldbuße fest (§ 30 OWiG). Diese trägt auch die Gebühr des Bußgeldbescheides (§ 107 Absatz 1 OWiG) und die im Bußgeldverfahren entstandenen Auslagen (§ 107 Absatz 3 OWiG, § 472b StPO in Verbindung mit § 46 Absatz 1 OWiG).

Geldbuße	2000,00 Euro
Gebühr	100,00 Euro
Auslagen	3,50 Euro
Gesamtbetrag	2103,50 Euro

Das gegen den Geschäftsführer Hans Schreiner eingeleitete Bußgeldverfahren haben wir eingestellt, weil eine Ahndung der Ordnungswidrigkeiten insoweit nicht geboten war (§ 47 Absatz 1 Satz 2 OWiG).

Begründung des Bußgeldbescheides

1) Ihre Angaben bei der Anhörung vom 15.10.2020

   Nach Ihrer Auffassung ist für die Leitung des Hotels „Karwendel“ in Altstein und damit für die von der Lebensmittelüberwachung festgestellten Ordnungswidrigkeiten allein der Betriebsleiter Herr Werner Maier verantwortlich. Trotzdem bleibt der Geschäftsführer eines Unternehmens als gesetzlicher Vertreter gemäß § 9 Absatz 1 Nummer 1 OWiG dem Betriebsleiter im Sinne des § 9 Absatz 2 Nummer 1 OWiG weiter verantwortlich. Diese Verantwortlichkeit kann nicht privatrechtlich ausgeschlossen werden. Es handelt sich bei Zuwiderhandlungen gegen lebensmittelrechtliche Vorschriften um betriebsbezogene Ordnungswidrigkeiten gemäß § 130 Absatz 1 OWiG.

2) Zumessung der Geldbuße (§ 17 Absatz 3 OWiG):

Die Ordnungswidrigkeit ist mit Geldbuße bis 50 000 Euro bedroht (§ 30 Absatz 2 Satz 2, § 130 Absatz 3 OWiG, § 60 Absatz 2 Nummer 1 Buchstabe a, Absatz 5 Nummer 2 LFGB, § 17 Absatz 2 OWiG).

a) Bedeutung der Ordnungswidrigkeit (§ 17 Absatz 3 Satz 1 OWiG)

Verschärfend wirkte sich die durch das Verhalten des Geschäftsführers ermöglichte Anzahl von fünf festgestellten Lebensmittelhygieneverstößen erheblichen Ausmaßes aus. Die Zuwiderhandlungen weisen ein hohes Maß an unmittelbarer Gefährdung für die Hotel- und Restaurantbesucher als Endverbraucher auf.

b) Vorwurf, der den Täter trifft (§ 17 Absatz 3 Satz 1 OWiG)

Verschärfend mussten wir berücksichtigen, dass der Geschäftsführer trotz seiner hervorgehobenen Stellung im Unternehmen keinerlei Betriebsorganisation und Zuständigkeitsregelungen getroffen hat, obwohl die Beachtung des lebensmittelrechtlichen Verbraucherschutzes zu den zentralen Aufgaben des Inhabers von Hotel- und Restaurantbetrieben gehört. Durch die völlig fehlende Sorgfalt des Geschäftsführers wurden die Zustände in der Hotelküche erst ermöglicht, weil er nicht einmal erkannte, dass auch der Hotelleiter Maier die Einhaltung lebensmittelrechtlicher Vorschriften unzulässig durch Arbeitsvertrag auf den Küchenchef Eisinger übertragen hatte. Damit fand im gesamten Unternehmensbereich keinerlei Betriebskontrolle statt.

c) Abschöpfung des wirtschaftlichen Vorteils (§ 17 Absatz 4 OWiG)

Mit der Geldbuße soll auch der aus der Ordnungswidrigkeit gezogene wirtschaftliche Vorteil abgeschöpft werden (§ 17 Absatz 4 Satz 1 OWiG). Dabei kann auch das gesetzliche Höchstmaß der Geldbuße überschritten werden (§ 17 Absatz 4 Satz 2 OWiG). Wir bewerten die bisher ersparten Reinigungskosten bezüglich der Hygienemängel in Ihren Geschäftsräumen auf 500 Euro. Dabei legen wir eine Gesamtfläche der Betriebsräume von 150 m^2 und einen Zeitraum von sechs Monaten und den Einsatz von Zeitarbeitskräften zugrunde.

d) Wirtschaftliche Verhältnisse (§ 17 Absatz 3 Satz 2 OWiG)

Die wirtschaftlichen Verhältnisse des Unternehmens werden von uns als durchschnittlich und geordnet eingeschätzt, da keine anderen Anhaltspunkte im Bußgeldverfahren bekannt geworden sind.

Rechtsbehelfsbelehrung

Gegen diesen Bußgeldbescheid können Sie innerhalb von zwei Wochen ab Zustellung bei dem Landratsamt Musterstadt schriftlich oder zur Niederschrift Einspruch einlegen (§ 67 OWiG). *Sie können den Einspruch auch elektronisch einlegen. Verwenden Sie dazu unser Internetportal <<Bezeichnung>> mit der Kennung <<Bezeichnung>> und dem Passwort <<Bezeichnung>>. Andere als die dort bezeichneten Dateiformate sind dabei unzulässig.*[1]) Der Rechtsbehelf ist in deutscher Sprache einzulegen (§ 184 GVG in Verbindung mit § 46 Absatz 1 OWiG).

Sofern Sie eine Begründung des Einspruchs beabsichtigen, bitten wir Sie, diese möglichst mit der Einlegung des Einspruchs zu verbinden.

Falls wir den Bußgeldbescheid trotz eines Einspruchs aufrechterhalten (§ 69 Absatz 2 Satz 1 OWiG), entscheidet das Amtsgericht aufgrund dieses Bußgeldbescheides über das Vorliegen einer Ordnungswidrigkeit und die Rechtsfolgen aufgrund einer mündlichen Hauptverhandlung (§ 71 OWiG), ohne an die Höhe der festgesetzten Geldbuße gebunden zu sein. Das Gericht kann mit Ihrer Zustimmung auch durch schriftlichen Beschluss entscheiden (§ 72 OWiG), wobei es an die Rechtsfolgen des Bußgeldbescheides gebunden ist.

Zahlungsaufforderung

Nach Rechtskraft des Bußgeldbescheides ist die Geldbuße innerhalb weiterer zwei Wochen (also vier Wochen ab Zustellung) an die Kreiskasse oder eines der in den Fußzeilen der ersten Seite dieses Bescheides bezeichneten Konten zu bezahlen (§ 95 Absatz 1 OWiG), sofern keine abweichenden Zahlungsfristen bewilligt sind.

Hinweis auf Erzwingungshaft

Unterbleibt die Zahlung und wird auch eine Zahlungsunfähigkeit nicht dargelegt, so kann die Geldbuße durch die vom Amtsgericht angeordnete Erzwingungshaft gegen einen gesetzlichen Vertreter durchgesetzt werden (§ 96 OWiG). Bei Unmöglichkeit sofortiger Zahlung sind Zahlungserleichterungen (Zahlungsfrist, Teilleistungen) möglich (§ 18, § 93 OWiG).

Mit freundlichen Grüßen

Landratsamt Musterstadt – Zentrale Bußgeldstelle

---

1) Die kursiv dargestellten Sätze betreffen die Einlegung des Einspruchs als Rechtsbehelf nach Einführung des elektronischen Rechtsverkehrs. Sie sind daher erst nach Erlass einer entsprechenden Einführungsverordnung im Bereich der Verwaltungsbehörde hinzuzufügen.

12 Eintragung im Gewerbezentralregister (GZR)

Die Rechtskraft eines Bußgeldbescheides wegen lebensmittelrechtlicher Ordnungswidrigkeiten kann auch zur Eintragung in das Gewerbezentralregister (GZR) führen, obwohl dies keine unmittelbare bußgeldrechtliche Rechtsfolge ist.[1]) Das beim Bundesamt für Justiz geführte Register (§ 149 Absatz 1 GewO) dient vielmehr zur Beurteilung der gewerberechtlichen Zuverlässigkeit durch die Gewerbebehörden und ist daher für die Eingetragenen eine einschneidende Folge der Ordnungswidrigkeit.

Bußgeldentscheidungen sind dem Gewerbezentralregister von Amts wegen von der Verwaltungsbehörde (§ 35 OWiG) mitzuteilen, wenn der erlassene Bußgeldbescheid rechtskräftig wird (§ 153a Absatz 1 Satz 1 GewO) und die Geldbuße **mehr** als 200 Euro beträgt (§ 149 Absatz 2 Satz 1 Nummer 3 GewO). Eine Geldbuße von 200 Euro ist daher gerade noch nicht eintragungspflichtig, eine auch nur geringfügig höhere kann für den Lebensmittelunternehmer Veranlassung geben, wegen der bevorstehenden Eintragung Einspruch gegen den Bußgeldbescheid einzulegen.

Lebensmittelrechtliche Bußgeldentscheidungen über 200 Euro sind immer eintragungspflichtig, wenn sie bei oder in Zusammenhang mit der Ausübung eines Gewerbes oder dem Betrieb einer sonstigen wirtschaftlichen Unternehmung begangen worden sind (§ 149 Absatz 2 Satz 1 Nummer 3 Buchstabe a GewO). Einzutragen sind nicht nur die Gewerbetreibenden selbst, sondern auch Personen als Vertreter oder Beauftragte im Sinne des § 9 OWiG (§ 149 Absatz 2 Satz 1 Nummer 3 Buchstabe b GewO).[2])

Beispiel:

Im Musterfall dieses Buches gegen die DHS Hotelbetriebs GmbH sind sowohl die GmbH selbst als Gewerbetreibende (Lebensmittelunternehmer) als auch der

- Geschäftsführer als gesetzlicher Vertreter (§ 9 Absatz 1 Nummer 1 OWiG),
- Hotelleiter als Betriebsleiter (§ 9 Absatz 2 Satz 1 Nummer 1 OWiG),
- Küchenchef als ausdrücklich beauftragte, eigenverantwortlich tätige Person (§ 9 Absatz 2 Satz 1 Nummer 2 OWiG)

---

1) Ein Hinweis oder eine Rechtsbehelfsbelehrung (§ 50 Absatz 2 OWiG) erfolgt daher im Bußgeldbescheid nicht.

2) Zum Handeln des Täters für einen anderen (§ 9 Absatz 1, 2 OWiG) Kapitel 11.1.2.

dem Gewerbezentralregister zur Eintragung mitzuteilen, weil die Geldbuße jeweils mehr als 200 Euro beträgt.

Diese Grundsätze gelten auch im Bereich der Bundeswehr bei privatrechtlichen Pächtern von Truppenkantinen. Angehörige der Bundeswehr selbst fallen nicht unter den Begriff der Gewerbetreibenden und sind auch dann nicht eintragungsfähig, wenn sie sich an der Ordnungswidrigkeit von Gewerbetreibenden beteiligen.

Vorhandene Eintragungen im Gewerbezentralregister dürfen zum Nachteil des Betroffenen nur so lange verwertet werden, als sie noch nicht getilgt oder tilgungsreif sind (§ 153 Absatz 6 GewO). Bei der Zumessung der Geldbuße[1]) sind daher die Tilgungsfristen zu beachten. Bußgeldentscheidungen sind nach drei Jahren, wenn die Höhe der Geldbuße nicht mehr als 300 Euro beträgt, bei höheren Geldbußen nach fünf Jahren (§ 153 Absatz 1 GewO) tilgungsreif. Die Tilgungsfrist beginnt jeweils mit der Rechtskraft der Bußgeldentscheidung (§ 153 Absatz 2 GewO). Bei mehreren Eintragungen beginnt die Tilgung erst bei Fristablauf aller Eintragungen (§ 153 Absatz 3 GewO).

Die Eintragung im Gewerbezentralregister (GZR) ist keine bußgeldrechtliche, sondern eine verwaltungsrechtliche Folge der Ordnungswidrigkeit. Im Bußgeldbescheid erfolgt daher bei Geldbußen über 200 Euro weder eine entsprechende Anordnung noch ein bloßer Hinweis darauf. Die erst nach Rechtskraft des Bußgeldbescheides erfolgende Mitteilung an das Bundesamt für Justiz ist auch nicht mit dem Einspruch gegen den Bußgeldbescheid (§ 67 OWiG) oder dem Antrag auf gerichtliche Entscheidung (§ 62 OWiG) anfechtbar.

1) Zur Zumessung der Geldbuße (§ 17 OWiG) siehe Kapitel 9.

13 Mitteilungen an Ausländerbehörden

Leitet die Lebensmittelüberwachung ein Bußgeldverfahren gegen einen Ausländer ein, bestehen keine Mitteilungspflichten an die Ausländerbehörden (nur im Strafverfahren). Eine Mitteilung an die zuständige Ausländerbehörde hat jedoch von Amts wegen bei der „Erledigung“ des Bußgeldverfahrens zu erfolgen. Damit ist entweder ein rechtskräftiger Bußgeldbescheid (vgl. § 89 OWiG) oder eine gerichtliche Bußgeldentscheidung gemeint. Die Mitteilungspflicht besteht betrifft alle Ausländer (§ 87 Absatz 4 Satz 1 AufenthG), auch EU-Ausländer (§ 11 Absatz 1 Satz 1 FreizügG/EU). Es handelt sich um einen besonderen Fall der verfahrensübergreifenden Mitteilung von Amts wegen aus einem Bußgeldverfahren zur Verwendung in Verwaltungsverfahren (vgl. § 49a Absatz 1 OWiG). Die Mitteilung ist wegen aller lebensmittelrechtlichen Ordnungswidrigkeiten vorgeschrieben, weil sie bei vorsätzlicher wie fahrlässiger Begehung mit mehr als 1000 Euro Geldbuße bedroht sind (§ 87 Absatz 4 Satz 3 AufenthG). Im Gegensatz zur Eintragung im Gewerbezentralregister (§ 149 Absatz 1 GewO) kommt es für die Mitteilung an Ausländerbehörden daher nicht auf die Höhe der Geldbuße im Bußgeldbescheid an.[1]) Nach Einführung des elektronischen Rechtsverkehrs erfolgt die Mitteilung durch elektronisches Dokument (§ 32b Absatz 3 Satz 1 StPO in Verbindung mit § 110c Satz 1 OWiG) mit dem Namen des Sachbearbeiters als verantwortender Person (§ 32b Absatz 1 Satz 1 StPO in Verbindung mit § 110c Satz 1 OWiG). Der Ausländerbehörde ist nur eine Mitteilung zu machen, nicht etwa der Bußgeldbescheid zu übersenden. Sie selbst entscheidet, ob sie auf den Inhalt der Bußgeldakte wegen der lebensmittelrechtlichen Zuwiderhandlung zugreifen will.

---

1) Zur Eintragung im Gewerbezentralregister (§ 149 GewO) Kapitel 12.

14 Bearbeitung von Einsprüchen

Legt der Betroffene gegen einen Bußgeldbescheid form- und fristgemäß Einspruch ein (§ 67 Absatz 1 OWiG), wird dieser nicht rechtskräftig. Ein zulässiger Einspruch kann, muss aber nicht begründet werden. Einwendungen des Betroffenen dürfen nicht als verspätet behandelt werden, da er sich nach dem Grundsatz des rechtlichen Gehörs (Artikel 103 Absatz 1 GG) jederzeit äußern kann und daher nicht auf die Anhörung (§ 55 OWiG) vor dem Erlass des Bußgeldbescheides beschränkt ist. Nicht selten warten Betroffene das Vorgehen der Verwaltungsbehörde ab und äußern sich erst mit einem Einspruch gegen den Bußgeldbescheid. Dieser Fall tritt vor allem dann ein, wenn der Betroffene nach der Zustellung des Bußgeldbescheides einen Rechtsanwalt als Verteidiger beauftragt und dieser eine Stellungnahme nach Akteneinsicht ankündigt.[1]) Eine solche Stellungnahme muss abgewartet werden, die Akten dürfen erst nach gewährter Akteneinsicht an die Staatsanwaltschaft übersendet werden (§ 69 Absatz 3 Satz 2 OWiG).[2]) Der Betroffene kann auch erst im Zwischenverfahren Beweisanträge zu seiner Entlastung stellen (§ 163a Absatz 2 StPO i. V. m. § 46 Absatz 1 OWiG). Diesen muss die Verwaltungsbehörde bei Sachdienlichkeit nachgehen, wenn sie nicht die Zurückverweisung der Bußgeldsache wegen offensichtlich ungenügender Aufklärung (§ 69 Absatz 5 Satz 1 OWiG) riskieren will.

Die Verwaltungsbehörde hat selbst ein Interesse daran, dass der Betroffene seinen Einspruch begründet. Sie kann auch dem Betroffenen Gelegenheit geben, sich innerhalb einer zu bestimmenden Frist dazu zu äußern, ob und welche Tatsachen und Beweismittel er im weiteren Verfahren zu seiner Entlastung vorbringen will (§ 69 Absatz 2 Satz 3 Halbsatz 1 OWiG). Aufgrund von Einwendungen kann die Verwaltungsbehörde dann Nachermittlungen durchführen (§ 69 Absatz 2 Satz 2 Nummer 1 OWiG) und von dem befassten Lebensmittelkontrolleur/Veterinär Auskünfte und Stellungnahmen anfordern (§ 69 Absatz 2 Satz 2 Nummer 2 OWiG). Grundsätzlich sollte eine Gelegenheit zur Stellungnahme bei erstmaligen oder neuen Einwendungen im Zwischenverfahren immer dann erfolgen, wenn die Feststellungen des Lebensmittelkontrolleurs/Veterinärs angegriffen werden. Er darf nicht als Zeuge vor dem Amtsgericht mit Einwendungen

---

1) Zur Akteneinsicht des Verteidigers Kapitel 8.2.

2) Zum Ablauf des Zwischenverfahrens *Wieser*, OWiG-Kommentar Teil 1 Nr. 1 § 69 OWiG.

konfrontiert werden, auf die er dann wegen des Zeitablaufs nicht mehr sachgerecht reagieren kann.

Hält die Verwaltungsbehörde trotz Einwendungen des Betroffenen den Bußgeldbescheid, ggf. aufgrund einer Stellungnahme des Lebensmittelkontrolleurs/Veterinärs aufrecht (§ 69 Absatz 2 Satz 1 OWiG), gibt sie die Sache an die Staatsanwaltschaft ab (§ 69 Absatz 3 Satz 1 Halbsatz 1 OWiG) und verliert damit ihre Verfahrenshoheit (§ 69 Absatz 4 Satz 1 OWiG). Hat der Betroffene Einwendungen erhoben, sollte in der Abgabeverfügung an sie Staatsanwaltschaft auf jeden Fall eine qualifizierte Äußerung enthalten sein (§ 69 Absatz 3 Satz 1 Halbsatz 2 OWiG). Grundsätzlich empfiehlt sich auch eine Bitte um Gelegenheit zur Stellungnahme für den Fall, dass der Betroffene erst im weiteren Verfahren Einwendungen erhebt und/oder die Einstellung des Bußgeldverfahrens beantragt (§ 47 Absatz 2 OWiG). Erhält die Verwaltungsbehörde keine Gelegenheit zur Äußerung, können dem entscheidenden Gericht Tatsachen unbekannt bleiben, die nur der Verwaltungsbehörde aus dem Verwaltungsverfahren bekannt sind. Auf jeden Fall sollte die Verwaltungsbehörde um eine Terminmitteilung für die Hauptverhandlung bitten (§ 76 Absatz 1 Satz 3 Absatz 2 OWiG) und auf ihre beabsichtigte Teilnahme hinweisen (nachfolgend Kapitel 15).

15 Vertretung der Verwaltungsbehörde vor dem Amtsgericht

Legen der Betroffene oder ein nebenbeteiligtes Unternehmen gegen einen Bußgeldbescheid den Rechtsbehelf des Einspruchs (§ 67 OWiG) ein, so wird die Bußgeldentscheidung nicht rechtskräftig. Hält die Verwaltungsbehörde den Bußgeldbescheid im Zwischenverfahren aufrecht (§ 69 Absatz 2 Satz 1 OWiG), so übersendet sie die Sache über die Staatsanwaltschaft an das Amtsgericht (§ 69 Absatz 3 Satz 1 Halbsatz 1 OWiG). Mit dem Eingang der Akten bei der Staatsanwaltschaft verliert die Verwaltungsbehörde die Verfahrenshoheit (§ 69 Absatz 4 Satz 1 OWiG). Eine Beteiligung am folgenden gerichtlichen Bußgeldverfahren, insbesondere an einer folgenden gerichtlichen Hauptverhandlung entspricht dem Interesse der Verwaltungsbehörde, weil der Betroffene nicht verpflichtet ist, seine Einwendungen gegen den Tatvorwurf bereits bei der Anhörung vor Erlass des Bußgeldbescheides oder mit seinem Einspruch vorzutragen. Erfahrungsgemäß äußern sich nicht wenige Betroffene erst vor Gericht oder ändern oder ergänzen dort ihre bisherigen Einwendungen. § 76 Absatz 1 OWiG bietet daher die Beteiligung der Verwaltungsbehörde durch Entsendung eines von ihr zu bestimmenden Bediensteten in die mündliche Hauptverhandlung. Mit Ermittlungen im konkreten Verfahren zuvor befasste Lebensmittelkontrolleure/Veterinäre scheiden hier allerdings aus, da sie dann mit ihrer Einvernahme als Zeugen rechnen müssen und den Ablauf der Hauptverhandlung bis zu diesem Zeitpunkt nicht mitverfolgen können (vgl. § 243 Absatz 2 Satz 1 StPO in Verbindung mit § 46 Absatz 1 OWiG). Es empfiehlt sich daher die Entsendung eines Bediensteten der Bußgeldstelle. Dieser kann jedoch von einem anderen Lebensmittelkontrolleur/Veterinär derselben Behörde fachkundig unterstützt werden.

Allerdings liegt die Beteiligung der Verwaltungsbehörde am gerichtlichen Verfahren im Ermessen des Gerichts, nicht der Behörde. Eine Terminnachricht (§ 76 Absatz 3 Satz 3 OWiG) erfolgt nicht, wenn das Gericht die besondere Sachkunde der Verwaltungsbehörde für entbehrlich hält (§ 76 Absatz 2 OWiG). Die Beteiligung ist also für die Behörde nicht durchsetzbar. In der Abgabeverfügung an die Staatsanwaltschaft (§ 69 Absatz 3 Satz 1 OWiG) sollte daher darauf hingewiesen werden, dass eine Beteiligung der Verwaltungsbehörde erwünscht ist und um eine Terminnachricht gebeten wird.

In der gerichtlichen Hauptverhandlung hat der Vertreter der Verwaltungsbehörde im Gegensatz zur Staatsanwaltschaft keine echten Verfahrensbefugnisse, sondern nur das Recht zur Stellungnahme. Die Staatsanwaltschaft ist zwar zur Teilnahme an der Hauptverhandlung berechtigt, nimmt diese Möglichkeit aber regelmäßig nicht wahr (§ 75 OWiG). Dem auf Terminnachricht erschienenen Vertreter der Verwaltungsbehörde gibt das Gericht Gelegenheit, die Gesichtspunkte vorzubringen, die von ihrem Standpunkt für die Entscheidung von Bedeutung sind (§ 76 Absatz 1 Satz 1 OWiG). Dies gilt auch, wenn das Gericht erwägt, das Verfahren wegen nicht gebotener Ahndung nach § 47 Absatz 2 OWiG einzustellen (§ 76 Absatz 1 Satz 2 OWiG). Der Vertreter der Verwaltungsbehörde erhält in der Hauptverhandlung auf Verlangen das Wort (§ 76 Absatz 1 Satz 4 OWiG) und kann in seiner Stellungnahme auch auf solche Gesichtspunkte eingehen, die aus Sicht des Vollzuges bedeutsam sind, vom Betroffenen aber bisher nicht vorgetragen wurden.

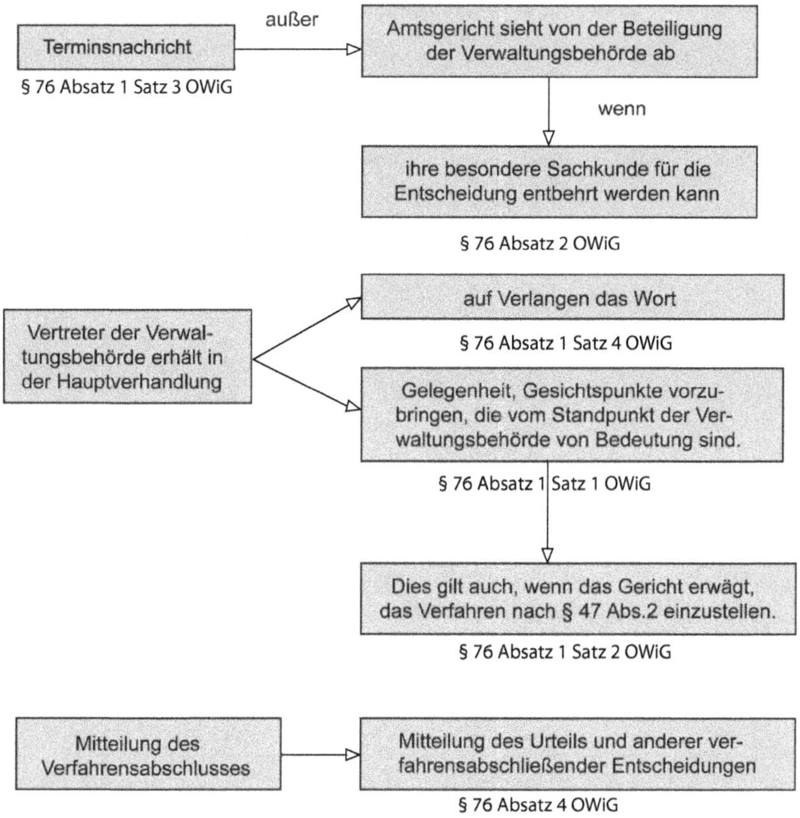
Terminsnachricht
§ 76 Absatz 1 Satz 3 OWiG
außer
Amtsgericht sieht von der Beteiligung der Verwaltungsbehörde ab
wenn
ihre besondere Sachkunde für die Entscheidung entbehrt werden kann
§ 76 Absatz 2 OWiG
Vertreter der Verwaltungsbehörde erhält in der Hauptverhandlung
auf Verlangen das Wort
§ 76 Absatz 1 Satz 4 OWiG
Gelegenheit, Gesichtspunkte vorzubringen, die vom Standpunkt der Verwaltungsbehörde von Bedeutung sind.
§ 76 Absatz 1 Satz 1 OWiG
Dies gilt auch, wenn das Gericht erwägt, das Verfahren nach § 47 Abs.2 einzustellen.
§ 76 Absatz 1 Satz 2 OWiG
Mitteilung des Verfahrensabschlusses
Mitteilung des Urteils und anderer verfahrensabschließender Entscheidungen
§ 76 Absatz 4 OWiG

16 Verbraucherinformationen – Entwicklungen vom Aktengeheimnis zur Transparenz[1])

16.1 Historie Transparenzentwicklungen

Datenschutz und Verbraucherinformation sind bedeutende Rechtsgüter. Der Datenschutz dient im Zeitalter der Digitalisierung insbesondere zum Schutz der Bürger vor einer Manipulation durch Konzerne. Im Alltag ist dies teils schwerlich zu erkennen, indem insbesondere vielfältige Formulare mit Durchschlägen vom Vertrag im Fitnessstudio über den Autokauf bis zum Arztbesuch eher als Belastung wahrgenommen werden. Im Bereich des Staates wurde der Datenschutz durch das sogenannte Aktengeheimnis dargestellt. Das Aktengeheimnis als eine der obersten behördlichen Maximen und ein Relikt insbesondere auch aus dem preußischen Obrigkeitsstaat hat das Vertrauen in den Staat untermauert, indem die staatlichen Daten vertraulich waren.

Neben den nationalen Transparenzentwicklungen in Verbindung mit Gefahrenabwehr und Informationsfreiheitsgesetzen sind bereits in der BasisVO Normen zur Information der Öffentlichkeit und einer Unterrichtung der Verbraucher in bestimmten Fällen verankert gemäß Art. 10 und 19. Die Konkurrenz der Normschutzbereiche von Datenschutz und Informationsfreiheit lässt sich ebenfalls gut anhand der EU-KontrollV 2017 gemäß der Verschwiegenheitspflicht der Behörden nach Art. 8 Abs. 1, der Regelungen zum Datenschutz gemäß Art. 140 und dem öffentlichen Interesse an Informationen nach Art. 8 Abs. 3 erkennen.

Im Lebensmittel- und Veterinärbereich sind die gegenläufigen Informationsfreiheitsrechte berechtigterweise aus Gründen der Gefahrenabwehr entstanden, beispielsweise, indem die Bundesregierung 1985 im Glykolweinskandal die Verbraucher gewarnt hat. Ebenso haben die Art. 10 und 19 BasisVO mit dem Ziel einer Unterrichtung der Verbraucher über Risiken in Verbindung mit bereits in den Verkehr gelangten, unsicheren Erzeugnissen einen konkreten Bezug zur Gefahrenabwehr. Ein konkretes

---

1) Dieses Kapitel hat teilweise Bezug zum Vortrag beim 19. Bayreuther Symposium zum Lebensmittelrecht am 11.2.2021, siehe auch Möstl, Markus/Purnhagen, Kai (Hrsg.): Public & Private Enforcement im Lebensmittelrecht sowie ZLR, 2021, S. 416 ff.

Element der Gefahrenabwehr ist z. B. dem § 40 Abs. 1a Nr. 3 LFGB abzusprechen, weil im Ergebnis und trotz der rechtlichen Vorgabe einer „unverzüglichen" Veröffentlichung verfahrensbedingt oftmals bereits behobene Mängel veröffentlicht werden. Daraus resultiert auch nach BVerfG die Verpflichtung zum Hinweis auf die bereits erfolgte Behebung, um Korrektheit sowie Aktualität und damit auch Rechtmäßigkeit zu erhalten. Wegen dieser geringen Bindung an die Gefahrenabwehr haben Kritiker auch ursprünglich auf eine Zuordnung des § 40 Abs. 1a LFGB eher in Richtung VIG plädiert, um den Gefahrenabwehrcharakter des LFGB nicht zu verwässern. Die Norm hat jedoch u. a. auch gemäß BVerfG[1]) eine generalpräventive Wirkung. Demnach werden die Unternehmen zur Erfüllung der lebensmittelrechtlichen Normen angehalten, um die nachteiligen Veröffentlichungen unter Benennung der Verstöße und der Unternehmen zu vermeiden.

Das zum 1.5.2008 in Kraft getretene Verbraucherinformationsgesetz (VIG) war auch eine Reaktion auf einzelne Lebensmittelskandale, wobei der Bund Optimierungsbedarf hinsichtlich der informellen Abwicklung durch die für das Lebensmittelrecht zuständigen Bundesländer sah.

Nach dem originären und durchaus nachvollziehbaren gefahrenabwehrrechtlichen Ursprung der Informationsfreiheitsrechte als fortschreitende Aufweichung des Aktengeheimnisses ist also insgesamt ein chronologisch nachlassender Bezug zur Gefahrenabwehr festzustellen.

Gleichwohl sind Auskünfte nach dem VIG insgesamt noch dem Verwaltungsverfahren mit der präventiven Gefahrenabwehr zuzurechnen und nicht zu den repressiven Straf- oder Bußgeldverfahren. Lebensmittelrechtliche Zuwiderhandlungen nach §§ 58 bis 60 LFGB und der davon abgeleiteten Rechtsverordnungen im nationalen Recht können jedoch zugleich Gefahrentatbestände sein. Die Information von Endverbrauchern kann allgemein auf Veranlassung der Behörde oder auf Antrag im Einzelfall erfolgen.

1) Vgl. Rn. 38 des Beschlusses des BVerfG 28.3.2018 – 1 BvF 1/13.

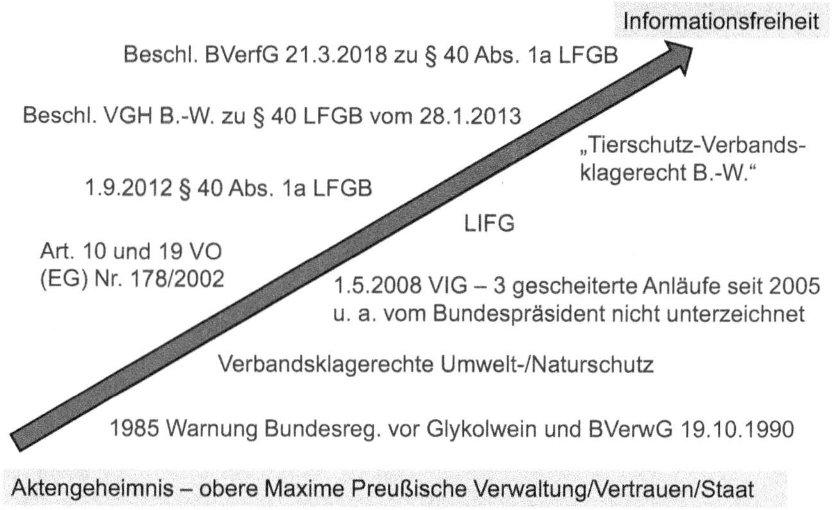

16.2 Veröffentlichung nach § 40 Abs. 1a LFGB

Die zuständige Behörde informiert die Öffentlichkeit nach § 40 Absatz 1a LFGB unverzüglich unter Nennung der Bezeichnung des Lebensmittels oder Futtermittels sowie unter Nennung des Lebensmittel- oder Futtermittelunternehmens, unter dessen Namen oder Firma das Lebensmittel oder Futtermittel hergestellt oder behandelt oder in den Verkehr gelangt ist, wenn der durch Tatsachen, im Falle von Proben nach § 38 Absatz 2a Satz 2 auf der Grundlage mindestens zweier unabhängiger Untersuchungen von Stellen nach Artikel 37 Absatz 4 der Verordnung (EU) 2017/625, hinreichend begründete Verdacht besteht, dass

1. in Vorschriften im Anwendungsbereich dieses Gesetzes festgelegte zulässige Grenzwerte, Höchstgehalte oder Höchstmengen überschritten wurden oder
2. ein nach Vorschriften im Anwendungsbereich dieses Gesetzes nicht zugelassener oder verbotener Stoff in dem Lebensmittel oder Futtermittel vorhanden ist oder
3. gegen sonstige Vorschriften im Anwendungsbereich dieses Gesetzes, die dem Schutz der Verbraucherinnen und Verbraucher vor Gesundheitsgefährdungen oder vor Täuschung oder der Einhaltung hygienischer Anforderungen dienen, in nicht nur unerheblichem Ausmaß oder

wiederholt verstoßen worden ist und die Verhängung eines **Bußgeldes von mindestens dreihundertfünfzig Euro** zu erwarten ist **oder** eine **Sanktionierung wegen einer Straftat** zu erwarten ist und deswegen gemäß § 41 des Gesetzes über Ordnungswidrigkeiten eine Abgabe an die Staatsanwaltschaft erfolgt ist.

Die Regelung nach § 40 Abs. 1a LFGB ist nach dem Beschluss des Bundesverfassungsgerichts vom 21.3.2018 bis auf die fehlende und bis April 2019 zu ergänzende Befristung der Veröffentlichung verfassungsgemäß.[1]) Bemerkenswert zur Konstruktion der Norm ist die vom Gesetzgeber gewählte Verflechtung von Grundsätzen des allgemeinen Verwaltungs-/Gefahrenabwehrrechts bei den ersten beiden alternierenden Tatbeständen „nicht unerheblich" oder „wiederholt" mit dem kumulierenden Sanktionsrecht in Form einer Prognose über ein künftig zu erwartendes Bußgeld von mindestens 350,– € oder eine Strafe. Zur Klarstellung und Behebung rechtlicher Risiken wurde der alternative Tatbestand der Strafe ausdrücklich mit dem 4. Änderungsgesetz zum LFGB vom 27.7.2021 ergänzt. Die Höhe des Bußgeldes als Bagatellgrenze ist nach dem BVerfG insbesondere auch durch das kumulative Zusammenspiel mit den vorausgehenden Tatbeständen verhältnismäßig. Danach kann sich zumindest in ausnahmsweisen Einzelfällen ergeben, dass der Regeltatbestand von mindestens 350,– € – möglicherweise knapp – überschritten ist und jedoch gleichwohl die vorausgehende Tatbestandsmäßigkeit der Erheblichkeit zu negieren ist. Nach dem BVerfG ist der von den Behörden auszulegende und von der Verwaltungsgerichtsbarkeit nachprüfbare unbestimmte Rechtsbegriff der „nicht unerheblichen" Verstöße insbesondere anzunehmen, wenn es sich um einen Verstoß mit besonders nachteiligen Folgen für einzelne Verbraucher handle oder eine Vielzahl von Verbrauchern betroffen sei.

---

1) BVerfG, Beschluss vom 21.3.2018 – 1 BvF 1/13, entgegen der verwaltungsgerichtlichen Rechtsprechung: Niedersächsisches OVG (Lüneburg), Beschluss vom 14.6.2013 – 13 ME 18/13; VG Osnabrück, Beschluss vom 8.5.2013 – 6 B 18/13 unter Bezugnahme auf OVG Nordrhein-Westfalen (Münster), Beschluss vom 24.4.2013 – 13 B 192/13; BayVGH (München), Beschluss vom 18.3.2013; OVG Rheinland-Pfalz (Koblenz), Beschluss vom 13.2.2013 – 6 B 10035/13; VGH Baden-Württemberg (Mannheim), Beschluss vom 28.1.2013 – 9 S 2423/12; außerdem VG Dresden, Beschluss vom 22.4.2013 – 6 L 47/13.

Der Entscheidungsverlauf nach § 40 Abs. 1a Nr. 3 LFGB stellt sich somit wie folgt dar:

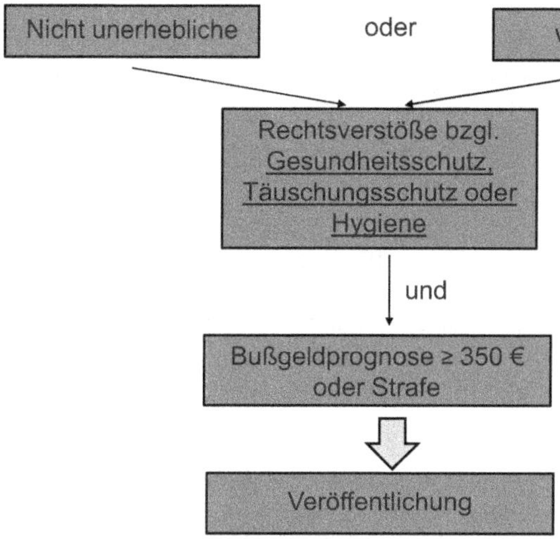

Der § 40 Abs. 1a LFGB hat die Rechtsprechung im Lebensmittelrecht belebt und dabei haben sich insbesondere folgende Fragestellungen abgezeichnet:

Blankettsanktionsnormen

Geltend gemachte Zweifel an den Blankettsanktionsnormen finden sich schon viele Jahre lang u. a. in den lebensmittelrechtlichen Kommentaren. Sie sind z. B. auch im Straßenverkehrsrecht ein Thema. Bestätigt wurde die Unvereinbarkeit einer entsprechenden Strafnorm des Rindfleisch-Etikettierungsgesetzes mit den verfassungsrechtlichen Bestimmtheitsanforderungen durch einen Beschluss[1]) des BVerfG aus 2016. Entsprechende Zweifel an der Anwendung von § 60 Abs. 4 Nr. 2 lit. a LFGB hat der VGH Mannheim[2]) 2019 angeführt. Entsprechende Zweifel lagen in Verbindung mit § 3, 10 LMHV i. V. m. § 60 Absatz 2 Nr. 26 lit. a LFGB vor. Inzwischen hat das BVerfG[3]) jedoch 2020 eine fleischhygienerechtliche Blankettsanktionsnorm mit Bezug zum Unionsrecht mit relativ komplexer Rückverweisungs- und Entsprechungsklausel als verfassungskonform eingestuft. Danach ist

1) Beschluss BVerfG vom 21.9.2016 – 2 BvL 1/15.
2) Beschluss VGH Mannheim vom 19.5.2019 – 9 S 584/19.
3) Beschluss BVerfG vom 11.3.2020 – 1 BvL 5/17.

die Rechtsprechung[1]) zur Anwendbarkeit der Blankettsanktionsnormen und insbesondere des bedeutenden § 3 LMHV als Sanktionsnorm zum EU-Hygienepaket wieder verfestigt.

Lebensmittelbezug

Rechtsunsicherheiten waren in der Verwaltungspraxis insbesondere gegeben, weil der erforderliche und bei Veröffentlichungen konkret zu benennende Lebensmittelbezug der Hygieneverstöße naturgemäß nicht immer einfach gegeben bzw. nachzuweisen ist. Die Rechtsprechung[2]) hat dazu inzwischen bereits geklärt, dass in solchen Fällen auch die ergänzende bzw. hilfsweise Benennung beispielsweise von Arbeitsgeräten zur ausreichenden Herstellung eines Lebensmittelbezugs und/oder von Lebensmittelkategorien und Ähnlichem zulässig sein kann. Gleichwohl hat der Gesetzgeber mit dem 4. Änderungsgesetz zum LFGB den Lebensmittelbezug etwas aufgeweicht mit § 40 Abs. 1a Satz 3: „Bei Verstößen gegen hygienische Anforderungen kann abweichend von Satz 1 in der Information der Name des Lebensmittel- oder Futtermittelunternehmens sowie der Betrieb, in dem der Verstoß festgestellt wurde, genannt werden." Danach ist der Produktbezug nicht mehr in der Rechtsfolge angeführt.[3]) Gleichwohl kann auch weiterhin ein unbegründeter unzureichender Lebensmittelbezug zur voraussichtlichen Rechtswidrigkeit einer beabsichtigten Veröffentlichung führen, etwa weil beim Verbraucher vermeidbare Fehlvorstellungen durch die zu abstrakten Formulierungen ausgelöst werden könnten.[4]) In der Praxis ist folglich eine bestmögliche Angabe eines Lebensmittelbezugs zielführend, um rechtliche Risiken zu minimieren.

Weitere Rechtsprechung

Nachvollziehbarerweise hat der VGH München[5]) dargelegt, dass die Anhörung zur Veröffentlichung den beabsichtigten Text für die Veröffentlichung enthalten muss.

1) Siehe ZLR 2021, 416, Beschluss VGH München vom 28.11.2019 – 20 CE 19.1995, Beschluss OVG Münster vom 3.3.2020 – 13 B 1544/19, Rn. 36 im Beschluss VG Frankfurt vom 4.9.2020 – 5 L 2067/20.F, Beschluss VGH Mannheim vom 20.5.2020 – 16 K 8337/19, Beschluss VG München vom 6.12.2021 – M 26a E 21.5986.

2) Vgl. z. B. Beschluss VGH Mannheim vom 21.5.2019 – 9 S 584/19 –, Beschluss VGH Kassel vom 8.2.2019 – 8 B 2575/18.

3) Bestätigt gemäß Beschluss VG Frankfurt vom 2.11.2021 – 5 L 2444/21.F, 8 B 2276/21.

4) Vgl. Beschluss VG Regensburg vom 8.11.2021 – RN 5 E 21.1886.

5) Beschluss VGH München vom 28.11.2019 – 20 CE 19.1995.

Der Adressat des Bußgeldbescheides muss nach dem VGH Mannheim[1]) aus der Sphäre des Lebensmittel- oder Futtermittelunternehmens stammen, sodass mehrere Personen in Frage kommen können für eine Zurechnung zum Unternehmen.

Die Zulässigkeit einer Erwähnung der amtlichen Gefahrenabwehrmaßnahmen in einer Veröffentlichung hat das VG Stuttgart[2]) negiert, wobei in diesem Einzelfall aber mit der Benennung der Maßnahmen teilweise auch die Mängel nochmals wiederholt wurden. Das VG Freiburg[3]) hat nachvollziehbarerweise die Erwähnung der Gefahrenabwehrmaßnahmen für zulässig erachtet. Die bloße objektive Benennung ist auch sinnvoll, da dem Verbraucher ansonsten die Information über die Gefahrenbeseitigung teils fehlen würde. Der VGH Mannheim hat die Frage inzwischen entsprechend geklärt.[4]) Demnach darf die Veröffentlichung auch über die angeordneten Maßnahmen zur Behebung der Verstöße informieren.

Zusammenfassung zu §40 Abs. 1a LFGB

Der §40 Abs. 1a Nr. 3 LFGB hat sich etabliert. Er ist insbesondere auch mit Blick auf die Ausführungen des BVerfG sowie der zwischenzeitlichen Rechtsprechung gut anwendbar. Vorausgehende Bedenken hinsichtlich des engen Korsetts der Tatbestandsmäßigkeitsprüfungen ohne Beurteilungs- und Ermessensspielräume scheinen bislang unproblematisch. Nach den bisher bekannten Behördendaten[5]) sind größenordnungsmäßig weit weniger als 1% der Unternehmen pro Jahr von einschlägigen Veröffentlichungen betroffen. Die drohenden Schwierigkeiten hinsichtlich der umstrittenen Blankettsanktionsnormen hätten zu einer Schieflage bei der Anwendung der Norm führen können und sie sind jedoch mit Blick auf die Entscheidung des BVerfG vom 11.3.2020 wohl abgewendet. Der § 40 Abs. 1a Nr. 3 LFGB gibt den Verbrauchern Informationen über Verstöße unter Benennung der Unternehmen im Sinne der Transparenznormen und hat zudem entsprechende Effekte auf die Unternehmen in Richtung einer Einhaltung der Normen. Vor diesem Hintergrund scheint auch das Aufwand-Nutzen-Verhältnis bislang angemessen.

1) Beschluss VGH Mannheim vom 28.11.2019 – 9 S 2662/19 – Leitsatz Nr. 2.

2) Beschluss VG Stuttgart vom 9.11.2020 – 16 K 4688/20.

3) Beschluss VG Freiburg vom 18.11.2020 – 4 K 3438/20.

4) Beschluss VGH Mannheim vom 23.7.2021 – 9 S 3911/20.

5) ZLR, 2021, S. 426, beispielsweise sind im Landkreis Göppingen größenordnungsmäßig 0,34 % der Lebensmittelunternehmen pro Jahr betroffen bei ca. 24 Veröffentlichungen.

Trends und Entwicklungen zum Stand Juli 2024

Zur Auslegung einer Informationserteilung „unverzüglich“ und das zugehörige öffentliche Interesse: Naheliegenderweise nimmt der objektive Wert einer Information mit der Zeit ab. Ein länger zurückliegender Verstoß kann daher eine Veröffentlichung unter Benennung des Unternehmens als Eingriff in die allgemeine Berufsfreiheit nach Art. 12 Abs. 1 GG regelmäßig nicht im selben Maße rechtfertigen wie eine aktuelle Information.[1]) Nach der nachvollziehbaren Tendenz der Rechtsprechung ist „unverzüglich“ nicht mehr gegeben, wenn zwischen einer behördlichen Feststellung erheblicher Verstöße und einer Anhörung mehrere Wochen liegen und das Verfahren bei der Behörde quasi liegen geblieben ist, d. h. keine weitere Sachverhaltsaufklärung, Maßnahmen o. Ä. durchgeführt wurden. Dann ist eine Veröffentlichung mangels des Tatbestands „unverzüglich“ in Verbindung auch mit dem inzwischen abgenommenen Wert der Information nicht mehr zulässig. Dagegen beschädigen z. B. ergänzende erforderliche Ermittlungen oder einstweilige Rechtsschutzverfahren den Tatbestand „unverzüglich“ nicht.[2])

Zur Unschuldsvermutung: Die Verfahren nach § 40 Abs. 1a LFGB mit Bezug auf die Lebensmittelunternehmen und die elementaren Rechtsgüterabwägungen bzgl. etwaiger Veröffentlichungen sind nachvollziehbar nicht am Verfassungsgrundsatz der Unschuldsvermutung zu messen[3]). Mit Bezug auf die Bußgeldprognose in § 40 Abs. 1 Nr. 3 LFGB sind verlässliche Grundlagen in Form auch subjektiver Tatbestandselemente einschließlich einer Annahme eines schuldhaften Verhaltens einer Person erforderlich.[4])

Zum Tatbestand unsicherer Lebensmittel und der Unterstellung einer Kontamination im Rahmen von Verfahren nach § 40 Abs. 1a LFGB: Nach Leitsatz 1 im Beschluss des VGH Mannheim[5]) sind zur Beantwortung der Frage, ob mit Blick auf Art. 14 Abs. 2 lit. b, Abs. 5 VO (EG) Nr. 178/2002 die Kontamination eines Lebensmittels festgestellt oder unterstellt werden kann, einzelfallbezogen die verschiedenen denkbaren Kontaminationswege in den Blick zu nehmen und die damit einhergehenden Kontaminationsrisiken konkret zu bewerten. Dies entspricht den Grundsätzen von Risi-

1) Vgl. z. B. GewArch 2022, 205, bezugnehmend auf OVG Bremen, Beschluss vom 25.2.2022 – 1 B 487/21.

2) Vgl. z. B. VG Frankfurt/M., Beschluss vom 9.12.2022 – 5 L 3133/22.F –, sowie VG München Beschluss vom 30.10.2023 – 26a E 23.5106 –, jeweils bezugnehmend auf weitere Rechtsprechung von VG und OVG.

3) Vgl. VGH Mannheim (9. Senat), Beschluss vom 17.12.2020 – 9 S 2481/20.

4) VGH Mannheim, Beschluss vom 1.10.2019 – 9 S 1446/19, OVG Münster Beschluss vom 31.03.2022 – 9 B 159/22.

5) VGH BW, Beschluss vom 1.2.2024 – 9 S 1954/23.

komanagement und Vorsorgeprinzip gemäß Art. 6 und 7 BasisVO.[1]) Eine entsprechende Einordnung findet sich im nachfolgenden Beispiel. Im Leitsatz 2 zur Entscheidung führt der VGH aus, dass Ekel und Widerwillen von Verbrauchern „allein" nicht unter Art. 14 Abs. 2 b BasisVO fallen dürften. Dies ist zutreffend und dient offenbar der Abgrenzung des Anwendungsbereichs der Norm. Etwaige Ekelempfindungen „allein" dürften im Übrigen auch keine behördlichen Beanstandungen auslösen, da auch der BGH 1956 im Zuge der Generierung des „Ekelerregung-Tatbestandes" bereits zwingend einen objektiven Anknüpfungspunkt mit eingefordert hat.[2]) Dieser Anknüpfungspunkt entspricht der heutigen Risikobewertung.

Beispiel:

Nachfolgend wird eine Anhörung zu einer beabsichtigten Veröffentlichung unter Benennung des Unternehmens dargestellt. Das Szenario enthält insbesondere

- eine vorab mündlich angeordnete vorläufige Schließung eines Lebensmittelunternehmens. Derartige mündliche Verwaltungsakte werden aus Gründen der Rechtssicherheit regelmäßig mit formellen Verfügungen schriftlich bestätigt gemäß §37 Abs. 2 LVwVfG. Der Adressat hat einen Anspruch auf eine schriftliche Bestätigung bei unverzüglichem Verlangen. Des Weiteren kann bei unproblematischem Verlauf auch eine formlose Unterrichtung des Adressaten über die mündliche Anordnung zur Erfüllung der Formerfordernisse nach Art. 138 Abs. 3 EU-KontrollV in Frage kommen. Dies ist insbesondere praktikabel, wenn der Adressat einsichtig ist und die vorläufige Betriebsunterbrechung bis zu einer Reinigung sowie Desinfektion und behördliche Abnahme zustimmt. Bei diesem Verlauf kann sich die vorab mündlich angeordnete Schließung auch relativ rasch erledigen im rechtlichen Sinne, sodass unter Umständen eine nachträgliche formelle schriftliche Anordnung unzulässig sein könnte.
- eine Kategorisierung des Einzelfalls u. a. nach Risikokriterien bei der Bewertung des unbestimmten Rechtsbegriffs „nicht unerhebliche Verstöße" im Sinne von §40 Abs. 1a Nr. 3 LFGB.
- eine Risikobewertung der Hygieneverstöße im Zuge einer Gesamtbetrachtung und in Verbindung mit einer folgenden Bußgeldprognose. Nach vorstehenden Ausführungen dürfen Verstöße ohne ausreichenden Zeit- und Sachzusammenhang quasi nicht zum bloßen Zweck einer Erreichung der Bußgeldprognose bzw. Bagatellgrenze summiert werden. Jedoch ist den Grundsätzen von Risikoanalyse und Risikomanagement nach Art. 6 BasisVO immanent, dass ein Szenario einschließlich verschiedener Hygieneverstöße bewertet werden.

1) Siehe „Zur Anwendung des Vorsorgeprinzips beim Risikomanagement", *Ludwig*, in LMUR, 2023, 435.

2) Siehe Vorwort und Kapitel 1.4 sowie *Ludwig* in AtD 2024, 61, sowie LMuR, 2024, 227.

Anhörung zur Veröffentlichung von Verstößen unter Benennung des Unternehmens

Landratsamt Musterstadt *Postfach 123* 12345 Musterstadt

Mit Postzustellungsurkunde

(Adresse)

Datum
xxyyzzzz

Landratsamt Musterstadt

Amt für Veterinärwesen
und Verbraucherschutz

Aktenzeichen xy

Zuständig für Ihr Anliegen
Herr Ludwig
(Kontaktdaten,
Datenschutzhinweis usw.)

Lebensmittelüberwachung – Abhol- und Lieferservice „*Unternehmensname*"
Veröffentlichung lebensmittelrechtlicher Verstöße nach § 40 Abs. 1a LFGB bzgl. Kontrolle am (*Datum*)
hier: Anhörung zur Veröffentlichung

Sehr geehrte/r (*Lebensmittelunternehmer*),

I. Vorbericht – Tatbestandsmäßigkeit § 40 Abs. 1a LFGB

Nach § 40 Abs. 1a Nr. 3 Lebensmittel- und Futtermittelgesetzbuch (LFGB) informiert die zuständige Behörde die Öffentlichkeit unverzüglich über lebensmittelrechtliche Verstöße unter Benennung des Lebensmittelunternehmens, wenn nicht unerhebliche oder wiederholte Rechtsverstöße festgestellt wurden und mit einem folgenden Bußgeld von mindestens 350,- € oder einem Strafverfahren zu rechnen ist. Nach landeseinheitlicher Vorgehensweise in Baden-Württemberg erfolgen die Informationen über die Internetseiten der Lebensmittelüberwachungsbehörden und zentral durch das Land. Diese Informationen sind nach § 40 Abs. 4a LFGB nach sechs Monaten nach der Veröffentlichung wieder zu entfernen.

Nach den Feststellungen vom (*Datum*) haben das Lebensmittelunternehmen und Sie als Lebensmittelunternehmerin nicht unerheblich gegen das Lebensmittelhygienerecht verstoßen. Hierbei handelt es sich größenordnungsmäßig um (*Anzahl*) überwiegend gravierende Hygieneverstöße. Die damit einhergehenden vermeidbaren Risiken einschließlich Gesundheitsgefahren sind ebenfalls als nicht unerheblich einzustufen.

(*ggf. ergänzend: „Zudem sind die Verstöße auch wiederholt im Sinne von § 40 Abs. 1a Nr. 3 LFGB, weil bereits am (Datum) ein gleichartiges Szenario vorgefunden wurde. Auf die Aktenlage und Ergebnisse der zugehörigen Verfahren wird verwiesen.*)

II. Sachverhalt

Am (*Datum*) gegen (*Uhrzeit*) wurde der Abhol- und Lieferservice (*Lebensmittelunternehmen*) durch die Lebensmittelüberwachung des Landratsamtes Göppingen, vertreten durch die Lebensmittelkontrolleure (*Name 1 und 2*), in Ihrer Anwesenheit überprüft. Die vorgefundenen Hygienemängel stellen sich im Einzelnen wie folgt dar:

(*Aufzählung der Hygienemängel mit erheblichen Verunreinigungen der Küche bzw. Zubereitungsräume sowie Arbeitsgeräte mit Lebensmittelkontakt; Hackfleischmasse, Nudeln und Tomatensoße in hochgradig verunreinigten Behältnissen waren ersichtlich durch Verunreinigungen kontaminiert und demnach unsicher nach Art. 14 Abs. 2 b) (EG) Nr. 178/2002, im Folgenden BasisVO*)

Im Hinblick auf die zahlreichen lebensmittelhygienerechtlichen Verstöße in Verbindung mit einer hochgradigen Verunreinigung von Einrichtung und Arbeitsgeräten wurden die offenen Lebensmittel als nicht sicher und nicht zum menschlichen Verzehr geeignet bewertet nach Art. 14 Abs. 1 und Abs. 2 lit. b sowie Abs. 3 und 5 Verordnung BasisVO. Dabei handelte es sich um vor Ort abgelichtete und ersichtlich kontaminierte

- ca. 8 kg Nudeln, vorgekocht in Wasser
- ca. 12 Liter Soße in einem Topf und einem Eimer
- ca. 4 kg Hackmasse in einem Topf
- ca. 16 kg Käse in mehreren Stücken

Die Hygienemängel einschließlich Gesundheitsgefahren, die Notwendigkeit einer Entsorgung der unsicheren Erzeugnisse sowie eine vorläufige Betriebsschließung bis zu einer gründlichen Reinigung des Betriebs und einer behördlichen Abnahme wurden Ihnen erläutert. Sie hatten vor Ort Gelegenheit zur Stellungnahme. Die vorläufige Schließung des Betriebs in Form einer Untersagung des Herstellens, Behandelns und Inverkehrbringens von Lebensmitteln wurde dann vorab mündlich angeordnet sowie die unschädliche Entsorgung der unsicheren Lebensmittel. Die sofortige Vollziehung für diese Maßnahmen wurde vor Ort schriftlich begründet nach § 80 Abs. 3 Verwaltungsgerichtsordnung (VwGO) durch die handschriftliche Ergänzung eines Musterformulars um die konkreten Einzelfallerwägungen.

Das Lebensmittelunternehmen hat sich auf die behördlichen Anordnungen vor Ort kooperativ gezeigt und seine Bereitschaft zur Erfüllung der Anordnungen erklärt, sodass keine formelle Vollstreckung der Betriebsschließung erforderlich war.

Die Nachkontrolle erfolgte am (*Datum*). Die Mängel waren demnach behoben und die vorläufige Betriebsschließung war somit erledigt nach § 43 Abs. 2 Landesverwaltungsverfahrensgesetz (LVwVfG). Sie haben den Betrieb auch tatsächlich wiederaufgenommen.

Vorliegend werden Sie über die am (*Datum*) vorab mündlich angeordnete Betriebsschließung mit schriftlicher Begründung der sofortigen Vollziehung nach § 80 Abs. 3 VwGO ergänzend informiert nach § 138 Abs. 3 Verordnung (EU) 2017/625 über amtliche Kontrollen. Das Landratsamt geht derzeit von einer Erledigung der Schließungsanordnung im Sinne des genannten § 43 Abs. 2 LVwVfG durch die zwischenzeitliche Reinigung sowie behördliche Abnahme aus, sodass auch keine formelle schriftliche gebührenpflichtige Bestätigung erforderlich bzw. zulässig ist. Danach steht Ihnen als Rechtsmittel zur Überprüfung der Angelegenheit unseres Erachtens eine (Fortsetzungs-) Feststellungsklage zur Verfügung, worauf gemäß Art. 138 Abs. 3 Verordnung (EU) 2017/625 hingewiesen wird.

III. Rechtliche Würdigung

1. Rechtsgrundlagen für die Veröffentlichung sowie Lebensmittelbeurteilung

Nicht unerhebliche Verstöße im Sinne des § 40 Abs. 1a Nr. 3 LFGB können insbesondere und unter Berücksichtigung auch von einschlägiger Rechtsprechung vorliegen,

- wenn in erheblichem Maß gegen lebensmittelhygienerechtliche Normen verstoßen wurde
- und / oder wenn damit hohe Risiken für die betroffenen Verbraucher einhergingen
- und / oder wenn in Verbindung mit etwas geringeren Risiken eine hohe Anzahl von Verbrauchern betroffen war
- und / oder wenn mit den Verstößen ein hohes Unrechtsbewusstsein der Verantwortlichen verbunden ist

Im vorliegenden Fall sind im Zuge der Gesamtbetrachtung insbesondere die mit Fett und alten Lebensmittelresten verunreinigten Arbeitsflächen, die mit Lebensmittelresten verunreinigten Arbeitsgeräte sowie die ersichtlich kontaminierte Hackfleischmasse, Nudeln und Tomatensoße im Sinne der vorstehenden Kriterien des § 40 Abs. 1a LFGB als nicht unerheblich einzustufen. Dabei ist zu sehen, dass mit alten, sich zersetzenden Lebensmittelresten bei Raumtemperatur relativ rasch ein vermeidbares unerwünschtes Keimmilieu einhergeht und durch den insgesamt schlechten Hygienezustand des Betriebs in sehr hohes Risiko einer Übertragung auf Lebensmittel gegeben ist bzw. einzelne Lebensmittel ersichtlich kontaminiert waren. Damit gehen auch vermeidbare Gesundheitsgefahren einher. Die darauf beruhende Beurteilung der vorgefundenen offenen Lebensmittel bereits vor Ort als unsicher und nicht für den menschlichen Verzehr nach Art. 14 Abs. 1 Nr. 2 lit. b) BasisVO sowie die erforderliche Entsorgung dieser Lebensmittel unterstreichen die Erheblichkeit der Verstöße.

Als sogenannte Bagatellgrenze hat der Gesetzgeber eine Bußgeldprognose von mindestens

350,- € implementiert, um bloße Bagatellfälle von den schwerwiegenden Rechtsfolgen einer Veröffentlichung unter Benennung des Unternehmens auszunehmen. Auch diese Tatbestandsmäßigkeit ist gemäß nachfolgenden Ausführungen gegeben.

a) Gesamtbeurteilung und Verzehrsungeeignetheit nach Art. 14 Abs. 2 lit b) VO (EG) Nr. 178/2002

Das Inverkehrbringen von nicht sicheren Lebensmitteln ist gemäß Art. 14 Abs. 1 BasisVO verboten. Nach Art. 14 Abs. 2 b) BasisVO sind Lebensmittel auch nicht sicher, wenn sie für den menschlichen Verzehr ungeeignet sind. Bei dieser Beurteilung als für den menschlichen Verzehr ungeeignet ist nach Abs. 5 vorstehender Verordnung zu berücksichtigen, ob ein Lebensmittel infolge einer durch Fremdstoffe oder auf andere Weise bewirkten Kontamination, durch Fäulnis, Verderb oder Zersetzung ausgehend von dem beabsichtigten Verwendungszweck nicht für den Verzehr durch den Menschen inakzeptabel geworden ist.

Ferner sind bei der Lebensmittelsicherheitsbeurteilung nach Art. 14 Abs. 3 zu berücksichtigen:

a) die normalen Bedingungen seiner Verwendung durch den Verbraucher und auf allen Produktions-, Verarbeitungs- und Vertriebsstufen sowie
b) die dem Verbraucher vermittelten Informationen einschließlich der Angaben auf dem Etikett oder sonstige ihm normalerweise zugängliche Informationen über die Vermeidung bestimmter die Gesundheit beeinträchtigender Wirkungen eines bestimmten Lebensmittels oder einer bestimmten Lebensmittelkategorie.

Gemäß vorstehendem Sachverhalt und Lichtbildern waren die Hackfleischmasse, die Nudeln und die Tomatensoße in hochgradig verunreinigten Behältnissen ersichtlich kontaminiert durch Verunreinigungen. Derartige Verunreinigungen z. B. durch alte Lebensmittelreste stellen Fremdkörper im Sinne von Art. 14 Abs. 5 dar und folglich sind derartige Lebensmittel infolge der Kontamination unsicher nach Art. 14 Abs. 2 b) BasisVO.

Nach Rechtsprechung u. a. des VGH Mannheim gemäß Beschluss vom 12.2.2020 -9 S 2637/19- sowie einschlägigen Kommentaren u. a. Sosnitza/Meisterernst, LebensmittelR/Purnhagen EG-Lebensmittel-Basisverordnung Art. 14 Rn. 40 sowie Sosnitza/Meisterernst LebensmittelR/Ludwig EG-Lebensmittel-Basisverordnung Art. 50 Rn. 83 ff. m.w.Nw. sind Lebensmittel ungeachtet deren tatsächlicher Beschaffenheit in Zusammenhang mit unangemessen hohen Kontaminationsrisiken durch z. B. hochgradige Verunreinigungen des Umfelds oder erheblichen Schädlingsbefall als verzehrungeeignet nach Art. 14 Abs. 2 b) und Abs. 5 BasisVO einzustufen.

Vor diesem Hintergrund und mit Bezug auf eine konkrete Risikobewertung nach Art. 6 und 7 BasisVO wird auf vorstehende Ausführungen Bezug genommen, wonach alte Lebensmittelreste bei Raumtemperatur relativ rasch ein unerwünschtes Keimmilieu einschließlich pathogener Mikroorganismen aufweisen. Mit Bezug auf das im Sachverhalt beschriebene und mit Lichtbildern dokumentierte Ausmaß der Hygieneverstöße sind die Risiken bei der Gesamtbetrachtung des Szenarios demnach insgesamt als hoch bis sehr hoch einzustufen, weil Verunreinigungen und Mikroorganismen auf Lebensmittel übertagen werden können und damit auch Gesundheitsgefahren für die Verbraucher einhergehen. Diesbezüglich wurden als bereits vereinzelt eingetretene Realisierung derartiger Risiken auch einzelne ersichtlich kontaminierte Lebensmittel bzw. Zutaten vorgefunden. Die übrigen zahlreichen Hygieneverstöße untermauern das Übertragungsrisiko unter solchen Bedingungen sowohl auf Zutaten als auch auf verzehrsfertige Lebensmittel z. B. ohne weitere Durcherhitzung.

Von ergänzenden Probenahmen wurde abgesehen, da die Feststellungen vor Ort in Verbindung mit den Lichtbildern eine ausreichende Beweiswürdigung gewährleisten. Im Übrigen waren die Lebensmittel vor Ort auch im Verkehr im Sinne von Art. 14 BasisVO. Im Ergebnis wurde ein tatsächliches Inverkehrbringen der vor Ort vorgefundenen Lebensmittel nur durch die behördlichen Maßnahmen verhindert. Darüber hinaus ist nach fachlicher Einschätzung anhand Ausmaß und Anzahl der Verstöße davon auszugehen, dass unter derartigen Bedingungen mindestens über mehrere Tage hinweg Lebensmittel abgegeben wurden.

Nach Art. 14 Abs. 1 und 2 lit. b) BasisVO in Verbindung mit § 59 Abs. 2 Nr. 1a lit. a) und § 60 Abs. 1 Nr. 1 und Abs. 5 Nr. 1. LFGB handelt ordnungswidrig, wer fahrlässig entgegen Art. 14 Abs. 1 und 2 lit. b) Verordnung (EG) Nr. 178/2002 ein nicht sicheres und nicht zum menschlichen Verzehr geeignetes Lebensmittel in den Verkehr bringt. Der Gesetzgeber sieht hierfür einen Bußgeldrahmen von bis zu 100.000,- € vor. Bei Vorsatz liegt darüber hinaus ein Straftatbestand vor. Zum aktuellen Zeitpunkt, einer rasch erforderlichen Grobsondierung bzgl. § 40 Abs. 1a LFGB, geht das Veterinäramt davon aus, dass derartige Mängel kaum übersehen werden konnten. Unabhängig davon werden derartige Verfahren ohnehin vorsorglich der Strafverfolgung vorgelegt.

b) Hygienevorschriften – einzelne Verstöße

Nach Art. 4 Abs. 2 Verordnung (EG) Nr. 852/2004 über Lebensmittelhygiene in Verbindung mit Anhang II Kapitel I Nr. 1 müssen Betriebsstätten, in denen mit Lebensmitteln umgegangen wird, sauber und stets instandgehalten sein.

Gemäß Anhang II Kapitel IX Nr. 3 der Verordnung (EG) Nr. 852/2004 sind Lebensmittel auf allen Stufen der Erzeugung, der Verarbeitung und des Vertriebs vor Kontaminationen zu schützen, die sie für den menschlichen Verzehr ungeeignet oder gesundheitsschädlich machen bzw. derart kontaminieren, dass ein Verzehr in diesem Zustand nicht zu erwarten wäre.

Nach Anhang II Kapitel V Nr. 1 müssen Gegenstände, Armaturen und Ausrüstungen, die mit Lebensmittel in Berührung kommen

a) gründlich gereinigt und erforderlichenfalls desinfiziert werden. Die Reinigung und die Desinfektion muss so häufig erfolgen, dass kein Kontaminationsrisiko besteht,
b) so gebaut, beschaffen und instandgehalten sein, dass das Risiko einer Kontamination so gering wie möglich ist,
c) so installiert sein, dass die Ausrüstungen und das unmittelbare Umfeld angemessen gereinigt werden können.

(*ggf. weitere relevante Zitate von Hygienebestimmungen*)

Nach Art. 4 Abs. 2 i. V. m. Anhang II Kapitel V Nr. 1 Buchstabe a) Verordnung (EG) Nr. 852/2004 i. V. m. § 2 Nr. 5 Lebensmittelrechtliche Straf- und Bußgeldverordnung (LMRStrafVO) und § 60 Abs. 4 Nr. 2 Buchstabe a) LFGB handelt ordnungswidrig, wer vorsätzlich oder fahrlässig Gegenstände, Armaturen oder Ausrüstungen, mit denen Lebensmittel in Berührung kommen, nicht oder nicht richtig reinigt.

Nach § 3 Satz 1 Lebensmittelhygiene-Verordnung (LMHV) dürfen Lebensmittel nur so hergestellt, behandelt und in den Verkehr gebracht werden, dass sie der Gefahr einer nachteiligen Beeinflussung beispielsweise durch Verunreinigungen Mikroorganismen und Temperaturen nicht ausgesetzt sind. Demnach handelt gemäß Art. 4 Abs. 2 i. V. m. Anhang II (*Aufzählung z. B. Kapitel I Nr. 1 und Kapitel IX Nr. 3)* i. V. m. §§ 3 Satz 1 sowie 10 Nr. 1 LMHV i. V. m. § 60 Abs. 2 Nr. 26 Buchstabe a) LFGB ordnungswidrig, wer entgegen § 3 Satz 1 LMHV vorsätzlich oder fahrlässig Lebensmittel herstellt, behandelt oder in den Verkehr bringt.

Gemäß vorstehendem Sachverhalt und den angefertigten Lichtbildern wurden zahlreiche und erhebliche lebensmittelrechtliche Verstöße gegen o.g. Bestimmungen festgestellt. Insbesondere waren (*z.B. die Betriebsträume, Einrichtungen und Arbeitsgeräte wie zum Beispiel Messer, Messerblock, Pfannen, Pizzaschneider und die Mikrowelle)* nicht sauber gehalten, sondern stellten im Ergebnis vielfache vermeidbare Kreuzkontaminationsrisiken einschließlich Gesundheitsgefahren dar. Des Weiteren bestand die Arbeitsfläche aus nicht abriebfesten Material und die Wand in direkter Nähe zu einer Käsereibe war teilweise aufgebrochenen.

2. Prognose zur Bußgeldbemessung

Nach der Systematik des EU-Lebensmittelrechts u. a. gemäß Art. 17 Verordnung (EG) Nr. 178/2002 und Art. 3 Verordnung (EG) Nr. 852/2004 sind die Lebensmittelunternehmen und deren Lebensmittelunternehmer vollumfänglich verantwortlich für die Sicherheit der Lebensmittel und die Einhaltung der einschlägigen Normen. Auch der § 40 Abs. 1a Nr. 3 LFGB knüpft gemäß verwaltungs- und gefahrenabwehrrechtlicher Systematik grundsätzlich an die Verantwortlichkeit des Lebensmittelunternehmens an. Gleichwohl sind Indizien für ein Verschulden erforderlich mit Bezug auf die in der Norm beinhaltete bußgeldrechtliche sogenannte Bagatellgrenze.

Gemäß vorstehender und nicht abschließender Aufzählung von einschlägigen Ahndungsnormen erfüllen die am (*Datum*) festgestellten zahlreichen und erheblichen Hygienemängel mit vermeidbaren gesundheitlichen Risiken mehrfache Bußgeldtatbestände im Sinne des § 40 Abs. 1 Nr. 3 LFGB €, für welche der Gesetzgeber nach § 60 Abs. 1 Nr. 1 und Abs. 5 Nr. 1. LFGB sowie § 60 Abs. 2 Nr. 26 Buchstabe a) LFGB und § 60 Abs. 4 Nr. 2 Buchstabe a) LFGB Bußgelder von bis zu 50.000,– und auch 100.000–- € vorsieht.

Rechnerisch und vorbehaltlich einer detaillierten Prüfung von beispielsweise Vor- und Nachtatverhalten, Schwere des Verschuldens, etwaigen Erwiderungen der Betroffenen bzw. Verteidiger usw. im formellen Bußgeldverfahren ist somit derzeit offenkundig von einer Erfüllung der sogenannten Bagatellgrenze eines Bußgeldes von 350,- € nach § 40 Abs. 1a Nr. 3 LFGB auszugehen. Maßgeblich ist dabei die Einstufung von Lebensmitteln als unsicher. Für derartige Ordnungswidrigkeiten in Verbindung mit Art. 14 Abs. 2 b Verordnung (EG) Nr. 178/2002 eröffnet § 60 Abs. 5 LFGB einen Rahmen für eine Geldbuße bis zu hunderttausend Euro. Als ergänzender untergesetzlicher Anhaltspunkt wird für die Bußgeldbemessung regelmäßig der Bußgeldrahmenkatalog des Landes Baden-Württemberg bzw. der Stabsstelle Ernährungssicherheit vom 27.11.2007 verwendet. Unter Berücksichtigung des Alters kann der Rahmen gleichwohl als Hilfestellung zur Rechtsauslegung herangezogen werden. Ergänzend ist dabei zu berücksichtigen, dass seit Erstellung dieses Rahmenkatalogs die Sanktionsnormen des LFGB einmal verschärft worden waren. Der Rahmenkatalog eröffnet für vorstehenden Verstoß eine Empfehlung für einen Bußgeldrahmen von 200 – 5.000 € in Abhängigkeit auch von einer Einstufung der Verstöße von gering bis schwerwiegend in sieben Stufen. Im vorliegenden Fall werden diese Verstöße in Richtung schwerwiegend auf Stufe 5 eingestuft werden, wobei ab dem Grundbetrag von 200,- € eine Erhöhung um 800,- € pro Stufe erfolgt. Dabei werden gemäß jahrelanger Praxis insbesondere das Volumen der vorgefundenen unsicheren Lebensmittel berücksichtigt, die Dauer des Vorliegens der unhygienischen Bedingungen und auch die entsprechenden Risiken in Verbindung mit der Gesamtbetrachtung der Hygieneverstöße. Im Ergebnis ist im Rahmen der Bußgeldprognose nach § 40 Abs. 1a Nr. 3 LFGB derzeit von einem Bußgeld von größenordnungsmäßig mindestens 3.400,– € auszugehen. Dabei sind weitere regelmäßige Erhöhungsfaktoren wie z. B. hinsichtlich der Anzahl der Betriebsmitarbeiter noch nicht berücksichtigt. Die innerhalb des Landratsamts außerhalb des Veterinäramts angesiedelte Bußgeldstelle hat die Bußgeldprognose bestätigt.

Danach ist auf jeden Fall und auch bei einer Berücksichtigung von etwaigen weiteren subjektiven Merkmalen zu Ihren Gunsten gemäß etwaigen Vorträgen und Ermittlungserkenntnissen im formalen Bußgeldverfahren mit einem Bußgeld von einem Vielfachen der Bagatellgrenze von 350,– € zu rechnen.

Für den Fall der voraussichtlichen Abwicklung über die Staatsanwaltschaft dokumentieren vorstehende Sachverhalte und Erwägungen ebenso, dass die Bagatellschwelle des § 40 Abs. 1a LFGB im vorliegenden Fall überschritten und damit die Tatbestandsmäßigkeit gegeben ist. Demnach wird ein Straftatbestand nicht im Zuge eines Automatismus höher gewichtet, sondern auf der Grundlage einer Einzelfallbewertung.

III. Anhörung

Danach hat das Lebensmittelunternehmen erheblich gegen lebensmittelrechtliche Bestimmungen verstoßen und auch im Übrigen ist der § 40 Abs. 1a Nr. 3 LFGB erfüllt.

Das Landratsamt beabsichtigt daher, die vorliegenden Daten gemäß der unten angeführten Tabelle zu veröffentlichen. Sie erhalten hiermit Gelegenheit, sich innerhalb von **sieben Tagen** nach Zustellung des vorliegenden Schreibens zur beabsichtigten Veröffentlichung zu äußern. Eine relativ kurze Frist ist mit Blick auf die Regelung „unverzüglich" in § 40 Abs. 1a LFGB erforderlich.

Nach Ablauf vorstehender Frist und ggf. Prüfung Ihrer Stellungnahme ist die Veröffentlichung damit frühestens nach sieben Tagen nach Zustellung des vorliegenden Schreibens vorgesehen.

Über Ihre Stellungnahme hinaus können Sie (Eil-)Rechtsschutz sowie erforderlichenfalls die Hinzuziehung eines Rechtsanwalts in Erwägung ziehen. Weitere Informationen zum vorliegenden Verfahren finden Sie unter anderem hier: www.landkreis-goeppingen.de unter Ämter - Amt für Veterinärwesen und Verbraucherschutz – Aktuelles sowie unter www.verbraucherinfo-bw.de.

Mit freundlichen Grüßen

Anlage: Tabellenblatt mit beabsichtigter Veröffentlichung auf folgender Seite

16.3 Verbraucherinformationsgesetz

Normschutzbereiche

Wie beispielsweise Tierschutz, Menschen- und Freiheitsrechte ist auch die Transparenz ein Gut, das regelmäßig kaum jemand ernsthaft in Frage stellen wird. Daher eignen sich Transparenzversprechen auch als politische Zugpferde. Die Grenzen von Transparenz werden sich zunächst durch anderweitige Interessen, beispielsweise hinsichtlich Datenschutz einschließlich Aktengeheimnis, ergeben. Im Weiteren kann ein Übermaß an Transparenz auch kontraproduktive Effekte erzeugen, wie sie oftmals durch sogenannte Scheinsicherheiten entstehen.

Das VIG ist eine Konsequenz aus einzelnen Lebensmittelskandalen, wobei der Bund hinsichtlich der informellen Abwicklung durch die für den Lebensmittelrechtsvollzug zuständigen Bundesländer Optimierungsbedarf sah. Das primäre Normschutzziel des seit Mai 2008 wirksamen VIG ist die Informationsgewährung bzw. Transparenz gegenüber den Verbrauchern, um diesen eine entsprechende eigenverantwortliche Kaufentscheidung zu ermöglichen. Daneben sollte Lebensmittelskandalen vorgebeugt werden.

Allgemeine Informationen nach dem VIG

Die landesrechtlich zuständige Stelle besitzt bezüglich der Informationen, denen auch auf Antrag Zugang zu gewähren wäre, die Befugnis zu einer aktiven, antragsunabhängigen Informationserteilung über das Internet oder in sonstiger Weise (§ 6 Absatz 1 Satz 3 VIG).[1]) Darunter können auch Mängel baulicher und hygienischer Art fallen, die ein einwandfreies Herstellen, Vorrätighalten und Inverkehrbringen von Lebensmitteln nicht mehr gewährleisteten und nach § 10 Absatz 1 Nummer 1 in Verbindung mit § 3 Satz 1 LMHV, VO (EG) 852/04 ordnungswidrig sind.[2]) Einer Veröffentlichung kürzlich festgestellter erheblicher Verstöße im Internet steht nicht entgegen, dass die festgestellten Mängel zwischenzeitlich beseitigt wurden. Die Veröffentlichung ist nicht unverhältnismäßig, wenn sie mit dem Hinweis verbunden ist, dass zwischen dem Zeitpunkt der Feststellung der Mängel und der Beseitigung mehrere Monate liegen können.[2]) Zu anderen Informationen, wie etwa dem Ergebnis einer Betriebskontrolle, zu denen auch auf Antrag kein Zugang zu gewähren wäre, darf daher auch auf der Grundlage des § 6 Absatz 1 Satz 2 VIG keine Verbraucherinformation etwa auf dem Internetportal der Behörde durch ein „Smiley"-Bewertungssystem erfolgen.[3]) Diese Variante der allgemeinen Informationen wird nachvollzieh-

1) BVerwG, Beschluss vom 15.6.2015 – 7 B 22/14.
2) OVG Saarland (Saarlouis), Beschluss vom 3.2.2011 – 3 A 270/10.
3) OVG Berlin-Brandenburg, Beschluss vom 28.5.2014 – OVG 5 S 21.14.

barerweise eher spärlich von den zuständigen Behörden wahrgenommen, weil für die Aufgaben des VIG bislang keine adäquaten Personalressourcen vorliegen und entsprechende Bemühungen daher zu Lasten der originären Kontrolltätigkeiten gehen.

Auskunft auf Antrag

Jeder hat unabhängig von einem rechtlichen Interesse Anspruch auf freien Zugang zu allen bei einer Behörde vorhandenen Daten über unzulässige Abweichungen von den Anforderungen des LFGB einschließlich der davon abgeleiteten Rechtsverordnungen und den unmittelbar geltenden Rechtsakten der Europäischen Gemeinschaft oder der Europäischen Union im Anwendungsbereich des LFGB sowie Maßnahmen und Entscheidungen, die im Zusammenhang mit solchen Abweichungen getroffen worden sind (§ 2 Absatz 1 Satz 1 Nummer 1 VIG).[1])

Solche Abweichungen können Straftaten und Ordnungswidrigkeiten nach §§ 58 bis 60 LFGB sein, aber auch sonstige Normabweichungen,[2]) die weder strafbar noch ordnungswidrig sind. Der Anspruch besteht wegen entgegenstehender Belange nicht hinsichtlich der Informationen, die Gegenstand des Verfahrens sind während der Dauer eines Verwaltungsverfahrens, Gerichtsverfahrens, strafrechtlichen Ermittlungsverfahrens oder Bußgeldverfahrens (§ 3 Nummer 1 Buchstabe b VIG).

- **Verwaltungsverfahren** (vgl. §§ 9, 22 VwVfG und entsprechende landesrechtliche Vorschriften) dienen entweder der verdachtslosen Lebensmittelüberwachung durch Lebensmittelkontrolleure/Veterinäre oder der Gefahrenabwehr durch Verwaltungsakte. Während eines laufenden Verwaltungsverfahrens besteht kein Informationsanspruch, es sei denn, es handelt sich um unzulässige lebensmittelrechtliche Abweichungen (§ 2 Absatz 1 Satz 1 Nummer 1 VIG) oder Gefahren oder Risiken für Gesundheit und Sicherheit von Verbraucherinnen und Verbrauchern (§ 2 Absatz 1 Satz 1 Nummer 2 VIG) genannte Informationen. Das Ergebnis der behördlichen Risikobeurteilung eines Lebensmittelbetriebes (§ 6 AVVRÜb) in Form eines Punktwerts ist jedoch keine Information (§ 2 Absatz 1 Satz 1 Nummer 1 bzw. Nummer 7 VIG).[3]) Verwaltungsverfahren enden mit der Bestandskraft eines Verwaltungsaktes und ggf. mit deren Vollstreckung. Das Verwaltungsverfahren kann jedoch bei der Erhebung einer Anfechtungsklage (§ 42 VwGO) auch in ein Gerichtsverfahren (siehe nachstehend) übergehen.

---

1) Zur Vereinbarkeit des VIG mit EU-Recht und dem Grundgesetz VG Ansbach, Urteil vom 9.6.2011 – AN 16 K 10.02612.

2) VGH Baden-Württemberg (Mannheim), Urteil vom 13.9.2010 – 10 S 2/10, ZLR 2010.

3) OVG Nordrhein-Westfalen (Münster), Urteil vom 12.12.2016 – 13 A 846/15.

- **Gerichtsverfahren** können entweder verwaltungsgerichtliche Verfahren auf die Anfechtungsklage eines betroffenen Lebensmittelunternehmers (§ 42 VwGO) oder gerichtliche Straf- oder Bußgeldverfahren sein.
- **Strafrechtliche Ermittlungsverfahren** dienen der Aufklärung einer lebensmittelrechtlichen Straftat (§§ 58, 59 LFGB) oder damit zusammenhängende Straftaten wie z. B. Betrug zum Nachteil von Verbrauchern (§ 263 Absatz 1 StGB) oder Urkundenfälschung (§ 267 Absatz 1 StGB)[1]) durch Verfälschung der Kennzeichnung von Lebensmitteln. Strafverfolgungsbehörde ist die Staatsanwaltschaft (§ 160 StPO), im ersten Zugriff auch der Lebensmittelkontrolleur/Veterinär, soweit er Ermittlungsperson der Staatsanwaltschaft ist (§ 152 Absatz 2 GVG). Im ersten Zugriff ist auch die Polizei Strafverfolgungsbehörde (§ 163 StPO). Das strafrechtliche Ermittlungsverfahren beginnt meist mit der Anhörung des Beschuldigten (§ 163a StPO) und endet mit der Einstellung (§ 170 Absatz 2 Satz 1 StPO) oder Anklageerhebung der Staatsanwaltschaft (§ 170 Absatz 1 StPO) oder einem Antrag auf Erlass eines Strafbefehls (§ 407 ff. StPO). In diesem Fall geht das strafrechtliche Ermittlungsverfahren in ein Gerichtsverfahren über (siehe vorstehend).[2])
- **Bußgeldverfahren** wegen Ordnungswidrigkeiten (§ 60 LFGB) werden von der Verwaltungsbehörde durchgeführt (§ 35 OWiG). Sie beginnen mit der ersten auf die Verfolgung einer Ordnungswidrigkeit gerichteten Maßnahme, meist der Anhörung des Betroffenen (§ 55 OWiG) und enden mit der Rechtskraft des Bußgeldbescheides (§ 89 OWiG). Gerichtliche Bußgeldverfahren (vgl. § 70 ff. OWiG) fallen bereits unter Gerichtsverfahren (vgl. oben).

In diesen Fällen ist ein Antrag auf Informationen (§ 4 VIG) kostenpflichtig (§ 7 VIG) abzulehnen. Unabhängig davon haben die Verfahrensbeteiligten Anspruch auf Akteneinsicht, über die im Verwaltungsverfahren die Behörde (§ 29 VwVfG und entsprechende landesrechtliche Vorschriften) bzw. im Bußgeldverfahren die Verwaltungsbehörde (§ 49 Absatz 1 OWiG bzw. § 147 StPO in Verbindung mit § 46 Absatz 1 OWiG) entscheidet.[3]) Im strafrechtlichen Ermittlungsverfahren entscheidet die Staatsanwaltschaft über die Gewährung von Akteneinsicht (§ 147 StPO). In einem Straf- oder Bußgeldverfahren kann auch der von einer lebensmittelrechtlichen Straftat oder Ordnungswidrigkeit Verletzte nach Ermessen Akteneinsicht erhalten (§ 406e StPO).

---

1) Zum Straftatbestand des Betrugs (§ 263 Absatz 1 StGB) und der Urkundenfälschung (§ 267 Absatz 1 StGB) siehe Kapitel 2.8.

2) Zum strafrechtlichen Ermittlungsverfahren Kapitel 5.

3) Zur Akteneinsicht im Bußgeldverfahren Kapitel 8.

Evaluation 2010 und aktuelle Daten

Entgegen der positiven Bewertung der Bundesregierung[1]) haben die Verbraucherverbände und NGO das VIG bereits 2010 als sinngemäß „durchgefallen" bewertet.[2]) Dem liegt u. a. zu Grunde, dass keine beständige Transparenz für die Verbraucher durch ein einfaches und zügiges Smiley- bzw. Ampelmodel geschaffen worden war. Zudem sind die Antragsverfahren mit einem mindestens mehrwöchigen Verlauf verbunden. Dementsprechend wurde das VIG ganz weitreichend und gemäß ursprünglichen Prognosen von Mitbewerbern, NGO und Journalisten genutzt. Effekte auf die Transparenz und das Kaufverhalten der Verbraucher oder gar eine Krisenprävention waren danach nicht gegeben. Auch das zum 1.9.2012 novellierte VIG hat keine wesentlichen Änderungen gebracht.

Danach haben sich die Prognosen und Befürchtungen vieler Behörden bei den Anhörungen zum VIG im Gesetzgebungsverfahren bewahrheitet. Demnach sind kaum positive Effekte bzgl. der Normschutzbereiche zu verzeichnen. Andererseits mindern die Ressourcen für den Vollzug die klassischen Überwachungsmaßnahmen mit eindeutiger Zielrichtung Lebensmittelsicherheit.

16.4 VIG – Onlineplattformen

Mit den Onlineplattformen von fragdenstaat und foodwatch wurden Anfang 2019 mit Topf Secret sowie Anfang 2021 mit Mission Fleisch Medienkampagnen initiiert. Dabei werden die Verbraucher auf den Onlineplattformen eingangs darüber informiert, dass damit gegen Geheimniskrämerei in Lebensmittelbehörden vorgegangen werde. Denn bisher würden die Kontrollbehörden in Deutschland nur in Ausnahmefällen öffentlich machen, wie es um die Sauberkeit in Betrieben bestellt ist. Seit Jahren werde jeder vierte kontrollierte Betrieb beanstandet, größtenteils wegen Hygienemängeln. Daher hätten die Transparenzinitiativen gemeinsam die Online-Plattform Topf Secret ins Leben gerufen, auf der Verbraucher die Ergebnisse von Hygienekontrollen in Restaurants, Bäckereien und anderen Lebensmittelbetrieben mit wenigen Klicks abfragen und veröffentlichen können.

---

1) Vgl. ZLR 2021, 419, bezugnehmend auf BT-Drs. 17/1800 mit dem Bericht der Bundesregierung über die Ergebnisse der Evaluation des Verbraucherinformationsgesetzes vom 14.5.2010 sowie Endbericht der Philipps-Universität Marburg über die Auswertung der Anwendungsverfahren mit dem VIG sowie Erarbeitung von konkreten Empfehlungen zu Rechtsänderungen.

2) Vgl. ZLR 2021, 419, bezugnehmend auf Vzbv, VIG – Bei den Verbrauchern durchgefallen, Ergebnisse eines bundesweiten Behördentests zur Anwendung des Verbraucherinformationsgesetzes, Berlin 2009 und Foodwatch e. V., abschrecken, abservieren, abkassieren – Der foodwatch-Report über den Praxistest des Verbraucherinformationsgesetzes: wenig Informationen, lange Fristen, hohe Gebühren, Berlin 2008.

Frage der Rechtmäßigkeit der Onlineplattformen

Bei der Frage zur etwaigen Rechtmäßigkeit der Verbreitung amtlicher Kontrollberichte über die Onlineplattformen sind zwei Fragen besonders bedeutend:

1. Darf ein Dritter als Dienstleister quasi als Serviceangebot für die anspruchsberechtigten Verbraucher die entsprechende Leistung übernehmen?

Die Frage ist relativ unproblematisch und kann gemäß der bekannten Rechtsprechung dazu auch bejaht werden.

2. Kann das derzeitige VIG – ohne Regelung zu den Onlineplattformen – zu einer Veröffentlichung amtlicher Kontrollberichte im Internet im Transparenzstil einer Hygieneampel o. Ä. ermächtigen?

Die 2. Fragestellung ist maßgeblich und führt zur Kernproblematik bzgl. der Betrachtung bzw. Rechtsauslegung an der Schnittstelle von öffentlich-rechtlichem VIG und dem Zivilrecht. Folgt im Ergebnis eine Gesamtbetrachtung einschließlich Kausalität des VIG-Anspruches quasi als Element der folgenden privatrechtlichen Informationsverbreitung durch die Verbraucher bzw. Internetplattformen, wären insgesamt verfassungsrechtliche Grundsätze für ein mittelbar staatliches Informationshandeln anzulegen. In diesem Fall würde eine fehlende Ermächtigungsgrundlage für die Rechtswidrigkeit sprechen. Bei stringenter Trennung an der Schnittstelle von VIG und folgender privater Informationsverteilung könnte die Tätigkeit der Onlineplattformen rechtmäßig sein.

Die Rechtsprechung ist von einem Trend zur Legalisierung der Onlineplattformen geprägt. In den Verfahren des gerichtlichen Eilrechtsschutzes zu den Onlineplattformen ist nach einer zwischenzeitlichen größenordnungsmäßigen Pattsituation derzeit eine starke Tendenz zur Legalisierung der Verbraucheranträge über die Onlineplattformen und eine Weiterverbreitung von amtlichen Kontrollberichten über das Internet ohne konkrete gesetzliche Ermächtigung hierfür zu erkennen. Diese Tendenz ergibt sich aus einem Urteil des BVerwG[1]) vom 29.8.2019 und mehreren oberverwaltungsgerichtlichen Entscheidungen.[2]) Bedenken gegen die Rechtmäßigkeit von Topf Secret und einer Vermarktung von amtlichen Kontrollberichten ohne konkrete Ermächtigung und wegen der unangemessen reduzierten

1) Beschluss BVerwG vom 29.8.2019 – 7 C 29/17, ZLR 2020, 58.

2) Beschluss des OVG Bremen vom 14.7.2020 – 1 B 338/19 –, OVG NRW vom 16.1.2020 – 15 B 814/19 –, OVG Niedersachsen vom 16.1.2020 – 2 ME 707/19 –, VGH Baden-Württemberg vom 13.12.2019 – 10 S 1891/19, 10 S 2077/19, 10 S 2078/19, 10 S 2614/19, 10 S 2647/19, 10 S 2685/19 und 10 S 2687/19.

Rechtsschutzmöglichkeit der übrigen Beteiligten haben die Oberverwaltungsgerichte von Hamburg und Rheinland-Pfalz gesehen.[1])

Mit Urteil vom September 2021 hat inzwischen das LG Köln[2]) die Verbreitung von amtlichen Kontrollberichten auf Internetplattformen als rechtmäßig eingestuft.

Bedenken bzgl. der Rechtmäßigkeit der Onlineplattformen

Die Bedenken stellen sich wie folgt dar: Unabhängig von den Rechtsstreitigkeiten haben diverse Hochschulprofessoren, sonstige Juristen und Behördenvertreter ebenso Bedenken, dass im Zuge der weitestgehend eilgerichtlichen Rechtsprechung mit summarischer Prüfungsmöglichkeit bezogen auf die Parteivorträge möglicherweise ein bislang unvollständiges Bild bei den Gerichten angekommen ist. Daher scheinen gerichtliche Hauptsacheverfahren zur tiefergehenden Prüfung mit höherer Rechtssicherheit und/oder ein Tätigwerden des Gesetzgebers zur Regelung der Massenverfahren erforderlich.[3])

Ferner ist zum Gesamtbild zu sehen, dass das VIG die derzeitigen Massenverfahren nicht regelt. Nachvollziehbar ist gemäß Rechtsprechung, dass eine Onlineplattform für eine Dienstleistung werben und quasi vermittelnd die Anträge von Verbrauchern transportieren kann. Auch eine mittelbare Verbindung der Verbraucheranträge mit der Meinungsfreiheit der Onlineplattform mit einem kritischen Vokabular gegenüber den Überwachungsbehörden und staatlichen Institutionen sowie die Erzeugung eines entsprechenden politischen Drucks gegenüber dem Gesetzgeber mit der Zielrichtung ergänzender Maßnahmen kann im Rahmen der beteiligten Grundrechte gerechtfertigt sein. Jedoch werden im Ergebnis und nach den ausdrücklichen Absichten auf der Onlineplattform die amtlichen Kontrollberichte der Überwachungsbehörden von der Onlineplattform quasi im Sinne einer Schaffung einer Hygieneampel von den Verbrauchern gesammelt und vermarktet. Hierbei ist zu sehen, dass sich die parlamentarischen Bemühungen für ein staatliches Hygienebarometer o. Ä. bislang nicht durchgesetzt werden konnten. Die derzeitige Tendenz einer Legalisierung der Onlineplattformen jedenfalls in Eilrechtsschutzverfahren beruht auf Rechtsauslegung an der Schnittstelle von öffentlichem Recht und Zivilrecht mit einer entsprechenden stringenten Differenzierung. Gegen eine derart stringent differenzierte Betrachtung sprechen jedoch eine bewusste Verwendung von öffentlichem Recht und Zivilrecht quasi im Paket

1) OVG Rheinland-Pfalz, Beschluss vom 15.1.2020 – 10 B 11643/19 – LMuR 2020, 90, und das OVG Hamburg gemäß Beschluss vom 14.10.2019 – 5 Bs 149/19 – ZLR 2019.

2) Urteil LG Köln vom 22.9.2021 – 28 O 249/20.

3) Vgl. ZLR, 2021, 420.

durch die Onlineplattform, nicht nur um politischen Druck auf den Gesetzgeber zur Schaffung eines Hygienetransparenzsystems auszuüben, sondern um das Ergebnis gleich selbst herzustellen. Die Onlineplattformen haben nun diese Umsetzung eines Transparenzsystems durch das VIG plus ergänzende zivilrechtliche Handlungen vorgenommen unter Einschränkung von Rechten der übrigen Beteiligten. Gegen eine derartige Legalisierung der Onlineplattformen sowie Herstellung eines Transparenzsystems quasi durch die Hintertür sprechen vorrangig die vom BVerfG geprägte Wesentlichkeitstheorie in Verbindung mit dem Vorbehalt des Gesetzes und die Rechtsauffassungen sowie die Rechtsprechung zu gebotenen Ermächtigungen bei einem Anschein von Rechtseingriffen durch staatliches Handeln.[1])

Des Weiteren sind die erschwerten Rechtsschutzmöglichkeiten für die Unternehmen durch die vorstehende Rechtsauslegung an der Schnittstelle von öffentlichem Recht und Zivilrecht problematisch.

VIG – Verfahren zu Lasten der klassischen Überwachungstätigkeit

In den amtlichen Begründungen zum VIG wurden jeweils keine bzw. nur geringfügige Auswirkungen auf den Vollzugsaufwand angeführt bzw. adäquate Kompensationseffekte durch die positiven Transparenzauswirkungen geltend gemacht. De facto haben die zuständigen Lebensmittelüberwachungs- und Veterinärbehörden jedenfalls weitestgehend keine Ressourcen einschließlich Personal für die Aufgabe erhalten. Inzwischen liegen die Daten jedoch vor, wonach die Verbraucher das VIG nicht bzw. nur sehr vereinzelt und kurzzeitig auf die jeweiligen Versprechungen der Medieninitiativen der Onlineplattformen wahrnehmen. Danach liegen auch etwaige Kompensierungseffekte nicht vor. Dieser Aufwand war im Rahmen der sehr wenigen üblichen VIG-Verfahren noch tragbar. Jedoch geht die Bearbeitung der Massenverfahren über die Onlineplattformen inzwischen sehr weitreichend zu Lasten der übrigen Überwachungstätigkeiten und damit tatsächlich zu Lasten der Lebensmittelsicherheit.

Mit den Massenverfahren der Onlineplattformen sind die Behörden und Mitarbeiter durch folgende Problematiken belastet:

- Nach dem Versprechen der Onlineplattformen im Rahmen der Medieninitiativen bzgl. einer angeblichen einfachen Informationserlangung quasi per Smartphone-Klick haben die Behörden auch diesbezüglich den Schwarzen Peter: Sie dürfen den Verbrauchern das komplexe formale Verfahren mit einer Information frühestens in einigen Wochen darlegen.

1) Beispielsweise Urteil BVerwG vom 20.11.2014 – 3 C 27.13.

- die Mitarbeiter der Überwachungsbehörden stehen zwischen den Tatbeständen des Straftatbestands eines Geheimnisverrats und der Informationstransparenz. In einer gleich gelagerten Zwickmühle hat immerhin ein Bundespräsident von einer Unterzeichnung des VIG im Gesetzgebungsverfahren abgesehen.
- auch ersichtliche Vielfachantragsteller sind zu bedienen mit Bezug auf die hohen rechtlichen Hürden der Rechtsmissbräuchlichkeit im VIG; damit ist Kritikern ein Instrument zur Belastung des Staates an unterster Stelle der Vollzugsbehörden gegeben.
- obgleich auch sicherlich viele Behördenmitarbeiter für eine angemessene Transparenz beispielsweise im Sinne einer Hygieneampel o. Ä. sind, werden sie von den Onlineplattformen als Geheimniskrämer bezeichnet.

Neben diesen Problematiken ergibt eine nur überschlägige Abschätzung mit tendenziell niedrig angesetzten Personalaufwendungen bundesweit einen Behördenaufwand von ca. 10 Mio. Euro pro Jahr durch die zwischenzeitlichen VIG-Verfahren. Diese Ressourcen gehen zulasten der Überwachungstätigkeiten und Lebensmittelsicherheit.

Die Stadt Berlin hat in einem Einzelfall auf einen entsprechenden Aufwand von mehreren zig-Tausend Euro hingewiesen. Das VG Berlin hat daraufhin mit Beschluss[1]) vom November 2021 festgestellt, dass die Anträge zu bearbeiten sind und dass der Staat die entsprechenden Personalressourcen zu schaffen habe.

Zusammenfassung und Ausblick zur Transparenzentwicklung

Bei der Entwicklung vom Aktengeheimnis zur Transparenz ist im Ergebnis ein Trend erkennbar, wonach der frühere starke gefahrenabwehrrechtliche Bezug zur Rechtfertigung von Einschränkungen des Datenschutzes tendenziell abnimmt. Der § 40 Abs. 1a LFGB hat keinen unmittelbaren Gefahrenabwehrcharakter mehr, jedoch zumindest noch generalpräventive Wirkung. Dies führt nach derzeitigen Erkenntnissen[2]) noch zu einer angemessen Aufwand-Nutzen-Relation.

Dagegen wird das Verbraucherinformationsgesetz gemäß den Befürchtungen von vielen Vollzugsbehörden bereits beim Gesetzgebungsverfahren auch nach der zusätzlichen Novellierung 2012 nicht vom durchschnittlichen Verbraucher wahrgenommen, sondern stattdessen nahezu aus-

1) Beschluss VG Berlin vom 17.11.2021 – VG 14 K 153/20.

2) Vgl. Vortrag des Verfassers beim 19. Bayreuther Symposium zum Lebensmittelrecht am 11.2.2021, siehe auch Möstl, Markus/Purnhagen, Kai (Hrsg.): Public & Private Enforcement im Lebensmittelrecht sowie ZLR, 2021, S. 416 ff.

schließlich von Vertretern von NGO, Medien, Vielfachantragstellern und Mitbewerbern. Auch die Medieninitiativen der jungen Onlineplattformen mit der Zielrichtung einer Veröffentlichung der amtlichen Kontrollberichte im Internet können jeweils nur sehr kurzzeitig, wenngleich teils massenhaft, Verbraucher für die VIG-Anträge mobilisieren. Nachdem die Vollzugsbehörden regelmäßig kein Personal für die Aufgabe des VIG erhalten haben, gehen die entsprechenden Ressourcen logischerweise zulasten der klassischen Überwachungsaufgaben und damit tatsächlich zulasten der Lebensmittelsicherheit sowie Allgemeinheit. Danach ist die Erreichung der Normziele des VIG in Form einer geeigneten Transparenz für eine Steuerung des Kaufverhaltens von Verbrauchern oder gar eine Krisenprävention mehr als fraglich. Folglich scheinen die Bewertungen des vorrangig einzelantragsabhängigen VIG mit langwierigem Verfahren durch Verbraucherschutzverbände und NGO als „durchgefallen" plausibel.

Die Tendenz der Rechtsprechung zeigt deutlich in die Richtung einer Legalisierung der Onlineplattformen, obgleich Massenverfahren im VIG nicht geregelt sind und die Wesentlichkeitstheorie für eine spezielle Ermächtigung spricht. Diese Tendenz und die Bezeichnung der Onlineplattformen als „verbraucherfreundlich" begegnet spätestens Bedenken, wenn das Gesamtbild mit der Aufwand-Nutzen-Relation betrachtet wird.

Auch unter Berücksichtigung dieser Problematiken sind sich die meisten Experten einig, dass sich die politisch versprochene und teils umgesetzte Transparenz nicht mehr zurückdrehen lässt. Ein Lösungsansatz ist somit, die aufwändige einzelantragsgebundene und damit auch langandauernde Bearbeitung nach dem VIG in ein echtes effektives Transparenzsystem in Form einer Hygieneampel o. Ä. überzuführen. Danach sind für ein effektives Transparenzsystem neue Regelungen und eine angemessene Personalausstattung der zuständigen Stellen erforderlich. Dies würde auch die rechtlichen Unsicherheiten beheben. Allgemein scheint gemäß dem Vorwort zu diesem Werk die Überlegung sinnvoll, ob die Nutzen-Aufwand-Relation von Transparenzsystemen sich insgesamt wesentlich verbessern lässt oder ob nicht andere Maßnahmen vorrangig sein könnten, um das Vertrauen der Verbraucher in die Wirtschaft, die behördliche Überwachung und die Eigenverantwortung zu verbessern.

17 Kooperation von Unternehmen und Behörden

Die Systematik des Lebensmittelrechts sieht grundsätzlich eine Zusammenarbeit bzw. Kooperation von Unternehmen und Behörden zur Gewährleistung der primären Normschutzziele insbesondere eines hohen Gesundheitsschutzniveaus vor.

17.1 Grundlagen und Normen bzgl. der Kooperation von Unternehmen und Behörden zur Erreichung der primären Normschutzziele

Das EU-Lebensmittelrecht hat folgende primäre Normschutzziele:[1])

- ein hohes Gesundheits- und Verbraucherschutzniveau.
- Täuschungsschutz; konkret erweitert um den Schutz vor Lebensmittelbetrug mit der EU-KontrollV 2017 und der IMSOC-Verordnung (EU) 2019/1715.
- nachhaltige und gesunde Lebensmittel sowie faire Wettbewerbsbedingungen gemäß dem Green Deal der EU sowie der Farm to Fork Strategie.

Für die Sicherheit der Erzeugnisse und die Einhaltung der einschlägigen Normen sind primär die Lebensmittelunternehmen verantwortlich.[2]) Die Behörden haben demnach die Aufgabe einer Art Supervision mittels der amtlichen Kontrollen und ggf. Maßnahmen zur Veranlassung der Unternehmen zur Behebung von Verstößen sowie einer Vermeidung von Wiederholungen. Diese Systematik lässt sich z. B. anhand Art. 138 EU-KontrollV 2017 sowie Art. 16 Marktüberwachungsverordnung (EU) 2019/1020 gut erkennen.

Das vorstehend beschriebene Zusammenspiel von unternehmerischen und behördlichen Aufgaben zur Erreichung der primären Normschutzziele kann nicht nur als eine Art Kooperation angesehen werden. Vielmehr ver-

1) Sosnitza/Meisterernst LebensmittelR/Ludwig EG-Lebensmittel-Basisverordnung Art. 50 Rn. 37–39.

2) Vgl. u. a. Art. 17 BasisVO sowie Art. 3 Verordnung (EG) Nr. 852/2002 sowie Kapitel 3.1 und 3.1.1.

wendet das Unionsrecht hierfür konkret den Begriff der Kooperation an verschiedenen und nachfolgend angeführten Stellen. Als Ausprägung des Kooperationsgedankens kann auch angesehen werden, dass die Exekutive bei den Überwachungsaufgaben grundsätzlich zu einer geringst möglichen Beeinträchtigung der Wirtschaftstätigkeiten der redlichen Unternehmen angehalten ist. Dagegen erfolgt eine besonders stringente Bekämpfung unredlicher Praktiken einschließlich Lebensmittelbetrug, weil sich diese Mitbewerber keine Vorteile durch normwidriges Verhalten generieren können dürfen.

Nachvollziehbarerweise endet eine Kooperation, wenn Dissens zwischen unternehmerischen und behördlichen Ansichten gegeben ist und dies möglicherweise im Zuge von Rechtsstreitigkeiten ausgetragen bzw. verifiziert wird.

Die Implementierung des vorliegenden Kapitels zur Kooperation von Unternehmen und Behörden erfolgt auch infolge einer Rezension zum vorliegenden Werk.[1]) Das Kapitel dient neben einem Aufzeigen der Regelungen zur Kooperation auch als künftige Plattform für eine Darstellung entsprechender Beispielfälle. Dabei wird es sich voraussichtlich um Beispielfälle handeln, wobei durch entsprechend erfolgreichen Informationsaustausch von Unternehmen und Behörden die Normschutzziele erreicht und dabei formelle Maßnahmen vermieden werden konnten. Insofern knüpft das Thema auch an Kapitel 3.16 bzgl. der Audits an, weil die Audits als Teil der amtlichen Kontrollen nur gemeinsam von Unternehmen und Behörde durchgeführt werden können und damit eine Kooperation erforderlich ist.

Neben den beschriebenen unionalen Regelungen sieht auch das allgemeine Verwaltungsrecht[2]) grundsätzlich die Möglichkeit einer Nichtförmlichkeit des Verfahrens mit einfachen, zügigen und zweckmäßigen Lösungen vor.

Die nur beispielhaft ausgesuchten Regelungen zur Kooperation von Unternehmen und Behörden stellen sich wie folgt dar:

- Art. 10 und 19 BasisVO: die Subsidiarität des behördlichen Handelns bei der tatbestandsmäßigen Prüfung von Rücknahmen und Rückrufen von unsicheren Erzeugnissen zeigt eine Basis für Kooperation und eine entsprechende Vermeidbarkeit behördlicher Maßnahmen
- Art. 138 EU-KontrollV 2017 und Art. 16 Marktüberwachungsverordnung 2019/1020: die Systematik dieser Normen zeigt ebenso, dass behördliches Handeln subsidiär ist und behördliches Handeln bei Kooperation

1) *Wallau* in LMuR, 2023, 246.

2) § 10 LVwVfG.

vermieden bzw. zumindest auf eine bloße Verifizierung der unternehmerischen Tätigkeit reduziert werden kann. Eine uneingeschränkte Zusammenarbeit von Unternehmen und Behörde legt Erwägungsgrund 42 der EU-KontrollV 2017 fest.

- Verordnung (EG) Nr. 852/2004: Erwägungsgrund 19 sowie Art. 6 Abs. 1 erwähnen konkret eine erforderliche Zusammenarbeit von Unternehmen und Behörden für wirksame amtliche Kontrollen und damit mittelbar auch eine Erreichung der Normschutzziele; in Anhang I A II. 6. ist angeführt, dass die Unternehmen Verstöße beheben, wenn sie amtlicherseits davon unterrichtet wurden.
- Art. 4 Abs. 4 Verordnung (EG) Nr. 853/2004: Diese Regelung verweist ebenso darauf, dass die Unternehmen mit den Behörden zusammenarbeiten.

17.2 Beispiele und Einzelfälle

Beispiel 1:

Unsichere Lebensmittel mit Anhörung zum Unterlassen des Inverkehrbringens, Rücknahme sowie Rückruf; Dokumentation der strafprozessualen Belehrung.

In Kapitel 3.15 befindet sich bereits eine beispielhafte Anhörung, wobei ein Unternehmen infolge eines unsicheren Erzeugnisses zu einem erforderlichen Unterlassen eines weiteren Inverkehrbringens, einer Rücknahme von den gewerbsmäßigen Kunden und einem öffentlichen Rückruf angehört wird. Mit Bezug auf eine derartige Fallkonstellation wird ein weiteres Praxisbeispiel mit einer Musteranhörung vorgestellt:

Beispiel: Eine Lebensmittelüberwachungsbehörde erfährt, dass in einem Restaurant in einem Nachbarlandkreis Gäste auf Kunststoffteile in Cevapcici gebissen haben. Ein Gast werde wegen einer möglichen Verletzung noch vorsorglich einen Zahnarzt aufsuchen. Die Cevapcici stammen von einem Fleischbetrieb in der hiesigen Zuständigkeit. Die benachbarte Behörde konnte inzwischen Kunststoffteile in den Restbeständen der Cevapcici bestätigen. Ferner ist bekannt, dass die Lebensmittel tiefgefroren ausgeliefert worden waren mit noch laufenden Mindesthaltbarkeitsdaten von ca. 3 Monaten. Vor diesem Hintergrund bereitet die Behörde für die umgehend anstehende Kontrolle teils antizipierend eine schriftliche Anhörung für den Lebensmittelunternehmer vor.

Ergebnis: Lebensmittel mit Fremdkörpern sind wegen der Eignung zu Verletzungen u. a. in der Mundhöhle regelmäßig als gesundheitsschädlich nach Art. 14 Abs. 2 a) BasisVO einzustufen. Mit Bezug auf eine etwaige Verletzung eines Gastes kann noch eine Anzeige wegen Körperverletzung im Raum stehen. Bei der Kontrolle vor Ort wird zunächst die Gefahrenabwehr vorrangiges Ziel sein. Gleichwohl sind die Erkenntnisse bereits so erhärtet, dass eine strafprozessuale Belehrung des Lebensmittelunternehmers vor Ort in Betracht kommt. Dies wurde auch vorgenommen und der Unternehmer hat auch ausdrücklich erklärt, nicht Schweigen o. Ä., sondern weiter kooperieren zu wollen zur Aufklärung und ggf. weiteren Schadensminderung. Vor diesem Hintergrund hat er auch eine Zugehörigkeit der Kunststoffpartikel zu vor Ort in Verwendung befindlichen Teigschabern eingeräumt. Nachdem die Tiefkühl-Erzeugnisse mit noch länger laufendem MHD auch über die Fleischtheke abgegeben worden waren, hat die Behörde auf die voraussichtliche Notwendigkeit eines Rückrufs hingewiesen, und dass die Behörde bei Unterlassen seitens des Unternehmens wohl dann stattdessen handeln müssen. Die unterschiedlichen Abläufe wurden aufgezeigt unter Hinweis auch auf die mögliche ergänzende Hinzuziehung eines Rechtsbeistands. Darauf hat der Unternehmer schließlich selbstständig eine Rücknahmemitteilung für die lokalen Medien und zum Aushang im eigenen Betrieb veranlasst, wobei er die angebotene Hilfe der Behörde bei der Ausformulierung und Medienkontaktierung angenommen hat. Des Weiteren hat das bis dahin unauffällige Unternehmen sein Arbeitsgerätemanagement weiter optimiert über die gesetzlichen Anforderungen hinaus. Dies wurde ebenso der Strafverfolgung berichtet. Infolge der einwandfreien Kooperation mit der Behörde und selbstständigen Abwicklung der Verbraucherschutzmaßnahmen durch den Unternehmer hat die Staatsanwaltschaft das Verfahren eingestellt unter Berücksichtigung auch der Auswirkungen auf das Unternehmen durch den Rückruf.

Anhörung zu Realakt in Form Rückruf

Landratsamt Musterstadt *Postfach 123* 12345 Musterstadt

Mit Postzustellungsurkunde

(Adresse)

Datum
xxyyzzzz

Landratsamt Musterstadt

Amt für Veterinärwesen
und Verbraucherschutz

Aktenzeichen xy

Zuständig für Ihr Anliegen
Herr Ludwig
(Kontaktdaten,
Datenschutzhinweis usw.)

Lebensmittel-/Fleischhygieneüberwachung – Metzgerei X

Beanstandung von Tiefkühl-Cevapcici mit MHD (Datum) als gesundheitsschädlich nach Art. 14 Abs. 1 und 2 lit. a Verordnung (EG) 178/2002 mit Gutachten des CVUA vom 20.01.2022

Sehr geehrte Damen und Herren, sehr geehrter Herr xy,

als Lebensmittelunternehmen ist die Metzgerei X mit dem Lebensmittelunternehmer Herrn y für die Sicherheit der Erzeugnisse und die Einhaltung aller Normen verantwortlich.

Aufgrund einer Beschwerderprobenahme Hackfleischröllchen nach Cevapcici Art mit beinhalteten Plastikteilen wurden die TK-Erzeugnisse als gesundheitsschädlich nach Art. 14 Abs. 2 lit. a Verordnung (EG) Nr. 178/2002 beanstandet.

In Verbindung mit den ergänzenden Erkenntnissen bei einer Kontrolle vor Ort können insbesondere eine Rücknahme der beanstandeten Erzeugnisse von den gewerbsmäßigen Kunden sowie ein öffentlicher Rückruf erforderlich werden. Nach den Art. 10 und 19 Verordnung (EG) Nr. 178/2002 sind die Verbraucher bei der Annahme von gesundheitlichen Risiken durch den Unternehmer und/oder die Behörden zu informieren. Insbesondere gemäß § 40 Abs. 1 Lebensmittel- und Futtermittelgesetzbuch (LFGB) ist die Öffentlichkeit auch zu informieren,

- wenn ein nicht gesundheitsschädliches, aber zum Verzehr ungeeignetes, insbesondere ekelerregendes Lebensmittel in nicht unerheblicher Menge in den Verkehr gelangt ist
- oder wenn im Einzelfall hinreichende Anhaltspunkte dafür vorliegen, dass von einem Erzeugnis eine Gefährdung für die Sicherheit und

Gesundheit ausgeht oder eine damit verbundene Unsicherheit nicht innerhalb der gebotenen Zeit behoben werden kann.

Sie wurden vor Ort zu den ergänzenden Feststellungen und zum Sachverhalt sowie zur Beurteilung der Beschwerdeprobe durch das CVUA als gesundheitsschädlich nach Art. 14 Abs. 2 lit. a Verordnung (EG) 178/ 2002angehört.

Sie erhalten im Rahmen Ihrer Sorgfaltspflichten u. a. gemäß Art. 19 VO (EG) Nr. 178/2002 sowie vorstehendem § 40 LFGB Gelegenheit, bis

(Lücke für ggf. handschriftlichen Eintrag)

selbst eine Information der Verbraucher über die Risiken durch die beanstandete Charge Hackfleischröllchen mit vorstehendem MHD einzuleiten. Damit können Sie eine entsprechende behördliche Information der Verbraucher vermeiden gemäß § 40 Abs. 2 LFGB.

Die Information muss mindestens die beanstandeten Lebensmittel genau nennen sowie mindestens die Gefahr in Form von Fremdkörpern.

Sofern die Information des Lebensmittelunternehmers nicht rechtzeitig oder nicht richtig ergeht, kann die Behörde ergänzend informieren, worauf wir hiermit hinweisen.

Falls Sie eine ergänzende Hilfestellung bei der Kontaktierung der Medien o. Ä. benötigen, können wir dies veranlassen.

Hinsichtlich der übrigen anstehenden Verfahren und vorliegenden Rechtsverstöße erhalten Sie gesonderte Nachricht.

Mit freundlichen Grüßen

Beispiel 2:

Strafanzeige bzw. Ermittlungsbericht zu einer neu auftretenden Problematik bzgl. unsicherer Erzeugnisse mit effektivem Krisenmanagement des Unternehmens.

Ein effektives Risiko- und Krisenmanagement von Unternehmen und Behörden ist zur Gewährleistung der primären Normschutzziele insbesondere eines hohen Gesundheitsschutzniveaus[1]) essentiell. Für neu auftretende Problematiken enthält die Systematik des Art. 14 BasisVO auch eine erkennbare „Notfallregelung“, die regelmäßig mit der Anwendung des Vorsorgeprinzips nach Art. 7 BasisVO einhergeht.[2]) So legen Art. 14 Abs. 7 und 9 BasisVO nachvollziehbar fest, das bei einer Einhaltung der unionalen und nationalen rechtlichen Anforderungen eine Sicherheit der entsprechenden Erzeugnisse anzunehmen ist. Für z. B. neu auftretende Problematiken enthält Art. 14 Abs. 8 BasisVO dann jedoch eine Art Notfallregelung. Danach kann eine Behörde auch bei im ersten Prüfungsansatz anzunehmender Normkonformität von Erzeugnissen gleichwohl eine Unsicherheit auf der Grundlage einer Einzelfallbewertung feststellen. Auf dieser Basis können angemessene Verbraucherschutzmaßnahmen getroffen und ggf. von den Unternehmen abverlangt werden. Solch ein Szenario stellen die Beanstandungen von Ethylenoxid und 2-Chlorathenol dar, weil Unsicherheiten bzgl. der Grenzwerte bzw. Höchstwerte und der toxikologischer Eigenschaften insbesondere von 2-Chorethanol gegeben waren und teils noch sind. Vor einem solchen Hintergrund wird nachfolgendes Beispiel erörtert.

Eine Zusammenfassung zum Risikomanagement zu Ethylenoxid und einer Musteranordnung findet sich in Kapitel 1.4.1.

Beispiel: Eine Lebensmittelüberwachungsbehörde erfährt vom Chemischen und Veterinäruntersuchungsamt durch ein Vorabgutachten, dass eine Planprobe wegen hoher Gehalte an Ethylenoxid bzw. 2-Chlorethanol vorbehaltlich einer näheren folgenden Bewertung voraussichtlich als zur Eignung einer Gesundheitsschädlichkeit eingestuft werden wird. Daraus resultieren bereits anspruchsvolle Fragestellungen, wie eine Behörde bei einer offenbar noch nicht voll belastbaren Bewertung und gleichzeitig voraussichtlich schwerwiegenden Beanstandung mit einer Notwendigkeit von Verbraucherschutzmaßnahmen vorgehen wird. Im Praxisfall hat das Unternehmen vollumfänglich kooperiert, sodass Unternehmen und Behörde gemeinsam ein effektives Risiko- und Krisenmanagement durchführen konnten. Auch insbesondere infolge der Kooperation wurde ein eingeleitetes Strafverfahren eingestellt. Nachfolgend wird ein entsprechendes Beispiel über einen Ermittlungsbericht an die Strafverfolgungsbehörden abgebildet.

---

1) Vgl. vorstehende Kapitel 1.4 zur Risikobewertung, Kapitel 3 zu den primären Normschutzzielen insbesondere eines hohen Gesundheitsschutzniveaus und Kapitel 3.14 ff. hinsichtlich Rücknahmen und Rückrufen.

2) Vgl. „Zur Anwendung des Vorsorgeprinzips beim Risikomanagement – beispielhafte Anordnung bzgl. Lebensmittel mit Ethylenoxid bzw. 2-Chlorethanol“, Ludwig, in LMuR, 2023, 435.

Ermittlungsbericht

Landratsamt Musterstadt *Postfach 123* 12345 Musterstadt

Mit Postzustellungsurkunde

(Adresse)

Datum
xxyyzzzz

Landratsamt Musterstadt

Amt für Veterinärwesen
und Verbraucherschutz

Aktenzeichen xy

Zuständig für Ihr Anliegen
Herr Ludwig
(Kontaktdaten,
Datenschutzhinweis usw.)

An Staatsanwaltschaft X / nachrichtlich: Polizeidienststelle Y

Lebensmittelüberwachung – X GmbH, Adresse / Lebensmittelunternehmer Y
Beanstandung von (Lebensmittel) mit Gutachten des CVUA vom (Datum)

Mit dem o. g. schlussendlichen Gutachten des Chemischen und Veterinäruntersuchungsamtes Stuttgart vom (Datum) wurde das (Lebensmittel) schließlich als nicht sicher und gesundheitsschädlich nach Art. 14 Abs. 1 und Abs. 2 lit. a) LebensmittelbasisVO Nr. 178/2002 beanstandet.

Die Norm stellt bei beiden Verschuldensformen einschlägige Straftatbestände dar. Nach den ersten geäußerten amtlichen Verdachtsmomenten gegenüber dem Unternehmen am (Datum) hat das Unternehmen umgehend reagiert und innerhalb von wenigen Tagen schnellstmöglich die erforderlichen Verbraucherschutzmaßnahmen umgesetzt, bevor nach größenordnungsmäßig 4 Wochen vom Untersuchungsamt Endbewertungen mit Straftatbeständen geltend gemacht wurden.

Daher legt das Landratsamt die Sachverhalte vorsorglich mit Bezug auf die Straftatbestände nach Art. 14 Abs. 2a Verordnung (EG) Nr. 178/2002 und § 58 Abs. 2 Nr. 1 sowie ggf. Abs. 6 LFGB vor.

I. **Verletzte Vorschriften**: Art. 14 Abs. 2a Verordnung (EG) Nr. 178/2002 und § 58 Abs. 2 Nr. 1

II. **Lebensmittelunternehmer/Verantwortliche**: (Daten Lebensmittelunternehmer)

III. Sachverhalt

Das Lebensmittelunternehmen X (Beschreibung Unternehmen allgemein mit Produktportfolio, Produktvolumen, ggf. bisherige Verfahren im Überblick)

Im Ergebnis ist das Lebensmittelunternehmen aus Sicht des Landratsamtes als redlich einzuordnen mit Blick darauf, dass unter Berücksichtigung des Warenvolumens sowie der komplexen Rechtsvorgaben bzgl. der Kennzeichnung und des harten Wettbewerbs die Anzahl der Beanstandungen als unauffällig anzusehen ist, dass regelmäßig Beanstandungen auf einfachen Hinweis behoben werden, dass regelmäßig Beanstandungen auch ohne Anerkennung einer Rechtspflicht beseitigt werden, dass nach Aktenlage ein wirksames Managementsystem für Lebensmittelsicherheit nach Art. 5 Verordnung (EG) Nr. 852/2004 gegeben ist und dass bei den sehr wenigen Beanstandungen mit möglicher gesundheitlicher Relevanz rasch reagiert sowie mit den Überwachungsbehörden kooperiert worden war.

Ethylenoxid und der Metabolit 2-Chlorethanol sind gesundheitlich relevant und können in Abhängigkeit vom Gehalt im einzelnen Erzeugnis eine entsprechende Bewertung als gesundheitsschädlich auslösen. Ethylenoxid wurde bzw. wird als Begasungsmittel für mikrobiologisch relevante Lebensmittel und Zutaten verwendet beispielsweise auch hinsichtlich Waren im Container im weltweiten Handelsverkehr. Gemäß Merkblatt des Bundesinstituts für Risikobewertung vom 20.07.2021 mit Darlegung der aktuellen Erkenntnisse gilt in der EU ein vollständiges Verwendungsverbot für Ethylenoxid in Pflanzenschutzmitteln. In Biozidprodukten ist der Wirkstoff zur Desinfektion erlaubt, jedoch ohne Lebensmittelkontakt. In den letzten Wochen und Monaten wurde die Problematik bekannt, ursprünglich in Verbindung mit der Beanstandung von Sesamsamen aus Indien. Inzwischen liegen Erkenntnisse bzgl. Snacks, Riegeln, Salat-Toppings, Eisgrundmassen usw. vor.

Das Veterinäramt Göppingen wurde am (Datum) vorab telefonisch vom CVUA über die Beanstandung des (Lebensmittel) mit einem sehr hohen Gehalt an 2-Chlorethanol bzw. Ethylenoxid informiert. Dabei wurde auf die möglicherweise überregionale Problematik hinsichtlich des weltweiten Handelsverkehrs, mit Bezug auf Cellulose-Kapseln bzgl. Arzneimitteln, verschiedene Lebensmittel(zutaten) sowie die anhängigen Verbraucherschutzmaßnahmen zur Erforschung und Behebung der Problematik hingewiesen.

Das Landratsamt hat mit beiliegender Anhörung vom (Datum) noch am selben Tag das Lebensmittelunternehmen informiert mit Übermittlung des Vorabgutachtens vom (Darum). Im Gutachten wird auf eine nähere toxikologische Abklärung und eine folgende konkretere Einstufung mit Bezug auf Art. 14 BasisVO hingewiesen.

Im Ergebnis hat das Unternehmen auf die Anhörung vom (Datum) umgehend das Krisenteam Lebensmittelsicherheit einberufen, eigene Untersuchungen veranlasst und hinsichtlich der erheblichen Beanstandung bzgl.

(Lebensmittel) innerhalb von wenigen Tagen einen öffentlichen Rückruf umgesetzt, indem (nähere Beschreibung). Dies stellt über die Information der gewerblichen Kunden im Sinne der bekannten Rücknahmen hinaus im Ergebnis einen öffentlichen Rückruf im Sinne der Art. 10 und 19 BasisVO dar.

Das Landratsamt hat die unternehmerischen Maßnahmen überwacht. Neben aktenkundigem telefonischem Informationsaustausch und per E-Mail erfolgte ein Ortstermin am (Datum) durch Lebensmittelkontrolleurin W und den Unterzeichner. Dabei hat das Landratsamt in Ergänzung vorausgehender Abstimmungen hinsichtlich des zielführenden Rückrufs bzgl. (Lebensmittel) noch einmal erwähnt, dass voraussichtlich eine Beanstandung nach Art. 14 Abs. 2 a) BasisVO im Raum steht, dass daher voraussichtlich ein Bericht an die Strafverfolgungsbehörden folgt und dass auch mit Bezug auf ein etwaiges niederschwelligeres Bußgeldverfahren u. a. strafprozessuales Schweigerecht besteht. Im Falle einer weiteren Kooperation bei der Gefahrenabwehr würde dies zu Gunsten des Unternehmens im Verfahren vermerkt und ggf. könne über die juristische Abteilung hinaus ein Rechtsanwalt hinzugezogen werden. Die Unternehmensvertreter haben umgehend eine weitere Kooperation versichert. Beim Ortstermin haben die Unternehmensvertreter der QM-Abteilung sowie Lebensmittelsicherheitsgruppe dann ergänzende Daten und Erkenntnisse zu den Erzeugnissen sowie dem Stand des zwischenzeitlichen Rückrufs geliefert sowie die zwischenzeitlich ergänzend implementierten Eigenkontrollmaßnahmen aufgezeigt. Diese ergänzenden Maßnahmen teils über den gesetzlichen Mindestanforderungen stellen sich wie folgt dar: A, B.

In KW X hat das Unternehmen auf ergänzendes behördliches Ersuchen noch umgehend die Kundenlisten der Privatpersonen und insbesondere separiert der Gewerbeabnehmer geliefert, um mittels der einschlägigen EU-Schnellwarnverfahren eine behördliche Verifizierung der Rücknahme und des Rückrufs u. a. auch in anderen EU-Mitgliedstaaten sowie Drittländern außerhalb der EU zu ermöglichen.

IV. Einschätzung

Gemäß den verfassungsrechtlichen Vorgaben zur Transparenz des staatlichen Handelns hat das Veterinäramt im Zusammenhang mit dem vorläufigen Vorabgutachten des CVUA hinsichtlich des (Lebensmittel) auf eine – folgende wahrscheinliche Bewertung nach Art. 14 Abs. 2a BasisVO – hingewiesen. Die entsprechende Problematik der Vorgehensweise wurde auch ergänzend mit dem Untersuchungsamt sowie den übergeordneten Fachbehörden kommuniziert.

Jedenfalls hat das Unternehmen nach erster Bekanntgabe der Problematik durch das Landratsamt am (Datum) nach hiesiger Einschätzung umgehend die erforderlichen Verbraucherschutzmaßnahmen veranlasst, indem hinsichtlich des (Lebensmittel) innerhalb von größenordnungsmäßig zwei Tagen ein öffentlicher Rückruf erfolgte und indem umgehend wirksame Eigenkontrollmaßnahmen hinsichtlich der übrigen relevanten Erzeugnisse implementiert wurden.

Danach waren die Verstöße nach Art. 14 Abs. 2a BasisVO bei der formalen Feststellung in Form des Endgutachtens vom (Datum) bereits nahezu vollständig behoben. Das Unternehmen hat im Zuge insbesondere der Gespräche beim Besuchstermin sinngemäß geltend gemacht, dass Ethylenoxid bekannterweise lange Zeit angewandt worden war bzw. außerhalb der EU noch angewandt wird und dass die im Zuge neuer behördlicher Überwachungsprogramme erschlossene gesundheitliche Relevanz in dieser Form bislang nicht abzusehen war. Themen wie die medial bekannten Beanstandungen von Sesam werden logischerweise verfolgt und jedoch seien damals keine Rückschlüsse auf anderweitige oder gar eigene Erzeugnisse ersichtlich gewesen als Anlass für die inzwischen erfolgte Implementierung ergänzender eigener Untersuchungsprogramme o. Ä.

Diese Sichtweise des Unternehmens ist nach Einschätzung des Landratsamtes nachvollziehbar und glaubwürdig.

Stephan Ludwig Anlagen: 1 Ermittlungsakte

Beispiel 3:

Anhörung eines Schlachtunternehmens zu tierschutz- und fleischhygienerechtlichen Problematiken und erforderlichen Korrekturmaßnahmen

Die Gewährleistung der tiergesundheits-, tierschutz- und fleischhygienerechtlichen Anforderungen bei der Schlachtung von Tieren ist naheliegenderweise ein sensibles Thema mit teils komplexen Fragestellungen. Auch in diesem Zusammenhang ist die im vorliegenden Kapitel beschriebene Kooperation von Unternehmen und Behörde zur Sicherstellung der primären Normschutzziele bedeutend sowie beiderseits zielführend.

Anhörung zu Mängeln in einem Schlachtbetrieb

Landratsamt Musterstadt *Postfach 123* 12345 Musterstadt

Mit Postzustellungsurkunde

(Adresse)

Datum
xxyyzzzz

Landratsamt Musterstadt

Amt für Veterinärwesen
und Verbraucherschutz

Aktenzeichen xy

Zuständig für Ihr Anliegen
Herr Ludwig
(Kontaktdaten,
Datenschutzhinweis usw.)

Tierschutz beim Schlachten und Fleischhygiene

Hier: Besprechung am (Datum) wegen einzelner Mängel und nachfolgend besprochener Korrekturmaßnahmen bei der Schlachtung am (Datum)

Sehr geehrte Damen und Herren, sehr geehrter Unternehmer X,

nach der Systematik des EU-Rechts sorgen Unternehmen und Überwachungsbehörde ggf. kooperativ dafür, dass die primären Ziele bzgl. Tierwohl und Lebensmittelsicherheit gewährleistet werden. Bei dieser Konstruktion haben die Unternehmen die Primärverantwortung für die Sicherheit der Erzeugnisse und die Einhaltung der Normen. In diesem Zusammenhang bestehen beispielsweise die Verpflichtungen zur Tierschutz-Standardarbeitsanweisung, zu einem Tierschutzbeauftragten, zur Implementierung eines Risikomanagementsystems für Lebensmittelsicherheit sowie allgemein Eigenkontrollen mit ggf. selbstständigen Korrekturmaßnahmen. Demnach können die Behörden mit Sanktionen und/oder Anordnungen einschreiten, wenn die Unternehmen im Ergebnis unzureichend tätig sind.

Vor diesem Hintergrund dokumentieren wir nachfolgend einzelne, teils in jüngerer Vergangenheit angesprochene Sachverhalte und Problematiken sowie erforderliche Mindestlösungen. Insbesondere Sie als verantwortlicher Unternehmer werden über die einzelnen angesprochenen Mitarbeiter hinaus vorliegend über notwendige Maßnahmen zur Mängelbeseitigung mit Bezug die Schlachtung vom (Datum) informiert. Damit haben Sie Gelegenheit zur künftigen Einhaltung der besprochenen Anforderungen und können somit behördliche Maßnahmen vermeiden. Die einzelnen Punkte stellen sich wie folgt dar:

(z. B. nachfolgende Themen mit den jeweils besprochenen Sachverhalten bzw. Inhalten:

1. **Messersterilisationsbecken / Messer zum Wechseln / Persönliche Hygiene**
2. **Eingeweide und Nebenprodukte der Schlachtung**
3. **Arbeitskleidung)**

Ergebnis / Anhörung

Sie erhalten hiermit als Unternehmen die Gelegenheit, sich zum vorliegenden Sachverhalt und zur künftigen Einhaltung der Mindestanforderungen sowie alternativ ergänzende behördliche Maßnahmen bis zum 03.07.2024 zu äußern.

Mit freundlichen Grüßen

18 Lehre und Ausbildung

Das Kapitel 18 zum Thema Ausbildung dient als relativ einfache Einführung ins Lebensmittelrecht und die Lebensmittelüberwachung. Es bietet

- einen einfachen Einstieg ins Lebensmittelrecht und die Systematik der unternehmerischen Primärverantwortung sowie Lebensmittelüberwachung,
- Beispielfälle mit verschiedenen behördlichen Entscheidungen bzw. Schreiben,
- Beispiele für Klausuren,
- die Darstellung lebensmittelrechtlicher Entwicklungen anhand eines Newsletters.

18.1 Einstieg ins Lebensmittelrecht und die Systematik der unternehmerischen Primärverantwortung sowie Lebensmittelüberwachung

18.1.1 EU-Recht mit Vorrang und als Rahmen

Der Begriff Lebensmittelrecht umfasst alle Rechts- und Verwaltungsvorschriften für Lebensmittel sowie für Futtermittel, die für zur Lebensmittelgewinnung dienenden Tiere hergestellt oder an sie verfüttert werden. Zudem beinhaltet Lebensmittelrecht sowohl die Vorschriften der Union als auch auf einzelstaatlicher Ebene.[1]) Vorstehende Definition findet sich in Art. 3 Nr. 1 der sogenannten Lebensmittelbasisverordnung (EG) Nr. 178/2002, die im vorliegenden Werk als BasisVO bezeichnet wird.

Das EU-Recht ist wichtiger und maßgeblicher Bestandteil des Lebensmittelrechts. Dies bedeutet, dass oftmals ein Zusammenspiel von unionalen und ergänzenden nationalen Normen gegeben ist. Grundsätzlich hat das EU-Recht Vorrang[2]) vor nationalen Regelungen. Die EU kann mittels Verordnungen unmittelbar geltende Regelungen für die Mitgliedstaaten erlassen.[3]) Von einer „Vollharmonisierung"[4]) wird gesprochen, wenn die EU

1) Sosnitza/Meisterernst LebensmittelR/Ludwig V (EG) 178/2002 Art. 11 Rn. 5.

2) Vgl. Art. 2 AEUV.

3) Art. 288 AEUV.

4) Sosnitza/Meisterernst LebensmittelR/Ludwig V (EG) 178/2002 Art. 11 Rn. 15.

Regelungen trifft und dabei keinen Raum für ergänzende Bestimmungen durch die Mitgliedstaaten lässt. Demgegenüber kann die EU z. B. die Mitgliedstaaten ausdrücklich zu ergänzenden Regelungen ermächtigen. Mit Richtlinien kann die EU den Mitgliedstaaten grundsätzlich Ziele vorgeben und dabei die Umsetzung den Mitgliedstaaten überlassen. Früher hat die EU vermehrt mit Richtlinien gearbeitet. Inzwischen wird mehr mit unmittelbar geltenden Verordnungen geregelt.

Im Ergebnis stellt das EU-Recht somit eine Art Rahmen dar. In diesem Rahmen können die Mitgliedstaaten ergänzende nationale Regelungen erlassen. Hinter dieser Konstruktion stehen die Interessen, einerseits grundsätzliche Dinge in allen EU-Mitgliedstaaten gleich zu behandeln und andererseits jedoch den Mitgliedstaaten auch etwas Raum für die Berücksichtigung z. B. regionaler und traditioneller Interessen zu belassen. Dieser Spielraum wird im EU-Lebensmittelrecht **„Flexibilität"** genannt. Im nationalen Bereich werden Ausprägungen solcher Spielräume auch dem **Grundsatz der Verhältnismäßigkeit** zugerechnet.

Das beschriebene Verhältnis von EU- und nationalem Recht kann mit einer Normenpyramide veranschaulicht werden:

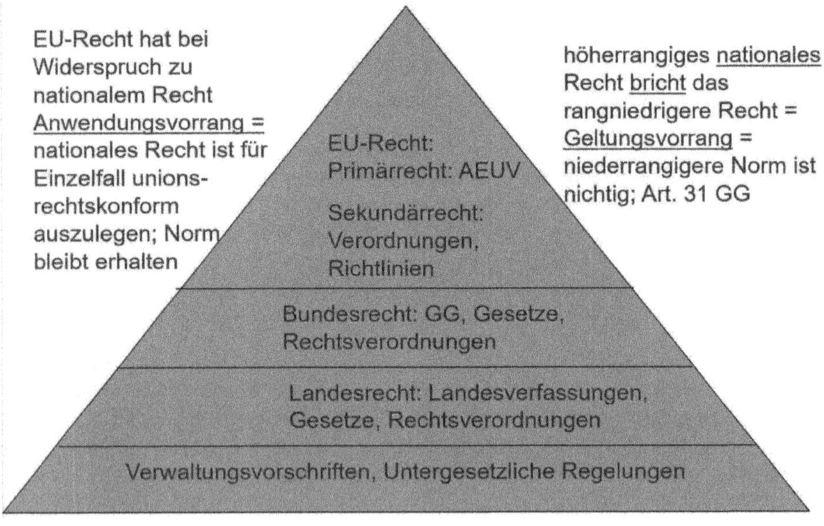

18.1.2 Bedeutende Regelungen des Lebensmittelrechts und primäre Normschutzziele

Der Begriff „Norm“ ist eine Art Überbegriff und wird gebraucht für die verschiedenen rechtlichen Konstrukte wie z. B. Gesetze, Rechtsverordnungen, Satzungen usw.

Mit dem Begriff „Normschutzziele“ ist gemeint, welche Aufgaben und Zwecke die einzelnen Regelungen verfolgen. Die Schutzziele des EU- und nationalen Lebensmittelrechts stellen sich wie folgt dar:

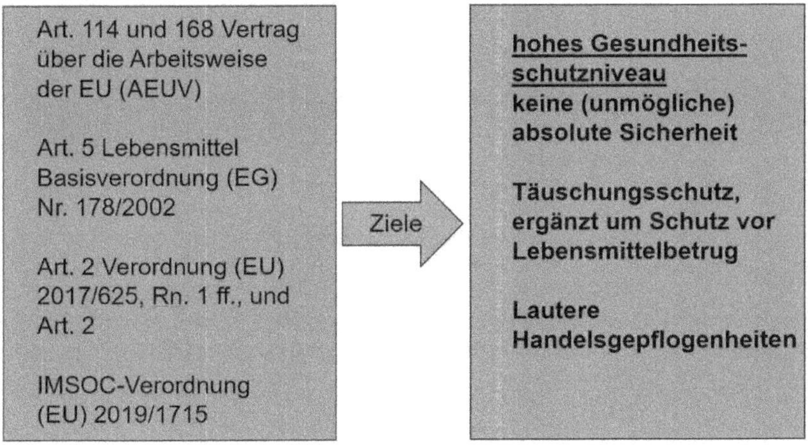

Ein Überblick über bedeutende Regelungen des EU-Lebensmittelrechts und den darunter dargestellten nationalen Bereich sieht wie folgt aus:

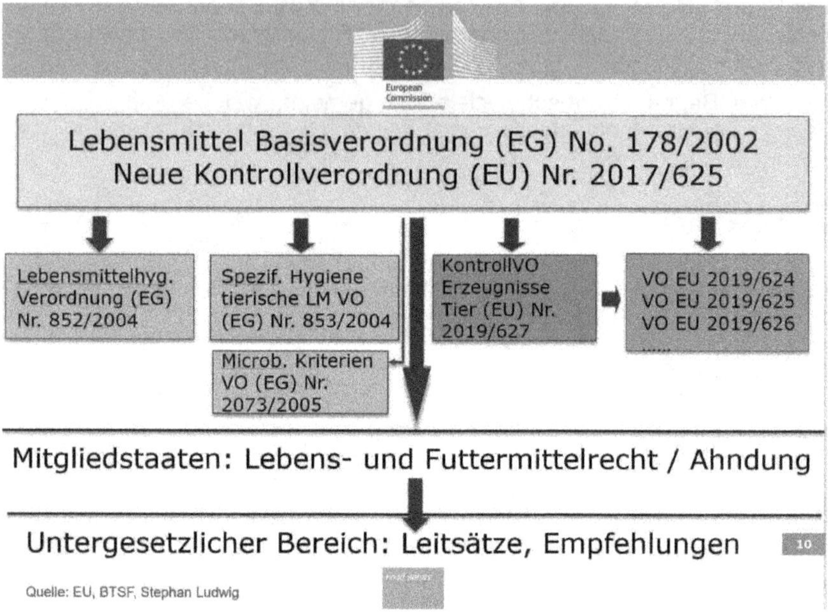

Quelle: EU, BTSF, Stephan Ludwig

Dabei beinhalten die einzelnen Regelungen z. B. Folgendes:

BasisVO:

- Ziele des Lebensmittelrechts mit den Bestandteilen z. B. Risikomanagement und Vorsorgeprinzip
- Regelungen zur Einfuhr von Lebensmitteln in die EU und zur Ausfuhr
- Anforderungen an die Lebensmittel- und Futtermittelsicherheit
- Aufgaben der Europäischen Behörde für Lebensmittelsicherheit, EFSA
- Regelungen zum EU-Schnellwarnsystem

Verordnung (EU) 2017/625 über amtliche Kontrollen: Mit dieser zum 14.12.2019 gültigen EU-KontrollV 2017 wurden bedeutende Bestimmungen bzgl. Lebensmittelsicherheit, Tiergesundheit und Tierschutz noch stärker zentralisiert bzw. verbunden. Beispielsweise wurde die Pflanzengesundheit implementiert und bestehende Kommunikationssysteme zusammengefasst und optimiert. Insgesamt war die neue Kontrollverordnung auch eine Reaktion auf verschiedene Lebensmittelskandale mit dem Ziel einer Verbesserung des Überwachungssystems.

Verordnung (EU) 2019/627 über amtliche Kontrollen von Erzeugnissen tierischer Herkunft: Dies ist quasi die novellierte Kontrollverordnung mit Bezug auf tierische Erzeugnisse. Sie enthält z. B. Ermächtigungen für sogenannte Realakte.[1]) Demnach können die Amtstierärzte am Schlachthof in einem einfachen Verfahren die Bandgeschwindigkeit drosseln oder stoppen bis zur erneuten Gewährleistung z. B. der Lebensmittelsicherheit oder tierschutzrechtlicher Anforderungen.

Verordnung (EG) Nr. 852/2004: allgemeine Bestimmungen zu den Anforderungen an Lebensmittelunternehmen

Verordnung (EG) 2073/2005 über mikrobiologische Kriterien für Lebensmittel: Mikrobiologische Anforderungen für Lebensmittel in Form sogenannter Lebensmittelsicherheitskriterien und Prozesshygienekriterien

18.1.3 Rechtsauslegung mit bedeutenden Grundsätzen

In den in Kapitel 18.1.2 dargestellten Normen sind einzelne Anforderungen zumindest relativ konkret vorgegeben, wie z. B. Handwaschvorrichtungen für Küchenbereiche und ähnliche Zubereitungsbereiche nach Art. 4 Abs. 2 in Verbindung mit Anhang II Kapitel II Nr. 3. Verordnung (EG) 852/2004. Jedoch sind selbst damit sogenannte unbestimmte Rechtsbegriffe wie beispielsweise „angemessene Vorrichtungen" und müssen „erforderlichenfalls vorhanden sein" verbunden. Dies hat den Hintergrund, dass Gesetze und entsprechende Regelungen grundsätzlich eine Vielzahl von Fällen regeln sollen. Daher ist ein gewisser Grad an Abstrahierung der Regelungen durch vorerwähnte unbestimmte Rechtsbegriffe notwendig und im Rahmen des **Bestimmtheitsgebots**[2]) für Normen noch zulässig.. Dies bedeutet aber auch, dass das Lebensmittelrecht im Einzelfall in der Regel ausgelegt werden muss. Dies kann naheliegenderweise bei komplexen Fragen auch zu unterschiedlichen Auffassungen von Unternehmen und Behörden führen. Solche Auslegungen erfolgen zum Beispiel im Zuge von Baugenehmigungen von Lebensmittelbetrieben. Dabei reichen Unternehmen und Architekten ein Bauvorhaben ein. Die Baurechtsbehörden hören dann die berührten Fachbehörden einschließlich der Lebensmittelüberwachungsbehörden an. Die Fachbehörden überprüfen dann die Übereinstimmung des Vorhabens mit den geltenden lebensmittelrechtlichen Bestimmungen. Bei Einhaltung dieser Rechtsvorgaben kann dann eine Baugenehmigung erteilt werden. Dabei kann die Einhaltung besonders wichtiger Punkte durch sogenannte

1) Zu Realakten vgl. Kapitel 3.1.7 und 3.15.

2) Vgl. Kapitel 1.1 mit Beschreibung des Grundsatzes der Bestimmtheit.

Auflagen sichergestellt werden. Derartige Auflagen sind im juristischen Sinne Verwaltungsakte.[1]) Über das vorerwähnte Mindestmaß an Bestimmtheit von Normen hinaus müssen Verwaltungsakte „hinreichend" und das heißt im Prinzip bestmöglich bestimmt sein.[2]) Demzufolge muss der Adressat erkennen können, was genau der Staat von ihm verlangt. Dann kann der Adressat dies auch erfüllen und sozusagen Ruhe vor dem Staat erreichen als Ausprägung des Bestimmtheitsgebots und des sogenannten Schutzes vor staatlicher Willkür. Die beschriebene Systematik bzgl. relativ abstrakter Normen mit einem verfassungsrechtlichen Mindestmaß an Bestimmtheit und die notwendige Auslegung für eine weitreichendere hinreichende Bestimmtheit von Verwaltungsakten zeigt die auch im Lebensmittelrecht oftmals erforderliche Rechtsauslegung auf. Hilfsweise können hierfür ggf. Leitlinien als sogenannte untergesetzliche Regelungen ohne verbindlichen Normcharakter sowie auch Rechtsprechung herangezogen werden.

Nach vorstehenden Ausführungen ist das teils abstrakte Lebensmittelrecht oftmals auszulegen, für die Anwendung im Einzelfall und eine Berücksichtigung der Grundsätze von beispielsweise **Bestimmtheit** und **Verhältnismäßigkeit.**[3]) Spezielle lebensmittelrechtliche Faktoren sind dabei die Risikoanalysen und das Vorsorgeprinzip nach Art. 6, 7 BasisVO sowie die im Lebensmittelrecht verankerte Flexibilität für beispielsweise traditionelle Herstellungsmethoden sowie kleine Unternehmen. Die Risikoanalysen bzw. deren Ergebnis in Form etwaiger Maßnahmen von Unternehmen und Behörden werden im Sprachgebrauch oftmals auch als Risikomanagement bezeichnet. Das Risikomanagement mit dem Ziel einer Reduktion von Risiken auf ein tolerables Niveau[4]) kann im Einzelfall und insbesondere bei neu auftretenden Problematiken relativ komplex sein. Die Prozesse von Risikoanalyse und -management werden in den Erwägungsgründen zur BasisVO und im dortigen Art. 3 Nr. 10 beschrieben. Ein Überblick stellt sich wie folgt dar:

---

1) Zu behördlichem Handeln und Verwaltungsakten siehe Kapitel 3.1 und 3.1.3.

2) § 37 Abs. 1 LVwVfG und vgl. *Ludwig* in LMuR „Jahresrückblick Rechtsprechung aus Sicht der Lebensmittelüberwachung" mit Beitrag zur Bestimmtheit von Anordnungen.

3) Vgl. Kapitel 1.1 zum Grundsatz der Verhältnismäßigkeit.

4) Vgl. z. B. Art. 5 Verordnung (EG) Nr. 852/2004.

Art. 3 Nr. 10 BasisV 178/2002: „Risikoanalyse": ein Prozess aus den drei miteinander verbundenen Einzelschritten

Risikobewertung

Risikomanagement

Risikokommunikation

Art. 3 Nr. 12 BasisV 178/2002: „Risikomanagement": ein von der Risikobewertung unterschiedener Prozess der Abwägung strategischer Alternativen in Konsultation mit den Beteiligten unter Berücksichtigung der Risikobewertung und anderer berücksichtigenswerter Faktoren und gegebenenfalls der Wahl geeigneter Präventions- und Kontrollmöglichkeiten.

Risikokommunikation bedeutet beispielsweise, dass die Verbraucher z. B. durch Warn- oder Anwendungshinweise auf die Risiken von Lebensmitteln bzw. deren sachgerechte Verwendung hingewiesen werden können.[1]) Dann können die Verbraucher in eigener Verantwortung über einen Verzehr oder eine Meidung entscheiden. Diese Entscheidungsmöglichkeit ist im Zuge der Lebensmittelsicherheitsbewertungen besonders wichtig, weil bei einer Verschleierung von Risiken durch eine Aufmachung der Lebensmittel der Verbraucher nicht selbst über die Risikoannahme entscheiden kann. Dies kann unter Umständen und in Abhängigkeit von der Risikobewertung zu einer **Unsicherheit** von Erzeugnissen führen.[2])

Im Zuge des Risikomanagements ist zudem von hoher Bedeutung, welche Maßnahmen ein Unternehmen und/oder eine Behörde erforderlichenfalls zur Risikoreduktion auf ein tolerables Niveau tatsächlich ergreifen. Die geltenden Normen geben dabei einen Rahmen und einzelne Rechtsfolgen für mögliche Maßnahmen z. B. in Form ergänzender Untersuchungen, sonstiger Eigenkontrollen, usw. gemäß z. B. dem Katalog in Art. 138 Abs. 2 EU-KontrollV 2017. Diese Auswahlmöglichkeit der Behörde bzgl. einzelner Maßnahmen tangiert das **Ermessen**. Ein Ermessen der Behörde ist in Rechtsnormen regelmäßig an Signalformulierungen erkennbar, wie z. B. die

1) Gemäß Art. 14 Abs. 3 b) BasisVO.

2) Ausführlicher dazu bei Kapitel 1.4 bzgl. bestimmungsgemäßer und vorauszusehender Gebrauch als Grundlage für Risikobewertungen sowie Beispiel Nahrungsergänzungsmittel; ausführlicher zum Risikomanagement mit Bezug auf Beispielfälle Ethylenoxid siehe Kapitel 1.4.1 und 17.2.2.

Behörde entscheidet „nach pflichtgemäßem Ermessen“ oder die Behörde „kann“ etwas veranlassen. Zunächst ist in der Praxis das **Entschließungsermessen** gegeben. Dies bedeutet, eine Behörde trifft in einem Einzelfall eine Entscheidung „ob“ sie tätig wird. Das Auswahl- bzw. Entscheidungsermessen betrifft dann die Frage des „wie“ des Vorgehens und folglich vorerwähnte Auswahl von Maßnahmen. Die Ermessensausübung steht eng mit vorerwähntem Grundsatz der **Verhältnismäßigkeit** in Verbindung, u. a. weil bei der Ermessensauswahl unter verschiedenen möglichen Maßnahmen das Prinzip des geringsten Eingriffs zu berücksichtigen ist. In besonders schwerwiegenden Fällen, wie z. B. Listerienbefunden bei verzehrsfertigen Lebensmittel als besonders hohen Gesundheitsrisiken kann eine sogenannte **Ermessensreduzierung auf Null** eintreten. Dies bedeutet, dass nur eine oder einzelne Manßnahmen geeignet sind für eine Problemlösung, wie ein Stopp des Inverkehrbringens, eine Rücknahme und ein öffentlicher Rückruf der mit Listerien belasteten Lebensmittel.

18.1.4 Primärverantwortlichkeit der Lebensmittelunternehmen

Nach der Systematik des EU-Lebensmittelrechts sind die Lebensmittelunternehmen mit den Lebensmittelunternehmern primär für die Sicherheit der Erzeugnisse und die Einhaltung der einschlägigen Normen verantwortlich u. a. nach Art. 3 Nr. 3 sowie Art. 17 BasisVO und Art. 3 Verordnung (EG) Nr. 852/2004.

Der Begriff der „Sorgfaltspflichten“ umfasst wie auch in anderen Rechtsbereichen die Verpflichtung, dass die Verantwortlichen sich über geltende Bestimmungen kundig zu machen und deren Einhaltung zu gewährleisten haben. Dies wird im Lebensmittelrecht ergänzend durch die Definition des Lebensmittelunternehmers in Art. 3 Abs. 3 BasisVO unterstrichen. Z. B. in großen Unternehmen werden die Verantwortlichkeiten teils delegiert beispielsweise auf Filialleiter-, Qualitätsmanagement-Verantwortliche usw.

Ferner und mit Bezug auf das unter Kapitel 18.1.3 beschriebene **Risikomanagement** sind die Lebensmittelunternehmen zur Implementierung eines auf HACCP-Grundsätzen[1]) beruhenden Risikomanagementsystems verpflichtet, um erforderlichenfalls Risiken durch Lenkungs- bzw. Korrekturmaßnahmen auf ein tolerables Niveau zu reduzieren.

Des Weiteren wurde die Verordnung (EG) Nr. 852/2004 mit der Verordnung (EU) 2021/382 novelliert bzw. ergänzt, insbesondere um den Begriff der Lebensmittelsicherheitskultur. Damit wird den Lebensmittelunternehmen die Implementierung, Aufrechterhaltung und der Nachweis einer angemes-

1) Zu HACCP siehe Kapitel 3.17.

senen Lebensmittelsicherheitskultur vorgegeben. Dies beinhaltet sinngemäß folgende Anforderungen:

- Betriebsleitung und Beschäftigte sind verantwortlich,
- klare Kommunikation im Unternehmen,
- Transparenz von Verantwortlichkeiten,
- eine Bereitstellung von ausreichenden Ressourcen durch das Unternehmen,
- regelmäßige Eigenkontrollen zur Gewährleistung der Lebensmittelsicherheit.

Insgesamt gehen die Entwicklungen in die Richtung, dass zunehmend auch die Sorgfaltspflichten der Unternehmen bzw. Unternehmer durch Normen konkretisiert werden. Dies ist auch anhand aktueller Regelungen beispielsweise zum Lieferkettensorgfaltspflichtengesetz und bzgl. der EU-Verordnung über entwaldungsfreie Produkte erkennbar. Dies kann einerseits vorteilhaft gesehen werden mit Blick auf die jeweiligen Ziele und als entsprechende Beiträge für die Lebensmittelsicherheit, den Umweltschutz bzw. die Nachhaltigkeit und weltweit faire Arbeitsbedingungen. Andererseits beklagen die Unternehmen, dass zuviel Regelungen einschließlich etwaiger staatlicher Pflichten mit zuviel Bürokratie auf sie übertragen werden und sie im Wettbewerb unangemessen hemmen.

18.1.5 Aufgaben, Ermächtigungen und Verpflichtungen der Überwachungsbehörden

Ergänzend zur in Kapitel 18.1.4 beschriebenen Primärverantwortung der Lebensmittelunternehmen nehmen die Lebensmittelüberwachungsbehörden ihre Aufgaben wahr. Diese Aufgaben sind in Zusammenhang mit den sogenannten amtlichen Kontrollen gemäß Art. 1 EU-KontrollV 2017 sowie dem Gesetzeszweck in § 1 LFGB beschrieben. Die Ermächtigungen und entsprechenden Verpflichtungen der Lebensmittelüberwachungsbehörden lassen sich zudem anhand von Art. 137, 138 EU-KontrollV 2017 sowie § 39 LFGB erkennen. Demnach sind die Behörden zu weiteren Ermittlungen bei Verdachtsmomenten auf Verstöße verpflichtet sowie zur Gewährleistung, dass die Unternehmen im Falle von Verstößen ggf. Abhilfe schaffen und Wiederholungen vorbeugen.[1])

Das EU-Recht sieht für die Erreichung der primären Normschutzziele insbesondere eines hohen Gesundheitsschutzniveaus grundsätzlich eine Kooperation von Unternehmen und Behörden vor. Aufgrund der Bedeu-

1) Ausführlicher dazu siehe Kapitel 3.

tung dieser Kooperation sind die Regelungen dazu mit Beispielen in einem gesonderten Kapitel 17 „Kooperation“ aufgeführt.

Die Systematik lässt sich anhand Art. 138 Abs. 1 EU-KontrollV 2017 erkennen.

„Artikel 138 – Maßnahmen im Fall eines festgestellten Verstoßes

(1) Wenn ein Verstoß festgestellt wird, ergreifen die zuständigen Behörden

a) die erforderlichen Maßnahmen, um Ursprung und Umfang des Verstoßes sowie die Verantwortung des Unternehmers zu ermitteln und

b) geeignete Maßnahmen, um zu gewährleisten, dass der betreffende Unternehmer den Verstoß beendet und dass er erneute Verstöße dieser Art verhindert.

Bei der Entscheidung über die zu ergreifenden Maßnahmen berücksichtigen die zuständigen Behörden die Art des Verstoßes und das bisherige Verhalten des betreffenden Unternehmers in Bezug auf die Einhaltung der Vorschriften.“

Der Begriff des „**Verstoßes**“ wird in der Literatur als die Abweichung eines Sachverhaltes von einer Norm beschrieben. Das Erkennen eines Verstoßes bezeichnen Behörden auch als „**Beanstandung**“.

Als Handwerkszeug für den Überbegriff der amtlichen Kontrollen stehen den Behörden zum Beispiel Inspektionen, Probenahmen, Audits usw. zur Verfügung.[1]) Die Allgemeine Verwaltungsvorschrift Rahmenüberwachung sieht Mindestanforderungen bzgl. Kontrollzahlen und Probenahmen vor.

Im Falle von festgestellten Verstößen stehen den Behörden regelmäßig zwei Handlungsweisen zur Verfügung:

- Gefahrenabwehr mit Anordnungen oder Realakten gemäß Art. 138 EU-KontrollV 2017: Dies bedeutet, dass Unternehmen zu Verstößen angehört werden und insbesondere bei mangelnder Bereitschaft zu Abhilfemaßnahmen dann Verwaltungsakte erlassen werden. Die Verwaltungsakte werden im Lebensmittelrecht häufig als Anordnungen bezeichnet. Sie fordern die Unternehmen formal innerhalb angemessener Fristen zu Abhilfemaßnahmen auf und können unter gewissen Voraussetzungen auch mit Zwangsmitteln versehen werden. In dringenden Fällen können die Behörden die Maßnahmen anstelle der Unternehmen umsetzen. Die zwangsweise behördliche Umsetzung wird Vollstreckung genannt.
- Ahndung im Sinne von Art. 139 EU-KontrollV 2017: Mit Ahndung werden die Sanktionen bezeichnet. Im nationalen Recht sind dies die Ordnungswidrigkeiten- und Strafverfahren mit den Möglichkeiten insbesondere von Verwarnungen, Bußgeldern, Geld- sowie Freiheitsstrafen.

1) Vgl. Art. 14 und 18 EU-KontrollV 2017

Eine Übersicht über die Überwachungstätigkeit und mögliche Maßnahmen mit einem Chronologie-Zeitpfeil stellt sich wie unten in der Abbildung dar.

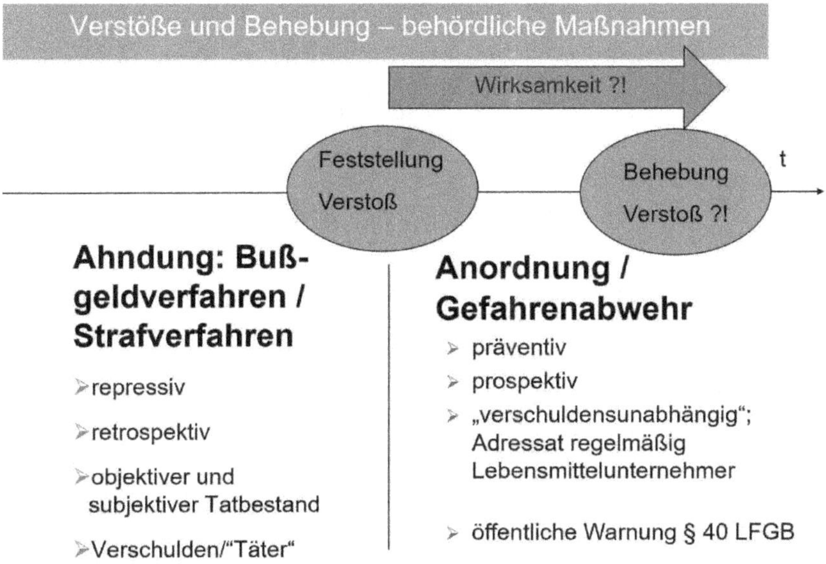

Bei den Ahndungsverfahren ist markant, dass die notwendige Ausermittlung bzgl. der Verantwortlichkeit für Verstöße über den subjektiven Tatbestand und das Verschulden zum umgangssprachlichen „Täter" führt. Diese Ausermittlung ist erforderlich für eine etwaige Sanktion gegenüber den tatsächlich Verantwortlichen. Auf der anderen Seite kann im Bereich der Gefahrenabwehr grundsätzlich zunächst auf den Lebensmittelunternehmer zugegangen werden, weil dieser hauptverantwortlich ist gemäß vorstehenden Ausführungen bei Kapitel 18.1.4. Weil das Verschulden dabei keine bzw. eine nur untergeordnete Rolle spielt, wird das Gefahrenabwehrverfahren auch als „verschuldensunabhängig" beschrieben. Dabei soll die Möglichkeit einer umgehenden Zugriffsmöglichkeit auf einen Unternehmensverantwortlichen naheliegenderweise eine möglichst rasche Beseitigung von hohen Risiken in Eilfällen ermöglichen.

Grundsatz der Verhältnismäßigkeit:[1]) Die Verhältnismäßigkeit bedeutet, dass behördliche Maßnahmen

1) Grundsatz der Verhältnismäßigkeit etwas ausführlicher mit Beispiel in Kapitel 1.4.

- geeignet, d. h. zwecktauglich,
- erforderlich, d. h. die geringst mögliche Belastung für die Unternehmen aus etwaigen optionalen geeigneten Maßnahmen,
- angemessen, gemäß dem Grundsatz „nicht mit Kanonen auf Spatzen schießen",

sein müssen. Dieser Grundsatz gilt sowohl für Anordnungen im Bereich der Gefahrenabwehr als auch für Sanktionen wie Bußgelder und Strafen.

Ermessen: Im Zusammenhang mit dem Erlass von Anordnungen können die zugrunde liegenden Normen den Behörden auch ein sogenanntes Ermessen einräumen. Dies bedeutet, dass zur Erreichung des von der Norm vorgegebenen Ziels beispielsweise mehrere Wege möglich sein können. In diesem Zusammenhang ist auch der Grundsatz der Verhältnismäßigkeit mit tangiert, weil jeweils das für die Adressaten mildeste Mittel anzuwenden ist. Beim Ermessen wird zwischen zwei Formen unterschieden:

Entschließungsermessen: Dies betrifft die Frage des „ob" eines behördlichen Einschreitens. Das heißt, die Behörde prüft das Vorliegen eines etwaigen Verstoßes und ggf. dessen Bedeutung bzw. Schwere. Davon hängt ab, ob die Behörde einschreitet. In Zusammenhang mit der Gefahrenabwehr sind die Behörden regelmäßig zum Einschreiten verpflichtet.

Auswahl-/Entscheidungsermessen: Dies betrifft das mögliche „wie" einer Umsetzung einer Maßnahme zur Behebung eines Verstoßes. Das heißt nach der Entscheidung zum Einschreiten gemäß Entschließungsermessen, wählt die Behörde dann unter verschiedenen möglichen Maßnahmen aus. Ein Beispiel für einen solchen Maßnahmenkatalog für unterschiedliche Szenarien findet sich in Art. 138 Abs. 2 EU-KontrollV.

18.2 Beispiele und Einzelfälle insbesondere mit Bezug auf die Ausbildung bzw. den Einstieg

Beispiel 1: In einer Schule wird ein Backwarenverkauf mit z. B. einer Belegung von Brötchen vor Ort eingerichtet. Die Lebensmittelüberwachung stellt bei der Abnahme und bei einem nachfolgenden Besuch fest, dass keine hygienischen Handwaschvorrichtungen mit Warmwasserzufuhr zur Verfügung stehen. Das Unternehmen hatte währenddessen eine Mangelbehebung versichert und nicht eingehalten. Mit einer ergänzenden schriftlichen Anhörung soll dem Lebensmittelunternehmen und dem Unternehmer die Notwendigkeit der Einrichtung aufgezeigt werden sowie etwaige Konsequenzen bei weiter anhaltenden Verstößen. Dies kann sich z. B. wie folgt darstellen:

Landratsamt Musterstadt *Postfach 123* 12345 Musterstadt

Mit Postzustellungsurkunde

(Adresse)

Datum
xxyyzzzz

Landratsamt Musterstadt

Amt für Veterinärwesen
und Verbraucherschutz

Aktenzeichen xy

Zuständig für Ihr Anliegen
Herr Ludwig
(Kontaktdaten,
Datenschutzhinweis usw.)

Lebensmittelüberwachung – Bäckereifiliale (*Unternehmensdaten*)

Mehrfache Beanstandung einer fehlenden Handwaschvorrichtung des Verkaufsstandes (*Ort Unternehmensfiliale*)

Sehr geehrte Damen und Herren, sehr geehrter (*Lebensmittelunternehmer*),

das Amt für Veterinärwesen und Verbraucherschutz des Landratsamtes Göppingen als Lebensmittelüberwachungsbehörde nimmt Bezug auf die bereits mehrfache o. g. Beanstandung. Auf folgende Sach- und Rechtslage wird nochmals hingewiesen:

Sachverhalt:

Bereits bei der Abnahmekontrolle des Bäckereiverkaufsstandes in der Schule am (*Datum*) wurde beanstandet, dass beim Verkaufsstand keine Handwaschvorrichtung mit hygienischen Mitteln zum Reinigen und Trocknen der Hände vorhanden ist und dass eine angemessen Personalhygiene sowie ein ausreichender Infektionsschutz damit nicht möglich sind.

Lösungsmöglichkeiten zur Behebung des erheblichen Hygienemangels wurden aufgezeigt und besprochen. Sodann erfolgten noch mehrere Gespräche und Telefonate teils mit dem Gewerbetreibenden und Lebensmittelunternehmer persönlich am (*Daten*). Dabei wurden ergänzend einzelne rasch umsetzbare Lösungsmöglichkeiten erörtert; eine Mangelbehebung innerhalb weniger Werktage wurde erneut zugesichert.

Bei einer weiteren Kontrolle am (*Datum*) war nach wie vor keine Handwaschvorrichtung beim Verkaufsstand vorhanden. Auf eine angebliche Lieferung einer mobilen Handwaschvorrichtung in ca. 3 Wochen wurde verwiesen.

Rechtslage:

Das EU-Lebensmittelhygienerecht gibt im öffentlichen Interesse der Verbraucher ein hohes Gesundheitsschutzniveau vor. Nach der Systematik des Lebensmittelrechts sind das Lebensmittelunternehmen und der sogenannte Lebensmittelunternehmer vollumfänglich für die Sicherheit der Lebensmittel und die Einhaltung der Hygienebestimmungen verantwortlich. Im Rahmen der Sorgfalts- und Eigenkontrollpflichten haben die Verantwortlichen den Betrieb selbstständig regelmäßig zu prüfen und ggf. Mängel abzustellen. Ferner müssen die Verantwortlichen oder ggf. beauftragte Dritte über ausreichend Sachkunde mit Bezug auf die jeweiligen Tätigkeiten verfügen.

Nach Art. 4 Abs. 2 in Verbindung mit Anhang II Kapitel I Nr. 4. und Kapitel 8 Nr. 1 der Verordnung (EG) Nr. 852/2004 über Lebensmittelhygiene müssen in Lebensmittelbetrieben an geeigneten Standorten Handwaschvorrichtungen vorhanden sein und das Personal hat ein hohes Maß an persönlicher Sauberkeit einzuhalten. Entsprechende Kontaminationsrisiken und gesundheitliche Gefahren durch Verunreinigungen und Mikroorganismen sind zu vermeiden und stellen Bußgeldtatbestände gemäß vorstehender Normen in Verbindung mit §§ 3 und 10 Lebensmittelhygiene-Verordnung dar.

Vor diesem Hintergrund ist aus fachlicher Sicht noch anzumerken, dass ein sehr hoher Anteil an Lebensmittelerkrankungen in Zusammenhang mit unzureichender Personalhygiene und einer Erregerübertragung über die Hände steht. Daher werden die beschriebenen Hygieneanforderungen zum Gesundheitsschutz selbst bei den schwierigeren Bedingungen von Straßen- und Vereinsfesten überwacht und ggf. durchgesetzt.

Ergebnis:

Im vorliegenden Fall wurde das Lebensmittelunternehmen (*Daten*) und deren Verantwortliche mehrfach über den o. g. erheblichen Hygieneverstoß mit gesundheitlichen Risiken informiert. Das Lebensmittelunternehmen hat bereits gegen vorstehende Sorgfaltspflichten verstoßen, indem ein derartiger Verkaufsstand ohne Handwaschvorrichtung eröffnet wurde. Dies deutet auch auf Mängel in der Fachkunde hin. Darüber hinaus stellt die nachhaltige Missachtung der Hygienevorgaben über einen derart langen Zeitraum und entgegen behördlichen Hinweisen schwerwiegende Sorgfaltspflichtsverletzungen dar.

Im Handel sind einschlägige mobile Handwaschvorrichtungen ab einer Größenordnung von nur ca. 300,– € erhältlich. Bereits im Vorfeld eines derartigen Vorhabens und ohne Berücksichtigung der ergänzenden behördlichen Hinweise sind einem Lebensmittelunternehmer entsprechende Vorplanungen im Interesse des Gesundheitsschutzes zuzumuten. Selbst bei

Straßenfesten können erfahrungsgemäß zur Vermeidung von Betriebsstilllegungen rasch angemessene Lösungen geschaffen werden.

Das Lebensmittelunternehmen erhält hiermit Gelegenheit, innerhalb **eines Arbeitstages** nach Zugang des Telefaxes die umgehende Wahrnehmung einer angemessenen Personalhygiene mit einem hohen Gesundheitsschutzniveau und eine angemessene dauerhafte Lösung darzulegen. Andernfalls ist mit einer formellen gebührenpflichtigen Anordnung bis hin zu einer vorübergehenden Betriebsuntersagung zu rechnen. Auch hierzu können Sie ggf. Stellung nehmen.

Ergänzend wird ein Bußgeldverfahren bei der Bußgeldstelle eingeleitet werden. Diesbezüglich erhalten Sie gesonderte Gelegenheit zur Stellungnahme.

Mit freundlichen Grüßen

18.3 Klausurbeispiele

In Zusammenhang mit der Ausbildung werden Beispiele für Klausuren und Klausurfragen dargestellt:

Beispiel Klausur 1:

****

Klausur Lebensmittelrecht und Praxisfälle

Bearbeitungszeit 90 min

Zugelassene Hilfsmittel: Gesetzessammlung u. a. mit Landesverwaltungsverfahrensgesetz, Landesverwaltungsvollstreckungsgesetz und Ordnungswidrigkeitengesetz; Auszug Verwaltungsgerichtsordnung, Auszug Strafgesetzbuch

1. Die Ermächtigung Art. 138 Abs. 1 der Neuen Kontrollverordnung (EU) 2017/625 sieht in Abs. 2 einen Beispielkatalog für Maßnahmen vor. Welcher Rechtsgrundsatz wird bei der Auswahl von Maßnahmen neben der Verhältnismäßigkeit berührt? Erläutern Sie diesen Grundsatz kurz. **(3 Punkte)**
2. Sie beraten Ihre Behörde bei der Lebensmittelabgabe beim anstehenden Tag der offenen Tür und begehen dabei vor Ort mit den Verantwortlichen. Die Kantine ist gewerblich angemeldet und organisiert federführend die Lebensmittelabgabe für die Öffentlichkeit bei der Veranstaltung. Im Zuge der Lebensmittelabgabe ist vorgesehen, die Würste und Steaks in der Kantine gekühlt zu lagern und dort für das Verbringen zum und die Durcherhitzung auf dem Grill bei einem Stand im Freien vorzubereiten. Dort sehen Sie nur einen provisorischen Tisch quasi als Arbeitsfläche bzw. Ausgabestelle auf einer befestigten Freifläche mit darüber liegender und einigermaßen sauberer Decke sowie seitlichen Wandbegrenzungen. Der Grill steht etwas daneben und nicht überdacht im Freien. Auf dem Tisch sollen offenbar Brötchen für die Würste offen abgestellt werden und die Kunden stehen unmittelbar davor. Eine Handwaschvorrichtung beim Stand ist offenbar nicht vorgesehen. Dazu wird darauf verwiesen, dass das Grillgut direkt aus der Kantine geholt, gegrillt und quasi noch hocherhitzt abgegeben wird und dass nach zugehöriger Risikobewertung eine Handwaschvorrichtung entbehrlich sei.

   a. Wie bewerten Sie die Sachverhalte und was teilen Sie den Verantwortlichen mit? **(5 Punkte)**

   b. Zur etwaigen Handwaschvorrichtung mit Flüssigseife und Einmalpapierhandtüchern am Stand wird vorgebracht, ob nicht alternativ Handschuhe – wie auch bei den Fernsehköchen und seit Coronavirus-Problematik zunehmend ersichtlich – ausreichend seien. Was antworten Sie und mit welcher Begründung? **(3 Punkte)**

c. Anderweitige kühlpflichtige Erzeugnisse werden am Stand nicht abgegeben. Zum Hinweis auf Kühlvorrichtungen im Merkblatt für Feste wird zum Grillgut angegeben, dass die gekühlten Erzeugnisse in entsprechender Menge nach absehbarer Anfrage am Stand in der Kantine geholt werden und ein Bereithalten in hygienischen Behältnissen bis zum Durcherhitzen max. 30 min nicht überschreitet. Die Angaben sind verifizierbar anhand der Planungen und Personaleinteilungen sowie Utensilien. Wie gehen Sie mit dem Vorhaben um? **(3 Punkte)**

d. Zur Kenntlichmachung der in Lebensmitteln enthaltenen Zusatzstoffe und Allergene übergeben Sie ein Merkblatt des CVUA und eine Mustertabelle der Lebensmittelüberwachung für Festveranstaltungen. Der Verantwortliche teilt darauf mit, dass dies die Verbraucher ja nur verwirren würde und schließlich sei dies keine unternehmerische Veranstaltung. Die schriftlichen Angaben wären nicht erforderlich. Wie reagieren Sie darauf und mit welcher Begründung? **(3 Punkte)**

3. Eine Verbraucherbeschwerde geht gegen 13 Uhr ein. Danach sind nach einem gemeinsamen Speisenverzehr vorgestern Mittag 3 von 7 Personen während der letzten Nacht erkrankt. Die Gruppe verzehrte (Puten-)-Schnitzel, verschiedene Beilagen und Salate. Die Erkrankten verzehrten nach bisherigen Kenntnissen hochwahrscheinlich gemeinsam Putenschnitzel und Salate.
   Wie bewerten Sie den Sachverhalt bzgl. erster Grobsondierung/Verdacht? Wie gehen Sie vor? Welche Dokumente/Regelungen/Leitlinien können hilfreich sein? **(5 Punkte)**

4. Sie werden darüber informiert, dass in einem Restaurant in einem anderen Landkreis eine Person auf ein blaues Plastikteil in einem Cevapcici gebissen hat. Ein Zahnarzt wurde wegen der leichten Verletzung vorsorglich aufgesucht. Die Cevapcici werden von einem Metzgerbetrieb in Ihrem Landkreis als Tiefkühlerzeugnis geliefert. Die bislang unauffällige Metzgerei mit einem aktenkundig wirksamen Risikomanagement einschließlich bzgl. Arbeitsgeräte und Fremdkörper ist bei Ihrem Besuch und nach Erläuterung der Problematik vor Ort kooperativ. Die Partikel können anhand von Farbe und den seitens der Verantwortlichen vorgezeigten Schlesingern höchstwahrscheinlich einem solchen Arbeitsgerät zugeordnet werden. Nach Ihren Ermittlungen wurde die betroffene Charge ausschließlich als Tiefkühlerzeugnis an Gastronomiebetriebe mit bekannten Adressen abgegeben. Das MHD bzgl. etwaiger Restbestände beträgt noch ca. 3 Monate. Bzgl. der erforderlichen Maßnahmen

ist das Unternehmen weiterhin kooperativ und behördliche Anordnungen sind daher nicht erforderlich. Unaufgefordert legt das Unternehmen ergänzende Eigenkontrollmechanismen bzgl. Arbeitsgerätemanagement über den gesetzlichen Anforderungen vor.

Wie bewerten Sie den Sachverhalt und wie gehen Sie vor? Welche Maßnahmen werden abgewickelt? **(5 Punkte)**

Ist eine strafprozessuale Belehrung vor Ort erforderlich? Kurze Begründung. **(3 Punkte)**

Sollten die Unternehmensverantwortlichen sanktioniert werden? Begründen Sie kurz. **(3 Punkte)**

Bearbeitungshinweis: Die erreichbaren Bewertungspunkte dienen als Anhaltspunkt für die Gewichtung der Aufgaben und Zeiteinteilung.

****

Beispiel: Klausur 2:

****

Klausur Lebensmittelrecht und Praxisfälle

Bearbeitungszeit maximal: 90 min

Zugelassene Hilfsmittel: Gesetzessammlung u. a. mit Landesverwaltungsverfahrensgesetz, Landesverwaltungsvollstreckungsgesetz und Ordnungswidrigkeitengesetz; Auszug Verwaltungsgerichtsordnung, Auszug Strafgesetzbuch

5. Bei einer Kontrolle einer Bäckerei ist eine Arbeitsfläche nach Ihren zutreffenden Feststellungen erheblich altverschmutzt. Der anwesende Lebensmittelunternehmer ist uneinsichtig und versucht, die Angelegenheit zu bagatellisieren. Danach ist zweifelhaft, ob er nun und insbesondere künftige regelmäßig gründlich reinigt.

   Nach Ihren ersten Gedanken, ziehen Sie eine Entscheidung in Erwägung, dass vorrangig konkret die künftige regelmäßige Reinigung sicherzustellen ist. Wählen Sie zur diesbezüglichen Umsetzung eine Ahndungsmaßnahme oder eine Anordnung und warum? **(3 Punkte)**

6. Die Lebensmittelüberwachungsbehörde hat gegenüber einem Lebensmittelunternehmer angeordnet, dass er ein Handwaschbecken in einer Personaltoilette mit einer Warmwasserzufuhr zu versehen hat. Die sofortige Vollziehung wurde für diesen Verwaltungsakt nicht verfügt.

   Welche rechtlichen und tatsächlichen Folgen hat ein Widerspruch gegen den Verwaltungsakt? **(2 Punkte)**

7. Erläutern Sie den Grundsatz der Verhältnismäßigkeit unter Benennung der drei konkretisierenden Tatbestandsmerkmale. **(3 Punkte)**
8. Beschreiben Sie wesentliche Merkmale bzw. Unterscheidungskriterien zwischen Verwarnung (mit oder ohne Verwarnungsgeld), Bußgeld und Strafe. **(3 Punkte)**
9. Ein eifriger Verbraucher teilt heute mit, dass im Supermarkt X klassische Spaghetti der Marke Y angeboten werden, bei welchen das Mindesthaltbarkeitsdatum momentan um eine Woche überzogen ist. Der Verbraucher behauptet einen automatischen Rechtsverstoß bei solch einem Sachverhalt und fordert zwingend formelle Maßnahmen gegen das Unternehmen ein, da die Behörde ja kein Ermessen bzgl. der Behebung von Verstößen habe.
   a. Erläutern Sie Mindesthaltbarkeitsdatum. **(3 Punkte)**
   b. Wie beurteilen Sie den Sachverhalt und was antworten Sie dem Verbraucher? **(4 Punkte)**
10. Sie haben bereits beim Audit einer handwerklichen Metzgerei im Juli 2022 teilgenommen.
   a. Was sind nach Ihren Erfahrungen die wesentlichen Unterschiede zwischen einer klassischen Kontrolle bzw. Inspektion und einem Audit? **(2 Punkte)**
   b. Für welche Problemstellungen eignen sich Audits besonders als Kontrollform nach Ihrer Einschätzung? **(2 Punkte)**
   c. Beim Audit wurden die Anforderungen bzgl. Einhaltung der rechtlich neu implementierten Lebensmittelsicherheitskultur verifiziert. Was sind aus Ihrer Sicht markante Punkte bei diesen Anforderungen? Halten Sie die Regelung für sinnvoll? (Kurze Einschätzung zu letzter Frage!) **(2 Punkte)**

7. Aufgabe – Sachverhalt:

Bei einer Kontrolle einer Backstube in einem landwirtschaftlichen Betrieb durch zwei Lebensmittelkontrolleure werden folgende Mängel festgestellt:

1. Auf einem Arbeitstisch quillt Teig aus zwei Kunststoffbehältern auf den Tisch. Der Teig berührt bereits einen auf dem Tisch liegenden schmutzigen Putzlappen.
2. Der Fußboden der Backstube ist stark verschmutzt. Die Verschmutzungen sind offensichtlich schon älter, da sich im Bereich der Eingangstür auch vertrocknete Nacktschnecken befinden.
3. Die Wandfliesen sind ebenso an mehreren Stellen stark verschmutzt und schwarz versport; ebenso Steckdosen und Lichtschalter.

4. An den Decken-/Wandbereichen befinden sich an mehreren Stellen großflächige Stockflecken bzw. Schimmelversporungen.
5. Eine Waage im Bereich des Ofens ist mit Lebensmittelresten altverschmutzt; des Weiteren war sie bereits korrodiert und der Lack blätterte an mehreren Stellen ab.
   Auf der dem Teig zugewandten Seite der Abdeckung der Teigknetmaschine befinden sich Gespinste.
6. Die Griffe und Armaturen an den Backöfen sind mit angetrockneten Teigresten verschmutzt.
7. Die Kunststoffkörbe, in denen fertige Brote zum Ausfahren lagern gemäß üblicher Praxis, sind zum Teil stark verschmutzt.

Nach der Gesamtbewertung des mit Lichtbildern dokumentierten Sachverhaltes ist infolge der vorliegenden Kontaminationen und Risiken ein hygienischer Umgang mit offenen Lebensmitteln unter diesen Bedingungen nicht mehr möglich. Infolge der festgestellten Kontaminationsrisiken kann eine Kontamination der offenen Lebensmittel unterstellt werden und ein durchschnittlich empfindsamer Verbraucher würde einen Verzehr ablehnen.

Fragestellung: Wie beurteilen Sie die Sach- und Rechtslage insbesondere bzgl. der Gesamtbewertung? Was veranlassen Sie? **(8 Punkte)**

Bearbeitungshinweis: Die erreichbaren Bewertungspunkte dienen als Anhaltspunkt für die Gewichtung der Aufgaben.

18.4 Newsletter Lebensmmittelhygiene

Unter https://www.rehm-verlag.de/services/newsletter/ können Sie einen kostenlosen Newsletter des Autors abonnieren, hier werden regelmäßig aktuelle Themen aufgegriffen.

Stichwortverzeichnis

A

B

D

E

W

Z